D1732419

中华经典名著
全本全注全译丛书

朱碧莲　沈海波◎译注

世说新语 上

中華書局

图书在版编目(CIP)数据

世说新语/朱碧莲,沈海波译注.—北京:中华书局,2011.5(2019.1重印)

(中华经典名著全本全注全译丛书)

ISBN 978-7-101-07940-1

Ⅰ.世…　Ⅱ.①朱…②沈…　Ⅲ.①笔记小说-中国-南朝时代②世说新语-注释③世说新语-译文　Ⅳ.I242.1

中国版本图书馆CIP数据核字(2011)第065381号

书　　名	世说新语(全二册)
译 注 者	朱碧莲　沈海波
丛 书 名	中华经典名著全本全注全译丛书
责任编辑	周　旻　宋凤娣　王水涣
出版发行	中华书局
	(北京市丰台区太平桥西里38号　100073)
	http://www.zhbc.com.cn
	E-mail:zhbc@zhbc.com.cn
印　　刷	北京市白帆印务有限公司
版　　次	2011年5月北京第1版
	2019年1月北京第21次印刷
规　　格	开本/880×1230毫米　1/32
	印张30¼　字数450千字
印　　数	413001-463000册
国际书号	ISBN 978-7-101-07940-1
定　　价	66.00元

目　录

上　册

下　册

前言

《世说新语》是南朝宋临川王刘义庆编撰的一部志人笔记小说。全书原为八卷，刘孝标注本分为十卷，今传本皆为三卷，分为德行、言语、政事、文学、方正等三十六篇，共一千一百三十则，主要记述东汉末年至南朝宋时二百多年间士族阶层的言谈风尚和琐闻轶事。《世说新语》原名《世说》（见《隋书·经籍志》、《旧唐书·经籍志》、《新唐书·艺文志》），后为与汉代刘向所著《世说》（已亡佚）相区别，故又名《世说新书》（见段成式《酉阳杂俎》），此书经北宋晏殊整理删定后，便通称为《世说新语》，此名一直流传至今。《世说新语》内容包罗万象，举凡政治、思想、道德、文学、哲学、美学等方面皆有涉及，是研究魏晋历史文化的重要辅助资料。

《世说新语》的作者刘义庆为南朝宋彭城（今江苏徐州）人，字季伯，曾任豫州刺史、荆州刺史，是宋武帝刘裕之弟刘道怜之子，被封为南郡公，后过继给叔父临川王刘道规，袭封临川王。元嘉二十一年（444）死于建康（今江苏南京）。《南史》卷十三《刘道怜传》称刘义庆"性简素，寡嗜欲，爱好文义，文辞虽不多，然足为宗室之表"；又称其"招聚文学之士，近远必至"。鲁迅先生说："《宋书》言义庆才词不多，而招聚文学之士，远近必至，则诸书或成于众手，亦未可知也。"（《中国小说史略》）此说响应者颇多。刘义庆门下有不少文人学士，如袁淑、陆展、鲍照等，他们根据前人的著述，广泛收集材料，再由刘义庆加以润色整饰，编撰成书，这是很有可能的。《世说新语》是一部采辑旧文之书，其中有许多内容是来自《魏晋世语》、《语林》、《魏书》、《高士传》等著作，但全书前后体例风格基本一致，说明经过了作者的细致加工。

梁刘孝标为《世说新语》作注，历来受到很高的评价。《四库全书总目》曰："孝标所注，特为典赡。高似孙《纬略》极推之。其纠正义庆之纰漏，尤为精核。所引诸书今已佚其十之九，惟赖是注以传。故与裴松之《三国志注》、郦道元《水经注》、李善《文选注》，同为考证家所引据焉。"刘孝标名峻，本名法武，南朝平原（今属山东）人。宋明帝泰始五年(469)被迫迁到平城（今属山西），在那里出家，后来还俗。此书之注是刘孝标于齐武帝永明四年(486)回到江南以后所作。刘注是现存最早的注本，补正文之不足，辨正文之错讹，丰富了原书的内容，在一定程度上可以说《世说新语》是依赖于刘注才得以流传的。刘注旁征博引，引用典籍四百多种，为世人留下了极为宝贵的典籍资料，具有极高的史料价值。

《世说新语》由长短不一的一千多则小故事组成，内容丰富，鲁迅先生称之为"一部名士底教科书"。《世说新语》集中反映了魏晋时期的名士风度。名士风度，也称魏晋风度，是魏晋时期名士们言谈举止的一个总括。名士风度有几个主要的外在表现形式：清谈、饮酒、服药和隐逸。

清谈起于汉末，名士群集，臧否人物，评论时事，称为清议。魏晋时期的清谈则侧重于玄学，即所谓内圣外王、天人之际的玄远哲理，所以清谈又称为谈玄。《周易》、《老子》、《庄子》三部著作受到士人的推崇，总称"三玄"，是玄学产生的思想渊源，"寡以制众"、"崇本息末"、"知足逍遥"、"自然无为"等抽象玄远的哲理，成为士人清谈的主要内容。品题人物也是魏晋士族中流行的一种风尚，内容涉及人物品性、才能、容止、风度等各个方面，从一个侧面反映出魏晋时代的审美风尚。何晏和王弼是开启魏晋清谈的重要人物，主张"无"是万物本体，代表"正始之音"。竹林七贤则开"竹林风气"，有阮籍的"通老"、"通易"、"达庄"，嵇康的"养生"、"声无哀乐”等论。王衍、乐广将清谈之风推向高潮，其特点是措辞简约，崇尚自然。东晋时代的士族大名士王导、谢安、庾亮等，也注重清谈，张凭等人甚至通过清谈受到赏识重用。此外也有许多名僧，如支遁、康僧渊等加入清谈，在玄理中掺入佛家教义，推动了佛教思想的传播。

清谈时一般分为宾主两方，先由谈主设立论题，并进行申述，称为“通”；次由他人就论题加以诘辩，称为“难”。也可以由谈主自为宾主，翻覆分析义理。清谈时，名士们往往手持麈尾，以之指划。清谈是魏晋士人日常生活的重要内容，是展示智慧和才能的重要场合，是名士外在风度和内在气质的综合体现。通过清谈，有些人能一举成名，有些人能结交到知己，有些人则借机刁难寻仇。清谈时往往名士会集，宾主双方辩论非常激烈，如“孙安国往殷中军许共论，往反精苦，客主无间。左右进食，冷而复暖者数四。彼我奋掷麈尾，悉脱落，满餐饭中，宾主遂至莫忘食。殷乃语孙曰：‘卿莫作强口马，我当穿卿鼻！’孙曰：‘卿不见决鼻牛，人当穿卿颊！’”（《文学》篇）双方苦苦交锋仍难分高下，紧张激烈到了连饭都顾不上吃的程度。

清谈之外，饮酒是魏晋士人追求名士风度的重要手段，而且毫无节制。刘伶因饮酒过度而伤了身体，妻子哭泣着劝他戒酒，但他却说：“妇人之言，慎不可听！”（《任诞》篇）接着便饮酒进肉，颓然大醉。孔群当田里收成不佳时，关心的不是口粮不够的问题，而是担心不够酿酒用的。周顗曾经一连三日醉酒不醒，被当时人戏称为“三日仆射”。阮咸等人甚至与群猪共饮。阮籍听说步兵校尉官署的厨房里贮酒数百斛，便求为步兵校尉。张翰有名言：“使我有身后名，不如即时一杯酒！”（《任诞》篇）此类故事比比皆是。魏晋士人沉溺于酒，同特定的社会背景和个人遭遇相关，究其原因，大致有以下四个方面：

其一是纵欲享乐。汉末开始的社会动乱使人们毫无安全感，很多人便开始转向及时行乐，用酒精来麻痹自己，毕卓所说“一手持蟹螯，一手持酒杯，拍浮酒池中，便足了一生”（《任诞》篇）就是一个很好的写照。

其二是惧祸避世,明哲保身。魏晋时期政局不稳,政权的更迭、权力的转移极为频繁,很多士人为能在纷乱的时局中保全自己,便以嗜酒来表示自己在政治上的超脱。如阮籍终日饮酒不问政事,因此得以寿终。

其三是表现任放的名士风度。魏晋名士追求旷达任放,并以饮酒作为表现形式。如竹林七贤"常集于竹林之下,肆意酣畅"(《任诞》篇),因此为世人所称道;又如阮修不慕权贵,常"以百钱挂杖头,至酒店,便独酣畅"(《任诞》篇),以显示其洒脱和不羁。

其四是追求物我两忘的境界。魏晋名士好老庄之学,讲求形神相亲,而痛饮酣醉便可达到物我两忘的境界,求得高远之志。所以王蕴说:"酒,正使人人自远。"(《任诞》篇)王忱说:"三日不饮酒,觉形神不复相亲。"(《任诞》篇)

当然,魏晋名士中也并非个个是酒徒,干宝就曾劝郭璞不要饮酒过度,大名士王导更是屡屡劝人戒酒,并成功地帮助晋元帝戒了酒瘾。

魏晋名士流行服五石散,以药物作为护身符和麻醉剂。五石散主要由丹砂、雄黄、白矾、曾青、磁石这五种矿物质调制而成,因药性猛烈,服后需要散热,行走发散,故名五石散。又服者需冷食、薄衣,故亦称寒食散。何晏被鲁迅先生称为"吃药的祖师爷"(《魏晋风度及文章与药及酒之关系》),何晏曾说:"服五石散,非唯治病,亦觉神明开朗。"(《言语》篇)服散的目的,主要是为了求长生不老,其次是为了感官的刺激,据说服后可以心情开朗、体力增强。此外,服散据说还有美容的功能,对服散颇有心得的大名士何晏即"美姿容,面至白"(《容止》篇),名士们因此纷纷效仿,形成风尚。

魏晋名士追求飘然高逸,放浪旷达,于是崇尚隐逸。《世说新语》中的《栖逸》篇记载甚多。汉末大乱,魏晋士大夫隐居避世、明哲保身,这是隐逸之风兴起的最直接、最主要的原因。此外,玄学标榜老庄,而老庄哲学主张超脱世俗,注重自然,于是隐逸又成为一种合乎自然的逍遥行为,目的只是为了追求玄远,崇尚超脱。

综观《世说新语》全书，可以看到魏晋时期几代士人的群像，通过这些人物形象，可以了解到那个时代上层社会的风尚，获得宝贵的历史资料。汉末至魏晋，阶级矛盾、民族矛盾不断激化，社会动荡不安，政局变幻不定。《世说新语》中有不少记载，为这幅历史画卷作了真实的记录，如东汉后期的两次党锢之祸、东汉末曹操挟天子以令诸侯、东晋苏峻作乱等。在这一特定的历史背景下，魏晋名士既要全身远祸，又要填补精神上的空虚，缓解精神上的痛苦，便转而清谈、饮酒、服药、隐逸，这就形成了特定时代独特的社会风尚——名士风度。

名士们极为注重内在的修养，《世说新语》把《德行》篇作为首篇，就很能说明问题。如陈蕃"言为士则，行为世范"、王祥至孝感动后母、庾亮不以己祸嫁人、殷仲堪性节俭、罗企生尽忠就义，说明虽然身逢乱世，但魏晋名士仍以德行为高，殊为感人。此外，魏晋名士多存高远之志，如刘驎之超然物外、翟汤矢志隐逸、戴逵厉操东山、管宁与华歆割席断交，这些故事都积淀为中国知识分子洁身自好、不为五斗米折腰的优良传统。

《世说新语》在艺术上也有突出的成就，具有较高的文学研究价值。《世说新语》涉及各类重要人物有数百人（包括帝王、卿相、士庶、名媛、僧徒、隐士等），注重描写人物的形貌、才学、心理，善于表现人物的独特性格，使人物形象活灵活现。《世说新语》以文笔简洁明快、语言含蓄隽永、余味无穷著称于世，往往只言片语就可以鲜明地刻画出人物的形象和性格特征，鲁迅曾经评论其"记言则玄远冷峻，记行则高简瑰奇"（《中国小说史略》）。《世说新语》善于抓住人物的特征，作写意式的夸张描绘，善于运用对比突出人物的个性，情节曲折，富有戏剧性，善于把记言与记事结合起来。《世说新语》也为后代留下了许多脍炙人口的佳言名句，其中的文学典故、人物事迹也多为后世作者所取材引用，对后代笔记小说的影响极大。可以说《世说新语》是一部蕴含思想深度、文学历史价值和玄远哲理的文化宝典。

现存最早的《世说新语》版本，为唐写本残卷，于日本明治十年

(1877)发现于京都东寺，共存五十一则，分别是“规箴”二十四则、“捷悟”七则、“夙惠”七则、“豪爽”十三则。此残卷后由罗振玉于1915年影印出版。宋元为《世说新语》盛行的时代，见诸记载的有十多种版本。据汪藻《世说叙录》载，当时有晁（文元）氏本、钱（文僖）氏本、晏（元献）氏本、王（仲至）氏本、黄（鲁直）氏本、章氏本、舅氏本、颜氏本、张氏本、韦氏本、邵氏本、李氏本等。这十余种版本都已经亡佚，今存最早的刻本为绍兴本，共有两部，均藏于日本。此本就是目前通行的三卷三十六篇本，由晏殊删定，并经董氏整理。宋末元初刘辰翁、刘应登对《世说新语》进行了批点，共有八卷，目前只有残本保存在日本。明代《世说新语》版本有二十六种之多，其中王世贞、王世懋兄弟的删并合刊本、凌瀛初、凌濛初兄弟刊行的刘辰翁批点本和太仓王氏刊行的李卓吾批点本影响较大。清代刊本大多是翻刻古本，没有出现新的批点本，也有一些刊本对文字进行了校勘，其中较善者为光绪十七年(1891)长沙王先谦思贤讲舍刻《世说新语》三卷本。建国以后，《世说新语》的校勘、注疏、译注工作取得了很多成果，如杨勇《世说新语校笺》（香港中华书局1969年版）、余嘉锡《世说新语笺疏》（中华书局1983年版）、徐震堮《世说新语校笺》（中华书局1984年版）、朱铸禹《世说新语汇集校注》（上海古籍出版社2002年版）等。

本书底本选用涵芬楼影印明嘉趣堂本，参考了余嘉锡《世说新语笺疏》中的校勘、笺疏成果，为方便现代读者阅读，以篇为序，重新编目；断句参考徐震堮《世说新语校笺》，但有些地方根据我们的理解略有调整。注释部分，力求精要准确；除对生僻字依《汉语大词典》做注音、解释外，更注重对于涉及历史事件、背景的说明；今译部分，尽量采用直译，以免去原书本意太远。由于我们学疏才浅，定有不少谬误不当之处，还期方家赐教。

朱碧莲　沈海波

2011年2月

德行第一

【题解】

《世说新语》共三十六篇，列于卷首的德行、言语、政事、文学，是所谓的“孔门四科”。《论语·先进》：“德行：颜渊、闵子骞、冉伯牛、仲弓；言语：宰我、子贡；政事：冉有、季路；文学：子游、子夏。”孔子数千弟子中，佼佼者分占这四科之冠。从汉代开始，这四科就一直作为考察和品评士人的重要准则，所以，就有了“仲尼之门，考以四科”（《后汉书·郑玄传》）的说法。

德行，指人的道德品行。郑玄注《周礼·地官·师氏》曰：“德行，内外之称，在心为德，施之为行。”其内容不外乎儒家所提倡的忠孝节义、仁信智礼等道德规范。

本篇共有四十七则，有至孝至慈的故事，如王悦“事亲尽色养之孝”、王绥为“试守孝子”、郗鉴吐哺；有品行高尚的故事，如庾亮不卖的卢、阮裕焚车；有廉洁自律的故事，如殷仲堪“食常五碗盘”。这些故事生动而感人，说明魏晋时期虽处乱世，但人们对德行的重要性，仍给予了高度的重视。

一

陈仲举言为士则[①]，行为世范，登车揽辔[②]，有澄清天下之志[③]。为豫章太守[④]，至，便问徐孺子所在[⑤]，欲先看之。主簿白[⑥]："群情欲府君先入廨[⑦]。"陈曰："武王式商容之闾[⑧]，席不暇暖。吾之礼贤，有何不可！"

【注释】

①陈仲举：陈蕃（？—168），字仲举，汝南平舆（今属河南）人。桓帝时官至太尉，与李膺等反对宦官专权，为太学生所敬重，被称为"不畏强御陈仲举"。灵帝立，为太傅，与外戚谋诛宦官，事泄被杀。言为士则：其言谈成为士子的准则。士，士子，读书人。

②登车揽辔（pèi）：登上公车，手执缰绳。指赴任做官。辔，驾驭牲口的缰绳。

③有澄清天下之志：指怀抱扫除奸佞使天下重归于清平之志向。《后汉书·陈蕃列传》："蕃年十五，尝闲处一室，而庭宇芜秽。父友同郡薛勤来候之，谓蕃曰：'孺子何不洒扫以待宾客？'蕃曰：'大丈夫处世，当扫除天下，安事一室乎！'"

④豫章：郡名，治所在今江西南昌。

⑤徐孺子：徐稚（97—168），字孺子，豫章南昌（今属江西）人。家境贫苦，不满宦官专权，虽多次征聘，终不为官，时称"南州高士"。陈蕃为太守时，不接待宾客，唯独尊重徐稚，还特为其设专榻，等徐稚走后就把榻挂起来。

⑥主簿：官名，管文书印信，办理事务。

⑦府君：汉人对太守的称呼。廨（xiè）：官署。

⑧武王：西周武王姬发，周王朝的建立者。式：通"轼"，以手抚轼，为古人表示敬意的一种礼节。轼，车前扶手横木。商容：殷纣王时的贤臣，为纣王所贬。闾（lǘ）：里门，巷口之门，指住处。

【译文】

陈蕃的言谈是士人的准则，行为是世间的典范，登上公车，手执缰绳,怀抱扫除奸佞使天下重归于清平之志向。他出任豫章太守时,刚到治所便问徐稚在哪里,打算先去探望他。主簿禀告说:"大家都希望府君您先进官署。"陈蕃说:"周武王即位之后,座席都没坐暖,即刻到商容的住处去拜访致敬。我尊重贤人,有什么不对呢!"

二

周子居常云[①]:"吾时月不见黄叔度[②],则鄙吝之心已复生矣!"

【注释】

①周子居:周乘,字子居,东汉末汝南安城(今河南正阳东北)人。本书《赏誉》篇刘孝标注引《汝南先贤传》,谓其"天资聪朗,高峙岳立",与陈蕃、黄宪友善。

②黄叔度:黄宪,字叔度,汝南慎阳(今河南正阳北)人。出身贫贱,父为牛医。以德行著称,同时人誉其为"师范",为"颜子(颜回)"。

【译文】

周乘经常说:"我如果数月不见黄叔度,那么庸俗贪鄙的念头就会再次冒出来了。"

三

郭林宗至汝南[①],造袁奉高[②],车不停轨,鸾不辍轭[③];诣黄叔度[④],乃弥日信宿[⑤]。人问其故,林宗曰:"叔度汪汪如万顷之陂[⑥],澄之不清,扰之不浊。其器深广,难测量也。"

【注释】

①郭林宗：郭泰（127—169），字林宗，太原介休（今属山西）人。东汉末太学生的领袖。家世贫贱，事母至孝，博通坟籍，与李膺友善，名动京师。不就官府征召，后归乡里。党锢之祸起，闭门教授，生徒数千人。汝南：郡名，东汉末汝南郡郡治在今河南上蔡西南。

②袁奉高：袁阆（làng），字奉高，东汉慎阳（今河南正阳北）人，汉末士人。范晔《后汉书·黄宪列传》曰："奉高之器，譬诸氿滥，虽清而易挹。"本书刘孝标注引《汝南先贤传》曰："（袁阆）友黄叔度于童齿。"

③鸾（luán）：古代一种车铃，一般套在车轭的顶端。辍（chuò）：停止。轭（è）：驾车时套在牛马颈上的曲木。

④诣：拜访。

⑤弥日：整天。信宿：连宿两夜。

⑥汪汪：水宽广的样子。陂（bēi）：池。

【译文】

郭泰到汝南，造访袁阆，车子尚未停稳，车铃声还在震响，就走了；拜访黄宪，竟然盘桓整天，还连住了两夜。别人问其原因，他说："叔度犹如万顷广阔的池湖，不会因为澄清它而显清澈，也不会因为搅扰它而显浑浊。其器度之宽广，实在难以测量。"

四

李元礼风格秀整[①]，高自标持[②]，欲以天下名教是非为己任[③]。后进之士有升其堂者，皆以为登龙门[④]。

【注释】

①李元礼：李膺(110—169)，字元礼，颍川襄城(今属河南)人。桓帝时官至司隶校尉，执法威严，令宦官生畏。与太学生领袖郭泰结交，反对宦官专权，被太学生誉为“天下楷模李元礼”。延熹九年(166)，宦官指其结党诽谤，被捕入狱。后免归乡里，被禁锢。灵帝即位后，外戚窦武当权，以膺为长乐少府，共谋诛灭宦官，事泄，下狱死。风格：风度，品格。

②高自标持：自视很高，很自负。标持，犹“标置”、“品评”，谓标举品第，评定位置。

③名教：以正名定分为主的儒家礼教。

④登龙门：喻指抬高声望。

【译文】

李膺风度秀雅，格调严整，自视很高，要把天下正定名分判断是非作为自己的使命。后生晚辈读书人，有能够进入李膺家厅堂的，都认为是登上龙门，声望倍增。

五

李元礼尝叹荀淑、钟皓曰[①]：“荀君清识难尚[②]，钟君至德可师[③]。”

【注释】

①荀淑(84—149)：字季和，颍川颍阴(今河南许昌)人。荀子十一世孙。少有高行，博学。安帝时征拜郎中，后迁为当涂长，去职还乡，为当代名贤李固、李膺所尊崇。曾上对策讥刺权贵，为外戚梁冀所忌，出补朗陵侯相。莅事明理，有“神君”之称。与同是

颍川郡人的钟皓、韩韶、陈寔等皆以清高有德行闻名于世，合称为颍川四长。后弃官归隐。钟皓（87—155）：字季明，颍川长社（今河南长葛东）人。少以“笃行”著称。不就征召，隐于密山，教授门徒千余人。同郡陈寔，年不及皓，皓引与为友。后为郡功曹，不久即自行弹劾而去。后官府屡屡征召，皆不就。皓及荀淑并为士大夫所归慕。

②清识：高明的见识。尚：超过。

③至德：最高尚的道德。

【译文】

李膺曾经赞叹荀淑、钟皓说：“荀君见识高明，难以超过；钟君道德高尚，可为良师。”

六

陈太丘诣荀朗陵[①]，贫俭无仆役，乃使元方将车[②]，季方持杖后从[③]，长文尚小[④]，载著车中。既至，荀使叔慈应门[⑤]，慈明行酒[⑥]，余六龙下食[⑦]，文若亦小[⑧]，坐著膝前。于时太史奏[⑨]：“真人东行[⑩]。”

【注释】

①陈太丘：陈寔（shí，104—187），字仲弓，颍川许县（今河南许昌东）人。初为县吏，因笃志好学，坐立诵读，县令听入太学就读。后任太丘长，修洁清静，百姓以安。党锢之祸起，被牵连，他不肯逃亡，自请囚禁，谓：“吾不就狱，众无所恃。”党禁解，大将军何进、司徒袁隗招辟，皆不就。死后，赴吊者有三万余人之多。荀朗陵：即荀淑。

②元方：陈纪，字元方，陈寔长子。与弟陈谌俱以至德称，兄弟孝养，闺门雍和。与父亲陈寔和弟弟陈谌在当时并称为“三君”。陈纪遭党锢后，发愤著书，号曰《陈子》，凡数万言。将车：赶车，驾车。

③季方：陈谌，字季方，陈寔第六子。

④长文：陈群（？—236），字长文，陈寔之孙，陈纪之子。为人清尚有仪，雅好结友，有知人之明。三国时初为刘备别驾，后归曹操，为司空掾、御史中丞、侍中。曹丕即王位，封陈群为昌武亭侯，徙为尚书。陈群在任内订制九品官人之法，成为历史名制。曹丕践阼后，陈群徙尚书令，进爵颍乡侯。陈群在魏，先后受曹操、曹丕托孤，成为国之重臣，多次规劝曹睿，官至司空。谥靖侯。

⑤叔慈：荀靖，字叔慈，荀淑第三子。有至行，不仕，号曰玄行先生。荀淑有子八人：俭、绲、靖、焘、汪、爽、肃、专。据本书《品藻》篇刘孝标注，荀淑之八子均有才学，“时人谓之八龙”。皇甫谧《逸士传》云：或问许子将，靖与爽孰贤？子将曰：“二人皆玉也，慈明外朗，叔慈内润。”荀靖年五十而卒。

⑥慈明：荀爽（128—190），字慈明，荀淑第六子。据《后汉书·荀爽列传》，他“一名谞。幼而好学，年十二，能通《春秋》、《论语》。太尉杜乔见而称之，曰：‘可为人师。’爽遂耽思经书，庆吊不行，征命不应。颍川为之语曰：‘荀氏八龙，慈明无双。’”延熹九年（166），太常赵典举爽至孝，拜郎中。奏闻，即弃官去。后遭党锢，隐于海上，又南遁汉滨，积十余年，以著述为事，遂称为硕儒。献帝时任司空，参与王允等谋诛董卓，后病卒。著《礼》、《易传》、《诗传》、《尚书正经》、《春秋条例》，又集汉事成败可为鉴戒者，谓之《汉语》。又作《公羊问》及《辩谶》，并其他论叙，题为《新书》。凡百余篇。

⑦余六龙：指荀淑其他六个儿子。下食：当时习惯用语，上菜称“下食”。

⑧文若：荀彧（yù，163—212），字文若，荀淑之孙，荀绲之子，自小被世人称作“王佐之才”。官至汉侍中，守尚书令，是曹操最信任的谋臣和功臣，为当时北方统一做出了不朽的贡献。他为曹操举荐了钟繇、陈群、司马懿、郭嘉等大量人才，于建计、密谋、匡弼、举人多有建树，被曹操称为“吾之子房”。后因为反对曹操称魏公而调离中枢，在寿春忧郁成病而亡（一说受到曹操暗示而服毒自尽）。死后被追谥为敬侯，后又被追赠太尉。

⑨太史：官名，掌管国家典籍、天文历法、祭祀等。

⑩真人：指陈、荀两家父子均为至德之人。

【译文】

陈寔拜访荀淑，家境贫穷俭朴，没有仆人可供役使，于是便叫长子陈纪赶车，幼子陈谌拿着手杖在车后跟从。孙子陈群还年幼，放在车中。到了荀家，荀淑叫第三子荀靖出来迎候客人，第六子荀爽给客人斟酒，其余六子负责上菜，孙子荀彧也还小，坐在荀淑膝前。当时太史上奏：“有才德之士向东出行，这是上应天象之吉兆。”

七

客有问陈季方：“足下家君太丘有何功德而荷天下重名①？”季方曰：“吾家君譬如桂树生泰山之阿②，上有万仞之高③，下有不测之深；上为甘露所沾④，下为渊泉所润⑤。当斯之时，桂树焉知泰山之高，渊泉之深？不知有功德与无也。”

【注释】

①家君：对人称自己的父亲。在称呼前加“足下”敬辞时，亦用以称

对方的父亲。太丘：即陈寔。荷：承受，担当。重名：大名。

②阿(ē)：弯曲的地方。

③仞(rèn)：古时以八尺或七尺为一仞。

④沾：沾溉。

⑤渊泉：深泉。

【译文】

有人问陈谌："您的父亲有什么功业德行，而能够担当天下如此大的名声呢？"陈谌说："我父亲就好比桂树生长在泰山的山坳里，上有万仞高的山峰，下有不可测量的溪谷；上面受到甘甜露水的沾溉，下面又有深邃泉水的滋润。在这时候，桂树哪里知道泰山有多高，渊泉有多深呢？我不知道我父亲是有功德呢，还是没有功德。"

八

陈元方子长文[①]，有英才[②]，与季方子孝先各论其父功德[③]，争之不能决。咨于太丘[④]，太丘曰："元方难为兄[⑤]，季方难为弟。"

【注释】

①元方：陈纪。长文：陈群。

②英才：杰出的才智。

③季方：陈谌。孝先：陈忠，字孝先，陈谌之子。州府征辟皆不就。

④咨：询问。

⑤难为：难做。

【译文】

陈纪的儿子陈群，有杰出的才智，与陈谌之子陈忠各自论颂自己父亲的功德，互相争论，不能决断。于是便去问祖父陈寔，陈寔说："元方难为兄，季方难为弟，二人功德难分伯仲。"

九

荀巨伯远看友人疾①，值胡贼攻郡②，友人语巨伯曰："吾今死矣，子可去。"巨伯曰："远来相视，子令吾去，败义以求生，岂荀巨伯所行邪？"贼既至，谓巨伯曰："大军至，一郡尽空，汝何男子，而敢独止？"巨伯曰："友人有疾，不忍委之③，宁以我身代友人命。"贼相谓曰："我辈无义之人，而入有义之国④。"遂班军而还，一郡并获全。

【注释】

①荀巨伯：东汉桓帝时颍川（今属河南）人。事迹不详。

②胡贼：指进犯的西北少数民族。郡：郡县所在地。

③委：抛弃。

④国：指地方。

【译文】

荀巨伯去很远的地方探望生病的朋友，正遇到胡人军队来攻打郡城，朋友对荀巨伯说："我今天死定了，您快离开吧。"荀巨伯说："我从远方来探望您，您却让我离开，败坏道义而苟且偷生，难道是我荀巨伯所能做的吗？"胡人到后，对荀巨伯说："我们大军一到，满城人都逃空了，你是何等样的汉子，竟然敢独自留下？"荀巨伯说："朋友有病，不忍心抛下他，宁愿用我自己来代朋友去死。"胡人互相议论说："我们这些不懂道义的人，却进入了讲道义的地方。"于是就撤军了，全城人因此都得以保全。

一〇

华歆遇子弟甚整[①],虽闲室之内[②],严若朝典[③];陈元方兄弟恣柔爱之道[④]。而二门之里[⑤],两不失雍熙之轨焉[⑥]。

【注释】

①华歆(157—231):字子鱼,魏平原高唐(今山东禹城西南)人。东汉末举孝廉,为尚书郎。献帝时任豫章太守,后曹操表天子征其入京,代荀彧为尚书令。曹操为魏王建国,华歆为御史大夫。曹丕即王位,拜歆相国,封安乐乡侯;及曹丕为帝,改为司徒。明帝即位,转拜太尉,进封博平侯。薨,谥曰敬侯。子弟:子侄,年轻一辈。整:严肃。

②闲室:指闲处在家之时。

③严:一作"俨",恭敬,庄严。朝典:朝廷举行的典礼。

④恣:任意,不受拘束。柔:柔和,温和。

⑤二门:指华、陈两家。

⑥雍熙:和乐的样子。轨:规矩,法度。

【译文】

华歆对待晚辈非常严肃,即使闲暇时在家里,也像在朝堂上参加典礼一样地庄严恭敬。陈纪兄弟之间则无拘无束温和友爱地相处。但是华家和陈家有各自的相处之道,却又都不失其和谐安乐之度。

一一

管宁、华歆共园中锄菜[①],见地有片金,管挥锄与瓦石不异,华捉而掷去之。又尝同席读书[②],有乘轩冕过门者[③],宁读如故,歆废书出看。宁割席分坐,曰:“子非吾友也!”

【注释】

①管宁(158—241):字幼安,魏北海朱虚(今山东临朐东南)人。汉末避乱居辽东,聚徒讲学,三十余年始归。魏文帝拜其为大中大夫,明帝拜其为光禄勋,皆固辞不受。

②席:古人把席子铺在地上,席地而坐。

③轩冕(miǎn):古代卿大夫的车服。轩,古代一种前顶较高而有帷幕的车子,供大夫以上的官员乘坐。冕,古代帝王诸侯及卿大夫所戴的礼帽。这里的“轩冕”二字只取“轩”义,为偏义复词。

【译文】

管宁与华歆两人一起在园中锄地种菜,看到地上有一片金子,管宁照样挥锄,把金子看得同瓦片、石头没有什么两样,华歆却把金子捡起来扔掉。管宁和华歆二人又曾经同坐在一张席上读书,有官员乘坐华丽的马车从门外经过,管宁照样读书,华歆却扔下书本跑出去看。于是管宁割断席子与华歆分开来坐,说:“你不是我的朋友!”

一二

王朗每以识度推华歆[①]。歆蜡日尝集子侄燕饮[②],王亦学之。有人向张华说此事[③],张曰:“王之学华,皆是形骸之外[④],去之所以更远。”

【注释】

①王朗(? —228):本名严,后改为朗,字景兴,魏郯(今山东郯城)人。东汉末为会稽太守,曹操征为谏议大夫,参司空军事。文帝

时改为司空,进封乐平乡侯。明帝时转为司徒。“著《易》、《春秋》、《孝经》、《周官传》,奏议论记,咸传于世。”薨,谥成侯。识度:见识度量。

②蜡(zhà)日:古代年终祭祀百神之日。蜡,古代于农历十二月里合祭众神之称。这一天有宴饮的习俗。燕饮:宴饮。燕,通“宴”。

③张华(232—300):字茂先,范阳方城(今河北固安南)人。幼年丧父,亲自牧羊。家贫勤学,“学业优博,图纬方伎之书,莫不详览”。曹魏末期,因愤世嫉俗而作《鹪鹩赋》,通过对鸟禽的褒贬,抒发自己的政治观点。阮籍感叹说:“王佐之才也!”由是声名始著。晋初任中书令,散骑常侍,力劝武帝定灭吴之计。封广武县侯。惠帝时历任侍中、中书监、司空,封壮武郡公。后在惠帝时爆发的八王之乱中,为赵王伦和孙秀所杀。以博洽著称,著有《张司空集》、《博物志》。

④形骸:指人的形体、身体。

【译文】

王朗常常推崇华歆的见识度量。华歆曾在年终祭祀百神的日子里,召集子侄一起宴饮,王朗也学着这样做。有人向张华说起这事,张华说:“王朗学华歆,都是学外在皮毛的东西,因此他与华歆的距离反而更加远了。”

一三

华歆、王朗俱乘船避难,有一人欲依附[1],歆辄难之[2]。朗曰:“幸尚宽,何为不可?”后贼追至,王欲舍所携人。歆曰:“本所以疑,正为此耳。既已纳其自托,宁可以急相弃邪[3]?”遂携拯如初。世以此定华、王之优劣。

【注释】

①依附:跟从。

②难之:即“以之为难”,难,用作动词,拒绝之意。

③宁(nìng):难道。

【译文】

华歆和王朗一起乘船逃难,有一个人要求搭船跟他们去,华歆就予以拒绝。王朗说:“幸好船中地方还宽裕,为什么不让他搭船?”后来贼兵追来了,王朗就想丢下那个所带的人。华歆说:“我本来所担心的就是这种局面。如今既然已经容纳了他,难道可以因为事态紧急就把他丢下吗?”于是便像当初那样仍携带着这个人。世人就根据这件事来评定了华歆和王朗的优劣。

一四

王祥事后母朱夫人甚谨[1]。家有一李树,结子殊好,母恒使守之。时风雨忽至,祥抱树而泣。祥尝在别床眠,母自往暗斫之;值祥私起[2],空斫得被。既还,知母憾之不已,因跪前请死。母于是感悟[3],爱之如己子。

【注释】

①王祥(184—268):字休徵,琅邪临沂(今属山东)人。汉末携母隐居庐江三十余年。后任温令,曹魏时累迁大司农、司空、太尉,封睢陵侯。晋代魏后,官至太保,进爵为公。薨,谥曰元。王祥奉后母至孝,为有名之孝子。事:侍奉。谨:恭敬。

②私起:为小便而起床。

③感悟:感动醒悟。

【译文】

王祥侍奉后母朱夫人非常恭敬。他家有一棵李树,结的李子特别好,后母经常叫他去守护李树。有时风雨突至,王祥就抱着树哭泣。王祥曾在另一张床上睡,后母暗中拿刀去砍他;碰巧王祥因小便起床了,后母一刀砍空,只砍在被子上。王祥回来后,知道后母非常恨他,便跪在她面前,请求处死自己。后母因此受到感动而醒悟过来,从此疼爱王祥就好像自己的亲生儿子一样。

一五

晋文王称阮嗣宗至慎①,每与之言,言皆玄远,未尝臧否人物②。

【注释】

①晋文王:司马昭(211—265),字子上,魏河内温县(今属河南)人。司马懿次子,继其兄司马师之后为魏大将军,专国政,并谋代魏。魏帝曹髦曾说:"司马昭之心,路人所知也。"后杀髦,立曹奂为帝。又灭蜀汉,自称晋公,后为晋王。死后其子司马炎代魏称帝,建立晋朝,追尊司马昭为文帝。阮嗣宗:阮籍(210—263),字嗣宗,陈留尉氏(今属河南)人,建安七子之一阮瑀之子。曾为步兵校尉,世称阮步兵。与嵇康齐名,为竹林七贤之一。擅诗文。在魏晋易代之际的险恶环境中,以醉酒的方式、"至慎"的态度得以免祸全身。有《阮步兵集》。

②臧否(zāng pǐ):褒贬,批评。

【译文】

晋文王司马昭说阮籍的为人极其小心谨慎，每次与他谈话，其言论都很玄妙深远，从来未评论过他人的长短得失。

一六

王戎云[①]："与嵇康居二十年[②]，未尝见其喜愠之色[③]。"

【注释】

①王戎(234—305)：字濬冲，琅邪临沂(今属山东)人。好清谈，与阮籍、嵇康为竹林之游，是竹林七贤之一。西晋武帝时因从伐吴有功，封安丰县侯，人称王安丰。惠帝时累官尚书令、司徒。仰慕古人蘧伯玉，看到天下将乱，于是"与时舒卷"，不以世事名节为意，以求自保。八王之乱中一直随惠帝被众王挟持，后薨于郏，谥曰元。

②嵇康(223—262)：字叔夜，魏谯郡铚(今安徽宿县西南)人。先人本姓奚，会稽上虞(今属浙江)人，后避祸至铚，有嵇山，家于其侧，因而姓嵇。为曹操曾孙女婿，官中散大夫，世称嵇中散，与阮籍齐名。有奇才，卓荦不群，丰神俊逸，博洽多闻。工诗文，善鼓琴，精乐理。崇尚老庄，常言养生服食之事。不满司马氏擅权，菲薄汤武周孔，为礼法之士所嫉恨。为钟会谗害，被司马昭所杀。有《嵇中散集》。

③喜愠(yùn)之色：喜悦或怨恨的脸色。愠，怨恨。

【译文】

王戎说："我和嵇康相处了二十年，从未见他脸上有过什么喜悦或怨恨的神色。"

一七

王戎、和峤同时遭大丧①，俱以孝称。王鸡骨支床②，和哭泣备礼③。武帝谓刘仲雄曰④："卿数省王、和不⑤？闻和哀苦过礼，使人忧之。"仲雄曰："和峤虽备礼，神气不损；王戎虽不备礼，而哀毁骨立。臣以和峤生孝，王戎死孝。陛下不应忧峤，而应忧戎。"

【注释】

①和峤（？—292）：字长舆，汝南西平（今属河南）人。袭父爵上蔡伯，为颍川太守，太傅从事中郎庾敳见而叹曰："峤森森如千丈松，虽磥砢多节目，施之大厦，有栋梁之用。"迁中书令，为武帝司马炎所器重，曾参与灭吴谋议。因太子（即后之惠帝）不聪明，劝谏武帝："皇太子有淳古之风，而季世多伪，恐不了陛下家事。"惠帝时拜太子太傅。家富性吝，为世所讥，杜预称其有"钱癖"。大丧：父母之丧。当时王戎遭母丧，和峤居父丧。

②鸡骨支床：瘦骨嶙峋，支离床席。鸡骨，形容瘦弱憔悴的样子。支，支离，形容精神萎靡、涣散的样子。

③备礼：礼数完备周到。

④武帝：晋武帝司马炎（236—290），字安世，河内温县（今属河南）人，司马昭之子。代魏称帝，建立晋朝。大封宗室，种下皇室内讧的祸根。刘仲雄：刘毅（？—285），字仲雄，东莱掖（今山东莱州）人。为人"方正亮直，挺然不群，言不苟合，行不苟容"，官至司隶校尉、尚书仆射。正直敢言，曾指责武帝卖官鬻爵之非；为官清廉，"言议切直，无所曲挠，为朝野之所式瞻"；主张废除九品中正制，指出其导致"上品无寒门，下品无势族"，"毁风败俗，无

益于化，古今之失，莫大于此”。

⑤数（shuò）：屡次，常常。省：看望。不（fǒu）：同“否”。

【译文】

王戎与和峤同时遭遇大丧，两人都以孝顺著称。王戎瘦骨嶙峋，精神萎顿，卧床不起，和峤终日痛哭流涕，礼数很周到。武帝对刘毅说：“你常去看望王戎、和峤吗？听说和峤之哀伤痛苦超过了礼数，真令人为他担忧。”刘毅说：“和峤虽然礼数周到，人的精神元气并未受损；王戎虽然礼数不周，但哀伤毁损身体以致只剩下一把骨头了。我以为和峤尽孝不会影响性命，而王戎则哀伤过度会危及性命。故陛下不必为和峤担心，倒应为王戎担忧。”

一八

梁王、赵王[①]，国之近属[②]，贵重当时。裴令公岁请二国租钱数百万[③]，以恤中表之贫者[④]。或讥之曰：“何以乞物行惠？”裴曰：“损有余，补不足，天之道也。”

【注释】

①梁王：司马彤，字子徽，司马懿之子。司马炎称帝后封为梁王。永康初为太宰。赵王：司马伦（？—301），字子彝，司马懿之子。晋武帝封其为赵王。惠帝时，为贾后所亲信。贾后谋废愍怀太子司马遹，有人企图策动政变废贾后复立太子，司马伦怕太子复立后对己不利，于是泄露此事，使政变失败，更力劝贾后尽早谋害太子，以绝众望。惠帝永康初，太子遇害后，司马伦发动政变，以为太子复仇为名，与梁王一起废贾后，次年矫诏晋惠帝禅位，自称皇帝，尊惠帝为太上皇。改元建始。三月，齐王司马冏起兵

反司马伦，成都王司马颖、河间王司马颙、常山王司马乂等支持。司马伦兵败，不久被杀。

②近属：近亲。

③裴令公：裴楷(237—291)，字叔则，河东闻喜(今属山西)人。风神高迈，容仪俊爽，博涉群书，精理义，时人称为“玉人”。尤精《老》、《易》。与山涛、和峤等人同为司马炎身边近臣。惠帝时官至中书令、加侍中，与张华、王戎并管机要，故称“裴令公”。二国租钱：梁、赵两个封地的租税钱。

④恤：救济。中表：祖父、父亲姐妹的子女称外表，祖母、母亲兄弟姐妹的子女称内表，统称“中表”。

【译文】

梁王和赵王都是皇室的近亲，在当时堪称位尊权重。裴楷每年都要求从两个王爷封地的租税中拿出几百万钱，用来救济中表亲戚中的贫寒者。有人讥讽他说：“为什么要用乞讨来的钱施恩惠呢?”裴楷说：“减损有余，补救不足，正是奉行天道啊。”

一九

王戎云：“太保居在正始中①，不在能言之流②；及与之言，理中清远③。将无以德掩其言④?”

【注释】

①太保：指王祥。正始：三国魏齐王曹芳的年号(240—248)。当时以何晏、王弼为首，以老庄思想糅合儒家经义，谈玄析理，放达不羁，名士风流，盛于洛下。

②能言之流：指王弼、何晏等竞事清谈之士。

③中(zhòng):适宜,得当。

④将无:莫非,测度之词,这里表示肯定语气。

【译文】

王戎说:"太保处在正始年间,不在擅长清谈一类人物之列;等到同他谈论时,他所说的道理无不恰到好处,清雅而又深远。莫非因他德行过高从而掩盖了其善于清谈的才能吗?"

二〇

王安丰遭艰[①],至性过人[②]。裴令往吊之[③],曰:"若使一恸果能伤人[④],濬冲必不免灭性之讥[⑤]。"

【注释】

①王安丰:即王戎。遭艰:遭遇父母的丧事。

②至性:指孝顺父母之诚信。

③裴令:即裴楷。

④一恸(tòng):指悲哀之极。一,用在动词"恸"之前,表示哀伤程度之深切。

⑤濬冲:即王戎。灭性:《孝经·丧亲》:"毁不灭性,圣人之教也。"意为哀伤不应危害健康,不能灭绝人性之常,这是圣人的教诲。

【译文】

王戎遇到父母的丧事,哀痛之情超过一般人。裴楷去吊唁,说:"假如极度悲哀果然能伤害人体的话,那么王戎必定免不了要受到违背圣人教诲的讥讽了。"

二一

王戎父浑[①],有令名[②],官至凉州刺史[③]。浑薨[④],所历九郡义故[⑤],怀其德惠,相率致赙数百万[⑥],戎悉不受。

【注释】

①浑:王浑,字长原,历任尚书、凉州刺史。

②令名:美好的名声。

③凉州刺史:东汉有凉州刺史部,辖境相当于今甘肃、宁夏和青海、内蒙古等部分地区。曹魏时的辖域仅及今甘肃省黄河以西地区。其最高行政长官为凉州刺史。

④薨(hōng):古代称诸侯或大官之死。

⑤九郡:东汉凉州刺史部辖敦煌、酒泉、张掖、武威、金城、陇西、武都、汉阳、安定、北地九郡。汉献帝建安初年,分凉州河西的酒泉、张掖、敦煌、武威、张掖、居延属国置雍州刺史。建安十八年(213)省凉州入雍州。魏初,以金城、武威、张掖、酒泉、敦煌、西海、西平、西郡八郡复置凉州,一直到西晋,姑臧均为凉州治所。义故:以恩义相结的故旧。

⑥赙(fù):帮助别人办理丧事的钱财。

【译文】

王戎的父亲王浑,有美好的名声,官做到凉州刺史。王浑死时,他辖下各个郡的老部下与旧将,都怀念他的仁德恩惠,相继送来办丧事的费用几百万钱,王戎全都不接受。

二二

刘道真尝为徒[①]。扶风王骏以五百匹布赎之[②],既而用为从事中郎[③]。当时以为美事。

【注释】

①刘道真：刘宝，字道真，山阳郡高平人（今山东邹城西南）。性豁达，通经史，精音律，善弈棋，智勇兼达。刘宝曾在扶风王司马骏府内任从事中郎，后任职吏部郎。因善于骑射，又先后任职侍中、安北大将军、领护乌丸校尉、都督幽并州诸军事等职，后因戍卫北境有功，赐爵关内侯。徒：刑徒，服劳役的犯人。

②扶风王骏：司马骏（约232—286），字子臧，司马懿第七子。晋武帝封其为汝阴王，都督豫州诸军事。后迁使持节、都督扬州诸军事，镇寿春。寻复都督豫州，还镇许昌。迁镇西大将军、使持节、都督雍凉等州诸军事，代汝南王司马亮镇关中，后徙封扶风王。宗室之中最为俊望。

③既而：不久。从事中郎：官名，将帅的僚属。

【译文】

刘宝曾经是服劳役的犯人，扶风王司马骏用五百匹布把他赎了出来。不久，又任用他为从事中郎。当时人将这件事传为美谈。

二三

王平子、胡毋彦国诸人[①]，皆以任放为达[②]，或有裸体者。乐广笑曰[③]："名教中自有乐地，何为乃尔也[④]？"

【注释】

①王平子：王澄，字平子，琅邪临沂（今属山东）人。王衍弟。惠帝末，官至荆州刺史。在任时日夜纵酒，不理庶务，滥杀无辜。元

帝时，征为军咨祭酒。因其盛名在王敦之上，勇力过人，有意侮辱王敦，故当其赴召时，王敦设计使力士杀之。胡毋彦国：胡毋辅之（约263—约311），字彦国，泰山奉高（今山东泰安东）人。少有高名，有知人之明。性嗜酒，放纵，不拘小节。与王澄、王敦、庾敳（ái），俱为太尉王衍所亲近，号为“四友”。元帝时官湘州刺史。

②任放：任性放纵。达：通达，通晓明白。

③乐广（？—304）：字彦辅，南阳淯阳（今河南南阳东南）人。少孤贫，王戎举为秀才。累官至河南尹，后代王戎为尚书令。性冲约，有远识，寡嗜欲，与物无竞。尤善谈论，每以约言析理。论人必先称其所长，为诸名士所叹美。广与王衍俱宅心事外，名重于时。故天下言风流者，谓王、乐为首。

④乃尔：如此，像这样。

【译文】

王澄、胡毋辅之等人，都把任性放纵当做通达，甚至还有人赤身裸体。乐广笑他们说：“名教之中本来就有快乐的境地，为什么要像这个样子呢？”

二四

郗公值永嘉丧乱①，在乡里，甚穷馁②。乡人以公名德，传共饴之③。公常携兄子迈及外生周翼二小儿往食④，乡人曰：“各自饥困，以君之贤，欲共济君耳，恐不能兼有所存。”公于是独往食，辄含饭著两颊边，还，吐与二儿。后并得存，同过江⑤。郗公亡，翼为剡县⑥，解职归，席苫于公灵床头⑦，心丧终三年⑧。

【注释】

①郗(xī)公:郗鉴(269—339),字道徽,东平金乡(今属山东)人。少孤贫,博览群籍,躬耕陇亩,吟咏不倦,以儒雅著名。惠帝时官至太子中舍子、中书侍郎。晋明帝初,王敦跋扈,拜郗鉴安西将军,兖州刺史,都督扬州江西诸军,假节镇合肥。为王敦所忌,征还。王含、钱凤叛乱败亡之后,被封为高平侯。寻迁车骑将军,都督徐、兖、青三州军事,与王导、卞壶同受遗诏辅少主。祖约、苏峻之乱,鉴登坛流涕,誓师勤王。事平,因功拜为司空、加侍中,改封南昌县公。后又讨平贼帅刘徵,进位太尉。卒,谥文成。鉴作有文集十卷(隋书、唐书《经籍志》)传于世。永嘉丧乱:晋惠帝时,发生八王之乱,西晋统治临近崩溃。惠帝永兴元年(304)匈奴刘渊起兵离石(今属山西),国号汉。怀帝永嘉四年(310)刘渊死,子聪继立,次年遣石勒歼灭晋军十余万人于平城(今河南鹿邑西南),俘杀太尉王衍等;同年派刘曜率兵破洛阳,俘怀帝,纵兵掠杀士兵百姓三万余。史称永嘉之乱。永嘉,晋怀帝年号(307—313)。

②穷馁(něi):穷困饥饿。

③传:轮流。饴(sì):同"饲",给人吃。

④迈:郗迈,字思远,官至少府、中护军。郗鉴死前上疏荐郗迈继自己任兖州刺史,称迈"谦爱养士,甚为流亡所宗"。时郗迈为晋陵内史。外生:即外甥。周翼:字子卿,陈郡(今河南淮阳)人。历官剡县县令、青州刺史、少府卿。

⑤过江:指西晋末年遭八王之乱和永嘉之乱,中原氏族与晋王室渡过长江避难。

⑥为剡(shàn)县:任职郯县(今浙江嵊州)县令。

⑦席苫(shān):以草垫子为席。苫,草垫子。按古时礼制,为父母守丧应"寝苫枕块"(《礼记·檀弓上》),即以草垫为席,土块为枕,

表示极度哀痛。周翼因郗鉴的抚育救命之恩，故以父母之礼为之守丧。

⑧心丧：古时老师死后弟子守丧，不穿丧服，只在心中悼念。后来也不限于弟子悼念老师。终：整整。

【译文】

郗鉴遭遇永嘉之乱，在家乡非常穷困饥饿。乡人因为郗鉴有名望德行，便轮流供给他饭食。郗鉴常常带侄儿郗迈和外甥周翼两个孩子一起去吃，乡人说："我们各家都饥饿穷困，因为您是贤德之人，所以大家要想办法周济您罢了，恐怕不能够同时养活两个孩子。"郗鉴于是独自一人去吃饭，吃时总是把饭含在腮帮子里，回到家里，再吐出来给两个孩子吃。后来两个孩子都存活下来，一起渡过长江南下。郗鉴死时，周翼正在剡县县令任上，听说此事，立即辞职回乡，在郗鉴灵床前铺上草垫守孝，再服心丧整整三年，以表示深切的哀悼。

二五

顾荣在洛阳①，尝应人请，觉行炙人有欲炙之色②，因辍己施焉③。同坐嗤之④。荣曰："岂有终日执之，而不知其味者乎？"后遭乱渡江⑤，每经危急，常有一人左右己⑥。问其所以，乃受炙人也。

【注释】

①顾荣（？—312）：字彦先，吴郡吴（今江苏苏州）人。其家为江南大姓，祖父顾雍为吴丞相。顾荣在吴官黄门侍郎。吴亡，入洛阳，与陆机、陆云兄弟号为"三俊"。入晋，历官尚书郎、太子舍人、廷尉正等。因见晋皇族相互争斗，常纵酒不理事。八王之乱

后还吴,琅邪王司马睿移镇建邺(建康,今南京),任命顾荣为安东军司,加散骑常侍,“凡所谋画,皆以谘焉”,成为拥护司马氏政权南渡的江南士族首脑。永嘉六年(312)薨,追赠侍中、骠骑将军、开府仪同三司,谥曰元。建武元年(317),司马睿改称晋王,追封顾荣为公爵。

②行炙人:端送烤肉的人。炙,烤肉。

③辍:中止,停止。

④嗤(chī):讥笑。

⑤乱:指八王之乱。

⑥左右:相帮,相助。

【译文】

顾荣在洛阳的时候,曾经应友人之邀赴宴,在宴席上发觉端送烤肉的人有想尝尝烤肉味道的神色,于是便停下不吃而把自己的一份烤肉送给他。同席的人都笑话顾荣。顾荣说:“哪有整天做烤肉而不知它滋味的人呢?”后来遭遇八王之乱南渡长江,每次逢到危急时,常有一人帮助自己。问他这样做的缘故,原来他就是接受烤肉的那个人。

二六

祖光禄少孤贫[①],性至孝,常自为母炊爨作食[②]。王平北闻其佳名[③],以两婢饷之[④],因取为中郎[⑤]。有人戏之者曰:“奴价倍婢[⑥]。”祖云:“百里奚亦何必轻于五羖之皮邪[⑦]!”

【注释】

①祖光禄:祖纳,字士言,晋范阳遒(qiú)县(今河北涞水北)人。祖逖之兄,历官太子中庶子、光禄大夫。因其为光禄大夫,故称祖光禄。

②炊爨(cuàn):烧火做饭。

③王平北:王乂(yì),字叔元,琅邪临沂(今属山东)人。王衍之父。司马昭征为相国司马,迁大尚书,都督幽州诸军事、平北将军。

④饷:赠送。

⑤中郎:官名。秦置,汉沿用。担任宫中护卫、侍从。属郎中令。分五官、左、右三中郎署。各署长官称中郎将,省称中郎。

⑥奴:指男性奴仆。婢:女奴。

⑦百里奚亦何必轻于五羖(gǔ)之皮邪:百里奚原为虞大夫,虞亡时为晋所俘,作为陪嫁之臣送入秦国,他逃至楚。秦穆公闻其贤,以五张黑色公羊皮赎回,用为大夫,称为"五羖大夫"。后成为助秦穆公称霸的功臣。羖,黑色公羊。

【译文】

祖纳少年时孤苦贫穷,天性极为孝顺,常常亲自为母亲烧火做饭吃。王乂听到祖纳的好名声,就把两个婢女送给他,并且还选用他为中郎。有人对祖纳开玩笑说:"男奴的身价高过女奴一倍。"祖纳说:"百里奚的身价又怎会比五张黑公羊皮轻贱呢?"

二七

周镇罢临川郡还都[①],未及上住[②],泊青溪渚[③],王丞相往看之[④]。时夏月,暴雨卒至[⑤],舫至狭小[⑥],而又大漏,殆无复坐处。王曰:"胡威之清[⑦],何以过此!"即启用为吴兴郡[⑧]。

【注释】

①周镇:字康时,晋陈留尉氏(今属河南)人。清静寡欲,有政绩。官临川、吴兴郡守。临川郡:郡名。三国吴太平二年(257)建临川郡,

属扬州，治临汝县（今江西抚州临川区）。两晋、南朝相沿。

②上住：上岸住宿。

③青溪：水名，三国时吴孙权于赤乌四年（241）开凿，长十余里。六朝时为漕运要道，后逐渐湮没，今仅存入秦淮河一段。渚（zhǔ）：水中的小块陆地。

④王丞相：王导（276—339），字茂弘，琅邪临沂（今属山东）人。西晋末与琅邪王司马睿交厚，献策移镇建邺（后改建康，今江苏南京）。永嘉元年（307），晋怀帝任命司马睿为安东将军，出镇建邺，王导相随南渡，任安东将军司马。他主动出谋划策，联合南北士族，拥立司马睿为帝（晋元帝），建立东晋政权。王导官居宰辅，总揽元帝、明帝、成帝三朝国政。为政期间，协调北方士族与南方士族之间、王氏与司马氏之间的矛盾，用"镇之以静，群情自安"的方法处理统治集团与民众矛盾，平王敦之乱、苏峻之乱，威望甚高，朝野号之为"仲父"。

⑤卒（cù）：同"猝"，突然。

⑥舫（fǎng）：船。

⑦胡威（？—280）：字伯武，一名貔，淮南寿春（今安徽寿州）人。魏末咸熙中官至徐州刺史，晋武帝时历南乡侯、安丰太守，官至前将军、青州刺史。勤于政术，风化大行。后以功封平春侯。与父胡质俱以清慎闻名。太康元年（280）卒，谥曰烈。

⑧启用：举用，荐举任用。为吴兴郡：任为吴兴郡守。吴兴郡，郡名，三国时置郡，相当于今天的浙江临安至江苏宜兴一带。治所在乌程（今浙江湖州吴兴）。

【译文】

周镇被免去临川郡守职务返回都城时，还没来得及上岸住宿，将船停泊在青溪渚，王导去看望他。当时正当夏天，突然下起了暴雨，周镇的船极为狭小，而且又漏得厉害，差不多没有可坐的地方。王导说："胡威是以清廉闻名的，可怎么能超过周镇这样的情形呢！”遂即举用周镇任吴兴太守。

二八

邓攸始避难[①]，于道中弃己子，全弟子[②]。既过江，取一妾[③]，甚宠爱。历年后，讯其所由[④]，妾具说是北人遭乱[⑤]，忆父母姓名，乃攸之甥也。攸素有德业，言行无玷[⑥]，闻之哀恨终身，遂不复畜妾[⑦]。

【注释】

①邓攸始避难：据《晋书》邓攸本传，攸“永嘉末，没于石勒”，“石勒过泗水，攸乃斫坏车，以牛马负妻子而逃。又遇贼，掠其牛马”。邓攸（？—326），字伯道，襄陵（今属山西）人。幼年即以克尽孝道著称。后为河东太守。逃到江南后，元帝时为吴郡太守，“载米之郡，俸禄无所受，唯饮吴水而已”。时郡中大饥，攸表赈贷，未报，乃辄开仓救之。在郡刑政清明，百姓欢悦，为中兴良守。去职时，郡常有送迎钱数百万，攸不受一钱。后代周颛为护军将军，累官至吏部尚书，迁尚书右仆射。难，指永嘉之乱。

②于道中弃己子，全弟子：据《晋书》邓攸本传：“石勒过泗水，攸乃斫坏车，以牛马负妻子而逃。又遇贼，掠其牛马，步走，担其儿及其弟子绥。度不能两全，乃谓其妻曰：‘吾弟早亡，唯有一息，理不可绝，止应自弃我儿耳。幸而得存，我后当有子。’妻泣而从之，乃弃之。其子朝弃而暮及。明日，攸系之于树而去。”弟子，弟之子。

③取：娶。

④所由：指出身，来历。由，由来，来历。

⑤具说：详细诉说。

⑥玷(diàn)：白玉上的瑕疵。喻指污点。

⑦畜：原为畜养禽兽，这里指纳妾。

【译文】

邓攸当初避难时，在半路上丢弃了亲生的儿子，保全了弟弟的儿子。过江后，邓攸娶了一个小妾，非常宠爱她。多年后，邓攸问起小妾的来历，小妾详细地说了她是北方人，并回忆父母的姓名，原来她竟是邓攸的外甥女。邓攸向来德行高尚，功业卓著，言行没有丝毫的污点，现在听到小妾竟是自己的外甥女，终身感到悲哀悔恨，从此不再纳妾。

二九

王长豫为人谨顺①，事亲尽色养之孝②。丞相见长豫辄喜③，见敬豫辄嗔④。长豫与丞相语，恒以慎密为端⑤。丞相还台⑥，及行，未尝不送至车后。恒与曹夫人并当箱箧⑦。长豫亡后，丞相还台，登车后，哭至台门；曹夫人作簏⑧，封而不忍开。

【注释】

①王长豫：王悦，字长豫，王导长子。少年时即有高名，侍讲东宫，后官任中书侍郎。早卒，无子，以弟之子为嗣。

②色养：和颜悦色地侍奉父母。《论语·为政》："子夏问孝。子曰：'色难。'"谓侍奉父母以和颜悦色为难。

③丞相：即王导。

④敬豫：王恬，字敬豫，王导次子。少好武，为王导所不喜。性傲

诞，不拘礼法。晚节更好士，多技艺，善弈棋，为中兴第一。历官中书郎、后将军、会稽内史等。袭爵即丘子，卒谥曰宪。

⑤端：根本。

⑥台：指尚书省衙署，王导当时任丞相领尚书省事。

⑦曹夫人：王导夫人，王悦母亲，姓曹名淑，彭城（今江苏徐州）人。并当（dàng）：料理，收拾。箱箧（qiè）：箱子。

⑧作簏（lù）：整理箱子。簏，竹箱。

【译文】

王悦为人谨慎恭顺，侍奉父母总是和颜悦色曲尽孝道。王导看见王悦就高兴，看见王恬就生气。王悦与王导说话，常把谨慎小心、细密周到看作最根本的事。王导回尚书省衙署，每次走的时候，王悦没有不送到车子后面的。王悦常和母亲曹夫人一起收拾箱子。王悦死后，王导回尚书省，登上车后，直哭到尚书台门口；曹夫人整理箱笼时，则把儿子生前收拾过的箱子封起来，再也不忍心打开。

三〇

桓常侍闻人道深公者[①]，辄曰："此公既有宿名[②]，加先达知称[③]，又与先人至交[④]，不宜说之。"

【注释】

①桓常侍：桓彝，字茂伦，晋谯国龙亢（今安徽怀远）人。少与庾亮深交，雅为周颛所重。元帝时为吏部郎，累迁中书郎、尚书吏部郎，名显朝廷。时王敦跋扈，彝称疾去职。明帝将伐王敦，拜彝散骑常侍，参与讨敦谋议，以功封万宁县男，后任宣城内史。苏峻起兵反晋，桓彝固守泾县，城陷，为苏峻部将韩晃所杀。深公：

名道潜，字法深，晋高僧。俗姓王，琅邪（今属山东）人，出身世家。十八岁出家，以刘元真为师，善讲佛法，听法者常达五百人。尤精般若学。永嘉初，避乱过江，为元帝、明帝、哀帝所敬重。与王导、庾亮、何充、刘惔等达官名士多有交往。

②宿名：久有名望。

③先达：前辈。知称：赞扬称许。

④先人：指去世的父亲。桓彝之父是桓颢，官至郎中。

【译文】

桓彝听到有人议论法深和尚，就说："这位深公久负盛名，再加上前辈都赞扬称许，且又与先父是至交的朋友，所以不该议论他。"

三一

庾公乘马有的卢[①]，或语令卖去。庾云："卖之必有买者，即复害其主，宁可不安己而移于他人哉[②]？昔孙叔敖杀两头蛇以为后人[③]，古之美谈。效之，不亦达乎[④]？"

【注释】

①庾公：庾亮（289—340），字元规，颍川鄢陵（今属河南）人。妹为明帝皇后。历仕元帝、明帝、成帝三朝。以帝舅与王导辅立成帝，任中书令，执朝政。庾太后临朝，政事决断于亮。苏峻以平王敦功，进冠军将军，历职太守，统精兵万人。庾亮拟夺其兵权，苏峻与祖约以诛执政庾亮为名，联合举兵反晋。庾亮与温峤推荆州刺史陶侃为盟主，击灭峻、约。陶侃死，代镇武昌，任征西将军。的（dì）卢：额部有白色斑点的马，传说为凶马，会给乘坐者带来厄运。

②宁可:怎么能,岂可。

③孙叔敖杀两头蛇以为后人:孙叔敖儿时出游遇到两头蛇,传说见到两头蛇的人会死去,他怕别人再遇见,就杀死蛇埋掉了。孙叔敖,苏(wěi)氏,名敖,字孙叔,春秋时楚国期思(今河南淮滨东南)人。官令尹(楚相),辅助楚庄王成就霸业。

④达:通达,明白事理。

【译文】

庾亮所乘的马中有一匹的卢马,有人劝他卖掉这匹马。庾亮说:"我卖掉此马,必定有买它的人,那又害了它的新主人。难道可以因这马对自己不利就把祸害转移给别人吗?过去孙叔敖杀死两头蛇为后人除害,成为古来的美谈。我仿效他不卖凶马去害人,不也算是通晓事理吗?"

三二

阮光禄在剡①,曾有好车,借者无不皆给。有人葬母,意欲借而不敢言,阮后闻之,叹曰:"吾有车,而使人不敢借,何以车为?"遂焚之。

【注释】

①阮光禄:阮裕,字思旷,陈留尉氏(今属河南)人。以德业著称。曾为王敦主簿,见王敦心存谋逆,便酣饮旷职,被王敦免职。后拜临海、东阳太守。屡辞征召,隐居剡山。因曾征召其为金紫光禄大夫,故称阮光禄。剡(shàn):县名,在今浙江嵊州西南。

【译文】

阮裕闲居剡县时,曾经有一辆好车子,凡有人来借,没有一个不借给的。有人要安葬母亲，想借车子却又不敢开口，阮裕后来听说了这件事，叹息说："我有车子却使人不敢借用，要这车子有什么用呢?"于是他就把车子烧掉了。

三三

谢奕作剡令①，有一老翁犯法，谢以醇酒罚之，乃至过醉而犹未已②。太傅时年七八岁③，著青布绔，在兄膝边坐，谏曰："阿兄，老翁可念④，何可作此！"奕于是改容曰⑤："阿奴欲放去邪⑥？"遂遣之。

【注释】

①谢奕：字无奕，东晋陈郡阳夏(今河南太康)人。谢安之兄，谢玄之父。与桓温友善。历官剡令、都督豫兖冀并四州军事、安西将军、豫州刺史。

②已：停止。

③太傅：即谢安(320—385)，字安石，少有重名，年四十余方出仕。初为桓温司马，后任吴兴太守。桓温专权，简文帝临终时，谢安坚决扶立孝武帝，之后又屡次挫败桓温篡位阴谋。孝武帝时官至宰相，有威望，奉行王导缓和士族矛盾、稳定政局的政策，团结异己，共同维护晋室。时人比之王导。又使谢玄组织训练"北府兵"，防备前秦。前秦苻坚南下攻晋时，谢安为征讨大都督，指挥谢石、谢玄等大破苻坚于淝水，以功拜太保。死后追赠太傅。

④可念：可怜。

⑤改容：指由严厉的脸色改变为温和的脸色。容，脸上的神情或气色。

⑥阿奴:当时人对亲近者的昵称。

【译文】

谢奕当剡县县令时,有一位老人犯了法,谢奕罚老人喝烈酒,以致使老人醉酒过量,但谢奕还是不肯罢休。谢安当时才七八岁,穿着青布裤子,坐在兄长膝旁,劝道:“阿哥,老人家挺可怜的,怎么可以这样做呢?”谢奕于是脸色缓和下来,说:“阿弟要放他走吗?”于是就把老人打发走了。

三四

谢太傅绝重褚公①,常称:“褚季野虽不言,而四时之气亦备②。”

【注释】

①谢太傅:即谢安。褚公:褚裒(póu,303—349),字季野,河南阳翟(今河南禹县)人。其女为康帝皇后。苏峻之乱爆发,郗鉴引为参军。乱平,封都乡亭侯,永和初,进号征北大将军、仪同三司,起用顾和、殷浩。永和五年(349),准备乘北方石虎新死北伐,镇京口,进军彭城,兵败于代陂,引咎自贬,惭恨病死。

②四时:四季。

【译文】

谢安非常看重褚裒,常称赞说:“褚季野虽不说话,可是心里却是非常清楚,像那四季的气象一样无不具备。”

三五

刘尹在郡①,临终绵惙②,闻阁下祠神鼓舞③,正色曰:

"莫得淫祀[④]!"外请杀车中牛祭神,真长答曰:"'丘之祷久矣[⑤]。'勿复为烦。"

【注释】

①刘尹:刘惔(tán),字真长,晋沛国相(今安徽濉溪西北)人。汉室之裔,明帝女婿。善清谈,尤好老庄,与王羲之相友善,为王导所器重。历司徒左长史、侍中、丹阳尹,故世称刘尹,为政清整。活跃于东晋穆帝永和年间,死时年三十六岁。刘惔为永和名士之首,长于清言,交游广泛,嗜谈玄理,从老一辈的王导、支遁、蔡谟、何充,到同辈的王濛、桓温、殷浩、谢尚、许询、谢安等人,都与之有所交往,又为主政之会稽王司马昱"入室之宾",颇有识人之明与政治远见。郡:丹阳郡。治所在今江苏南京东南,是护卫京师的重要地区。

②绵惙(chuò):气息微弱,病势危殆。

③鼓舞:击鼓舞蹈,巫者祭神的仪式。

④淫祀:不合礼制的祭祀。

⑤丘之祷久矣:见《论语·述而》:"子疾病,子路请祷。子曰:'有诸?'子路对曰:'有之。诔曰:祷尔于上下神祇。'子曰:'丘之祷久矣。'"

【译文】

刘惔在丹阳郡尹任上,弥留之际,气息奄奄,听到楼阁下传来祭祀神灵击鼓舞蹈的声音,便神色严厉地说:"不要搞违反礼制的祭祀!"外面有人请求杀掉驾车的牛来祭祀。刘惔说:"我也好像孔子讲的那样,祈祷已很久了。不要再搞那些麻烦事了。"

三六

谢公夫人教儿[①]，问太傅[②]："那得初不见君教儿[③]？"答曰："我常自教儿。"

【注释】

①谢公夫人：谢安夫人。刘注引《谢氏谱》谓"刘耽女"，即刘惔之妹。

②太傅：即谢安。

③那得：怎么。初不：从未。

【译文】

谢安夫人常教导儿子，她问谢安："怎么从来不见您教导儿子？"谢安回答说："我常常用自己的言行来教导儿子。"

三七

晋简文为抚军时[①]，所坐床上尘不听拂[②]，见鼠行迹，视以为佳。有参军见鼠白日行[③]，以手板批杀之[④]，抚军意色不说[⑤]。门下起弹[⑥]，教曰[⑦]："鼠被害尚不能忘怀，今复以鼠损人，无乃不可乎[⑧]？"

【注释】

①晋简文：东晋简文帝司马昱（320—372），字道万，元帝少子，初封为琅邪王，后徒封会稽王。穆帝即位初，太后临朝，进位抚军大将军，录尚书事。废帝即位初进位丞相，录尚书事。后为大司马桓温拥戴即帝位。在位不到两年即病卒（371—372）。好玄学，

在他的提倡下，东晋中期以前玄学大兴。抚军：抚军大将军。

②床：古时坐、卧之具，这里指坐具。不听：不许，不让。

③参军：将军府属下的官员。

④手板：即笏，古代官吏上朝或谒见上司时拿在手中的狭长板子，以备记事用。批：击打。

⑤意色：神色。说：同"悦"，高兴。

⑥弹：弹劾。

⑦教：上对下的告谕。

⑧无乃：岂不是，表示委婉语气。

【译文】

简文帝任抚军大将军时，所坐坐榻上的尘灰不让拂拭，看见有老鼠爬过的痕迹，反而认为很好。有位参军看见老鼠白天爬出来，就用手板把它打死了，抚军露出很不高兴的神色。下属起来弹劾这位参军，抚军告谕说："老鼠被打死尚且不能令人忘怀，现在又因为老鼠的事而伤害到人，岂不是更不应该吗？"

三八

范宣年八岁[①]，后园挑菜，误伤指，大啼。人问"痛邪"？答曰："非为痛，身体发肤，不敢毁伤[②]，是以啼耳。"宣洁行廉约[③]，韩豫章遗绢百匹[④]，不受；减五十匹，复不受。如是减半，遂至一匹，既终不受。韩后与范同载，就车中裂二丈与范云："人宁可使妇无裈邪[⑤]？"范笑而受之。

【注释】

①范宣：字子宣，晋陈留（今属河南）人。年十岁即能诵诗书，好学

不倦，博综众书，尤善“三礼”。自魏正始以后，《老》、《庄》之学盛行，但他言谈从不涉及老、庄。州郡征召其为太学博士、散骑郎等，皆不就。范宣招集生徒，以讲授儒学为业，为时人所敬仰。

②身体发肤，不敢毁伤：见《孝经》：“身体发肤，受之父母，不敢毁伤，孝之始也。”谓人的身躯、四肢、毛发、皮肤，都是从父母承受得来，因此不敢损毁伤残，这是孝顺的第一步。

③洁行廉约：品行高洁，清廉俭朴。

④韩豫章：韩伯（？—约385），字康伯，颍川长社（今河南长葛）人，殷浩外甥。幼颖悟。及长，清和有思理，留心文艺。有善理，善清言。简文帝司马昱居藩时，引为谈客。历官豫章太守，镇军将军等。因其曾任豫章太守，故称韩豫章。

⑤宁可：怎么能。裈（kūn）：裤子。

【译文】

范宣八岁时，一次在后园挑菜，不小心弄伤了手指，就大哭起来。人家问他“痛吗”？他答道：“不是为了痛，因为身体发肤，不敢损伤，所以才哭的。”范宣品行高洁，为人廉洁俭朴，韩伯送他一百匹绢，他不接受；韩伯减为五十匹，他还是不接受。就这样一再减半，一直减到只剩一匹，最后他还是不接受。韩伯后来与范宣同乘一辆车，就在车中撕下两丈绢给范宣，说：“一个人怎么能让自己的妻子没有裤子穿呢？”范宣笑着收下了绢。

三九

王子敬病笃①，道家上章②，应首过③，问子敬：“由来有何异同得失④？”子敬云：“不觉有余事，唯忆与郗家离婚⑤。”

【注释】

①王子敬：王献之（344—386），字子敬，羲之第七子，少有盛名，官至中书令，故又称“大令”。工书法，兼擅诸体，尤精行草，与父齐名，并称“二王”。病笃：病重。

②道家：指道士。东汉张陵（一名道陵）创五斗米道，凡入道者纳米五斗，故称。奉老子为教主，逐渐形成道教。王氏一门笃信五斗米道。上章：道士上表求神祛病。

③首过：交代、陈述自己的罪过。

④由来：从过去到现在，向来。异同得失：偏义复词，着重于异常与过失。

⑤与郗家离婚：王郗两家二世联姻，王羲之即娶郗鉴之女。王献之原配为郗鉴少子郗昙之女，名道茂。简文帝第三女新安公主尚桓温之子桓济，桓济犯罪被废，新安公主仰慕王献之，孝武帝下旨让王献之休掉郗道茂，再娶新安公主。淳化阁帖中录有王献之离婚后写给郗道茂的信，言辞哀婉，情义犹深。

【译文】

王献之病危，按照道教的规矩，病人请道士代其上表祈求神灵除病消灾，并应当自动陈述罪过。道士问献之：“你一直以来有什么过失？”献之说：“我不觉得有什么其他的事情，只想起与郗家离婚之事。”

四〇

殷仲堪既为荆州[①]，值水俭[②]，食常五碗盘[③]，外无余肴[④]。饭粒脱落盘席间，辄拾以啖之[⑤]。虽欲率物[⑥]，亦缘其性真素[⑦]。每语子弟云：“勿以我受任方州[⑧]，云我豁平昔时意[⑨]，今吾处之不易。贫者士之常，焉得登枝而捐其本[⑩]！尔曹其存之。”

【注释】

①殷仲堪(? —399):陈郡(今河南淮阳)人。能清言,与韩康伯齐名。谢玄请为参军。又为长史,领晋陵太守。父病,仲堪衣不解带,执药挥泪,遂眇一目。孝武帝召为太子中庶子,甚相亲爱,授都督荆、益、宁三州军事、荆州刺史,镇江陵。曾与桓玄、王恭共同起兵反对当时执政的会稽王司马道子、司马元显等。安帝时,桓玄兼并江陵,他战败被俘,自杀。又称殷荆州。为荆州:任荆州刺史。荆州,东晋时期,荆州治所屡屡迁移,以治江陵为多。荆州在东晋地位非常重要,盛弘之《荆州记》:“自晋室东迁,王居建业,则以荆、扬为京师根本所寄。”所辖范围主要在今湖北、湖南,相对于京师所在之扬州为上游,“上流形胜,地广兵强”,又是“国之西门,户口百万,北带强胡,西邻劲蜀,经略险阻,周旋万里,得贤则中原可立,势弱则社稷同忧”,所以南宋洪迈《容斋随笔》“东晋将相”条曰:“方伯之任莫重于荆徐,荆州为国西门,刺史常督七八州事,力量强,分天下半。”

②水:水灾。俭:年成歉收。

③五碗盘:当时流行的一种成套的食器,由一只圆形托盘和五只小碗组成。

④肴:指鱼、肉等的荤菜。

⑤啖(dàn):吃。

⑥率物:为人表率。率,表率。物,指人。

⑦真素:自然坦率,不做作。

⑧方州:大州。方,大。

⑨豁:舍弃。

⑩捐:舍弃,抛弃。

【译文】

殷仲堪任荆州刺史后，遇到水灾，年成歉收，他吃饭时常常只用五碗盘装菜，此外就没有什么荤菜了。吃饭时如有饭粒掉在桌子上，他总是捡起来吃掉。他这样做虽然是想要做大家的表率，却也是源于他本性之自然坦率。殷仲堪常告诉子弟说："不要认为我担任了大州的长官，就可以抛弃往日的本分，我现在仍然没有改变。清贫是士人的本分，哪里能一登上高枝就丢掉根本呢？你们一定要牢记我的话！"

四一

初，桓南郡、杨广共说殷荆州①，宜夺殷觊南蛮以自树②。觊亦即晓其旨③。尝因行散④，率尔去下舍⑤，便不复还，内外无预知者。意色萧然⑥，远同斗生之无愠⑦。时论以此多之。

【注释】

①桓南郡：桓玄(369—404)：字敬道，一名灵宝，谯国龙亢（今安徽怀远西）人。桓温少子，袭父封为南郡公。曾官义兴太守、江州刺史、都督荆州等八州郡军事。曾与兖州刺史王恭、荆州刺史殷仲堪起兵反对会稽王司马道子、司马元显父子。后打败王恭、殷仲堪，并得其地。元兴元年(402)举兵攻入建康，杀司马元显，掌朝政。次年代晋自立，国号楚。不久为刘裕所败，自杀。杨广：字德度，晋弘农华阴（今属陕西）人。官至南蛮校尉，淮南太守。殷仲堪任荆州刺史，任命杨广的弟弟杨佺期为司马。殷仲堪起兵反对司马道子父子，将军务大事交杨广兄弟管理。后与弟佺期俱为桓玄所杀。

②殷觊(jì,? —398):字伯道,殷仲堪之堂兄。性通率,有才气,少时与殷仲堪俱知名。曾官中书郎,擢为南蛮校尉,有政绩。仲堪将兴兵内伐,觊密谏,仲堪不从,遂以忧卒。追赠冠军将军。南蛮:南蛮校尉,官职名。西晋武帝置,治襄阳。东晋初省,寻又置,治江陵。南蛮校尉是两晋南朝时期专门管理荆楚一带蛮族等少数民族事务的武官,与荆州刺史有着密切的联系,从而在东晋南朝的政治斗争中发挥着重要的作用。

③旨:意思,目的。

④行散:魏晋士人喜欢服一种名为五石散的烈性药(一名寒食散),服后需走路来发散药性,名为行散。

⑤率尔:随意。去:离开。下舍:官员在署衙附近的宅舍。

⑥萧然:安静的样子。

⑦斗(dǒu)生:楚成王令尹斗穀於(wū)菟(tù),字子文,他自毁其家,以纾困难,为著名的贤相。他三次被任为令尹都没有喜色,三次被罢职也没有怨怒之色。生,即先生的省称。

【译文】

当初,桓玄与杨广一起劝说殷仲堪,应当夺取殷觊的南蛮校尉之职与所辖地区,来树立扩大自己的势力范围。殷觊也立即明白了他们的意图。殷觊借着出外行散的机会,很随意地离开自己的宅舍,便不再回来,里里外外没有一人预先知道此事。他的意态神色很安详,就像春秋时的令尹子文虽然被罢职而仍然没有怒色那样。当时的舆论都为此赞扬他。

四二

王仆射在江州,为殷、桓所逐,奔窜豫章①,存亡未测。王绥在都②,既忧戚在貌,居处饮食,每事有降。时人谓为

"试守孝子"[3]。

【注释】

①"王仆射(yè)在江州"三句:王仆射即王愉,王国宝异母兄弟。王国宝为司马道子亲信,立主削弱方镇势力。王恭等讨伐王国宝,王愉以与国宝素不协,故得免祸。王国宝被杀,王愉出为江州刺史,都督豫州四郡。未几,殷仲堪、桓玄、杨佺期举兵应王恭,愉既无备,惶遽奔临川(江州下辖郡,治所在今江西抚州),为玄所得。王愉,字茂和,晋太原晋阳(今山西太原)人。桓玄篡位后,以王愉为尚书仆射,故称王仆射。刘裕攻破桓玄,愉既桓氏婿,父子宠贵,又尝轻侮刘裕,心不自安,潜结司州刺史温详,谋作乱,事泄,被诛,子孙十余人皆伏法。殷,殷仲堪。桓,桓玄。豫章,郡名,治所在今江西南昌。豫章郡与临川郡南北相接。

②王绥:字彦猷,王愉之子,少有令誉,后为太尉右长史。为桓玄甥,甚见宠待。桓玄篡位,为中书令。刘裕讨桓玄,以为冠军将军。累迁荆州刺史。因父谋逆,与弟一起被杀。

③试守孝子:王绥在父亲生死不明的情况下,就已实行守孝的样子,犹如试用官吏一样,故称。试守,试用。秦汉以来任用官吏时先试用一年,然后正式任用。

【译文】

王愉在江州刺史任上时,为殷仲堪、桓玄发兵驱逐,狼狈逃向豫章,生死不明。王绥在京城听到父亲的消息后,既忧伤满面,又在起居饮食方面有所节制,当时人称他为"试守孝子"。

四三

桓南郡既破殷荆州[1],收殷将佐十许人,咨议罗企生亦在焉[②]。桓素待企生厚，将有所戮，先遣人语云："若谢我[③]，当释罪。"企生答曰："为殷荆州吏，今荆州奔亡，存亡未判[④]，我何颜谢桓公！"既出市[⑤]，桓又遣人问："欲何言？"答曰："昔晋文王杀嵇康[⑥]，而嵇绍为晋忠臣[⑦]。从公乞一弟以养老母。"桓亦如言宥之[⑧]。桓先曾以一羔裘与企生母胡[⑨]，胡时在豫章，企生问至[⑩]，即日焚裘。

【注释】

①桓南郡既破殷荆州：桓玄与殷仲堪曾一度结盟反对执政的司马道子父子，而桓玄野心甚大，对殷之荆州觊觎已久。殷仲堪为防桓玄便与雍州刺史杨佺期联姻，又嫉杨氏骁勇，阻止杨佺期讨伐桓玄。桓玄将讨佺期，先告仲堪云："今当入沔讨除佺期，已顿兵江口。若见与无贰，可杀杨广；若其不然，便当率军入江。"仲堪乃执玄兄伟，遣从弟遹等水军七千至江西口。玄使郭铨、苻宏击之，遹等败走。玄顿巴陵，而馆其谷。玄又破杨广于夏口。仲堪既失巴陵之积，又诸将皆败，江陵震骇。城内大饥，以胡麻充饥。仲堪急召佺期。佺期率众赴之，直济江击玄，为玄所败，走还襄阳。仲堪出奔酂城，为玄追兵所获，逼令自杀，死于柞溪。桓南郡，桓玄。殷荆州，殷仲堪。

②咨议：官名，晋以后王府设咨议参军，以备咨询谋议，简称"咨议"。罗企生：字仲伯，晋豫章（今江西南昌）人，为殷仲堪咨议参军。殷仲堪兵败于桓玄，罗亦为桓所杀。

③谢：道歉或认错。

④判：判明，弄清楚。

⑤市：指刑场。

⑥晋文王杀嵇康：嵇康为曹魏女婿，不满司马氏专权觊觎皇位，拒

绝与司马氏合作，被司马昭所杀。晋文王，司马昭。

⑦嵇绍为晋忠臣：嵇康之子嵇绍（253—304），字延祖，嵇康被杀时他年仅十岁。事母至孝。武帝征为秘书丞，后官至侍中。永安元年（304）东海王司马越挟持惠帝与成都王司马颖交战，大败于荡阴，当时百官与侍卫都溃散，只有嵇绍以身卫帝，被杀于帝侧，血溅帝衣。

⑧宥：赦免。

⑨羔裘：羔羊皮袍。

⑩问：音问，消息。

【译文】

桓玄打败殷仲堪后，收捕了殷的将领僚属十多人，咨议罗企生也在其中。桓玄一向优待企生，当他将要处决一些人时，先派人告诉企生说："你如果向我谢罪，我当免你一死。"企生回答道："我作为殷荆州的属吏，如今他逃亡在外，生死还没有弄清楚，我有什么脸面向桓公谢罪！"当企生已经绑赴刑场时，桓玄又派人去问企生还有什么话要说，企生答道："从前晋文王杀嵇康，而后来他的儿子嵇绍成为晋的忠臣。我想向桓公求一位弟弟侍奉老母。"桓玄答应企生的要求赦免其弟。桓玄先前曾经送给企生母亲胡氏一件羔羊皮袍，当时胡氏在豫章郡，当企生被杀的消息传到时，胡氏当天就把皮袍烧掉了。

四四

王恭从会稽还①，王大看之②。见其坐六尺簟③，因语恭："卿东来，故应有此物，可以一领及我。"恭无言。大去后，即举所坐者送之。既无余席，便坐荐上④。后大闻之，甚惊曰："吾本谓卿多，故求耳。"对曰："丈人不悉恭⑤，恭作人无长物。”

【注释】

①王恭从会稽还：据《晋书》王恭本传，王恭是随其父会稽内史王蕴回都。王恭（？—398），字孝伯，太原晋阳（今山西太原）人。王蕴之子，晋孝武帝皇后之兄。美姿仪，人多爱悦，或目之云“濯濯如春月柳”。历官著作郎、丹阳令，出为五州都督前将军，兖、青二州刺史。会稽王司马道子执政，宠信王国宝等小人，王恭经常正色直言，为道子所忌。晋安帝隆安元年（397）四月，王恭以除王国宝为名向都城建康进军，司马道子赐死王国宝、诛杀王绪以求罢兵，王恭还兵京口。不久，司马道子任用王愉为江州刺史，以制约外镇的王恭、庾楷等。隆安二年（398），王恭计划第二次率北府兵进军建康，桓玄、殷仲堪一同响应，推王恭为盟主。司马道子之子司马元显派人以重利说动北府军将领、王恭属下刘牢之倒戈，王恭兵败，被司马道子杀害于建康的倪塘。会稽，郡名，治所在今绍兴。

②王大：王忱，字元达，小字佛大，王坦之第四子，弱冠知名，与王恭、王珣俱流誉一时。历任骠骑长史、荆州刺史、都督荆、益、宁三州军事、建武将军等。桓玄时在江陵，常以才雄驾物，忱每裁抑之。玄惮而服焉。王忱性任达不拘，末年尤嗜酒，一饮连月不醒，或裸体而游，数年卒官，追赠右将军，谥曰穆。

③簟（diàn）：竹席。

④荐：草垫子。

⑤丈人：对人的尊称。

【译文】

王恭从会稽回来，王忱去探望他。王忱看到王恭坐着一条六尺长的竹席，便对他说："你从东边来，所以应该还有这种东西，可以送一条给我。"王恭没有作声。王忱走了以后，王恭就把所坐的竹席送他。王恭没有多余的席子，就坐在草垫子上。后来王忱听说这件事，十分惊异地说："我原本以为你有很多，所以才向你要的。"王恭答道："这是您老不了解我，我做人一向没有多余的物品。"

四五

吴郡陈遗①，家至孝。母好食铛底焦饭②，遗作郡主簿③，恒装一囊，每煮食，辄贮录焦饭④，归以遗母⑤。后值孙恩贼出吴郡⑥，袁府君即日便征⑦。遗已聚敛得数斗焦饭，未展归家⑧，遂带以从军。战于沪渎⑨，败，军人溃散，逃走山泽，皆多饥死，遗独以焦饭得活。时人以为纯孝之报也。

【注释】

①吴郡：郡名，治所在今江苏苏州。陈遗：生平不详。

②铛(chēng)：平底浅锅。

③主簿：官名，负责文书簿籍等事。

④贮(zhù)录：储藏。录，收藏。

⑤遗(wèi)：送给。

⑥孙恩贼出吴郡：指孙恩于隆安三年(399)趁司马元显发东土诸郡免奴为客者，号曰"乐属"，移京师充兵役，民心骚动之际，率众从海岛攻克上虞，乘胜破会稽，占领会稽、吴郡、吴兴、义兴、临海、永嘉、东阳、新安八郡。孙恩(？—402)，字灵秀，琅邪(今属山东)人，世奉五斗米道。东晋隆安二年(398)，爆发王恭之乱，其父孙泰以为晋祚将尽，乃以讨王恭为名，私合徒众数千人，准备

起事。事未发，司马道子父子诱斩了孙泰及其六子。孙恩逃入海岛，聚众百余名立志为孙泰复仇。次年起兵，攻占会稽八郡后虽败于谢琰、刘牢之，但又一度逼近建康，攻破广陵（今江苏扬州）。后为刘裕所败，投水自杀。

⑦袁府君：袁山松（？—401），一名崧，阳夏（今河南太康）人。少有才名，博学能文。为吴郡太守，孙恩攻沪渎，山松守沪渎城，城陷被害。著《后汉书》百篇，已佚，有辑本。

⑧未展：未及，来不及。

⑨沪渎（dú）：水名，在上海东北吴淞江下游近海处。

【译文】

吴郡陈遗在家极其孝顺。他母亲喜欢吃锅底焦饭，陈遗任职州郡主簿时，常带一只口袋，每次煮饭，总是把焦饭储存起来，回家送给母亲。后来碰到孙恩进攻吴郡，袁山松当天即出征讨伐。陈遗已经收存了几斗焦饭，还来不及送回家，就带着这袋焦饭，跟着军队出发了。沪渎一战失败，官兵溃散逃到山林水泽中，大都饿死，只有陈遗靠着所带焦饭活了下来。当时人都认为这是他纯孝所得的好报。

四六

孔仆射为孝武侍中[①]，豫蒙眷接[②]。烈宗山陵[③]，孔时为太常[④]，形素羸瘦[⑤]，著重服[⑥]，竟日涕泗流涟，见者以为真孝子。

【注释】

①孔仆射：孔安国，晋会稽山阴（今浙江绍兴）人。孝武帝时官侍中、太常，安帝时为尚书左、右仆射。孝武：孝武帝司马曜（361—396），字昌明，373—396在位。继位时才十一岁，由太后摄政。

十四岁时(376)开始亲政,当年他改革收税的方法,放弃以田地多少来收税的方法,改为王公以下每人收米三斛,在役的人不交税。此外他在位期间试图加强皇帝的权力和地位。383 年在淝水之战中晋军大胜。晋孝武帝即位初期由于税赋改革与谢安当国,被称为东晋末年的复兴;但是谢安死后司马道子当国,孝武帝又嗜酒成性,优柔寡断,导致东晋政局再度陷入混乱。侍中:官名,皇帝的近侍。

②眷接:关怀厚待。

③烈宗:晋孝武帝死后的庙号。山陵:指皇帝去世。

④太常:官名,掌管礼乐祭祀等事。

⑤羸(léi)瘦:瘦弱。

⑥重服:重孝时所穿的丧服。重,重孝,指父母死后子女所穿的丧服。

【译文】

孔安国任孝武帝侍中时,受到过孝武帝的关怀宠遇。孝武帝死时,孔安国当时任太常,他的身体素来瘦弱,这时穿了重孝,整天眼泪鼻涕不断,看到的人都认为他是真孝子。

四七

吴道助、附子兄弟居在丹阳郡后[①],遭母童夫人艰[②],朝夕哭临[③],及思至[④],宾客吊省[⑤],号踊哀绝[⑥],路人为之落泪。韩康伯时为丹阳尹[⑦],母殷在郡[⑧],每闻二吴之哭,辄为凄恻,语康伯曰:“汝若为选官[⑨],当好料理此人[⑩]。”康伯亦甚相知。韩后果为吏部尚书[⑪],大吴不免哀制[⑫],小吴遂大贵达。

【注释】

①吴道助：吴坦之，字处靖，小字道助，晋濮阳鄄城（今属山东）人。官西中郎将功曹。附子：吴隐之，字处默，小字附子，官晋陵太史、广州刺史等。是东晋著名的廉吏。隐之弱冠而介立，有清标，儋石无储，不取非其道。袁真因怒于桓温将北伐失利责任推给他而降前秦，桓温讨伐袁真，袁真失败。吴坦之为袁真功曹，将及祸，隐之诣桓温乞代兄命，桓温释坦之，隐之遂为温所知。隐之在广州刺史任上，清廉自重，饮贪泉水，赋诗认为官吏贪不贪，关键在于心术正不正。丹阳郡后：丹阳郡守府舍的后面。

②艰：忧，遭父母之丧为丁忧，亦称丁艰。

③哭临：举行哀悼仪式痛哭流涕。

④思至(dié)：通“缌绖”，披麻戴孝着孝服。缌，细麻布，旧式孝服以细麻布制成。绖，旧式丧服结在头上或腰间的麻带。

⑤吊省：祭奠死者，看望家属。

⑥号踊：大哭跺脚。

⑦丹阳尹：丹阳郡的行政长官。京都地区的行政长官称“尹”，丹阳是都城建康的护卫地区，故也设尹。

⑧母殷：韩康伯的母亲殷氏是殷羡之女，本书“贤媛”篇也记有她的事迹。

⑨选官：负责选拔官员的长官。

⑩料理：照顾，安排。

⑪吏部尚书：吏部的长官。吏部主管全国官员的任免、升降、调动等事。

⑫不免哀制：未能避免服丧期内的过度哀伤，因守孝而死。宋宗躬《孝子传》曰：吴坦之，于母葬夕，设九饭祭，坦之每临一祭，辄号恸断绝，至七祭，吐血而死。

【译文】

吴坦之、隐之兄弟住在丹阳郡府的后面，遭逢母亲的丧事，早晚都祭拜痛哭流涕。在守孝期间，宾客来吊唁慰问，他们更是大哭顿足，哀痛欲绝，连过路人听了都为之落泪。韩康伯当时任丹阳尹，母亲殷氏住在郡舍里，每当听到兄弟二人的哀哭声，都要为之感到悲痛，她对康伯说："你如当了选官，应当好好照顾他们。"康伯对他们也很了解。后来康伯果然当了吏部尚书，可是哥哥坦之因哀伤过度而死，弟弟隐之最终成为显贵的大官。

言语第二

【题解】

言语，指人的口才辞令。《论语·阳货》："子曰：'巧言令色，鲜矣仁。'"孔子反对巧言令色，但也强调口才辞令的重要性，孔子说："诵诗三百，授之以政，不达；使于四方，不能专对；虽多，亦奚以为？"（《论语·子路》）所以言语也成为"孔门四科"之一。孔子的弟子中不乏善于辞令者，《孟子·公孙丑》："宰我、子贡，善为说辞。"

至魏晋时期玄风盛行，士人们喜谈玄析理，清谈也成为魏晋风度的一项重要内容，"言语"受到空前的重视。士人们追求语言的简约清新、警辟机敏，崇尚只言片语即有绵深之意味。言语不仅是品评士人才华高低的重要参考，同时也是士人跻身名流的重要手段。

本篇共有一百零八则，连珠妙语，生动地展现了魏晋士人敏捷的才思和机智的风度。

一

边文礼见袁奉高①，失次序②。奉高曰："昔尧聘许由③，面无作色④，先生何为颠倒衣裳⑤？"文礼答曰："明府初临⑥，尧德未彰⑦，是以贱民颠倒衣裳耳。"

【注释】

①边文礼:边让,字文礼,东汉陈留浚(xùn)仪(今属河南)人,为九江太守。献帝时王室大乱,去官还家。因对曹操不敬,被杀。袁奉高:袁阆。

②失次序:指举止失措。

③许由:传说为上古高士,隐于箕山,尧欲将天下相让,不受;又召其为九州长,不愿听,洗耳于颍水之滨。

④怍(zuò)色:惭愧的神色。

⑤颠倒衣裳:把衣服穿颠倒了。语出《诗经·齐风·东方未明》:"东方未明,颠倒衣裳。"写官吏赶着上朝,东方未明即忙着起身,把衣服都穿颠倒了。古人衣服,上曰衣,下曰裳。这里借以形容边让见袁阆时的慌乱样子。

⑥明府:对太守的尊称。

⑦彰:明显,显著。

【译文】

边让见到袁阆时,显得手忙脚乱。袁阆说:"古时尧帝聘请许由时,许由面无愧色,先生你为什么慌乱呢?"边让回答道:"明府刚刚莅任,如帝尧般的德行尚未明显表现出来,所以我这个小民百姓才会这样慌乱啊。"

二

徐孺子年九岁[①],尝月下戏,人语之曰:"若令月中无物[②],当极明邪?"徐曰:"不然。譬如人眼中有瞳子,无此必不明。"

【注释】

①徐孺子:徐稚。

②物:传说月亮中有兔和三条腿的蟾蜍。

【译文】

徐稚九岁时,一次在月光下玩耍,有人对他说:“如果月亮中什么东西都没有,该当极其明亮吧?”徐稚说:“不是这样的。譬如人的眼睛中有瞳人,没有这东西,眼睛必定不明亮。”

三

孔文举年十岁[①],随父到洛[②]。时李元礼有盛名[③],为司隶校尉[④],诣门者[⑤],皆俊才清称及中表亲戚乃通[⑥]。文举至门,谓吏曰:“我是李府君亲[⑦]。”既通,前坐。元礼问曰:“君与仆有何亲[⑧]?”对曰:“昔先君仲尼与君先人伯阳有师资之尊[⑨],是仆与君奕世为通好也[⑩]。”元礼及宾客莫不奇之。太中大夫陈韪后至[⑪],人以其语语之[⑫]。韪曰:“小时了了[⑬],大未必佳。”文举曰:“想君小时,必当了了。”韪大踧踖[⑭]。

【注释】

①孔文举:孔融(153—208),字文举,鲁(今山东曲阜)人。献帝时任北海相,时称孔北海。又任少府、太中大夫等职。恃才负气,因触怒曹操,被杀。建安七子之一,原有著作,已散佚,有明辑本《孔北海集》。

②父:孔融父名宙,曾为泰山都尉。洛:洛阳,东汉都城。

③李元礼:李膺。

④司隶校尉:官名,西汉武帝设。除监督朝中百官外,还负责督察

京兆、左冯翊、右扶风和河东、河南、河内、弘农七郡的京师地区，领兵一千二百人。东汉初年，司隶校尉获得更大的权势，朝会时和尚书令、御史中丞一起都有专席，当时有“三独坐”之称。东汉时司隶校尉常常劾奏三公等尊官，故为百僚所畏惮。司隶校尉对京师地区的督察也有所加强，京师七郡称为司隶部，成为十三州之一。在外戚与宦官的斗争中，一方常借重司隶校尉的力量挫败对方，成为政权中枢里举足轻重的角色，所以董卓称之为“雄职”。

⑤诣：到。

⑥俊才清称：杰出之士有高雅的名望者。中表亲戚：泛指内外亲戚。通：通报。

⑦李府君：李膺曾为河南尹，故称。

⑧仆：谦称自己。

⑨先君仲尼：祖先仲尼。仲尼，孔子，字仲尼。孔融是孔子二十世孙，故称。伯阳：老子姓李名耳，字伯阳。师资之尊：孔子曾问礼于老子，故老子是孔子的老师。

⑩奕世：累世，一代接一代。通好：通家之好，指世代交谊深厚，如同一家。

⑪太中大夫：官名，主管议论政事。陈韪（wěi）：曾任太中大夫。

⑫以其语语（yù）之：把孔融的话告诉陈韪。后面的“语”作动词用，告诉。

⑬了了：聪明伶俐，明白事理。

⑭踧踖（cù jí）：局促不安的样子。

【译文】

孔融十岁时，跟随父亲到洛阳。当时李膺享有很高的名望，凡是登门造访的，只有杰出有高雅名声之士以及亲戚才能通报进门。孔融到了李府门前，对守门吏说：“我是李府君的亲戚。”通报进门后，孔融坐到了前面。李膺问孔融:“您和我是什么亲戚?”孔融答道:“过去我的祖先仲尼与您的先人伯阳有师生之谊,所以我与您世代为通家之好。”李膺及宾客听了孔融的话无不感到惊奇。太中大夫陈韪晚到,有人把孔融的话告诉他。陈韪说:“小的时候聪明伶俐,长大后不见得就很好。”孔融说:“想来您小的时候,必定是聪明伶俐的了!”陈韪听了感到非常尴尬。

四

孔文举有二子,大者六岁,小者五岁。昼日父眠,小者床头盗酒饮之。大儿谓曰:“何以不拜?”答曰:“偷,那得行礼!”

【译文】

孔融有两个儿子,大的六岁,小的五岁。一天他们的父亲在睡午觉,小儿子在父亲床头偷酒喝。大儿子说:“为什么不先行礼就喝酒?”小儿子答道:“偷酒喝,哪里还要行礼!”

五

孔融被收①,中外惶怖②。时融儿大者九岁,小者八岁,二儿故琢钉戏③,了无遽容④。融谓使者曰:“冀罪止于身⑤,二儿可得全不⑥?”儿徐进曰:“大人岂见覆巢之下,复有完卵乎?”寻亦收至⑦。

【注释】

①孔融被收：孔融为人恃才负气，多有与传统儒家观点相左的言论。同时他不仅屡屡反对曹操的决定，而且多次在公开场合使其难堪。加之他忠于汉室，上奏主张“宜准古王畿之制，千里寰内，不以封建诸侯”来增强汉室实权，严重激怒了曹操。因此，建安十三年(208)被曹操授意丞相军谋祭酒路粹诬以招合徒众，欲图不轨、“谤讪朝廷”、“跌荡放言”、“不遵朝仪”等罪名杀害，株连全家。收，逮捕，拘禁。

②中外：指朝廷内外。

③琢钉戏：古时一种儿童游戏。周亮工《因树屋书影》：“金陵童子有琢钉戏，画地为界，琢钉其中，先以小钉琢地，名曰签，以签之所在为主。出界者负，彼此不中者负，中而触所主签亦负。按孔北海被收时，两郎方为琢钉戏，乃知此戏相传久矣。”

④遽(jù)：惊慌。

⑤冀：希望。

⑥不：同“否”。

⑦寻：不久。

【译文】

孔融被逮捕，朝廷内外无不惶恐惧怕。当时孔融的大儿子九岁，小儿子八岁，他们照样做琢钉的游戏，完全没有一点惊慌的神色。孔融对派来逮捕的人说：“希望罪过只在我一人之身，两个儿子能否保全性命？”两个儿子从容向前对父亲说：“大人难道见过倾覆的鸟窝下还有完好的鸟蛋吗？”不久他们也被逮捕了。

六

颍川太守髡陈仲弓①。客有问元方②：“府君何如？”元方曰:"高明之君也。""足下家君何如?"曰:"忠臣孝子也。"客曰:"《易》称:'二人同心,其利断金;同心之言,其臭如兰[③]。'何有高明之君而刑忠臣孝子者乎?"元方曰:"足下言何其谬也!故不相答。"客曰:"足下但因伛为恭[④],而不能答。"元方曰:"昔高宗放孝子孝己[⑤],尹吉甫放孝子伯奇[⑥],董仲舒放孝子符起[⑦]。唯此三君,高明之君;唯此三子,忠臣孝子。"客惭而退。

【注释】

①髡(kūn):古代剃去头发的刑罚。陈仲弓:陈寔。

②元方:陈纪,陈寔长子。

③"二人同心"四句:出自《周易·系辞上》。臭(xiù),香味。

④伛(yǔ):驼背。

⑤高宗放孝子孝己:商代高宗为后妻所迷惑,放逐儿子孝己致其死亡。高宗,商代国君武丁。商王盘庚之侄,商王小乙之子。武丁在位时期,曾攻打鬼方,并任用贤臣傅说为相,妻子妇好为将军,商朝再度强盛,史称"武丁中兴"。孝己,传说为高宗武丁之子,以孝行著称,因遭后母谗言,被放逐而死。后用作孝子的典范。放,放逐,流放。

⑥尹吉甫放孝子伯奇:尹吉甫,周宣王大臣。伯奇,尹吉甫之子。尹吉甫被后妻所惑,把伯奇放逐出去。当尹吉甫随周宣王出游时,伯奇作歌,宣王听了受到感动,认为这是孝子的歌辞。尹吉甫找到伯奇接回家中,便把后妻射杀了。

⑦董仲舒放孝子符起:董仲舒(前179—前104),广川(今河北枣强东)人。景帝时为博士,武帝拜江都相、胶西王相,后免官家居。推尊儒术,抑黜百家。著有《春秋繁露》。符起,董仲舒子。他为

何被放逐，史书没有记载，已不可考。

【译文】

颍川太守对陈寔施以髡刑。有人问陈纪："颍川太守为人怎么样？"陈纪说："是高明的府君。"又问："您父亲怎么样？"陈纪说："是忠臣孝子。"客人说："《周易》有名言说：'两个人一条心，如同锋利的刀能斩断坚硬的金属；两个人心意相投，团结一致，则其香气犹如兰草一样芬芳。'哪有高明的府君会对忠臣孝子施刑的呢？"陈纪说："您的话是何等的荒谬啊！所以我不予回答。"客人说："您只不过是像本身驼背就装着恭敬一样，而实际上不能回答。"陈纪说："古代殷高宗放逐孝子孝己，尹吉甫放逐孝子伯奇，董仲舒放逐孝子符起。三位君子都是高明之君，而三个儿子都是忠臣孝子。"那人听后惭愧地走了。

七

荀慈明与汝南袁阆相见①，问颍川人士，慈明先及诸兄②。阆笑曰："士但可因亲旧而已乎？"慈明曰："足下相难③，依据者何经？"阆曰："方问国士④，而及诸兄，是以尤之耳⑤。"慈明曰："昔者祁奚内举不失其子，外举不失其仇⑥，以为至公。公旦《文王》之诗⑦，不论尧、舜之德而颂文、武者⑧，亲亲之义也⑨。《春秋》之义，内其国而外诸夏⑩。且不爱其亲而爱他人者，不为悖德乎⑪？"

【注释】

①荀慈明：荀爽。

②诸兄：自己的各位兄长。荀爽为荀淑第六子。

③难：责问。

④方：方才。

⑤尤：责怪。

⑥“昔者祁奚”二句：祁奚是春秋时期晋国人，晋悼公时为中军尉，年老告退时，悼公问谁可接替他，祁奚初荐仇人解狐，解狐未到任死了；又问，祁奚荐其子祁午，故有“外举不避仇，内举不避子”之称。事见《左传·襄公三年》、《国语·晋语七》。

⑦公旦《文王》之诗：《诗经·大雅》第一篇《文王之什》相传为周公所作，均为赞颂周文王和周武王之德业者。公旦，周公姬旦，周文王子，武王之弟，辅助武王灭纣，建立周王朝。

⑧文：周文王姬昌。殷时诸侯，居于岐山之下，其子武王建立周王朝后尊其为文王。武：周武王姬发。文王之子。继位后继承文王事业，伐纣灭商，建立周王朝。

⑨亲亲：热爱亲人。前面的“亲”字用作动词。

⑩“《春秋》之义”二句：《公羊传·成公十五年》：“《春秋》内其国而外诸夏……言自近者始也。”把周王室尊为亲人，而把诸侯国当做外人。义，义理，道理。内、外，用作动词。诸夏，中原区域内其他华夏族各诸侯国。

⑪“且不爱其亲”二句：《孝经·圣治章》：“故不爱其亲而爱他人者，谓之悖德。”悖，违背。

【译文】

荀爽与汝南袁阆相见，袁阆问到颍川郡以才德知名的人士，荀爽首先提到自己的几位兄长。袁阆笑道：“才德之士只限于与你有亲属关系的几位就算了吗？”荀爽说：“您责难我，所依据的是什么经典？”袁阆说：“我方才问的是一国的才德之士，您却只说自己的兄长，因此才责怪的。”荀爽说：“古时祁奚荐举人才时，对内不回避自己的儿子，对外不回避自己的仇人，大家都认为公正无私。周公《文王》之诗，不提尧舜的功德而专颂文王、武王，这是合乎热爱亲人的道理的。《春秋》的义理，把周王室尊为亲人，把华夏族其他诸侯国当做外人。况且不爱自己的亲人而爱其他人，难道不是如《孝经》所说的违背道义的吗?”

八

祢衡被魏武谪为鼓吏①，正月半试鼓。衡扬枹为《渔阳掺挝》②，渊渊有金石声③，四坐为之改容。孔融曰:“祢衡罪同胥靡，不能发明王之梦④。”魏武惭而赦之。

【注释】

①祢衡被魏武谪为鼓吏:孔融向曹操推荐祢衡，“操欲见之，而衡素相轻疾，自称狂病，不肯往，而数有恣言。操怀忿，而以其才名不欲杀之，闻衡善击鼓，乃召为鼓史”。祢衡(173—198)，字正平，平原(今山东临邑东北)人。与孔融为忘年交，被孔融举荐给曹操。后因恃才傲物，得罪曹操，被曹操送至刘表处;又因侮慢被刘表送至黄祖处，为黄祖所杀。魏武，曹操(155—220)，字孟德，小名阿瞒，谯(今安徽亳州)人。汉献帝时位至丞相、大将军，封魏王。专权，挟天子以令诸侯。子曹丕称帝后，追尊为太祖武帝。

②枹(fú):鼓槌。

③渊渊:形容鼓声深沉的样子。

④“祢衡罪同胥靡”二句:传说殷高宗武丁梦到天赐贤人，便派人寻访，在傅岩找到服劳役从事版筑的奴隶傅说，用为大臣，辅佐治理国家，使殷朝得以中兴。此是讽刺曹操不能谅其小过而任用贤才。胥靡，服劳役的犯人。这里借指傅说。明王，贤明的君王。

【译文】

祢衡被曹操贬为击鼓的小吏,在正月十五日这天大会宾客试鼓。祢衡举起鼓槌击奏《渔阳掺挝》之曲,鼓声中仿佛有钟磬一样的声响,极其深沉凝重,满座宾客听了,无不为之动容。孔融说:“祢衡的罪过跟傅说相同,却不能启发您的求贤之梦。”曹操听了感到惭愧,便赦免了祢衡。

九

南郡庞士元闻司马德操在颍川[①],故二千里候之[②]。至,遇德操采桑,士元从车中谓曰:“吾闻丈夫处世,当带金佩紫[③],焉有屈洪流之量[④],而执丝妇之事。”德操曰:“子且下车。子适知邪径之速[⑤],不虑失道之迷。昔伯成耦耕,不慕诸侯之荣[⑥];原宪桑枢[⑦],不易有官之宅。何有坐则华屋,行则肥马,侍女数十,然后为奇?此乃许、父所以慷慨[⑧],夷、齐所以长叹[⑨]。虽有窃秦之爵[⑩],千驷之富[⑪],不足贵也。”士元曰:“仆生出边垂,寡见大义,若不一叩洪钟、伐雷鼓[⑫],则不识其音响也。”

【注释】

①南郡:郡名,辖境内有今湖北襄樊、荆门、洪湖等地,治所在今湖北江陵东北。庞士元:庞统(179—214),字士元,襄阳(今湖北襄樊)人。初与诸葛亮齐名,号凤雏。刘备的谋士,与诸葛亮同任军师中郎将。后辅佐刘备入川攻取益州,建安十九年(214)在雒城中流矢而死。司马德操:司马徽(?—208),字德操,颍川阳翟(今河南禹州)人。善于知人,被称为“水镜”。

②故:特,特地。

③带金佩紫：佩带金印紫绶带，汉相国、列侯等大官才能带金佩紫。

④洪流之量：比喻才能、气度之大如同浩大的水流。

⑤适：通“啻”，但，仅仅。

⑥“昔伯成耦(ǒu)耕”二句：伯成，复姓伯成，名子高，尧时立为诸侯。夏禹为天子时，他认为德衰而刑立，不如尧舜，便辞去诸侯回去耕田。耦耕，古代的耕地方式，两人各拿一耜(sì，古代农具名)并肩而耕。

⑦原宪桑枢：原宪，春秋时鲁国人，一说宋人。字子思，孔子学生。孔子死后原宪隐居，蓬户褐衣蔬食，不改其乐。桑枢，用桑条编成的门，比喻居处简陋。

⑧许、父：许由、巢父。巢父为尧时隐士，在树上筑巢而居，人称巢父。尧把天下让给他，不受。

⑨夷、齐：伯夷、叔齐，他们是商孤竹君的两个儿子。孤竹君遗命立叔齐为继承人，父死后，叔齐让位给伯夷，伯夷不受，两人一同弃国隐居。武王伐纣，两人叩马而谏。武王灭商后，他们耻食周粟，饿死首阳山。

⑩窃秦之爵：指吕不韦以计谋窃取秦国的爵位。吕不韦(？—前235)，阳翟(今河南禹州)大商人。在赵都遇到作为人质的秦公子子楚，认为“奇货可居”，便到秦为子楚活动，使其为秦王的继承人，后继位为庄襄王，生嬴政(即后来的秦始皇)，以吕不韦为相，封文信侯。秦王嬴政继位，尊为仲父。

⑪千驷(sì)之富：《论语》曰：“齐景公有马千驷，民无德而称焉。”驷，古代一辆车套四匹马，因称四匹马拉的车为驷，亦称一乘(shèng)。千驷即四千匹马。

⑫伐：敲打。雷鼓：古乐器名，祀天神时用。

【译文】

南郡庞统听说司马徽在颍川，特地从二千里外赶去拜候他。到了那里，正遇到司马徽在采桑。庞统从车上对他说："我听说大丈夫生在世上，应当佩带金紫做大官，哪有委屈自己宏大的志向度量去做织妇干的事呢？"司马徽说："您请先下车。您只知道走小路快捷，却没有想到有迷路的危险。古代伯成子高宁愿在地里耕种，并不羡慕诸侯的荣耀；原宪虽住陋屋，也不去换取大官的豪宅。哪里有住在华丽的屋中，出行就骑高头大马，身旁围绕着侍女数十位，然后才算是奇特、高人一等呢？这也就是许由、巢父慷慨辞让天下的原因，也就是伯夷、叔齐长叹的缘故。即使有吕不韦那样从秦国窃取的爵位，有齐景公那样拥有四千匹马的巨富，也是不值得尊贵的。"庞统说："我生在偏僻的边地，很少听到大道理，如果不是今天叩响大钟，敲打雷鼓，也就不会知道您的见识了！"

一〇

刘公幹以失敬罹罪①。文帝问曰②："卿何以不谨于文宪③？"桢答曰："臣诚庸短，亦由陛下网目不疏④。"

【注释】

①刘公幹以失敬罹(lí)罪：曹丕在宴请文学之士时，让甄夫人出拜，座上客都拜伏，表示致敬，只有刘公幹一人对面平视，礼貌不周，以失敬被发配输作部做工。刘公幹，刘桢(？—217)，字公幹，东平(今属山东)人，为曹操丞相掾属。建安七子之一，其五言诗负有盛名，后人将其与曹植并举，称为"曹刘"。作品多散佚，明人辑有《刘公幹集》。失敬，礼貌不周。罹罪，遭受罪罚。罹，遭受。

②文帝：曹丕(187—226)，字子桓，曹操次子。曹操死后，袭位为魏王，后代汉称帝，都洛阳，国号魏。爱好文学，有《魏文帝集》。

③文宪:法规。

④网目:法网。

【译文】

刘桢因为不敬而获罪。曹丕问他说:“你为什么不谨慎遵奉法规?”刘桢答道:“臣下实在是庸才,见识短浅,但也是由于陛下法网过密不宽之故。”

一一

钟毓、钟会少有令誉①,年十三,魏文帝闻之,语其父钟繇曰②:“可令二子来。”于是敕见③。毓面有汗,帝问:“卿面何以汗?”毓对曰:“战战惶惶,汗出如浆。”复问会:“卿何以不汗?”对曰:“战战栗栗,汗不敢出。”

【注释】

①钟毓(yù,?—263):字稚叔,魏颍川长社(今河南长葛东北)人,钟繇长子。机捷谈笑,有父风。累官都督徐州、荆州诸军事。钟会(225—264):字士季,魏颍川长社(今河南长葛东北)人,官至司徒,为司马昭重要谋士。在征讨毌丘俭、诸葛诞其间,钟会屡出奇谋,被人比作西汉谋士张良。又曾为司马昭献策阻止了曹髦的夺权企图,得以成为司马氏的亲信。名士嵇康被杀,也是他的主意。魏元帝景元年间,钟会独力支持司马昭的伐蜀计划,发动伐蜀之战。灭蜀后,钟会大力结交西蜀名士,打击邓艾等人,打算自立政权,但由于手下官兵不支持而发动兵变,死于兵乱之中。令誉:美好的声誉。

②钟繇(151—230):字元常,东汉末为黄门侍郎。曹操执政时为侍

中守司隶校尉，督关中各路军队，为曹操守关中并保障供给，曹操赞他为“萧何”。曹丕代汉，为廷尉，封崇高乡侯，与华歆、王朗并为三公。魏明帝时，迁太傅。工书法，尤精隶楷，与王羲之并称“钟王”。

③敕(chì)：皇帝的诏令。

【译文】

钟毓、钟会少年时就有美好的名声，钟毓十三岁时，魏文帝曹丕听说了他们弟兄俩，就对他们的父亲钟繇说：“可叫你两个儿子来见我。”于是下令诏见。钟毓脸上有汗，曹丕说：“你脸上为什么出汗？”钟毓回答：“我胆战心惊，不安恐慌，所以汗出如水浆。”曹丕又问钟会：“你为什么不出汗？”钟会回答：“我心惊肉跳，颤抖恐惧，连汗也不敢出了。”

一二

钟毓兄弟小时，值父昼寝，因共偷服药酒①。其父时觉②，且托寐以观之③。毓拜而后饮，会饮而不拜。既而问毓何以拜④，毓曰：“酒以成礼⑤，不敢不拜。”又问会何以不拜，会曰：“偷本非礼，所以不拜。”

【注释】

①药酒：即五石散，一称寒食散。

②时：当时。

③且：姑且，暂时。托寐：假装睡着。

④既而：不久。

⑤酒以成礼：饮酒是用来完成礼节的。语见《左传·庄二十二年》：“酒以成礼，不继以淫，义也。”

【译文】

钟毓兄弟俩小时候，遇到他们的父亲睡午觉，就一起趁机偷药酒喝。钟繇当时正好醒过来，便假装睡觉观察他们。钟毓拜了以后再喝酒，钟会喝了酒以后不拜。过后不久，钟繇问钟毓为什么拜了再喝，钟毓说：“酒是用来完成礼节的，我不敢不拜。”又问钟会为什么不拜，钟会说：“偷酒喝本来就不合礼节，所以不拜。”

一三

魏明帝为外祖母筑馆于甄氏①，既成，自行视，谓左右曰：“馆当以何为名？”侍中缪袭曰②：“陛下圣思齐于哲王③，罔极过于曾、闵④。此馆之兴，情钟舅氏，宜以‘渭阳’为名⑤。”

【注释】

①魏明帝：曹叡（ruì，205—239），字元仲，曹丕子，生母是甄夫人，因郭后无子，诏使养之。后继位，是为魏明帝。能诗文，与曹操、曹丕并称魏之“三祖”。继位后指挥曹真、司马懿等人成功防御了吴、蜀的多次攻伐，并且平定鲜卑，攻灭公孙渊，颇有建树。然而统治后期，大兴土木，临终前托孤曹爽、司马懿，导致后来朝政动荡。甄氏：指曹叡母亲甄家。

②侍中：官名，皇帝近侍。缪袭（186—245）：字熙伯，魏东海兰陵（今山东苍山）人。历事曹操、曹丕、曹叡、曹芳四世，官至尚书、光禄勋。

③圣思：圣明的思虑。哲王：贤明的君主。

④罔极：无穷无尽。曾、闵：曾参、闵子骞。孔子的学生，都是有名

的孝子。

⑤渭阳:《诗经·秦风·渭阳》中有"我送舅氏,曰至渭阳"之句。此诗为春秋时秦康公之作。秦康公为太子时,其舅父晋公子重耳遭骊姬谗害,出亡在外,由于秦穆公的帮助得以回国为君。康公送别重耳于渭水北岸,作此诗以表甥舅情谊。《诗序》谓康公"我见舅氏,如母存焉",则以表示对亡故的母亲的思念之情以及对舅家的亲近之情。

【译文】

魏明帝在甄府为外祖母建造了一座馆舍。造成后,亲自去察看,他对左右随从说:"这府第该叫什么名字才好?"侍中缪袭说:"陛下圣明之思虑与贤明之君王相同,孝心无穷无尽远远超过曾参和闵子骞。这座府第的兴建倾注了对舅家的深情厚谊,所以应当用'渭阳'来命名。"

一四

何平叔云[①]:"服五石散[②],非唯治病,亦觉神明开朗。"

【注释】

①何平叔:何晏(190—249),字平叔,魏南阳宛(今河南南阳)人。汉末大将军何进之孙。曹操纳其母尹氏,并收养何晏。晏少以才秀知名,娶魏公主,好老庄之言。何晏与夏侯玄、王弼等倡导玄学,竞事清谈,遂开一时风气,为魏晋玄学的创始者之一。后依附曹爽,累官尚书,主选举,与其有旧者,多被拔擢。终被司马懿所杀。其主要著作有《论语集解》十卷、《道德论》二卷、集十一卷,集已佚。今存《论语集解》、《无名记》、《无为论》、《景福殿赋》等。

②五石散:由丹砂、雄黄、白矾、曾青、磁石五种金石类药,再配以其

他药物调制而成。因药性猛烈，服后需行走发散，故名五石散。又服者需冷食、薄衣，故亦称寒食散。

【译文】

何晏说："服食五石散，不但可以治病，同时也觉得神志清楚，情绪畅快。"

一五

嵇中散语赵景真[①]："卿瞳子白黑分明，有白起之风[②]，恨量小狭。"赵云："尺表能审玑衡之度[③]，寸管能测往复之气[④]。何必在大，但问识如何耳。"

【注释】

①嵇中散：嵇康。赵景真：赵至（约249—289），字景真，代郡（今山西蔚县）人。出身清寒，苦读成名。与嵇康兄子蕃善，嵇康甚称之。官至辽东从事，以断狱精审著称。因母亲亡故，哀伤呕血而死。

②卿瞳子白黑分明，有白起之风：谓赵至的头型、面相、眼睛等长相与白起相像。严尤《三将叙》曰："白起……小头而面锐，瞳子白黑分明，视瞻不转。"白起为战国秦昭王时善于用兵之名将，曾攻陷楚国郢都，烧夷陵楚国祖庙，又在与赵国的长平之战中坑杀赵卒四十余万。

③表：古代天文仪器圭表的组成部分，为直立的标竿，用以测量日影的长度。《隋书·天文志》："冬至之日，树八尺之表，日中视其晷景长短。"《淮南子·本经训》："天地之大，可以矩表识也。"玑衡：璇玑玉衡，北斗七星的泛称。北斗由天枢、天璇、天玑、天权、

玉衡、开阳、摇光七星组成。《史记·天官书》:“北斗七星,所谓璇玑玉衡。”

④寸管能测往复之气:《续汉书·律历志》曰:“十二律之变,至于六十,以律候气。候气之法:为室三重,户闭,涂衅必周,密布缇幔,以木为案,加律其上,以葭莩灰抑其内,为气所动者,其灰散也。以此候之。”管,指定音的仪器律管。《吕氏春秋》曰:“昔黄帝令伶伦作为律。伶伦自大夏之西,乃之阮隃之阴,取竹于嶰溪之谷,以生空窍厚钧者,断两节间,其长三寸九分,而吹之以为黄钟之宫,吹曰舍少。次制十二筒,以之阮隃之下,听凤皇之鸣,以别十二律。其雄鸣为六,雌鸣亦六,以此黄钟之宫适合。”往复之气,指节气、气候。往复,往而复来,循环不息。

【译文】

嵇康对赵至说:“你的瞳子黑白分明,有白起的风貌,遗憾的是器量狭小了点。”赵至说:“一尺长的表可以察知北斗七星运行的度数,寸把宽的竹管能测量季候的循环更替。因此,不必在乎一个人的器量大不大,只要看他见识怎么样就成了。”

一六

司马景王东征①,取上党李喜以为从事中郎②。因问喜曰:“昔先公辟君不就③,今孤召君,何以来?”喜对曰:“先公以礼见待,故得以礼进退;明公以法见绳④,喜畏法而至耳。”

【注释】

①司马景王东征:正元元年(254),司马师废魏帝,二年(255)春正月,镇东大将军毌丘俭、扬州刺史文钦举兵作乱,司马师率师东

征。司马景王，司马师（207—255），字子元，司马懿长子。“沉毅多大略”，曾与其父司马懿谋划诛杀曹爽，以功封长平乡侯食邑千户，旋加卫将军。司马懿死后，以抚军大将军辅政，独揽朝廷大权。正元元年，魏帝曹芳与中书令李丰等密谋除司马师，事情泄露，司马师杀死参与者，逼太后废掉魏帝曹芳，以曹髦为帝。司马炎代魏为晋武帝，追尊其为景帝，庙号世宗。执政期间，击灭东吴诸葛恪，平定王澄、毌丘俭叛乱。

②上党：郡名，辖境在今山西长治一带。李喜：《晋书》本传作“憙”，字季和，晋上党铜鞮（今山西沁县南）人。少有高行，以贤良征，不行，累辟三府，不就，司马懿为太傅，复辟为太傅属，固辞。司马师辟为从事中郎。当官正色，不惮强御，百僚震肃。后任凉州刺史，加扬威将军，假节，领护羌校尉。绥抚边境，甚有政绩与声誉。转冀州刺史。累迁至司隶校尉。入晋，泰始初封祁侯。为二代司隶，朝野称之。为太子太傅。迁尚书仆射，拜特进光禄大夫，谥成。一生清素，家无积蓄，亲旧故人乃至分衣共食。从事中郎：官名，帅府幕僚。

③昔先公辟（bì）君不就：据《晋书》本传，司马懿辟李喜为太傅属，李喜固辞。“疾郡县扶舆上道。时憙母疾笃，乃窃踰泫氏城而徒还”。先公，指司马懿。辟，征召。

④绳：约束。

【译文】

司马师东征毌丘俭时，招致上党李喜，用为将帅府的从事中郎。司马师于是就问李喜说：“过去先父曾经征召您为官，您推辞不肯就职；现在我征召您，您为什么来呢？”李喜答道：“您先父按礼来对待我，所以我能够按礼来取舍；而您用法令来约束我，我只是害怕法令才来的啊。”

一七

邓艾口吃[①],语称"艾艾"[②]。晋文王戏之曰[③]:"卿云'艾艾',定是几艾?"对曰:"'凤兮凤兮'[④],故是一凤。"

【注释】

①邓艾(197—264):字士载,魏棘阳(今河南新野东北)人。仕魏,建议司马懿在淮南兴修水利,实行军屯,此后"每东南有事,大军兴众泛舟而下达于江淮,资食有储而无水害"。足智多谋,官至镇西将军,与钟会分军灭蜀,进太尉。后钟会诬以谋反,为监军卫瓘所杀。

②艾艾:古人与人说话时,自己称名而不称字,以示谦恭。邓艾在称自己之名时,由于结巴,便说"艾……艾……"。

③晋文王:司马昭。

④凤兮凤兮:见《论语·微子》:"楚狂接舆过而歌孔子,曰:'凤兮凤兮,何而德之衰也!'"喻孔子为凤,谓孔子不能避世退隐,是德行衰败的表现。

【译文】

邓艾有口吃的毛病,对人说话称名时,总是说"艾……艾……"。司马昭同邓艾开玩笑说:"你说艾……艾……,究竟有几个艾啊?"邓艾答道:"所谓'凤兮凤兮',仅是一只凤啊。"

一八

嵇中散既被诛,向子期举郡计入洛[①]。文王引进[②],问曰:"闻君有箕山之志[③],何以在此?"对曰:"巢、许狷介之士[4],不足多慕[5]!”王大咨嗟[6]。

【注释】

①“嵇中散既被诛”二句:《向秀别传》称:“后(嵇)康被诛,(向)秀遂失图,乃应岁举,到京师,诣大将军司马文王。”嵇康被司马昭所杀,为司马氏清除异己的重要信号,向秀为自保,不得不应召出仕。嵇中散,嵇康。向子期,向秀(约227—272),字子期,魏河内怀(今河南武陟西南)人。竹林七贤之一。与嵇康、吕安友善,隐居不仕。后官至黄门侍郎、散骑常侍。为《庄子》作注,未毕而卒。作《思旧赋》,为怀念嵇康之名篇。举郡计入洛,谓向秀被郡守推荐与上计吏一同赴京。将郡国钱谷、税收、户口等编为计簿,送呈京师的官员,称为上计吏。

②文王:即司马昭。引进:指召见向秀。

③箕山之志:喻指不肯出仕,隐居之志。箕山,在河南登封东南,相传尧时隐士巢父、许由隐居于此。

④狷(juàn)介:洁身孤高。《人物志·体别》:“狷介之人,砭清激浊,不戒其道之隘狭,而以普为秽,益其拘。是故可与守节,难以通变。”

⑤多慕:赞许仰慕。多,赞许。

⑥咨嗟:赞叹。

【译文】

嵇康被杀以后,向秀被郡守荐举,与上计吏一同到京都洛阳。司马昭召见向秀,问道:“听说你不肯出仕,有隐居之志,为什么会在这里呢?”向秀回答道:“巢父、许由是洁身孤高之人,不值得赞许仰慕!”司马昭听了,大为赞赏。

一九

晋武帝始登阼[①],探策得一[②]。王者世数[③],系此多少[④]。帝既不说[⑤],群臣失色,莫能有言者。侍中裴楷进曰:“臣闻天得一以清,地得一以宁,侯王得一以为天下贞[⑥]。”帝说,群臣叹服。

【注释】

①晋武帝:司马炎。登阼(zuò):即位,登上皇帝宝座。阼,东阶,古以东阶为主位,故皇帝即位时登东阶而上。

②探策:即求签。策,古代卜筮用的蓍草。

③世数:世代相传的数目。

④系:关联。

⑤说:同“悦”,高兴。

⑥“臣闻天得一以清”三句:见《老子》三十九章:“昔之得一者,天得一以清,地得一以宁,神得一以灵,谷得一以盈,万物得一以生,侯王得一以为天下贞。”清,清明。宁,安宁。贞,正,正道,正统。

【译文】

晋武帝即位时,用蓍草占卜所得数字是“一”。帝王家相传能有多少代,与占卜得到数字的多少相关联。晋武帝很不高兴,群臣也都惊慌失色,没有一个人能说得出话来。侍中裴楷上前说:“我听说天得到一就会清明,地得到一就会安宁,侯王得到一就会成为正统。”晋武帝听了很高兴,群臣都很赞叹佩服。

二〇

满奋畏风[①]。在晋武帝坐,北窗作琉璃屏[②],实密似疏,奋有难色。帝笑之。奋答曰:“臣犹吴牛,见月而喘[3]。”

【注释】

①满奋:字武秋,晋高平(今山东微山西北)人。官冀州刺史、尚书令、司隶校尉。《晋书·周馥传》称其在八王之乱中为上官己所杀。

②琉璃屏:琉璃做成的屏风。琉璃,一种有色半透明体矿石。一本作“琉璃扇屏风”。

③臣犹吴牛,见月而喘:吴地之牛畏热,见月疑是日而喘。比喻因疑似而惧怕。

【译文】

满奋怕风。一次他侍从在晋武帝座旁,北窗前有琉璃屏风,实际上是密不透风的,可是看上去似乎稀疏透风,故满奋不免面露难色。晋武帝就笑话他。满奋说:“我就像吴牛一样,看见月亮就要喘息。”

二一

诸葛靓在吴[1],于朝堂大会。孙皓问[2]:“卿字仲思,为何所思?”对曰:“在家思孝,事君思忠,朋友思信。如斯而已!”

【注释】

①诸葛靓在吴:诸葛靓是诸葛诞之子。诸葛诞在魏为镇东大将军,都督扬州诸军事,征为司空。因不满司马氏专权而起兵反叛,遣少子诸葛靓至吴为质,吴即以靓为右将军、大司马。诸葛靓,字仲思,三国时期琅邪阳都(今山东沂水南)人。吴亡入晋,因父诞为司马昭所杀,故虽入晋而终身不仕晋。

②孙皓(242—283):字元春,吴郡富春(今属浙江)人,孙权之孙,三国吴的末代君主。初立时,抚恤人民,开仓赈贫、减省宫女,一时被誉为令主。但很快便变得专横残暴,荒淫奢侈。又曾迁都至武昌(今湖北鄂州),大兴土木。晋灭吴,归降,封归命侯。

【译文】

诸葛靓在吴国时,一次在朝堂上参与大朝会。孙皓问他:"你的字叫仲思,那么所思的是什么呢?"诸葛靓答道:"我在家所思的是尽孝道,在朝侍奉君主所思的是尽忠,与朋友交往所思的是诚信,就是这些罢了。"

二二

蔡洪赴洛[①],洛中人问曰:"幕府初开[②],群公辟命[③],求英奇于仄陋[④],采贤俊于岩穴[⑤]。君吴楚之士[⑥],亡国之余[⑦],有何异才而应斯举[⑧]?"蔡答曰:"夜光之珠[⑨],不必出于孟津之河[⑩];盈握之璧[⑪],不必采于昆仑之山[⑫]。大禹生于东夷[⑬],文王生于西羌[⑭]。圣贤所出,何必常处[⑮]。昔武王伐纣,迁顽民于洛邑[⑯],得无诸君是其苗裔乎[⑰]?"

【注释】

①蔡洪:字叔开,三国时期吴郡人,初仕吴,吴亡,举秀才入洛阳,官至松滋令。

②幕府:原指将帅在外的营帐,后亦称地方军政大吏的衙署。

③辟(bì)命:征召,任命。辟,征召,荐举。

④英奇:英俊奇异之士。仄(zè)陋:指不为人所注重的社会下层或鄙陋之处。

⑤岩穴：山洞，隐士的居处。

⑥吴楚：泛指南方地区。

⑦亡国之余：指东吴已被灭亡，蔡洪是亡国的遗民。

⑧斯举：指这次荐举人才的盛事。

⑨夜光之珠：一称随珠，古代传说中之明珠。据说随侯救治一条大蛇，后大蛇即于江中衔明月珠报答之，遂称为随珠。

⑩孟津：古黄河渡口名，在今河南孟津东北，孟县西南。

⑪盈握之璧：指玉璧之大，握在手上满满一把。盈，满。

⑫昆仑之山：传说昆仑山盛产美玉。

⑬大禹生于东夷：禹的出生地古书有很多说法，但大多认为是出于西羌，如《史记·六国年表》"禹兴于西羌"，《新语》"大禹出于西羌"等，只有个别人认为其出于东方。《孟子》曰："舜生于诸冯，东夷人也。"故有人说此是蔡洪之误。东夷，古代对东方诸族的称呼，此指东方。

⑭文王生于西羌：周文王生于歧周，在西方。西羌，羌是古代一个部族，生活在中原西部，故称西羌。《孟子》称文王"西戎人也"，不论是"羌"、是"戎"，都意在说明文王并没有生活在文化中心。

⑮常处：不变的地方，固定的地方。

⑯"昔武王伐纣"二句：周武王起兵灭纣，建立周王朝，分封诸侯，把不肯顺从的殷朝遗民迁至洛阳，以便教化。纣，商朝末代君主。骄奢淫逸，征伐无度，引得众叛亲离，被周武王率诸侯败于牧野，自焚于鹿台。商亡。

⑰得无：莫非。苗裔：后代。

【译文】

蔡洪被荐举为秀才赴京城洛阳，洛阳人问他："现在衙署刚刚设立，诸大臣受命选拔人才，在出身卑微者中求取英俊杰出之士，从隐居山林者中吸纳贤德能干之人。你是吴地南方人，不过是个亡国遗民，有什么杰出才能而来参加这次荐举贤才的盛事？”蔡浩回答道：“夜光珠不一定产于孟津河水中；握在手上满满一把的大玉璧，也不一定就出在昆仑山上；大禹就生在东夷，文王也生在西羌。圣贤所诞生的地方，不必有固定的场所。古时武王讨伐殷纣王，把殷朝顽劣的遗民迁到了洛阳，莫非你们就是他们的后代吗？”

二三

诸名士共至洛水戏[1]，还，乐令问王夷甫曰[2]：“今日戏，乐乎？”王曰：“裴仆射善谈名理[3]，混混有雅致[4]；张茂先论《史》、《汉》[5]，靡靡可听[6]；我与王安丰说延陵、子房[7]，亦超超玄著[8]。”

【注释】

①名士：当时唾弃礼法、任情而行、喜好玄言清谈的知名之士。洛水：即今洛河。

②乐令：乐广。王夷甫：王衍（256—311），字夷甫，琅邪临沂（今属山东）人，王戎堂弟。神情明秀，风姿详雅，专好玄言，喜谈老庄，崇尚浮华放诞，为当时名士之首。官至中书令、尚书令、司徒、司空、太尉。八王之乱中，王衍身居高位，但整日玄谈，不以国家大事为重，使弟王澄为荆州刺史，族弟王敦为青州刺史，唯求自保。后为石勒所俘，以晋军败亡责不在己，并劝石勒称帝，石勒怒曰：“君名盖四海，身居重任，少壮登朝，至于白首，何得言不豫世事邪？破坏天下正是君罪！”于是被杀。

③裴仆射：裴頠（wěi，267—300），字逸民，河东闻喜（今属山西）人。博学多闻，兼通医术，自少知名，辞论丰博，时人称为“言谈之林

薮”。与山涛、和峤等人同为司马炎身边近臣，参与了晋朝法律的制定。裴頠与司马懿之子司马亮，以及司马炎的夫人杨皇后之兄、车骑将军杨骏都是儿女亲家。惠帝时为国子祭酒，兼右军将军。杨骏与司马亮争权，以助司马亮诛杨骏功，封武昌侯。奏修国学，刻石写经，累迁尚书。进尚书左仆射，专任门下事。忧虑时俗虚浮，不遵儒术，反对“贵无”之说，主张“崇有”之说。著有《崇有论》。后为赵王伦所害。惠帝反正，追谥成。名理：特指魏晋及其后清谈家辨析事物名和理的是非同异。名理学直接影响了玄学，王弼、郭象研究问题都强调辨名析理，主要是用辨名析理的方法进行思辨的概念分析与推论，为其玄学理论作论证。

④混混(gǔn)：水奔流不息的样子，用以形容说话滔滔不绝。

⑤张茂先：张华。

⑥靡靡：细致动听。

⑦王安丰：王戎。延陵：季札，春秋时吴王寿梦少子。封于延陵，称延陵季子。后又封州来，称延州来季子。父寿梦欲立之，辞让。他的三位兄长诸樊、余祭、夷昧约定以次相传，最后传位给他，夷昧死，他仍避而不受。夷昧之子僚立。诸樊子公子光使专诸刺杀僚而自立，即阖闾。季札哭僚之墓，尊立阖闾。贤明博学，屡次聘问中原诸侯各国，会见晏婴、子产、叔向等。聘鲁，观周乐，审音知政。子房：张良，字子房，刘邦主要谋士，助刘邦打败项羽，建立汉朝，封留侯。晚年学神仙长生之术。

⑧超超：高超脱俗。玄著：言论深妙。

【译文】

许多名士一起到洛水边游玩，回来后，乐广问王衍说：“你们今天去游玩，高兴吗？”王衍说：“裴仆射善于高谈名理，雄辩滔滔，很有高雅之意致；张茂先论说《史记》、《汉书》，细致动听；我与王安丰说起延陵与子房来，也颇为超脱，深远玄妙。”

二四

王武子、孙子荆各言其土地人物之美[①]。王云：“其地坦而平，其水淡而清，其人廉且贞。”孙云：“其山嶵巍以嵯峨[②]，其水浺渫而扬波[③]，其人磊砢而英多[④]。”

【注释】

①王武子：王济（约246—291），字武子，太原晋阳（今山西太原）人。大将军王浑的次子。好弓马，勇力绝人，善《易》及《庄》、《老》，文词俊茂，伎艺过人，有名当世，与姐夫和峤及裴楷齐名。为晋武帝婿，累迁侍中，与侍中孔恂、王恂、杨济同列，为一时秀彦。济善于清言，然外虽弘雅，而内多忌刻，性豪侈，丽服玉食。官中书郎、骁骑将军、侍中、太仆等。孙子荆：孙楚（约218—293），字子荆，太原中都（今山西平遥西）人。史称其“才藻卓绝，爽迈不群”，多所陵傲，故缺乡曲之誉。入仕为镇东将军石苞的参军，后为晋扶风王司马骏征西参军，晋惠帝初为冯翊太守。

②嶵（zuì）巍：高大的样子。嵯峨：山势高峻。

③浺渫（yā dié）：水波重叠。

④磊砢（luǒ）：指才能卓越。英多：奇特。

【译文】

王济和孙楚各自夸说自己家乡土地与人物之美好。王济说：“我家乡的土地辽阔平整，河水甜美而清纯，人物廉洁而坚贞。”孙楚说：“我家乡的山势高峻而巍峨，河水浩淼而扬波，人物才能卓越而杰出。”

二五

乐令女适大将军成都王颖①，王兄长沙王执权于洛②，遂构兵相图③。长沙王亲近小人，远外君子，凡在朝者，人怀危惧。乐令既允朝望④，加有婚亲，群小谗于长沙。长沙尝问乐令，乐令神色自若，徐答曰："岂以五男易一女⑤？"由是释然，无复疑虑⑥。

【注释】

①乐令：乐广。适：嫁。成都王颖：司马颖(279—306)，字章度，晋武帝第十六子，封成都王，镇邺(今河南临漳)。八王之乱中，先与河间王司马颙、齐王司马冏共讨赵王司马伦，司马伦败死。与司马颙讨司马冏；司马冏败，太安二年(303)又与司马颙合谋攻长沙王司马乂，致使混战规模愈益扩大。永安元年(304)拜丞相，寻还镇邺，自立为皇太弟，遥制朝政。七月，东海王司马越挟帝北征。两军在荡阴激战，司马越大败。司马颖遣人迎晋惠帝入邺城，改元建武。幽州刺史王浚联合鲜卑段务勿尘，乌桓羯朱以及东嬴公司马腾同起兵讨司马颖，大破之，司马颖率数十骑引惠帝奔洛阳。河间王司马颙部将张方拥兵专政，挟惠帝、成都王司马颖、豫章王司马炽等迁往长安，复永安年号。十二月，司马颙废其皇太弟位，立司马炽为皇太弟，改元永兴，令司马颖归藩。行至洛阳，会司马越攻司马颙，转奔关中。八月，司马颙表颖为镇军大将军，都督河北诸军事。光熙元年(306)司马越败司马颙军，司马颖为顿丘太守冯嵩所擒，送于邺城。十月，被长史刘舆矫诏赐死。

②长沙王：司马乂(yì，276—304)，字士度，晋武帝第六子，封长沙王。

赵王司马伦杀贾后废惠帝自称帝，司马乂联合齐王司马冏、成都王司马颖、河间王司马颙起兵攻司马伦，伦败自杀，惠帝复位，司马冏辅政。司马乂与河间王司马颙攻杀司马冏，入据洛阳执政。不久司马颖和司马颙起兵攻司马乂，大战洛阳数月。司马越见围洛阳日紧，发动兵变收捕司马乂，囚于金墉城，奏帝免乂官，改元永安。司马颙部将张方至金墉城，执司马乂，炙而杀之。

③构兵相图：指太安二年(303)司马颖与司马颙合谋攻长沙王司马乂。构兵，出兵交战。图，图谋，设法对付。

④允：使人信服，受人敬重。

⑤易：交换。

⑥由是释然，无复疑虑：按，然据《晋书》乐广本传，“(司马)乂犹以为疑，广竟以忧卒”。

【译文】

乐广的女儿嫁给大将军成都王司马颖，司马颖之兄长沙王司马乂当时在洛阳执掌朝政，于是双方出兵交战都想制服对方。长沙王司马乂亲近小人，把他们当自己人，疏远君子，把他们当成外人，凡是在朝做官的，人人都心怀不安与恐惧。乐广在朝廷上既有很高的声望，又加上和成都王司马颖有姻亲关系，一班小人便在长沙王跟前说他的坏话。长沙王曾责问乐广，乐广神色坦然，从容回答道：“难道我要用五个儿子来换一个女儿吗？”听到此话，长沙王放下心来，不再猜疑担心乐广了。

二六

陆机诣王武子[①]，武子前置数斛羊酪[②]，指以示陆曰：“卿江东何以敌此[③]？”陆云：“有千里莼羹，但未下盐豉耳[④]。”

【注释】

①陆机(261—303):字士衡,吴郡吴县华亭(今上海松江)人。祖父陆逊、父亲陆抗皆吴国名将。少时任吴牙门将,二十岁时吴亡,陆机与其弟陆云隐退故里,十年闭门勤学。晋武帝太康十年(289),陆机和陆云来到京城洛阳,倾动一时,称"二陆"。陆机曾为成都王司马颖表为平原内史(汉置平原郡辖十九县,晋为平原国,诸侯国不设丞相而设内史负责政务),故世称"陆平原"。司马颖在讨伐长沙王司马乂的时候,任用陆机为后将军,河北大都督,率领二十余万人。陆机与挟持了晋惠帝的司马乂战于鹿苑,大败。宦人孟玖等向司马颖进谗,陆机遂为司马颖所杀,二子陆蔚、陆夏同时被害,弟陆云、陆耽也随后遇害。工骈文与诗,所作《文赋》为重要的文论。后人辑有《陆士衡集》。王武子:王济。

②斛(hú):量器名,古时以十斗为斛,后又以五斗为斛。

③江东:古称长江芜湖、南京以下的长江南岸地区,亦称三国吴统治下的全部地区。敌:匹敌,相当。

④"有千里莼(chún)羹"二句:莼羹本身甜美细滑,加盐豉味更美。言下之意,不加盐豉之莼羹已可与羊酪媲美,经过调味的莼羹自然胜过羊酪。千里,指江东广大地区;一指千里湖,在今江苏溧阳。莼羹,用莼菜做的糊状食物。莼,莼菜,一种多年生水草,嫩叶可吃。盐豉(chǐ),咸豆豉。味鲜,可用作调料。

【译文】

陆机去拜访王济,王济案前放着几十斗羊酪,他指着羊酪给陆机看,说:"你们江东有什么吃的东西可以与羊酪匹敌吗?"陆机回答说:"我们江东千里湖的莼羹与此相似,只是还没有加上咸豆豉罢了!"

二七

中朝有小儿[①]，父病，行乞药。主人问病，曰："患疟也。"主人曰："尊侯明德君子[②]，何以病疟？"答曰："来病君子[③]，所以为疟耳[④]。"

【注释】

①中朝：晋南渡后称渡江前的西晋为中朝。

②尊侯：尊称对方之父。

③病：使动用法，使……生病。

④疟：与"虐"字同音双关，暴虐之意。

【译文】

西晋有个男孩，他父亲病了，便去讨药来治病。主人询问病情，男孩说："生的是疟疾病。"主人说："令尊大人是有美德的君子，为什么会患上疟疾呢？"男孩回答道："它来使君子生病，这就是称它为暴虐鬼的原因啊。"

二八

崔正熊诣都郡[①]，都郡将姓陈[②]，问正熊："君去崔杼几世[③]？"答曰："民去崔杼，如明府之去陈恒[④]。"

【注释】

①崔正雄：崔豹，字正雄，晋惠帝时官至太傅，著有《古今注》。都郡：以其他郡的太守来兼本郡军事者。

②都郡将：都郡太守。

③去：距离。崔杼(zhù)：春秋时齐国大夫，弑庄公立景公，自己为相，后自缢而死。

④明府：对太守的尊称。陈恒：春秋时齐大夫，弑其君简公。

【译文】

崔豹去拜都郡太守，郡太守姓陈，问崔豹说："你上距崔杼有几代？"崔豹答道："我距崔杼的世代，与您上距陈恒的世代差不多。"

二九

元帝始过江[①]，谓顾骠骑曰[②]："寄人国土[③]，心常怀惭。"荣跪对曰："臣闻王者以天下为家，是以耿、亳无定处[④]，九鼎迁洛邑[⑤]。愿陛下勿以迁都为念。"

【注释】

①元帝始过江：指司马睿渡江南下，在王导、王敦辅助下，优礼当地士族，压平叛乱，惨淡经营，始得在江南立足。史载司马睿"及徙镇建康，吴人不附，居月余，士庶莫有至者"，后在王导的安排建议下，震慑拉拢，江南士族才逐渐依附。元帝，司马睿(276—323)，字景文，初袭封琅邪王，八王之乱后期依附于东海王司马越，越以其为平东将军、监徐州诸军事，留守下邳。汉主刘渊举兵后，司马睿用王导之谋，请移镇建邺。朝廷遂于永嘉元年(307)命为安东将军、都督扬州诸军事，九月南下。建兴四年(316)汉刘曜陷长安，俘晋愍帝，西晋亡。次年(317)三月，司马睿即晋王位，始建国，改元建武。318年即皇帝位，改元太兴，都建康，是为东晋。后因王敦跋扈作乱，忧愤而死。庙号中宗。

②顾骠(piào)骑：顾荣，他死后赠骠骑将军，故称。

③寄人国土：东晋建都建康，三国时属于孙吴，东晋的皇室士族从中原渡江而来，故有寄人国土之说。

④耿、亳无定处：指殷商屡次迁都。耿，一作邢（音耿），古都邑名，在今河南温县东，殷商祖乙迁都于此。亳，古都邑名，商汤时都城，在今河南商丘东南。

⑤九鼎迁洛邑：九鼎随天命所在不断迁移。九鼎，传说夏禹铸造九鼎，象征九州，三代奉为传国之宝，成汤灭夏，迁九鼎于商邑，周武王灭商，迁九鼎于洛邑。

【译文】

晋元帝刚刚渡过长江时，对顾荣说："寄住在他人的国土上，心里常常怀有惭愧之感。"顾荣跪下来对答道："我听说帝王以天下为家，因此殷商先建都在耿，后迁至亳，没有固定的地方，夏禹所铸九鼎到周武王时迁到了洛邑。所以希望陛下不要把迁都之事放在心上。"

三〇

庾公造周伯仁[①]，伯仁曰："君何所欣说而忽肥？"庾曰："君复何所忧惨而忽瘦？"伯仁曰："吾无所忧，直是清虚日来[②]，滓秽日去耳[③]。"

【注释】

①庾公：庾亮。周伯仁：周顗（yǐ，269—322）：字伯仁，汝南安城（今河南平舆西南）人。袭父爵武城侯。有重望，性宽容。渡江后，任荆州刺史，官至尚书左仆射。嗜酒，常醉不醒。后永昌元年（322）王敦于荆州举兵，以诛刘隗为名进攻建康，为王敦所杀。

②直：特，只。清虚：清静虚无。

③滓(zǐ)秽:污浊肮脏。

【译文】

庾亮前往拜访周顗,周顗说:"你有什么欣慰愉悦的事使你突然发胖了呢?"庾亮说:"那你又有什么忧愁悲痛的事使你突然瘦下去了呢?"周顗说:"我没有什么可忧愁的,只是清静虚无之气一天天地增加,污浊肮脏之气一天天地减少而已。"

三一

过江诸人[①],每至美日,辄相邀新亭[②],藉卉饮宴[③]。周侯中坐而叹曰[④]:"风景不殊,正自有山河之异[⑤]!"皆相视流泪。唯王丞相愀然变色曰[⑥]:"当共戮力王室[⑦],克复神州[⑧],何至作楚囚相对[⑨]!"

【注释】

①过江诸人:指从北方南渡到建康来的士人。

②新亭:三国时建,故址在今江苏南京南,近江滨,依山而筑,东晋时为朝士游宴之所。

③藉(jiè)卉:坐卧于草地之上。藉,坐卧其上。卉,草的总名。

④周侯:周顗,袭父爵武城侯,故称周侯。

⑤正:仅,只。

⑥王丞相:王导。愀(qiǎo)然:变色的样子。

⑦戮力:协力。

⑧神州:指中原地区。

⑨楚囚:原指被俘的楚人。《左传·成公九年》载,楚国伶人钟仪为晋所囚,仍奏楚声,不忘南音。这里比喻过江诸人徒然怀念中

原,但悲泣无计。

【译文】

过江避难的诸位人士,每逢风和日丽的好天气,总是相邀一起到新亭,坐在草地上聚会饮酒。周𫖮在座中感叹说:“风景没有什么两样,只是山河有了变化!”大家听了周𫖮的话,都对视流泪。只有王导变色道:“我们应当同心协力扶佐王室,恢复中原,何至于像楚囚那样相对哭泣呢!”

三二

卫洗马初欲渡江①,形神惨顇②,语左右云:“见此芒芒③,不觉百端交集。苟未免有情,亦复谁能遣此!”

【注释】

①卫洗(xiǎn)马:卫玠(286—312),字叔宝,河东安邑(今山西夏县西北)人。官至太子洗马。风姿秀异,有“玉人”之称,好谈玄理,是魏晋之际继何晏、王弼之后的著名的清谈名士和玄学家。洗马,官名,秦汉时为太子的侍从官,出行时为前导,故名。秩比六百石。东汉时员额十六人。晋减为八人,改掌管图籍。

②顇(cuì):忧伤。

③芒芒:茫茫,远大广阔的样子。

【译文】

卫玠当初要渡江避乱时,面容凄苦,神情忧伤,对身边的人说:“看到如此广阔浩渺的长江,我不禁思绪万千,百感交集。一个人只要有感情的话,面对此景此情,又怎么能排遣得了呢!”

三三

顾司空未知名[①],诣王丞相[②]。丞相小极[③],对之疲睡。顾思所以叩会之[④],因谓同坐曰:"昔每闻元公道公协赞中宗[⑤],保全江表[⑥]。体小不安,令人喘息[⑦]。"丞相因觉,谓顾曰:"此子珪璋特达[⑧],机警有锋。"

【注释】

①顾司空:顾和,字君孝,晋吴郡吴(今江苏苏州)人。顾荣族侄。少年即出名,为顾荣所器重。王导、郗鉴、褚裒等相继赞引征辟。官至御史部尚书、御史中丞,死后赠司空,故称顾司空。

②王丞相:王导。

③小极:困倦。

④所以:表示方法。叩会:叩问交谈。

⑤元公:即顾荣,其死后谥元,故称。协赞:协同帮助。中宗:晋元帝。

⑥江表:指长江以南地区。在中原人看来,江南在长江之外,故称。

⑦喘息:原指呼吸急促,这里喻焦急不安。

⑧珪璋特达:如贵重的玉器一般特出卓异。珪、璋,均为贵重之玉器,古代用于朝聘、祭祀。

【译文】

顾和还没有出名时,一天去拜望丞相王导,王导当时很困倦,竟对着来客睡着了。顾和想着用什么方法才能与他问答交谈,于是就对同座的人说:"过去我听族叔元公说起王丞相曾经协同帮助中宗,保全了江南,现在丞相贵体小有不适,实在令人焦急啊。"王导听了因而醒过来,对顾和说:"你这人真如珪璋般特出卓异,机灵敏捷,词锋犀利。"

三四

会稽贺生[①],体识清远[②],言行以礼。不徒东南之美,实为海内之秀。

【注释】

①会稽:郡名,治所在今浙江绍兴。贺生:贺循(260—319),字彦先,会稽山阴(今浙江绍兴)人。其先庆普,汉世传《礼》,世所谓庆氏学。族高祖纯,博学有重名,避安帝父讳,改为贺氏。贺循博览群书,善属文,尤精"三礼",为当世儒宗。官至太常,左光禄大夫等。与顾荣同为支持元帝的江南士族元老,深为元帝信任恩宠,其建议多被采纳,去世时"帝素服举哀,哭之甚恸。赠司空,谥曰穆。将葬,帝又出临其柩,哭之尽哀,遣兼侍御史持节监护"。生,先生的省称。

②体识:禀性和器识。

【译文】

会稽贺循先生,禀性清雅,见识高远,一言一行都合乎礼。他不仅是东南优异的人才,实在是海内特出的俊杰。

三五

刘琨虽隔阂寇戎[①],志存本朝[②],谓温峤曰[③]:"班彪识刘氏之复兴[④],马援知汉光之可辅[⑤]。今晋祚虽衰[⑥],天命未改,吾欲立功于河北,使卿延誉于江南[⑦],子其行乎[⑧]?"温曰:"峤虽不敏,才非昔人,明公以桓、文之姿[⑨],建匡立之功[⑩],岂敢辞命!"

【注释】

①刘琨(271—318):字越石,中山魏昌(今河北无极)人。少年时即有“俊朗”之美誉,与兄长刘舆并称“洛中奕奕,庆孙、越石”。少与祖逖为友,俱以雄豪著称。晋怀帝永嘉元年(307)为并州刺史,晋愍帝时为司空,都督并、冀、幽三州诸军事,元帝时为侍中、太尉。长期坚守并州。初对抗刘渊,深得众心,但因刘琨生性豪奢不检,且又误信谗言,被佞人所乘,败于刘聪。后又败于石勒。败后投奔幽州刺史鲜卑人段匹磾,相约共同扶助晋室。后在鲜卑段部内斗中被杀。琨通音律,擅诗,与石崇、陆机、陆云等并以文才号“二十四友”,有诗传世。隔阂寇戎:指刘琨在并州坚守,与东晋王朝中间阻隔着少数民族政权。

②本朝:指晋王朝。

③温峤(288—329):字太真,太原祁县(今属山西)人,温羡之侄,刘琨姨侄。起家为都官从事,“主察百官之犯法者”。后为刘琨司空右司马,进左长史,“峤为之谋,琨所凭恃焉”。后为刘琨奉表及盟文南渡劝晋王司马睿即帝位,深得司马睿器重,并且“王导、周顗、庾亮等皆爱峤才,争与之交”。迁太子中庶子,与太子司马绍(即后之晋明帝)以及当时侍讲东宫的庾亮结为布衣之交。王敦之乱中维护太子,挫败了王敦废立取代的阴谋。明帝即位,拜为侍中,“机密大谋皆有参综,诏命文翰亦悉豫焉”。又转任中书令。王敦请其为己左司马,欲拉拢之。温峤“乃缪为勤敬,综其府事,时进密谋以附其欲”,取得王敦的信任。王敦表请温峤为丹阳尹以便在朝廷为己通风报信,温峤设法还都向明帝尽奏王敦逆谋。太宁二年(324)王敦再次举兵作乱,温峤指挥决断,打败王敦。明帝病重,温峤、司马羕、王导、郗鉴、庾亮、陆晔、卞壸七人共同受遗诏辅佐成帝。成帝咸和二年(327),苏峻、祖约之乱暴发,平乱过程中,温峤力请庾亮联合陶侃,并尊陶侃为盟主,

协调二人关系，激励士卒，最终平叛，史称“时陶侃虽为盟主，而处分规略一出于峤”。拜骠骑将军开府仪同三司，加散骑常侍，封始安郡公。咸和四年(329)薨，谥曰忠武。

④班彪识刘氏之复兴：班彪在隗嚣处知其有不臣之心，作王命以讽之，称扬刘氏受天命之赐，终有复兴之日。班彪(3—54)，字叔皮，扶风安陵(今陕西咸阳东北)人。初依隗嚣，东汉初任徐令，病免。专力作西汉史，有《后传》六十五篇，未成。后由其子班固续成《汉书》，未及完成部分由妹班昭及马融补充完成。

⑤马援知汉光之可辅：马援初为隗嚣部下，奉使洛阳，见刘秀，言“天下反覆，盗名字者不可胜数。今见陛下，恢廓大度，同符高祖，乃知帝王自有真也”。马援(前14—49)，字文渊，扶风茂陵(今陕西兴平东北)人。西汉末为新成大尹。先依隗嚣，后归刘秀，有功任陇西太守，安定西羌。后任伏波将军，出征匈奴、乌桓，以“死于边野”、“马革裹尸”自誓。后病死军中。汉光，东汉光武帝刘秀(前6—57)，字文叔，南阳蔡阳(今湖北枣阳西南)人，建武元年(25)称帝，建都洛阳。

⑥晋祚(zuò)：晋朝的国运。

⑦延誉：称扬美德，使名誉远播。

⑧其：祈使语气。

⑨桓、文：春秋时的两位霸主齐桓公、晋文公。姿：气度。

⑩匡立：指匡复晋朝，建功立业。匡，匡复。

【译文】

刘琨虽然与东晋王朝中间隔着戎族敌寇，但他的志向是保全晋朝。刘琨对温峤说：“班彪当年认识到刘氏汉朝必能复兴，马援深知汉光武帝值得辅佐。现在晋朝的国运虽然衰落，但上天的意旨并没有改变。我想在黄河以北建功立业，让你在长江以南为我称扬传播名声，您会去吗?”温峤说：“我虽然不聪明，才能比不上班彪、马援等前人，您以齐桓公、晋文公那样的气度，要建立匡复晋朝的伟大功业，我哪敢推辞使命！”

三六

温峤初为刘琨使来过江。于时江左营建始尔①，纲纪未举②。温新至，深有诸虑。既诣王丞相，陈主上幽越、社稷焚灭、山陵夷毁之酷③，有黍离之痛④。温忠慨深烈⑤，言与泗俱，丞相亦与之对泣。叙情既毕，便深自陈结，丞相亦厚相酬纳⑥。既出，欢然言曰：“江左自有管夷吾⑦，此复何忧！”

【注释】

①江左：指长江下游以东地区，古以东为左，以西为右，故江东亦称江左。尔：语尾助词。

②纲纪：法度，法令。

③主上幽越、社稷焚灭、山陵夷毁：指永嘉之乱至西晋灭亡之事。晋怀帝永嘉五年(311)，刘聪派王弥、刘曜、石勒攻洛阳，城陷，纵兵烧掠，杀王公士民三万余，并掳怀帝至平阳，史称永嘉之乱。晋愍帝建兴四年(316)，刘曜陷长安，愍帝出降，被掳至平阳，西晋亡。怀帝与愍帝先后被杀。主上，指晋怀帝、愍帝。幽越，幽囚颠越。社稷焚灭，指刘曜等攻入洛阳纵兵烧掠，也指西晋灭亡。山陵，指帝王坟墓。

④黍离：《诗经·王风·黍离》有句曰：“彼黍离离，彼稷之苗。”《毛诗序》认为是周平王东迁洛阳后，周大夫经过西周都城，目睹西周宗庙宫室夷为田野，长满禾黍，彷徨不忍离去而作此篇。后即用称亡国之痛。

⑤忠慨深烈：忠诚慷慨，深沉刚烈。

⑥酬纳：酬答接待。

⑦管夷吾：管仲（？—前645），名夷吾，字仲，辅佐齐桓公成为春秋时第一位霸主，被齐桓公尊称为“仲父”。

【译文】

温峤当初作为刘琨的使者渡江而来。当时江东的东晋王朝刚刚开始创建，法度法令等都没有订立。温峤刚到江东时，内心忧虑重重。不久他去拜访王导，向他陈述了怀、愍二帝先后被掳至平阳，社稷宗庙被焚毁，帝王陵墓被夷为平地等惨酷之状，真有《黍离》篇所写的亡国之痛。温峤忠诚慷慨，深沉刚烈，说话时涕泪交流，王丞相也与他一起相对落泪。温峤叙述情况完毕后，就诚恳地诉说与丞相深相结交之意，丞相也真挚地酬答接纳他。温峤辞别丞相出来后，很高兴地说：“我们江东已经有了管仲一样的贤相，我还有什么可忧虑的！”

三七

王敦兄含为光禄勋①。敦既逆谋，屯据南州②，含委职奔姑孰③。王丞相诣阙谢④。司徒、丞相、扬州官僚问讯⑤，仓卒不知何辞⑥。顾司空时为扬州别驾⑦，援翰曰⑧：“王光禄远避流言⑨，明公蒙尘路次⑩，群下不宁⑪，不审尊体起居何如⑫？”

【注释】

①王敦（266—324）：字处仲，晋琅邪临沂（今属山东）人。王导族兄。娶晋武帝司马炎女襄城公主为妻。西晋末支持司马睿移镇建邺，以镇压杜弢之功升镇东将军，握重兵屯武昌。西晋亡

后与王导拥戴司马睿为帝，建立东晋王朝。东晋的经济、军事重心在于荆、扬二州，王敦进位镇东大将军、开府仪同三司，加都督江、扬、荆、湘、交、广六州诸军事、江州刺史，封汉安侯，掌握军队，贡赋入己，专擅朝政，威胁晋室。后以元帝信任刘隗、刁协抑制王氏势力，于永昌元年(322)起兵攻入建康，自任丞相、江州牧，进封武昌郡公，又加羽葆鼓吹。王敦又杀周颉、戴渊，并意图废太子，遭温峤大力反对而不能成事。王敦不久即回到武昌，遥控朝政。元帝很快忧愤而死。明帝立，太宁元年(323)，王敦谋求篡位，讽谏朝廷征召自己，明帝于是手诏征召王敦。又拜受加黄钺、班剑武贲二十人，奏事不名，入朝不趋，剑履上殿。王敦移镇姑孰。太宁二年(324)，王敦病重，明帝下令讨伐。王敦以哥哥王含为元帅，命钱凤、邓岳、周抚等水陆并进地攻向建康。王含、钱凤先后失败。王敦卒于军中。后被戮尸。含：王含，字处弘，王敦之兄，元帝时为中郎将，助祖逖北伐。后任庐江太守、徐州刺史、光禄勋等。王敦叛乱，为敦军元帅，与钱凤等率众攻建康。兵败，奔荆州，被荆州刺史王舒沉杀于长江。为人凶暴贪鄙，不齿于时。光禄勋：官名，汉代为九卿之一，掌管宿卫侍从之官。

②南州：即姑孰，故址在今安徽当涂，为长江重要渡口。

③委职：丢弃官职。

④王丞相：即王导。诣阙(què)谢：到皇宫前请罪。阙，宫门两侧的高台，借指皇宫。

⑤司徒、丞相、扬州官僚问讯：司徒、丞相、扬州，指王导当时担任的官职。官僚，指王导官府里的僚属。问讯，问候。按此事于史实多有不合。王敦先后两次进攻建康，第一次是元帝永昌元年(322)，史载王导“率群从昆弟子侄二十余人，每旦诣台待罪”，其时王导为司空、扬州刺史，不为司徒，且无王敦驻姑孰，王含投奔

之事。第二次是明帝太宁二年(324),王含投奔王敦是在此次;但明帝即位后,王导"受遗诏辅政,解扬州,迁司徒"已不为扬州刺史,且无诣阙谢罪之记载。至于为丞相,则是成帝咸康四年(338)事,时改司徒为丞相,王导任之。

⑥仓卒(cù):匆忙。

⑦顾司空:顾和。扬州别驾:扬州刺史的属官。

⑧援翰:拿起笔。翰,笔。

⑨王光禄:即王含。远避流言:指王含投奔姑孰为躲避流言。

⑩蒙尘路次:指王导在王敦谋反之初,天天到皇宫前请罪。蒙尘,高官或有地位名望者遭受风尘之苦。路次,路途中。

⑪群下:下属们。

⑫不审:不知。起居:饮食寝兴等一切日常生活状况。

【译文】

王敦之兄王含任光禄勋之职,王敦起兵谋反后,率兵占据姑孰,王含丢弃官职到姑孰投奔王敦。王导是王敦的族弟,到宫门前请罪。当时王导以司空、丞相兼任扬州刺史,诸府僚属去问候时,匆忙之下不知该怎么措词才好。顾和当时担任扬州别驾,拿起笔来写道:"王光禄远远地避开流言,您却为此天天在道途中奔忙受累,我们众下属十分不安,不知贵体日常生活起居怎么样?"

三八

郗太尉拜司空①,语同坐曰:"平生意不在多,值世故纷纭②,遂至台鼎③。朱博翰音④,实愧于怀。"

【注释】

①郗太尉：即郗鉴。拜司空：指郗鉴被授予司空的官职。

②世故：世事。

③台鼎：喻指三公。台，星名，有上台、中台、下台，称三台。鼎，古代为国之重器，有三足，称三足鼎。

④朱博翰音：意即徒有虚名。《汉书·五行志》载，朱博为丞相，“临拜，延登受策，有大声如钟鸣。上问扬雄，李寻对曰：‘《洪范》所谓鼓妖者也。人君不聪，空名得进，则有无形之声。’博后坐事自杀”。《序传》曰“博之翰音，鼓妖先作”。朱博，字子元，西汉杜陵（今陕西西安东南）人。慷慨好结交。历官县令、刺史、御史大夫，代孔光为丞相，封阳乡侯，后因得罪傅太后下诏狱，自杀。翰音，飞向高空的声音，比喻徒有虚名，居非其位。《周易·中孚》：“上九，翰音登于天，贞凶。”王弼注：“翰，高飞也。飞音者，音飞而实不从之谓也。”

【译文】

郗鉴被授予司空时，对同座的人说：“我生平的愿望并不高，只是正好遇到这动荡不定的时世，才做到三公的高位，就像西汉的朱博一样徒有虚名而已，因此内心实在感到惭愧。”

三九

高坐道人不作汉语[①]。或问此意，简文曰[②]：“以简应对之烦[③]。”

【注释】

①高坐道人：即帛尸梨密多罗，晋时人敬称为高座法师。原为西域

龟兹国王子，让位给弟弟后出家。博通经论，兼通密法。永嘉年间来华，后避乱渡江。与王导、周颛等结交。其天姿高朗、风神超迈，一时贤达争着与他结交。卒于成帝咸康中，年八十余。道人，和尚的旧称。

②简文：晋简文帝司马昱。

③简：简略，省去。

【译文】

高座法师不讲汉语。有人问这样做的用意，简文帝说："这是为了省去应酬对答的麻烦。"

四〇

周仆射雍容好仪形①。诣王公②，初下车，隐数人③，王公含笑看之。既坐，傲然啸咏④。王公曰："卿欲希嵇、阮邪⑤？"答曰："何敢近舍明公，远希嵇、阮！"

【注释】

①周仆射：周颛。雍容：形容态度大方，从容不迫。

②王公：即王导。

③隐(yìn)：倚，凭。

④傲然：原指坚强不屈的样子。此指态度随便的样子。啸咏：啸歌。啸，魏晋以来士人特有的风貌，撮口发出长而脆的声音。

⑤希：企望，仰慕。嵇：嵇康。阮：阮籍。

【译文】

周颛态度落落大方，仪表堂堂，相貌美好。他去拜访王导，刚下车时，扶着几个人走路，王导含笑看着他。周颛坐定后，态度随便满不在乎地啸咏起来。王导说:“您想追慕嵇康、阮籍吗?”周顗答道:“我哪敢抛开近处明公您的榜样,而去追慕遥远的嵇康、阮籍呢!”

四一

庾公尝入佛图[①],见卧佛[②],曰:“此子疲于津梁[③]。”于时以为名言。

【注释】

①庾公:庾亮。佛图:佛寺。

②卧佛:释迦牟尼佛圆寂时头北面西、右胁而卧之相,即以右手托腮,双膝稍屈,左手放在左腿上,侧身而卧。

③津梁:桥梁。指释迦牟尼佛以佛法普度众生,犹如桥梁,使众生脱离烦恼的苦海。

【译文】

庾亮曾到佛寺,看见卧佛,说:“这位先生为普度众生而疲倦了。”当时人都认为这话是名言。

四二

挚瞻曾作四郡太守、大将军户曹参军[①],复出作内史[②],年始二十九。尝别王敦,敦谓瞻曰:“卿年未三十,已为万石[③],亦太蚤。”瞻曰:“方于将军少为太早[④],比之甘罗已为太老[⑤]。”

【注释】

①挚瞻：字景游，晋长安（今陕西西安西北）人。历官户曹参军、安丰、新蔡、西阳等太守，随郡内史等，与王敦不和。愍帝建兴四年（316），第五猗受愍帝之命，由侍中出为荆州刺史，杜曾、挚瞻、胡混等并迎奉之。时元帝已有江表之地，王敦以从弟王廙为荆州刺史，挚瞻与第五猗据荆州以距王敦，遂逐王廙。元帝建武元年（317）命周访击破第五猗等，至太兴二年（319）被周访擒获，王敦遂皆斩之。大将军：即王敦。户曹参军：官名，管农户、农桑等。

②复出作内史：据《挚氏世本》，挚瞻因不满王敦将破旧皮衣赐老病外部都督，嘲讽王敦，被王敦左迁为随郡内史。内史，官名。西汉初，诸侯王国置内史，掌民政。历代沿置，隋始废。钱大昕《十驾斋养新录》卷六："汉制，诸侯王国以相治民事，若郡之有太守也。晋则以内史行太守事，国除为郡，则复称太守，然二名往往混淆，史家亦互称之。"

③万石：晋朝郡守、内史的俸禄均为二千石。挚瞻曾作过四个郡的太守，后又调任内史，加起来为万石，故称。

④方：比。少：微，稍微。

⑤甘罗：战国楚国下蔡（今安徽凤台）人。十二岁为秦相吕不韦门客，自请出使赵国，说服赵王割五城与秦，以功封为上卿。

【译文】

挚瞻曾经做过四个郡的太守，大将军王敦的户曹参军，后又调动出任内史，年纪才二十九岁。挚瞻曾向王敦告别，王敦对挚瞻说："你年纪未满三十岁，已经做到万石大官，也太早了点吧。"挚瞻说："我和将军比起来稍稍早了些，可和甘罗比已经是太老了。"

四三

梁国杨氏子九岁[①]，甚聪惠。孔君平诣其父[②]，父不在，乃呼儿出。为设果，果有杨梅。孔指以示儿曰："此是君家果。"儿应声答曰："未闻孔雀是夫子家禽③。"

【注释】

①梁国：郡国名，治所睢阳（今河南商丘南）。

②孔君平：孔坦（286—336），字君平，会稽山阴（今浙江绍兴）人。为人方直，有名望。佐王导平苏峻，官至侍中。成帝时因忤王导出为廷尉，快快不悦，以病去职。追赠光禄勋，谥曰简。

③夫子：对长者的尊称。

【译文】

梁国杨家的孩子才九岁，非常聪明有智慧。孔坦去拜访他父亲，其父不在家，就叫孩子出来。孩子为客人摆设果品，其中有杨梅。孔坦指着杨梅给孩子看，说道："这是你们家的家果。"孩子随声答道："我没有听说过孔雀是先生家的家禽。"

四四

孔廷尉以裘与从弟沈①，沈辞不受。廷尉曰："晏平仲之俭，祠其先人，豚肩不掩豆，犹狐裘数十年②，卿复何辞此？"于是受而服之。

【注释】

①孔廷尉：孔坦。裘：皮衣。沈：孔沈，字德度，孔坦堂弟，有美名。曾被荐为王导的丞相司徒、琅邪王文学，皆不就。

②"晏平仲之俭"四句：刘向《别录》曰："晏平仲……以节俭力行重于齐。"《礼记》曰："晏平仲祀其先人，豚肩不掩豆，君子以为俭

也。"又曰:"晏子一狐裘三十年,晏子焉知礼?"晏平仲,晏婴(?—前500),字平仲,春秋时齐国东莱夷维(今山东高密)人。历仕灵公、庄公、景公三世,是春秋后期一位重要的政治家。豚肩,猪蹄膀。豆,古代盛肉或其他食品的器皿,亦用为祭器。

【译文】

孔坦送给堂弟孔沈一件皮衣,孔沈推辞不接受。孔坦说:"古代晏婴的节俭是出了名的,他祭祀先人时,用作祭品的猪蹄膀没有装满一豆,可还穿了三十年的狐皮外衣,你又何必推辞穿皮衣呢?"于是孔沈接受了皮衣穿在身上。

四五

佛图澄与诸石游①,林公曰②:"澄以石虎为海鸥鸟③。"

【注释】

①佛图澄(232—348):两晋时期的高僧。本姓帛,西域龟兹(今新疆库车一带)人。西晋怀帝永嘉四年(310)到洛阳,以法术深得石勒、石虎信任,常参议军政大事,被尊称"大和尚"。在他的影响下,石勒允许汉人出家为僧。佛教大兴,建寺数百所,受业弟子前后达万人,著名者有道安、法雅、法汰、法和等。诸石:指石勒、石虎等后赵贵族。

②林公:支遁(314—366),字道林,世称"支公"、"林公"。本性关,陈留(今河南开封南)人。家世事佛,二十五岁出家。尤精《般若道行品经》。曾著《圣不辩之论》、《道行旨归》、《学道戒》等论书,在《即色游玄论》中,他提出"即色本空"的思想,创立了般若学即色义,成为当时般若学六家七宗中即色宗的代表人物。支遁是一位典型的清谈家杂糅老释的僧人,与谢安、王羲之等交游,以

好谈玄理闻名于世，所注《庄子·逍遥游》为群贤叹服。

③石虎(295—349)：字季龙，上党武乡(今山西榆社北)人。羯族。后赵国君。石勒之侄，随石勒征战，为太尉、尚书令，封中山王。石勒死，儿子石弘继位。翌年，石虎废杀石弘，自称为居摄赵天王。至335年，将首都由襄国(今河北邢台)迁至邺(今河北临漳西南)，349年称帝。在位期间，荒淫奢侈，为政苛暴。海鸥鸟：刘孝标注："《庄子》曰：'海上之人好鸥者，每旦之海上，从鸥游，鸥之至者数百而不止。其父曰："吾闻鸥鸟从汝游，取来玩之。"明日之海上，鸥舞而不下。'"谢灵运《山居赋》云："抚鸥鯈而悦豫。"其自注云："庄周云：'海人有机心，鸥鸟舞而不下。'"按，刘注所引现见于《列子·黄帝第二》，前人多以为是《庄子》逸文。

【译文】

佛图澄与石勒、石虎兄弟交往做朋友，支遁说："佛图澄把石虎当做海鸥鸟一样看待。"

四六

谢仁祖年八岁①，谢豫章将送客②，尔时语已神悟③，自参上流。诸人咸共叹之，曰："年少，一坐之颜回④。"仁祖曰："坐无尼父⑤，焉别颜回？"

【注释】

①谢仁祖：谢尚(308—357)，字仁祖，谢鲲之子，东晋太傅谢安从兄。陈郡阳夏(今河南太康)人。自幼聪颖，精通音律，善舞蹈，工书法，尚清谈，深得王导赏识，比之竹林七贤之一的王戎，时人谓谢尚为"小安丰"。历任历阳太守、江州刺史、尚书仆射、豫州

刺史，为政清简。进号镇西将军，世称谢镇西。都督西部诸州军事，为陈郡谢氏一族首次取得方镇屏藩实力，为陈郡谢氏的崛起贡献极大。

②谢豫章：谢鲲(280—322)，字幼舆，陈郡阳夏(今河南太康)人。少知名，通简有高识。好《老》、《易》，能歌善鼓琴。王衍、嵇绍都对他感觉惊异。王敦引为长史，知敦有谋逆之意，不可谏劝，遂不屑政事，优游于丘壑之间。后出为豫章太守，为政清简。谢家本为素儒之家，谢鲲由儒入玄，追随元康名士，是谢氏家族社会地位变化的关键。将：带，领。

③神悟：犹颖悟，谓理解力高超出奇。神，喻机灵颖异，不寻常。

④颜回(前 521—前 490 或前 481)：字子渊，春秋时鲁国人，孔子的得意门生，以德行著称。

⑤尼父：指孔子。

【译文】

谢尚八岁时，谢鲲带着他送客，那时他在言谈中已表现出超群的领悟能力，已跻身于上等人才之列。在座的人都赞美他说："小小年纪，已是一座之中的颜回！"谢尚说："座中没有孔子，怎么能识别颜回呢？"

四七

陶公疾笃[①]，都无献替之言[②]，朝士以为恨。仁祖闻之[③]，曰："时无竖刁[④]，故不贻陶公话言[⑤]。"时贤以为德音[⑥]。

【注释】

①陶公：陶侃(259—334)，字士行，庐江寻阳(今江西九江)人。早年孤贫，为县吏。以平定杜弢军功授荆州刺史，但被王敦压制，

改任广州刺史。王敦之乱平定后，陶侃虽无功，但明帝为使方镇互相牵制，用陶侃为都督荆、湘、雍、梁四州军事、荆州刺史。在荆州力抑浮华，勤于政事。苏峻叛乱，被推为盟主，平乱后因功而升为太尉、都督七州军事，封长沙郡公，仍驻荆州。咸和五年(330)江州刺史刘胤为郭默所杀。王导即以默为江州刺史。陶侃指责王导，随即起兵抵江州，斩郭默等，控制了长江上中游。时已为都督八州军事、荆、江二州刺史，其权力之煊赫，在东晋一朝屈指可数。咸和七年(332)陶侃遣桓宣收复为后赵占据多年的襄阳。咸和九年(334)去世。勤于政事，有声望。疾笃：病重。

②献替："献可替否"或"献替可否"之简称，谓对君主进谏，劝善规过。亦泛指议论国事兴革。

③仁祖：谢尚。

④竖刁：春秋时齐桓公所宠幸的宦官，他自宫入宫服侍桓公，深得桓公宠幸。当管仲病危时，桓公问他死后能否用竖刁为相。管仲谓这种自宫为宦官的人不近人情，绝不能任用。桓公不听，后来竖刁果然使齐国蒙受祸乱。

⑤贻：留。话言：指遗嘱。

⑥德音：善言。

【译文】

陶侃病危时，没有讲过一句有关劝善规过、兴利除弊的话语，朝中官员都为此感到遗憾。谢尚听到后说："现在朝中没有像竖刁那样的小人，所以陶公就不必留下遗言了。"当时的才德之士都认为这句话有见识。

四八

竺法深在简文坐①，刘尹问②："道人何以游朱门③？"答曰："君自见其朱门，贫道如游蓬户④。"或云卞令⑤。

【注释】

①竺法深：晋高僧道潜。简文：晋简文帝司马昱。

②刘尹：刘惔。

③道人：和尚。朱门：王侯豪门之家大门漆作红色，故以朱门代称王侯豪门之家。

④蓬户：以蓬草编成门户，指贫寒之家。

⑤卞令：即卞壶（kǔn，281—328）。济阴冤句（今山东曹州西北）人，字望之。永嘉中任著作郎。元帝镇建邺（后改建康，今江苏南京），召为从事中郎，掌选官之职。明帝时领尚书令，与王导等俱受遗诏辅政。俭素廉洁。力劝庾亮勿征苏峻入朝。后峻攻建康，他率六军拒击，苦战而死。二子相随赴敌，同时遇害。

【译文】

竺法深在司马昱府上作客，刘惔问他："和尚为什么与富贵人家交游？"法深答道："在您看来是富贵人家，而在我眼里却与贫寒人家交游没什么两样。"有人说是卞壶问的。

四九

孙盛为庾公记室参军[①]，从猎，将其二儿俱行[②]，庾公不知。忽于猎场见齐庄[③]，时年七八岁，庾谓曰："君亦复来邪？"应声答曰："所谓'无小无大，从公于迈'[④]。"

【注释】

①孙盛（约306—378）：字安国，太原中都（今山西平遥西南）人。历任佐著作郎、长沙太守、秘书监、加给事中。博学，反对神鬼迷信，善言名理，"于时殷浩擅名一时，与抗论者，惟盛而已"。著有

《魏氏春秋》、《晋阳秋》，词直理正，咸称良史。庾公：庾亮。记室参军：官名，管文书，为王公、将军等幕府中之幕僚。

②将：带领。

③齐庄：孙盛次子，名放，字齐庄，官至长沙王相。

④无小无大，从公于迈：见《诗经·鲁颂·泮水》，原意为百官不分大小尊卑，都跟着鲁僖公出行。于，往。迈，行。此处齐庄以"大"、"小"指大人小孩，以"公"指庾亮，意谓"不论大人还是小孩，都跟着明公出游"。

【译文】

孙盛当庾亮的记室参军的时候，曾跟随庾亮去打猎，他带着两个儿子一起去，庾亮事先不知道。忽然在猎场上见到孙盛的小儿子齐庄，当时齐庄只有七八岁，庾亮对他说："你也来了吗？"齐庄应声回答道："这就是《诗经》所说的'无大无小，从公于迈'啊。"

五〇

孙齐由、齐庄二人小时诣庾公[①]。公问齐由何字[②]，答曰："字齐由。"公曰："欲何齐邪[③]？"曰："齐许由。"齐庄何字，答曰："字齐庄。"公曰："欲何齐？"曰："齐庄周[④]。"公曰："何不慕仲尼而慕庄周？"对曰："圣人生知[⑤]，故难企慕。"庾公大喜小儿对。

【注释】

①孙齐由：孙潜，字齐由，孙盛长子。官豫章太守。殷仲堪讨伐王国宝时，逼其为咨议参军，坚辞不做，因忧虑过度而死。庾公：即庾亮。

②字：古人有名有字，根据名中的字义另取别名叫字，故名与字之

间的意义有一定关系。自称时用名不用字,表示谦虚;称他人时则用字不用名,表示尊敬。

③齐:看齐。

④庄周(约前369—前286):战国时宋国蒙(今河南商丘东北)人。做过蒙地的漆园吏。著《庄子》十万言,主张清静无为,独尊老子,排斥儒墨。

⑤圣人生知:谓圣人生下来就知道。《论语·季氏》:"生而知之者,上也。"孔颖达正义曰:"生而知之者,上也,谓圣人也。"

【译文】

孙潜、孙放兄弟二人小时候去拜见庾亮,庾亮问孙潜的字是什么,孙潜答道:"字齐由。"庾亮说:"你要向什么人看齐呢?"孙潜说:"向许由看齐。"庾亮又问孙放的字是什么,孙放答道:"字齐庄。"庾亮说:"要向什么人看齐?"齐放答道:"向庄周看齐。"庾亮说:"为什么不仰慕孔子而仰慕庄子啊?"齐放答道:"孔子是圣人,是生而知之的天才,所以难以仰慕。"庾亮非常喜欢弟弟孙放的对答。

五一

张玄之、顾敷是顾和中外孙[①],皆少而聪惠,和并知之,而常谓顾胜,亲重偏至,张颇不恹[②]。于时,张年九岁,顾年七岁。和与俱至寺中,见佛般泥洹像[③],弟子有泣者,有不泣者。和以问二孙。玄谓:"被亲故泣,不被亲故不泣。"敷曰:"不然。当由忘情故不泣[④],不能忘情故泣。"

【注释】

①张玄之:一作张玄,字祖希,东晋时历官吏部尚书、吴兴太守。与

谢玄齐名，被称为“南北二玄”。顾敷：字祖根，晋吴郡吴人，仕至著作郎。他天才早慧，但年仅二十三岁即卒。中外孙：孙子与外孙。

②恹(yàn)：通“厌”，心服。

③般泥洹(bō niè huán)像：梵文音译，亦译为涅槃，意译为入灭、圆寂。意谓释迦牟尼佛随缘教化众生，缘尽圆寂于印度的拘尸那拉城跋提河岸沙罗双树间，最后对围绕身边的弟子说《大般涅槃经》毕，即头北面西，右胁而卧，示现灭度。此像即为卧佛像。

④忘情：对于常人的喜怒哀乐的感情淡然若忘。

【译文】

张玄之和顾敷是顾和的外孙和孙子，两人都是小时候就很聪明，顾和对他们都很赏识，但常说顾敷胜过张玄之，所以对顾敷特别亲近偏爱，张玄之对此颇为不服。这时，张玄之九岁，顾敷七岁，顾和带他们一起到寺庙里，看到释迦牟尼佛的涅槃像，佛身边的弟子有的在哭泣，有的没有哭，顾和就问两位孙辈为何如此。张玄之说：“得到佛亲近的弟子就哭泣，没有得到佛亲近的所以就不哭。”顾敷说：“不是这样的。应当是因为能淡忘常情的人不哭，不能忘掉喜怒哀乐常情的人才哭。”

五二

庾法畅造庾太尉①，握麈尾至佳②。公曰：“此至佳，那得在③？”法畅曰：“廉者不求④，贪者不与，故得在耳。”

【注释】

①庾法畅：为“康法畅”之误，东晋之高僧，成帝时渡江，有才思，善辩论。著《人物始义论》等。庾太尉：庾亮。

②麈(zhǔ)尾:拂尘,以鹿一类动物的尾巴做成。魏晋人清谈时常执手中以示风度之洒脱。

③那得:何以。

④求:贪图,求取。

【译文】

康法畅拜访庾亮时,手里拿的麈尾极其好。庾亮说:"这麈尾好极了,何以还能在你手上呢?"法畅说:"廉洁的人不会向我贪求,贪婪的人我不会给他,所以这柄麈尾得以留在我手中。"

五三

庾稚恭为荆州[①],以毛扇上武帝[②],武帝疑是故物。侍中刘劭曰[③]:"柏梁云构[④],工匠先居其下;管弦繁奏[⑤],钟、夔先听其音[⑥]。稚恭上扇,以好不以新。"庾后闻之,曰:"此人宜在帝左右。"

【注释】

①庾稚恭:庾翼(305—345),字稚恭,颍川鄢陵(今属河南)人。庾亮之弟。时与杜乂、殷浩等才名冠世。初为陶侃太尉府参军,累迁南蛮校尉,领南郡太守。亮死后,代镇武昌,任都督江、荆、司、雍、梁、益六州诸军事、荆州刺史。有大志,以灭胡平蜀为己任。建元元年(343),不顾朝中大臣阻挠,移屯襄阳,准备进攻后赵。不久病死。

②毛扇:羽毛扇。傅咸《羽扇赋序》曰:"昔吴人直截鸟翼而摇之,风不减方圆二扇,而功无加,然中国莫有生意者。灭吴之后,翕然贵之,无人不用。"武帝:误,应作"成帝"。东晋成帝司马衍,

326—341在位。

③刘劭：字彦祖，晋彭城（今江苏徐州）人。好学博识，善草书。历官侍中、豫章太守。

④柏梁：台名，汉武帝建此台，故址在长安城中北门内。云构：形容柏梁台高耸入云的建筑面貌。

⑤管弦：管乐器和弦乐器。繁奏：一起演奏。繁，杂。

⑥钟：钟子期，春秋时楚人，精于音律。夔（kuí）：舜时的乐官。钟夔合称指善辨乐音的人。

【译文】

庾翼当荆州刺史时，把羽毛扇进献给武帝，武帝怀疑此扇是用过的旧扇。侍中刘劭说："柏梁台是高耸入云的伟大建筑，但是建造该台的工匠先在下面建起来的；管弦合奏的乐声，也是钟子期和夔这样知音的乐官首先听的。庾翼进献这把羽扇是因为它好，而不在新不新。"庾翼后来听到这些话便说："像这样的人适宜在皇帝的身边。"

五四

何骠骑亡后①，征褚公入②。既至石头③，王长史、刘尹同诣褚④。褚曰："真长，何以处我⑤？"真长顾王曰："此子能言。"褚因视王，王曰："国自有周公⑥。"

【注释】

①何骠骑：何充，字道次，晋庐江灊（qián，今安徽霍山东北）人。王导妻姊之子。初辟为王敦主簿，东晋成帝时官任宰相；晋穆帝二岁即位，与大臣庾冰共辅幼主。"充虽无澄正改革之能，而强力有器局，临朝正色，以社稷为己任。凡所选用提拔，皆以功臣为

先，不以私恩树亲戚，谈者以此重之。”曾任骠骑将军、会稽内史、吏部尚书等。性好佛典。

②褚公：褚裒。

③石头：石头城，故址在今江苏南京清凉山。

④王长史：王濛（309—347），字仲祖，小字阿奴，太原晋阳（今山西太原西南）人。晋哀帝靖皇后之父。少时放纵不羁，晚年则克己励行，以清约见称，与刘惔齐名。王导辟为掾。历官长山令、中书郎、司徒左长史。善隶书，能言理。刘尹：刘惔。

⑤何以处我：时褚裒任徐、兖二州刺史，镇守京口。当时朝议以为他是褚太后的父亲，宜掌朝政，征其入朝。此处是褚裒问刘、王朝廷是否要让他主执朝政。处，处置，安排。

⑥“王曰”二句：《晋阳秋》曰：“（何）充之卒，议者谓太后父裒宜秉朝政，裒自丹徒入朝。吏部尚书刘遐劝裒曰：‘会稽王令德，国之周公也，足下宜以大政付之。’裒长史王胡之亦劝归藩。于是固辞归京（口）。”据此，则或以司马昱比为周公劝褚裒回藩的是刘遐和王胡之。周公，此以周公借指司马昱。当时司马昱任抚军大将军、录尚书事，褚太后诏他专总万机。

【译文】

骠骑将军何充去世后，朝廷征召褚裒入都。褚裒到达石头城后，王濛、刘惔一同来拜见褚裒。褚裒说：“真长，你看朝廷会怎样安排我啊？”刘惔回头看着王濛说：“这位先生很善言辞。”褚裒于是注视王濛，王濛说：“国中本来就有周公那样的人在。”

五五

桓公北征[①]，经金城[②]，见前为琅邪时种柳[③]，皆已十围[④]，慨然曰：“木犹如此，人何以堪[⑤]！”攀枝执条，泫然流泪[⑥]。

【注释】

①桓公北征：指太和四年(369)桓温北征前燕。桓公，桓温(312—373)，字元子，谯国龙亢(今安徽怀远西)人。幼年丧父，青年时期结交名流，与刘惔、殷浩齐名。明帝司马绍之婿。后与庾翼相交，并担任琅邪内史，庾翼死，永和元年(345)任荆州刺史，握兵权。二年(346)出兵伐蜀，三年(347)定蜀，灭成汉，进位征西大将军。十年(354)第一次北伐，攻前秦入关中。十二年(356)第二次北伐收复洛阳。兴宁元年(363)，桓温被任命为大司马，都督中外诸军事，录尚书事，后又兼扬州刺史。桓温身为宰相，又兼荆扬二州刺史，尽揽东晋大权。太和四年(369)第三次北伐，攻前燕，因军粮不继，在枋头受挫而返。败归后，桓温威望大减，便从郗超之议用废立的办法重新树立威权。六年(371)废司马奕为海西公，改立司马昱，即简文帝，以大司马专权。次年，简文帝死，遗诏由太子司马曜继承皇位，这就是晋孝武帝。桓温本来图谋受禅，未成，后病死。谥宣武。

②金城：在今江苏句容北。

③前为琅邪：咸康七年(341)，桓温为琅邪内史，出镇金城。琅邪，郡名。东晋太兴三年(320)设置侨州、侨郡、侨县等安置北方渡江而来的士庶。咸康元年(335)分江乘县地置琅邪郡，治所在金城。

④围：计量圆周的约略单位，两手拇指和食指合拢的长度，亦指两臂合抱的长度。

⑤堪：忍受，能支持。

⑥泫(xuàn)然：流泪的样子。

【译文】

桓温北征前燕时，路过金城，看到自己以前当琅邪内史时所种的柳树，都已长成十围粗的大树了，感慨地说："树木尚且这样，作为人怎能忍受这岁月的流逝啊！"他攀着树枝手执柳条，禁不住流下泪来。

五六

简文作抚军时[①]，尝与桓宣武俱入朝[②]，更相让在前。宣武不得已而先之，因曰："伯也执殳，为王前驱[③]。"简文曰："所谓'无小无大，从公于迈'[④]。"

【注释】

①简文作抚军时：司马昱于永和元年（345）进位抚军大将军。简文，晋简文帝司马昱。抚军，抚军大将军的简称。

②桓宣武：桓温。

③伯也执殳（shū），为王前驱：见《诗经·卫风·伯兮》。《伯兮》为卫国妇人思念其丈夫远征之诗。这里借以指自己为司马昱作前锋，故走在前面，以示其谦恭。伯，原诗是妇人称呼其丈夫之词。殳，一种长一丈二尺无刃的武器。前驱，先锋。

④无小无大，从公于迈：见《诗经·鲁颂·泮水》。

【译文】

简文帝当抚军大将军时，曾与桓温一起上朝，他们互相谦让，要对方走在前面。桓温不得已只好在前面走，于是说："手上拿着殳，为王打前锋。"简文帝说："这就是所谓的官儿无论小或大，我都是跟着明公行进。"

五七

顾悦与简文同年[1]，而发蚤白[2]。简文曰："卿何以先白？"对曰："蒲柳之姿[3]，望秋而落[4]；松柏之质，经霜弥茂[5]。"

【注释】

①顾悦：一作顾悦之。字君叔，晋晋陵（今江苏武进）人。曾为殷浩别驾，官至尚书左丞。

②蚤：通"早"。

③蒲柳之姿：用以谦称自己体质衰弱或地位低下。蒲柳，水杨，是秋天很早就凋零的树木。

④望：向。

⑤弥：更加。

【译文】

顾悦和简文帝同龄，但头发很早就白了。简文帝说："你为什么头发白得比我早？"顾悦回答道："我是蒲柳一样的资质，向着秋天树叶就掉落了；您是松柏一般的质地，经受了秋霜反而更加茂盛。"

五八

桓公入峡[1]，绝壁天悬，腾波迅急，乃叹曰："既为忠臣，不得为孝子[2]，如何！"

【注释】

①桓公入峡：指桓温于永和二年（346）率领七千余人伐蜀。桓公，

桓温。峡，三峡。

②既为忠臣，不得为孝子：见《汉书・王尊传》。“忠臣”指汉代的王尊，愿为国尽忠冒险进蜀。“孝子”指汉代王阳，宁在家奉养父母也不肯进蜀冒险。

【译文】

桓温进入三峡，只见两岸高耸的峭壁悬在空中，下有奔腾汹涌的波涛迅猛疾流，于是叹息道：“我既然做了忠臣，就不能当孝子了，有什么办法啊！”

五九

初，荧惑入太微①，寻废海西②；简文登阼③，复入太微④，帝恶之。时郗超为中书⑤，在直。引超入曰：“天命修短，故非所计。政当无复近日事不⑥？”超曰：“大司马方将外固封疆⑦，内镇社稷，必无若此之虑。臣为陛下以百口保之⑧。”帝因诵庾仲初诗曰⑨：“志士痛朝危，忠臣哀主辱⑩。”声甚凄厉。郗受假还东，帝曰：“致意尊公⑪，家国之事，遂至于此⑫。由是身不能以道匡卫⑬，思患预防。愧叹之深，言何能喻⑭！”因泣下流襟。

【注释】

①荧惑入太微：古人认为这是帝位不保的征兆。荧惑，即火星，呈红色，亮度常变化，运行规律亦多变，令人迷惑，故称，古人视作灾星。太微，太微垣，在北斗之南，古人以之为天帝南宫，与人间朝廷相对应。

②寻：不久。废海西：指太和六年(371)桓温废废帝司马奕为海西

县公。司马奕，字延龄，晋成帝子。366—371在位。

③简文：晋简文帝司马昱。

④复入太微：指荧惑星再次进入太微垣。

⑤郗超(336—377)：字景兴(或作敬兴)，一字嘉宾，东平高平金乡(今属山东)人，东晋开国功臣郗鉴之孙，郗愔之子。郗超少年早熟，聪明过人，十几岁即被司马昱辟为掾。永和三年(347)桓温灭成汉，进位征西大将军后，辟郗超为征西大将军掾。此后一直在桓温幕府，深获信任。枋头之败后建议废立，改立简文帝。入朝任中书侍郎。桓温死后去职。

⑥政当：只是。政，通"正"，只，仅。

⑦大司马：桓温曾任大司马，故称。封疆：疆界，此指边疆、边防。

⑧百口：指全家、整个家族的人。

⑨庾仲初：庾阐，字仲初，晋颍川鄢陵人(今属河南)。历仕尚书郎、彭城内史、郗鉴从事中郎、散骑常侍、领大著作、出补零陵太守、给事中等。九岁即能文，有集十卷。

⑩志士痛朝危，忠臣哀主辱：见《从征》诗，此诗仅存此两句。

⑪尊公：敬称对方的父亲。

⑫遂：竟。

⑬身：晋人多以"身"作第一人称代词。匡卫：匡正保卫。

⑭喻：说明。

【译文】

当初，荧惑星进入太微垣，不久海西公就被废去皇位；等到简文帝即位，荧惑星再次进入太微垣，简文帝十分厌恶这种不祥的征兆。当时郗超作为中书侍郎正好在宫内值班。简文帝便把郗超叫进来说："天命有长有短，这本不是我所要考虑的。只是不知会再发生前些日子的废立之事吗？"郗超说："大司马正要对外巩固边疆，对内安定社稷，必定不会有这样的打算。我愿用全家百口人的性命为陛下担保。"简文帝于是吟诵庾阐的诗句道:“有志之士为朝廷的危险而痛苦,耿直的忠臣为主上的屈辱而哀伤。”声音十分凄凉。郗超被准假东去会稽探亲,简文帝说:“请代我向令尊致意,国家社稷的事竟然到了这种地步。这是因为我不能坚持正道来纠正过失错误,保卫社稷国家,思虑祸患而预先防范。我深感惭愧,感慨不已,用语言怎能说清呢!”于是简文帝泪下如雨,沾湿衣襟。

六〇

简文在暗室中坐,召宣武[①]。宣武至,问上何在。简文曰:“某在斯!”时人以为能[②]。

【注释】

①宣武:桓温。

②能:有才能,善言辞。

【译文】

简文帝坐在暗室里,召见桓温。桓温来了,问皇上在哪里。简文帝说:“我在这里。”当时人以为简文帝善于言辞,很有才能。

六一

简文入华林园[①],顾谓左右曰:“会心处不必在远[②]。翳然林水[③],便自有濠、濮间想也[④],觉鸟兽禽鱼自来亲人。”

【注释】

①华林园:故址在今南京鸡鸣山南古台城内,三国吴建。

②会心：领悟，领会。指人对自然的心领神会的感悟。

③翳然：遮蔽的样子。

④濠、濮间想：谓思慕濠梁、濮水间的逍遥自在的生活境界。濠、濮，见《庄子·秋水》，谓庄子曾与惠施游于濠水桥梁之上，羡慕游鱼自由自在之乐；亦曾垂钓于濮水，拒绝楚王的招聘，不愿为官。想，思慕之意。

【译文】

简文帝到了华林园，回头对身边的侍从说："领略大自然的韵致无需跑到远处寻求，置身于郁郁葱葱幽深的林木水流的怀抱中，便令人自然思慕庄子所追求的濠、濮间逍遥自在的境界，觉得飞鸟走兽、鸣禽游鱼都会主动来与人亲近。"

六二

谢太傅语王右军曰[①]："中年伤于哀乐[②]，与亲友别，辄作数日恶[③]。"王曰："年在桑榆[④]，自然至此，正赖丝竹陶写[⑤]。恒恐儿辈觉，损欣乐之趣。"

【注释】

①谢太傅：谢安。王右军：王羲之(303—361)，字逸少，琅邪临沂(今属山东)人，官至右军将军、会稽内史，人称王右军。工于书法，善于博采众长，推陈出新，备精诸体，尤擅行书，为历代所宗尚，被尊为"书圣"，影响极大。

②哀乐：偏义复词，指哀伤。

③作：兴起，生出。

④桑榆：原指落日余晖照在桑树、榆树的梢头，比喻人的晚年。

⑤丝竹：指音乐。丝为弦乐器，竹为管乐器。陶写：陶冶性情，抒发忧思。

【译文】

谢安告诉王羲之说："人到中年，常为哀伤情绪而伤怀，每当与亲友离别，总会有几天难过。"王羲之说："人到晚年，自然会有这种情景，正需要依赖音乐来陶冶性情，抒发忧思。只是常怕子侄们知道了，会减少欣喜快乐的情趣。"

六三

支道林常养数匹马[①]。或言道人畜马不韵[②]。支曰："贫道重其神骏[③]。"

【注释】

①支道林：支遁。

②韵：风雅。

③神骏：神采焕发的样子。

【译文】

支道林常常养有几匹马。有人说和尚养马不太风雅。支道林说："我着重于它的神采焕发。"

六四

刘尹与桓宣武共听讲《礼记》[①]。桓云："时有入心处[②]，便觉咫尺玄门[③]。"刘曰："此未关至极[④]，自是金华殿之语[⑤]。"

【注释】

①刘尹:刘惔。桓宣武:桓温。

②入心:打动人心。

③玄门:玄妙之门。《老子》:"玄之又玄,众妙之门。"此喻指道家最高境界。

④至极:达到极点,指最高境界。

⑤金华殿之语:指儒生常谈。西汉成帝时,郑宽中、张禹每天在金华殿讲说《尚书》、《论语》。金华殿,殿名,在未央宫中。

【译文】

刘惔与桓温一起听讲《礼记》。桓温说:"时常有打动人心的地方,于是感觉距离最高境界已不远了。"刘惔说:"这还没有涉及道家的最高境界,只不过是儒生的常谈而已。"

六五

羊秉为抚军参军①,少亡,有令誉②,夏侯孝若为之叙③,极相赞悼。羊权为黄门侍郎④,侍简文坐。帝问曰:"夏侯湛作《羊秉叙》,绝可想⑤。是卿何物⑥?有后不⑦?"权潸然对曰⑧:"亡伯令问夙彰⑨,而无有继嗣;虽名播天听⑩,然胤绝圣世⑪。"帝嗟慨久之。

【注释】

①羊秉:字长达,晋泰山平阳(今山东新泰)人。官至抚军参军。以小心谨慎著称,年仅三十二岁而卒。抚军参军:司马昱曾为抚军大将军,抚军参军是其属下。

②令誉:美好的名声。

③夏侯孝若：夏侯湛（243—291），字孝若，谯县（今安徽亳州）人。官至散骑常侍，美姿容，与潘岳友善，时人称为“连璧”。有文才，文章宏富，善构新词。原有集，已佚，明人辑有《夏侯常侍集》。

④羊权：字道舆，历官黄门侍郎、尚书左丞。

⑤可想：值得称赞。

⑥何物：什么人，何人。

⑦不：同“否”。

⑧潸（shān）然：流泪的样子。

⑨令问：美好的名声。夙彰：早就显著。

⑩天听：指皇帝的听闻。

⑪胤（yìn）：后代。

【译文】

羊秉曾任抚军参军，年纪轻轻就死了，享有美名，夏侯湛为他写叙，极力赞美并表示哀悼。羊权当时为黄门侍郎，侍候在简文帝身旁。简文帝问道：“夏侯湛写的《羊秉叙》，非常值得赞赏。他是你的什么人？有后代吗？”羊权流着泪回答道：“他是我故世的伯父，一向美名卓著，但他没有后代；他的名声虽然传到了皇上的耳中，却在这圣明之世绝了后。”简文帝听了久久地嗟叹感慨。

六六

王长史与刘真长别后相见[①]，王谓刘曰：“卿更长进[②]。”答曰：“此若‘天之自高’耳[③]。”

【注释】

①王长史：王濛。刘真长：刘惔。

②长进：在学问、品行等方面有进步。

③此若“天之自高”耳：语见《庄子·田子方》：“天之自高，地之自厚，日月之自明，夫何修焉。”意谓像天之自然的高，地自然的厚，日月自然的光明，哪里需要修饰呢！

【译文】

王濛与刘惔分别以后再相见，王濛对刘惔说：“你在学问和品行上更有进步了。”刘惔回答说：“这就好像天的自然高罢了。”

六七

刘尹云[①]：“人想王荆产佳[②]，此想长松下当有清风耳。”

【注释】

①刘尹：刘惔。

②王荆产：王微，一作王徽，字幼仁，晋琅邪临沂（今属山东）人。王澄之子。小字荆产。历仕尚书郎、右军司马。

【译文】

刘惔说：“人们都想象王微很好，这就好比想象高大的松树下该当有清风罢了。”

六八

王仲祖闻蛮语不解[①]，茫然曰：“若使介葛卢来朝[②]，故当不昧此语[③]。”

【注释】

①王仲祖:王濛。蛮语不解:指南方少数民族的方言很难懂。蛮,古称南方少数民族。

②介葛卢:又写作"介葛庐",春秋时东夷国之国君,据说通牛语。介,东夷国名,葛卢为其国君之名。

③故当:或许。不昧:明白。昧,不明。

【译文】

王濛听到南方方言,一点也不懂,他茫无头绪地说:"如果让介葛卢来朝见,说不定会明白这种话。"

六九

刘真长为丹阳尹[①],许玄度出都[②],就刘宿,床帷新丽,饮食丰甘。许曰:"若保全此处,殊胜东山[③]。"刘曰:"卿若知吉凶由人,吾安得不保此!"王逸少在坐[④],曰:"令巢、许遇稷、契,当无此言[⑤]。"二人并有愧色。

【注释】

①刘真长:刘惔。丹阳尹:丹阳的行政长官。丹阳是京都建康的护卫。

②许玄度:许询,字玄度,晋高阳北新城(今河北徐水西)人。少称神童,长而善属文,与孙绰齐名,并为东晋玄言诗的代表人物。与刘惔、王羲之等清谈往返,文字交游,是当时清谈家的领袖之一。好游山水,隐遁不仕。有集,今亡。出都:到都城。魏晋南北朝文献中习惯用"出都"为赴京都,到京城之意,而非离开京都之意。

③东山：在今浙江上虞西南，风景秀美，是谢安隐居优游之地，也成为当时及以后名士向往隐居的地方。

④王逸少：王羲之。

⑤"令巢、许遇稷、契"二句：此是王羲之批评二人没有古代贤者隐士之风。巢、许，巢父与许由。稷，后稷，周之始祖，传说曾任尧之农官。契，商之始祖，传说为舜之大臣，助禹治水有功。

【译文】

刘惔任丹阳尹时，许询到京城，到刘惔处住宿。床帐帷幕既新又华丽，饮食丰盛且味美。许询说："如果能够保全这样的住处，享受这般生活，那就远远胜过在东山隐居的生活了。"刘惔说："你知道如果吉凶祸福都由人自己来定的话，我怎么能不保全由官职俸禄而得来的这个住处呢？"王羲之当时在座，说："如果当年的高士巢父、许由遇到稷、契那样的明君，也许不会说出这种话来。"许询和刘惔听了，都面有惭色。

七〇

王右军与谢太傅共登冶城[①]，谢悠然远想，有高世之志[②]。王谓谢曰："夏禹勤王[③]，手足胼胝[④]；文王旰食[⑤]，日不暇给[⑥]。今四郊多垒[⑦]，宜人人自效，而虚谈废务，浮文妨要，恐非当今所宜。"谢答曰："秦任商鞅[⑧]，二世而亡[⑨]，岂清言致患邪[⑩]？"

【注释】

①王右军：王羲之。谢太傅：谢安。冶城：故址在今江苏南京朝天宫一带，相传春秋时夫差于此冶铸，故名。

②高世：高出世俗之上。

③勤王：勤于公事。

④胼胝(pián zhī)：手上脚上因劳动而磨出的硬皮。

⑤文王旰(gàn)食：谓周文王勤于政事迟至晚上才吃饭。

⑥日不暇给：形容事多时间不够用。

⑦四郊多垒：指战事频繁。

⑧商鞅(约前 390—前 338)：战国时卫国人，说服秦孝公变法图强，任左庶长，实行变法，为秦的富强奠定了基础。封于商，号商君。秦孝公死后，为贵族诬害，车裂而死。

⑨二世而亡：秦始皇于公元前 221 年统一中国，前 210 年死，子胡亥继位，称二世，宠信赵高，荒唐骄奢，引发了陈胜吴广起义，至前 207 年，胡亥被赵高逼令自杀，秦亡。共历二世。

⑩清言：指崇尚老庄的清谈之风。

【译文】

王羲之与谢安一起登上冶城，谢安悠闲自在地沉湎于遐想中，似有超世脱俗的志趣。王羲之说："夏禹为国事操劳，手脚都长满了茧子；周文王整天忙于政事，到晚上才吃饭，没有一点儿空闲时间。现在战事不断，每个人都应为国效力，如果空谈荒废了政务，浮华的文风妨碍了国事，恐怕与当前国势不适应吧。"谢安答道："秦用商鞅实行严刑峻法，仅仅两代就灭亡了，难道是清谈造成的祸患吗？"

七一

谢太傅寒雪日内集[①]，与儿女讲论文义[②]。俄而雪骤[③]，公欣然曰："白雪纷纷何所似？"兄子胡儿曰[④]："撒盐空中差可拟[⑤]。"兄女曰："未若柳絮因风起[⑥]。"公大笑乐。即公大兄无奕女[⑦]，左将军王凝之妻也[⑧]。

【注释】

①谢太傅：谢安。内集：家庭内的集会。

②文义：文章的义理。

③雪骤：雪下得又大又急。

④胡儿：谢朗，谢安侄子，次兄谢据之子。善言玄理，官至东阳太守。

⑤差：尚，略。拟：相比。

⑥因：凭借。

⑦大兄无奕女：谢安长兄谢奕之女谢道韫。谢道韫，后嫁王羲之次子王凝之。聪慧有才辩，善清谈，时人称其颇有竹林七贤的名士风度。善书法，为王羲之称道。孙恩攻会稽，谢道韫“举措自若，既闻夫及诸子已为贼所害，方命婢肩舆抽刃出门，乱兵稍至，手杀数人，乃被虏。其外孙刘涛时年数岁，贼又欲害之，道韫曰：‘事在王门，何关他族！必其如此，宁先见杀。’恩虽毒虐，为之改容，乃不害涛”。原有集，今亡。无奕，谢奕，字无奕。

⑧左将军王凝之：王凝之，字叔平，东晋时历仕江州刺史、左将军、会稽内史。工草隶。痴迷于五斗米道，当孙恩进攻时，不设防备，以为有鬼兵相助，遂为孙恩所杀。

【译文】

谢安在寒冷的雪天把一家人聚集到一起，给儿女们讲论文章的义理。一会儿雪下得又大又急，谢安高兴地说：“这白雪纷飞像什么呢？”侄儿谢朗说：“好比是把盐撒到空中一样。”侄女谢道韫说：“还不如说是柳絮凭借风势在空中起舞。”谢安听了大笑，感到十分快乐。这位侄女就是谢安长兄谢奕的女儿，左将军王凝之的妻子。

七二

王中郎令伏玄度、习凿齿论青、楚人物①，临成②，以示韩康伯[③]，韩康伯都无言。王曰："何故不言？"韩曰："无可无不可[④]。"

【注释】

①王中朗：王坦之(330—375)，太原晋阳(今属山西)人。年轻时与郗超齐名，时人称其为"江东独步"。简文帝为抚军将军，辟为掾。出为大司马桓温长史，征拜侍中，领本州大中正。简文帝去世前，劝谏其不要以桓温仿周公事居摄，称："天下，宣元之天下，陛下何得专之！"与谢安一道保住了晋室社稷。孝武帝司马曜即位，迁中书令，领丹阳尹，寻授都督徐兖青三州诸军事、北中郎将、徐兖二州刺史，镇广陵。与谢安同时辅佐朝政。不满时俗，贬抑庄子之学，颇尚刑名学，著《废庄论》。伏玄度：伏滔，字玄度，晋平昌安丘(今属山东)人。有才学，桓温用为参军，甚加礼敬。历仕著作郎，掌国史，领本州大中正。习凿齿(？—383)：字彦威，襄阳(今湖北襄樊)人。世代为荆楚豪族。少有志气，博学广闻，以文笔著称，谈名亦称著一时。与清谈之士韩伯、伏滔相友善。初为荆州刺史桓温的别驾，有"刺史之半"之称。桓温北伐时，也随从参与机要。精通史学，主要著作有《汉晋春秋》、《襄阳耆旧记》、《逸人高士传》等。亦精通佛学，力邀著名高僧释道安到襄阳弘法。前秦苻坚攻陷襄阳，将凿齿和道安接往长安。青、楚：指青州和荆州一带地方。青州，东晋时治所在东阳城(今山东青州)。楚，指长江中下游一带，古属楚国，故称。

②临成：将近完成时。

③韩康伯：韩伯。

④无可无不可：语出《论语·子微》，孔子谓自己"无可无不可"，没有什么可以不可以。

【译文】

王坦之要伏滔、习凿齿两人评论青州、荆州的历史人物，将近完时，便拿给韩伯去看，韩伯什么话都不说。王坦之说："为什么不说话？"韩伯说："无所谓可以不可以。"

七三

刘尹云①："清风朗月，辄思玄度②。"

【注释】

①刘尹：刘惔。

②玄度：许询。

【译文】

刘惔说："每逢清风朗月之时，总是令人思念玄度。"

七四

荀中郎在京口①，登北固望海云②："虽未睹三山③，便自使人有凌云意④。若秦、汉之君⑤，必当褰裳濡足⑥。"

【注释】

①荀中郎在京口：指荀羡为徐州刺史。荀中郎，荀羡(322—359)，字令则，颍川颍阴(今河南许昌)人，荀崧之子，尚寻阳公主。弱冠，与琅邪王洽齐名，刘惔、王濛、殷浩等显贵并与交好。司马昱以扬州刺史殷浩抗桓温，殷浩以荀羡、王羲之为羽翼。后迁建威将军，吴国内史，除北中郎将，徐州刺史，监徐、兖二州、扬州之晋陵(江

苏常州)诸军事、假节,“时年二十八,中兴方伯,未有如羡之少者”。多次取得与前秦战争的胜利。因官为北中郎将,时人称之为荀中郎。京口,今江苏镇江。晋南渡后,徐州镇京口,为当时军事重镇。

②北固:北固山,在镇江东北江滨。主峰三面临江,凌空而立,形势险固。

③三山:蓬莱、方丈、瀛州,传说东海中的三座神山。

④凌云:直上云霄。

⑤秦、汉之君:指秦始皇和汉武帝。他们都追求长生不老,秦始皇曾派徐市带三千童男童女入海求仙。汉武帝亦曾东巡海上,令方士数千人求蓬莱仙人。

⑥褰(qiān)裳濡(rú)足:撩起下衣,沾湿双足。裳,遮蔽下体的衣裙。

【译文】

荀羡在京口时,登上北固山遥望东海,说道:“我虽然没有亲眼看到海上的三座神山,就已经自然而然地仿佛有直上云霄的想法了。如果像秦始皇和汉武帝那样追求长生不老的皇帝置身于此,必定会撩起衣裳下海去找神仙了。”

七五

谢公云[①]:“圣贤去人[②],其间亦迩[③]。”子侄未之许[④]。公叹曰:“若郗超闻此语,必不至河汉[⑤]。”

【注释】

①谢公:谢安。

②去：距离。

③迩（ěr）：近。

④未之许：未许之，不赞同他。

⑤河汉：银河，比喻不着边际、不可凭信的空话。

【译文】

谢安说："圣贤与一般人的距离也是很近的。"他的子侄们都不赞同他的意见。谢安叹道："如果郗超听到我的话，必定不会以为是不着边际、不可凭信的空话的。"

七六

支公好鹤[①]，住剡东岇山[②]。有人遗其双鹤[③]，少时翅长欲飞，支意惜之，乃铩其翮[④]。鹤轩翥不复能飞[⑤]，乃反顾翅垂头，视之如有懊丧意。林曰："既有凌霄之姿，何肯为人作耳目近玩[⑥]？"养令翮成，置使飞去。

【注释】

①支公：支道林。

②岇（àng）山：在今浙江嵊州东。

③遗（wèi）：赠送。

④铩（shā）：摧残，伤残。翮（hé）：鸟羽的茎状部分。

⑤轩翥（xuān zhù）：飞举的样子。

⑥近玩：亲近的玩物、宠物。

【译文】

支道林喜爱鹤，住在剡县东面的岇山。有人送给他一对鹤，不久鹤的翅膀长硬了想飞起来，支道林心里舍不得它们，便剪去它们的翅茎。

鹤张开翅膀却不再能飞了，就回过头看着翅膀，垂下头来，看上去好像懊丧的样子。支道林说："它们既然有直上云霄的姿质，怎么肯被人们当作耳目观赏的玩物呢？"于是把鹤喂养到翅膀长好后，放它们飞翔而去。

七七

谢中郎经曲阿后湖[①]，问左右："此是何水？"答曰："曲阿湖。"谢曰："故当渊注渟著[②]，纳而不流。"

【注释】

①谢中郎：谢万，字万石，谢安之弟。才器俊秀，器量不及谢安。工言论，善属文。东晋时历仕豫州刺史，领淮南太守，监司、豫、冀、并四州军事。受任北征，战败，废为庶人，后复为散骑常侍。曲阿后湖：即曲阿湖，一名练湖，在今江苏丹阳城北。其本名云阳，秦始皇认为此地有王气。便凿北坑山以破坏之，把直道截为弯曲，故名曲阿。

②渊注：深水灌注。渟(tíng)著(zhuó)：水停滞。著，着落，归宿。

【译文】

谢万经过曲阿后湖时，向左右随从："这是什么水？"随从答道："这是曲阿湖。"谢万说："所以该当是深水流入停滞于此，只能容纳而不能流动了。"

七八

晋武帝每饷山涛恒少[①]。谢太傅以问子弟[②]，车骑答曰[3]:“当由欲者不多,而使与者忘少。”

【注释】

①饷:赠送,赐给。山涛(205—283):字巨源,河内怀县(今河南武陟西)人。与阮籍、嵇康等交游,为竹林七贤之一。好老庄哲学。晋初任吏部尚书、尚书右仆射等职。选用官吏,亲作评论,当时号为“山公启事”。原有集,已佚,有辑本。恒:经常。

②谢太傅:谢安。

③车骑:谢玄(343—388),字幼度,小字遏,谢安之侄。史称有“经国才略”。谢安为相时,任他为建武将军、兖州刺史、领广陵相,组织北府兵,以御前秦。在淝水之战中,与谢石等大破前秦苻坚军。之后又平兖、青、司、豫诸州,加都督徐、兖、青、司、冀、幽、并七州军事。以勋封康乐县公。后因病改任左将军、会稽内史。与吴兴太守张玄之并称“南北二玄”,为时人称美。死后被追封为车骑将军,开府仪同三司,谥号献武。

【译文】

晋武帝每次赐给山涛的东西总是很少。谢安拿这件事问子侄们,谢玄回答说:“想必是因为接受的人想要的不在多,致使赠送者也忘了所送的东西少了。”

七九

谢胡儿语庾道季[1]:“诸人莫当就卿谈[2],可坚城垒[3]。”庾曰:“若文度来[4],我以偏师待之[5];康伯来[6],济河焚舟[7]。”

【注释】

①谢胡儿:谢朗。庾道季:庾龢(hé),字道季,庾亮之子,好学,有文章,东晋时历仕丹阳尹、中领军。

②莫:可能,也许。揣摩之词。就:靠近。

③坚城垒:加固防线。

④文度:王坦之。

⑤偏师:指在主力军翼侧协助作战的部队。

⑥康伯:韩伯。

⑦济河焚舟:渡过黄河便烧掉船只,比喻有进无退,决一死战。语见《左传·文公三年》:"秦伯伐晋,济河焚舟。"

【译文】

谢朗对庾龢说:"大家可能会到你这里来清谈,你可得加固自己的防线啊。"庾龢说:"如果王坦之来,我就出动偏师,用出其不意的方法来对付他;如果是韩伯来,我就只能济河焚舟和他决一死战了。"

八〇

李弘度常叹不被遇①。殷扬州知其家贫②,问:"君能屈志百里不③?"李答曰:"《北门》之叹④,久已上闻;穷猿奔林⑤,岂暇择木?"遂授剡县。

【注释】

①李弘度:李充,字弘度,东晋江夏鄳(今河南罗山西)人。初为丞相王导掾属;后为征北将军褚裒参军,后除剡县令;母丧后出任大著作郎,因典籍混乱,遂在西晋荀勗分类的基础上,制《晋元帝四部书目》,分作经、史、子、诗赋四部,我国图书目录以经史子集分

部，实始于此。累迁中书侍郎，卒官。《晋书》李充本传称其“幼好刑名之学，深抑虚浮之士”，思想主要体现在《论语注》、《尚书注》、《周易旨》、《释庄论》、《翰林论》等著作中。这些著作大多亡佚。从现存残篇看，李充思想以儒为本、好刑名之学、兼综道玄。被遇：得到机遇，指得到赏识拔擢。

②殷扬州：殷浩，当过扬州刺史，故称。

③屈志：委曲其志，指迁就，大材小用。百里：古时一县辖地约百里，用指县令。

④《北门》：指《诗经·邶风·北门》。其第一章云：“出自北门，忧心殷殷。终窭且贫，莫知我艰。已焉哉，天实为之，谓之何哉！”《毛诗序》谓：“北门，刺仕不得志也，言卫之忠臣不得其志尔。”李充引此诗以指自己的穷困不遇。

⑤穷猿：走投无路的猿猴。穷，穷途，无路可走。

【译文】

李充常常感叹自己没有机遇得不到赏识提拔。殷浩知道他家境贫困，问他：“你能不能屈就一个百里小县的县令呢？”李充答道：“我有像《北门》那样贫穷不得志的感叹，上面早就听闻了；如今我就像一只穷途末路的猿猴逃奔到树林一样，哪有什么空闲时间去择木而栖呢？”于是就授他为剡县县令之职。

八一

王司州至吴兴印渚中看[1]，叹曰：“非唯使人情开涤[2]，亦觉日月清朗。”

【注释】

①王司州：王胡之，字修龄，晋琅邪临沂（今属山东）人，王廙之子。年轻时即有声誉。官吴兴太守、司州刺史等。印渚：在吴兴郡于潜县东七十里，有山壁溪流，风景殊胜，为行旅观赏之地。

②开涤：开朗清爽。

【译文】

王胡之到吴兴印渚去观赏景物，赞叹道："这里不仅使人心情开朗清爽，也令人感到日月都清亮明朗起来。"

八二

谢万作豫州都督①，新拜②，当西之都邑③，相送累日，谢疲顿④。于是高侍中往⑤，径就谢坐，因问："卿今仗节方州⑥，当疆理西蕃⑦，何以为政？"谢粗道其意。高便为谢道形势，作数百语。谢遂起坐⑧。高去后，谢追曰⑨："阿酃故粗有才具⑩。"谢因此得终坐⑪。

【注释】

①谢万作豫州都督：升平二年（358），谢万为西中郎将、持节、督司豫冀并四州军事、豫州刺史、领淮南太守。

②拜：授官，任官。

③西之都邑：豫州治所时为芜湖，在都城建康以西，故云。都邑，此指豫州治所芜湖。

④疲顿：疲乏，疲劳。

⑤高侍中：高崧，字茂琰，小字阿酃（líng），晋广陵（今江苏江都）人。司马昱为抚军将军，引为司马。桓温擅威，率众北伐，军次武昌，

司马昱患之，崧作书喻以祸福，温还镇。时为简文帝司马昱侍中。

⑥仗节方州：指作豫州刺史掌握军政大权。仗节，手执符节。节，符节，古代朝廷用以传达命令、调兵遣将的凭证。派遣地方长官亦用符节为凭证。方州，指州郡长官。《资治通鉴·宋顺帝昇平元年》："诉以其私用人为方州。"胡三省注："古者八州八伯，谓之方伯，后世遂以州刺史为方州。"

⑦疆理：治理。西蕃：《晋书·地理志》："成帝乃侨立豫州于江淮之间，居芜湖。"豫州西邻东晋都城建康所在之扬州，是西部重镇，故称西蕃。蕃，通"藩"，屏障。

⑧起坐：从床上起来坐着，表示恭听。

⑨追：追溯，回想。

⑩粗：略微。才具：才能。

⑪谢因此得终坐：指坚持接待完了送行者。

【译文】

谢万出任豫州都督，新受官职，当向西到治所芜湖去，送行者连日不断，他觉得疲劳不堪。这时候侍中高崧到谢万处，径直走到谢万身旁坐下，便问："你现在手执符节为地方长官，将治理朝廷西部屏障的地区，有什么施政打算？"谢万大略地说了一些想法。高崧便向谢万讲了当时的形势，长达数百言。谢万于是起身恭坐倾听。高崧走了以后，谢万回想说："阿酃这人原本就有几分才能。"谢万为此才得以坚持接待完所有人。

八三

袁彦伯为谢安南司马[①]，都下诸人送至濑乡[②]。将别，既自凄惘[③]，叹曰："江山辽落[④]，居然有万里之势[⑤]！"

【注释】

①袁彦伯：袁宏(328—376)，字彦伯，小字虎，阳夏(今河南太康)人，曾任桓温记室。有才学，文章绝美。著有《后汉记》、《名士传》、《东征赋》、《北征赋》、《三国名臣颂》等。谢安南：谢奉，字弘道，晋会稽山阴(今浙江绍兴)人，历仕安南将军、广州刺史、吏部尚书。司马：官名，将军府的属官，综理一府之事，参预军事计划。

②都下：指京城。濑乡：古地名，在今江苏溧阳境内。

③凄惘：怅惘，失意。

④辽落：辽远空旷的样子。

⑤居然：的确，确实。

【译文】

袁宏出任谢奉的司马时，京城的朋友们送他到了濑乡。临别时，本来就已经感到怅惘的他，至此不觉感叹道："江山如此辽远空旷，的确有万里之势。"

八四

孙绰赋《遂初》①，筑室畎川②，自言见止足之分③。斋前种一株松，恒自手壅治之④。高世远时亦邻居⑤，语孙曰："松树子非不楚楚可怜，但永无栋梁用耳！"孙曰："枫柳虽合抱，亦何所施？"

【注释】

①孙绰(314—371)：字兴公，太原中都(今山西平遥西南)人。历官永嘉太守、散骑常侍、廷尉、领著作。少爱隐居，喜游山林。博学善

属文，以文才著称。与许询为一时名流。桓温以河南粗平，将移都洛阳。朝廷畏温，虽并知不可，莫敢先谏。绰乃上疏谏，事遂寝。作有《遂初赋》、《天台赋》等。《遂初》：《遂初赋》。据刘孝标注引《遂初赋叙》，乃是表现满足早年隐居山林愿望之作。

②畎(quǎn)川：古地名，未详。或说为山谷间的平地。

③见止足之分：即明白知道满足和适可而止的本分。止足，语见《老子》四十四章："知足不辱，知止不殆，可以长久。"止，适可而止。足，满足。分，本分。

④壅治：施肥培土养育树木。壅，在植物根部培土或施肥。

⑤高世远：高柔，字世远，晋乐安(今浙江仙居西)人。官至冠军参军。善诗。

【译文】

孙绰作了《遂初赋》来寄托情怀，在畎川建了房屋居住，自己说是懂得了知止和知足的本分。书斋前种了一棵松树，常常自己亲手培土养育它。高柔当时也与他相邻而居，对孙绰说："小松树并非不娇弱可爱，只是永远不够用作栋梁而已！"孙绰说："枫树、柳树虽长得有两臂围拢那么粗，又有什么用处呢？"

八五

桓征西治江陵城甚丽[①]，会宾僚出江津望之[②]，云："若能目此城者[③]，有赏。"顾长康时为客在坐[④]，目曰："遥望层城[⑤]，丹楼如霞。"桓即赏以二婢。

【注释】

①桓征西治江陵城：桓温一直以江陵为根据地，所以修建江陵城。

桓征西，桓温，曾为征西大将军，故称。江陵，县名，在今湖北江陵，为荆州的治所，也是南郡的治所。

②会：会聚。江津：江边渡口。

③目：品题，评论高下。

④顾长康：顾恺之（约345—409），字长康，小字虎头，晋陵无锡（今属江苏）人。曾为桓温及殷仲堪参军，官至通直散骑常侍。多才艺，工诗赋，尤精绘画，有“才绝、画绝、痴绝”之称。著有《论画》、《魏晋胜流画赞》等，对中国画的发展有很大的影响。画作没有留传下来，相传为其作品的摹本有《女史箴图》、《洛神赋图》、《列女仁智图》等。

⑤层城：古代神话中昆仑山有层城九重，最上层叫层城。此喻指江陵。

【译文】

桓温把江陵城修建得非常壮丽，他聚集宾客僚属们来到长江边渡口，眺望江陵景色，说道：“如果有人能品题此城，有赏！”顾恺之当时作为客人也在座中，随口品题说：“遥望江陵，如昆仑之层城；红楼高耸，灿如彩霞。”桓温听了，立即赏给他两个婢女。

八六

王子敬语王孝伯曰[①]：“羊叔子自复佳耳[②]，然亦何与人事，故不如铜雀台上妓[③]。”

【注释】

①王子敬：王献之。王孝伯：王恭。

②羊叔子：羊祜（hù，221—278），字叔子，泰山南城（今山东费县西南）

人。博学能文,清廉正直,娶夏侯霸之女为妻。司马昭建五等爵制时以功封为钜平子,与荀勖共掌机密。司马炎受禅称帝,羊祜有扶立之功。晋代魏后,司马炎有吞吴之心,乃命羊祜坐镇襄阳,都督荆州诸军事。在荆州十年,与陆抗南北对峙,又互相欣赏。与司马炎筹划灭吴,陆抗去世后上表奏请伐吴,遭到众大臣的反对,未果。临终,举杜预自代。为官清俭,为时人敬重。

③铜雀台上妓:曹操临终遗言,死后命妾伎在铜雀台上早晚供食,每月初一、十五奏乐唱歌等。铜雀台,曹操所建,在今河北临漳西南古邺城西北隅。妓,指能歌善舞之女侍。

【译文】

王献之对王恭说:“羊叔子固然很好,但与我们这些人有什么关系,所以还不如铜雀台上的歌舞妓能娱人耳目。”

八七

林公见东阳长山曰[①]:“何其坦迤[②]!”

【注释】

①林公:支道林。东阳:郡名,治所在今浙江金华。长山:山名,在长山县,山势绵延,县因山而得名。

②何其:多么。坦迤:形容山势平坦而绵长。

【译文】

支道林看到东阳的长山时说:“这山是多么平坦而绵长啊!”

八八

顾长康从会稽还[①],人问山川之美,顾云:“千岩竞秀[②],

万壑争流[3]，草木蒙笼其上[4]，若云兴霞蔚[5]。"

【注释】

①顾长康：顾恺之。

②千岩：群山，指山之多。

③万壑：众多溪流。

④蒙笼：草木茂盛貌。

⑤云兴霞蔚：形容绚烂美丽，丰富多彩。

【译文】

顾恺之从会稽回来，人们问他那里的山川风光是怎样的美丽，顾恺之说："千座山峰竞相比赛秀丽，万条溪流泉水争着奔流而下，山上草木茂盛，仿佛是兴起了云彩，放射出灿烂的霞光。"

八九

简文崩[1]，孝武年十余岁[2]，立，至暝不临[3]。左右启："依常应临。"帝曰："哀至则哭，何常之有！"

【注释】

①简文：晋简文帝司马昱。

②孝武：孝武帝司马曜。

③暝：黄昏。临(lìn)：哭吊。

【译文】

简文帝逝世，当时孝武帝才十多岁，立为皇帝，他直至黄昏也不去哭吊。左右侍从禀告说："按照常礼应当去哭吊了。"孝武帝说："悲哀到极点就会哭的，有什么常礼可说！"

九〇

孝武将讲《孝经》[①]，谢公兄弟与诸人私庭讲习[②]。车武子难苦问谢[③]，谓袁羊曰[④]："不问则德音有遗[⑤]，多问则重劳二谢[⑥]。"袁曰："必无此嫌。"车曰："何以知尔？"袁曰："何尝见明镜疲于屡照，清流惮于惠风[⑦]？"

【注释】

①孝武将讲《孝经》：据《晋书》，此事在宁康三年（375）。"孝武帝尝讲《孝经》，仆射谢安侍坐，尚书陆纳侍讲，侍中卞耽执读，黄门侍郎谢石、吏部郎袁宏执经，（车）胤与丹阳尹王混摘句，时论荣之。"按，东晋有皇帝讲《孝经》的传统，是巩固皇权的一种形式。孝武，孝武帝司马曜。《孝经》，儒家的伦理学著作。一说是孔子自作，一说是曾子所作，但南宋时已有人怀疑是出于后人附会。成书于秦汉之际。

②谢公兄弟：谢安和谢石兄弟俩。谢石（327—389）：字石奴，谢安之弟。太元八年（387）任都督，统兵御前秦，赖侄谢玄和刘牢之力战，取得淝水之战的胜利。《晋书》本传称其"在职务存文刻，既无他才望，直以宰相弟兼有大才，遂居清显，而聚敛无餍，取讥当世"。追赠司空。

③车武子：车胤（约333—约401），字武子，南平（今湖北公安西南）人。幼时苦学，家贫无油点灯，便在夏夜收集萤火虫装在白绢袋里照书夜读。以博学著称。桓温主荆州，征召车胤为从事，甚为器重。后任护军将军，参决朝政，为众人之望。王恭之乱后，车胤被提升为吏部尚书，因建议遏制司马元显，被逼令自杀。苦：反复，屡次。

④袁羊:袁乔,字彦升,小字羊,晋陈郡(今河南淮阳)人。桓温镇京口,复引为司马,领广陵相。桓温伐蜀,众皆以为不可,袁乔独力支持,并屡次在危急时刻正确决断,桓温取得伐蜀胜利,袁乔是关键人物。

⑤德音:善言。

⑥重劳:增加辛劳。

⑦惠风:和风。

【译文】

孝武帝将要讲论《孝经》,谢安、谢石兄弟与其他几位先在家里讨论研习。车胤为反复多次向谢氏兄弟提问请教而感到为难,对袁乔说:“不去问他们吧,怕他们的真知灼见会有所遗漏,多去问他们吧,就要增加二谢的辛劳。”袁乔说:“你一定不要为此有所疑虑。”车胤说:“你怎么知道是这样的呢?”袁乔说:“你哪里见过明亮的镜子会因为反复照而疲倦,清澈的水流会因为和风的吹拂而害怕呢?”

九一

王子敬云[①]:“从山阴道上行[②],山川自相映发[③],使人应接不暇。若秋冬之际,尤难为怀。”

【注释】

①王子敬:王献之。

②山阴:县名,今浙江绍兴。

③映发:辉映衬托。

【译文】

王献之说:“在山阴道上行走,山景水色交相映衬,美景繁多,令人眼花缭乱，来不及观赏。如果是在秋冬之交，那美丽的景色更加令人难以忘怀。”

九二

谢太傅问诸子侄[①]：“子弟亦何预人事[②]，而正欲使其佳？”诸人莫有言者，车骑答曰[③]：“譬如芝兰玉树[④]，欲使其生于阶庭耳。”

【注释】

①谢太傅：谢安。

②预：参与，干预。

③车骑：谢玄，谢安之侄。

④芝兰玉树：比喻才质优秀的子弟。芝兰，一种香草。玉树，天界的神树。

【译文】

谢安问他的子侄们：“子侄后辈同自己的事有什么关系，长辈们为什么一定要使他们成为美好的呢？”大家都没有说话，谢玄回答道：“譬如芝兰玉树这样美好的香草珍木，只想让他们生长在自家门庭台阶边罢了。”

九三

道壹道人好整饰音辞[①]。从都下还东山[②]，经吴中[③]。已而会雪下，未甚寒，诸道人问在道所经。壹公曰：“风霜固所不论，乃先集其惨澹[④]；郊邑正自飘瞥[⑤]，林岫便已皓然[⑥]。”

【注释】

①道壹道人：东晋高僧，俗姓陆，居京城瓦官寺，从竺法汰求学，讲解经论倾动京师，深得简文帝器重。后居虎丘山，博通内外，律行清严，为四方僧尼所钦仰。道人，和尚的别称。整饰（chì）：整顿修饰。

②都下：京都。东山：在浙江上虞西南，谢安曾隐居于此。

③吴中：吴郡的别称，治所在今江苏苏州。

④先集：语出《诗经·小雅·頍弁》："如彼雨雪，先集维霰。"道壹用"先集"代"霰"，以与"风霜"相对。惨澹：谓天色暗淡无光。

⑤郊邑：郊外城内。飘瞥：形容大雪飘扬。

⑥林岫：树林山峰。

【译文】

道壹和尚喜欢修饰言辞，话语往往富于音韵。他从京都回到东山，路经吴郡。不久遇上下雪，天不太冷，和尚们问他路上所经过的地方景物如何。道壹说："路上的风霜不必说，雪珠下时竟是天色无光。城郊内外飘飘扬扬，洁白的大雪覆盖着，林木山峦一片白茫茫。"

九四

张天锡为凉州刺史[①]，称制西隅[②]。既为苻坚所禽[③]，用为侍中[④]。后于寿阳俱败，至都，为孝武所器[⑤]。每入言论，无不竟日。颇有嫉己者，于坐问张："北方何物可贵？"张曰："桑椹甘香，鸱鸮革响[⑥]。淳酪养性[⑦]，人无嫉心。"

【注释】

①张天锡为凉州刺史：张天锡（346—406），字纯嘏，小字独活，安定

乌氏(今宁夏固原东南)人。前凉政权的最后一位君主。口才极健。晋哀帝兴宁元年(363)杀侄玄靓自立,称凉州牧、西平公,东晋废帝太和初,诏以天锡为大将军、大都督、督陇右关中诸军事、护羌校尉、凉州刺史、西平公。在位十三年。荒于声色。晋孝武帝太元元年(376)前秦攻凉,战败降秦,封归义侯。淝水之战时,随秦军南下,乘秦败之机奔晋。

②称制西隅:指张天锡为前凉国君主。西隅,西部边陲之地,指前凉。前凉,十六国之一,汉族张寔所建,都姑臧。盛时疆域有今甘肃、新疆及内蒙古、青海各一部分。历八主,共六十年。另一说,从301年张轨出任凉州刺史至376年张天锡被迫出降前秦,历九主,共七十六年。

③为苻坚所禽:376年张天锡射杀前秦使节,前秦遂以十三万步骑攻陷姑臧,张天锡投降,前凉灭亡。苻坚(338—385),字永固,一名文玉,略阳临渭(今甘肃天水东)人,氐族,十六国时前秦国君,357—385在位。先后攻灭前燕、前凉、代国,统一北方大部分地区。383年率军攻晋,在淝水大败,后为羌族首领姚苌所杀。禽,同"擒"。

④用为侍中:张资《凉州记》曰:"苻坚使将姚苌攻没凉州,天锡归长安,坚以为侍中、比部尚书、归义侯。"

⑤"后于寿阳俱败"三句:张天锡为前秦所灭,从至寿阳。淝水之战,苻坚大败,天锡投靠东晋,封为左员外郎、散骑常侍。后来又恢复其西平郡公的爵位、为金紫光禄大夫。寿阳,今安徽寿州。孝武,孝武帝司马曜。

⑥鸱鸮(chī xiāo):猫头鹰。革:鸟翅。响:指猫头鹰振翅发出的声响。

⑦淳(chún)酪(lào):纯正的奶酪。淳,深厚,浓厚。

【译文】

张天锡任凉州刺史，在西部边陲地区自称君主。不久他为苻坚擒获，任为侍中。后来在寿阳与苻坚一起被打败，到了东晋都城，受到孝武帝的器重。他每次入宫谈论，没有不是一整天的。当时很有些嫉妒他的人，就在座上问张天锡："北方有什么东西可贵的？"张天锡说："桑椹又甜又香，猫头鹰振翅作响；淳厚的奶酪怡养人性，人们没有嫉妒之心。"

九五

顾长康拜桓宣武墓①，作诗云："山崩溟海竭②，鱼鸟将何依。"人问之曰："卿凭重桓乃尔③，哭之状其可见乎？"顾曰："鼻如广莫长风④，眼如悬河决溜⑤。"或曰："声如震雷破山，泪如倾河注海。"

【注释】

①顾长康：顾恺之。桓宣武：桓温。

②溟：大海。

③凭重：依靠重视。

④广莫：辽阔空旷。《庄子·逍遥游》："何不树之于无何有之乡，广莫之野。"

⑤悬河决溜：形容瀑布如决口般急流而下。悬河，瀑布。溜，急流。

【译文】

顾恺之去祭拜桓温墓，作诗谓："高山崩塌，大海枯竭，飞鸟游鱼，失去依靠。"别人问他说："你如此依靠看重桓温，那么你哭吊的情景可以向我们描绘一下吗？"顾恺之道："我哭时鼻息如空旷之野的大风，眼泪如瀑布一般急流而下。”也有说法是：“哭声像惊雷般震破山岳，眼泪如倾泻的河水注入大海。”

九六

毛伯成既负其才气[①]，常称：“宁为兰摧玉折[②]，不作萧敷艾荣[③]。”

【注释】

①毛伯成：毛玄，字伯成，晋颍川（今河南许昌）人，官至征西行军参军。

②兰摧玉折：为保持高洁而不惜一死。

③萧敷艾荣：比喻败坏德行而享受荣华富贵。萧、艾，恶草，比喻品质低劣的恶人、小人。敷荣，开花。

【译文】

毛玄自负自己很有才华，常常宣称：“我宁可像香草美玉那样被摧残而死，也决不能像萧艾开花那样地繁荣富贵。”

九七

范甯作豫章[①]，八日请佛有板[②]，众僧疑，或欲作答。有小沙弥在坐末[③]，曰：“世尊默然[④]，则为许可。”众从其义。

【注释】

①范甯：字武子，晋顺阳（今河南淅川西南）人。博学通览，为余杭令及豫章太守时，兴办学校，课读《五经》，勤于经学，为东晋以来

所未曾有。尝深疾浮虚，谓王弼、何晏之罪，深于桀、纣。孝武帝雅好文学，甚被亲爱，他指斥朝士，直言不讳。曾为《春秋穀梁传》作注解。然亦拜佛讲经，皈依佛法。豫章：郡名，治所在今江西南昌。

②八日：农历四月初八为释迦牟尼佛的生日。此日寺庙多以香汤浴佛，举行法会。礼佛者则恭请佛像供奉。请佛有板：将礼佛之文书写在木简上。表示致敬。板，木简。

③沙弥：初出家已受戒的小和尚。

④世尊：佛教徒对释迦牟尼佛的尊称。

【译文】

范甯作豫章太守时，在四月初八佛诞日恭请佛像，将礼佛之文写在木简上，众和尚见了有点疑惑，也有和尚以为要对礼佛之文作回答。坐在末座的小和尚说："佛祖沉默之语，就是许可的意思。"大家都同意他的意见。

九八

司马太傅斋中夜坐①，于时天月明净，都无纤翳②，太傅叹以为佳。谢景重在坐③，答曰："意谓乃不如微云点缀。"太傅因戏谢曰："卿居心不净，乃复强欲滓秽太清邪④？"

【注释】

①司马太傅：司马道子（365—403），简文帝第五子，孝武帝司马曜同母弟。初封琅邪王，后改会稽王。谢安死后，领徐州、扬州刺史，录尚书，都督中外军事。把持朝政，重用王国宝，与子元显大肆聚敛，奢侈无度，以致政刑紊乱。晋安帝司马德宗即位，因年

幼，遂由道子辅政，操纵实权。安帝成年后，道子还政于帝，然实权仍操于亲信王国宝之手。王恭举兵讨伐，道子杀王国宝、王绪以谢，王恭退兵。次年，遣世子司马元显斩杀王恭。此后，大权为元显所夺，拜侍中、太傅。桓玄反，攻入建康，被放逐安成郡，后被毒死，时年三十九。并杀元显。桓玄失败后，追赠道子为丞相，谥文孝。

②纤翳（yì）：指天空没有一丝云彩。翳，遮盖。

③谢景重：谢重，字景重，晋陈郡阳夏（今河南太康）人，谢朗之子，为会稽王司马道子骠骑长史。

④滓（zǐ）秽：污染，玷污。太清：天空。

【译文】

一天夜里，司马道子在书斋中闲坐，当时天空清朗，月光皎洁，没有一丝云彩，司马道子为这绝好的景色而赞叹。谢重当时在座，答话道："我认为还不如有一点点云彩点缀天空更美。"司马道子就跟谢重开玩笑说："你啊心地不清净，竟想强要污染这清朗的天空吗？"

九九

王中郎甚爱张天锡[①]，问之曰："卿观过江诸人，经纬江左轨辙[②]，有何伟异[③]？后来之彦[④]，复何如中原？"张曰："研求幽邃[⑤]，自王、何以还[⑥]；因时修制，荀、乐之风[⑦]。"王曰："卿知见有余[⑧]，何故为苻坚所制？"答曰："阳消阴息[⑨]，故天步屯蹇[⑩]，否剥成象[⑪]，岂足多讥？"

【注释】

①王中郎：程炎震云："坦之卒于宁康三年（375），天锡以淝水败

(383)来降,不及见矣。此王中郎,盖别是一人。”

②经纬:谋画,治理。江左:江东地区,东晋的辖区。轨辙:车轮的痕迹,比喻准则,法则。

③伟异:特异。

④彦:有才德者。

⑤研求幽邃:指安邦定国,思虑深远。幽邃,深而远。

⑥王、何:王导、何充。

⑦因时修制,荀、乐之风:指荀顗、荀勖等人修订法制。但未有乐广参与之事。荀、乐,荀顗、荀勖、乐广。荀顗,字景倩,颍川颍阴(今河南许昌)人,汉尚书令荀彧第六子。博学多闻,理思周密。曾与钟会就《周易》问题进行辩难,又与扶风王司马骏辩论仁孝的先后。通“三礼”(即《周礼》、《仪礼》、《礼记》),识朝廷大仪,曾和羊祜、任恺共同修订晋朝礼法。然“无质直之操,唯阿意苟合于荀勖、贾充之间”,曾上言贾充之女贾南风姿德淑茂,可以参选皇太子妃,以此获讥于世。仕至侍中、太尉、行太子太傅。西晋初年,被封为临淮公。谥曰康。荀勖(?—289),字公曾,颍川颍阴(今河南许昌)人。初仕魏,在大将军曹爽门下,后成为司马昭的参谋,被司马氏宠信,成为晋朝的开国功臣。入晋后封济北郡公,后人称“荀济北”,拜中书监、加侍中、领著作。累迁光禄大夫、仪同三司,守尚书令。为人博学多才,入晋后曾和贾充一起修订法令;通音律,号称“暗解”,掌管乐事,修正律吕;领秘书监事,曾和张华一起,按刘向《别录》整理典籍。但为人奸佞,与贾充等人沆瀣一气,策划将齐王司马攸排挤出朝,阻止司马炎废掉贾妃,时人认为他“倾国害时”。谥曰成。

⑧知见:知识见解。

⑨阳消阴息:万物生灭、盛衰互相更替。消,消亡。息,生长,繁殖。

⑩天步:国运,时运。屯(zhūn)蹇(jiǎn):《周易》的两个卦名,都有

艰难困苦之意，后因称挫折不顺为屯蹇。

⑪否（pǐ）剥：《周易》的两个卦名。否，指上下隔阂，闭塞不通。剥，指剥落，衰败。两者均为时运不利的意思。象：卦象。《周易》用卦、爻等符号象征自然的变化和人事的吉凶。

【译文】

王中郎很看重张天锡，问他道："你看渡江南下的这些人，规划江东的法度有什么特别的地方？后起的才德之士与中原人士比较又怎么样啊？"张天锡说："深入研究，努力探求，从王导、何充以来就已如此；根据时势制定法令，则是荀顗、荀勖、乐广的风范。"王坦之说："你的知识见解绰绰有余，可为何被苻坚制服呢？"张天锡答道："凡事皆有阴阳盛衰，故国运危艰，出现了不通衰败的迹象，这难道也值得多加讥讽吗？"

谢景重女适王孝伯儿①，二门公甚相爱美。谢为太傅长史②，被弹③，王即取作长史，带晋陵郡④。太傅已构嫌孝伯⑤，不欲使其得谢，还取作咨议⑥，外示縶维⑦，而实以乖间之⑧。及孝伯败后，太傅绕东府城行散，僚属悉在南门，要望候拜⑨。时谓谢曰："王甯异谋⑩，云是卿为其计。"谢曾无惧色⑪，敛笏对曰⑫："乐彦辅有言⑬：'岂以五男易一女⑭。'"太傅善其对，因举酒劝之曰："故自佳，故自佳。"

【注释】

①谢景重：谢重。适：出嫁。王孝伯：王恭。

②太傅：指司马道子，谢重曾为司马道子长史。

③弹：弹劾。

④晋陵郡：治所在今江苏镇江。

⑤构嫌：结怨。

⑥还：再，又。咨议：王府中官，掌咨询谋议。

⑦絷（zhí）维：原为留住贤人之马不让离去之意，后指罗致挽留人才。《诗经·小雅·白驹》："皎皎白驹，食我场苗。絷之维之，以永今朝。"

⑧乖间：分隔，离间。

⑨要（yāo）望：迎候。

⑩王甯：即王恭，小字阿甯，故称。异谋：指隆安二年（398）王恭起兵反对司马道子失败事。

⑪曾：竟。

⑫笏（hù）：古时大臣上朝时拿的手板。

⑬乐彦辅：即乐广。

⑭岂以五男易一女：乐广回答司马乂之语。

【译文】

谢重的女儿嫁给王恭的儿子，两位亲家公相互敬爱。谢重作太傅司马道子的长史时，被人弹劾，王恭即请谢重作自己的长史，并且兼任晋陵郡的太守。当时司马道子已与王恭结怨，不想让王恭得到谢重，就再让谢重回来作咨议，表面上显示挽留人才之意，实际上是用这个办法来离间他们的关系。等到王恭起兵被打败后，司马道子绕东府城行散时，部属们都到南门迎接拜候。当时司马道子对谢重说："王甯谋反，听说是你为他出谋划策的。"谢重却毫无畏惧之色，收起手板对答道："乐广曾经说过这样一句话：'难道用五个儿子去换一个女儿吗？'"司马道子认为他的对答非常好，于是举杯为王恭劝酒，说："你本来就好，本来就好。"

—〇—

桓玄义兴还后[①]，见司马太傅[②]，太傅已醉，坐上多客，问人云:"桓温来欲作贼[③],如何?"桓玄伏不得起。谢景重时为长史[④],举板答曰:"故宣武公黜昏暗[⑤],登圣明[⑥],功超伊、霍[⑦],纷纭之议,裁之圣鉴[⑧]。"太傅曰:"我知,我知。"即举酒云:"桓义兴[⑨],劝卿酒!"桓出谢过。

【注释】

①桓玄义兴还后:桓玄曾出任义兴太守,但还是颇觉不得志,于是就弃官回到其封国南郡(今湖北江陵)。义兴,郡名,治在今江苏宜兴。

②司马太傅:即司马道子。

③作贼:指谋反。

④谢景重:谢重。

⑤宣武公:桓温的谥号。黜昏暗:指废黜废帝司马奕。

⑥登圣明:指拥立简文帝司马昱。

⑦伊、霍:伊尹、霍光。伊尹,商汤之贤相。汤死,伊尹立汤之孙太甲。太甲昏暗无道,伊尹将其放逐于桐宫,后太甲悔过自责,修德,伊尹迎之复位。霍光,汉武帝大臣,受武帝遗诏立年幼的昭帝。昭帝死,迎立昌邑王,昌邑王淫乱无道,又废之,迎立宣帝。

⑧裁:裁决。圣鉴:指帝王或临朝太后的鉴察。

⑨桓义兴:即桓玄,他作过义兴太守,故称。

【译文】

桓玄从义兴回来后,去拜见司马道子。司马道子当时已经喝醉了,座上有很多客人,问大家说:"桓温晚年要谋反,是这样吗?"桓玄听到此话,拜伏在地上不敢起来。谢重当时担任长史,举起手板答道:"已故世的宣武公废黜昏君废帝,拥立圣明之君简文帝,他的功劳超过伊尹、霍光。对那些乱七八糟的议论,希望能得到太傅英明的审察来裁决。"司马道子说:"我知道,我知道。"随即拿起酒杯说:"桓义兴,我敬你一杯酒。"桓玄离席向司马道子谢罪。

一〇二

宣武移镇南州[①]，制街衢平直[②]。人谓王东亭曰[③]："丞相初营建康[④]，无所因承[⑤]，而制置纡曲，方此为劣[⑥]。"东亭曰："此丞相乃所以为巧[⑦]。江左地促[⑧]，不如中国[⑨]。若使阡陌条畅[⑩]，则一览而尽；故纡余委曲[⑪]，若不可测。"

【注释】

①宣武移镇南州：兴宁二年（364），桓温为扬州刺史，三年（365），移镇姑熟，故址在今安徽当涂，为长江要津，京城建康之门户。宣武，桓温。南州，姑熟在建康南，故名南州。

②制：修建。街衢：街道。

③王东亭：王珣（xún，349—400），字元琳，王导孙。年轻时为桓温主簿，受到桓温的敬重。时桓温军中机务并委王珣。从讨袁真，封东亭侯，转大司马参军。本为谢氏婿，与谢安不和，导致当时王谢二族交恶。谢安卒后，迁侍中，孝武帝深仗之，历任要职。时孝武帝雅好典籍，珣与殷仲堪、徐邈、王恭、郗恢等并以才学文章见昵。安帝隆安初，王国宝用事，谋黜旧臣，迁珣尚书令。王恭欲杀国宝，珣止之。王恭起兵，国宝将杀王珣等，仅而得免。二年（398），王恭复举兵，假珣节，进卫将军、都督琅邪水陆军事。卒，追赠车骑将军、开府，谥曰献穆。桓玄辅政，改赠司徒。

④丞相：指王导。

⑤因承：沿袭承继。

⑥方：比。

⑦所以：表示原因。

⑧促：狭窄。

⑨中国：指中原地区。

⑩阡陌：原指田间小路，此指街道。

⑪委曲：曲折。

【译文】

桓温把治所移到南州后，所修建的街道平坦笔直。有人对王珣说：“丞相当初营建京城建康时，没有什么现成的东西可资沿袭继承，所以修建布置得纡回曲折，比起南州来就差了。”王珣说：“这正是丞相的巧妙所在。江东地方狭窄，不像中原地区辽阔。如果把街道造得笔直通畅，就会一览无余；有意把街道造得纡回曲折，那就会令人感到深不可测了。”

一〇三

桓玄诣殷荆州①，殷在妾房昼眠，左右辞不之通②。桓后言及此事，殷云：“初不眠，纵有此③，岂不以‘贤贤易色’也④？”

【注释】

①殷荆州：殷仲堪，担任过荆州刺史，故称。

②不之通：不为他通报。之，代词，指代桓玄。

③纵：即使。

④贤贤易色：语出《论语·学而》：“贤贤易色，事父母能竭其力，事君能致其身。”本谓对妻子要重品德，不重容貌。后多指尊重贤德的人，不看重女色。

【译文】

桓玄去拜访殷仲堪，殷当时在小妾房内午睡，左右侍从推辞不肯为他通报。桓玄后来说起这件事，殷仲堪说："我原本没有睡，即使睡了，难道不能做到孔子所说的'贤贤易色'吗？"

一〇四

桓玄问羊孚①："何以共重吴声②？"羊曰："当以其妖而浮③。"

【注释】

①羊孚：字子道，东晋泰山人，历仕太学博士、州别驾、太尉参军。

②吴声：指乐府中的吴声歌曲，多为恋歌，今存《乐府诗集》中。

③妖而浮：妩媚而浮艳。

【译文】

桓玄问羊孚："为什么大家都看重吴声歌曲？"羊孚说："大概大家都认为它们妩媚而浮艳吧。"

一〇五

谢混问羊孚①："何以器举瑚琏②？"羊曰："故当以为接神之器。"

【注释】

①谢混（？—412）：字叔源，小字益寿，阳夏（今河南太康）人。谢安之孙，谢灵运之族叔。娶孝武帝女晋陵公主。谢混擅诗，其诗一改东晋玄言诗的风尚。文章号称"江左第一"。原有集，今存诗三首。历任中书令、中领军、尚书左仆射。因与刘毅关系密切，

晋安帝义熙八年(412)为刘裕所杀。

②何以器举瑚琏:《论语·公冶长》:"子贡问曰:'赐也何如?'子曰:'女,器也。'曰:'何器也?'曰:'瑚琏也。'"瑚琏,古代宗庙中的礼器。亦用以比喻人有立朝执政的才能。

【译文】

谢混问羊孚:"为什么孔子说子贡为'器'时要举出瑚琏?"羊孚说:"当然因为它是用来迎接神灵的器具的关系。"

一〇六

桓玄既篡位后[①],御床微陷[②],群臣失色。侍中殷仲文进曰[③]:"当由圣德渊重[④],厚地所以不能载。"时人善之。

【注释】

①篡位:指桓玄于元兴二年(403)代晋自立事。

②御床:皇帝的坐榻。床,坐卧之具,古亦称坐榻为床。

③殷仲文(? —407):陈郡长平(今河南西华)人,殷仲堪之堂弟,桓玄之姐夫。殷仲堪荐于司马道子,为道子父子欣赏。道子与桓玄有隙,左迁新安太守。仲文闻玄平京师,便弃郡投奔。玄以为咨议参军,使总领诏命,以为侍中,领左卫将军。殷仲文性贪吝,多纳货贿。后投刘裕,任尚书,迁为东阳太守。殷仲文素有名望,自谓必当朝政,至此,意愈不平。义熙中以与骆球等谋反,为刘裕所诛。擅文辞,原有集,今仅存诗两首。

④渊重:深重。

【译文】

桓玄篡位做皇帝后,他的坐榻稍微有点下陷,群臣都大惊失色。侍中殷仲文进言道:“这大概因为圣上德行深重,就连深厚的大地也承载不起吧。”当时人都认为他的话说得好。

一〇七

桓玄既篡位,将改置直馆①,问左右:“虎贲中郎省应在何处②?”有人答曰:“无省。”当时殊忤旨③。问:“何以知无?”答曰:“潘岳《秋兴赋叙》曰④:‘余兼虎贲中郎将,寓直散骑之省⑤。’”玄咨嗟称善。

【注释】

①直馆:值班的官署。直,通“值”。

②虎贲中郎省:虎贲中郎的官署。虎贲中郎,官名,宿卫宫廷,统领为虎贲中郎将。省,官署。

③忤旨:违背圣旨。忤,不顺从,违背。

④潘岳(247—300):字安仁,荥阳中牟(今属河南)人。“总角辩惠,摛藻清艳”,被乡里称为“奇童”。美姿仪,与夏侯湛友善,常出门同车共行,京城谓之“连璧”。司马炎建晋后,潘岳被司空荀勖召授司空掾,举秀才。贾充召潘岳为太尉掾。杨骏辅政,召潘岳为太傅府主簿。杨骏被诛,他历任河南令、著作郎、给事黄门侍郎等职。期间谄事权贵贾谧,为二十四友之首。构陷愍怀太子的文字就出自他之手笔。永康元年(300),赵王伦擅政,中书令孙秀以旧怨诬潘岳、石崇、欧阳建等阴谋奉淮南王允、齐王冏为政,被杀,夷三族。有文名,代表作有《藉田赋》、《秋兴赋》、《西征赋》、《闲居赋》等。潘岳与陆机齐名,合称“潘陆”。从子潘尼也有文名,合称“两潘”。原有集,已佚,后人辑有《潘黄门集》。《秋

兴赋》：潘岳抒写其悲秋情怀及向往山水林泉之思的赋作。

⑤寓直：寄住在别的衙署值班。散骑：散骑常侍，侍从皇帝之官。

【译文】

桓玄篡位当了皇帝后，准备重新布置值班的馆舍，就问左右侍从："虎贲中郎的衙署应该设在哪里？"有个人回答道："没有这个馆舍。"当时这样回答是十分违背圣旨的。桓玄问："你怎么知道没有呢？"这人回答道："潘岳的《秋兴赋叙》说：'我兼任虎贲中郎将，寄住在散骑省值班。'"桓玄听了赞叹他答得好。

一〇八

谢灵运好戴曲柄笠[①]，孔隐士谓曰[②]："卿欲希心高远[③]，何不能遗曲盖之貌[④]？"谢答曰："将不畏影者未能忘怀[⑤]？"

【注释】

①谢灵运(385—433)：谢玄之孙，幼时寄养于外，族人名为客儿，世称谢客。袭封康乐公，故称谢康乐。南朝刘宋时期任永嘉太守、侍中、临川内史等职，以不被重用愤愤不平，寄情山水，不理政务，曾赋诗："韩亡子房奋，秦帝鲁连耻。本自江海人，忠义感君子。"得罪，流广州，旋被诬谋反处死。他性爱山水，是中国山水诗的开创者，是第一个大量创作山水诗的诗人。诗与颜延之齐名，并称"颜谢"。与族弟谢惠连、东海何长瑜、颍川荀雍、泰山羊璿之，以文章赏会，共为山泽之游，时人谓之"四友"。曲柄笠：状如曲盖(帝王、高官出行时仪仗用的曲柄伞)的斗笠。

②孔隐士：孔淳之，字彦深，南朝刘宋鲁人，不就征辟，隐于上虞山，故称隐士。

③希心：指有所仰慕之心。希，仰慕。

④遗：抛弃。

⑤将不：得无，莫非。畏影者：见《庄子·渔父》，谓有害怕自己的影子与足迹者，欲以拼命奔跑来丢弃影子与足迹。他脚步愈多足迹亦愈多，跑得再快影子亦不离身。他还以为自己跑得太慢，便更加不停地快跑，终于力竭而死。

【译文】

谢灵运喜欢戴曲柄斗笠，孔淳之对他说："你有仰慕高洁旷远的情操，为何不能抛掉高官所用的曲盖状的形貌呢？"谢灵运答道："莫非像那个害怕影子的人始终念念不忘影子吗？"

政事第三

【题解】

政事，指政治事务，“孔门四科”之一。士子们要兼济天下，从政为官是必由之道，所以，处理政务的能力是士大夫所不可或缺的。为政之法，因时而异，但为政之道，则亘古不变。勤政爱民、正己树人、知人善任、以德化民，体现这些为政准则的故事，在动荡的魏晋南北朝时期，也是屡见不鲜，如陈寔“强者绥之以德，弱者抚之以仁”、山涛“举无失才”、陶侃“勤于事”、桓温“耻以威刑肃物”等。

本篇共有二十六则，展现了一大批魏晋政治家们的施政风范。

一

陈仲弓为太丘长[①]，时吏有诈称母病求假，事觉，收之[②]，令吏杀焉。主簿请付狱考众奸[③]，仲弓曰：“欺君不忠，病母不孝[④]。不忠不孝，其罪莫大。考求众奸，岂复过此！”

【注释】

①陈仲弓：陈寔。太丘：故址在今河南永城西北。

②收：逮捕。

③主簿：官名，主管文书簿籍等。狱：狱吏。考：考问。众奸：众多犯罪事实。

④病母：把母亲说成有病。病，作动词用。

【译文】

陈寔当太丘县令时，属吏中有一人谎称母亲生病要求请假，事情被发觉，陈寔就逮捕他，下令把他杀掉。主簿请求把他交付狱吏考问其他更多的犯罪事实。陈寔说："欺骗长官，就是不忠，谎称母病，就是不孝。不忠不孝，他的罪行没有比这更大的了。考问其他的犯罪事实，难道还能超过这个大罪吗！"

二

陈仲弓为太丘长，有劫贼杀财主，主者捕之。未至发所[①]，道闻民有在草不起子者[②]，回车往治之。主簿曰："贼大，宜先按讨[③]。"仲弓曰："盗杀财主，何如骨肉相残？"

【注释】

①发所：案发的场所。

②在草不起子：指生了孩子不肯养育。在草，指临产分娩。草，指草席。古时妇女分娩时垫的草席。不起，不养育。

③按讨：查验惩处。

【译文】

陈寔当太丘县令时，有强盗抢劫财物杀了人，主管者逮捕了强盗。陈寔便前往处理，还未到达案发地，半路上听到民间有人生了孩子不肯养育，即掉转车头去处理。主簿说："强盗杀人事大，应当首先予以查验惩处。"陈寔道:"强盗劫财杀人,哪里比得上骨肉相残?"

三

陈元方年十一时[①],候袁公[②]。袁公问曰:"贤家君在太丘[③],远近称之,何所履行?"元方曰:"老父在太丘,强者绥之以德[④],弱者抚之以仁,恣其所安[⑤],久而益敬。"袁公曰:"孤往者尝为邺令[⑥],正行此事。不知卿家君法孤[⑦],孤法卿父?"元方曰:"周公、孔子,异世而出,周旋动静[⑧],万里如一。周公不师孔子[⑨],孔子亦不师周公。"

【注释】

①陈元方:陈纪,陈寔长子。

②袁公:事迹不详。

③贤家君:对对方父亲的敬称。

④绥:安抚。

⑤恣:听任。

⑥孤:王侯自称,袁公自称孤,当为王侯。邺:故址在今河北临漳西南。

⑦法:效法。

⑧周旋动静:指处置世事的举动措施。周旋,应酬。

⑨师:仿效。

【译文】

陈纪十一岁时,去拜候袁公。袁公问他说:"令尊在太丘为官,远近都称赞他,不知他都实行了什么措施?"陈纪道:"家父在太丘时,对强者用恩德来安抚他们,对于弱者用仁义来抚慰他们,让他们都能安居乐业，时间久了，人们就更加敬重他了。"袁公说："我过去曾经做过邺县县令，也正是实行了这些措施。不知道是令尊效法我，还是我效法令尊?"陈纪说："周公和孔子出现在不同的时代，应对举动，虽相隔遥远，却是一样的。周公没有仿效孔子，孔子也没有仿效周公。"

四

贺太傅作吴郡①，初不出门，吴中诸强族轻之，乃题府门云："会稽鸡，不能啼②。"贺闻，故出行，至门反顾，索笔足之曰③："不可啼，杀吴儿。"于是至诸屯邸④，检校诸顾、陆役使官兵及藏逋亡⑤，悉以事言上，罪者甚众。陆抗时为江陵都督⑥，故下请孙皓⑦，然后得释。

【注释】

①贺太傅：贺邵，字兴伯，三国吴会稽山阴（今浙江绍兴）人。历官散骑常侍、吴郡太守、太子太傅等。作吴郡：任吴郡太守。吴郡，治所在今江苏苏州。

②会稽鸡，不能啼：因贺邵为会稽人，故蔑称会稽鸡，讥讽他徒有其貌而已。

③足：补足。

④屯邸：当时吴地世家子弟多带兵屯戍在外，而他们的居舍却在吴郡，故称之为屯邸。屯，驻军防守。邸，指郡国豪族子弟的居所。

⑤检校：查核，考察。顾、陆：顾雍、陆逊家族。顾雍曾为相掌朝政，陆逊曾为将掌兵权，他们的家族在江东是世家大族。役使官兵：指顾、陆等豪门驱使官兵为他们服劳役。藏逋（bū）亡：指豪门藏匿逃避赋税徭役的农户。

⑥陆抗(226—274):字幼节,吴郡吴县华亭(今上海松江)人,陆逊之子,亦为东吴名将。曾在寿春击退魏军,督西陵等地。守江陵,与西晋羊祜对峙,互相欣赏,各守疆界,筑围墙退杨肇,平西陵降将步阐。任人唯贤,建议休养生息,重守西陵,以待时机。后拜大司马、荆州牧。江陵都督:陆抗时拜都督信陵、西陵、夷道、乐乡、公安诸军事,驻乐乡(今湖北江陵西南),故此处称其为江陵都督。

⑦故:特地。下:指从长江上游的江陵下到东吴都城建业。孙皓:东吴末代皇帝。

【译文】

贺邵当吴郡太守时,起初不出门,吴郡各个豪门世族都轻视他,竟在府门题字谓:"会稽鸡,不能啼。"贺邵听到后,故意出门,到了府门口回过头来看,要来笔补上两句谓:"不可啼,杀吴儿。"贺邵于是到顾、陆各个豪族子弟们的驻地与居所,察看他们驱使官兵服劳役以及藏匿逃亡农户等情况,把事实都报告给朝廷,因此而获罪的人很多。陆抗当时担任江陵都督,为此特地从驻地顺流而下向孙皓求情,然后才得以赦免。

五

山公以器重朝望[①],年逾七十,犹知管时任[②]。贵胜年少若和、裴、王之徒[③],并共宗咏[④]。有署阁柱曰[⑤]:"阁东有大牛,和峤鞅[⑥],裴楷鞦[⑦],王济剔嬲不得休[⑧]。"或云潘尼作之[⑨]。

【注释】

①山公:山涛。朝望:在朝廷中有威望。

②知管：主持掌管。知，主持。时任：指山涛担任吏部尚书，亲自主持官员的任免之事。

③贵胜年少：显贵并年轻者。和：和峤。裴：裴楷。王：王济。

④宗咏：尊仰咏叹。宗，推崇，景仰。

⑤署：题字。阁：官署，指尚书省官署。

⑥鞅：牛马拉车时套在牛马颈上的皮带。

⑦鞦(qiū)：拴在牛马屁股上的绊带。

⑧剔嬲(niǎo)：纠缠烦扰。

⑨潘尼（约250—约311）：字正叔，荥阳中牟（今属河南）人。官至太常卿。与叔父潘岳以文学齐名，世称“两潘”。

【译文】

山涛因在朝廷上有声望而受到器重，年纪过了七十，还在主持朝中官员的任免事宜。一些显贵而年轻的官员如和峤、裴楷、王济这些人都对他推崇赞叹。有人在尚书省官署的柱子上题字谓：“官署东面有大牛，和峤是牛颈上的鞅，裴楷是牛后部的鞦，王济纠缠不得休。”有人说这是潘尼写的。

六

贾充初定律令[①]，与羊祜共咨太傅郑冲[②]。冲曰：“皋陶严明之旨[③]，非仆暗懦所探[④]。”羊曰：“上意欲令小加弘润[⑤]。”冲乃粗下意[⑥]。

【注释】

①贾充（217—282）：字公闾，平阳襄陵（今山西襄汾东北）人。贾逵之子。三国魏时任大将军司马，廷尉，为司马氏心腹，指使人杀

魏帝曹髦，参与司马氏代魏的密谋。晋初任司空、侍中、尚书令，一女为太子妃，一女为齐王妃，宠信无比。封鲁郡公。雅长法理，主持修订《晋律》，在法理上首次区分了律、令的概念。卒谥曰武。

②郑冲（？—274）：字文和，荥阳开封（今属河南）人。出身寒微，卓尔立操，博究儒术及百家之言。魏时任尚书郎、陈留太守、散骑常侍、司空、司徒、太保等。入晋，拜太傅，进爵为公。与何晏等共撰《论语集解》传于世。

③皋陶（yáo）：传说中的东夷族首领，曾被舜任为掌管刑法之官。古时制定律令以皋陶为典范，故称。

④暗懦：愚昧无能。探：探测，推究。

⑤上意：指掌权的司马昭。弘润：扩充润色。

⑥粗下意：粗略地提出自己的意见。

【译文】

贾充当初拟定法令时，与羊祜一起向太傅郑冲咨询意见。郑冲说："皋陶制定法令时的严肃公正之意，不是我这样愚昧无能的人所能探究的。"羊祜说："上头的意思是想让你稍加扩充润色。"郑冲就粗略地说了自己的意见。

七

山司徒前后选[①]，殆周遍百官[②]，举无失才，凡所题目[③]，皆如其言。唯用陆亮[④]，是诏所用，与公意异，争之，不从。亮亦寻为贿败。

【注释】

①山司徒：山涛。前后选：指山涛先后两次担任选拔官员的职位。

②殆：几乎，差不多。周遍：普遍，遍及。

③题目：品题，评论人物。

④陆亮：字长兴，河内沁阳人，与贾充关系密切。

【译文】

山涛前后两次任职选官，所选几乎遍及百官，选用的人没有一个是不当的，凡是他所评论过的人都像他所说的那样。只有一个陆亮，是皇帝下诏任用的，与山涛的意见不同，山涛为此争辩过，皇帝不听。不久陆亮也因为受贿而被罢官。

八

嵇康被诛后，山公举康子绍为秘书丞[①]。绍咨公出处[②]，公曰："为君思之久矣。天地四时，犹有消息，而况人乎[③]！"

【注释】

①康子绍：嵇康之子嵇绍。秘书丞：官名，秘书省属官，官位高于秘书郎，掌管官中图书典籍。

②出处：进或退，指出仕还是隐退。

③"天地四时"三句：语出《周易·丰卦·彖》："日出则昃，月盈则食。天地盈虚，与时消息，而况于人乎，况于鬼神乎！"消息，指生与灭，盛与衰。消，消减。息，增长。

【译文】

嵇康被杀后，山涛荐举嵇康的儿子嵇绍担任秘书丞。嵇绍便与山涛商议是否出仕。山涛说："我为你考虑很久了。天地一年四季，还有阴晴寒暑的变化,何况是人呢!"

九

王安期为东海郡[①],小吏盗池中鱼,纲纪推之[②]。王曰:"文王之囿,与众共之[③]。池鱼复何足惜!"

【注释】

①王安期:王承(275—320),字安期,太原晋阳(今山西太原)人,王述之父。弱冠知名,王衍比之南阳乐广。爵蓝田侯。西晋时为东海王司马越记室参军、东海太守。南渡后为元帝镇东府从事中郎。少有重誉,为政清静。被推举为东晋初年第一名士。当时名士王导、卫玠、周𫖮、庾亮等皆出其下。为东海郡:任东海郡太守。

②纲纪:古称综理州郡之事的官员,即主簿。推:推究,查究。

③文王之囿(yòu),与众共之:语见《孟子·梁孝王下》,孟子回答齐宣王有关文王之囿的问题,阐述侯王之囿不在大小,应与民同享的道理。囿,古代帝王畜育禽兽的园子。

【译文】

王承任东海郡太守时,有小吏偷了水池里的鱼,主簿查究这件事。王承说:"古时文王的苑囿与百姓共同享用,小小的池鱼又有什么值得吝惜的!"

一〇

王安期作东海郡,吏录一犯夜人来[①]。王问:"何处来?"

云："从师家受书还，不觉日晚。"王曰："鞭挞甯越以立威名②，恐非致理之本③。"使吏送令归家。

【注释】

①录：逮捕。犯夜：指深夜还在外面走动，违犯当地夜行之禁令。

②甯(nìng)越：战国赵人，中牟(今属河南)人。原为农民，因努力求学，只用了十五年即成为周威公(周考王所分封的小国西周之君)的老师。

③致理之本：达到治理的根本途径。理，应作"治"，唐代因避高宗李治的名讳而改"治"为"理"。

【译文】

王承任东海郡太守时，郡吏逮捕了一个违犯宵禁令的人。王承问他："从什么地方来？"那人回答："从老师家听课读书回家，不知不觉间天已晚了。"王承说："鞭打像甯越那样的苦学者来树立威名，恐怕不是达到治理的根本办法。"便派郡吏把那人送回家去。

一一

成帝在石头①，任让在帝前戮侍中钟雅、右卫将军刘超②。帝泣曰："还我侍中！"让不奉诏，遂斩超、雅。事平之后，陶公与让有旧③，欲宥之④。许柳儿思妣者至佳⑤，诸公欲全之。若全思妣，则不得不为陶全让，于是欲并宥之。事奏，帝曰："让是杀我侍中者，不可宥！"诸公以少主不可违⑥，并斩二人。

【注释】

①成帝在石头：苏峻作乱，攻破建康，成帝被劫持至石头城(在今南京清凉山)。成帝，司马衍(321—342)，字世根，325—342在位。五岁被立为皇帝，尊母庾氏为皇太后，临朝称制，王导、庾亮辅政。苏峻、祖约之乱中被挟持。陶侃破敌后始还建康。在位期间庾亮北伐，败于石虎。二十二岁病逝，庙号显宗。

②任让：东晋乐安(今山东博兴)人。为苏峻参军、司马，后随苏峻作乱。苏峻死后，又拥戴峻弟苏逸为主，乱平，被诛。钟雅：字彦胄，东晋长社(今河南长葛东)人。官至侍中。苏峻之乱，人或劝其逃离天子，他义不弃君求生，遂被害。刘超：字世逾，东晋琅邪(今属山东)人。官义兴太守、右卫将军。

③陶公：陶侃。

④宥(yòu)：赦免。

⑤许柳：字季祖，东晋时人，随苏峻作乱，攻陷建康后被任为丹阳尹。叛乱平定后被杀。思妣(bǐ)：许永，字思妣，许柳之子。

⑥少主：指年少的成帝，当时只有八九岁。

【译文】

成帝被苏峻劫持在石头城后，任让在成帝面前杀了护卫在他身边的侍中钟雅和右卫将军刘超。当时成帝哭道："还我侍中！"任让根本不听小皇帝的命令，还是杀了刘超和钟雅。苏峻叛乱平定后，陶侃与任让原有老交情，想要赦免他。跟随苏峻作乱的许柳之子许永才貌极好，朝廷的大臣们都想保全他。但是如果保全许永，就不得不为陶侃保全任让，于是就想同时赦免这两个人。此事上奏成帝，成帝说："任让是杀我侍中的人，不可赦免！"诸位大臣认为年幼皇帝的话不能违抗，就把两个人一起杀了。

一二

王丞相拜扬州①，宾客数百人并加沾接②，人人有说色。

唯有临海一客姓任及数胡人为未洽[③]。公因便还到过任边，云："君出，临海便无复人。"任大喜说。因过胡人前，弹指云[④]："兰阇[⑤]！兰阇！"群胡同笑，四坐并欢。

【注释】

①拜扬州：被任命为扬州刺史。

②沾接：指受到亲切款待。

③临海：郡名，治所在今浙江临海。胡人：这里指印度来的僧人。洽：和谐，融洽。

④弹指：佛家常用弹指的动作，表示欢喜或许诺。

⑤兰阇（shé）：古代印度赞誉别人的话，亦曰"兰奢"。

【译文】

王导被任为扬州刺史时，来的宾客有几百人，全都受到他的亲切款待，人人都面带笑容。只有临海一位姓任的来宾及几位胡人脸上没有融洽的神情。王导于是找个机会回过去到任姓客人身边说："您出来做官，临海就不再有贤人了。"任姓客人听了大为高兴。王导随即便到了胡人前，弹着手指说："兰阇！兰阇！"几位胡人听了这赞誉之言便都笑了，四座宾客都很高兴。

一三

陆太尉诣王丞相咨事[①]，过后辄翻异[②]，王公怪其如此。后以问陆，陆曰："公长民短，临时不知所言，既后觉其不可耳。"

【注释】

①陆太尉：陆玩，字士瑶，晋吴郡吴（今江苏苏州）人，陆机的叔伯兄弟。器量淹博，年轻时即有美名。历官侍中、尚书左仆射、尚书令，王导、郗鉴、庾亮相继而薨，以陆玩为侍中、司空，辅政。死后追赠太尉。

②翻异：指改变说法。

【译文】

陆玩到王导那里去请示处理公事，说好的事过后往往推翻改变，王导奇怪陆玩为什么这样。后来问陆玩，陆玩说："您见识长，我见识短，当时不知道自己说些什么，事后才觉得那样做是不对的罢了。"

一四

丞相尝夏月至石头看庾公[①]，庾公正料事[②]。丞相云："暑，可小简之[③]。"庾公曰："公之遗事[④]，天下亦未以为允。"

【注释】

①丞相：王导。庾公（296—344）：庾冰，字季坚，颍川鄢陵（今属河南）人，庾亮之弟。在平定苏峻之乱中立有军功。继王导为相。任威刑，勤于公务。死时室无妾，家无私积，为世所称。赠侍中、司空，谥曰忠成。

②料事：料理事情。

③小简：稍微简省些。

④遗事：指王导为相，以清静宽惠为治，许多事都搁置不理。

【译文】

丞相王导曾在夏天到石头城去看望庾冰，庾冰正在处理政事。王导说："大热的暑天，政事不妨稍稍简省一些。"庾冰说："您清静不办事，天下人也未见得认为合适呢。"

一五

丞相末年[①]，略不复省事[②]，正封箓诺之[③]。自叹曰："人言我愦愦[④]，后人当思此愦愦。"

【注释】

①末年：晚年。

②略：大体，大概。省(xǐng)事：指办事，办公。

③正：仅，只。箓：簿籍文书。

④愦愦：糊涂。

【译文】

王导晚年，几乎不再处理政务，仅仅在封好的簿籍文书上画诺。他自己叹息说："人们都说我糊涂，后代人当会思念这种糊涂呢。"

一六

陶公性检厉[①]，勤于事。作荆州时，敕船官悉录锯木屑[②]，不限多少。咸不解此意。后正会[③]，值积雪始晴，听事前除雪后犹湿[④]，于是悉用木屑覆之，都无所妨。官用竹，皆令录厚头[⑤]，积之如山。后桓宣武伐蜀[⑥]，装船，悉以作钉。又云，尝发所在竹篙[⑦]，有一官长连根取之，仍当足[⑧]，乃超两阶用之[⑨]。

【注释】

①陶公：陶侃。检厉：方正严肃。

②录：采集。

③正(zhēng)会：指正月初一的大聚会。

④除：台阶。

⑤厚头：指毛竹锯剩下来的根。

⑥桓宣武伐蜀：指穆帝永和二年(346)，桓温率军讨伐成汉，次年灭之。

⑦发：征调。

⑧仍当足：指就用毛竹的根当做支撑用的铁足。

⑨超：越级提升官职。

【译文】

陶侃性情方正严肃，办事勤勉。他任荆州刺史时，命令造船的官员把木屑全部收集起来，不管多少都要。属下都不明白他的用意。后来正月初一聚会时，正好碰到接连下雪刚刚放晴，听事堂前台阶上雪后还是湿的，于是陶侃命人全部用木屑盖在上面，这样人们进进出出一点也没有妨碍。官府要用毛竹时，陶侃总是命人把锯下的毛竹根收集起来，堆得像山一样。后来桓温讨伐蜀中的成汉，装配船只时，全部用这些毛竹根做成钉来用。又听说，陶侃曾征调当地的竹篙，有一位主管官员，连毛竹根一起拔出来，就把毛竹根当成竹篙的铁足。陶侃知道了就把这位官员连升两级加以任用。

一七

何骠骑作会稽[①]，虞存弟謇作郡主簿[②]，以何见客劳损，欲白断常客[③]，使家人节量择可通者[④]。作白事成[⑤]，以见存。存时为何上佐[6]，正与謇共食，语云：“白事甚好，待我食毕作教[7]。”食竟，取笔题白事后云：“若得门庭长如郭林宗者[8]，当如所白。汝何处得此人？”謇于是止。

【注释】

①何骠骑：何充。作会稽：任会稽内史。

②虞存：字道长，会稽山阴（今浙江绍兴）人。历官卫军长史、尚书吏部郎。謇（jiǎn）：虞謇，字道真，虞存之弟，东晋时官至郡功曹。

③白：禀告。常客：一般客人。

④家人：指家中仆役。据下文，当指下属，僚属。节量：节制衡量。

⑤白事：陈述事情的文书。

⑥上佐：据《书钞》引《语林》曰：“何公为扬州，虞存为治中。”治中为州府要职，故称上佐。

⑦作教：作出批示。

⑧门庭长：州郡属吏，主管传达、接待。郭林宗：郭泰。

【译文】

何充担任会稽内史时，虞存的弟弟虞謇正担任郡主簿，因为何充会见宾客太多，劳累过度，就想禀告何充拒绝一般客人，让下属斟酌选择应该见的客人才通报。他写成禀报文书，先拿去给虞存看。虞存当时担任何充的重要僚属，正和虞謇一起吃饭，他告诉虞謇说：“你写的文书很好，等我吃好饭作出批复。”吃完饭，虞存拿过笔来在文书后写道：“如果能得到像郭林宗那样的人来做门庭长，就可以照你写的文书所说的办。可是你从哪里能得到这样的人呢？”虞謇于是就此不提他的建议了。

一八

王、刘与林公共看何骠骑[1]，骠骑看文书，不顾之。王谓何曰:“我今故与林公来相看,望卿摆拨常务[2],应对玄言[3],那得方低头看此邪[4]?”何曰:“我不看此,卿等何以得存?”诸人以为佳。

【注释】

①王:王濛。刘:刘惔。林公:支道林。

②摆拨:摆脱,搁置。

③应对:答对。

④那得:何以,为何。

【译文】

王濛、刘惔和支道林一起去探望何充,何充正在看文书,没有答理他们。王濛对何充说:“我现在特地与林公一起来探望,希望您能把日常事务放在一边,与我们一道来谈论玄理。您怎么还在埋头看这些东西呢?”何充说:“我不看这些文书,你们这些人怎么能生存呢?”大家认为何充说得好。

一九

桓公在荆州[1],全欲以德被江、汉[2],耻以威刑肃物[3],令史受杖[4],正从朱衣上过。桓式年少[5],从外来,云:“向从阁下过[6],见令史受杖,上捎云根[7],下拂地足[8]。”意讥不著[9]。桓公云:“我犹患其重。”

【注释】

①桓公:桓温。

②全:一心,全力。被:覆盖,遍及。江、汉:长江、汉水,指荆州一带

地区。

③肃物:惩治人。

④令史:低级官吏,县令所属办事人员。

⑤桓式:桓歆,字叔道,小字武,桓温第三个儿子,官至尚书。

⑥向:刚才。

⑦捎:带。云根:云起之处。喻高。

⑧地足:地面。喻低。

⑨不著(zhuó):指没打着。著,接触,贴近。

【译文】

桓温在荆州刺史任上时,一心想用恩德来加惠江、汉地区的士庶,认为用威力刑法惩治人是可耻的,令史受到杖刑的处罚时,大杖也只是从红衣上轻轻一带而过。桓式当时年纪还小,从外边进来,便说:"刚才我从官署经过,看到令史受杖刑,那杖高高地举起像是捎带到云根,轻轻地落下,又像是拂过地面。"意思是讽刺根本没有打着令史。桓温说:"我还怕打得太重了。"

二〇

简文为相[①],事动经年[②],然后得过。桓公甚患其迟[③],常加劝勉。太宗曰:"一日万机[④],那得速!"

【注释】

①简文:晋简文帝司马昱。

②动:辄,总是。经年:经过一年。

③桓公:桓温。

④太宗:简文帝的庙号。万机:指繁忙的事务。机,指事务,政务。

【译文】

简文帝作丞相时，处理事务总是要经过一年的光景才能完成。桓温为他办事的缓慢而感到忧虑，常常加以劝告勉励。简文帝说："每天都有成千上万的事情等着办理，我哪里能够快得起来啊！"

二一

山遐去东阳①，王长史就简文索东阳②，云："承藉猛政③，故可以和静致治④。"

【注释】

①山遐：字彦林，山涛之孙，山简之子，东晋时历官余姚令、东阳太守。针对当时法禁松弛，他为政严猛，郡境因而肃然。东阳：指东阳太守。

②王长史：王濛。索：求取。

③承藉：继承凭借。

④故：本，自。致治：达到安定清平。

【译文】

山遐离开东阳太守之任后，王濛去向简文帝要求继任，说："我继山遐的苛猛之治后做太守，自可以用温和清静的做法来达到安定清平。"

二二

殷浩始作扬州①，刘尹行②，日小欲晚③，便使左右取襆④。人问其故，答曰："刺史严，不敢夜行。"

【注释】

①殷浩(？—356)：字渊源，陈郡长平(今河南西华东北)人。善玄言，好《老》、《易》。任扬州刺史、都督扬、豫、徐、兖、青五州军事，统军取中原，为前秦所败。后为桓温弹劾，废为庶人。

②刘尹：刘惔曾任丹阳尹，故称。丹阳在扬州刺史辖下。

③小：稍微。

④襆(fú)：衣被行李。

【译文】

殷浩刚做扬州刺史时，刘惔要外出，太阳即将下山，他就让左右随从去取衣被行李。有人问他这样做的缘故，他答道："刺史严明得很，我不敢夜间行路。"

二三

谢公时[①]，兵厮逋亡[②]，多近窜南塘下诸舫中[③]。或欲求一时搜索[④]，谢公不许，云："若不容置此辈，何以为京都？"

【注释】

①谢公：即谢安。

②兵厮：士兵和仆役。逋(bū)亡：逃亡。

③窜：藏匿。南塘：指秦淮河之南塘岸。

④一时：同时。

【译文】

谢安执政时，士兵与仆役逃亡，多数就藏在秦淮河南塘下的船只中。有人想请求谢安同时将这些人搜查出来，谢安不允许这么做，说："如果不能容纳安置这些人，怎么能算是京城呢？"

二四

王大为吏部郎[①]，尝作选草[②]，临当奏，王僧弥来[③]，聊出示之。僧弥得，便以己意改易所选者近半。王大甚以为佳，更写即奏。

【注释】

①王大：王忱。吏部郎：官名，掌管选拔官员。

②选草：指选拔官员时所拟之名单草稿。

③王僧弥：王珉，字季琰，小字僧弥，王导之孙。少有才艺，善行书。东晋时历仕著作、散骑郎、国子博士、黄门侍郎、侍中，代王献之为中书令。与王献之齐名，世称王献之为“大令”，王珉为“小令”。

【译文】

王忱当吏部郎时，曾写过一份选任官员的名单草稿，即将上奏时，正好王珉来，就随意地拿出来给王珉看。王珉拿到名单后，就按自己的意思改动了近一半的所选官员。王忱认为改得很好，重新写定后即上奏朝廷。

二五

王东亭与张冠军善[①]。王既作吴郡，人问小令曰[②]：“东亭作郡，风政何似[③]？”答曰：“不知治化何如[④]，唯与张祖希情好日隆耳[⑤]。”

【注释】

①王东亭：王珣。张冠军：张玄之。

②小令：王珉。王珣之弟。

③风政：教化政绩。

④治化：治绩教化。

⑤唯与张祖希情好日隆耳：张祖希，张玄之。日隆，一天比一天深厚。按，张玄之与谢玄同为南北之望，甚为时人推服。王珉不便直誉其兄，就用这种说法委婉表达。

【译文】

王珣与张玄之相友好。王珣任吴郡太守后，有人问王珉说："东亭担任郡太守，教化治绩怎么样？"王珉答道："我不知道他的治绩教化怎么样，只知他与张祖希的情谊一天比一天深厚罢了。"

二六

殷仲堪当之荆州①，王东亭问曰②："德以居全为称③，仁以不害物为名④。方今宰牧华夏⑤，处杀戮之职，与本操将不乖乎⑥？"殷答曰："皋陶造刑辟之制⑦，不为不贤；孔丘居司寇之任，未为不仁。"

【注释】

①之：往，到。

②王东亭：即王珣。

③居全：指具有完美的品格。

④不害物：不伤害人。

⑤宰牧：治理。华夏：指荆州地区为东晋的重镇。

⑥本操：一贯的志向行为。操，操守，平时的行为。乖：违背。

⑦刑辟：用刑法治罪。

【译文】

殷仲堪将到荆州任刺史时，王珣问道："具有完美的品格称为德行，不伤害人就称仁爱，现在你要去治理荆州重镇，处于掌握生杀大权的职位上，这与你原本主张的操守不是相违背吗?"殷仲堪回答说："皋陶制定了用刑法治罪的制度，不能算不贤；孔子担任司寇之职位，不能算不仁。"

文学第四

【题解】

文学，“孔门四科”之一，原指礼乐制度，后泛指学术。魏晋时期是自春秋战国百家争鸣之后，又一个学术思想的繁荣发展阶段。士人们贬黜刻板的经学，崇尚老庄哲学，热衷于谈虚胜、辨玄理，清谈之风大盛，遂有所谓“正始之音”。当时，学术思想趋于活跃，文坛呈现出一派清新自由的景象，各种掌故轶事也是精彩纷呈，为后人所津津乐道。如“郑玄家奴婢皆读书”、王导叹“正始之音，正当尔耳”、于法开与支公争名、康僧渊“一往参诣”、曹植“七步中作诗”等。

本篇共有一百零四则，展现了魏晋学术的盛况，也为后世研究魏晋学术思想提供了珍贵的资料。

一

郑玄在马融门下[①]，三年不得相见，高足弟子传授而已[②]。尝算浑天不合[③]，诸弟子莫能解。或言玄能者，融召令算，一转便决[④]，众咸骇服[⑤]。及玄业成辞归，既而融有“礼乐皆东”之叹[⑥]，恐玄擅名而心忌焉[⑦]。玄亦疑有追，乃坐桥下，在水上据屐[8]。融果转式逐之[9]，告左右曰："玄在土下水上而据木，此必死矣。"遂罢追。玄竟以得免。

【注释】

①郑玄（127—200）：经学家，字康成，北海高密（今属山东）人。入太学受业，又从第五元先、张恭祖学，最后从马融学古文经。游学归里后，聚徒讲学。因党锢事被禁，潜心著述，遍注群经，不专守一师之说，尊一家之言，而是博学多师，兼收并蓄，形成郑学，逐渐为"天下所宗"，使经学进入了一个"统一时代"，时称"经神"。晚年为汉献帝大司农，后为袁绍强征随军，中途病死。马融（79—166）：经学家，字季长，右扶风茂陵（今陕西兴平东北）人。马融俊才善文，曾从京兆（今属西安市）处士挚恂问学。汉安帝时，任校书郎，诣东观（朝廷藏书处）典校秘书。因得罪当权的外戚邓氏，滞于东观，直到邓太后死后，才召拜郎中。汉桓帝时，外任南郡太守，因忤大将军梁冀，遭诬陷，免官，髡徙朔方。后得赦，复拜议郎，重在东观著述，以病辞官，居家教授。他达生任性，不太注重儒者节操，开魏晋清谈家破弃礼教的风气。其学生多达四百余人，升堂入室者有五十余人，其中郑玄、卢植是佼佼者。马融博通今古文经籍，世称"通儒"，尤善古文经，使古文经学达到成熟的境地。

②高足弟子：成就高的学生。

③算浑天：即用浑天仪测算日月星辰的位置。浑天，当指浑天仪，是古代观测天体位置的仪器。不合：指不符合，不准确。

④转：指转动推算用的栻。栻，即下文的"式"。

⑤骇服：叹服。骇，惊讶。

⑥既而：不久。

⑦擅名：独享盛名。

⑧据：凭靠。

⑨转式：转动栻盘推算。式，一作栻，古代占卜用具，形状似罗盘，上圆下方，可以转动。

【译文】

郑玄在马融门下学习，三年都见不到老师，仅由马融的高足弟子传授罢了。马融曾用浑天仪测算日月星辰的位置，但是与实际情况不符合，众多弟子也都不能解决。有人说郑玄能算得出来，马融便让他来推算，郑玄把栻盘一转便解决了问题，大家全都惊讶佩服。等到郑玄学业完成辞别老师回归家乡，不久马融就有了"礼乐都向东去了"的感叹，他怕郑玄独享盛名因而心里忌恨郑玄。郑玄也怀疑有人来追，便坐在桥底下，抓着木屐浮在水面上。马融果然转动栻盘推算郑玄的去向来追赶他。然后告诉左右侍从说："郑玄在土下水上又靠着木头，这是必死之兆了。"于是就停止了追赶，郑玄竟然因此得以免祸。

二

郑玄欲注《春秋传》[①]，尚未成。时行与服子慎遇[②]，宿客舍。先未相识，服在外车上与人说己注《传》意，玄听之良久，多与己同。玄就车与语曰："吾久欲注，尚未了。听君向言[③]，多与吾同，今当尽以所注与君。"遂为《服氏注》。

【注释】

①《春秋传》：指《春秋左氏传》，简称《左传》。

②服子慎：服虔，字子慎，东汉河南荥阳（今属河南）人。举孝廉，东汉灵帝末任九江太守。善文论，所著赋、碑、诔、书记、连珠、九愤凡十余篇，其经学尤为当世推重，撰《春秋左氏传解谊》。

③向：刚才。

【译文】

郑玄想注释《左传》，还未及完成。在一次外出时，与服虔相遇，两人同时住宿在一家旅舍里。先前两人并不相识，服虔在店外的车上与别人说起自己注《左传》的大意，郑玄听了很久，觉得其见解多数与自己相同。郑玄就靠近车子对服虔说："我很久以来就想注《左传》，尚未完成。听您刚才所说，很多见解与我相同，我应该把自己所作的注释送给您。"于是服虔完成了《服氏注》。

三

郑玄家奴婢皆读书。尝使一婢，不称旨[①]，将挞之[②]，方自陈说，玄怒，使人曳著泥中[③]。须臾，复有一婢来，问曰："胡为乎泥中[④]？"答曰："薄言往愬，逢彼之怒[⑤]。"

【注释】

①称（chèn）旨：符合心意。称，适合。旨，意思。

②挞（tà）：鞭打。

③曳（yè）著（zhuó）：拉到。曳，拉。

④胡为乎泥中：为什么在泥水中。语见《诗经·邶风·式微》："式微式微，胡不归？微君之躬，胡为乎泥中？"这首诗写黎侯流亡在卫国，随从之臣劝其归国之词。这里借用一句来问询。

⑤薄言往愬（sù），逢彼之怒：我要去诉说心中的怨苦，正遇到他大发雷霆之怒。语见《诗经·邶风·柏舟》："亦有兄弟，不可以据。薄言往愬，逢彼之怒。"诗写女子诉说其不为丈夫所容的忧苦之情，这里借用为对主人的不满。薄言，发语词。愬，诉说。

【译文】

郑玄家里的奴婢都读书。郑玄曾经差遣一个婢女做事，所做的事不合他的心意，将要鞭打她。这婢女正要说明事情的经过，郑玄发怒，差人把她拉到泥水中。过了一会儿，又有一个婢女来，问道："胡为乎泥中？"那婢女答道："薄言往愬，逢彼之怒。"

四

服虔既善《春秋》，将为注，欲参考同异①。闻崔烈集门生讲传②，遂匿姓名，为烈门人赁作食③。每当至讲时，辄窃听户壁间。既知不能逾己，稍共诸生叙其短长。烈闻，不测何人，然素闻虔名，意疑之。明蚤往，及未寤④，便呼："子慎⑤！子慎！"虔不觉惊应，遂相与友善。

【注释】

①参考：指查阅、考察、比较等。

②崔烈：字威考，东汉涿郡（今属河北）人。汉灵帝时为司徒、太尉，封阳平亭侯。献帝初，其子崔钧与袁绍俱起兵山东，董卓以是收烈付郿狱，卓既诛，拜烈城门校尉。及李傕入长安，为乱兵所杀。

③赁（lìn）：佣工。

④寤：睡醒。

⑤子慎：服虔字子慎。

【译文】

服虔擅长《左传》，将为之作注，想要参考比较各种意见。听说崔烈聚集门生讲《左传》，便隐姓埋名，作为崔烈门人的佣工替他们做饭。每当到了崔烈讲授时，他就在门外偷听。随后得知崔烈所说并没有超过自己的地方，就逐渐同崔烈的门生谈论他所说的短处与长处。崔烈听到后，猜测不出是什么人。但他素来听说过服虔的名声，心里怀疑是他。第二天一早崔烈就去服虔处，趁着他没有睡醒，就喊道："子慎！子慎！"服虔听到不觉惊醒过来答应，两人因此成了好朋友。

五

钟会撰《四本论》始毕[①]，甚欲使嵇公一见[②]。置怀中，既定，畏其难[③]，怀不敢出，于户外遥掷，便回急走。

【注释】

①《四本论》：钟会所作文章篇名，论说人的才能与德性的同、异、合、离的问题。

②嵇公：即嵇康。

③难（nàn）：诘责，质问。

【译文】

钟会撰写《四本论》刚完成，很想让嵇康看一看。他把文章放在怀里，已经走到了嵇康的住所，又害怕见了面被他诘责，就不敢把放在怀里的文章拿出来当面给他，只是在门外远远地扔进去，就回转身急急忙忙地跑了。

六

何晏为吏部尚书，有位望，时谈客盈坐。王弼未弱冠[①]，往见之。晏闻弼名，因条向者胜理语弼曰[②]："此理仆以为极[③],可得复难不[④]?"弼便作难,一坐人便以为屈。于是弼自为客主数番[⑤],皆一坐所不及。

【注释】

①王弼(226—249):字辅嗣,山阳(今河南焦作)人,曾仕魏尚书郎。少年即有高名,好谈儒道,辞才逸辩,与何晏、夏侯玄等同开玄学清谈之风,称为"正始之音"。主"贵无"而"贱有"。著有《周易注》、《老子注》等。王弼综合儒道,借用、吸收了老庄的思想,建立了体系完备、抽象思辨的玄学哲学。其对易学玄学化的批判性研究,尽扫先秦、两汉易学研究之迂腐学风,其本体论和认识论中所提出的新观点、新见解"指明了魏晋玄学的理论航向","在哲学上奏出了时代的最强音",对以后中国思想史的发展具有深远的影响。曹爽被杀,王弼受到牵连。同年秋天,遭疠疾亡。弱冠:古代男子二十岁行冠礼,表示已经成人,后即指二十岁左右的年纪。

②条:分条陈述。向者:往昔,先前。胜理:精深之理。

③极:极致,最高境界。

④难:驳难。

⑤自为客主:清谈时,一方为客,提出驳难,另一方为主,予以解答。王弼则自己提问,自己作答。

【译文】

何晏任吏部尚书时,既有地位又有声望,到他家来清谈的宾客常常座无虚席。王弼还不满二十岁时,去拜见他。何晏听说过王弼的名气,就把先前所说的最精妙的玄理逐条告诉王弼说:"这道理我以为是玄理的最高境界了。你能够再加以驳难吗?"王弼就一条条地予以驳难,满座宾客都认为何宴理亏。于是王弼就自问自答,反复几次下来,他所说之理都是在座者所难以企及的。

七

何平叔注《老子》始成[1]，诣王辅嗣[2]，见王注精奇，乃神伏，曰："若斯人，可与论天人之际矣[3]。"因以所注为《道》、《德》二论。

【注释】

①何平叔：即何晏。

②王辅嗣：即王弼。

③天人之际：天道和人道，自然和人事之间的关系。

【译文】

何晏注《老子》刚刚完成，去拜访王弼，看到王弼的注释极其精彩奇妙，便心悦诚服地说："像这样的人，可以与他讨论天人之间的关系问题了。"于是便把自己所注称为《道》、《德》二论。

八

王辅嗣弱冠诣裴徽[1]，徽问曰："夫无者[2]，诚万物之所资[3]，圣人莫肯致言[4]，而老子申之无已，何邪？"弼曰："圣人体无[5]，无又不可以训[6]，故言必及有；老、庄未免于有，恒训其所不足。"

【注释】

①王辅嗣：即王弼。裴徽：字文季，魏河东闻喜（今属山西）人。官至冀州刺史。

②无："无"和"有"是老子提出的哲学概念。《老子》第一章曰："'无'，名天地之始，'有'，名万物之母。"意为"无"是天地的本始，"有"，是万物的根源。

③诚：确实。资：凭借。

④致言：指发表意见。

⑤体：体察。

⑥训：能释词义。

【译文】

王弼二十岁左右时去拜谒裴徽，裴徽问他说："所谓'无'是万物生长的根据，圣人没有发表意见，而老子不断地加以申说，这是为什么？"王弼说："圣人仔细体察'无'，'无'又不可以解释清楚，所以说到'无'时必定涉及'有'；老子、庄子也免不了说到'有'，常常解释'无'所含词义的不足之处。"

九

傅嘏善言虚胜①，荀粲谈尚玄远②，每至共语，有争而不相喻③。裴冀州释二家之义④，通彼我之怀⑤，常使两情皆得⑥，彼此俱畅。

【注释】

①傅嘏（gǔ，209—255）：字兰硕，北地泥阳（今陕西耀县东南）人。弱冠已知名于世，为司空陈群辟为掾。傅嘏为人才干练达，有军政识见，好论人物国计。正始初年，曹爽秉政，何晏为吏部尚书，傅嘏因评何晏"好利不务本"而被免官。后司马懿诛曹爽，聘傅嘏为河南尹，迁尚书。朝议伐吴而有三计，傅嘏论及战略，认为

三计不可行，朝中不听其言，果为诸葛恪所败。正元二年春，毌丘俭、文钦作乱，傅嘏及王肃劝司马师自往讨伐。时傅嘏为尚书仆射，常献策谋，终于大破叛军。司马昭还洛阳辅政，傅嘏以功进封阳乡侯。与荀粲、钟会等为友，并论才性，主张才性同。卒，追赠太常，谥曰元侯。虚胜：指玄虚之理的佳妙境界。胜，佳美。

②荀粲：字奉倩，魏颍川颍阴（今河南许昌）人。荀彧幼子。好老庄之言，与傅嘏、夏侯玄交往友善。玄远：指玄奥幽远之理。

③喻：明白，了解。

④裴冀州：即裴徽，曾任冀州刺史，故称。

⑤怀：心怀。

⑥得：相得，契合。

【译文】

傅嘏擅长论说玄虚之理的佳妙境界，荀粲的言论崇尚玄奥深远之理。每到两人一起清谈说理时，总是争论不休而不能互相理解。裴徽就解释两人清谈的含义，沟通彼此之间的心怀，常常使双方的心意契合，彼此都感到很舒畅。

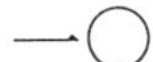

何晏注《老子》未毕，见王弼自说注《老子》旨。何意多所短[①]，不复得作声，但应诺诺[②]。遂不复注，因作《道德论》。

【注释】

①短：不足，欠缺。

②诺诺：应答之声。

【译文】

何晏注释《老子》,还没有完成,遇到王弼说起自己注释《老子》的要旨。何晏的见解多有不足之处,不能再开口说话,只是"诺诺"连声而已。于是他不再注释,就写了《道德论》。

一一

中朝时有怀道之流①,有诣王夷甫咨疑者②。值王昨已语多,小极③,不复相酬答,乃谓客曰:"身今少恶④,裴逸民亦近在此⑤,君可往问。"

【注释】

①中朝:指西晋。东晋南渡后称建都于中原的西晋为中朝。怀道:向往道家玄学。怀,归向,向往。

②王夷甫:王衍。

③小极:困惫,疲倦。

④身:第一人称代词,即"我"。恶:指身体不适。

⑤裴逸民:裴頠。

【译文】

西晋时,有些向往道家玄学的人,其中有一位去拜访王衍咨询疑难问题。正遇到王衍前一天谈话已经很多了,稍感疲倦,不想再与客人应酬谈话了,便对来客说:"我今天略感不适,裴逸民也住在近处,您可以去问他。"

一二

裴成公作《崇有论》①,时人攻难之②,莫能折,唯王夷甫来，如小屈。时人即以王理难裴，理还复申[3]。

【注释】

①裴成公：裴頠死后谥成，故称。《崇有论》：此文反对魏晋盛行的“贵无说”，提倡“崇有论”，认为“有”是绝对的，是错综变化的，是本体，是客观规律的根源。从肯定“有”，论证了“长幼之序”、“贵贱之级”的绝对必要。有，事物的客观存在。

②时人：指当时崇尚虚无的人。攻难：驳斥诘责。

③申：申说，说明。

【译文】

裴頠撰写《崇有论》，当时一些主张“贵无说”的人便来驳斥诘责他，没有一个人能够折服他，只有王衍来和他辩论时，似乎使他稍感理亏。于是“贵无说”者便用王衍说的道理来诘难裴頠，但是裴頠还是一再申述他的理论。

一三

诸葛厷年少不肯学问[1]，始与王夷甫谈，便已超诣[2]。王叹曰：“卿天才卓出，若复小加研寻[3]，一无所愧。”厷后看《庄》、《老》，更与王语，便足相抗衡。

【注释】

①诸葛厷（hóng）：字茂远，晋琅邪（今山东临沂）人，有逸才，官至司官主簿。

②超诣：指学问超越常人的境界。

③研寻：研讨探求。

【译文】

诸葛厷年轻时,不肯向他人学习求教,刚开始与王衍谈论时,就已经达到超越一般人的境界。王衍感叹道:“您天才超绝,如再稍加研习探求,就再也不会有什么遗憾了。”诸葛厷听到后就看了《庄子》、《老子》,再去与王衍谈论,便足够与王衍相抗衡争高下了。

一四

卫玠总角时[①],问乐令梦,乐云:“是想。”卫曰:“形神所不接而梦,岂是想邪?”乐云:“因也[②]。未尝梦乘车入鼠穴,捣齑啖铁杵[③],皆无想无因故也。”卫思“因”经日不得,遂成病。乐闻,故命驾为剖析之,卫即小差[④]。乐叹曰:“此儿胸中当必无膏肓之疾[⑤]。”

【注释】

①总角:古代未成年的人把头发扎成髻,借指童年。

②因:关联。

③齑(jī):切成碎末的菜或肉。

④差(chài):病愈。

⑤膏肓(huāng)之疾:难以治愈之病。这里借指卫玠有疑问不会郁积心中,而是及时加以思考解决。

【译文】

卫玠童年时问乐广,人为什么会做梦。乐广说:“梦是有所思才有的。”卫玠说:“形体与精神没有接触的东西也会入梦,难道是有所思造成的吗?”乐广说:“总是有关联的。人从来不会梦见乘着车子进入鼠穴,把菜末捣碎却吃下铁棒,这些都是没有所思没有关联的缘故。”卫玠就去琢磨“关联”，一整天也没琢磨出来，就得病了。乐广听说后，特意命人驾车去为他分析解释这个问题，卫玠的病即刻有所好转，乐广感叹说：“这孩子心中必定不会有郁结于心的疑难。”

一五

庾子嵩读《庄子》[①]，开卷一尺许便放去[②]，曰：“了不异人意[③]。”

【注释】

①庾子嵩：庾敳（ái），字子嵩，晋颍川鄢陵（今属河南）人。好老庄，静默无为。历官陈留相、豫州刺史、吏部郎等。为王衍所重，石勒之乱，与王衍俱被杀。

②卷：书卷，唐以前的书都为卷轴，读时展开，不读时卷起来。

③了：完全。

【译文】

庾敳诵读《庄子》时，展开书卷才一尺多就放下了，说：“完全没有什么与我不同的意思。”

一六

客问乐令“旨不至”者[①]，乐亦不复剖析文句，直以麈尾柄确几曰[②]：“至不？”客曰：“至。”乐因又举麈尾曰：“若至者，那得去？”于是客乃悟服。乐辞约而旨达[③]，皆此类。

【注释】

①乐令：乐广。旨不至：语见《庄子·天下》："指不至，至不绝。"旨，通"指"，即事物的名称、概念。至，到达。

②直：特，但，只是之意。确：敲击。

③辞约而旨达：言辞简单却意义明白。约，简单。旨，意义。达，明白。

【译文】

有位客人问乐广"旨不至"是什么意思，乐广也不再解释文句的含义，只是用麈尾敲击小桌子说："到达了吗？"客人说："到达了。"乐广又举起麈尾说："如果到达的话，怎么能离开呢？"于是这位客人就领悟过来表示佩服。乐广的言辞简单而意思表示得明白，都是这类例子。

一七

初，注《庄子》者数十家，莫能究其旨要。向秀于旧注外为解义，妙析奇致[①]，大畅玄风，唯《秋水》、《至乐》二篇未竟，而秀卒。秀子幼，义遂零落，然犹有别本。郭象者[②]，为人薄行[③]，有俊才，见秀义不传于世，遂窃以为己注。乃自注《秋水》、《至乐》二篇，又易《马蹄》一篇，其余众篇，或定点文句而已[④]。后秀义别本出，故今有向、郭二《庄》，其义一也。

【注释】

①奇致：奇特的意趣。

②郭象（？—312）：字子玄，河南（今河南洛阳）人。官至黄门侍郎。好老庄，善清谈。在向秀所注《庄子》基础上作《庄子注》。郭象反对有生于无的观点，认为天地间一切事物都是独自生成变化

的，万物没有一个统一的根据，在名教与自然的关系上，他调和二者，认为名教合于人的本性，人的本性也应符合名教。

③为人薄行：《晋书》本传称："东海王越引为太傅主簿，甚见亲委，遂任职当权，熏灼内外，由是素论去之。"薄行，品行不端，轻薄无行。

④定点：应作"点定"。指整理，修订。

【译文】

当初，注释《庄子》的有几十家，没有一家能推求出它的要领。向秀在旧注之外为其解释义理，精妙地分析其奇特的意趣，大大地张扬了玄理之风。只有《秋水》、《至乐》两篇注释尚未完成，向秀就去世了。向秀之子当时年幼，其所阐述的《庄子》义理因此散佚，但还有另外的抄本。郭象其人，为人品行不端，但有过人的才智，看到向秀的解义之作不传于世，便剽窃过来作为自己的注释。他于是自己注释《秋水》、《至乐》两篇，又改换了《马蹄》一篇的注释，其余各篇，只是把文字句读修改一下而已。后来向秀解义之作的另一个本子流传开来，所以现在有向秀、郭象两种《庄子》注本，它们的意思是一样的。

一八

阮宣子有令闻①，太尉王夷甫见而问曰："老庄与圣教同异②？"对曰："将无同③。"太尉善其言，辟之为掾④。世谓"三语掾"⑤。卫玠嘲之曰："一言可辟，何假于三！"宣子曰："苟是天下人望，亦可无言而辟，复何假一！"遂相与为友。

【注释】

①阮宣子：阮修，字宣子，晋陈留尉氏（今属河南）人。阮籍之侄。

官至太子洗马。好《老》、《易》，善清谈，性简任，不修人事。绝不喜见俗人，遇便舍去。王衍当时谈宗，及与修谈，言寡而旨畅，衍乃叹服。南渡时为贼人所害。

②圣教：指儒家学说。

③将无：测度语意，表示大概，也许。

④辟(bì)：征聘，任用。

⑤三语掾(yuàn)：靠三个字就被任命的属官。掾，属官。

【译文】

阮修有美好的声誉。太尉王衍见到他就问道："老、庄与儒家学说是相同还是不同？"阮修答道："也许是相同的吧！"王衍认为他说得好，就任用他做僚属。当时人称阮修为"三语掾"。卫玠嘲笑他道："只需说一个字就可以被任命为官，何必凭借三个字呢？"阮修道："如果是天下所敬仰之人，也可以一字不说就被任用，又何必再说一个字呢？"两人于是成为朋友。

一九

裴散骑娶王太尉女①，婚后三日，诸婿大会，当时名士，王、裴子弟悉集。郭子玄在坐②，挑与裴谈③。子玄才甚丰赡④，始数交，未快⑤；郭陈张甚盛⑥，裴徐理前语，理致甚微⑦，四坐咨嗟称快⑧。王亦以为奇，谓诸人曰："君辈勿为尔⑨，将受困寡人女婿⑩。"

【注释】

①裴散骑：裴遐，字叔道，晋河东闻喜(今属山西)人。善言玄理，与郭象谈论，一座嗟服。东海王司马越引为主簿。后为越子毗所

害。王太尉:王衍。

②郭子玄:郭象。

③挑:挑头,带头。

④丰赡(shàn):丰富,充足。

⑤快:痛快,爽快。

⑥陈张:铺陈张扬。

⑦理致:义理情趣。

⑧咨嗟:赞叹。

⑨尔:如此。

⑩寡人:晋人喜欢自称寡人。

【译文】

裴遐娶了王衍的女儿,婚后第三天,几个女婿在一起聚会,当时的名士以及王、裴两家的子弟全都聚集在一起了。郭象在座,带头与裴遐清谈。郭象才华横溢,开头几次交锋,尚未令人称快;郭象谈论铺陈张扬气势很盛,而裴遐则缓缓地梳理说过的话题,义理情趣都很精妙,四座宾客一致赞叹,无不称快。王衍也为之称奇,就对大家说:"诸位不要再这样辩下去了,否则将被我女婿难倒。"

二〇

卫玠始度江[①],见王大将军[②]。因夜坐,大将军命谢幼舆[③]。玠见谢,甚说之[④],都不复顾王,遂达旦微言[⑤],王永夕不得豫[⑥]。玠体素羸[⑦],恒为母所禁。尔夕忽极[⑧],于此病笃[⑨],遂不起。

【注释】

①度:通"渡"。

②王大将军:王敦。

③命:召。谢幼舆:谢鲲。

④说:同"悦",高兴,喜悦。

⑤微言:指谈论精微之玄理。

⑥永夕:整夜。豫:参预。

⑦羸(léi):瘦弱。

⑧极:困惫,疲倦。

⑨病笃:病势沉重。

【译文】

卫玠当初渡江南下时,去拜见王敦。于是夜坐清谈,王敦召来谢鲲。卫玠看到谢鲲,非常高兴,都不再回头去理睬王敦了,就与谢鲲通宵达旦地清谈玄理,王敦整夜都未能插上话。卫玠体质向来瘦弱,常被他母亲禁止清谈。这天夜里他忽然过度疲倦,因此病势沉重,终于病重不治。

二一

旧云,王丞相过江左[①],止道声无哀乐、养生、言尽意三理而已[②],然宛转关生[③],无所不入。

【注释】

①王丞相:王导。江左:江东。

②止:只。声无哀乐:嵇康作《声无哀乐论》,肯定了音乐的深刻感染力,人对音乐的精神需求。声音本身无所谓哀与乐,人的内心

有哀与乐，于是就通过声音表现出来。养生：嵇康有《养生论》，讨论了养生问题及与此相关的形神问题。认为人只要导养得理，清虚寡欲，借助呼吸吐纳的锻炼与药物调理，即可长寿。并认为形与神两者不可分离，养生必须使形神相亲，表里俱济。言尽意：欧阳建作《言尽意论》，针对荀粲、王弼为代表的“言不尽意”之说，认为语言能够完整准确地表达思想，没有语言，则思想无法表达。言，语言。意，思想。

③宛转：辗转。关生：关联推演。

【译文】

过去传说：王导渡江到了南方后，只谈论声无哀乐、养生、言尽意这三个玄理论题而已。但是这三个论题却能辗转推演生发开去，几乎是无所不包的。

二二

殷中军为庾公长史[①]，下都[②]，王丞相为之集，桓公、王长史、王蓝田、谢镇西并在[③]。丞相自起解帐带麈尾，语殷曰：“身今日当与君共谈析理[④]。”既共清言，遂达三更。丞相与殷共相往反，其余诸贤略无所关[⑤]。既彼我相尽，丞相乃叹曰：“向来语乃竟未知理源所归[⑥]。至于辞喻不相负[⑦]，正始之音，正当尔耳[⑧]。”明旦，桓宣武语人曰[⑨]：“昨夜听殷、王清言，甚佳，仁祖亦不寂寞[⑩]，我亦时复造心[⑪]，顾看两王掾[⑫]，辄翣如生母狗馨[⑬]。”

【注释】

①殷中军：殷浩。庾公：庾亮。

②下都：指从荆州沿长江东下到京城。

③桓公：桓温。王长史：王濛。王蓝田：王述（302—368），字怀祖，太原晋阳（今山西太原）人。王承之子。“性沉静，每坐客驰辨，异端竞起，而述处之恬如也”。年三十未知名，人以为痴，王导则称赞他“清贞简贵，不减祖父”。曾代殷浩为扬州刺史，擢升都督扬州、徐州及琅邪诸军事、卫将军、并冀幽平四州大中正，刺史如故，旋又升迁散骑常侍、尚书令。每受职，不为虚让，其有所辞，必于不受。袭爵蓝田侯，故称。谢镇西：谢尚。

④身：晋人自称，第一人称代词。

⑤略无所关：毫无关联，指不参与辩难。关，关涉，牵连。

⑥理源：玄理的本源。归：归向。

⑦辞喻：言辞与比喻。相负：欠缺、违背。

⑧正始之音：指以何晏、王弼为首的名士所开创的玄学清谈之风。

⑨桓宣武：桓温。

⑩仁祖：谢尚字仁祖。

⑪造心：指心有所悟。造，至，到达。

⑫两王掾：王濛、王述当时都是王导的属官，故称。

⑬翣（shà）：用同“眨”，眨眼。馨（xīn）：当时口语，语助词，与“样”、“般”同。

【译文】

殷浩担任庾亮的长史时，从荆州东下京城，王导为他举行集会，桓温、王濛、王述、谢尚等都在座。王导亲自起身解下挂在帐带上的麈尾，对殷浩说：“我今天要与您一起谈论辨析玄理。”他们便一起清谈，一直谈到了三更天。王导与殷浩两个人反复辩难，其余几位名士毫无插嘴的余地。他们彼此都已把道理说尽后，王导叹息道：“一直以来所说的，竟然不知玄理的本源之所在。至于辞语之意比喻的运用并不违背，正始之音，正应当是如此的吧。”第二天早晨，桓温对人说：“昨夜听殷、王清谈，非常美妙。仁祖也不感到寂寞，我也常常心有所悟。回头看两位王姓属官，眨着眼就像那怕生的母狗一样。”

二三

殷中军见佛经[①]，云：“理亦应阿堵上[②]。”

【注释】

①殷中军：殷浩。

②阿堵：当时口语，即这，这个。

【译文】

殷浩见到佛经，说：“玄理也应包含在这个上面。”

二四

谢安年少时，请阮光禄道《白马论》[①]，为论以示谢。于是谢不即解阮语，重相咨尽[②]。阮乃叹曰：“非但能言人不可得，正索解人亦不可得[③]！”

【注释】

①阮光禄：阮裕。《白马论》：战国时赵人公孙龙著。提出“白马非马”，是先秦名家著名的逻辑论题。公孙龙，战国时期名家代表人物。战国末年赵国人，曾为平原君门客。

②重(chóng)相咨尽：一再询问以求详尽的理解。

③索解：寻求解释。

【译文】

谢安年轻时,请阮裕讲授《白马论》,阮裕就写了一篇论说该论的文章给谢安看。当时谢安没有立即理解阮裕的话,就一再询问务求详尽的理解。阮裕于是感叹道:“现在不仅能讲授的找不到了,就是寻求解释的人也难以找到了。”

二五

褚季野语孙安国云①:“北人学问,渊综广博②。”孙答曰:“南人学问,清通简要。”支道林闻之,曰:“圣贤固所忘言③。自中人以还④,北人看书,如显处视月;南人学问,如牖中窥日⑤。”

【注释】

①褚季野:褚裒。孙安国:孙盛。

②渊综:深厚能综合。

③忘言:谓心中领会其意,不须用言语来说明。语见《庄子·外物》:“言者所以在意,得意而忘言。”

④中人:中等之人,一般人。以还:以下。

⑤“北人看书”四句:刘孝标注曰:“支所言,但譬成孙、褚之理也。然则学广则难周,难周则识暗,故如显处视月;学寡则易核,易核则智明,故如牖中窥日也。”余嘉锡笺疏曰:“此言北人博而不精,南人精而不博。”牖(yǒu),窗户。

【译文】

褚裒对孙盛说:“北方人做学问,深厚综合,广阔博大。”孙盛答道:“南方人做学问,清楚通达,简明扼要。”支道林听到后说:“圣贤之人本来就只须意会无须言辞。从中等以下的人来看,北方人看书,好像在显亮的地方看月亮；南方人做学问，好像透过窗户看太阳。”

二六

刘真长与殷渊源谈[1]，刘理如小屈，殷曰：“恶[2]！卿不欲作将善云梯仰攻[3]？”

【注释】

①刘真长：刘惔。殷渊源：殷浩。

②恶(wū)：感叹词，嗟叹声。

③作将：指制作。云梯：古代攻城时攀登城墙的长梯。

【译文】

刘惔与殷浩谈论玄理，刘惔的道理稍稍处于下风，殷浩说：“嗨，您不想制作上等的云梯来仰攻吗？”

二七

殷中军云[1]：“康伯未得我牙后慧[2]。”

【注释】

①殷中军：殷浩。

②康伯：韩伯。牙后慧：指言外之意趣。后谓沿用或抄袭他人言论为“拾人牙慧”。

【译文】

殷浩说：“韩伯没有能够领会我言外之意趣。”

二八

谢镇西少时[①]，闻殷浩能清言，故往造之[②]。殷未过有所通[③]，为谢标榜诸义[④]，作数百语，既有佳致[⑤]，兼辞条丰蔚[⑥]，甚足以动心骇听[⑦]。谢注神倾意[⑧]，不觉流汗交面[⑨]。殷徐语左右："取手巾与谢郎拭面。"

【注释】

①谢镇西：谢尚。

②造：前往，造访。

③过：过分。通：阐发。

④标榜：揭示。

⑤佳致：美好的情趣。

⑥辞条丰蔚：指言辞通达，文采华美。

⑦动心骇听：形容听了激动人心，感到吃惊。

⑧注神倾意：指神情贯注，注意力集中。倾，尽全力。

⑨流汗交面：指汗流满面。交，交错。

【译文】

谢尚年轻时，听说殷浩善于清谈，便特地去拜访他。殷浩没有过多地阐发，只是为谢尚揭示许多义理，说了几百句话，这些话既有美好的情趣，又兼具言辞通达文采华美的特点，很足以激动人心，骇人听闻。谢尚听时全神贯注，集中注意力，不知不觉地汗流满面。殷浩从容地对左右侍从说："拿手巾来给谢郎揩脸。"

二九

宣武集诸名胜讲《易》[①]，日说一卦。简文欲听[②]，闻此便还，曰："义自当有难易，其以一卦为限邪？"

【注释】

①宣武：桓温。名胜：名流。

②简文：简文帝司马昱。

【译文】

桓温召集许多名流讲解《周易》，每天解说一卦。简文帝本来要去听的，听说每天只讲一卦就回来了，说："义理自然应当是有难有易的，怎么能以一天说一卦为限定呢？"

三〇

有北来道人好才理[①]，与林公相遇于瓦官寺[②]，讲《小品》[③]。于时竺法深、孙兴公悉共听[④]。此道人语，屡设疑难，林公辩答清析，辞气俱爽。此道人每辄摧屈[⑤]。孙问深公："上人当是逆风家[⑥]，向来何以都不言？"深公笑而不答。林公曰："白旃檀非不馥，焉能逆风[⑦]？"深公得此义，夷然不屑[⑧]。

【注释】

①才理：指玄理。

②林公：支遁。瓦官寺：东晋名寺，在今南京西南。晋哀帝兴宁二年(364)，因慧力的奏请，诏令布施河内陶官旧地以建寺，故称瓦官寺。

③《小品》：指《小品经》，又称《摩诃般若波罗蜜经》、《小品般若波罗蜜经》、《新小品经》、《道行经》等。为大乘佛教最初期说般若空

观之基础经典之一。其内容阐释菩萨之般若波罗蜜、菩萨之诸法无受三昧、菩萨摩诃萨及大乘之意义，又详举般若波罗蜜与五蕴之关系、受持修习般若波罗蜜之功德，与诸法空无所得、空三昧等之理。

④竺法深：竺潜。孙兴公：孙绰。

⑤摧屈：受挫屈服。

⑥上人：和尚的尊称。此指竺法深。逆风家：逆风而进的人。余嘉锡案："言法深学义不在道林之下，当不至从风而靡，故谓之逆风家。"

⑦白旃(zhān)檀非不馥(fù)，焉能逆风：余嘉锡案："道林以为虽法深亦不能抗己。"白旃檀，即檀香，一名白檀、旃檀，极香，原产印度、非洲等地。馥，香。

⑧夷然不屑：泰然自若，毫不在意的样子。

【译文】

有位北方来的和尚喜欢谈论玄理，和支道林在瓦官寺相遇，讲解《小品经》。当时竺潜、孙绰都去听讲。这位和尚的话中，常设下疑难问题。支道林辩论对答清晰，言辞语气都很爽利。这位和尚每次总是受挫屈服。孙绰问竺潜："上人应当是逆风而进的人，刚才为什么一言不发？"竺潜笑而不答。支道林说："白檀木并非不香，但是逆风怎能闻到它的香气呢？"竺潜听到这样的话，泰然自若，毫不在意。

三一

孙安国往殷中军许共论[①]，往反精苦[②]，客主无间[③]。左右进食，冷而复暖者数四。彼我奋掷麈尾，悉脱落，满餐饭中，宾主遂至莫忘食[④]。殷乃语孙曰："卿莫作强口马，我当穿卿鼻[⑤]！”孙曰：“卿不见决鼻牛，人当穿卿颊[⑥]！”

【注释】

①孙安国：孙盛。殷中军：殷浩。许：处所，住处。

②精苦：指用尽心思。

③无间(jiàn)：没有隔阂。

④莫：同“暮”，傍晚。

⑤“卿莫作强(jiàng)口马”二句：马带嚼子牛穿鼻是常识，殷浩说孙盛是强口马，却要穿其鼻，是一大疏漏。强口马，指口中不肯套上嚼子的倔强的马。

⑥“卿不见决鼻牛”二句：孙盛把自己比作决鼻牛，而将殷浩比作强口马，给他带上嚼子。余嘉锡案：“牛鼻乃为人所穿，马不穿鼻也。然穿鼻者常决鼻逃去，穿颊则莫能遁矣。”决鼻牛，指挣断鼻缰绳的强牛。

【译文】

孙盛到殷浩住处共同谈论，两人反复辩论竭尽全力，主客之间毫无隔阂。左右侍从送上饭菜，冷了再热，热了再冷反复多次。双方对辩时都奋力挥动麈尾，麈尾都脱落下来，饭菜中都掉满了毛，宾主双方竟直到傍晚都忘了吃饭。殷浩就对孙盛说：“您不要做强口马，我要穿你的鼻子了。”孙盛说：“您不见决鼻牛吗，人家要穿您的面颊了。”

三二

庄子《逍遥篇》[①]，旧是难处，诸名贤所可钻味[②]，而不能拔理于郭、向之外[③]。支道林在白马寺中[④]，将冯太常共语[⑤]，因及《逍遥》。支卓然标新理于二家之表，立异义于众贤之外，皆是诸名贤寻味之所不得⑥。后遂用支理。

【注释】

①庄子《逍遥篇》：《庄子》的第一篇《逍遥游》，主旨谓人当看破功、名、利、禄、权、势等的束缚，使精神达到优游自在，无挂无碍的境地。

②钻味：钻研玩味。

③拔：超出。郭、向：郭象和向秀。

④支道林：支遁。白马寺：建于东汉明帝永平十一年(68)之洛阳白马寺，为佛教传入中国后兴建的第一座寺院，后魏晋各地寺院多有以“白马寺”命名者。此指余杭之白马寺。

⑤将：与。冯太常：冯怀，字祖思，晋长乐(今陕西石泉)人，历官太常、护国将军。

⑥“支卓然标新理于二家之表”三句：支道林对《逍遥游》有特殊的爱好，见解也不同流俗。慧皎《高僧传四·支遁传》云：“遁常在白马寺与刘系之等谈庄子《逍遥篇》，云：‘各适性以为逍遥。’遁曰：‘不然。夫桀跖以残害为性，若适性为得者，彼亦逍遥矣。’为是退而注《逍遥篇》，群儒旧学莫不叹伏。”卓然，卓越、高超的样子。标，揭出、显出。表，外。寻味，探索。

【译文】

《庄子·逍遥游》过去一直是难解之篇，众多知名贤士一直钻研玩味，但是他们所说的义理都不能超出郭象和向秀之外。支遁在白马寺中，与冯怀一起谈论，便谈到了《逍遥游》。支遁在郭象、向秀二家之外，卓越地揭示新的义理，在各家贤人之外，提出不同的义理，都是各位知名贤人探索时所不能得到的。后人于是就采用支遁所阐明的义理。

三三

殷中军尝至刘尹所[①]，清言良久，殷理小屈，游辞不已[②]，刘亦不复答。殷去后，乃云："田舍儿强学人作尔馨语[③]！"

【注释】

①殷中军：殷浩。刘尹：刘惔。

②游辞：指无根据、不着边际的话。

③田舍儿：没有学养之田家子，鄙薄之称。尔馨：如此，这样，晋时口语。

【译文】

殷浩曾到刘尹那里，两人清谈了很久，殷浩所说的义理处于劣势，但他还是说些毫无根据不着边际的话，说个不停，刘惔不再加以答辩。殷浩走了以后，刘惔就说："乡巴佬也勉强学人家讲这样的话！"

三四

殷中军虽思虑通长[①]，然于才性偏精[②]，忽言及"四本"[③]，便若汤池铁城[④]，无可攻之势。

【注释】

①殷中军：即殷浩。思虑：思辨考虑。通长：全部擅长。

②才性：三国魏末清谈命题之一，指才能与性格的相互关系。

③忽：无心，不经意。四本："四本论"。钟会作《四本论》，论才性同异，传于世。四本，即才性同、才性异、才性合、才性离。

④汤池铁城：滚水般的护城河，铁铸般的城墙，形容防守严密，坚固

难攻的城池。

【译文】

殷浩虽然在思辨考虑方面全都擅长，但对才性关系上的见解尤为精到，有时无意之间说到《四本论》，就像坚固难攻的汤池铁城一样，几乎找不到攻击的机会。

三五

支道林造《即色论》①，论成，示王中郎②，中郎都无言。支曰："默而识之乎③？"王曰："既无文殊④，谁能见赏⑤？"

【注释】

①支道林造《即色论》：刘孝标注引《支道林集·妙观章》云："夫色之性也，不自有色。色不自有，虽色而空。故曰色即为空，色复异空。"对于"本无宗"、"心无宗"都有所批判，又都有所继承，在理论上已经比较接近于般若学的非有非无的本体论体系。人们把他这派学说称为"即色宗"。支道林，支遁。造，作、写。色与空均为佛教术语。色指一切能使人感触到的东西，相当于物质。空指事物的虚幻不实，一切事物、现象都由因缘和合而成，刹那生灭，假而不空。

②王中郎：王坦之。

③默而识(zhì)之：默记在心里。识，记住。语出《论语·述而》："默而识之，学而不厌。"

④文殊：文殊师利之略称，佛教菩萨名，侍于释迦牟尼佛之左，代表智慧。

⑤见赏：被赏识。见，被。

【译文】

支遁作《即色论》，完成后，给王坦之看，王坦之一句话都不说。支遁说："默默地记在心里吗？"王坦之说："既然没有文殊菩萨那样的慧眼，谁还能被赏识呢？"

三六

王逸少作会稽[①]，初至，支道林在焉。孙兴公谓王曰[②]："支道林拔新领异[③]，胸怀所及乃自佳，卿欲见不？"王本自有一往隽气[④]，殊自轻之[⑤]。后孙与支共载往王许[⑥]，王都领域[⑦]，不与交言。须臾支退。后正值王当行，车已在门，支语王曰："君未可去，贫道与君小语[⑧]。"因论《庄子·逍遥游》。支作数千言，才藻新奇[⑨]，花烂映发[⑩]。王遂披襟解带[⑪]，留连不能已。

【注释】

①王逸少：王羲之。作会稽：任会稽内史。

②孙兴公：孙绰。

③拔新领异：独出新意，标举不同见解。

④一往：满腹。隽气：指超脱、不同凡响之气概。隽，通"俊"，才德卓著。

⑤殊：很。

⑥许：住处。

⑦都：总。领域：指自设领域，拒人于千里之外。

⑧小语：稍讲几句话。

⑨才藻：才思文采。

⑩映发:交相辉映。

⑪披襟解带:敞开衣襟,解开衣带。指王羲之出门前穿着正装,此时已打消了出门的念头。

【译文】

王羲之任会稽内史,刚到任上,支遁正在那里。孙绰对王羲之说:“支道林标新理立异义,胸中所想本就佳妙,您想见他吗?”王羲之原本就有满腹俊逸的气概,很轻视支遁。后来孙绰与支遁一起乘车到王羲之住处,王羲之总是保持距离,不跟支遁交谈。一会儿支遁告退。当时正值王羲之准备外出,车已备好在门口,支遁对王羲之说:“请不要走,我要与您稍讲几句话。”于是就谈论《庄子·逍遥游》,支遁讲了洋洋数千言,才思文采新鲜奇特,如繁花烂漫,交相辉映。王羲之于是敞开衣襟,解开衣带,恋恋不舍,不忍离去。

三七

三乘佛家滞义①,支道林分判②,使三乘炳然③。诸人在下坐听,皆云可通。支下坐,自共说,正当得两④,入三便乱。今义弟子虽传,犹不尽得。

【注释】

①三乘:佛教术语。乘为运载工具,指引导教化众生达到得道解脱的三种途径、方法。《法华经》谓声闻乘、缘觉乘、菩萨乘为三乘。声闻乘悟四谛(指苦、集、灭、道。苦谓世间一切本性都是苦;集谓苦由贪、嗔、痴造成;灭谓断灭诸苦;道谓修道才能证得寂静的境界)得阿罗汉果。缘觉乘悟因缘而得辟支佛果。菩萨乘修六度(指布施、持戒、忍辱、精进、禅定、智慧)而得成菩萨、佛。前二

者旨在自度，唯求一己之解脱，故称为小乘；后者自度度人，上求佛道，下化众生，故称大乘。滞义：指晦涩难解的含义。

②分判：分析辨别。

③炳然：显明的样子。

④正：止，仅。

【译文】

三乘是佛教教义中晦涩难懂的部分，支遁予以分析辨别，使得三乘的教义非常明显。众人在下边座位上听讲，都说能够通晓。支遁走下座来，各人便一起来解说，但也只能懂得两乘，进入三乘就搞乱了。现今的教义弟子们虽然仍在传承，但还是不能全部理解。

三八

许掾年少时①，人以比王苟子②，许大不平。时诸人士及支法师并在会稽西寺讲③，王亦在焉。许意甚忿，便往西寺与王论理，共决优劣，苦相折挫④，王遂大屈。许复执王理，王执许理，更相覆疏⑤，王复屈。许谓支法师曰："弟子向语何似？"支从容曰："君语佳则佳矣，何至相苦邪？岂是求理中之谈哉⑥？"

【注释】

①许掾：许询。

②王苟子：王脩，字敬仁，小字苟子，晋太原晋阳（今属山西）人，王濛之子，善隶书。官拜著作郎、琅邪王文学，转中军司马，未到任而卒，年仅二十四岁。

③支法师：支遁。西寺：光相寺，在会稽（今浙江绍兴）城西。讲：谈

论，指清谈。

④苦相折挫：相互之间都竭力要折服对方。

⑤覆疏：指反复辩论。

⑥理中：得理之中，指玄谈之理不偏不倚恰到好处。

【译文】

许询年轻时，人们都把他比作王脩，许询大为不满。当时很多名士以及支遁都在会稽的西寺清谈，王脩也在那里。许询心中很不服气，便去西寺与王脩辩论玄理，一定要决出个胜负来。两人相互之间都竭尽全力要折服对方，王脩于是大受挫折。许询又持王脩的道理，王脩则持许询的道理，再一次互相反复辩论，王脩又一次输了。许询对支遁说："我刚才的言辞怎么样？"支遁不慌不忙地说："您的言辞好是好的，但何至于苦苦相逼呢？这哪里是恰到好处的玄理之论辩呢？"

三九

林道人诣谢公①，东阳时始总角②，新病起，体未堪劳，与林公讲论，遂至相苦。母王夫人在壁后听之③，再遣信令还④，而太傅留之⑤。王夫人因自出，云："新妇少遭家难⑥，一生所寄，唯在此儿。"因流涕抱儿以归。谢公语同坐曰："家嫂辞情慷慨，致可传述⑦，恨不使朝士见！"

【注释】

①林道人：支遁。谢公：谢安。

②东阳：谢朗，官至东阳太守，故称。

③母王夫人：据《谢氏谱》曰："朗父据，取太康王韬女，名绥。"

④再：两次。信：指传话的人。

⑤太傅：谢安。

⑥新妇：古时已婚妇妇女自称之谦词。家难：家庭遭遇不幸。指其丈夫谢据过世，王夫人年纪轻轻即守寡。

⑦致：通“至”，极，最。

【译文】

支遁去拜访谢安，谢朗当时还在童年，刚刚病好，身体还经不起劳累，他与支遁谈论玄理，以至于互相辩驳毫不相让。他母亲王夫人在壁后听到后，两次派人传话让他回去，但谢安却留住他不放。王夫人于是亲自出来说：“我年轻时家门就遭到不幸，一生希望都寄托在这个孩子身上了。”就流着泪抱儿子回去了。谢安对在座的人说：“家嫂言辞情意都很感人，最值得传扬称道，恨不能让朝中人士听见！”

四〇

支道林、许掾诸人共在会稽王斋头[①]，支为法师，许为都讲[②]。支通一义，四坐莫不厌心[③]；许送一难，众人莫不抃舞[④]。但共嗟咏二家之美[⑤]，不辩其理之所在。

【注释】

①许掾：许询。会稽王：简文帝司马昱，原为会稽王。斋头：指清净身心之静室。头，语尾助词，无义。

②支为法师，许为都讲：魏晋时佛教仪规，凡和尚开讲佛经，一人唱经，称为都讲，一人讲解，称为法师。

③厌心：心里感到满足。厌，满足。

④抃(biàn)舞：鼓掌跳跃。抃，鼓掌。

⑤嗟咏：赞美。

【译文】

支遁和许询等人一起在会稽王的静室里，支遁为法师，许询为都讲，开讲佛经。每当支遁阐明一条义理，满座人无不感到心满意足；每当许询提出一个疑难问题，众人莫不鼓掌欢呼。大家只是共同赞美两人讲解唱诵的美妙，并不去分辨他们所说所诵的义理是什么。

四一

谢车骑在安西艰中①，林道人往就语②，将夕乃退。有人道上见者，问云："公何处来？"答云："今日与谢孝剧谈一出来③。"

【注释】

①谢车骑：谢玄。安西：谢奕，谢玄之父，谢安兄。艰中：指谢玄在父丧的居丧期中。艰，指父母之丧。

②林道人：支遁。

③谢孝：谢孝子，指谢玄。为父母守丧穿孝服期间，称孝子。剧谈：畅谈。一出：一番，一次。

【译文】

谢玄在为父亲守丧期间，支遁去他家与他清谈，将近傍晚才告退。有人在路上遇见他，问道："您从哪里来？"支遁答道："今天是与谢孝子畅谈一番回来的。"

四二

支道林初从东出①，住东安寺中②。王长史宿构精理③，并撰其才藻[④]，往与支语，不大当对[⑤]。王叙致作数百语[⑥]，自谓是名理奇藻[⑦]。支徐徐谓曰："身与君别多年，君义言了不长进[⑧]。"王大惭而退[⑨]。

【注释】

①支道林初从东出：指支道林晚年应哀帝之请从会稽到建康来。东，会稽在建康东面，故称。

②东安寺：寺名，在今江苏南京。

③王长史：王濛。宿构：预先构想，计划。精理：精深之理。

④撰(xuǎn)：同"选"。

⑤当对：相当，相匹敌。

⑥叙致：叙述旨趣事理。

⑦名理：考核名实和辨名析理之学，魏晋清谈的一种思潮。

⑧义言：义理之言论。了：全。

⑨王大惭而退：程炎震云："王蒙(按，即王濛)卒于穆帝永和三年(347)，支道林以哀帝(362—365)时至都，蒙死久矣。《高僧传》亦同，并是传闻之误。下文有'道林、许、谢共集王家'之语，盖王蒙为长山令，尝至东耳。"

【译文】

支遁刚从会稽出来，住在京城东安寺中。王濛预先构思了精深的玄理，并且选好了富有才思的辞藻，到支遁那里与支遁谈论玄理，却不能与其匹敌。王濛叙述旨趣事理，说了几百句，自以为是玄理中的奇妙言辞。支遁慢条斯理地说："我与您分别多年，您的义理之言全然没有长进。"王濛大感惭愧地告退了。

四三

殷中军读《小品》[①],下二百签[②],皆是精微,世之幽滞[③]。尝欲与支道林辩之,竟不得。今《小品》犹存。

【注释】

①殷中军:殷浩。《小品》:《小品经》。

②签:作用类似书签,读经时有疑难处,即加签作标记。

③幽滞:深奥难通。

【译文】

殷浩读《小品经》,在书中加了二百个书签作标记,都是些精妙微细、世人感到深奥难通的问题。他曾经想与支遁辩论这些问题,竟然未能如愿。现在那部《小品经》还在。

四四

佛经以为祛练神明[①],则圣人可致[②]。简文云[③]:"不知便可登峰造极不?然陶练之功[④],尚不可诬。"

【注释】

①祛(qū)练神明:佛教语。修智慧,断烦恼。意谓去除尘念,修炼智慧,便可成佛。祛,除去,消除。

②圣人:指佛。佛教认为佛是智慧最卓越,人格最完善,能力最高强的人。致:达到。

③简文:简文帝司马昱。

④陶练:陶冶修炼。

【译文】

佛经认为去除烦恼，修炼智慧，就可以成佛了。简文帝说："不知道立刻就可以达到登峰造极的境界吗？可是陶冶修炼的功效，还是不可以抹杀的。"

四五

于法开始与支公争名[①]，后情渐归支[②]，意甚不分[③]，遂遁迹剡下[④]。遣弟子出都[⑤]，语使过会稽。于时支公正讲《小品》。开戒弟子："道林讲，比汝至[⑥]，当在某品中[⑦]。"因示语攻难数十番，云："旧此中不可复通。"弟子如言诣支公。正值讲，因谨述开意，往反多时，林公遂屈，厉声曰："君何足复受人寄载来[⑧]！"

【注释】

①于法开：东晋高僧。于法兰的弟子，其籍贯、家世不详。擅长讲《放光般若经》、《法华经》。反对心无宗肯定客观现象的倾向，赞成本无宗"心有色无"的观点，说种种现象皆为"心识"所含，故名"识含宗"。常与支遁争论"即色空"义。妙通医法，将行医与传法密切结合，认为："明六度以除四魔之病，调九候以疗风寒之疾，自利利人，不亦可乎！"与谢安、王坦之等当时名流友善。孙绰赞他"才辩纵横，以数术弘教，其在公乎"。

②情：指人心。支：支遁。

③分：通"忿"，不平，不服气。

④遁迹剡下：指于法开到剡县石城，续修元华寺，后又移居白山灵鹫寺。遁迹，隐居。此指离开会稽。剡，剡县，今浙江嵊州。

⑤遣弟子出都：或说此弟子即法威，聪慧善辩。出都，往京都。

⑥比(bǐ)：及，等到。

⑦品：佛家经论之篇章。

⑧寄载：指受人委托或指使。

【译文】

于法开当初与支遁争名，后来大家的心意都归向支遁，他心里很不服气，便离开会稽到了剡县。他派弟子法威到京都去，告诉弟子要经过会稽。当时支遁正在讲《小品经》。于法开告诫弟子说："道林正在宣讲佛经，等你到了那里时，该当讲到某一品了。"于是就为弟子演示驳斥非难的问题有几十个回合，并说："这些问题老的说法是不可能讲通的。"弟子按照他的话去拜访支遁。正好碰到支遁在宣讲，于是他就小心地陈述了于法开的意见，与支遁反复论辩很久，支遁终于败下阵来，厉声说："你何必受人指使呢！"

四六

殷中军问[①]："自然无心于禀受[②]，何以正善人少[③]，恶人多？"诸人莫有言者。刘尹答曰[④]："譬如写水著地[⑤]，正自纵横流漫[⑥]，略无正方圆者。"一时绝叹，以为名通[⑦]。

【注释】

①殷中军：殷浩。

②禀受：承受，领受，原指人从大自然承受的体性或气质。这里指大自然授予人以某种气质、品性。

③正：恰好，偏偏。

④刘尹：刘惔。

⑤写(xiè):倾泻。

⑥正:止,仅。

⑦名通:名言,名论。通,解说义理,使其通畅。晋、宋时人以讲经谈理通畅者,都称为通。

【译文】

殷浩问:"大自然本来无心授予人某种品性,为何偏偏是善人少,恶人多呢?"众人没有一个说话的。刘惔回答说:"譬如把水倾泻在地上,仅仅是自然地四处纵横流淌,一点也没有恰好是方的或圆的形状。"当时人极为赞赏此话,认为是名言。

四七

康僧渊初过江①,未有知者,恒周旋市肆②,乞索以自营③。忽往殷渊源许④,值盛有宾客,殷使坐,粗与寒温⑤,遂及义理⑥。语言辞旨⑦,曾无愧色,领略粗举⑧,一往参诣⑨,由是知之。

【注释】

①康僧渊:东晋名僧,本为西域人,生于长安,晋成帝时过江,后与殷浩交往清谈。在豫章山立寺讲经,听者云集。

②周旋:指出入,来往。市肆:市场,集市。

③乞索:乞讨。自营:自己谋生。

④殷渊源:殷浩。许:处所。

⑤寒温:寒暄,见面时谈天气冷暖之类的应酬话。

⑥义理:指玄学名理。

⑦辞旨:言谈之意趣。

⑧领略：领会，理会。粗举：粗略阐释。

⑨一往参诣：指直接进入到玄理的至高境界。参，探究并领会。诣，学术所达到的境界。

【译文】

康僧渊刚刚过江时，没有什么人知道他，常常出入集市，靠乞讨自谋营生。一天他突然到殷浩那里去，正遇到殷家宾客盈门，殷浩让他入座，稍稍与他寒暄几句，便讲到了玄学名理的论题。康僧渊在言谈中，无论是语言还是言辞之意趣，比起他人来，毫无愧色。他凭着领悟能力，略加阐释，就直接达到了玄理的最高境界。从此出了名。

四八

殷、谢诸人共集①，谢因问殷："眼往属万形②，万形来入眼不？"

【注释】

①殷、谢：殷浩、谢安。

②属（zhǔ）：注目，注意看。万形：万物。

【译文】

殷浩、谢安诸人一起聚会，谢安便问殷浩："眼睛去注视万物，万物会进入眼睛中来吗？"

四九

人有问殷中军①："何以将得位而梦棺器②，将得财而梦矢秽③？"殷曰："官本是臭腐，所以将得而梦棺尸；财本是粪土,所以将得而梦秽污。”时人以为名通。

【注释】

①殷中军:殷浩。

②得位:指得到官位。棺器:棺材。

③矢:通“屎”。

【译文】

有人问殷浩:“为什么将要得到官职就会梦见棺材?将要得到钱财就会梦见粪便等秽物?”殷浩说:“官职本是发臭腐烂之物,所以将得到时就会梦见棺材尸体;钱财本是粪土一类,所以将得到时就会梦见污秽之物。”当时人都认为是名言。

五〇

殷中军被废东阳[①],始看佛经。初视《维摩诘》[②],疑般若波罗密太多[③];后见《小品》[④],恨此语少。

【注释】

①殷中军:殷浩。被废东阳:指永和九年(353)殷浩北伐失败,遭桓温弹劾,被废为庶人,徙居东阳郡信安县(今浙江衢州)。

②《维摩诘》:佛经名。全称为《维摩诘所说经》,亦称《维摩诘经》。通行鸠摩罗什译本,三卷(见《大正藏》第十四卷)。维摩诘为梵文音译,意译为“净名”、“无垢称”,《维摩诘经》是大乘佛教的权威性经典,思想内容极为丰富,被誉为“大乘佛教文献宝冠之珠”,在印度佛教和中国佛教中都占有极为重要的地位。描述了维摩诘居士为教化众生,方便示疾,从而说不可思议法、行不可

思议教、令众生发不可思议心、成就众生不可思议解脱，故又名《不可思议解脱经》。维摩诘居士是居住在毗耶离城的一位在家大菩萨，相传是金粟如来的化身，自东方妙喜国化生于此，以居士身份辅助佛陀摄化众生。

③般若波罗密：梵文音译。般若义为智慧，波罗密，一般写作“波罗蜜”，义为到彼岸。意为智慧如船能将众生从生死之此岸，渡到不生不灭之涅槃彼岸。

④《小品》：指《小品经》。

【译文】

般浩被削职为民住在东阳，才开始看佛经。初看《维摩诘经》时，为“般若波罗密”这话太多而疑惑不解，后来读了《小品经》，又为这话太少而感到遗憾。

五一

支道林、殷渊源俱在相王许[①]，相王谓二人：“可试一交言[②]。而才性殆是渊源崤函之固[③]，君其慎焉！”支初作，改辙远之[④]，数四交，不觉入其玄中[⑤]。相王抚肩笑曰：“此自是其胜场[⑥]，安可争锋！”

【注释】

①支道林：支遁。殷渊源：殷浩。相王：简文帝司马昱，当时以会稽王居相位，故称。

②交言：交谈，谈论玄理。

③殆：几乎，差不多。崤函：崤山、函谷关。崤山位于今河南西部，函谷关位于今河南灵宝东部，都是易守难攻的险要关隘。

④改辙：指改变话题。辙，车辙，车行的一定路线。

⑤玄中：指玄理范围中。

⑥胜场：擅长的领域。

【译文】

支遁、殷浩都在相王司马昱府中。司马昱对他们两人说：“你们可以试着辩论玄理，而有关才性的问题恐怕是殷浩像崤山、函谷关那样坚固难攻的强项，你可要小心啊！”支遁刚开始辩论时，改变话题远远避开才性问题。但是交锋了几个回合后，不知不觉地被引入了殷浩所擅长的玄理范围中。司马昱拍着支遁的肩膀说：“这本来就是殷浩擅长的话题，你怎么能与他争锋斗强呢！”

五二

谢公因子弟集聚①，问：“《毛诗》何句最佳②？”遏称曰③：“昔我往矣，杨柳依依；今我来思，雨雪霏霏④。”公曰：“讦谟定命，远猷辰告⑤。”谓此句偏有雅人深致⑥。

【注释】

①谢公：谢安。因：趁。

②《毛诗》：西汉初为《诗经》作注的有四家，以毛苌和毛亨所注最为盛行，流传至今，称为《毛诗》。

③遏：谢玄，小字遏，谢安之侄。

④“昔我往矣”四句：《诗经·小雅·采薇》中的四句诗。这首诗写士兵出征之苦及归途之所见所思。此四句写其回想当初出征时正值杨柳依依的初春，回家时已是大雪纷飞的严冬。依依，轻柔的样子。思，语末助词。霏霏，雪多的样子。

⑤讦(xū)谟(mó)定命,远猷(yóu)辰告:出自《诗经·大雅·抑》,这首诗写卫武公的自责自励。这两句意谓以伟大的谋略,安定国家的命运,有远大的政策,就随时宣告。讦,大。谟,计谋,谋略。猷,谋划。辰告,及时宣告。

⑥偏:特别,偏偏。雅人:高雅之人。深致:深远之情致。

【译文】

谢安趁着子弟们聚会时,问:"《毛诗》里哪一句最好?"谢玄称引道:"昔我往矣,杨柳依依;今我来思,雨雪霏霏。"谢安说:"讦谟定命,远猷辰告。"认为这句最具高雅之人的深远情意。

五三

张凭举孝廉[①],出都,负其才气[②],谓必参时彦[③]。欲诣刘尹[④],乡里及同举者共笑之。张遂诣刘。刘洗濯料事[⑤],处之下坐,唯通寒暑,神意不接。张欲自发无端[⑥]。顷之,长史诸贤来清言[⑦],客主有不通处,张乃遥于末坐判之[⑧],言约旨远[⑨],足畅彼我之怀,一坐皆惊。真长延之上坐,清言弥日,因留宿至晓。张退,刘曰:"卿且去,正当取卿共诣抚军[⑩]。"张还船,同侣问何处宿,张笑而不答。须臾,真长遣传教觅张孝廉船[⑪],同侣惋愕[⑫]。即同载诣抚军,至门,刘前进谓抚军曰:"下官今日为公得一太常博士妙选[⑬]。"既前,抚军与之话言,咨嗟称善[⑭],曰:"张凭勃窣为理窟[⑮]。"即用为太常博士。

【注释】

①张凭:字长宗,晋吴郡(今江苏苏州)人。历官太常博士、吏部郎、

御史中丞。孝廉：汉代以后选官吏的一种科目，州郡每年可荐举孝顺父母和清廉者各一名，经考核后授以一定的官职。

②负：倚靠，仗恃。

③参：参与，加入。彦：当时有才学之士。

④刘尹：刘惔。

⑤洗濯（zhuó）：清洗。料事：料理事务。

⑥自发：自己引发话题。端：头绪。

⑦长史：指王濛。

⑧判：评判。

⑨言约旨远：言语简要而含意深远。

⑩正当：即将，将要。抚军：指简文帝，曾任抚军大将军，故称。

⑪传教：郡吏，宣传达教令者，故称。

⑫惋愕：怅叹惊讶。

⑬太常博士：官名，掌教弟子。国有疑事，则备咨询。三国曹丕初置太常博士，掌引导乘舆，撰定五礼仪注，监视仪物，议定王公大臣谥法等事。要求学问渊博，是帝王身边近臣。妙选：最好的人选。

⑭咨嗟：赞叹之意。

⑮勃窣（sū）：犹婆娑，形容才气横溢，词彩缤纷。理窟：义理的渊薮。喻富有才学。

【译文】

张凭被荐为孝廉后，到京都去，他凭借自己的才气，认为必定能置身于当时才学名流之列。他想去拜访刘惔，同乡人及同时被举荐的孝廉都笑话他。张凭于是就去拜访刘惔，刘惔正在洗濯处理一些事务，把他安排在下座，只是与他寒暄了几句，神情意态之间并不把他放在眼里。张凭想自己引出话题却没有头绪。不久，王濛等众名士都来清谈，主客双方有搞不通的地方，张凭就远远地在下座加以分析评判，言语简要含意深远，足以使彼此之间的胸怀感到舒畅痛快，满座宾客都很惊讶。刘惔就请张凭到上座来坐，清谈了一整天，于是又留他住宿。到天亮，张凭告辞，刘惔说："您暂且回去，我即将邀请您同去拜访抚军。"张凭回到船上，同伴们问他在哪里住宿，张凭笑而不答。不多久，刘惔派了郡吏来找张凭的船，同伴们都怅叹惊讶。刘惔就和张凭同乘一辆车去拜访抚军大将军司马昱。到了门口，刘惔先进去对抚军说："我今天为您觅得一位太常博士最佳的人选。"张凭就上前拜见，抚军与他谈话，赞叹称好，说："张凭才华横溢，词彩缤纷，堪称义理的渊薮。"立即任用他为太常博士。

五四

汰法师云①："六通、三明同归②，正异名耳③。"

【注释】

①汰法师：竺法汰（320—387），东莞（今山东沂水）人。东晋高僧，般若学派"六家七宗"的"本无异宗"的代表人物之一。少与道安同学。同师承于当时的名僧人佛图澄。住建康瓦官寺。简文帝深相敬，重请讲《放光经》。开题大会，帝亲临幸，王侯公卿莫不毕集，其余僧俗至者千人。在瓦官寺时"更拓房宇，修立众业"，声名远播。主张"心会"之学，与主张"无心义"的道恒论辩，胜之，"心无之义于此而息"。

②六通：佛家语，指六种神通：一为天眼通，能透视无碍；二为天耳通，听闻无碍；三为身通（一称神足通），飞行隐现，往来自在无碍，四为他心通，能知他人心念而无碍；五为宿命通，能知自身及六道众生之过去而无碍；六为漏尽道，断尽一切烦恼得自在无碍。三明：指六通中的宿命、天眼、漏尽三通。一宿命明，知自

身、他身宿世之生命相；二天眼明，知自身、他身未来之生死相；三漏尽明，知现在之苦相，断一切烦恼之智。归：趋向。

③正：仅，只。

【译文】

法汰法师说："'六通'、'三明'，同一归向，只是名称不同而已。"

五五

支道林、许、谢盛德共集王家[①]，谢顾谓诸人："今日可谓彦会[②]。时既不可留，此集固亦难常，当共言咏[③]，以写其怀[④]。"许便问主人："有《庄子》不？"正得《渔父》一篇[⑤]。谢看题，便各使四坐通[⑥]。支道林先通，作七百许语，叙致精丽，才藻奇拔[⑦]，众咸称善。于是四坐各言怀毕，谢问曰："卿等尽不？"皆曰："今日之言，少不自竭。"谢后粗难[⑧]，因自叙其意，作万余语，才峰秀逸，既自难干[⑨]，加意气拟托[⑩]，萧然自得[⑪]，四坐莫不厌心[⑫]。支谓谢曰："君一往奔诣[⑬]，故复自佳耳。"

【注释】

①支道林：支遁。许：许询。谢：谢安。盛德：美德。王家：王濛家。

②彦会：贤士聚会。彦，对士的美称。

③言咏：谈论吟咏。

④写：抒发。

⑤《渔父》：《庄子》中的一篇，写孔子与渔父对话，渔父劝诫孔子弃绝仁义礼乐，返朴归真。

⑥通：解释，阐述。

⑦才藻奇拔：才情和辞藻都很秀异特出。

⑧粗难：粗略地加以驳难。

⑨干：干犯，冒犯，指反驳。

⑩拟托：比拟寄托。

⑪萧然自得：潇洒得意的样子。

⑫厌心：心满意足。厌，满足。

⑬一往奔诣：指直接阐明要领，达到很高境界。

【译文】

支遁、许询、谢安都有美德，他们共同聚集在王濛家，谢安环顾四座对大家说："今天可说是群贤聚会。时光既不可留驻，如此之雅会本来亦难以常有，大家应当一起来谈论吟咏，以抒写各自的怀抱。"许询就问主人王濛："有《庄子》吗？"主人拿来《庄子》正好翻到《渔父》一篇。谢安看到题目，就请四座各自阐发见解发表高论。支遁首先阐述，讲了七百多言，叙述情致精细优美，才情辞藻都很秀异特出，大家都同声称好。于是四座之人各抒己见，完了以后，谢安问道："诸位尽兴说完了吗？"诸人都说："今天所说，很少有言不尽意的。"谢安随后粗略地加以驳难，于是就叙述了自己的意见，说了万余言，文才秀逸，既难以反驳，又加上意思气概有所寄托，显出潇洒得意的样子，令满座名士都感到心满意足。支遁对谢安说："您说的话要言不烦，境界高深，所以自然佳妙无比。"

五六

殷中军、孙安国、王、谢能言诸贤①，悉在会稽王许②，殷与孙共论《易象妙于见形》③，孙语道合，意气干云。一坐咸不安孙理，而辞不能屈。会稽王慨然叹曰："使真长来，故应有以制彼。"即迎真长，孙意己不如。真长既至，先令孙自叙本理。孙粗说己语,亦觉殊不及向。刘便作二百许语,辞难简切[④],孙理遂屈。一坐同时拊掌而笑[⑤],称美良久。

【注释】

①殷中军:殷浩。孙安国:孙盛。王:王濛。谢:谢尚。

②会稽王:简文帝司马昱。

③《易象妙于见形》:孙盛作,已佚。

④辞难:言辞驳难。简切:简明贴切。

⑤拊(fǔ)掌:拍掌。

【译文】

殷浩、孙盛、王濛、谢尚等善于清谈的众名士,都在会稽王司马昱处聚会。殷浩与孙盛一起谈论《易象妙于见形论》这篇文章。孙盛所说与义理相结合,意气飞扬。满座名士都不同意他所说之理,但言辞上又不能使之屈服。会稽王感慨地叹息道:"如果真长来,就应该有办法制服他。"随即派人去迎接刘惔,孙盛感到自己不如刘惔。刘惔到后,先让孙盛自己叙述原来的义理。孙盛粗略地说了自己的意见,也感觉大大比不上先前所说的。刘惔于是就讲了两百多语,言辞、驳难都简明贴切,孙盛理亏就被折服了。满座名士同时拍掌而笑,称赞不已。

五七

僧意在瓦官寺中[①],王苟子来[②],与共语,便使其唱理[③]。意谓王曰:"圣人有情不?"王曰:"无。"重问曰:"圣人如柱邪?"王曰:"如筹算[④]。虽无情,运之者有情。"僧意云:"谁运圣人邪?"苟子不得答而去。

【注释】

①僧意:东晋僧人,事迹不详。

②王苟子:王脩。

③唱理:首先谈论玄理。唱,倡导,发起。后作"倡"。

④筹算:计算用的筹码。

【译文】

僧意在瓦官寺中,王脩来,与他一起谈论,就请他率先发表玄理。僧意对王脩说:"圣人有感情吗?"王脩道:"没有。"又问道:"圣人像柱子吗?"王脩说:"像筹码,虽然没有感情,运用它的人却是有情的。"僧意道:"那又是谁来运用圣人呢?"王脩回答不出来就离开了。

五八

司马太傅问谢车骑[①]:"惠子其书五车[②],何以无一言入玄?"谢曰:"故当是其妙处不传。"

【注释】

①司马太傅:司马道子。谢车骑:谢玄。

②惠子其书五车:《庄子·天下》:"惠施多方,其书五车。"形容读书多,学问渊博。惠子,惠施,战国时宋人,名家的代表人物,与庄子为友。知识渊博,以善辩为名,对先秦逻辑学的发展有贡献。有《惠子》一书,已佚,仅散见于《庄子》、《荀子》等书。

【译文】

司马道子问谢玄:"惠施著书有五车之多,为什么没有一个字涉及玄理?"谢玄说:"或许是其中奥妙之处没有流传下来之故吧。"

五九

殷中军被废，徙东阳[①]，大读佛经，皆精解，唯至事数处不解[②]。遇见一道人[③]，问所签[④]，便释然[⑤]。

【注释】

①殷中军被废，徙东阳：殷浩为都督扬、豫、徐、兖、青五州军事，以定中原为己任，上疏北征。永和九年(353)大举北伐，派羌族酋长姚襄为前锋，姚襄反叛，伏击浩军，死伤万余，溃退谯城(今安徽亳州)。桓温上疏加罪，十年(354)二月废为庶人，徙东阳郡信安县(今浙江衢州)。殷中军，殷浩。

②事数：佛家语。指一切事物的名相。指五阴、十二入、四谛、十二因缘、五根、五力、七觉之声等。

③道人：即和尚。

④签：类似书签，读经时有疑难，即加签作记号。

⑤释然：心中疑问消除的样子。

【译文】

殷浩被罢官废为庶人后，迁居东阳，大量阅读佛经，都能精通理解，只有读到表示“名相”的术语时不能理解。后遇见一位僧人，向他请教作有记号的疑难问题，心中的疑惑便消除了。

六〇

殷仲堪精核玄论[①]，人谓莫不研究。殷乃叹曰：“使我解‘四本’[②]，谈不翅尔[③]。”

【注释】

①精核：精心考察。

②四本：钟会所作，论说才性同、异、合、离等问题。

③不翅(chì)：不只，不止。翅，通“啻”。但，仅，止。尔：如此。

【译文】

殷仲堪精心考察研究玄学理论，人们说他没有什么不研究的。殷仲堪却感慨地说：“假使我能够解释‘四本’，我的谈论就不只是现在这样了。”

六一

殷荆州曾问远公[①]：“《易》以何为体[②]？”答曰：“《易》以感为体[③]。”殷曰：“铜山西崩，灵钟东应[④]，便是《易》耶？”远公笑而不答。

【注释】

①殷荆州：殷仲堪。远公：慧远(334—416)，东晋高僧。本姓贾，雁门楼烦(今山西宁武附近)人。早年博通六经，尤善庄老，后从道安出家。四十八岁入庐山东林寺，广收弟子，弘扬般若学和禅学，使禅学流行于江南各地。曾亲笔致书昙摩留支，请他将弗若多罗未译出的《十诵律》余部翻译过来，成为我国第一部完整的比丘律藏。北迎佛陀跋陀罗尊者(又称觉贤)，邀他加入莲社并翻译佛经，请其译出《修行方便禅经》二卷，将禅修之法作了较为系统而全面的介绍，较之早期安世高、鸠摩罗什所译传的禅法要显得更为完善。后来，觉贤又被邀到建康道场寺，译出《华严经》(晋译六十卷)、《僧祇律》等佛典十三种共一百二十五卷，为大乘

瑜伽学说东流开了先河。慧远与鸠摩罗什时有书信往还，讨论佛法，后编为《大乘大义章》流传于世，罗什称其为“东方护法菩萨”。庐山东林寺与长安逍遥园鸠摩罗什译场，作为南北两大佛教中心，遥相呼应。相传他与十八高贤共结莲社，同修净业，倡导净土法门，净土宗尊为初祖。主要著作有《大智论要略》（亦名《释论要钞》）、《沙门不敬王者论》、《问大乘中深义十八科》（并罗什答）（即《大乘大义章》）、《阿毗昙心论序》、《大智论序》、《修行方便禅经序》、《法性论》等。

②体：本体。

③感：感应，交感相应。

④铜山西崩，灵钟东应：汉武帝时未央宫前的钟无故自鸣，东方朔称系阴阳之气相感所致，不出三日蜀山崩，果然应验。

【译文】

殷仲堪曾经问慧远：“《周易》以什么为本体？”慧远答道：“《周易》以感应为本体。”殷仲堪说：“铜山在西边崩塌了，灵钟在东边就有感应，这就是《周易》吗？”慧远笑而不答。

六二

羊孚弟娶王永言女[①]，及王家见婿，孚送弟俱往。时永言父东阳尚在[②]，殷仲堪是东阳女婿，亦在坐。孚雅善理义[③]，乃与仲堪道《齐物》[④]，殷难之。羊云：“君四番后当得见同。”殷笑曰：“乃可得尽，何必相同。”乃至四番后一通。殷咨嗟曰：“仆便无以相异！”叹为新拔者久之[⑤]。

【注释】

①羊孚弟：羊辅，字幼仁，官至卫军功曹。王永言：王讷之，字永言，东晋琅邪（今属山东）人，历官尚书左丞、御史中丞。

②东阳：王临之，王永言之父，官东阳太守，故称。

③雅：极，甚。

④《齐物》：《庄子》篇名，一名《齐物论》。

⑤新拔：新颖特出。

【译文】

羊孚弟羊辅娶王永言的女儿为妻，等到王家要见女婿的时候，羊孚送弟弟一同到王家。当时王永言的父亲东阳太守王临之还在世，殷仲堪是王临之的女婿，也在座。羊孚极善谈论玄理，就与殷仲堪谈《庄子·齐物论》，殷仲堪对他加以驳难。羊孚说："您到了四个回合后就会与我的见解相同了。"殷仲堪笑道："我会一直辩到底，又何必要见解相同呢？"等辩难到四个回合以后见解竟然相通。殷仲堪叹息说："我实在提不出什么不同的见解了。"他久久地为羊孚新颖特出的见解而慨叹。

六三

殷仲堪云："三日不读《道德经》，便觉舌本间强[①]。"

【注释】

①舌本：舌根。强（jiàng）：僵硬，迟钝。

【译文】

殷仲堪说："三天不读《道德经》，就觉得舌根发硬。"

六四

提婆初至[①]，为东亭第讲《阿毗昙》[②]。始发讲，坐裁半[③]，僧弥便云[④]："都已晓。"即于坐分数四有意道人[⑤]，更就余屋自讲。提婆讲竟，东亭问法冈道人曰[⑥]："弟子都未解，阿弥那得已解[⑦]？所得云何？"曰："大略全是，故当小未精核耳[⑧]。"

【注释】

①提婆初至：指隆安元年(397)提婆到了晋都建康。提婆，僧伽提婆，东晋高僧。本姓瞿昙，西域罽宾国(今克什米尔一带)人。前秦建元(365—385)中来长安，与竺佛念共译《阿毗昙八犍度论》。后应慧远邀请至庐山，译出《阿毗昙心论》、《三法度论》等。隆安元年游京都，深得王公及风流名士的敬重。重译《中阿含经》六十卷，随后又校改了《增一阿含经》五十一卷。所译众经百余万言。他所传习的主要是有部之学，又不限于正统的有部，为弘传有部毗昙的一大家。至于《中》、《增》两阿含，为有部四阿含最初传来的完本，都由提婆加以正确的译订，亦中国译经史之大事。

②东亭：王珣，封东亭侯，故称。《阿毗昙》：即《阿毗达磨》，译为大法，无比法，系慧远邀请僧伽提婆共同译出，后称《阿毗昙心论》。

③裁：通"才"。

④僧弥：王珉，小字僧弥，王珣之弟。

⑤数四：指三四个人。有意道人：有见识的僧人。

⑥法冈道人：东晋僧人，事迹不详。

⑦阿弥：即僧弥的昵称。

⑧精核：精细详尽。

【译文】

僧加提婆初到京都时，在东亭侯王珣家为他讲《阿毗昙》。开讲后，才到中途，王珉就说："我全都明白了。"随即就在座上分出几位有见识的僧人，另外到其他屋中由自己来讲解。提婆讲完后，王珣问法冈和尚道："我都未能全部理解，他阿弥哪里就能都懂了呢？他到底懂了多少？"法冈说："大体上他都讲对了，只是小部分还不能精细详尽地理解而已。"

六五

桓南郡与殷荆州共谈[①]，每相攻难[②]。年余后但一两番。桓自叹才思转退[③]，殷云："此乃是君转解。"

【注释】

①桓南郡：桓玄。殷荆州：殷仲堪。

②攻难：辩驳诘难。

③才思：才气与思想。转：逐渐。

【译文】

桓玄与殷仲堪一起谈论，常常互相辩驳诘难。过了一年多以后再谈论时，只不过辩驳诘难一两次而已。桓玄自己感叹才思逐渐减退，殷仲堪说："这是您理解力逐渐提高之故。"

六六

文帝尝令东阿王七步中作诗[①]，不成者行大法[②]。应声便为诗曰："煮豆持作羹，漉菽以为汁[3]。萁在釜下然[4]，豆在釜中泣。本自同根生，相煎何太急！"帝深有惭色。

【注释】

①文帝：魏文帝曹丕。东阿王：曹植（192—232），曾封为东阿王，故称。字子建，沛国谯县（今安徽亳州）人。富于才学，为曹操宠爱。曹丕、曹睿相继为帝，备受猜忌，郁郁而死。又封陈王，谥号思，世称陈思王。善辞赋，原有集，已佚，后人辑有《曹子建集》。

②大法：指死刑。

③漉（lù）：水慢慢渗下。菽：豆类。

④萁（qí）：豆茎。然：同"燃"。

【译文】

魏文帝曹丕曾经命令东阿王曹植在七步之间作一首诗，如果做不成就要问死罪。曹植应声就作成一首诗，曰："煮豆持作羹，漉菽以为汁。萁在釜下然，豆在釜中泣。本自同根生，相煎何太急！"魏文帝听了感到非常惭愧。

六七

魏朝封晋文王为公[1]，备礼九锡[2]，文王固让不受。公卿将校当诣府敦喻[3]，司空郑冲驰遣信就阮籍求文[4]。籍时在袁孝尼家[5]，宿醉扶起，书札为之，无所点定[6]，乃写付使。时人以为神笔。

【注释】

①魏朝封晋文王为公：指魏甘露三年（258），封司马昭为晋公。晋

文王，司马昭。

②备礼九锡：魏朝准备为司马昭颁赐九锡之礼。九锡，古代帝王尊礼大臣所给的九种器物。汉末曹操掌朝政，汉献帝赐曹操九锡。后历代篡位者相袭沿用，成为建立新朝的前奏曲。九种礼物为车马、衣服、乐器、朱户、纳陛、虎贲、弓矢、铁钺、秬鬯(chàng，祭神用的酒)。

③敦喻：督促开导。

④司空：官名，三公之一，参谋国事。

⑤袁孝尼：袁准，晋陈郡阳夏(今河南太康)人。晋武帝泰始中官给事中。有《仪礼丧服经》注一卷，《袁子正论》十九卷，《正书》二十五卷，《集》二卷。

⑥点定：指改定文字。

【译文】

魏朝封晋文王司马昭为晋公，准备颁赐给他九锡之礼，司马昭坚决辞谢不肯接受。朝中文武百官将到他府中去劝导，司空郑冲急忙派信使到阮籍处求他写一篇劝进的文章。阮籍当时在袁孝尼家，隔夜酣饮的余醉尚未消退即被扶起身来，在木札上书写文稿，一字不改，写定交给来使。当时人都认为他是神来之笔。

六八

左太冲作《三都赋》初成①，时人互有讥訾②，思意不惬③。后示张公④，张曰："此二京可三⑤，然君文未重于世，宜以经高名之士。"思乃询求于皇甫谧⑥。谧见之嗟叹，遂为作叙。于是先相非贰者⑦，莫不敛衽赞述焉⑧。

【注释】

①左太冲：左思（约250—约305），字太冲，临淄（今属山东）人。其貌不扬，且又口吃，但为文辞藻壮丽。晋武帝时，因妹左棻被选入宫，举家迁居洛阳，任秘书郎。晋惠帝时，依附权贵贾谧，为文人集团“二十四友”的重要成员。贾谧被诛，遂退居专心著述。后齐王司马冏召为记室督，不就。太安二年（303），因张方进攻洛阳而移居冀州，不久病逝。其构思十年所作之《三都赋》，洛阳为之纸贵。《咏史》等诗作，错综史实，融会古今，连类引喻，“咏古人而己之性情俱见”，有“左思风力”之称，对后世咏史诗产生了巨大影响。《三都赋》：赋篇名，分《蜀都赋》、《吴都赋》、《魏都赋》三篇，分别描写蜀都成都、吴都建业、魏都邺城的山川、风俗、物产等，也是写蜀、吴、魏三个国家的概况。王鸣盛说：“左思于西晋初吴、蜀始平之后，作《三都赋》，抑吴都、蜀都而申魏都，以晋承魏统耳。”

②讥訾（zǐ）：讥刺诋毁。

③不惬（qiè）：不愉快。

④张公：张华。

⑤二京：指描写西汉都城长安和东汉都城洛阳的班固《两都赋》和张衡《二京赋》。

⑥皇甫谧（mì，215—282）：幼名静，字士安，号玄晏先生，安定朝那（今宁夏固原东南）人。晋武帝屡下诏征，都称病不就，终身不仕。中年患风痹，乃钻研医学，著有《甲乙经》，总结了此前针灸学成就。

⑦非贰：非议。

⑧敛衽（rèn）：整整衣襟，表示恭敬。

【译文】

左思作《三都赋》刚完成时，当时就有人不断地加以讥刺诋毁，左思心里很不愉快。后来把赋拿给张华看，张华说："此赋可与《两都赋》、《二京赋》鼎足而三。但是现在您的文名尚未能为世人所重，应该通过享有盛名之士的推荐才好。"左思就去请教拜求皇甫谧，皇甫谧见了此赋后大为赞叹，就为之作叙。于是先前那些非议此赋者，没有一个不恭恭敬敬地赞美称扬它。

六九

刘伶著《酒德颂》[1]，意气所寄。

【注释】

①刘伶：字伯伦，晋沛国（今安徽濉溪西北）人。竹林七贤之一。曾为建威将军，后被罢免。嗜酒，蔑视礼法，宣扬老庄思想和纵酒放诞的生活。

【译文】

刘伶作《酒德颂》，将自己的志向情趣都寄托在其中了。

七〇

乐令善于清言[1]，而不长于手笔[2]。将让河南尹[3]，请潘岳为表[4]。潘云："可作耳，要当得君意[5]。"乐为述已所以为让[6]，标位二百许语[7]。潘直取错综[8]，便成名笔[9]。时人咸云："若乐不假潘之文，潘不取乐之旨，则无以成斯矣。"

【注释】

①乐令：乐广，曾为尚书令，故称。

②手笔:指写作文章。

③让:指辞去官职。河南:河南郡,治所在今河南洛阳。

④表:奏章。

⑤要当:应当。

⑥所以:表示原因。

⑦标位:指阐释。

⑧直:特,只。错综:指综合,重新组织布局。

⑨名笔:名作,佳作。

【译文】

乐广善于清谈,却并不擅长写文章。故当他将辞去河南尹的官职时,便请潘岳为他来写奏章。潘岳说:"我可以代写,但应当知道您的意思才行。"乐广就为他讲述了自己辞官的原因,阐释了两百来句话。潘岳只是把乐广的意思加以整理综合,重新组织布局,便写成了一篇佳作。当时人都说:"如果乐广不借重潘岳的文章,潘岳不采用乐广的意思,那就无法写成这样的美文了。"

七一

夏侯湛作《周诗》成[1],示潘安仁[2]。安仁曰:"此非徒温雅,乃别见孝悌之性[3]。"潘因此遂作《家风诗》。

【注释】

①《周诗》:《诗经·小雅》中有《南陔》、《白华》、《华黍》、《由庚》、《崇丘》、《由仪》六篇诗有题无文,夏侯湛按其意续作,称之为《周诗》。

②潘安仁:潘安。

③孝悌(tì):奉事父母为孝,敬爱兄弟为悌。

【译文】

夏侯湛写成《周诗》后，拿给潘岳看。潘岳说："这诗不仅写得温文尔雅，且更体现了孝悌之天性。"潘岳于是就写了《家风诗》。

七二

孙子荆除妇服①，作诗以示王武子②。王曰："未知文生于情，情生于文？览之凄然，增伉俪之重③。"

【注释】

①孙子荆：孙楚。除妇服：指为亡妻服丧期满脱去丧服。妇，指孙楚之亡妻。

②王武子：王济。

③伉俪：夫妻。

【译文】

孙楚为亡妻服丧期满后，写诗拿给王济看。王济说："不知道文采是由感情生发出来的，还是感情由文采表现出来的？看了这首诗感到凄凉，更增添了夫妇间的深重情义。"

七三

太叔广甚辩给①，而挚仲治长于翰墨②，俱为列卿③。每至公坐④，广谈，仲治不能对；退，著笔难广⑤，广又不能答。

【注释】

①太叔广：复姓太叔，名广，字季思，晋东平（今属山东）人。曾任太

常博士。成都王司马颖拜为太弟时，令其赴洛阳，因其子孙多在洛阳，怕为司马颖所害而自杀。长于口才。辩给(jǐ)：口才敏捷。

②挚仲治：挚虞，字仲治，晋长安(今属陕西)人。少时即好学，师事皇甫谧。历官秘书监、太常卿。擅长文笔，著述颇多。从惠帝至长安，遂流离鄠、杜间。永嘉五年，洛中大饥，饿死。翰墨：笔墨，指文辞。

③列卿：刘孝标注曰："虞与广名位略同。"指二人同为太常。太常为九卿之一。

④公坐：公开聚会。

⑤著笔：写文章。笔，指无韵之散文。

【译文】

太叔广口才非常敏捷，而挚虞则擅长于写文章，两人都官居卿位。每次到公开聚会的场所，太叔广谈论时，挚虞不能答对；他回去后，就写文章驳难太叔广，太叔广又不能回答。

七四

江左殷太常父子并能言理①，亦有辩讷之异②。扬州口谈至剧③，太常辄云："汝更思吾论。"

【注释】

①江左：指长江下游南岸地区，亦指东晋。殷太常父子：指殷融和殷浩叔侄。殷融，字洪远，晋陈郡长平(今河南西华东北)人。桓彝见而叹美之。善清言，饮酒善舞，终日啸咏，不以世事自缚。累迁吏部尚书、太常卿，故称。父子，汉、晋时江南人士亦称叔侄为父子。

②辩：指口才敏捷。讷(nè)：不善言辞。

③扬州：指殷浩，曾任扬州刺史，故称。剧：指言辞锋利。

【译文】

东晋殷融和殷浩叔侄俩都能言玄谈理，然也有敏捷与迟钝的差异。殷浩言谈至为锋利，殷融总是说："你再想想我的立论。"

七五

庾子嵩作《意赋》成[①]，从子文康见[②]，问曰："若有意邪，非赋之所尽；若无意邪，复何所赋？"答曰："正在有意无意之间[③]。"

【注释】

①庾子嵩作《意赋》成：刘孝标引《晋阳秋》曰："敳永嘉中为石勒所害。先是敳见王室多难，知终婴其祸，乃作《意赋》以寄怀。"庾子嵩，庾敳。

②从子：侄子。文康：庾亮。

③正：恰。

【译文】

庾敳写成《意赋》后，他的侄子庾亮看见，就问道："如果是有意的话，不是赋所能尽情表现得出来的；如果是无意的话，又要写赋做什么呢？"庾敳回答道："恰好在有意与无意之间。"

七六

郭景纯诗云[①]："林无静树，川无停流。"阮孚云[②]："泓峥萧瑟[3]，实不可言。每读此文，辄觉神超形越。”

【注释】

①郭景纯：郭璞(276—324)，字景纯，河东闻喜(今属山西)人。博学有高才，曾注释《周易》、《山海经》、《穆天子传》、《方言》和《楚辞》等，而讷于言论。词赋为中兴之冠，代表作是《游仙诗》十四首和《江赋》，被尊为游仙诗之祖。好古文奇字，所著《尔雅注》、《尔雅音》、《尔雅图》，集《尔雅》学之大成。妙于阴阳历算，精于卜筮，除家传易学外，还承袭了道教的术数学理论，是两晋时代最著名的方术士。东晋初为著作佐郎，后王敦任为记室参军。王敦欲令其卜筮，璞谓必败，为敦所杀。追赠弘农太守，世称“郭弘农”。

②阮孚：字遥集，晋陈留尉氏(今属河南)人。阮咸之子。历官安东参军、黄门侍郎、散骑常侍、侍中、丹阳尹等。蓬发饮酒，终日酣醉。性疏放，好屐。颇有阮籍(孚之叔祖)之风。

③泓峥：水深山高。萧瑟：形容风吹树木的声音。

【译文】

郭璞诗有句云：“林无静树，川无停流。”阮孚说：“水深山高，林木萧瑟，实在难以形容。每当读到这些诗句，总会觉得精神与形体更为高远超脱。”

七七

庾阐始作《扬都赋》[1]，道温、庾云[2]：“温挺义之标[3]，庾作民之望[4]。方响则金声[5]，比德则玉亮。”庾公闻赋成，求看，兼赠贶之[6]。阐更改“望”为“俊”，以“亮”为“润”云。

【注释】

①庾阐：字仲初，颍川鄢陵（今属河南）人。后为太宰，累迁尚书郎。苏峻之难，阐出奔郗鉴，为司空参军。峻平，以功赐爵吉阳县男，拜彭城内史。鉴复请为从事中郎。寻召为散骑侍郎，领大著作。顷之，出补零陵太守，后以疾，征拜给事中，复领著作。能文，为世所重。年五十四卒，谥曰贞。《扬都赋》：庾阐模仿班固、张衡、左思诸赋，描写建康（今南京）的山川风貌、都市繁华等景象的赋作。

②温：温峤。庾：庾亮。

③挺义：指树起道义。

④望：指景仰之人。

⑤方：比方，比拟。金声：指钟磬发出的声音。响：声音。

⑥贶（kuàng）：赠与。

【译文】

庾阐开始撰写《扬都赋》，讲到温峤、庾亮时说："温峤树起道义的标准，庾亮为百姓所景仰。比拟声音就像是金钟发出的铿锵之声，比拟德行就像是宝玉似的透亮。"庾亮听说赋已写成，便请求拜读，并赠送财物给庾阐。庾阐就改换赋中的"望"字为"俊"字，改"亮"字为"润"字。

七八

孙兴公作《庾公诔》[①]，袁羊曰[②]："见此张缓[③]。"于是以为名赏。

【注释】

①孙兴公：孙绰。《庾公诔（lěi）》：哀悼庾亮的文章。诔，叙述死者

生平表示哀悼的文章。

②袁羊：袁乔。

③张缓：《礼记·杂记下》："文武之道，一张一弛。"弓上弦叫张，卸弦叫弛。张缓与张弛同意，比喻善于调节的意思。这里指文章的叙写有节奏地进行，张缓有致。

【译文】

孙绰写《庾公诔》，袁乔说："我终于见到了张弛有致，富有节奏感的好文章了。"这话当时被认为是有名的鉴赏之言。

七九

庾仲初作《扬都赋》成，以呈庾亮。亮以亲族之怀①，大为其名价，云可三二京、四三都。于此人人竞写，都下纸为之贵。谢太傅云②："不得尔。此是屋下架屋耳③。事事拟学，而不免俭狭④。"

【注释】

①怀：情怀。

②谢太傅：谢安。

③屋下架屋：比喻事物的重复，只知模仿，毫无新意。

④俭狭：指内容贫乏狭窄。俭，贫乏。

【译文】

庾阐写成《扬都赋》后，把它呈送给庾亮看。庾亮出于同宗亲族的情意，给予很高的评价，说这篇赋简直可以与《东京》、《西京》二赋鼎足而三，与《魏都》、《蜀都》、《吴都》三赋并列为四。于是人人争相抄写，京城里的纸价也因此贵了起来。谢安说："不应该如此。这叫做屋下架屋，只知重复模仿罢了。处处仿照学别人，就不免内容贫乏狭窄了。”

八〇

习凿齿史才不常[①]，宣武甚器之，未三十，便用为荆州治中[②]。凿齿谢笺亦云：“不遇明公[③]，荆州老从事耳[④]！”后至都见简文，返命，宣武问：“见相王何如[⑤]？”答云：“一生不曾见此人。”从此忤旨，出为衡阳郡[⑥]，性理遂错[⑦]。于病中犹作《汉晋春秋》[⑧]，品评卓逸。

【注释】

①习凿齿史才不常：习凿齿具有很高的史学造诣。主要著作有《襄阳耆旧记》、《逸人高士传》、《汉晋春秋》等。不常，不同寻常。

②荆州治中：荆州刺史属下的治中职务。荆州，桓温当时担任荆州刺史。治中，官名，刺史的助理，主管文书。

③明公：对有名位者的尊称。

④从事：州刺史的佐吏。习凿齿原为州从事，桓温赏识其才，在一年中提拔他三次，升其为治中。

⑤相王：简文帝司马昱当时以会稽王的身份担任丞相，故称。

⑥出：指调出荆州。衡阳郡：治所在今湖南湘潭西。

⑦性理：性情理智，神志。

⑧《汉晋春秋》：习凿齿著，记述东汉光武帝至西晋愍帝间的历史；记三国事，以蜀汉为正统，魏为篡逆，贬抑曹魏。据称是因桓温企图称帝，习凿齿著此书以制桓温野心。

【译文】

习凿齿的史学才识不同寻常，桓温很器重他，不到三十岁，就任用他为荆州治中。习凿齿在感谢信中也说:"如果不是遇到明公,我只不过一辈子是个荆州的老从事罢了。"后来习凿齿到都城谒见了司马昱,回来复命,桓温问:"见到了相王,你认为他怎么样?"他回答说:"我一生中没有见过这样的人。"从这件事开始就忤逆了桓温的心意,被调出荆州任职衡阳郡守,于是他的神志就错乱了。在病中他还在写《汉晋春秋》,评论史实和人物,见识卓越不凡。

八一

孙兴公云①:"《三都》②、《二京》③,五经鼓吹④。"

【注释】

①孙兴公:孙绰。

②《三都》:左思所作赋名。

③《二京》:指张衡的《二京赋》。

④五经:指五部儒家经典,即《诗经》、《尚书》、《礼记》、《易经》、《春秋》。鼓吹:宣扬,宣传。

【译文】

孙绰说:"《三都赋》和《二京赋》,是宣扬五经之作。"

八二

谢太傅问主簿陆退①:"张凭何以作母诔,而不作父诔?"退答曰:"故当是丈夫之德②,表于事行③;妇人之美,非诔不显。"

【注释】

①谢太傅：谢安。陆退：字黎民，晋吴郡（今江苏苏州）人。张凭的女婿。官至光禄大夫。

②丈夫：男子的通称。

③事行：指事业。

【译文】

谢安问主簿陆退："张凭为什么只写哀悼母亲的诔文而不写哀悼父亲的诔文？"陆退回答说："应当是男人的德行，从事业上就能表现出来；而妇人的美德，没有诔文就不能得到表彰。"

八三

王敬仁年十三作《贤人论》[①]，长史送示真长[②]，真长答云："见敬仁所作论，便足参微言[③]。"

【注释】

①王敬仁：王脩。《贤人论》：刘孝标注引《王脩集》载其论曰："或问'易称贤人，黄裳元吉，苟未能暗与理会，何得不求通？求通则有损，有损则元吉之称将虚设乎？'答曰：'贤人诚未能暗与理会，当居然人从，比之理尽，犹一豪之领一梁。一豪之领一梁，虽于理有损，不足以挠梁。贤有情之至寡，豪有形之至小，豪不至挠梁，于贤人何有损之者哉？'"

②长史：指王脩之父王濛，曾任司徒左长史，故称。真长：刘惔。

③参：参破，彻底领会。微言：指清谈中所说的精深玄妙的言辞。

【译文】

王脩十三岁时写了《贤人论》，他父亲王濛把这篇文章送给刘惔看，刘惔答道："看到王脩所写的文章，就足够参透领悟精深的玄理了。"

八四

孙兴公云[1]："潘文烂若披锦[2]，无处不善；陆文若排沙简金[3]，往往见宝。"

【注释】

①孙兴公：孙绰。

②潘：潘岳。

③陆：陆机。简：选择。

【译文】

孙绰说："潘岳的文章，灿烂如同披上锦缎一样，没有一处不好；陆机的文章如同排开沙子选金子，常常能见到珍宝。"

八五

简文称许掾云[1]："玄度五言诗，可谓妙绝时人。"

【注释】

①简文：简文帝司马昱。许掾：许询，曾为司徒掾，故称。

【译文】

简文帝称赞许询的诗说："许询的五言诗，可以说是美妙无比，压倒了当时的诗人。"

八六

孙兴公作《天台赋》成[①]，以示范荣期[②]，云："卿试掷地，要作金石声[③]。"范曰："恐子之金石，非宫商中声[④]。"然每至佳句，辄云："应是我辈语。"

【注释】

①孙兴公：孙绰。《天台赋》：一名《游天台山赋》。孙绰在序中把天台山与蓬莱仙山相比，全篇词旨清新，虽流露出求仙思想，但文辞工整秀丽，颇有情韵。

②范荣期：范启，字荣期，晋慎阳（今河南正阳北）人。以才义显于世，官至黄门侍郎。

③金石声：钟磬之类的乐器，声音优美，用以称誉文辞优美，声调铿锵。

④宫商：指符合五音之声。古代把音阶定为宫、商、角、徵（zhǐ）、羽五音（一称五声），这里以"宫商"代表五音。中声：中和之声。

【译文】

孙绰写成《天台赋》后，拿给范启看，说："您试着把赋掷到地上，一定会发出金石之声。"范启说："恐怕您说的金石之声，不是宫商角徵羽当中的中和之声。"但是每逢读到美妙的文句时，总是说："这应当是我们这类人所说的话。"

八七

桓公见谢安石作简文谥议[①]，看竟[②]，掷与坐上诸客曰："此是安石碎金[③]。"

【注释】

①桓公:桓温。谢安石:谢安。简文:简文帝。谥议:议定死后谥号的文书。

②竟:完毕。

③碎金:以零碎的金子比喻短篇佳作。

【译文】

桓温见到谢安写的简文帝谥议,看完后,丢给在座的众多宾客说:“这是安石的短篇佳作。”

八八

袁虎少贫①,尝为人佣载运租②。谢镇西经船行③,其夜清风朗月,闻江渚间估客船上有咏诗声④,甚有情致,所诵五言,又其所未尝闻,叹美不能已。即遣委曲讯问⑤,乃是袁自咏其所作《咏史诗》⑥。因此相要⑦,大相赏得。

【注释】

①袁虎:袁宏,字彦伯,小字虎。

②佣:受人雇用,雇工。

③谢镇西:谢尚,曾为镇西将军,故称。经船行:乘船经过。

④江渚(zhǔ):江中间的小块陆地。估客:商贩。

⑤委曲:把事情的底细和经过讲清楚,称为委曲详尽。

⑥《咏史诗》:刘孝标注引《续晋阳秋》曰:“虎少有逸才,文章绝丽,曾为《咏史诗》,是其风情所寄。”

⑦要:邀请。

【译文】

袁宏年轻时很穷，曾经被人雇用运送租粮。镇西将军谢尚乘船经过，那天夜里风清月明，他听到江中小洲边商船上有吟诗声，很有情趣，所吟诵的五言诗，又是自己从来没有听到过的，便赞美不止。谢尚立即派人把情况问清楚，原来是袁宏在吟诵自己作的《咏史诗》。于是就邀请袁宏来，大加赏识，彼此很融洽。

八九

孙兴公云[①]："潘文浅而净[②]，陆文深而芜[③]。"

【注释】

①孙兴公：孙绰。

②潘：潘岳。

③陆：陆机。

【译文】

孙绰说："潘岳的文章虽然浅近，但洁净；陆机的文章虽然深刻，但芜杂。"

九〇

裴郎作《语林》[①]，始出，大为远近所传。时流年少，无不传写，各有一通[②]。载王东亭作《经王公酒垆下赋》[③]，甚有才情。

【注释】

①裴郎：裴启，一名荣，字荣期，晋河东（今山西夏县西北）人。少有才气，好评论古今人物。所作《语林》多为《世说新语》所取材。《语林》：十卷，记汉魏迄于两晋知名人士的轶事和言谈，文辞简洁。鲁迅《古小说钩沉》中有辑本。

②通：量词，用于书、报等。

③王东亭作《经王公酒垆下赋》：本书《轻诋》篇刘孝标注引《续晋阳秋》曰："河东裴启撰《语林》。有人于谢坐叙其黄公酒垆，司徒王珣为之赋。"王东亭，王珣。王公酒垆，当做"黄公酒垆"。即《伤逝》篇所记王戎谓人"吾昔与嵇叔夜、阮嗣宗共酣饮于此垆。今日视此虽近，邈若山河"之处。

【译文】

裴启写《语林》，书刚问世，就被远近的人大加传看。当时的名流和年轻人，没有人不传抄的，人人都有一本。书中记载了王珣写的《经王公酒垆下赋》，很有才华。

九一

谢万作《八贤论》①，与孙兴公往反②，小有利钝③。谢后出以示顾君齐④，顾曰："我亦作，知卿当无所名⑤。"

【注释】

①《八贤论》：今佚。余嘉锡案，《初学记》十七引有谢万《八贤楚老颂》。当是论后继之以颂。

②孙兴公：孙绰。往反：指反复辩论。

③利钝：指胜负。

④顾君齐:顾夷,字君齐,晋吴郡(今江苏苏州)人。曾官扬州主簿、扬州刺史。《隋书·经籍志》载其著有《顾子》十卷、《顾子义训》十卷、《周易难王辅嗣义》一卷、《顾夷集》五卷、《吴地记》,今佚。

⑤无所名:没有什么可称赞的。名,称赞。

【译文】

谢万写了《八贤论》,与孙绰反复辩论,小有胜负。后来谢万拿文章给顾夷看,顾夷说:"我也写了一篇,知道您这一篇应该也没有什么可称赞的。"

九二

桓宣武命袁彦伯作《北征赋》①,既成,公与时贤共看,咸嗟叹之。时王珣在坐,云:"恨少一句。得'写'字足韵当佳②。"袁即于坐揽笔益云③:"感不绝于余心,溯流风而独写④。"公谓王曰:"当今不得不以此事推袁⑤。"

【注释】

①桓宣武命袁彦伯作《北征赋》:太和四年(369),前燕慕容恪死,桓温第三次北伐,命袁宏作《北征赋》。桓宣武,桓温。袁彦伯,袁宏。

②得"写"字足韵:能用"写"字来补足音韵。

③益:增加。

④流风:长风。写:抒写情怀。

⑤推:推许,称赞。

【译文】

桓温要袁宏写《北征赋》,完成后,桓公与当时的名流一起看,大家都一致赞美此赋。当时王珣在座，说："可惜少了一句。如果能用'写'字来补足韵脚应当更好。"袁宏马上在座中就拿起笔来加上去道："感不绝于余心，溯流风而独写。"桓温对王珣说："当今不得不以这件事来推崇袁宏了。"

九三

孙兴公道[①]："曹辅佐才如白地明光锦[②]，裁为负版绔[③]，非无文采，酷无裁制[④]。"

【注释】

①孙兴公：孙绰。

②曹辅佐：曹毗(pí)，字辅佐，晋谯国(今安徽亳州)人。历官太学博士、尚书郎、光禄勋。《晋书·文苑序》称他"少好文籍，善属词赋"，为"中兴之时秀"。白地明光锦：当时一种名贵华美的锦缎。白地，白色的底子。

③负版绔：服役者穿的裤子。负版，身负版臿的人。指服役者。

④酷：极，很。裁制：剪裁，比喻写文章时对材料的取舍安排。

【译文】

孙绰说道："曹辅佐的文才好像名贵的白底子明光锦，裁成了服役者穿的裤子，并不是没有文采，实在是一点儿也没有加以裁剪啊。"

九四

袁彦伯作《名士传》成[①]，见谢公[②]。公笑曰："我尝与诸人道江北事[③]，特作狡狯耳[④]，彦伯遂以著书。"

【注释】

①《名士传》:主要记述了魏晋名士的遗闻轶事。以夏侯玄、何晏、王弼为“正始名士”,阮籍、嵇康、山涛、向秀、刘伶、阮咸、王戎为“竹林名士”,裴楷、乐广、王衍、庾敳、王承、阮瞻、卫玠、谢鲲为“中朝名士”。此书已佚。

②谢公:谢安。

③江北:长江以北地区,指南渡前的西晋。

④狡狯(kuài):戏言,玩笑。

【译文】

袁宏写成《名士传》后,拿去见谢安,谢安笑道:“我曾经和大家谈论江北的许多事情,只是说着好玩罢了,袁宏竟然用来写成了书。”

九五

王东亭到桓公吏[①],既伏阁下[②],桓令人窃取其白事[③]。东亭即于阁下更作[④],无复向一字。

【注释】

①王东亭到桓公吏:王珣弱冠时曾为桓温掾,为温所敬重。转主簿。桓温军中机务并委王珣。文武数万人,悉识其面。王东亭,王珣。

②伏阁下:拜伏在官署前。阁,指官署。属吏赴长官处报告事情,都要伏阁请示。

③白事:指陈述事情的文书。

④更作:重写。

【译文】

王珣在桓温那里去做掾属,他已经拜伏在官署前,桓温派人偷走他陈事的报告。王珣随即在官署前重写,其中没有一个字与先前写的那份重复。

九六

桓宣武北征[①],袁虎时从[②],被责免官。会须露布文[③],唤袁倚马前令作。手不辍笔,俄得七纸[④],殊可观。东亭在侧[⑤],极叹其才。袁虎云:"当令齿舌间得利[⑥]。"

【注释】

①桓宣武北征:指太和四年(369),桓温北征前燕。

②袁虎:袁宏。

③会:恰巧,适逢。露布:古代指檄文、紧急文书等,因不加封缄,故称。

④俄:短时间,不久。

⑤东亭:王珣。

⑥齿舌:指赞赏,夸奖。

【译文】

桓温北征时,袁宏当时也跟随出征,因事被责罚免去官职。恰巧急需写一篇紧急文书,就叫袁宏靠在马前让他写。袁宏手不停笔,很快就写好了七张纸,极其出色。王珣在旁边,非常赞叹他的文才。袁宏说:"也应当让我在夸赞中得到一点好处啊。"

九七

袁宏始作《东征赋》,都不道陶公[①]。胡奴诱之狭室中[②],

临以白刃，曰："先公勋业如是，君作《东征赋》，云何相忽略？"宏窘蹙无计[3]，便答："我大道公，何以云无？"因诵曰："精金百炼，在割能断。功则治人[4]，职思靖乱[5]。长沙之勋[6]，为史所赞。"

【注释】

①"袁宏始作《东征赋》"二句：《晋书·文苑传》："（袁宏）后为《东征赋》，赋末列称过江诸名德。"余嘉锡以为袁宏大约是出于当时的门户之见，以陶为寒门，故不及。都，完全。陶公，陶侃。

②胡奴：陶范，字道则，小字胡奴，陶侃之子，东晋时官尚书秘书监。

③窘蹙（cù）：窘迫，为难。

④治人：安定人心。

⑤职：执掌，主管。靖：平定。

⑥长沙：陶侃曾封长沙郡公，故称。

【译文】

袁宏当初写《东征赋》时，一点儿都没有提到陶侃。陶范把他骗到一间小屋中，手执利刃对着他，说："先父长沙郡公有如此辉煌的功勋业绩，你写《东征赋》，为什么把他忽略掉？"袁宏感到困窘，没有办法，就回答："我是大大地称道了长沙郡公，怎么说一点没提呢？"于是就背诵道："精美的金属经过千锤百炼，能切割亦能切断任何物品。陶公的功德是安定人心，平定叛乱。长沙郡公的功勋，被史家所赞颂。"

九八

或问顾长康[1]："君《筝赋》何如嵇康《琴赋》[2]？"顾曰："不赏者，作后出相遗；深识者，亦以高奇见贵。"

【注释】

①顾长康:顾恺之。

②《筝赋》:顾恺之所作赋名,今不存。嵇康《琴赋》:赋中包括创作动机、琴的制作、演奏及效果及琴乐的审美,何焯《文选评》中称之为"精当完密,神解入微,为音乐诸赋之冠"。同时,此赋融入了嵇康平生的美学追求及艺术创作经验,兼具理论性。

【译文】

有人问顾恺之:"您的《筝赋》比嵇康的《琴赋》怎么样?"顾恺之说:"不赏识的人,认为它是后出的就遗弃它;深有见识的人,则认为它高超奇特而予以重视。"

九九

殷仲文天才宏赡①,而读书不甚广博,亮叹曰②:"若使殷仲文读书半袁豹③,才不减班固④。"

【注释】

①宏赡:丰富。

②亮:傅亮,南朝宋北地灵州(今宁夏灵武)人。晋司隶校尉傅咸玄孙。博涉经史,长于文辞。因助刘裕代晋有功,封建成县公,入直中书省,专典诏命,任总国权,与徐羡之、谢晦并为刘裕顾命大臣。刘宋元嘉三年被文帝所诛。

③袁豹(373—413):字士蔚,陈郡阳夏(今河南太康)人。好学博闻,喜谈雅俗。有经国才,为刘裕所知。义熙中,累迁太尉长史,御史中丞。出为丹阳尹,卒于官。

④班固(32—92):字孟坚,东汉扶风安陵(今陕西咸阳东北)人。历

史学家,《汉书》的主要作者。善作赋,有《两都赋》等。

【译文】

殷仲文天生文才富赡,但读书不很广博,傅亮感叹说:"如果殷仲文读书能有袁豹的一半,他的文才当不亚于班固。"

羊孚作《雪赞》云:"资清以化[①],乘气以霏[②]。遇象能鲜,即洁成辉。"桓胤遂以书扇[③]。

【注释】

①资:凭借。清:清冷,清爽寒凉。化:化生。

②霏:纷飞。

③桓胤:字茂祖,谯(今安徽亳州)人。桓冲之孙,桓嗣之子。年轻时有高尚的节操,虽然累世荣华富贵,却因淡泊名利、安于退让甚得称道。桓玄很敬重喜爱他,升任中书令。桓玄篡权后,桓胤任吏部尚书,跟随桓玄向西逃亡。桓玄死后,桓胤投降。流放新安。东阳太守殷仲文、永嘉太守骆球等人谋反时,暗中想立桓胤为桓玄的继承人,事情被告发后,桓胤被处死。

【译文】

羊孚写的《雪赞》说:"白雪凭借清爽而化生,乘着流动的大气而漫天纷飞。遇到不同的景象能使其鲜丽,碰到洁白的东西能使其发出光辉。"桓胤于是就把《雪赞》写在了扇子上。

王孝伯在京行散[①],至其弟王睹户前[②],问:"古诗中何句

为最？"睹思未答。孝伯咏"所遇无故物，焉得不速老"[3]："此句为佳。"

【注释】

①王孝伯：王恭。行散（sǎn）：魏晋士人喜服烈性药"五石散"，服后须走路以散发药性，故称。

②王睹：王爽，字季明，小字睹，王恭之弟。官至侍中。王恭起兵反晋，败，爽亦被诛。

③"所遇无故物"二句：见《古诗十九首·回车驾言迈》，抒写时光飞逝，年华易老。故物，旧物，过去之物。

【译文】

王恭在京城服药后为发散药性，走路到他弟弟王睹门前，问道："古诗中哪句最好？"王睹在思考未及回答。王恭吟咏"所遇无故物，焉得不速老"道："这句最好。"

一〇二

桓玄尝登江陵城南楼[1]云："我今欲为王孝伯作诔[2]。"因吟啸良久[3]，随而下笔，一坐之间[4]，诔以之成。

【注释】

①江陵：在今湖北江陵。

②王孝伯：王恭。

③吟啸：吟咏歌啸。

④一坐之间：指时间之短。

【译文】

桓玄曾经登上江陵城的南楼，说："我现在要为王恭写一篇诔文。"于是吟咏歌啸了好久，随之动笔，只是片刻功夫诔文就写成了。

一〇三

桓玄初并西夏[①]，领荆、江二州、二府、一国[②]。于时始雪，五处俱贺，五版并入[③]。玄在听事上，版至，即答版后，皆粲然成章[④]，不相揉杂。

【注释】

①桓玄初并西夏：隆安三年(399)十二月，桓玄袭江陵，荆州刺史殷仲堪、雍州刺史杨佺期并遇害，得到荆州、雍州。西夏，荆州、雍州俱在建康以西，故称西夏。

②领荆、江二州、二府、一国：刘孝标注引《桓玄别传》曰："玄既克殷仲堪，后(杀)杨佺期，遣使讽朝廷，朝廷以玄都督八州，领江州、荆州二刺史。"二州，荆州、江州。二府，指八州(荆、司、雍、秦、梁、益、宁、江)都督府及后将军府。一国，桓温死后，桓玄继承南郡公的封号。

③五版：指上述二州、二府、一国五处的贺笺。版，写在木板上的贺信。

④粲然：有文采的样子。

【译文】

桓玄刚刚占据荆、雍等西部地区时，领荆、江二州刺史，担任都督八州军事、后将军，还封有郡国。当时初降大雪，五个处所同时祝贺，五处贺笺一起送达。桓玄在厅堂上，贺笺一到，立即在贺笺后面作答，满纸灿烂，斐然成章，内容互不混杂。

一〇四

桓玄下都[①]，羊孚时为兖州别驾[②]，从京来诣门，笺云："自顷世故睽离[③]，心事沦蕰[④]。明公启晨光于积晦[⑤]，澄百流以一源[⑥]。"桓见笺，驰唤前，云："子道，子道，来何迟！"即用为记室参军[⑦]。孟昶为刘牢之主簿[⑧]，诣门谢[⑨]，见云："羊侯[⑩]，羊侯，百口赖卿。"

【注释】

①下都：指桓玄于晋安帝元兴元年(402)攻入建康(南京)，废安帝，自立为帝，国号楚。

②羊孚：字子道。兖州别驾：兖州刺史的僚属。兖州，东晋侨置之州名，初治所在京口(今江苏镇江)，后移至广陵(今江苏扬州)。别驾，州刺史之佐吏，职权甚重，号称"任居刺史之半"。

③世故：指变故。睽离：离散。

④沦蕰(yùn)：积聚。蕰，通"蕴"，积聚，含藏。

⑤晨光：曙光。积晦：阴晦，昏暗。

⑥澄(dèng)：使浑浊之水变清。

⑦记室参军：将军府中管文书的幕僚。

⑧孟昶(chǎng)：字彦达，平昌人。桓玄称帝，与刘裕合谋讨玄。裕举兵，以昶为长史，迁丹阳尹。官至吏部尚书，加尚书右仆射。卢循起兵，"昶虑事不济，仰药而死"。刘牢之(？—402)：字道坚，彭城(今江苏徐州)人。以骁勇为谢玄选为北府兵将领。淝水之战时，夜袭驻洛涧，大败秦军，对整个战争的胜利起了重大

作用。因功任龙骧将军、彭城内史。王恭、司马元显、桓玄等为争夺朝权,都拉拢刘牢之。刘牢之对他们先靠后反,反复无常。后兵权为桓玄所夺,其子劝牢之袭桓玄,刘牢之犹豫不决,欲据江北以拒玄。参军刘袭等不赞同,佐吏多散走。其子“先还京口拔其家,失期不到。牢之谓其为刘袭所杀,乃自缢而死”。

⑨谢:谢罪。

⑩羊侯:对羊孚的尊称。

【译文】

桓玄攻下京都后,羊孚当时担任兖州别驾,从京都来到桓府拜访,在谒见信中说:“最近以来遭逢变故离散,心事郁闷积聚。您在昏暗中开启了曙光,用清澈的水源澄清了百条浊流。”桓玄见了谒见信,赶快叫他前来说:“子道,子道,你为什么来得这么晚!”立即任用他为记室参军。孟昶当时担任刘牢之的主簿,登门向桓玄谢罪,见了羊孚就说:“羊侯,羊侯,我全家老少百口的性命全靠您了!”

方正第五

【题解】

方正，指人的品行正直不阿，不为外力所屈服。“贤良方正”，是历代选士的重要标准，西汉时期就有诏令举“贤良方正能直言极谏者”的措施。后成为制科之一，以德行方正为取士的标准。如唐代有“贤良方正直言极谏科”，清代有“孝廉方正科”。此科可以举荐，可以自荐，最后廷试。贤良方正，也成为古代士子的美德之一。

本篇共有六十六则，记载了魏晋士人们刚正耿直、不畏强权、尽忠节孝、舍生取义的故事。如夏侯玄“临刑东市，颜色不异”、周嵩手批刁协、羊忱性贞烈、阮修“论鬼神有无者”，全面地展现了魏晋士子们的气节。

一

陈太丘与友期行[1]，期日中[2]。过中不至，太丘舍去[3]，去后乃至。元方时年七岁[4]，门外戏。客问元方：“尊君在不[5]？”答曰：“待君久不至，已去。”友人便怒，曰：“非人哉！与人期行，相委而去[6]。”元方曰：“君与家君期日中。日中不至，则是无信；对子骂父，则是无礼。”友人惭，下车引之[7]，元方入门不顾。

【注释】

①陈太丘：陈寔，曾为太丘长，故称。期行：约定时间同行。期，约定时间。

②日中：中午。

③舍去：不顾而自行离开。

④元方：陈纪，字元方，陈寔的长子，有德行，以孝著称。官至大鸿胪。

⑤尊君：尊称对方父亲。

⑥委：抛弃，舍弃。

⑦引：拉。

【译文】

陈寔与朋友约定时间一起外出，约好是在中午。过了中午朋友还不来，陈寔便不顾他自己走了，走后朋友才来。陈纪当时七岁，正在门外玩耍。客人问陈纪：“令君在家吗?”陈纪回答道：“等了你好久不来，已经走了。”友人就大怒道：“真不是人啊！与别人约定一起走的，却丢下别人自己走了。”陈纪说：“您与我父亲约定的时间是中午。到了中午不来，就是不讲信用；当着别人儿子的面骂他的父亲，就是无礼。”友人感到惭愧，就下车来拉他的手，陈纪却跑进大门不去管他。

二

南阳宗世林[1]，魏武同时[2]，而甚薄其为人[3]，不与之交。及魏武作司空[4]，总朝政，从容问宗曰：“可以交未?”答曰：“松柏之志犹存[5]。”世林既以忤旨见疏，位不配德。文帝兄弟每造其门[⑥]，皆独拜床下[⑦]。其见礼如此。

【注释】

①南阳：郡名，治宛县（今河南南阳）。宗世林：宗承，字世林，三国时魏南阳安众（今河南镇平）人。年轻时即修德有美名，曹操要与他结交，遭到拒绝。曹丕时征为直谏大夫。明帝时欲以之为相，承以年老固辞不就。

②魏武：曹操，死后追尊为魏武帝，故称。

③薄：轻视，看不起。

④司空：三公之一，参议国事，掌水土之事的最高行政长官。建安元年（196）曹操拜司空。

⑤松柏之志：以松柏常青比喻清高、不屈的性格和意志。

⑥文帝兄弟：指曹丕、曹植等人。

⑦床：指坐榻。

【译文】

南阳宗承，与曹操是同时代人，很看不起曹操的为人，不肯与曹操结交。等到曹操做了司空，总揽朝政，就委婉地问宗承道："可不可以同我结交啊？"宗承答道："我的松柏一样的志气仍然还在。"宗承就因为违背曹操的旨意被疏远，官位与他的德行不相匹配。曹丕与曹植兄弟每次到他家拜访，都各自拜在他的坐榻下。他受到的礼遇就像这样。

三

魏文帝受禅[①]，陈群有戚容[②]。帝问曰："朕应天受命[③]，卿何以不乐？"群曰："臣与华歆服膺先朝[④]，今虽欣圣化[⑤]，犹义形于色[⑥]。"

【注释】

①魏文帝：曹丕。受禅：指220年曹丕迫使汉献帝把帝位让给他，却美其名曰接受禅让。禅，禅让，指帝王让位给别人。

②陈群：为陈寔孙，曾为曹操属官，文帝时官尚书令，封颍乡侯。

③应天受命：曹丕自称登上帝位是顺应天命，受命于天。

④华歆：东汉平原高唐（今属山东）人，依附曹操父子，官至司徒。服膺（yīng）：指衷心拥戴。先朝：指东汉王朝。

⑤圣化：称颂文帝之治为圣明的教化。

⑥义形于色：不忘旧主之情现于神色。

【译文】

魏文帝曹丕接受禅让登上帝位后，陈群面带悲苦之色。文帝问道："我顺应天命登上皇位，你为什么闷闷不乐？"陈群道："我和华歆都曾衷心拥戴汉朝，如今虽然欣逢圣明教化之治，但对前朝的情义还是不由自主地要流露出来。"

四

郭淮作关中都督①，甚得民情，亦屡有战庸②。淮妻，太尉王凌之妹③，坐凌事当并诛④。使者征摄甚急⑤，淮使戒装⑥，克日当发⑦。州府文武及百姓劝淮举兵，淮不许。至期，遣妻，百姓号泣追呼者数万人。行数十里，淮乃命左右追夫人还，于是文武奔驰，如徇身首之急⑧。既至，淮与宣帝书曰⑨："五子哀恋，思念其母。其母既亡，则无五子；五子若殒⑩，亦复无淮。"宣帝乃表⑪，特原淮妻⑫。

【注释】

①郭淮：字伯济，三国魏太原阳曲（今山西太原）人。历官雍州刺史、征西将军等，进封都乡侯。关中：指东至函谷关，西至散关，南至武关，北至萧关的地带，包括今陕西全境、甘肃东部、秦岭以北的广大地区。都督：地方军政长官，都督诸州军事，兼任所驻地之州刺史。

②战庸：战功。庸，功。

③太尉：官名，汉魏时与司徒、司空并称“三公”。王凌：字彦云，三国魏太原祁（今属太原）人。曹操时辟为丞相掾属。曹丕为帝时，拜散骑常侍，伐吴有功，封宜城亭侯，加建武将军等。在扬州、豫州刺史任上颇得民心。后迁车骑将军、仪同三司、司空等。司马懿当权时，以其为太尉。他拟迎立楚王曹彪为帝，而废齐王曹芳，为人告发，于是服毒自杀。司马懿诛其三族。

④坐：因。

⑤征摄：指捉拿。

⑥戒装：指准备行装。

⑦克日：限定时间。

⑧徇：营救。

⑨宣帝：司马懿（179—251），字仲达，魏河内温县（今河南温县西）人，魏之重臣，后杀曹爽，专国政。后其孙司马炎代魏称帝，追尊其为宣帝。

⑩殒：死亡。

⑪表：指司马懿上表给魏帝。

⑫原：宽恕，赦免。

【译文】

郭淮担任关中都督时，深得民心，也常立有战功。郭淮的妻子，是太尉王凌的妹妹，因王凌犯罪受株连应当一起处死。使者来捉拿她追得很急，郭淮便让她准备行装，按限定的日期出发。州府里的文武官员及百姓都劝郭淮起兵抗拒，郭淮不答应。到了期限，他就打发妻子上路，百姓号哭追赶呼叫的有几万人。走了几十里地，郭淮就让左右侍从把夫人追回来，于是文武官员急忙奔驰，就像去营救即将被斩首者那样地紧急。妻子回来后，郭淮上书司马懿说："我的五个儿子哀痛眷恋，思念他们的母亲，他们的母亲如果死了，那么五个儿子也就没有了；五个儿子如果死了，也就不再有我郭淮了。"司马懿看到后就上表魏帝，特赦了郭淮的妻子。

五

诸葛亮之次渭滨①，关中震动。魏明帝深惧晋宣王战②，乃遣辛毗为军司马③。宣王既与亮对渭而陈④，亮设诱谲万方⑤。宣王果大忿，将欲应之以重兵。亮遣间谍觇之⑥，还曰："有一老夫，毅然仗黄钺⑦，当军门立，军不得出。"亮曰："此必辛佐治也。"

【注释】

①诸葛亮（181—234）：字孔明，三国蜀汉琅邪阳都（今山东沂南）人。初隐居隆中，留心世事，被称为"卧龙"。后刘备三顾茅庐，遂出山，成为刘备的主要谋士，提出联吴抗曹之策，取得赤壁之战的胜利，占领荆州、益州，建立蜀汉政权。曹丕代汉后，拥刘备称帝，任丞相。刘备死，竭尽心力辅佐刘禅。在与司马懿对峙中，病死于五丈原军中。次渭滨：驻扎在渭水旁。次，停留。

②魏明帝：曹叡，字元仲，三国魏第二代君主，在位十余年，谥为明皇帝。晋宣王：司马懿。

③辛毗(pí):字佐治,三国魏颍川阳翟(今河南禹县)人,官至卫尉。魏明帝青龙二年(234)为司马懿军师。军司马:应作"军师"。晋人避司马师之名讳,故改为"军司"。"马"为衍字。

④对渭而陈:隔着渭水对阵。陈,战阵。

⑤设诱谲(jué):指设计诱骗对方。谲,欺骗。万方:千方百计。

⑥觇(chān):窥视,察看。

⑥黄钺(yuè):以黄金为饰之钺,为天子所用。遣大臣出师,持黄钺以示威重,代皇帝行使权力。钺,古兵器,圆刃或平刃,形似斧,有木柄,用以砍斫。

【译文】

诸葛亮率军驻扎在渭水之滨,关中为之震动。魏明帝很怕司马懿出兵应战,就派辛毗任军师。宣王已经与诸葛亮隔着渭水对阵,诸葛亮千方百计设计诱骗对方出战。司马懿果然大怒,准备用重兵来应战。诸葛亮派间谍去探看对方的动静,间谍回来报告说:"有一位老人,神情坚毅地手拿黄钺,在军营门口站着,军队无法出来。"诸葛亮说:"这人必定是辛佐治了。"

六

夏侯玄既被桎梏[①],时钟毓为廷尉[②],钟会先不与玄相知[③],因便狎之[④]。玄曰:"虽复刑余之人[⑤],未敢闻命[⑥]!"考掠初无一言[⑦],临刑东市[⑧],颜色不异。

【注释】

①夏侯玄(209—254):字太初(亦作"泰初"),三国魏谯县(今安徽亳州)人。为早期玄学领袖。曾任魏征西将军,都督雍、凉州诸

军事。中书令李丰等拟谋杀司马师，而以夏侯玄取代。事泄被杀。桎梏(zhì gù)：脚镣和手铐。

②钟毓(yù)：魏太傅钟繇长子。廷尉：掌刑狱之官。

③钟会：魏太傅钟繇少子。相知：互相交好。

④因便：乘机，顺便。狎(xiá)：亲近而态度不庄重，意指戏辱。

⑤刑余之人：受过刑的人。

⑥未敢闻命：婉词，意为不愿听你摆布。

⑦考掠：指拷问、刑讯逼供。初：根本，从来。

⑧东市：汉代在长安东市处死犯人，后即指刑场。

【译文】

夏侯玄被捕戴上脚镣手铐后，当时钟毓担任廷尉，钟会先前和夏侯玄并没有什么交情，乘机戏辱夏侯玄。夏侯玄说："我虽然已是受过刑的人，也不敢遵命！"对他刑讯逼供也根本不说一句话，解赴刑场将要行刑之时，还是面不改色。

七

夏侯泰初与广陵陈本善[①]。本与玄在本母前宴饮，本弟骞行还[②]，径入，至堂户。泰初因起曰："可得同，不可得而杂。"

【注释】

①夏侯泰初：即夏侯玄。广陵：郡名，治所汉代在今扬州，三国魏时移治淮阴(今江苏淮阴西南甘罗城)。陈本：字休元，三国魏临淮东阳(今安徽天长西北)人。历官郡府、廷尉、镇北将军。

②骞(qiān)：陈骞，字休渊，陈本之弟，官至大司马。

【译文】

夏侯玄与广陵陈本友好。陈本请夏侯玄一起在母亲跟前喝酒，陈本的弟弟陈骞外出回家，径直朝里走，到了母亲住的堂屋门口。夏侯玄于是就起身说："我可以与志趣相同者交往，但不能与不相投的人交往杂处。"

八

高贵乡公薨①，内外喧哗②。司马文王问侍中陈泰曰③："何以静之？"泰云："唯杀贾充以谢天下④。"文王曰："可复下此不⑤？"对曰："但见其上，未见其下⑥。"

【注释】

①高贵乡公：曹髦（241—260），魏国皇帝。字彦士，曹丕之孙。初封高贵乡公，嘉平六年（254），司马师废曹芳，立其为帝。因不甘做司马昭的傀儡，率领数百宿卫攻司马昭，为司马昭亲信贾充率将士杀死。死后无号，史称"高贵乡公"。

②内外：指朝廷内外。

③司马文王：司马昭，谥文王。侍中：侍候皇帝左右的官员。陈泰：字玄伯，三国魏颍川许昌（今属河南）人，陈群之子。官至尚书右仆射、光禄大夫。

④谢：认罪。

⑤下此：指比杀死贾充次一等的办法。

⑥上：指更重的处理。下：指更轻的处理。

【译文】

高贵乡公曹髦被杀后，朝廷内外议论纷纷。司马昭问侍中陈泰说："用什么办法使局势安定下来？"陈泰说："只有杀掉贾充来向天下人谢罪这个办法。”司马昭说：“可以再想一个次一等的办法吗？”陈泰答道：“只有比这更重的处置，而不可能有比这更轻的处置了。”

九

和峤为武帝所亲重[①]，语峤曰：“东宫顷似更成进[②]，卿试往看。”还，问：“何如？”答云：“皇太子圣质如初[③]。”

【注释】

①和峤：晋武帝时为中书令，转侍中，甚被器重。武帝：晋武帝司马炎。

②东宫：太子所居之官，亦指太子。太子司马衷(259—307)，字正度，史称痴呆不任事。公元290年至306年在位，初由贾后专权，引起八王之乱，诸王相继执政，形同傀儡。后被毒死。成进：成熟长进。

③圣质：指太子的资质。

【译文】

和峤为武帝所亲近敬重，武帝对和峤说：“太子最近好像更加成熟长进了，你试着去看一看。”和峤看了回来，武帝问他：“怎么样？”和峤答道：“太子的资质和当初一样。”

一〇

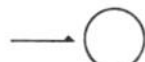

诸葛靓后入晋[①]，除大司马[②]，召不起。以与晋室有仇[③]，常背洛水而坐。与武帝有旧[④]，帝欲见之而无由，乃请诸葛妃呼靓[⑤]。既来，帝就太妃间相见。礼毕，酒酣，帝曰：“卿故复忆竹马之好不[⑥]？”靓曰：“臣不能吞炭漆身[⑦]，今日复睹圣颜。”因涕泗百行。帝于是惭悔而出。

【注释】

①入晋：诸葛靓(jìng)仕吴为右将军、大司马，吴国灭亡后，他到了晋的都城洛阳。

②除：拜官授职。大司马：官名，上公之一，位在三公之上。

③与晋室有仇：诸葛靓之父诸葛诞原为魏将，后为吴臣，257 年，诸葛诞以寿春叛，被司马昭所杀，故与晋有杀父之仇。

④旧：指交情。

⑤诸葛妃：司马懿子琅邪王伷的王妃，为诸葛靓之姊，也是司马炎的叔母。后文之“太妃”亦为诸葛妃。

⑥竹马之好：指儿时的友情。竹马，儿童玩具，当马骑的竹竿。

⑦吞炭漆身：事见《战国策·赵策》。战国时韩、魏、赵合力杀智伯，智伯的门客豫让为替其报仇，漆身为癞，吞炭为哑，改变容貌声音，想刺杀赵襄子，事败而死。后即喻指矢志复仇。

【译文】

诸葛靓后来到了晋朝，拜官大司马，他却不肯担任。因为他与晋朝王室有杀父之仇，所以常常背对洛水而坐不愿面向洛阳。他与武帝司马炎有交情，武帝想见他又没有什么理由，就请诸葛妃把诸葛靓叫来。诸葛靓来后，武帝就到太妃这里来和他相见。见过礼后，大家畅快地饮酒，武帝说：“你还记得我们小时候一起玩耍的乐趣吗？”诸葛靓说：“我不能像豫让那样吞炭漆身为父报仇，所以今天得以再见到圣上的容颜。”说着涕泪满面。武帝于是就惭愧悔恨而去。

一一

武帝语和峤曰[①]：“我欲先痛骂王武子[②]，然后爵之[③]。”

峤曰:"武子俊爽,恐不可屈。"帝遂召武子,苦责之,因曰:"知愧不?"武子曰:"尺布斗粟之谣[4],常为陛下耻之!它人能令疏亲,臣不能使亲疏,以此愧陛下。"

【注释】

①武帝:晋武帝司马炎。

②王武子:王济,字武子。

③爵之:封给他爵位。

④尺布斗粟之谣:见《史记·淮南衡山列传》,记汉文帝弟淮南厉王刘长以谋反罪被流放,途中绝食而死。民谣讽之曰:"一尺布,尚可缝;一斗粟,尚可舂。兄弟二人,不能相容。"讥讽汉文帝不能容纳兄弟。当时武帝命同母弟齐王司马攸离开京城到封地,情况类似,故王济举汉民谣以刺之。

【译文】

武帝对和峤说:"我要先痛骂王济,然后再给他封爵位。"和峤道:"王济这人俊迈豪爽,恐怕不能使他屈服。"武帝就召见王济,狠狠地责骂他一通,接着问他:"知道羞愧吗?"王济道:"汉代有'尺布斗粟'之谣,我常常替陛下感到耻辱!别人能叫疏远的人亲近,我却不能使亲近的人疏远,为此我愧对陛下。"

一二

杜预之荆州[1],顿七里桥[2],朝士悉祖[3]。预少贱,好豪侠,不为物所许[4]。杨济既名氏雄俊[5],不堪,不坐而去。须臾,和长舆来[6],问:"杨右卫何在?"客曰:"向来,不坐而去。"长舆曰:"必大夏门下盘马[7]。"往大夏门,果大阅骑,长舆抱内车[8]，共载归，坐如初。

【注释】

①杜预(222—284)：字元凯，京兆杜陵(今陕西西安东南)人，司马昭妹夫。任镇南大将军、都督诸军事，以灭吴之功封当阳侯。多谋略，号称"杜武库"。博学多通，参预制定《晋律》，所著《春秋左氏经传集解》流传至今，收入《十三经注疏》。

②顿：屯驻。七里桥：在洛阳东郊。

③祖：原称祭祀路神，后亦指送行。

④物：人，公众。许：赞许。

⑤杨济：字弘通，晋弘农华阴(今属陕西)人，官至右卫将军、太子太傅，为武帝皇后父亲杨骏之弟，后与杨骏同时被诛。雄俊：杰出英俊之士。

⑥和长舆：和峤，字长舆。

⑦大夏门：位于洛阳城北的城门。盘马：骑着马盘旋。

⑧内：通"纳"。

【译文】

杜预到荆州赴任，屯驻在七里桥，朝廷人士都来为他送行。杜预年轻时地位低微，好行侠义，不为公众所赞许。杨济既是出身名门的杰出英俊之士，不能忍受这种情况，到了那里没有落座就走了。不一会儿，和峤来了，问道："杨右卫将军在哪里？"有宾客说："刚才来过，没有落座就走了。"和峤说："他必定在大夏门下骑马盘旋。"于是便前往大夏门，果然杨济在那里检阅骑兵。和峤就将杨济抱入车里，一起乘车回到七里桥，像当初那样坐下来参加宴饮。

一三

杜预拜镇南将军，朝士悉至，皆在连榻坐[1]。时亦有裴叔则[②]。羊稚舒后至[③]，曰："杜元凯乃复连榻坐客！"不坐便去。杜请裴追之，羊去数里住马，既而俱还杜许[④]。

【注释】

①连榻：可坐数人的坐榻。连榻待客有怠慢之嫌。

②裴叔则：裴楷，字叔则。

③羊稚舒：羊琇，字稚舒，晋泰山南城(今属山东)人。司马师妻羊氏的叔父。少与司马炎亲狎，为司马炎谋划。使其得以立为太子，故为武帝所宠信。官至左卫将军、中护军、加散骑常侍。

④既而：不久。许：处所。

【译文】

杜预担任镇南将军时，朝廷人士都来祝贺，大家都在连榻上落座。当时入座的还有裴楷。羊琇后到，说："杜元凯竟然让客人坐在连榻上！"他没有入座就走了。杜预请裴楷去追羊琇，他走了几里路勒住了马，不久两人一起回到了杜预处。

一四

晋武帝时，荀勖为中书监[①]，和峤为令。故事[②]，监、令由来共车[③]。峤性雅正[④]，常疾勖谄谀[⑤]。后公车来[⑥]，峤便登，正向前坐，不复容勖。勖方更觅车，然后得去。监、令各给车自此始[⑦]。

【注释】

①荀勖(xù，？—289)：字公曾，颍阴(今河南许昌)人。初仕魏，入晋后领秘书监，进光禄大夫，尚书令等。中书监：官名。中书在

汉朝时由宦官担任，总管宫廷文书奏章。魏文帝改为中书令，增设中书监，同掌机密。

②故事：成例，旧日的典章制度。

③由来：向来。

④雅正：方正，端方正直。

⑤疾：恨。谄谀(chǎn yú)：奉承，巴结。

⑥公车：官车。

⑦给车：供应车子。

【译文】

晋武帝时，荀勖担任中书监，和峤担任中书令。按照惯例，中书监和中书令一向是同乘一辆车的。和峤性格方正，常常痛恨荀勖的奉承讨好。后官车来到，和峤就先上车，正对着前面端坐，再也容不下荀勖坐了。荀勖这才重新找车，然后才能走。为中书监和中书令各自提供一辆车子就是从此开始的。

一五

山公大儿著短帢①，车中倚。武帝欲见之，山公不敢辞，问儿，儿不肯行。时论乃云胜山公。

【注释】

①山公：山涛。大儿：长子，名该，字伯伦，西晋时官至左卫将军。短帢(qià)：古代士人戴的一种便帽。

【译文】

山涛的长子戴着一顶便帽，正靠在车中。武帝想见他，山涛不敢推辞，就去问儿子，儿子不肯去。当时人评论就认为儿子胜过山涛。

一六

向雄为河内主簿[①]，有公事不及雄，而太守刘淮横怒[②]，遂与杖遣之[③]。雄后为黄门郎[④]，刘为侍中[⑤]，初不交言。武帝闻之，敕雄复君臣之好[⑥]。雄不得已，诣刘，再拜曰："向受诏而来，而君臣之义绝[⑦]，何如？"于是即去。武帝闻尚不和，乃怒问雄曰："我令卿复君臣之好，何以犹绝？"雄曰："古之君子，进人以礼，退人以礼；今之君子，进人若将加诸膝，退人若将坠诸渊。臣于刘河内[⑧]，不为戎首[⑨]，亦已幸甚，安复为君臣之好？"武帝从之。

【注释】

①向雄：字茂伯，晋河内山阳（今河南修武西北）人。官至黄门侍郎、泰州刺史、河南尹。后因固谏忤旨，忧愤而死。河内：郡名，治所在今河南沁阳。

②刘淮：字君平，西晋时人，历官河内太守、侍中、尚书仆射、司徒，曾任镇东将军。淮，应作"準"，名準，字君平，古人的名与字有意义上的联系。"準"有水平、水準之义，故"淮"为"準"之误。横怒：暴怒。

③杖遣：处以杖责并予驱逐。

④黄门郎：黄门侍郎，皇帝身边侍从、传达诏命的官。

⑤侍中：亦在皇帝身边侍从、出入皇宫的亲信之官。

⑥敕：命令。

⑦君臣：指上下级、长官与属吏之间的关系。

⑧刘河内：刘淮（準）曾为河内太守，故称。

⑨戎首：指发动战争的祸首，亦指挑起事端者。

【译文】

向雄担任河内主簿时，有一件公事没有送到向雄处，而太守刘淮暴怒，便处以杖责并加革职。向雄后来担任黄门侍郎，刘淮担任侍中，起初两人互不说话。武帝听说此事，就命令向雄与刘淮恢复原来的关系。向雄没有办法，便到刘淮那里，再拜行礼后说："我受皇帝的诏命而来，而原来我们之间的上下级情义已经断绝，你认为怎么样？"说完就走了。武帝听说他们还是不和，就怒问向雄说："我命你去恢复关系，为什么还是绝交呢？"向雄说："古代的君子，举荐人时合乎礼义，贬退人时也合乎礼义；现在的君子，举荐人时像要把他放在膝上似地疼爱，贬退人时像要把他推落深渊似地仇视。我对于刘河内，不做挑起事端者，就已是很幸运的了，怎么可能再去恢复上下级的旧好呢？"武帝只好随他去了。

一七

齐王冏为大司马①，辅政，嵇绍为侍中，诣冏咨事②。冏设宰会③，召葛旟、董艾等共论时宜④。旟等白冏："嵇侍中善于丝竹⑤，公可令操之。"遂送乐器，绍推却不受。冏曰："今日共为欢，卿何却邪？"绍曰："公协辅皇室，令作事可法。绍虽官卑，职备常伯⑥，操丝比竹⑦，盖乐官之事，不可以先王法服⑧，为伶人之业⑨。今逼高命⑩，不敢苟辞⑪，当释冠冕⑫，袭私服⑬，此绍之心也。"旟等不自得而退。

【注释】

①齐王冏：字景治，西晋齐王司马攸之子，袭封齐王。赵王司马伦篡位，冏起兵杀伦，拜大司马，执掌朝政。信用小人，日益骄恣，后为长沙王司马乂所杀。

②咨事：请示公事。

③宰会：设宴邀请僚属聚会。宰，指朝中官员。

④葛旟(yú)：字虚旟，西晋齐王司马冏的属官。董艾：字叔智，亦为司马冏属官。他与葛旟同为司马冏的亲信，起兵杀赵王司马伦后，司马冏辅政，他们即专执威权。时宜：指适合当时的措施。

⑤嵇侍中：嵇绍任侍中，故称。丝竹：弦乐器和管乐器。

⑥备：充当，充任。常伯：指皇帝近臣。

⑦操丝比竹：指演奏乐器。

⑧法服：古代礼法规定的官服。

⑨伶人：乐师。

⑩高命：尊命。

⑪苟辞：随便推辞。

⑫冠冕：官员所戴的礼帽，此指官服。

⑬袭：穿。

【译文】

齐王司马冏担任大司马，辅佐朝政时，嵇绍担任侍中，到司马冏那里去请示公事。司马冏设宴邀请僚属来集会，召来葛旟、董艾等一起讨论适合时势的措施。葛旟等报告司马冏说：“嵇侍中擅长丝竹管弦乐器，主公可以让他弹奏一曲。”于是叫人送上乐器，嵇绍推辞不肯接受。司马冏说：“今天大家共同欢乐，您何必推辞呢？”嵇绍说：“您协助辅佐皇室，所作的事应该值得效法。我虽然官职卑微，也算忝列皇帝的近臣。弹奏音乐，原本是乐官的事，我不能身穿先王的官服，来做伶人的事情。现在我迫于尊命，不敢随便推辞，应当脱去官服，穿上便装，这就是我的心愿了。”葛旟等不能得逞只好退席。

一八

卢志于众坐问陆士衡[①]：“陆逊、陆抗是君何物[②]？”答曰："如卿于卢毓、卢珽③。"士龙失色④。既出户，谓兄曰："何至如此！彼容不相知也⑤。"士衡正色曰："我父、祖名播海内，宁有不知？鬼子敢尔⑥！"议者疑二陆优劣，谢公以此定之⑦。

【注释】

①卢志：字子道，晋范阳涿（今河北涿州）人。历官邺令、成都王司马颖长史、中书监。永嘉末，转尚书。陆士衡：陆机，字士衡。

②陆逊（183—245）：陆机祖父。本名议，字伯言，三国吴之名将。善谋略，曾打败刘备，取得夷陵之战的胜利，官至丞相。陆抗（226—274）：陆机父亲。字幼节，亦为吴名将，孙皓时任大司马、荆州牧。何物：什么人。

③卢毓：卢志祖父。字子家，三国魏时拜黄门侍郎，后为吏部尚书、司空。卢珽：卢志父亲。字子笏，官至尚书。

④士龙：陆云（262—303），字士龙，吴郡华亭（今上海松江）人，曾任清河内史转大将军右司马等职。以文学知名，与其兄陆机并称为"二陆"。陆机遇害后亦被杀。

⑤容：也许，或许。

⑥鬼子：鬼的子孙。据《孔氏志怪》，卢志的祖先卢充在郊外入崔少府墓，与崔氏亡女成婚，三日后回家。崔氏怀孕生子，四年后送子还给卢充。此儿生卢植，后为马融之高足，历仕博士、九江、庐江太守、尚书。卢植即为卢毓的父亲，也就是卢志的曾祖。尔：如此。

⑦谢公：谢安。

【译文】

卢志在众人聚会的场合问陆机："陆逊、陆抗是你什么人？"陆机答道："就像你和卢毓、卢珽的关系一样。"陆云听了大惊失色。出门之后，他对兄长说："何必要弄成这样呢！他也许不知道我们的身世呢。"陆机严肃地说："我们的父亲和祖父英名扬天下，他岂有不知之理？这鬼子鬼孙竟敢这样！"当时舆论对二陆的优劣难以分辨，谢安即根据此事来判定他们的优劣。

一九

羊忱性甚贞烈[①]。赵王伦为相国[②]，忱为太傅长史[③]，乃版以参相国军事[④]。使者卒至[⑤]，忱深惧豫祸[⑥]，不暇被马[⑦]，于是帖骑而避[⑧]。使者追之，忱善射，矢左右发，使者不敢进，遂得免。

【注释】

①羊忱（？—311）：一名陶，字长和，泰山郡南城（今山东新泰羊流）人。善书法，历官太傅长史、扬州刺史、侍中。

②赵王伦：赵王司马伦。相国：司马伦于永康元年（300）四月，杀贾后及大臣张华等，自为相国，都督中外诸军，专朝政。

③太傅长史：太傅的属官。太傅，大臣的加衔。长史，魏晋时丞相、三公、都督府、将军府均设长史。

④版：指书写于木版上之文书。时赵王伦专朝政，故用版诏的形式授以官职。参相国军事：官名，相国府属下的参军事官，亦称参军。

⑤卒：同"猝"，忽然。

⑥豫祸：参与到祸事中，受祸害牵累。豫，通"与"，参与。

⑦被马：给马加上鞍勒。

⑧帖骑：指骑上没有鞍勒之马，贴身在马背上骑。

【译文】

羊忱的性子非常正直刚烈。赵王伦当相国时，羊忱担任太傅长史，就下版诏授给羊忱以参相国军事之职。使者突然来了，羊忱深怕受祸害牵连，来不及给马加上鞍勒，就贴着马背骑上马逃避。使者追他，羊忱善于射箭，就忽左忽右地放箭，使者不敢追逼，羊忱这才得以脱身。

二〇

王太尉不与庾子嵩交[①]，庾卿之不置[②]。王曰："君不得为尔[③]。"庾曰："卿自君我[④]，我自卿卿。我自用我法，卿自用卿法。"

【注释】

①王太尉：王衍。庾子嵩：庾敳。

②卿之：称他为"卿"。卿，第二人称，你。之，代词，他。不置：不停止。

③尔：如此。

④君：指称呼。

【译文】

王衍不和庾敳交往，庾敳却不停地用"卿"来称呼他。王衍说："你不可以如此称呼我。"庾敳说："你自用君来称呼我，我自用卿来称呼你。我自用我的叫法，你自用你的叫法。"

二一

阮宣子伐社树[①]，有人止之。宣子曰："社而为树，伐树则社亡;树而为社,伐树则社移矣。”

【注释】

①阮宣子:阮修,字宣子。社:土地神,此指土地神庙或土地神坛。

【译文】

阮修砍伐土地庙旁的树,有人制止他。阮修说:“如果土地神就是树,那砍伐了树,土地神就不存在了;如果树就是土地神,那砍伐了树,土地神也就搬走了。”

二二

阮宣子论鬼神有无者。或以人死有鬼,宣子独以为无,曰:“今见鬼者云,著生时衣服,若人死有鬼,衣服复有鬼邪?”

【译文】

阮修谈论鬼神有没有的问题,有人认为人死后有鬼,只有阮修认为没有,说:“现在那些自称见到鬼的人,说鬼穿着生前的衣服,如果人死了有鬼,那衣服也有鬼吗?”

二三

元皇帝既登阼[①],以郑后之宠[②],欲舍明帝而立简文[③]。时议者咸谓舍长立少,既于理非伦[④],且明帝以聪亮英断,益宜为储副[⑤]。周、王诸公并苦争恳切[⑥]。唯刁玄亮独欲奉少主[7]，以阿帝旨[8]。元帝便欲施行，虑诸公不奉诏，于是先唤周侯、丞相入[9]，然后欲出诏付刁。周、王既入，始至阶头，帝逆遣传诏遏[10]，使就东厢。周侯未悟，即却略下阶[11]。丞相披拨传诏[12]，径至御床前，曰："不审陛下何以见臣[13]？"帝默然无言，乃探怀中黄纸诏裂掷之。由此皇储始定。周侯方慨然愧叹曰："我常自言胜茂弘[14]，今始知不如也！"

【注释】

①元皇帝：晋元帝司马睿，初为安东将军，317年，王导等拥立为帝。登阼(zuò)：指即位。阼，帝王嗣位时所上的台阶。

②郑后：郑阿春，晋河南郡荥阳(今属河南)人。元帝纳为琅邪夫人，得宠，生简文帝司马昱。孝武帝时追尊为简文太后。

③明帝：晋明帝司马绍，元帝长子，公元322年至325年在位。简文：晋简文帝司马昱，公元371年至372年在位。

④非伦：不合伦理道德。

⑤益：更。储副：储君，太子。

⑥周、王：指周顗、王导。二人为辅佐晋元帝之重臣。

⑦刁玄亮：刁协(？—322)，字玄亮，渤海饶安(今河北盐山西南)人。元帝心腹，任尚书令。为人刚悍，崇上抑下，为朝臣所侧目。王敦以除刁协为名举兵攻入建康杀之。

⑧阿：迎合，阿谀。

⑨周侯：周顗。丞相：王导。

⑩逆：预先。遏(è)：阻止。

⑪却略：倒退着走。

⑫披拨：用手拨开。

⑬审：知道。

⑭茂弘：王导，字茂弘。

【译文】

晋元帝登上帝位后，因为宠爱郑后，就想废掉长子司马绍改立郑后所生的司马昱。当时议论者都认为舍弃长子改立幼子，在道理上不合伦常，并且司马绍聪明果断，更适宜于立为太子。周顗、王导等诸位大臣都竭力恳切地争辩。只有刁协一人想拥戴幼主，以迎合元帝的心意。元帝于是想实施这个主意，又怕诸位大臣不肯接受诏令，就先叫周顗、王导入朝，然后准备拿出诏书交给刁协。周顗、王导进来后，刚走到台阶前，元帝预先派遣传诏者，让他们到东厢房去。周顗尚未醒悟过来，就倒退着下了台阶。王导则用手拨开传诏者，径直走到皇帝坐榻前说："不知道陛下为什么召见臣下？"元帝默然无言，就从怀里拿出黄色诏书来撕碎扔掉它。从此太子才确定下来。周顗这才感慨惭愧地叹道："我常自认为胜过王导，现在才知道不如他啊！"

二四

王丞相初在江左①，欲结援吴人②，请婚陆太尉③。对曰："培塿无松柏④，薰莸不同器⑤。玩虽不才⑥，义不为乱伦之始⑦。"

【注释】

①王丞相：王导。江左：江东。长江下游以东地区，此指东晋辖区。

②结援：以结交来求得援助。吴人：江左本吴郡地域，故称江左人士为吴人。此指南方的士族。

③请婚：请求通婚。陆太尉：陆玩，吴郡人，死后赠太尉。

④培塿(pǒu lǒu)：小土丘。

⑤薰莸(yóu):香草和臭草。

⑥不才:无才,自谦之词。

⑦乱伦:这里指门第不相当。东晋门阀制度下,高门士族不与寒门庶族通婚。陆氏为吴中大姓,看不起北方来的王导。

【译文】

王导刚到江东时,想结交吴地的士人,便去向陆玩请求通婚。陆玩回答他道:"小土丘上长不出松柏这样的大树,香草和臭草不能放在同一个器皿里。我虽然无才,道义上也不能够第一个做有违门第的事。"

二五

诸葛恢大女适太尉庾亮儿[①],次女适徐州刺史羊忱儿。亮子被苏峻害[②],改适江虨[③]。恢儿娶邓攸女。于时谢尚书求其小女婚[④]。恢乃云:"羊、邓是世婚,江家我顾伊,庾家伊顾我,不能复与谢裒儿婚。"及恢亡,遂婚。于是王右军往谢家看新妇[⑤],犹有恢之遗法:威仪端详,容服光整。王叹曰:"我在遣女,裁得尔耳[⑥]!"

【注释】

①诸葛恢:字道明,晋琅邪阳都(今山东沂南)人。诸葛靓之子。元帝时为江宁令。愍帝时为尚书郎、会稽太守。元帝太兴初,以政绩第一受赏。明帝时拜为侍中、吏部尚书。成帝加侍中、金紫光禄大夫等。

②苏峻(? —328):字子高,长广挺县(今山东莱阳南)人。元帝时为鹰扬将军,以平王敦之功进冠军将军,有锐卒二万。庾亮执政,谋解除其兵权,征入朝为大司农。后与祖约起兵攻入京城,

专擅朝政，被温峤、陶侃等击败。

③江虨(bīn)：字思玄，晋陈留(今河南开封东北)人。博学知名，善弈，为一时之冠。官至尚书左仆射、护军将军。

④谢尚书：谢裒(póu)，谢安之父，字幼儒。晋建武元年(317)，为晋琅邪王府掾吏，拜参军，转郡尉。后历官侍中、吏部尚书。晋初时，世家大族中王、诸葛并称，谢氏后起，所以诸葛恢看不起谢氏，拒绝请婚。

⑤王右军：王羲之。看新妇：古礼结婚时有看新妇的节目。

⑥裁：通"才"。尔：如此。

【译文】

诸葛恢的大女儿嫁给太尉庾亮的儿子，二女儿嫁给徐州刺史羊忱的儿子。庾亮的儿子被苏峻杀害后，诸葛恢的大女儿改嫁江虨。诸葛恢的儿子娶了邓攸的女儿。当时尚书谢裒请求诸葛恢把小女儿嫁给自己的儿子。诸葛恢说："羊家、邓家和我们是世代通婚的姻亲，江家是我顾念他，庾家是他顾念我，我家不能再与谢裒儿子结为婚姻了。"等到诸葛恢死后，两家才通婚。于是王羲之就去谢家看新娘子，新娘子还有诸葛恢留下的气度：行为举止端庄安详，仪容服饰华丽整齐。王羲之叹道："我在嫁女儿时，才不过得以如此而已！"

二六

周叔治作晋陵太守[①]，周侯、仲智往别[②]。叔治以将别，涕泗不止。仲智恚之曰[③]："斯人乃妇女，与人别，唯啼泣！"便舍去。周侯独留，与饮酒言话，临别流涕，抚其背曰："奴好自爱[④]。"

【注释】

①周叔治：周谟，字叔治，周顗的二弟，东晋明帝时为后军将军，成帝时官至中护军，封西平侯。晋陵：治所在今江苏常州。

②周侯：周顗。仲智：周嵩，字仲智，周顗弟，周谟之兄。东晋元帝时官拜御史中丞。性格正直侠义。王敦杀害周顗后派人来凭吊，为其拒绝，后亦为王敦所杀。

③恚(huì)：恨，怒。

④奴：长兄对小弟的昵称。

【译文】

周谟赴任晋陵太守时，周顗、周嵩去送别。周谟因为兄弟将要分别，止不住涕泪交流。周嵩对此很恼怒，说："你是妇人，与人分别，只知道哭哭啼啼的！"说完就先走了。周顗单独留下来，和周谟喝酒说话，临别流着眼泪，拍着弟弟的背说："小弟，你要好自珍重啊。"

二七

周伯仁为吏部尚书①，在省内②，夜疾危急。时刁玄亮为尚书令③，营救备亲好之至④，良久小损⑤。明旦，报仲智⑥，仲智狼狈来⑦。始入户，刁下床对之大泣⑧，说伯仁昨危急之状。仲智手批之⑨，刁为辟易于户侧⑩。既前，都不问病⑪，直云："君在中朝⑫，与和长舆齐名⑬，那与佞人刁协有情⑭！"径便出。

【注释】

①周伯仁：周顗，字伯仁。

②省：官署。此指尚书省。

③刁玄亮：刁协，字玄亮。尚书令：官名，尚书省长官，负责政令。

④备：指全力、竭力。至：极。

⑤小损：指病情减缓。

⑥仲智：周嵩，字仲智。

⑦狼狈：指慌忙。

⑧床：坐榻。

⑨批：用手掌打。

⑩辟（bì）易：退避。

⑪都：完全。

⑫中朝：指西晋。

⑬和长舆：和峤，字长舆。

⑭那：何，疑问词。

【译文】

周颛担任吏部尚书时，一天夜里在吏部官署里发病，病情很危急。当时刁协当尚书令，设法全力营救病人，表现得极为亲密友好，过了很久周颛的病情才稍有减轻。第二天早上，通报了周嵩，周嵩慌忙赶来。刚刚进门，刁协就下了坐榻对着周嵩大哭起来，说了周颛昨天晚上病情危急的状况。周嵩听后就打了刁协一个巴掌，刁协退避到了门边。周嵩走到周颛面前，完全不问病情，直截了当地对周颛说："你在洛阳时与和长舆齐名。哪里与专门奉承人的刁协有什么交情！"说完就径直出来走了。

二八

王含作庐江郡①，贪浊狼籍②。王敦护其兄，故于众坐称："家兄在郡定佳，庐江人士咸称之。"时何充为敦主簿，在坐，正色曰："充即庐江人，所闻异于此！"敦默然。旁人为之反侧[3]，充晏然神意自若[4]。

【注释】

①庐江郡：治所在舒县(今安徽庐江西南)。

②狼籍：亦作“狼藉”，散乱，不可收拾，此指行为不检点，名声极坏。

③反侧：转侧，形容不安。

④晏然：安详的样子。

【译文】

王含担任庐江郡太守时，贪污腐败，声名狼藉。王敦袒护他哥哥，特意在大庭广众中称赞道：“家兄在郡内必定政绩很好，庐江人士都称颂他。”当时何充担任王敦的主簿，也在座，严肃地说：“我何充就是庐江人，所听到的与这个说法不一样！”王敦默不作声。旁边的人都为他感到不安，何充却神态安详自如。

二九

顾孟著尝以酒劝周伯仁[1]，伯仁不受。顾因移劝柱，而语柱曰：“讵可便作栋梁自遇[2]？”周得之欣然，遂为衿契[3]。

【注释】

①顾孟著：顾显，字孟著，晋吴郡吴县(今江苏苏州)人，顾荣的侄子。少有重名，元帝太兴中为散骑侍郎。周伯仁：周顗。

②讵：岂，怎。遇：对待。

③衿(jīn)契：情投意合的好朋友。

【译文】

顾显曾经向周顗劝酒，周顗推辞不喝。顾显于是就转身向柱子劝酒，并对柱子说道："怎么可以就把自己当作栋梁来对待呢？"周顗听了很高兴，便和顾显成为情投意合的好朋友。

三〇

明帝在西堂[①]，会诸公饮酒，未大醉，帝问："今名臣共集，何如尧、舜时[②]？"周伯仁为仆射[③]，因厉声曰："今虽同人主，复那得等于圣治！"帝大怒，还内，作手诏满一黄纸，遂付廷尉令收[④]，因欲杀之。后数日，诏出周，群臣往省之[⑤]。周曰："近知当不死，罪不足至此。"

【注释】

①明帝：晋明帝司马绍。

②尧、舜：唐尧、虞舜为古代传说中的圣明帝王，有许多贤臣辅佐。

③周伯仁：周顗。仆射（yè）：尚书仆射，即尚书省主事官员。当时分左右仆射，周顗任左仆射。

④廷尉：官名，掌刑狱。收：逮捕。

⑤省：看望。

【译文】

晋明帝在西堂，会集诸位大臣在一起饮酒，还不到大醉的程度，明帝问道："今天名臣共集一堂，比起尧舜时的盛况怎么样？"当时周顗作为尚书左仆射，便高声说道："如今虽然同为人主，又怎么能够与古时的圣明之治等同起来呢！"明帝大怒，回到内宫，亲手写了满满一张黄纸的诏书，就交给廷尉命令逮捕周顗，想因此杀了他。过了几天，又下诏书释放周顗，大臣们都去看望他。周顗说："近来我知道自己不应当死，我的罪过还不到死的地步。"

三一

王大将军当下[①]，时咸谓无缘尔[②]。伯仁曰："今主非尧、舜，何能无过？且人臣安得称兵以向朝廷[③]？处仲狼抗刚愎[④]，王平子何在[⑤]？"

【注释】

①王大将军：王敦。下：指王敦于元帝永昌年间(322)以除刘隗、刁协为名起兵，从武昌东下建康。

②缘：缘由，原因。尔：如此。

③称兵：起兵。

④处仲：王敦，字处仲。狼抗：骄傲，怪戾。刚愎：倔强任性。

⑤王平子：王澄，字平之。

【译文】

大将军王敦将要领兵东下京城，当时人都认为他没有理由这样做。周顗说："如今的皇上不是尧舜，怎么能没有过错？况且臣下怎么能举兵向朝廷进攻呢？处仲为人狂妄自大，倔强任性，那平子又在哪里？"

三二

王敦既下[①]，住船石头[②]，欲有废明帝意[③]。宾客盈坐，敦知帝聪明，欲以不孝废之。每言帝不孝之状，而皆云："温太真所说[④]。温尝为东宫率[⑤]，后为吾司马[⑥]，甚悉之。"须臾，温来，敦便奋其威容，问温曰："皇太子作人何似？"温曰："小人无以测君子。"敦声色并厉，欲以威力使从己，乃重问温:“太子何以称佳?”温曰:“钩深致远[7],盖非浅识所测。然以礼侍亲,可称为孝。”

【注释】

①下:指王敦永昌元年(322)举兵东下。

②石头:即石头城,为东晋军事重镇。故址在今江苏南京清凉山。

③明帝:司马绍。

④温太真:温峤。

⑤东宫率:太子的侍卫官。

⑥司马:将军府属官,综理一府之事。

⑦钩深致远:见《周易·系辞上》:“探赜索隐,钩深致远。”意谓探究深奥的义理,搜索隐秘的事迹,钩求深远之术,获致远大的前途。

【译文】

王敦领兵东下后,把船只停泊在石头城,有想要废黜明帝的意图。当宾客满座时,王敦知道明帝很聪明,就想用不孝的罪名废掉他,便常讲明帝不孝的情况,并一再称:“这是温峤说的。温峤曾经当过东宫率,后来做我的司马,很熟悉这些情形。”一会儿,温峤来了,王敦便拼命摆出威严的脸色,问温峤道:“皇太子为人怎么样?”温峤说:“小人无法测度君子。”王敦声色俱厉,想用威力迫使温峤顺从自己,就重新问温峤:“你凭什么称太子好?”温峤说:“太子钩求深远之术,获致远大的前途,那不是我浅薄的见识所能测度的。但是他能按礼数来侍奉双亲,可以称得上是克尽孝道。”

三三

王大将军既反[1],至石头,周伯仁往见之[2]。谓周曰:“卿何以相负[③]？”对曰：“公戎车犯正[④]，下官忝率六军[⑤]，而王师不振，以此负公。”

【注释】

①王大将军：王敦。

②周伯仁：周顗。

③卿何以相负：王敦指责周顗辜负了他。周顗曾为杜弢所困，投奔王敦，王敦收留了他，便以为自己有恩于周顗，故见到周顗时指责其辜负自己。

④戎车犯正：指起兵谋反。戎车，兵车。

⑤忝（tiǎn）：谦辞，表示辱没他人，自己惭愧。六军：指朝廷的军队。

【译文】

王敦谋反后，到了石头城，周顗前去看他。王敦对周顗说：“你为什么辜负我？”周顗回答道：“您兴兵冒犯朝廷，我惭愧地率领六军迎战，只是王师不能奋勇作战，因此而辜负了您。”

三四

苏峻既至石头，百僚奔散，唯侍中钟雅独在帝侧[①]。或谓钟曰：“见可而进，知难而退[②]，古之道也。君性亮直[③]，必不容于寇雠，何不用随时之宜，而坐待其弊邪[④]？”钟曰：“国乱不能匡[⑤]，君危不能济[⑥]，而各逊遁以求免[⑦]，吾惧董狐将执简而进矣[⑧]！”

【注释】

①侍中：侍从皇帝左右的官。帝：晋成帝司马衍。

②见可而进，知难而退：语见《左传·宣公十二年》："见可而进，知难而退，军之善政也。"谓作战时要见机而动，形势不利则退却。可，合适。

③亮直：诚实正直。

④弊：通"毙"。

⑤匡：匡扶，辅佐。

⑥济：救助。

⑦逊遁：退避。

⑧董狐：春秋时晋国的史官，为古代良史的代表。《左传·宣公二年》载，晋灵公十四年（前607）晋卿赵盾因避灵公杀害而出走，未出境，其族人赵穿杀灵公。董狐认为责任在赵盾，故在史书上写："赵盾弑其君。"孔子誉之为"良史"。

【译文】

苏峻的叛军到了石头城时，朝中百官都逃散了，只有侍中钟雅一个人随侍在成帝身旁。有人对钟雅说："作战时要见机而动，形势不利时就退却，这是自古以来的道理。您生性诚实正直，必定不能为仇敌宽容，何不用随时适合的办法来应对，而要坐以待毙呢？"钟雅说："国家混乱不能匡扶，君主危急不能救助，却各自退避以求免祸，我怕董狐就要拿竹简前来记载了！"

三五

庾公临去[①]，顾语钟后事[②]，深以相委[③]。钟曰："栋折榱崩[④]，谁之责邪？"庾曰："今日之事，不容复言，卿当期克复之效耳[⑤]。"钟曰："想足下不愧荀林父耳[⑥]。"

【注释】

①庾公临去：咸和二年(327)，苏峻反，328年京城陷藩，晋成帝被迁于石头，百官奔散，时为帝舅、掌朝政的中书令庾亮出逃。庾公，庾亮。

②顾：回头。钟：钟雅。

③深：深切。委：委托，托付。

④栋折榱(cuī)崩：梁椽折坏，比喻国家倾覆。栋，房屋正梁。榱，椽子。

⑤期：盼望，期望。克复：指打败苏峻叛军，收复京都。

⑥荀林父：春秋时晋国大臣，曾带兵出战，为楚所败，但晋侯纳谏未予惩处。三年后率军大败赤狄，晋侯予以重赏。

【译文】

庾亮在离开京城时，回头告诉钟雅今后的事情，殷切地委托。钟雅说："朝廷倾覆，是谁的责任呢？"庾亮说："今天的事，不允许再说了，您应当期望打败叛军，收复京都的结果而已。"钟雅说："想来您不愧为荀林父那样的主帅吧。"

三六

苏峻时①，孔群在横塘为匡术所逼②。王丞相保存术③，因众坐戏语，令术劝群酒，以释横塘之憾④。群答曰："德非孔子，厄同匡人⑤。虽阳和布气⑥，鹰化为鸠⑦，至于识者，犹憎其眼。"

【注释】

①苏峻时：指苏峻举兵攻入京城之时。

②孔群：字敬休，晋会稽山阴(今浙江绍兴)人。官至御史中丞。横

塘：在今南京西南。匡术：原为阜陵令，后随苏峻反叛，得宠。苏峻攻入京城后，逼成帝迁入石头城，将百姓聚于后苑，命匡术防守。苏峻败，匡术归降晋室。

③王丞相：王导。

④释：消除。憾：仇恨。

⑤德非孔子，厄同匡人：谓自己在德行上比不上孔子，但所受到的困厄却与孔子被匡人围困时一样。据《孔子家语》，孔子曾受困于匡人，子路怒而欲战，孔子予以阻止，让子路弹剑，自己唱歌相和，终于使匡人解除了围困。

⑥阳和布气：谓早春二月融和的春气布撒大地。

⑦鹰化为鸠：比喻恶人放下屠刀。《夏小正》："鹰则为鸠。鹰也者，其杀之时也；鸠也者，非杀之时也。善变而之仁，故具之。"鸠，布谷鸟。

【译文】

苏峻叛乱时，孔群在横塘被匡术逼迫过。丞相王导保全了匡术，一次趁众人在座说笑谈话时，王导叫匡术向孔群劝酒，来消除彼此在横塘时结下的仇怨。孔群回答说："我的德行不如孔子，而遭遇的困厄却同他受到匡人的逼迫一样。虽然早春二月融和之气布撒大地，嗜杀之鹰鸟变为播谷之鸠，但对于能识别者来说，还是憎恶它的眼睛。"

三七

苏子高事平①，王、庾诸公欲用孔廷尉为丹阳②。乱离之后，百姓凋弊，孔慨然曰："昔肃祖临崩③，诸君亲升御床④，并蒙眷识⑤，共奉遗诏。孔坦疏贱，不在顾命之列⑥。既有艰难，则以微臣为先，今犹俎上腐肉⑦，任人脍截耳⑧！"于是拂衣而去，诸公亦止。

【注释】

①苏子高：苏峻。事平：指苏峻之乱平定。

②王、庾诸公：指王导、庾亮等。孔廷尉：孔坦，官至廷尉卿。丹阳：郡名，晋时治所在建业(今江苏南京)，为护卫京都的重要地区，设丹阳尹之职。

③肃祖：晋明帝庙号。

④御：对皇帝所用之物的敬称。

⑤眷识：顾念赏识。

⑥顾命：《尚书》有《顾命》篇，记周成王临终遗命，后即指皇帝的遗诏。

⑦俎(zǔ)：切肉的砧板。

⑧脍(kuài)截：切割。脍，切细的鱼肉。

【译文】

苏峻之乱平定后，王导、庾亮等大臣想任命孔坦为丹阳尹。那时正是战乱流离之后，老百姓生活困苦，孔坦感慨地说："过去肃祖临终之时，诸位都亲临皇帝床前，一起蒙受皇上的顾念赏识，共同接受遗诏。孔坦我既疏远又微贱，不在接受遗诏之列。现在有了艰难，就把我这小臣放在最前面，我就像砧板上的一块腐肉，任凭别人切割罢了！"说完就拂袖而去，诸位大臣也就此作罢。

三八

孔车骑与中丞共行[①]，在御道逢匡术[②]，宾从甚盛，因往与车骑共语。中丞初不视，直云："鹰化为鸠，众鸟犹恶其眼。”术大怒,便欲刃之。车骑下车,抱术曰:“族弟发狂[3],卿为我宥之[4]!”始得全首领。

【注释】

①孔车骑:孔愉,字敬康,晋会稽山阴(今浙江绍兴)人。与同郡张茂字伟康、丁潭字世康齐名,时人号为“会稽三康”。官尚书仆射、会稽内史等,死后赠车骑将军。中丞:孔群。

②御道:皇帝车骑通行的道路。

③族弟:同高祖的兄弟。

④宥:原谅,宽恕。

【译文】

孔愉与孔群一起同行,在御道上遇到了匡术,后面跟着的宾客、随从很多,匡术便前去和孔愉说话。孔群开始不看匡术,只是说:“老鹰虽然变成了布谷鸟,其他鸟还是憎恶它的眼睛。”匡术听了大怒,就想杀了他。孔愉下了车,抱着匡术说:“我的同族兄弟发疯了,您看在我的分上宽恕他吧!”孔群这才得以保全性命。

三九

梅颐尝有惠于陶公[1]。后为豫章太守,有事,王丞相遣收之[2]。侃曰:“天子富于春秋[3],万机自诸侯出[4],王公既得录[5],陶公何为不可放?”乃遣人于江口夺之。颐见陶公,拜,陶公止之。颐曰:“梅仲真膝,明日岂可复屈邪?”

【注释】

①梅颐:字仲真,晋汝南西平(今属河南)人。官豫章太守、领军司

马。陶公：陶侃。

②王丞相：王导。

③富于春秋："年轻"的婉转说法。

④万机：指朝廷日常纷繁的政务。诸侯：此指有权势的大臣高官如王导等。

⑤录：逮捕。

【译文】

梅颐曾经对陶侃有过恩惠。后来梅颐担任豫章太守，出了事，王导派人逮捕了他。陶侃说："皇上年纪很轻，日常繁忙的公务都由大臣来定，王导既然能够逮捕梅颐，我陶侃为什么不能把他放掉？"他便派人在江口夺回梅颐。梅颐见到陶侃，跪拜，陶侃拦住了他。梅颐说："我梅仲真的双膝，明天难道可以再下跪吗？"

四〇

王丞相作女伎[①]，施设床席。蔡公先在座[②]，不说而去[③]，王亦不留。

【注释】

①王丞相：王导。伎：歌女，舞女。

②蔡公：蔡谟，字道明，晋陈留考城（今河南民权东北）人。历官侍中、太常、征北将军、都督徐兖青州诸军事、徐州刺史等，性方雅、博学，深谋远虑，为时所重。

③说：同"悦"。

【译文】

丞相王导安排了女伎表演歌舞，铺设了坐榻席位。蔡谟事先就已在座,这时候很不高兴地走了,王导也不挽留他。

四一

何次道、庾季坚二人并为元辅[①]。成帝初崩[②],于时嗣君未定[③]。何欲立嗣子[④],庾及朝议以外寇方强,嗣子冲幼[⑤],乃立康帝[⑥]。康帝登阼[⑦],会群臣,谓何曰:"朕今所以承大业,为谁之议?"何答曰:"陛下龙飞[⑧],此是庾冰之功,非臣之力。于时用微臣之议,今不睹盛明之世。"帝有惭色。

【注释】

①何次道:何充,字次道。庾季坚:庾冰,字季坚。元辅:指辅佐皇帝的大臣。

②成帝:晋成帝司马衍。

③嗣君:继承帝位的君主。

④嗣子:嫡长子。

⑤冲幼:幼小。

⑥康帝:司马岳,字世同,成帝司马衍之同母弟,公元343年至344年在位。

⑦登阼(zuò):即位。

⑧龙飞:比喻皇帝即位。语出《周易·乾卦》:"九五,飞龙在天,利见大人。"

【译文】

何充、庾冰二位同时担任辅政大臣。成帝刚驾崩,当时继位的君主尚未确定。何充想立嫡长子为帝,庾冰及朝臣的议论认为外敌正强盛,嫡长子年纪幼小,于是便立了康帝。康帝即位时,会见群臣,对何充说:

"我现在所以能够继承大业,是谁的提议?"何充答道:"陛下登上皇位,这是庾冰的功劳,不是我的力量。当时如果用了我的建议,那么今天就看不到现在的太平盛世了。"康帝听了,面有惭愧之色。

四二

江仆射年少[①],王丞相呼与共棋[②]。王手尝不如两道许[③],而欲敌道戏[④],试以观之。江不即下。王曰:"君何以不行?"江曰:"恐不得尔。"傍有客曰:"此年少戏乃不恶。"王徐举首曰:"此年少非唯围棋见胜。"

【注释】

①江仆射:江虨(bīn)曾任尚书仆射,故称。

②王丞相:王导。

③手:指棋艺。道:指围棋的格子,一道格子一颗棋,故以"道"称棋子。许:表示大约估计的词。

④敌道戏:指下棋时双方对等,互不让子。

【译文】

江虨年轻时,丞相王导叫他一起来下围棋。王导的棋艺曾经比江虨差两子左右,而这次他想与对方对等下棋,看看对方怎么样。江虨没有立即下子。王导说:"你为什么不走?"江虨说:"恐怕不能这样。"旁边有位宾客说:"这位年轻人的棋艺却不错。"王导慢慢地抬头说:"这位年轻人不只是以围棋见长而已。"

四三

孔君平疾笃[①],庾司空为会稽[②],省之[③]。相问讯甚至[④],

为之流涕。庾既下床，孔慨然曰："大丈夫将终，不问安国宁家之术，乃作儿女子相问！"庾闻，回谢之[5]，请其话言。

【注释】

①孔君平：孔坦，字君平。疾笃：病重。

②庾司空：庾冰。为会稽：任会稽内史。

③省（xǐng）：看望。

④问讯：问候。至：周到，恳切。

⑤谢：道歉。

【译文】

孔坦病重，庾冰当时任会稽内史，前去看望他。庾冰问候的话极为周到，还为孔坦流了泪。庾冰离开坐榻后，孔坦感慨地说："大丈夫将死，你不问安国宁家的办法，却做出一般小儿女的样子来问候我！"庾冰听到后，转身向孔坦道歉，请他说出临终遗言。

四四

桓大司马诣刘尹[1]，卧不起。桓弯弹弹刘枕，丸迸碎床褥间。刘作色而起曰："使君[2]，如馨地宁可斗战求胜[3]？"桓甚有恨容[4]。

【注释】

①桓大司马：桓温。刘尹：刘惔。

②使君：对州郡长官的尊称。

③如馨（xīn）：如此，这样。

④恨容：愤恨的神情。太和四年（369）桓温与前燕战，兵败枋头（今河南浚县）。刘惔"斗战求胜"触其痛处，故"甚有恨容"。

【译文】

大司马桓温去拜访刘惔，刘惔躺着不起床，桓温就拿弹弓弹射刘惔的枕头，弹丸迸碎后掉在被褥之间。刘惔变了脸色起床说："使君，难道打仗可以用这样的办法来求胜吗？"桓温脸上露出很恼恨的神色。

四五

后来年少多有道深公者[①]，深公谓曰："黄吻年少[②]，勿为评论宿士[③]。昔尝与元明二帝、王庾二公周旋[④]。"

【注释】

①深公：东晋名僧竺法深。

②黄吻：雏鸟嘴黄，喻指黄口小儿，年轻人。吻，口边，唇边。

③宿士：指有声望、有学问的前辈。宿，年老的，久经其事的。

④元明二帝：晋元帝司马睿和晋明帝司马绍。王庾二公：王导和庾亮。周旋：交际应酬。

【译文】

后辈年轻人有很多议论竺法深的。竺法深对他们说："黄口小儿，不要评论前辈名士。我过去曾经与元帝、明帝两位皇帝以及王导、庾亮两位前辈名士交往应酬过。"

四六

王中郎年少时[①]，江虨为仆射[②]，领选[③]，欲拟之为尚书郎[④]。有语王者，王曰："自过江来，尚书郎正用第二人[⑤]，何得拟我！"江闻而止。

【注释】

①王中郎：王坦之曾领北中郎将，故称。

②仆射：有左、右仆射，江虨曾任尚书左仆射。

③领选：掌管选取官员之事。

④拟：拟议。尚书郎：尚书属官，主管文书起草。

⑤正：止，仅。第二人：第二流人物。指寒庶之门的人。晋代重门阀，王坦之为世家子弟，故不愿充此任。

【译文】

王坦之年轻的时候，江虨担任尚书左仆射，掌管选取官员之责，准备提议他为尚书郎。有人告诉王坦之，王坦之说："自从过江以来，尚书郎只用第二流人物来担任，怎么可能用我呢！"江虨听到后就不提此事了。

四七

王述转尚书令①，事行便拜②。文度曰③："故应让杜、许④。"蓝田云："汝谓我堪此不⑤？"文度曰："何为不堪！但克让自是美事⑥，恐不可阙⑦。"蓝田慨然曰⑧："既云堪，何为复让？人言汝胜我，定不如我。"

【注释】

①转：迁调官职。

②拜：授官，拜官。

③文度：王坦之，字文度，王述之子。

④故：固，毕竟。杜、许：事迹不详。

⑤堪：胜任。

⑥克让：能谦让。

⑦阙：同“缺”。

⑧蓝田：王述袭父爵为蓝田侯，故称。

【译文】

王述调任尚书令，任命一下就立即授官。王坦之说：“总应当让位给杜、许吧。”王述说：“你说我能胜任这职务吗？”王坦之道：“为什么不能胜任！但是能够谦让自然是好事，恐怕是不可以缺少的。”王述感慨地说：“既然说能胜任，又为什么再谦让？别人说你胜过我，我说你必定不如我。”

四八

孙兴公作《庾公诔》[①]，文多托寄之辞。既成，示庾道恩[②]。庾见，慨然送还之，曰：“先君与君自不至于此。”

【注释】

①孙兴公：孙绰。《庾公诔（lěi）》：哀悼庾亮的文章。诔，叙述死者生平以示哀悼的文章。

②庾道恩：庾羲，字叔和，小字道恩，庾亮之子，东晋时官建威将军、吴国内史。

【译文】

孙绰写了一篇《庾公诔》，文章中寄托了很多深情厚谊之辞。文章写成后，拿给庾羲看。庾羲看了，很有感慨地送还给孙绰，说：“先父与您，原本并没有如此深厚的情谊。”

四九

王长史求东阳[①]，抚军不用[②]。后疾笃，临终，抚军哀叹曰："吾将负仲祖[3]。"于此命用之。长史曰："人言会稽王痴[4]，真痴。"

【注释】

①王长史：王濛，曾任司徒左长史。求东阳：请求做东阳郡太守。

②抚军：指简文帝司马昱，曾任抚军大将军。

③仲祖：王濛字仲祖。

④会稽王：司马昱曾封会稽王。

【译文】

王濛请求担任东阳郡太守，抚军司马昱不用他。后来王濛病重，将要离世了，抚军司马昱哀叹说："我恐怕是对不起仲祖了。"于是下令任用他。王濛说："人说会稽王痴愚，是真的痴愚啊。"

五〇

刘简作桓宣武别驾[1]，后为东曹参军[2]，颇以刚直见疏。尝听记[3]，简都无言。宣武问："刘东曹何以不下意[4]？"答曰："会不能用[5]。"宣武亦无怪色。

【注释】

①刘简：字仲约，晋南阳（今属河南）人。官至大司马参军。桓宣武：桓温。别驾：官名，刺史的佐吏。

②东曹参军：州郡属官。

③记：教、命等公文。

④下意：指发表意见。

⑤会：当然，应当。

【译文】

刘简任宣武侯桓温的别驾,后来担任东曹参军,因为性格刚烈正直受到疏远。他曾经听取桓温有关教、命等公文的指示,刘简什么都不说。桓温问:“刘东曹你为什么不发表一点意见啊?”刘简答道:“想来是不会被采用的。”桓温听了也没有责怪的神色。

五一

刘真长、王仲祖共行①,日旰未食②。有相识小人贻其餐③,肴案甚盛④,真长辞焉。仲祖曰:“聊以充虚⑤,何苦辞?”真长曰:“小人都不可与作缘⑥。”

【注释】

①刘真长:刘惔。王仲祖:王濛。

②日旰(gàn):天晚。

③小人:魏晋时士族称奴仆、吏役及各行业普通百姓为“小人”。

④肴案:指菜肴。案,端饭菜用的木盘。

⑤充虚:充饥。

⑥作缘:结交,交往。

【译文】

刘惔、王濛一同出行,到天晚了还没有吃饭。有个相识的小人送给他们饭食,菜肴很丰盛,刘惔推辞不吃。王濛说:“暂且用来充饥,何必推辞!”刘惔说:“小人全都不可以与他们打交道。”

五二

王修龄尝在东山①,甚贫乏。陶胡奴为乌程令②,送一船米遗之[3]。却不肯取[4]，直答语："王修龄若饥，自当就谢仁祖索食[5]，不须陶胡奴米。"

【注释】

①王修龄：王胡之。东山：在今浙江上虞，为当时名士隐居之地。

②陶胡奴：陶范，小字胡奴，东晋时人，陶侃之子。出身寒门。乌程：晋属吴兴郡，在今浙江湖州南。

③遗：赠与。

④却：不受。

⑤谢仁祖：谢尚，字仁祖。王、谢为东晋大族。

【译文】

王胡之曾经在东山住过，生活很贫困。陶范当乌程县令时，送了一船米赠给他。王胡之退还不受，直率地回话说："我王修龄如果挨饿，自然会到谢仁祖那里讨吃的，不需要陶胡奴的米。"

五三

阮光禄赴山陵[1]，至都，不往殷、刘许[2]，过事便还。诸人相与追之，阮亦知时流必当逐己[3]，乃遄疾而去[4]，至方山不相及[5]。刘尹时为会稽[6]，乃叹曰："我入，当泊安石渚下耳[7]，不敢复近思旷傍。伊便能捉杖打人[8]，不易。"

【注释】

①阮光禄：阮裕，字思旷。赴山陵：指去赴成帝的葬礼。山陵：帝王的坟墓。引申指帝王丧事。

②殷、刘：殷浩、刘惔。许：处所。

③时流：当时的名流。

④遄(chuán)疾：急速。

⑤方山：山名，在今江苏江宁东。六朝时为交通要道，是商旅聚集之处。

⑥刘尹：刘惔。

⑦安石：谢安，字安石。渚(zhǔ)：水中间的小块陆地。

⑧伊：他。捉：握，拿。

【译文】

阮裕去赴成帝的葬礼。到了京都，不到殷浩、刘惔的住所去，参加过葬礼就回家了。许多名士一起去追赶他，阮裕也知道当时的名流一定会来追赶自己，便急速地离开了，一直到方山也没有赶上。刘惔当时正要到会稽任职，就叹息说："我东下进入会稽，应当把船停泊在安石住所旁的小洲岸边，不敢再靠近思旷身旁了。他即便能拿着拐杖来打人，也不那么容易打到我了。"

五四

王、刘与桓公共至覆舟山看[①]。酒酣后，刘牵脚加桓公颈。桓公甚不堪，举手拨去。既还，王长史语刘曰[②]："伊讵可以形色加人不[③]？"

【注释】

①王、刘：王濛、刘惔。桓公：桓温。覆舟山：在今江苏南京东北，钟山西部因形如覆舟，故名。

②王长史：王濛。

③形色：指脸色。魏晋时以喜怒不形于色为上。

【译文】

王濛、刘惔与桓温一同到覆舟山去游览。畅饮之后，刘惔提起脚来架在桓温的脖子上。桓温难以忍受，举起手来把刘惔的脚拨开。回来之后，王濛对刘惔说："他难道可以拿脸色给人看吗？"

五五

桓公问桓子野[①]："谢安石料万石必败[②]，何以不谏？"子野答曰："故当出于难犯耳[③]。"桓作色曰[④]："万石挠弱凡才[⑤]，有何严颜难犯！"

【注释】

①桓公：桓温。桓子野：桓伊，字叔夏，小字子野，晋谯国铚（今属安徽）人。官至豫州刺史，赠右将军。

②谢安石：谢安。万石：谢万，谢安弟。

③犯：抵触，违逆。

④作色：变色。

⑤挠（náo）弱：懦弱。

【译文】

桓温问桓伊："谢安石料到谢万石必定会被打败，为什么不劝告他？"桓伊回答道："大概是由于他难以接受不同的意见吧。"桓温变了脸色说："谢万石是懦弱的庸才，有什么威严的辞色令人难以违逆的呢！"

五六

罗君章曾在人家[①]，主人令与坐上客共语。答曰："相识已多,不烦复尔。”

【注释】

①罗君章:罗含,字君章,东晋桂阳枣阳(今属湖南)人。有文才,初为州主簿,后为桓温推重,官至廷尉、长沙相。

【译文】

罗含曾在别人家里作客,主人让他与在座的宾客一起说话。罗含答道:“相知已经很多了,不必再如此烦劳了。”

五七

韩康伯病[①],拄杖前庭消摇[②]。见诸谢皆富贵[③],轰隐交路[④],叹曰:“此复何异王莽时[⑤]!”

【注释】

①韩康伯:韩伯,字康伯。

②消摇:同“逍遥”,漫步散心。

③诸谢:指谢安与弟谢石及侄谢玄等人。

④轰隐交路:指车马来往于道路上的隆隆响声。

⑤王莽(前45—23):字巨君,汉魏郡元城(今河北大名)人,汉元帝皇后之侄。西汉末,以外戚掌握政权,后毒死平帝,自称假皇帝。初始元年(8)称帝,改国为新,在位十五年。赤眉、绿林等攻入长安时被杀。

【译文】

韩康伯病了,扶着拐杖在前院消遣,看到谢安家族富贵荣华,门前车马轰响来往不绝,便感叹道:“这和王莽时候又有什么不同!”

五八

王文度为桓公长史时[①]，桓为儿求王女，王许咨蓝田[②]。既还，蓝田爱念文度[③]，虽长大犹抱著膝上。文度因言桓求己女婚。蓝田大怒，排文度下膝，曰："恶见[④]！文度已复痴，畏桓温面[⑤]？兵，那可嫁女与之！"文度还报云："下官家中先得婚处。"桓公曰："吾知矣，此尊府君不肯耳。"后桓女遂嫁文度儿。

【注释】

①王文度：王坦之。桓公：桓温。长史：将军府的属官。

②蓝田：王述，封蓝田侯，王坦之父亲。咨：商议。

③爱念：怜爱。

④恶见：佛家语，指不好的见解。

⑤畏桓温面：怕伤了桓温的面子。

【译文】

王坦之当桓温长史的时候，桓温为自己的儿子向王坦之的女儿求婚，王坦之去同父亲蓝田侯王述商议。王坦之回到家后，王述非常怜爱王坦之，即使儿子长大成人了还是抱着他放在膝上。王坦之便借机说了桓温为儿子向自己女儿求婚的事。王述听了大怒，把王坦之推下膝，说："真是不善之见！你竟然又发痴了，你怕伤了桓温的面子吗？一个当兵的人，怎么可以把女儿嫁给他呢！"王坦之回报桓温道："我家里先前已经给女儿找到夫家了。"桓温说："我知道了，这是令尊不肯罢了。"后来桓温的女儿便嫁给了王坦之的儿子。

五九

王子敬数岁时[1]，尝看诸门生樗蒱[2]，见有胜负，因曰："南风不竞[3]。"门生辈轻其小儿，乃曰："此郎亦管中窥豹[4]，时见一斑。"子敬瞋目曰[5]："远惭荀奉倩[6]，近愧刘真长[7]。"遂拂衣而去。

【注释】

①王子敬：王献之，字子敬。

②门生：指依附于世家大族门下的寒士。樗蒱（chū pú）：古代的一种赌博游戏。

③南风不竞：比喻指竞赛的一方力量不强。语出《左传·襄公十八年》，谓师旷能从乐声中测出楚师士气不振，没有战斗力。南风，南方的音乐。不竞，乐声低微。

④郎：指王献之。

⑤瞋（chēn）：瞪大眼睛以示愤怒。

⑥荀奉倩：荀粲，字奉倩，三国魏人。

⑦刘真长：刘惔。

【译文】

王献之几岁时，曾看家里门下人玩赌博游戏，见到有胜有负，就说："南风不竞。"门下人轻视他是个小孩子，便说："这位小郎也只是用管子窥豹，只见一点斑纹罢了。"王献之瞪大眼睛说："远一点的人我只愧对荀粲，近点的人我只愧对刘惔！"说完就拂袖而去。

六〇

谢公闻羊绥佳[1]，致意令来[2]，终不肯诣。后绥为太学博士[3],因事见谢公,公即取以为主簿[4]。

【注释】

①谢公:谢安。羊绥:字仲彦,东晋泰山(今属山东)人。官至中书侍郎。

②致意:传达意思。

③太学博士:学官名,当时的太学教授官。

④主簿:官名,大臣幕府中的重要僚属。

【译文】

谢安听说羊绥这人很优秀,就请人传达意思让他来,但他始终不肯登门拜访。后来羊绥做了太学博士,因有事见到谢安,谢安立即起用他当主簿。

六一

王右军与谢公诣阮公[1],至门,语谢:“故当共推主人[2]。”谢曰:“推人正自难。”

【注释】

①王右军:王羲之。谢公:谢安。阮公:阮裕。

②故:毕竟。推:推崇,赞许。

【译文】

王羲之与谢安去拜访阮裕,到了阮裕家门口,王羲之对谢安说:“应当一起推崇主人。”谢安说:“推崇别人恰好是件难事。”

六二

太极殿始成[①]，王子敬时为谢公长史[②]，谢送版[③]，使王题之。王有不平色，语信云[④]："可掷著门外。"谢后见王，曰："题之上殿何若？昔魏朝韦诞诸人[⑤]，亦自为也。"王曰："魏祚所以不长[⑥]。"谢以为名言。

【注释】

①太极殿：东晋武帝初建成的宫殿。

②王子敬：王献之。谢公：谢安。

③版：指用作匾额的木板。

④信：使者。

⑤魏朝：公元220年魏文帝曹丕废汉称帝建魏朝，265年，为晋所灭。韦诞诸人：指魏明帝时的书法家韦诞及东汉灵帝时书法家梁鹄。韦诞曾题凌云台。

⑥祚：指国运。

【译文】

太极殿刚刚建成，王献之当时担任谢安的长史，谢安令人把用作匾额的木板送来，让王献之书写。王献之露出愤愤不平的脸色，对使者说："可以把它扔在门外。"谢安后来见到王献之，说："把匾额挂上殿去书写怎么样？过去魏朝韦诞等人，也都写过的。"王献之说："这就是魏朝国运不长的原因。"谢安认为这是名言。

六三

王恭欲请江卢奴为长史[①]，晨往诣江，江犹在帐中。王坐，不敢即言，良久乃得及。江不应，直唤人取酒，自饮一碗，又不与王。王且笑且言："那得独饮？"江云："卿亦复须邪？"更使酌于王，王饮酒毕，因得自解去。未出户，江叹曰："人自量，固为难。"

【注释】

①江卢奴：江敳（ái），字仲凯，小字卢奴，东晋济阳（今属山东）人。江彪之子，历官黄门侍郎、骠骑咨议。

【译文】

王恭想聘请江敳担任长史，一早就前去拜访江敳，江敳还在床帐中高卧未起。王恭坐在那里，不敢立即言明来意，过了很久才说了出来。江敳没有反应，只是叫人拿酒来，独自喝了一碗，也不给王恭喝。王恭边笑边说："哪里可以一人独自喝酒呢？"江敳说："您也需要喝吗？"就再叫人斟酒给王恭，王恭喝完了酒，借机脱身而去。王恭尚未出门，江敳叹息道："一个人能够估量自己，原来是很难的。"

六四

孝武问王爽[①]："卿何如卿兄[②]？"王答曰："风流秀出[③]，臣不如恭，忠孝亦何可以假人！"

【注释】

①孝武：东晋孝武帝司马曜。王爽：王恭之弟。

②卿兄：即王爽之兄王恭。

③风流：风度。秀出：优美出众。

【译文】

孝武帝问王爽："你和你的兄长相比怎么样？"王爽答道："风度优美出众，我不如王恭，至于忠孝又怎么可以让给别人！"

六五

王爽与司马太傅饮酒[①]。太傅醉，呼王为"小子"。王曰："亡祖长史[②]，与简文皇帝为布衣之交[③]。亡姑、亡姊[④]，伉俪二宫。何小子之有？"

【注释】

①司马太傅：司马道子。

②亡祖长史：指王濛，官至司徒左长史。

③简文皇帝：司马昱。

④亡姑：王濛女穆之为晋哀帝皇后。亡姊：指王爽姊法惠为晋孝武帝皇后。

【译文】

王爽和司马道子一起喝酒。司马道子喝醉了，叫王爽为"小子"。王爽说："我先祖父长史，与简文帝是布衣之交。已去世的姑母和姐姐，是两宫的皇后。哪有什么小子呢？"

六六

张玄与王建武先不相识[①]，后遇于范豫章许[②]，范令二人共语。张因正坐敛衽[③]，王孰视良久[④]，不对。张大失望，便去。范苦譬留之[⑤]，遂不肯住。范是王之舅，乃让王曰[⑥]："张玄,吴士之秀,亦见遇于时⑦,而使至于此,深不可解。”王笑曰:“张祖希若欲相识,自应见诣。”范驰报张,张便束带造之⑧。遂举觞对语,宾主无愧色。

【注释】

①王建武:王忱,官至建武将军,故称。

②范豫章:范宁,曾官至豫章太守。许:处所。

③敛衽(rèn):整理衣襟,表示恭敬。

④孰视:即“熟视”,仔细看。

⑤苦譬:极力譬解。

⑥让:责备。

⑦见遇于时:为当时人所赏识。遇,遇合,为人所赏识。

⑧束带:腰中束带、穿着整齐,以示端庄。造:拜访。

【译文】

张玄和王忱先前并不相识,后来在范宁那里遇到,范宁让两人一起说说话。张玄就整好衣襟正襟危坐,王忱却久久地注目细看张玄,没有答对。张玄非常失望,便要离开。范宁极力解劝他留下,张玄终于不肯留下来。范宁是王忱的舅父,就责备王忱说:“张玄是吴地士人中的优秀人物,也为时贤所赏识敬重,而你却使他到了这种地步,很令人不可理解。”王忱笑道:“张玄如果想与我相识,自然应当来见我。”范宁赶快把话报知张玄,张玄就穿戴整齐来拜访王忱。两人便举杯对话,宾主两人都没有什么惭愧的神色。

雅量第六

【题解】

雅量，指为人具有宽广之胸怀、淡定之气度、优雅之涵养。古人讲求修身正己，《荀子·修身》："见善，修然必以自存也。见不善，愀然必以自省也。善在身，介然必以自好也。不善在身也，灾然必以自恶也。"修身、齐家、治国、平天下，人的气度就是在这一过程中慢慢历练而成。

本篇共有四十二则，如嵇康"临刑东市，神色不变"、裴楷"被收，神气无变"、庾敳所谓"以小人之虑，度君子之心"、祖约好财、阮孚好屐等故事，反映了魏晋士人志存高远、淡泊宁静、宠辱不惊、虚怀若谷、视死如归的胸怀和气度。

一

豫章太守顾劭[①]，是雍之子[②]。劭在郡卒，雍盛集僚属，自围棋。外启信至，而无儿书，虽神气不变，而心了其故[③]，以爪掐掌，血流沾褥。宾客既散，方叹曰："已无延陵之高[④]，岂可有丧明之责[⑤]！"于是豁情散哀[⑥]，颜色自若。

【注释】

①顾劭:字孝则,三国吴吴郡吴县(治今江苏苏州)人。官至豫章太守。

②雍:顾雍(168—243),字元叹,曾得到蔡邕的赞赏。孙权时历任会稽太守、尚书令,后任丞相,执政达十九年。

③了:明白。

④延陵之高:指季札行事高尚旷达。延陵,季札又称公子札,春秋时吴国贵族,封于延陵(今江苏常州),称延陵季子。其评论《诗经》与处理长子之丧等均得到孔子的赞赏。本文所言季札事,见于《礼记·檀弓下》,谓季札到齐国聘问,回程中,长子死,下葬于嬴、博之间,孔子前往参观葬礼。葬处十分简单,季札哭了三遍,并说其长子回到土里是命,其精神则无所不在。孔子认为季札所为很合乎礼数。

⑤丧明之责:指子夏受到死了儿子而哭瞎眼睛的指责。事见《礼记·檀弓上》,谓孔子的学生子夏哭子失明,曾子去慰问他。子夏说自己没有任何过错,曾子生气地说他有三错:事奉夫子,老了退处西河,使西河人把他比为夫子;自己的长辈死了,老百姓也没有听到他有什么特别的表现,死了儿子就哭瞎了眼睛。子夏听了,立即丢掉手杖拜服,承认自己错了。

⑥豁:消散,消除。

【译文】

豫章太守顾劭,是顾雍的儿子。顾劭在郡守的任上死的时候,顾雍正在大请同僚部属聚会,自己在下围棋。外面禀报信使来了,却没有儿子的信,顾雍虽然神色不变,但心里已明白其中的原因了,顾雍用指甲掐自己的手掌,掐得血流出来沾染了坐垫上的褥子。等到宾客都散去后,才叹息道:“我已经没有季札那样的高尚旷达了,难道可以再受因丧子而哭瞎眼睛的责备吗!”于是顾雍就排除悲痛和哀伤的情绪,神色坦然自如。

二

嵇中散临刑东市[①]，神色不变，索琴弹之，奏《广陵散》[②]。曲终，曰："袁孝尼尝请学此散[③]，吾靳固不与[④]，《广陵散》于今绝矣！"太学生三千人上书[⑤]，请以为师，不许。文王亦寻悔焉[⑥]。

【注释】

①嵇中散：嵇康。东市：汉代长安行刑之场所，后用指刑场。

②《广陵散（sǎn）》：琴曲名，又称《广陵止息》，嵇康以善弹此曲著称。

③袁孝尼：袁准。

④靳（jìn）固：吝惜固执。

⑤太学生：朝廷所设最高学府的学生。

⑥文王：司马昭，谥文王。

【译文】

嵇康将在东市被处死时，神色不变。他要来琴弹奏，弹了一曲《广陵散》。弹完后，说："袁孝尼曾经请求跟我学奏此曲，当时我舍不得，便坚拒不教给他，《广陵散》从此要绝传了！"太学生三千人向朝廷上书，请求以嵇康为师，不被准许。嵇康死后不久司马昭也后悔了。

三

夏侯太初尝倚柱作书[①]，时大雨，霹雳破所倚柱，衣服焦然[②]，神色无变，书亦如故。宾客左右皆跌荡不得住[③]。

【注释】

①夏侯太初：夏侯玄，字太初。

②焦然：烧焦的样子。

③跌荡：指神色慌乱，不能遵循礼节，难以控制自己。

【译文】

夏侯玄曾经靠在柱子上写字，当时正下大雨，一声惊雷击破了他所靠的柱子，衣服都烧焦了，但他神色不变，照样写字。宾客和左右的人都东倒西歪控制不住自己。

四

王戎七岁，尝与诸小儿游。看道边李树多子折枝[①]，诸儿竞走取之，唯戎不动。人问之，答曰："树在道边而多子，此必苦李。"取之，信然。

【注释】

①折枝：使树枝弯曲。

【译文】

王戎七岁的时候，曾经与很多小孩子游玩。他们看到路边的李树上长满了李子，把树枝都要压断了。孩子们都抢着跑过去摘李子，只有王戎一个人站着不动。有人问他，他答道："李树在路边却有这么多李子，说明这必定是苦李。"摘下李子来尝一尝，果真是这样。

五

魏明帝于宣武场上断虎爪牙[①]，纵百姓观之[②]。王戎七岁，亦往看。虎承间攀栏而吼，其声震地，观者无不辟易颠仆[③]，戎湛然不动[④]，了无恐色。

【注释】

①魏明帝：曹叡。宣武场：操练场，在洛阳宣武观北面。断：隔断。

②纵：放纵，听任。

③辟（bì）易：避开，退避。颠仆（pū）：跌倒。

④湛（zhàn）然：安适的样子。

【译文】

魏明帝在宣武场把老虎的爪牙包裹起来，听任老百姓来看。王戎当时七岁，也前去观看。老虎乘机攀住围栏大吼起来，吼声震地，观看的人没有不退避跌倒的，王戎则安然不动，毫无恐惧之色。

六

王戎为侍中[①]，南郡太守刘肇遗筒中笺布五端[②]，戎虽不受，厚报其书[③]。

【注释】

①侍中：官名，地位重要，魏晋时相当于宰相。

②南郡：治所在今湖北江陵。刘肇：曾为廷尉，生平不详。笺（jiān）布：指精美的布。遗（wèi）：赠送。端：古代布帛长度名。二丈为一端，相当于一匹。

③厚：深，重。报：答谢。

【译文】

王戎担任侍中时，南郡太守刘肇送给他五匹竹筒中细布，王戎虽然没有接受，却写了书信表示深切答谢之意。

七

裴叔则被收[①]，神气无变，举止自若[②]。求纸笔作书。书成，救者多，乃得免。后位仪同三司[③]。

【注释】

①裴叔则：裴楷。收：逮捕。

②举止：举动。

③仪同三司：指给予三公的待遇，后成为正式官名。

【译文】

裴楷被逮捕，神态不变，举动如常。他索取纸笔来写信。书信写成后，营救他的人很多，才得以免罪。后来他官位做到仪同三司。

八

王夷甫尝属族人事[①]，经时未行[②]。遇于一处饮燕[③]，因语之曰："近属尊事，那得不行？"族人大怒，便举樏掷其面[④]。夷甫都无言，盥洗毕[⑤]，牵王丞相臂[⑥]，与共载去。在车中照镜语丞相曰："汝看我眼光，乃出牛背上[⑦]。"

【注释】

①王夷甫：王衍。属：同"嘱"，托付，请托。

②经时：指很多时间。

③燕：通“宴”。

④樏（lěi）：食盒，有底有隔。

⑤盥（guàn）洗：洗手洗脸。

⑥王丞相：王导。

⑦“汝看我”二句：谓自己风采神韵英俊超迈，不与他人计较。

【译文】

王衍曾经托付族人办事，过了好久也没有办。后在一处宴会上喝酒时遇到，就对那位族人说：“前些日子托付您办事，怎么没有办啊？”族人听了大怒，便拿起食盒来扔到他的脸上。王衍一言不发，盥洗干净后，拉着王导的手臂，和他一起坐车离去。在车子里王衍照着镜子对王导说：“你看我的眼光，竟超出牛背之上。”

九

裴遐在周馥所[①]，馥设主人[②]。遐与人围棋，馥司马行酒[③]。遐正戏，不时为饮[④]。司马恚[⑤]，因曳遐坠地[⑥]。遐还坐，举止如常，颜色不变，复戏如故。王夷甫问遐：“当时何得颜色不异？”答曰：“直是暗当故耳[⑦]。”

【注释】

①周馥：字祖宣，晋汝南（今河南正阳东北）人。晋惠帝时为平东将军，都督扬州诸军事，因讨陈敏有功封永宁伯。后与东海王司马越交恶，元帝派将攻之，兵败，忧愤发病而死。

②设主人：准备酒肴当东道主。设，准备食物。

③行酒：依次斟酒。

④时：按时，及时。

⑤恚(huì):恨,怒。

⑥曳:拉,拖。

⑦直:正。暗:愚昧。

【译文】

裴遐在周馥家中,周馥设宴当东道主。裴遐与人下围棋,周馥的司马依次给客人斟酒。裴遐正忙于下棋,没有及时喝酒。这位司马很恼怒,便把裴遐拉倒在地。裴遐回到座位上,举动如常,神色不变,又照老样子下棋。王衍问裴遐:"你当时怎么能做到神色一点儿也不变呢?"裴遐答道:"他正是愚昧无知才会如此缘故罢了。"

一〇

刘庆孙在太傅府①,于时人士多为所构②。唯庾子嵩纵心事外③,无迹可间④。后以其性俭家富,说太傅令换千万⑤,冀其有吝,于此可乘。太傅于众坐中问庾,庾时颓然已醉,帻堕几上⑥,以头就穿取,徐答云:"下官家故可有两娑千万⑦,随公所取。"于是乃服。后有人向庾道此,庾曰:"可谓以小人之虑,度君子之心。"

【注释】

①刘庆孙:刘玙,一作刘舆,字庆孙,晋中山魏昌(今河北无极)人。刘琨之兄,两人齐名。历官散骑侍郎、中书侍郎、颍川太守、魏郡太守等。太傅:东海王司马越,字元超,讨杨骏有功,封东海王。怀帝永嘉初为丞相,专擅威权,图谋不轨,导致上下离心,忧惧成疾而死。

②构:挑拨离间,陷害。

③庾子嵩：庾敳。纵心：放任其心意。

④间(jiàn)：空隙，裂缝。

⑤说(shuì)：劝说。

⑥帻(zé)：头巾。

⑦两娑(sà)千万：两三千万。娑，当时口语，即"三"之重读。

【译文】

刘舆在太傅司马越那里任职时，当时有很多人士被他设计陷害。只有庾敳一人放纵心意在世事之外，所以没有什么空子可以利用。后来因为庾敳生性俭省而家里很富有，就劝说太傅向庾敳借钱一千万，希望他吝啬不借，在这里找到可乘之机。太傅在大庭广众中问庾敳，庾敳当时已经喝得酩酊大醉，头巾掉在几案上，便用头凑上去戴起来，缓缓地回答说："我家里原有个两三千万，随便公等需要去拿就是。"这时刘舆才真的服了。后来有人向庾敳说到这件事，庾敳说："这就是所谓以小人之心，度君子之腹。"

一一

王夷甫与裴景声志好不同①。景声恶欲取之②，卒不能回③。乃故诣王，肆言极骂，要王答己，欲以分谤④。王不为动色，徐曰："白眼儿遂作⑤。"

【注释】

①王夷甫：王衍。裴景声：裴邈，字景声，晋河东闻喜(今属山西)人。裴頠的堂弟，历官从事中郎、左司马、监东海王军事。

②恶(wù)：厌憎。

③卒：终于。

④分谤：共同承受诽谤。

⑤白眼儿：指人生气时爱翻白眼。儿，轻蔑之辞。

【译文】

王衍与裴邈志趣爱好不同。裴邈很厌恶王衍要任用自己，但最终不能改变王衍的主意。他便特意去拜访王衍，放言大骂王衍，要王答复自己，想借此来与王衍共同承受他人的诽谤。王衍不动声色，缓缓地说："翻白眼的家伙终于发作了。"

一二

王夷甫长裴成公四岁[①]，不与相知[②]。时共集一处，皆当时名士，谓王曰："裴令令望何足计[③]！"王便卿裴[④]。裴曰："自可全君雅志[⑤]。"

【注释】

①王夷甫：王衍。裴成公：裴頠。裴頠死后谥成，故称"裴成公"。

②相知：指相互交往，彼此情谊深厚。

③裴令：裴楷，因任中书令，故称。令望：美好的名望。

④卿裴：用"卿"来称呼裴頠。

⑤雅：尊称对方的敬词。

【译文】

王衍大裴頠四岁，两人彼此不是知交。当时同在一处，都是当时的名士，有人对王衍说："裴令公的名望哪里值得一提！"王衍便用"卿"来称呼裴頠。裴頠说："我当然可以成全你的愿望了。"

一三

有往来者云[①]："庾公有东下意[②]。"或谓王公[③]："可潜稍严[④]，以备不虞[⑤]。"王公曰："我与元规虽俱王臣，本怀布衣之好[⑥]。若其欲来，吾角巾径还乌衣[⑦]，何所稍严！"

【注释】

①往来者：指往来于京都的人。

②庾公：庾亮。东下意：指带兵镇守武昌的庾亮，有准备东下京都罢黜辅政的丞相王导的意图。

③王公：王导。

④潜：暗中。严：指严密防备。

⑤不虞：不测。虞，猜测，预料。

⑥布衣之好：指故交。布衣，平民百姓。未做官时穿布衣，故称。

⑦角巾：隐士常戴的一种有稜角的头巾，借指退隐。乌衣：乌衣巷，在今南京东南，以兵士服乌衣而得名，东晋时王、谢家族居此。

【译文】

有来往于京都的人说："庾公有东下京都罢黜王导的意图。"有人对王导说："应当暗地里加以严密防备，以备不测。"王导说："我与元规虽然都是朝廷大臣，原本就有平民百姓之间的情谊。如果他想来，我即刻回到乌衣巷隐居，说什么稍加防备！"

一四

王丞相主簿欲检校帐下[①]。公语主簿："欲与主簿周旋[②]，无为知人几案间事[③]。"

【注释】

①王丞相：王导。检校：查核。帐下：指丞相府的僚属。

②周旋：应酬，打交道。

③无为：不要，不必。几案间事：指处理公文案卷等。几案，文书等放在几案上，故代指公文。

【译文】

丞相王导的主簿要查核丞相府僚属的情况。王导对主簿说："我要与主簿打交道，不要知道人家处理公文案卷等事情。"

一五

祖士少好财[①]，阮遥集好屐[②]，并恒自经营[③]，同是一累[④]，而未判其得失[⑤]。人有诣祖，见料视财物[⑥]。客至，屏当未尽[⑦]，余两小簏著背后[⑧]，倾身障之[⑨]，意未能平。或有诣阮，见自吹火蜡屐[⑩]，因叹曰："未知一生当著几量屐[⑪]？"神色闲畅。于是胜负始分。

【注释】

①祖士少：祖约（？—330），字士少，范阳遒县（今河北涞水）人。祖逖弟。祖逖死后，继任平西将军、豫州刺史，领祖逖旧部。后与苏峻起兵作乱，失败后投奔后赵，为石勒所杀。

②阮遥集：阮孚，字遥集，阮咸第二子。累迁侍中、吏部尚书、广州刺史。屐（jī）：一种有齿的木头鞋。

③经营：筹划制作。

④累：连累，牵累。

⑤判：分别，辨别。

⑥料视：料理查看。

⑦屏当：收拾，料理。

⑧簏（lù）：竹箱。

⑨倾：斜，歪。

⑩蜡屐：给木屐上蜡。

⑪量：通“緉”（liǎng），量词，双。

【译文】

祖约爱钱财，阮孚爱木屐，他们都常常亲自筹划制作，这两样对他们来说同样是一种牵累，因而未能判定他们的得失优劣。有人去拜访祖约，看到他正在查点钱财。客人来了，他还没有收拾完，尚有两只小竹箱放在背后，便侧着身子遮挡住它们，意态上不能保持平静。有人去拜访阮孚，看见他正在吹火给木屐上蜡，还感叹道：“不知道这辈子还能穿几双木屐？”说时神态安详适意。于是两人之间的高低优劣才得以清楚明白。

一六

许侍中、顾司空俱作丞相从事[①]，尔时已被遇[②]，游宴集聚，略无不同。尝夜至丞相许戏[③]，二人欢极，丞相便命使入己帐眠。顾至晓回转[④]，不得快孰[⑤]。许上床便咍台大鼾[⑥]。丞相顾诸客曰：“此中亦难得眠处。”

【注释】

①许侍中：许璪（zǎo），字思文，东晋义兴阳羡（今江苏宜兴）人。官至吏部侍郎。顾司空：顾和。

②遇：遇合，指被赏识重用。

③许:住所。

④回转:指翻来覆去不能入睡。

⑤孰:通“熟”。

⑥咍(hāi)台:打鼾声。

【译文】

许璪、顾和都在丞相王导手下担任从事,当时都已被赏识重用,凡是参加游乐宴饮聚会等,两人都没有什么不同。有一次晚上他们到王导家游玩,二人玩得极其开心,王导便让他们到自己帐中睡觉。顾和直到天亮辗转反侧,难以熟睡。许璪一上床就呼呼入睡,鼾声大作。王导回头对其他宾客说:“这里也是难以安睡的地方。”

一七

庾太尉风仪伟长[①],不轻举止,时人皆以为假。亮有大儿数岁,雅重之质,便自如此,人知是天性。温太真尝隐幔怛之[②],此儿神色恬然,乃徐跪曰:“君侯何以为此[③]?”论者谓不减亮。苏峻时遇害。或云:“见阿恭[④],知元规非假。”

【注释】

①庾太尉:庾亮。风仪:风度和仪容。

②温太真:温峤。幔:帐幕。怛(dá):惊吓。

③君侯:对达官贵人的尊称。

④阿恭:庾亮长子名会,字会宗,小字阿恭。

【译文】

庾亮风度仪容魁梧高大,举止稳重,当时都认为他是假装出来的。庾亮有个大儿子只有几岁,文雅稳重的气质,生来就是这样,人们知道这是天性。温峤曾经躲藏在帐幔后面吓唬他，这孩子神色安闲的样子，竟然缓缓地跪下说："君侯为什么要做这样的事？"议论者认为他不比庾亮差。后他在苏峻起兵作乱时被害。有人说："见到阿恭，就知道元规不是假装的。"

一八

褚公于章安令迁太尉记室参军①，名字已显而位微，人未多识。公东出，乘估客船②，送故吏数人投钱唐亭住③。尔时吴兴沈充为县令④，当送客过浙江⑤，客出⑥，亭吏驱公移牛屋下。潮水至，沈令起彷徨⑦，问："牛屋下是何物⑧？"吏云："昨有一伧父来寄亭中⑨，有尊贵客，权移之⑩。"令有酒色，因遥问："伧父欲食𩚳不？姓何等？可共语。"褚因举手答曰："河南褚季野⑪。"远近久承公名，令于是大遽⑫，不敢移公，便于牛屋下修刺诣公⑬。更宰杀为馔⑭，具于公前⑮，鞭挞亭吏，欲以谢惭。公与之酌宴，言色无异，状如不觉。令送公至界。

【注释】

①褚公：褚裒。章安令：章安县令。章安，在今浙江临海东。记室参军：将军府的重要幕僚。

②估（gù）客船：商贩船。估客，商贩。

③钱唐：钱塘，旧县名，治在今浙江杭州西。亭：驿亭，古时供行旅途中歇宿的处所。

④吴兴：郡名，治所在今浙江湖州。沈充：事迹不详。

⑤浙江：水名，即钱塘江。

⑥出：来到。

⑦彷徨：来回徘徊。

⑧何物：轻蔑语，哪一个，什么人。

⑨伧(cāng)父：鄙贱之人，南人对北人的蔑称。

⑩权：暂且。

⑪褚季野：褚裒，字季野。

⑫遽：惊慌。

⑬修刺：写好名帖。刺，名帖，名片。

⑭馔(zhuàn)：指菜肴等食物。

⑮具：摆设，供置。

【译文】

褚裒由章安县令升为太尉的记室参军，他的名声已很大但官位还低，人们还不认识他。当时他向东出发，乘的是商贩船，送行的几位属吏与他一起投宿在钱塘驿亭住。这时候吴兴县人沈充担任县令，遇到他送客过钱塘江，客人到了，亭吏就把褚裒赶出来移到牛屋里住。夜里潮水涌来，沈充起床来回徘徊，问："牛屋里是什么人？"亭吏说："昨天有一个北方佬来亭中寄宿，因有尊贵的客人来了，暂时把他移到牛屋里。"沈充有了几分酒醉之意，便远远地问："北方佬要吃饼吗？姓什么？可过来一起谈谈啊。"褚裒就举手答道："河南褚季野。"远近的人早已久闻褚裒的大名，沈充这时便大为惊慌，不敢再劳动褚裒搬过来，便在牛屋下写好帖子去拜见褚裒。而且宰杀禽畜备办酒食，摆放在褚裒面前，同时鞭打亭吏，想借此认错表示惭愧之意。褚裒和他一起喝酒吃饭，言谈神色没有什么异样，仿佛毫无察觉似的。沈充后来把褚裒一直送到了县界边。

一九

郗太傅在京口[①]，遣门生与王丞相书[②]，求女婿。丞相语郗信[③]："君往东厢，任意选之。"门生归，白郗曰："王家诸郎，亦皆可嘉，闻来觅婿，咸自矜持[④]。唯有一郎，在东床上坦腹卧，如不闻。"郗公云："正此好[⑤]！"访之，乃是逸少[⑥]，因嫁女与焉。

【注释】

①郗太傅：郗鉴。京口：古城名，故址在今江苏镇江。

②门生：依附于世家豪族供差遣的人。王丞相：王导。

③信：使者，即上文送信的门生。

④矜持：指拘谨，做出端庄严肃的样子。

⑤正：恰，表情态之词。

⑥逸少：王羲之，字逸少，为王导之堂房侄子。

【译文】

郗鉴在京口时，派门生送信给王导，想在王家子侄中找一位女婿。王导对郗鉴的信使说："你到东厢房去，任意挑选一位。"这位门生回去，报告郗鉴说："王家诸位郎君，都值得称道，他们听说找女婿，各自都显得很拘谨。只有一位郎君，在床榻上坦胸裸腹地躺着，好像什么都没听见。"郗鉴说："恰恰是这一位好！"再去打听，原来是王羲之，郗鉴就把女儿嫁给他了。

二〇

过江初，拜官[①]，舆饰供馔[②]。羊曼拜丹阳尹[③]，客来蚤者[4]，并得佳设[5]。日晏渐罄[6]，不复及精。随客早晚，不问贵贱。羊固拜临海[7]，竟日皆美供[8]，虽晚至，亦获盛馔。时论以固之丰华，不如曼之真率。

【注释】

①拜官：授任官职。

②舆，都，皆。饰：整治。

③羊曼：字延祖，东晋泰山南城（今属山东）人。历官黄门侍郎，尚书吏部郎，晋陵太守，丹阳尹等。后为苏峻所害。

④蚤：通“早”。

⑤佳设：指精美的饮食。设，陈设饮食。

⑥晏：晚。罄（qìng）：尽，空。

⑦羊固：字道安，东晋泰山（今属山东）人，官临海太守、黄门侍郎。

⑧竟日：终日。美供：精美的饮食。

【译文】

朝廷南渡的初期，授任官职的人，都要整治备办酒宴招待宾客。羊曼出任丹阳尹时，宾客来得早的，都能吃到精美的饮食。天色晚了东西慢慢吃完了，就不再有精美的食物可供应了。他是随着客人到的早或晚来招待的，而不管客人的身份是贵还是贱。羊固出任临海太守时，全天都有精美的食物供应客人，即使来晚了，也能吃到丰盛的酒菜。当时人议论认为羊固宴席的丰盛精美，比不上羊曼的真诚坦率。

二一

周仲智饮酒醉[1]，瞋目还面谓伯仁曰[2]：“君才不如弟，而横得重名[3]！”须臾，举蜡烛火掷伯仁。伯仁笑曰：“阿奴火攻[④]，固出下策耳！”

【注释】

①周仲智：周嵩。

②瞋（chēn）目：瞪大眼睛怒目相向。伯仁：周顗，周嵩之兄。

③横：指不正常的，意外的。

④阿奴：兄对弟的爱称。

【译文】

周嵩喝醉了酒，怒目圆睁转脸对周顗说：“你的才能不如我这个老弟，却凭空获得了大名！”不一会儿，他举起点着火的蜡烛掷向周顗。周顗笑道：“阿奴用火来攻我，的确是使出了下策啊！”

二二

顾和始为扬州从事，月旦当朝[①]，未入顷[②]，停车州门外。周侯诣丞相[③]，历和车边[④]。和觅虱，夷然不动[⑤]。周既过，反还，指顾心曰：“此中何所有？”顾搏虱如故[⑥]，徐应曰：“此中最是难测地。”周侯既入，语丞相曰：“卿州吏中有一令仆才[⑦]。”

【注释】

①月旦：阴历每月初一。朝：聚会。

②顷：指短时间。

③周侯：周顗。丞相：王导，此时担任扬州刺史。

④历：经过。

⑤夷然：愉悦的样子。

⑥搏：捕捉。

⑦令仆:尚书令和仆射之简称。

【译文】

顾和刚担任扬州刺史从事的时候,每月初一逢到聚会时,在尚未进入州府之时,把车停在州府门外。周颉这时来拜访丞相王导,经过顾和车旁。顾和正在捉虱子,一动不动地很愉快的样子。周颉已经走过去后,又回转来,指着顾和的心说:"这中间有什么?"顾和照老样子捉虱子,慢慢地回答说:"这中间是最难推测的地方。"周颉进入州府后,对王导说:"你的属吏中有一位足以担当尚书令或仆射之位的人才。"

二三

庾太尉与苏峻战[①],败,率左右十余人乘小船西奔。乱兵相剥掠[②],射,误中舵工,应弦而倒。举船上咸失色分散[③],亮不动容,徐曰:"此手那可使著贼[④]!"众乃安。

【注释】

①庾太尉:庾亮。

②乱兵:指苏峻叛乱之士兵。剥掠:抢劫掠夺。

③举船:全船。

④那可:怎么可以。著贼:指射中贼兵。

【译文】

庾亮与苏峻作战,被打败,率领左右侍从十几个人乘上小船向西逃跑。这时苏峻的叛军正在抢劫掠夺,小船上庾亮的侍从就向乱兵射箭,误中船上的舵工,舵工应声而倒。整个船上的人都惊慌失色,都想各自逃散。庾亮却毫不变色,慢慢地说:"我这双手怎么可以叫他去杀贼呢!"大家这才安下心来。

二四

庾小征西尝出未还[①]。妇母阮，是刘万安妻[②]，与女上安陵城楼上[③]。俄顷[④]，翼归，策良马[⑤]，盛舆卫[⑥]。阮语女："闻庾郎能骑，我何由得见？"妇告翼，翼便为于道开卤簿盘马[⑦]，始两转，坠马堕地，意色自若。

【注释】

①庾小征西：庾翼，庾亮之弟，东晋时任征西将军。

②妇母：妻子的母亲。阮：阮姓，阮蕃之女，字幼娥。刘万安：刘绥，字万安，东晋高平（今山东巨野南）人，官至骠骑长史。

③安陵：当作"安陆"，是江夏之郡治，在今湖北安陆北。

④俄顷：转眼，短时间。

⑤策：鞭打马。

⑥舆卫：车马卫兵。

⑦卤簿：仪仗队。盘马：骑马驰骋盘旋。

【译文】

庾翼一次外出尚未回到家。他的岳母阮氏是刘绥的妻子，与女儿一起登上安陵城的城楼。不一会儿，庾翼回家，骑着骏马，身边有盛大的车马卫队簇拥。阮氏对女儿说："听说庾郎擅长骑马，我怎么才得以看到他的骑术呢？"庾翼的妻子告诉了庾翼，庾翼就为岳母在大道上摆开仪仗队骑马驰骋盘旋，才转了两圈，就掉下马背摔倒在地，但他却神情泰然自若。

二五

宣武与简文、太宰共载[①]，密令人在舆前后鸣鼓大叫。

卤簿中惊扰[②]，太宰惶怖求下舆。顾看简文，穆然清恬[③]。宣武语人曰："朝廷间故复有此贤。"

【注释】

①宣武：桓温。简文：晋简文帝司马昱。太宰：武陵王司马晞，字道升，晋元帝第四子，封武陵王曾官太宰，后徙新安。

②卤簿：仪仗队。

③穆然：镇静的样子。清恬：清静安适。

【译文】

桓温和司马昱、司马晞同乘一辆车出行，桓温暗地里叫人在车子的前后击鼓大叫。仪仗队中有人受到惊扰，司马晞感到惊慌恐怖要求下车。回头看司马昱，却是神情镇定清静安适的样子。桓温对人说："朝廷上原来还有如此贤能之人。"

二六

王劭、王荟共诣宣武[①]，正值收庾希家[②]。荟不自安，逡巡欲去[③]；劭坚坐不动，待收信还[④]，得不定[⑤]，乃出。论者以劭为优。

【注释】

①王劭：字敬伦，王导第五子，东晋时官至尚书仆射、吴国内史。王荟：字敬文，王导幼子，东晋时官至会稽内史。宣武：桓武。

②收：逮捕。庾希：字始彦，庾冰长子，东晋时官至北中郎将、徐兖二州刺史。庾家为皇亲国戚，兄弟均显贵，被桓温忌恨陷害，希为桓温所杀。

③逡(qūn)巡:有所顾忌而徘徊。

④信:使者。

⑤得不定:指得知逮捕庾希之事尚未确定。

【译文】

王劭、王荟一起去拜访桓温,正遇到桓温命人到庾希家去逮捕庾希。王荟感到心里不安,徘徊顾忌想离开;王劭则坚坐那里不为所动,等到去逮捕的使者回来,得知逮捕庾希之事尚未确定,这才告辞出来。当时议论的人都认为王劭比王荟优秀多了。

二七

桓宣武与郗超议芟夷朝臣[①],条牒既定[②],其夜同宿。明晨起,呼谢安、王坦之入,掷疏示之,郗犹在帐内。谢都无言,王直掷还,云:"多[③]。"宣武取笔欲除,郗不觉,窃从帐中与宣武言。谢含笑曰:"郗生可谓入幕宾也[④]。"

【注释】

①桓宣武:桓温。芟(shān)夷:铲除,消灭。

②条牒:条款文书。牒,文书,证件。

③多:指铲除的人太多了。

④生:即先生之简称。幕宾:将军府的僚属。这里语意双关,既谓郗超是桓温的亲信僚属,又借指他在幕后为桓温出谋划策。

【译文】

桓温与郗超商议铲除一些朝廷大臣,条款文书都已拟定后,这一夜他们就一起歇息。第二天早晨起来,桓温叫谢安、王坦之进来,把拟好的奏疏丢给他们看,郗超这时还睡在床帐内。谢安一句话都没说,王坦之径直把奏疏丢还给桓温，说："太多了。"桓温拿过笔来想删除些朝臣的名字，郗超不自觉地悄悄从帐子里与桓温说话。谢安含笑说："郗先生真可称得上是入幕之宾啊。"

二八

谢太傅盘桓东山时①，与孙兴公诸人泛海戏②。风起浪涌，孙、王诸人色并遽③，便唱使还④。太傅神情方王⑤，吟啸不言⑥。舟人以公貌闲意说⑦，犹去不止。既风转急，浪猛，诸人皆喧动不坐。公徐云："如此，将无归⑧！"众人即承响而回⑨。于是审其量⑩，足以镇安朝野。

【注释】

①谢太傅：谢安。盘桓：逗留。东山：谢安早年隐居之地，在今浙江上虞西南。

②孙兴公：孙绰。泛海戏：乘船到海上游玩。

③孙、王：孙绰、王羲之。遽：惊惧。

④唱：高呼。

⑤王（wàng）：指精神旺，兴致高。

⑥吟啸：吟诗与啸呼。啸，撮口发出长而清脆的声音。

⑦闲：闲静。说（yuè）：愉悦。

⑧将无：大概，恐怕。

⑨承响：应声。

⑩审：知悉。量：气量。

【译文】

谢安隐居在东山时，与孙绰等人乘船到海上游玩。海面上风起浪涌，孙绰、王羲之等人的神色全都惊惧不已，就高呼让船开回去。谢安却兴致正高，吟诗啸呼，不说回去。船夫因为谢安面色闲静，意态愉悦，就还是向前行驶不停。转瞬间风势更急，浪头更猛，船上人都大喊躁动坐不住了。谢安才缓缓地说："既然这样，还不如回去吧！"大家即刻应声附和而回。从这件事可知谢安的气量，足以稳定朝野上下。

二九

桓公伏甲设馔[①]，广延朝士，因此欲诛谢安、王坦之。王甚遽[②]，问谢曰："当作何计？"谢神意不变，谓文度曰[③]："晋祚存亡[④]，在此一行。"相与俱前。王之恐状，转见于色。谢之宽容，愈表于貌。望阶趋席[⑤]，方作洛生咏[⑥]，讽"浩浩洪流"[⑦]。桓惮其旷远[⑧]，乃趣解兵[⑨]。王、谢旧齐名，于此始判优劣。

【注释】

①桓公：桓温。伏甲：埋伏兵士。设馔（zhuàn）：备好酒食。馔，饮食。

②遽：惊惧。

③文度：王坦之，字文度。

④祚：指皇位，国运。

⑤趋：快步走。

⑥方：模仿。洛生咏：指仿效西晋首都洛阳读书之音的吟诗声，当时名士间盛行。

⑦浩浩洪流：嵇康《赠秀才入军五首》第四首第一句，谓大河流水浩浩荡荡，奔腾不息。见《文选》卷二十四。

⑧旷远：指胸襟开阔超脱。

⑨趣(cù):赶快。解兵:撤走伏兵。

【译文】

桓温预先埋伏了穿甲的士兵,摆好了酒席,广泛招请朝中官员,想要趁机杀掉谢安、王坦之。王坦之很惊慌,问谢安说:“应当做什么打算?”谢安神态一点也不变,对王坦之说:“晋朝的存亡,就在于我们这次怎么对待了。”两人一起前去赴宴。王坦之恐惧的样子,更加表现在神色上。谢安的从容镇定,也越发表现在面容上。他看着台阶快步走向座席,还模仿起洛生咏的声韵,吟诵“浩浩洪流”诗句。桓温惧怕他开阔超脱的胸襟,便赶快撤走伏兵。王坦之、谢安过去齐名,从这件事上才分出了高下。

三〇

谢太傅与王文度共诣郗超[①],日旰未得前[②],王便欲去。谢曰:“不能为性命忍俄顷[③]?”

【注释】

①谢太傅:谢安。王文度:王坦之。

②日旰(gàn):天色晚。

③俄顷:瞬间,短时间。

【译文】

谢安与王坦之一起去拜访郗超,等到天色晚了还未能得到接见,王坦之就想离开走了。谢安说:“难道就不能为了性命再忍耐一会儿吗?”

三一

支道林还东[①],时贤并送于征虏亭[②]。蔡子叔前至[③],坐近林公。谢万石后来[4]，坐小远[5]。蔡暂起，谢移就其处。蔡还，见谢在焉，因合褥举谢掷地[6]，自复坐。谢冠帻倾脱[7]，乃徐起，振衣就席[8]，神意甚平，不觉瞋沮[9]。坐定，谓蔡曰："卿奇人，殆坏我面[10]。"蔡答曰："我本不为卿面作计[11]。"其后二人俱不介意。

【注释】

①支道林：支遁。还东：指回到建康东边的会稽。

②征虏亭：在今江苏江宁东，为征虏将军谢安所立，故名。

③蔡子叔：蔡系，字子叔，东晋济阳（治在今山东定陶西北）人，蔡谟第二子，有才学文义，位至抚军长史。

④谢万石：谢万。

⑤小：稍微。

⑥褥：指坐垫。

⑦帻（zé）：裹头发的头巾。

⑧振衣：拂拭衣服上的灰尘。

⑨瞋沮（chēn jǔ）：生气懊丧。

⑩殆：几乎，差不多。

⑪作计：作打算。

【译文】

支遁将回到东边，当时的名士全到征虏亭送行。蔡系先到，座位靠近支遁。谢万后来，坐得稍远。蔡系临时起身离开，谢万就移坐到蔡系坐过的位子上。蔡系回来后，看到谢万坐在自己的座位上，就把谢万连同坐垫举起来扔到地上，自己重新坐回原来的位子。谢万的帽子头巾都歪斜脱落下来，他就慢慢起来，拂去衣服上的灰尘，回到席位上，神色意态都很平静，一点也看不出生气懊丧的样子。谢万坐好后，对蔡系说:“你是个怪人,几乎摔坏了我的脸。”蔡系答道:“我原本就不曾为你的脸作过打算。”此后两人都没把这事放在心上。

三二

郗嘉宾钦崇释道安德问[①],饷米千斛[②],修书累纸[③],意寄殷勤[④]。道安答直云[⑤]:“损米[⑥],愈觉有待之为烦。”

【注释】

①郗嘉宾:郗超。钦崇:佩服尊重。释道安(314—385):东晋、前秦时僧人。俗姓卫,常山扶柳(今河北冀州西)人。十二岁出家受戒后,师事佛图澄。长期在襄阳传法注经,为般若学六大家之一。后至长安,在五重寺主持译场,著译甚多。主要总结汉以来流行的禅法与般若两系学说,整理新旧译经,编纂目录,确立戒规,主张僧侣以“释”为姓,为后世所遵行。为佛教事业做出了贡献。德问:道德声誉。问,通“闻”,声誉。

②饷:赠送。斛(hú):量器名,古代十斗为一斛。

③累纸:好几张纸。累,重叠。

④殷勤:周到。

⑤直:仅,只。

⑥损:减少。

【译文】

郗超佩服尊重道安和尚的道德声望,赠送给他千斛米,写了好几张纸的信,信中表达了十分周到的情意。道安仅仅回答道:“何必减损自己的米送人呢!还又写来长信,愈发感到你待人如此殷勤,真是不胜其烦啊。”

三三

谢安南免吏部尚书还东[①]，谢太傅赴桓公司马出西[②]，相遇破冈[③]。既当远别，遂停三日共语。太傅欲慰其失官，安南辄引以它端。虽信宿中涂[④]，竟不言及此事。太傅深恨在心未尽[⑤]，谓同舟曰："谢奉故是奇士。"

【注释】

①谢安南：谢奉。还东：指从京城建康回到东边会稽。

②谢太傅：谢安。赴桓公司马：出任桓温的司马一职。出西：往西边京都去。

③破冈：三国时孙权发兵所凿之航道，自句容（在今江苏）至云阳（今江苏丹阳）。

④信宿：连宿两夜。信，住两夜的意思。中涂：路途中。涂，道路。

⑤恨：遗憾。

【译文】

谢奉被免去吏部尚书官职后回到东边会稽，谢安赴任桓温的司马之职往西边来，两人在破冈相遇。当此将要久别之时，他们便停留了三天一起叙谈。谢安想对他免去官职一事加以安慰，谢奉总是以别的话语引开去。虽然两人在途中连住了两夜，竟然没有说到这件事。谢安深感遗憾未能把心意说出来，对同船的人说："谢奉本来就是个奇人。"

三四

戴公从东出[①]，谢太傅往看之[②]。谢本轻戴，见但与论琴书。戴既无吝色[③]，而谈琴书愈妙。谢悠然知其量[④]。

【注释】

①戴公：戴逵（约326—396），字安道，谯郡铚县（今安徽宿州西南）人，后徙居会稽剡县（今浙江嵊州西南）。少博学，好谈论，善属文，能鼓琴，工书画。擅画人物、山水、走兽，亦画宗教画并雕铸铜像。他为瓦官寺所塑之《五世佛》，与顾恺之的壁画《维摩诘像》、狮子国（斯里兰卡）送来的玉佛，在当时并称"三绝"。性高洁，常以琴书自娱，不就国子祭酒、散骑常侍之征召。

②谢太傅：谢安。

③吝色：指不乐意的神色。

④悠然：深远的样子。量：气度。

【译文】

戴逵从东边会稽往京城来，谢安去看望他。谢安本来轻视戴逵，见面后只是与他谈论琴书。戴逵既没有表现出不乐意的神色，而谈论起琴艺书画来愈发精妙。谢安这才深深地发觉到了戴逵具有超然脱俗的气度。

三五

谢公与人围棋[①]，俄而谢玄淮上信至[②]。看书竟，默然无言，徐向局[③]。客问淮上利害[④]，答曰："小儿辈大破贼[⑤]。"意色举止，不异于常。

【注释】

①谢公：谢安。

②俄而：不久。淮上：淮河上。晋孝武帝太元年(383)前秦苻坚以八十七万大军南下攻晋，晋相谢安派谢玄等率八万军迎战，以少胜多，大破前秦苻坚，是为“淝水之战”。淝水为淮河上游之支流，故称。信：信使。

③徐：缓慢。局：棋局。

④利害：指胜负。

⑤小儿辈：谢安被任为征讨大都督，他派遣弟谢石、侄谢玄、子谢琰率军北上拒敌，诸谢多为其子侄，故称。

【译文】

谢安和人下围棋，不一会儿谢玄从淮河前线派来的信使到了。谢安看完来信后，默默地不说话，慢慢地转向棋局。客人问他淮上胜负消息，谢安答道：“小孩子们大破贼军。”说话时的神态举动，与平常时候没有什么不同。

三六

王子猷、子敬曾俱坐一室[①]，上忽发火。子猷遽走避[②]，不惶取屐[③]；子敬神色恬然[④]，徐唤左右扶凭而出[⑤]，不异平常。世以此定二王神宇[⑥]。

【注释】

①王子猷(yóu)：王徽之(？—388)，字子猷，王羲之第五子，官至黄门侍郎。子敬：王献之，字子敬，王羲之第七子。

②遽：急。

③惶：通“遑”，闲暇。屐(jī)：木头鞋。

④恬然：安闲的样子。

⑤扶：搀。凭：靠。

⑥神宇：神情器宇。

【译文】

王徽之、王献之曾经同坐在一间屋内，房上忽然起火。王徽之急忙跑开躲避，都来不及穿上木屐；而王献之神色安闲，从容不迫地叫左右侍从把他搀扶着靠在他们身上走出来，与平常没有什么不同。当时人就用这件事来评定二王神情气度的优劣高下。

三七

苻坚游魂近境①，谢太傅谓子敬曰②："可将当轴③，了其此处④。"

【注释】

①游魂：比喻苻坚不断地骚扰。

②谢太傅：谢安。子敬：王献之。

③当轴：官居要职者。

④了：结束，消灭。

【译文】

苻坚像游魂似地侵扰边境，谢安对王献之说："可以任命官居要职者为统帅，就把苻坚消灭在边境之上。"

三八

王僧弥、谢车骑共王小奴许集①。僧弥举酒劝谢云："奉使君一觞②。"谢曰："可尔。"僧弥勃然起，作色曰："汝故是吴兴溪中钓碣耳[3]！何敢诪张[4]！”谢徐抚掌而笑曰：“卫军[5]，僧弥殊不肃省[6]，乃侵陵上国也[7]。”

【注释】

①王僧弥：王珉的小字。谢车骑：谢玄。王小奴：王荟的小名。

②使君：谢玄曾任徐州刺史，故称。

③吴兴：郡名，今浙江湖州。谢安曾任吴兴刺史，谢玄少时曾住吴兴。钓碣：钓鱼的碣奴。谢玄性好钓鱼，小名碣，故称。

④诪(zhōu)张：欺骗，作伪。

⑤卫军：称王荟，他死后赠“卫将军”。

⑥肃省：恭敬检点。

⑦上国：春秋时齐、晋等中原诸侯国尊称为“上国”，南方吴、楚等国则被蔑称为蛮夷。

【译文】

王珉和谢玄一起在王荟家聚会。王珉举杯向谢玄劝酒说：“敬使君一杯酒。”谢玄道：“该当如此。”王珉听了勃然大怒地站起来，变了脸色道：“你本来就是吴兴溪涧中一个钓鱼的碣奴罢了！怎么敢欺骗人！”谢玄缓缓地拍手笑道：“卫军，僧弥太不恭敬检点了，这是侵犯上国诸侯啊。”

三九

王东亭为桓宣武主簿[1]，既承藉[2]，有美誉，公甚敬其人地为一府之望[3]。初，见谢失仪[4]，而神色自若。坐上宾客即相贬笑[5]。公曰：“不然。观其情貌，必自不凡，吾当试之。”后因月朝阁下伏[6]，公于内走马直出突之[7]，左右皆宕仆[8]，而王不动。名价于是大重[⑨],咸云“是公辅器也”[⑩]。

【注释】

①王东亭:王珣。桓宣武:桓温。

②承藉:继承、凭借。王珣是王导的孙子,名门望族之后,故称。

③人地:人才与门第。一府:指桓温大司马府。望:指有名望的人。

④见谢:指进见桓温答谢时。失仪:失礼。

⑤贬笑:贬抑嘲笑。

⑥月朝:指官府下属每月初一按例朝见长官。

⑦走马:骑马奔驰。

⑧宕(dàng)仆:摇摇晃晃向前跌倒。

⑨名价:名声。

⑩公辅:三公,丞相。器:才干。

【译文】

王珣担任桓温的主簿职务,他凭借祖上的名位,已经拥有美好的名声,桓温很敬重他的才能与门第,成为整个大司马府有名望的人。王珣上任之初,拜见桓温时答谢有失礼仪,但他神色坦然自如。座上的宾客随即贬抑嘲笑他。桓温说:“不是这样的。看他的神态面貌,必定不是寻常之人。我要试试他。”后来趁着初一属吏朝见长官,拜伏在官署阁下之时,桓温从官署内骑马奔驰直冲出来,左右其他人都摇摇晃晃向前仆倒,而王珣在原地一动也不动。他的名声于是大大地提高,人们都说:“他是具有三公丞相才干的人才。”

四〇

太元末[①],长星见[②],孝武心甚恶之[③]。夜,华林园中饮酒[4]，举杯属星云[5]：“长星！劝尔一杯酒，自古何时有万岁天子？”

【注释】

①太元：东晋孝武帝年号(376—396)。

②长星：彗星的别称。见：同“现”，出现。

③孝武：东晋孝武帝司马曜。

④华林园：宫苑名，故址在今南京古台城内。

⑤属(zhǔ)：请托。

【译文】

太元末年，彗星出现，孝武帝心里很厌恶它。夜间，在华林园中饮酒，他举起酒杯来向彗星劝酒道：“彗星啊！敬你一杯酒。自古以来什么时候有过万年的天子？”

四一

殷荆州有所识[1]，作赋，是束皙慢戏之流[2]。殷甚以为有才，语王恭：“适见新文，甚可观。”便于手巾函中出之[3]。王读，殷笑之不自胜[4]。王看竟，既不笑，亦不言好恶，但以如意帖之而已[5]。殷怅然自失[6]。

【注释】

①殷荆州：殷仲堪。

②束皙(约264—约303)：字广微，阳平元城(今河北大名)人。官尚书郎。精通古文字，著述甚多，皆不传，明人辑有《束广微集》。《全晋文》卷八十七载有《贫家赋》、《读书赋》、《近游赋》、《劝农

赋》、《饼赋》等。慢戏：轻率游戏，不庄重。

③函：套子。

④自胜：克制自己。

⑤如意：用竹、玉、骨等制成的供搔背或观赏等用的器物。帖：妥帖，平伏。

⑥怅然：不痛快的样子。自失：若有所失。

【译文】

殷仲堪有位相熟悉的人，写了一篇赋，属于束皙那种游戏辞赋之类。殷仲堪认为很有才气，对王恭说："刚才见到一篇新作，很值得一看。"便从手巾套子里拿出赋来。王恭便读起赋来，殷仲堪则在一旁笑得克制不住自己。王恭看完赋，既没笑，也不说这篇赋的好坏，只是用如意来把这篇赋作压平罢了。殷仲堪见此情景怅然若失。

四二

羊绥第二子孚[①]，少有俊才，与谢益寿相好[②]。尝蚤往谢许[③]，未食。俄而王齐、王睹来[④]。既先不相识，王向席有不说色，欲使羊去。羊了不眄[⑤]，唯脚委几上[⑥]，咏瞩自若[⑦]。谢与王叙寒温数语毕[⑧]，还与羊谈赏[⑨]，王方悟其奇，乃合共语。须臾食下，二王都不得餐，唯属羊不暇。羊不大应对之，而盛进食，食毕便退。遂苦相留，羊义不住[⑩]，直云："向者不得从命[⑪]，中国尚虚[⑫]。"二王是孝伯两弟。

【注释】

①孚：羊孚。

②谢益寿：谢混之小字。

③蚤：通“早”。

④王齐：王熙，字叔和，小字齐，王恭弟，官太子洗马。王睹：王爽，小字睹，王恭弟。

⑤了不眄（miǎn）：完全不看。了，完全。眄，斜着眼睛看。

⑥委：放，置。几：小矮桌。

⑦瞩：专注。自若：神情闲适。

⑧寒温：寒暄。

⑨谈赏：谈论玩赏。

⑩义：正理，正道。

⑪向者：先前。从命：听从吩咐，遵命。

⑫中国尚虚：指腹内尚空。以中国比腹心，以四肢比夷狄，为当时人口语。

【译文】

羊绥的第二个儿子羊孚，年轻时就有着卓越超人的才智，与谢混互相友好。他曾经一大早到谢混家去，当时还未吃饭。一会儿王熙和王爽也来了。他们先前互相都不认识，王氏兄弟落座时就面露不悦之色，想让羊孚离开。羊孚却完全连看也不看他们一眼，只是把脚搁在小几上，神情自在地专注于吟咏诗句上。谢混与二王兄弟寒暄了几句后，回过头来与羊孚谈论玩赏，二王兄弟这才明白羊孚的奇特，于是便同他一起谈话。不一会儿饭菜上来了，二王兄弟都顾不得吃饭，只是不停地劝羊孚多吃。羊孚不大搭理他们，而大口大口地吃饭，吃完了就告退。二王竭力地挽留，羊孚照理不再留下，直截了当地说：“先前我不能遵命离开这里，是因为我腹中空空尚未进食。”二王兄弟是王恭的两位弟弟。

识鉴第七

【题解】

识鉴，指对人或事物的认识和鉴别。也可称为"鉴识"，《晋书·刘讷传》："隗伯父讷，字令言，有人伦鉴识。"所谓"人伦鉴识"，即鉴别、评估人物的能力。也可称为"知人之鉴"，《晋书·胡毋辅之传》："辅之少擅高名，有知人之鉴。"

本篇共有二十八则，主要集中于对人物的品评和识鉴，展现了魏晋士人审时度势、见微知著的洞察力和决断力。最著名的一则是乔玄对曹操的评价："君实是乱世之英雄，治世之奸贼。"

一

曹公少时见乔玄①，玄谓曰："天下方乱，群雄虎争，拨而理之②，非君乎？然君实是乱世之英雄，治世之奸贼。恨吾老矣，不见君富贵，当以子孙相累③。"

【注释】

①曹公：曹操。乔玄：字公祖，东汉梁国睢阳(今河南商丘)人，官至

尚书令。

②拨:整顿。

③累:劳累,麻烦。

【译文】

曹操年轻时去见乔玄,乔玄对他说:“天下正在动荡不安,各路英雄如虎相争,整顿治理天下,不是要靠您吗?但是您实在是乱世的英雄,治世的奸贼。遗憾的是我已老了,看不到您富贵发达了,只有把子孙交给您麻烦您照顾了。”

二

曹公问裴潜曰[①]:“卿昔与刘备共在荆州[②],卿以备才如何?”潜曰:“使居中国[③],能乱人,不能为治;若乘边守险,足为一方之主。”

【注释】

①曹公:曹操。裴潜:字文行,三国魏河东闻喜(今属山西)人。曹操定荆州,以为参丞相军事。后为代郡太守,迁兖州刺史。曹丕为文帝,入为散骑常侍,迁荆州刺史。赐爵关内侯。明帝时入为尚书令。

②刘备(161—223):字玄德,涿郡涿县(今河北涿州)人。三国时蜀汉的建立者。幼贫,与母贩鞋织席为业,曾先后依附公孙瓒、曹操、刘表等。后用诸葛亮联吴抗曹之策,于建安十三年(208)联合孙权,大败曹操于赤壁,占领荆州。后又夺取益州、汉中,221年称帝,不久病死。

③中国:指中原地区。

【译文】

曹操问裴潜道："你当初与刘备一起在荆州的时候，你认为刘备的才能怎么样？"裴潜说："如果让他占有中原地区，会把人心搅乱，局面不能得到治理；如果让他驻守边境扼守险要，那么他就能成为一方的霸主。"

三

何晏、邓飏、夏侯玄并求傅嘏交①，而嘏终不许。诸人乃因荀粲说合之②，谓嘏曰："夏侯太初一时之杰士③，虚心于子，而卿意怀不可交。合则好成，不合则致隙④。二贤若穆⑤，则国之休⑥。此蔺相如所以下廉颇也⑦。"傅曰："夏侯太初志大心劳⑧，能合虚誉⑨，诚所谓利口覆国之人⑩。何晏、邓飏有为而躁，博而寡要⑪，外好利而内无关籥⑫，贵同恶异⑬，多言而妒前⑭。多言多衅⑮，妨前无亲。以吾观之，此三贤者皆败德之人尔，远之犹恐罹祸⑯，况可亲之邪？"后皆如其言。

【注释】

①邓飏：字玄茂，三国魏南阳宛（今河南南阳）人。明帝时官颍川太守、侍中尚书。

②说合：从中介绍，促成他人之事。

③夏侯太初：夏侯玄。杰士：才智出众者。

④致隙：导致隔阂。

⑤穆：和睦。

⑥休：美善，福禄。

⑦蔺相如、廉颇：两人均为战国赵人。秦昭王欲以十五城换赵之和氏璧，相如自请赴秦，以计完璧归赵。又在渑池会上挫败秦王，以功封上卿，地位在名将廉颇之上。廉颇自负功高，欲当众辱之。相如以国家为重，再三退让，廉颇受感动，遂负荆请罪，二人成为刎颈之交。

⑧心劳：指思虑过多，费尽心思。

⑨合：聚，会。虚誉：虚名。

⑩利口覆国：指能言善辩会导致国家败亡。语见《论语·阳货》："恶利口之覆邦家者。"利口，能言善辩。覆，失败，毁灭。

⑪寡要：不得要领。

⑫关籥(yuè)：关门之锁，引申为检点、约束。

⑬贵同恶异：看重意见相同者而厌恶意见不同的人。

⑭妒前：忌妒胜过自己的人。

⑮衅：缝隙。

⑯罹(lí)祸：遭到祸害。罹，遭遇。

【译文】

何晏、邓飏、夏侯玄都希望与傅嘏结交，而傅嘏始终不答应。几个人就通过荀粲来促成此事，荀粲对傅嘏说："夏侯玄是当代杰出之士，他对您很虚心，而您心中却不愿意。大家互相交好就能办成事，不能交好就会造成隔阂，两位贤者如能和睦相处，就是国家之福。这就是蔺相如为什么向廉颇退让的原因。"傅嘏说："夏侯玄志向远大费尽心思，能够聚集虚名于一身，真是古人说的能言巧辩足以导致国家败亡的人。何晏、邓飏有作为却很浮躁，学识虽广博却不得要领，对外爱好钱财而内心却毫不检点，看重意见相同的人而厌恶意见不同者，喜欢虚谈而妒忌超过自己的人。言多必失，招来嫌隙，妒忌超过自己的人必定无人亲近。照我看来，这三位贤者都是败坏道德的人而已。我疏远他们还怕遭到连累，何况去亲近他们呢？"后来他们三人的结局都与傅嘏说的一样。

四

晋武帝讲武于宣武场[①]，帝欲偃武修文[②]，亲自临幸[③]，悉召群臣。山公谓不宜尔[④]，因与诸尚书言孙、吴用兵本意[⑤]，遂究论[⑥]，举坐无不咨嗟[⑦]，皆曰："山少傅乃天下名言[⑧]。"后诸王骄汰[⑨]，轻遘祸难[⑩]，于是寇盗处处蚁合[⑪]，郡国多以无备，不能制服，遂渐炽盛，皆如公言。时人以谓山涛不学孙、吴，而暗与之理会。王夷甫亦叹云[⑫]："公暗与道合。"

【注释】

①晋武帝：司马炎。宣武场：操练场，在洛阳宣武观北。

②偃(yǎn)武修文：止息武备，振兴文教。

③临幸：皇帝亲临。

④山公：山涛。

⑤孙、吴：孙武、吴起，春秋时著名兵家，孙武著有《孙子兵法》，吴起著有《吴子》。

⑥究论：详细推究论述。

⑦咨嗟：赞叹。

⑧山少傅：山涛曾为太子少傅，故称。

⑨诸王：指晋武帝即位后大封宗室为王，各有封地。骄汰(tài)：过分骄纵。汰，过分。

⑩遘(gòu)：通"构"，构成。

⑪蚁合：像蚂蚁般的聚合，形容极多。

⑫王夷甫：王衍。

【译文】

晋武帝在宣武场上讲论武事，他想停息武备，振兴文教，故亲自莅临，把群臣全都召集起来。山涛认为不适宜这么做，便与各位尚书说孙武、吴起用兵的本意，并因此加以深入的推究论述，满座的人听后全都赞叹，都说："山涛所说是天下的至理名言。"后来分封到各地的诸王过于骄纵，轻易地酿成祸乱灾难，于是盗贼四处蜂起，各地郡县封国多数因为没有防备，不能予以制服，分裂割据势力便逐渐强大起来了，都像山涛所说的那样。当时人认为山涛虽然不学孙、吴的兵法，但他的见解却与孙、吴兵法暗中相通。王衍也感叹道："山公的看法与道理暗合。"

五

王夷甫父乂为平北将军①，有公事，使行人论②，不得。时夷甫在京师，命驾见仆射羊祜、尚书山涛③。夷甫时总角④，姿才秀异，叙致既快⑤，事加有理，涛甚奇之。既退，看之不辍，乃叹曰："生儿不当如王夷甫邪?"羊祜曰："乱天下者，必此子也。"

【注释】

①乂：王乂，王衍之父。

②行人：使者的通称。

③命驾：吩咐仆人驾车。仆射羊祜：羊祜曾任尚书左仆射。

④总角：古时未成年人将头发扎成髻，借指幼年。

⑤叙致：指叙述事理。

【译文】

王衍的父亲王乂担任平北将军时，有一件公事，想派使者去说明情况，却找不到这样的使者。当时王衍在京城，便吩咐仆人驾车去见仆射羊祜、尚书山涛。王衍当时年纪还小，姿容才能优秀出众，叙述事理既很畅快，再加道理说得头头是道，山涛感到很惊奇。王衍走了，他还是不停地看，于是叹息道："生儿子不应当像王衍这样的吗？"羊祜说："将来搅乱天下的，必定是这个人。"

六

潘阳仲见王敦小时[①]，谓曰："君蜂目已露[②]，但豺声未振耳[③]。必能食人，亦当为人所食。"

【注释】

①潘阳仲：潘滔，字阳仲，西晋荥阳（今属河南）人，仕至河南尹，石勒之乱时遇害。

②蜂目：眼睛如蜂，比喻人的相貌凶恶。

③豺声：声音如豺，比喻恶人的声音。

【译文】

潘滔见到王敦小时的模样，对他说："您的眼睛已经如蜂一样露出凶光了，只是豺狼之声尚未振响而已。你必定能吃人，也会被人吃掉。"

七

石勒不知书[①]，使人读《汉书》。闻郦食其劝立六国后[②]，刻印将授之，大惊曰："此法当失，云何得遂有天下？"至留侯谏[③]，乃曰："赖有此耳！"

【注释】

①石勒(274—333):字世龙,上党武乡(今山西榆社北)人。羯族。后为刘渊大将,联合汉族失意官僚发展为割据势力。319年自称赵王,建立政权,史称后赵。329年灭前赵,取得北方大部分地区,建都襄国(今河北邢台),称帝。

②郦食其(yì jī,? —前203):秦汉之际陈留高阳乡(今河南杞县)人,以"高阳酒徒"自称见刘邦,献计攻克陈留,封广野君。后为齐王田广烹死。

③留侯:张良(? —前189),字子房,相传为城父(今河南宝丰东)人。刘邦的主要谋士,汉朝建立,封留侯。

【译文】

石勒不识字,叫人读《汉书》给他听。当听到郦食其劝刘邦封立六国后代为王,刻了印章将要授给他们时,大惊说:"这个办法大错,说什么这样就能得到天下?"当又听到留侯张良进谏劝阻时,石勒便说:"全靠有他进谏啊!"

八

卫玠年五岁,神衿可爱①。祖太保曰②:"此儿有异,顾吾老,不见其大耳!"

【注释】

①神衿(jīn):神态、胸怀。衿,胸怀,胸襟。

②祖太保:卫瓘(guàn),卫玠的祖父,西晋时官至太保,故称。

【译文】

卫玠五岁的时候,神态、胸怀都很可爱。他的祖父太保卫瓘说:"这孩子非同寻常，只是我老了，见不到他长大成人了！”

九

刘越石云[1]：“华彦夏识能不足[2]，强果有余[3]。”

【注释】

①刘越石：刘琨。

②华彦夏：华轶，字彦夏，西晋平原（今属山东）人，华歆的曾孙。官至江州刺史，因不听元帝之命，兵败被杀。识能：见识才能。

③强果：刚强果断。

【译文】

刘琨说：“华彦夏见识才能显得不足，倒是刚强果断有余。”

张季鹰辟齐王东曹掾[1]，在洛，见秋风起，因思吴中菰菜羹、鲈鱼脍[2]，曰：“人生贵得适意尔[3]，何能羁宦数千里以要名爵[4]！”遂命驾便归。俄而齐王败，时人皆谓为见机[5]。

【注释】

①张季鹰：张翰，字季鹰，西晋吴郡（今江苏苏州）人。齐王冏时为大司马东曹掾。因秋风起，思念故乡的菰菜、莼羹、鲈鱼脍而归故乡。存诗六首，集已佚。辟（bì）：征召。齐王：司马冏。东曹掾：东曹的属官。曹，官署中分科办事的机构。

②吴中：吴地，苏州。菰菜：茭白，生长于长江以南的低洼地，可作

蔬菜食用。鲈鱼脍(kuài):鲈鱼切片或切碎做的菜。

③尔:罢了,而已。

④羁宦:在异乡作官。要(yāo):求。爵:官位。

⑤见机:在事前即已察知其结果。

【译文】

张翰被任命为齐王司马冏的东曹掾,在洛阳,看到秋风起了,于是就想念家乡吴地的茭白羹、鲈鱼脍,说:"人生可贵的是使自己愉快而已,怎能为了求得名位而在数千里外做官呢!"于是他就命人驾车回乡。不久齐王冏兵败被杀,当时人都说他料事如神。

一一

诸葛道明初过江左[①],自名道明,名亚王、庾之下[②]。先为临沂令[③],丞相谓曰[④]:"明府当为黑头公[⑤]。"

【注释】

①诸葛道明:诸葛恢。江左:江南。

②亚:次,次一等。王、庾:王导、庾亮。

③临沂:在今山东。令:县令。

④丞相:王导。

⑤明府:汉时对郡守的尊称,后沿用,亦可称县令。黑头公:指年轻人未到老年头发花白之时,官位已升至三公高位。

【译文】

诸葛恢刚刚渡江到江南时,自己起名叫道明,名声次一等在王导、庾亮之下。他先前担任临沂县令,丞相王导对他说:"您必定能在青壮之年位至三公。"

一二

王平子素不知眉子[①]，曰："志大其量，终当死坞壁间[②]。"

【注释】

①王平子：王澄。眉子：王玄，字眉子，王衍之子，少有俊才，与卫玠齐名。有豪气，后被害。

②坞壁：防御用的小城堡。

【译文】

王澄一向不与王玄相交，说："王玄志向大于他的气量，最后必定死在小城堡中。"

一三

王大将军始下[①]，杨朗苦谏不从[②]，遂为王致力[③]，乘中鸣云露车径前[④]，曰："听下官鼓音，一进而捷。"王先把其手曰："事克，当相用为荆州[⑤]。"既而忘之[⑥]，以为南郡[⑦]。王败后，明帝收朗[⑧]，欲杀之。帝寻崩，得免。后兼三公[⑨]，署数十人为官属[⑩]。此诸人当时并无名，后皆被知遇[⑪]。于时称其知人。

【注释】

①王大将军：王敦。下：指王敦于永昌元年(322)起兵从武昌沿江而下进攻建康(今江苏南京)。

②杨朗：字世彦，东晋弘农(今属陕西)人，官至雍州刺史。

③致力：效力。

④中鸣云露车：一种战车，车上有层楼，车中置锣鼓，可观察敌情，

指挥军队或进或退。径前：勇往直前。

⑤相用为荆州：指任为荆州刺史。

⑥既而：不久。

⑦南郡：治在今湖北江陵。

⑧明帝：晋明帝司马绍。收：逮捕

⑨三公：即三公曹，主管选拔官吏。

⑩署：委任。

⑪知遇：赏识。

【译文】

大将军王敦起初起兵进攻京都建康时，杨朗苦苦劝谏，王敦不听从，杨朗不得已便为王敦效力，他乘上中鸣云露车勇往直前，说："听我的鼓音，奋勇向前，一战告捷。"王敦预先就拉住他的手许诺道："事成之后，必当用你为荆州刺史。"不久他就忘了自己说过的话，任用杨朗为南郡太守。王敦失败后，晋明帝逮捕了杨朗，准备处死他。不久明帝死了，他才得以免去一死。后来他兼任三公曹，委任了几十人做属官。这些人当时并没有什么名气，后来都受到了赏识。当时人都称赞他能知人善任。

一四

周伯仁母冬至举酒赐三子曰[①]："吾本谓度江托足无所[②]，尔家有相[③]，尔等并罗列吾前，复何忧！"周嵩起，长跪而泣曰："不如阿母言。伯仁为人志大而才短，名重而识暗[④]，好乘人之弊，此非自全之道；嵩性狼抗[⑤]，亦不容于世；唯阿奴碌碌[⑥]，当在阿母目下耳。"

【注释】

①周伯仁：周顗。冬至：二十四节气之一，在阳历十二月二十二日或二十三日。此日夜最长，昼最短。有祭祖、宴饮的习俗。

②度江：渡江。托足：立足，安身。

③相：吉相。

④暗：愚昧，糊涂。

⑤狼抗：骄傲，乖戾。

⑥阿奴：周谟，周顗、周嵩之弟。碌碌：平庸无所作为的样子。

【译文】

周顗的母亲在冬至节这天拿酒赐给三个儿子说："我本以为渡江后没有地方可以立足安身，幸而你们家有吉相，你们都在我跟前，我还有什么忧虑呢！"周嵩站起来，长跪在母亲面前哭泣道："并不像母亲所说的。伯仁为人志向虽大而才能不足，名声很重而见识短浅，又喜欢乘人之危，这并非保全自己的办法；我的性格傲慢，也不能为世人所容纳；只有老三阿奴碌碌无为的样子，他应当可以守护在母亲跟前。"

一五

王大将军既亡[①]，王应欲投世儒[②]，世儒为江州[③]。王含欲投王舒[④]，舒为荆州[⑤]。含语应曰："大将军平素与江州云何，而汝欲归之？"应曰："此乃所以宜往也。江州当人强盛时，能抗同异[⑥]，此非常人所行。及睹衰厄，必兴愍恻[⑦]。荆州守文[⑧]，岂能作意表行事[⑨]！"含不从，遂共投舒。舒果沉含父子于江。彬闻应当来，密具船以待之，竟不得来，深以为恨。

【注释】

①王大将军：王敦。

②王应：字安期，王敦兄王含之子，王敦因无子收为嗣子，任武卫将军，后被诛。世儒：王彬，王敦的堂弟，东晋时官至江州刺史、左仆射。

③江州：指江州刺史。

④王含：王敦之兄。

⑤舒：王舒，字处明，东晋琅邪（今山东临沂）人。王敦堂弟。为王敦赏识，用为荆州刺史。后讨苏峻有功，封彭泽侯。

⑥抗：抗论，直言不阿。同异：主要指异，不同的意见，偏义复词。

⑦愍恻：哀怜，恻隐。

⑧守文：遵守成法。

⑨意表：意外。行事：行为。

【译文】

王敦病死之后，王应想投奔王彬，王彬当时担任江州刺史。王含想投奔王舒，王舒当时担任荆州刺史。王含对王应说："大将军一向与王彬关系怎么样，而你却想归附于他？"王应说："这正是应当去的原因。王彬正当人家强盛的时候，能直言不讳地提出不同意见，这不是一般常人所能做到的，等到看见人家衰败困厄时，必定生出恻隐之心。王舒遵守成法，怎么能作出意料之外的事情呢！"王含不听他的话，于是就一起投奔王舒，王舒果然把王含父子沉于长江。王彬听说王应要来，就秘密地准备船只等待他们，王应父子终于没能来，他为此深感遗憾。

一六

武昌孟嘉作庾太尉州从事①，已知名。褚太傅有知人鉴②，罢豫章还③，过武昌，问庾曰："闻孟从事佳，今在此不[④]?”庾云:“试自求之。”褚眄睐良久[⑤],指嘉曰:“此君小异,得无是乎[⑥]?”庾大笑曰:“然。”于时既叹褚之默识,又欣嘉之见赏。

【注释】

①武昌:郡名,治在今湖北鄂城。孟嘉:字万年,东晋江夏鄳(今河南信阳东北)人。官至庾亮从事中郎,迁长史。庾太尉:庾亮。

②褚太傅:褚裒。鉴:察照的能力。

③罢豫章:被罢免豫章太守之官职。

④不:同“否”。

⑤眄睐(miǎn lài):斜视,眷顾,这里指四处察看。

⑥得无:莫非。

【译文】

武昌孟嘉任庾亮的州从事,已经出了名。褚裒有鉴别人物的洞察力,他从豫章太守任上免官回家,经过武昌,问庾亮:“听说孟从事人极好,今天在这里吗?”庾亮说:“请试着自己来找他。”褚裒四处察看了很久,指着孟嘉说:“这位先生稍有不同,莫非就是这位吗?”庾亮大笑道:“是的。”当时人既赞叹诸裒有观察识别的能力,又为孟嘉受到赏识而高兴。

一七

戴安道年十余岁[①],在瓦官寺画[②]。王长史见之[③],曰:“此童非徒能画,亦终当致名[④]。恨吾老,不见其盛时耳!”

【注释】

①戴安道:戴逵。

②瓦官寺：佛寺名，在今南京。

③王长史：王濛。

④致名：成名。

【译文】

戴逵十多岁时，在瓦官寺作画。王濛看见他说："这孩子非但能作画，最终还必能成名。只是遗憾的是我老了，看不到他享有盛名的时候罢了！"

一八

王仲祖、谢仁祖、刘真长俱至丹阳墓所省殷扬州[①]，殊有确然之志[②]。既反，王、谢相谓曰："渊源不起[③]，当如苍生何？"深为忧叹。刘曰："卿诸人真忧渊源不起邪？"

【注释】

①王仲祖：王濛。谢仁祖：谢尚。刘真长：刘惔。殷扬州：殷浩，曾任扬州刺史，故称。

②确然之志：指退隐之志坚定不移。语见《周易·乾·文言》曰："不易乎世，不成乎名。遁世无闷，不见是无闷。乐则行之，忧则违之，确乎其不可拔，潜龙也。"

③渊源：殷浩，字渊源。起：指出仕。

【译文】

王濛、谢尚、刘惔一起到丹阳墓地拜望殷浩，他退隐的志向非常坚定。回来后，王濛和谢尚相互议论说："渊源不肯出来做官，该如何面对天下老百姓呢？"他们深为此忧虑叹息。刘惔说："你们诸位真的忧虑渊源不出来当官吗？"

一九

小庾临终[①]，自表以子园客为代[②]。朝廷虑其不从命，未知所遣，乃共议用桓温。刘尹曰[③]："使伊去，必能克定西楚[④]，然恐不可复制。"

【注释】

①小庾：庾翼，庾亮之弟。

②园客：庾爰之，字仲真，小字园客，庾翼的次子。

③刘尹：指刘惔。

④西楚：指荆州一带，这里古属楚，在京都西面，故称。

【译文】

庾翼临终时，自己向朝廷表奏用儿子庾爰之代替他担任荆州刺史之职。朝廷担心他不肯听从任命，不知该派遣谁去，便一起商议任用桓温。丹阳尹刘惔说："派他去，必定能平定西楚地区，但是恐怕不可能再控制他了。"

二〇

桓公将伐蜀[①]，在事诸贤咸以李势在蜀既久[②]，承藉累叶[③]，且形据上流，三峡未易可克。唯刘尹云[④]："伊必能克蜀。观其蒲博[⑤]，不必得则不为。"

【注释】

①桓公：桓温。蜀：指成汉，十六国之一。

②在事诸贤：指在朝掌权的大官们。李势：字子仁，成汉的第二代

国君。

③承藉:凭借,依靠。累叶:累世,不止一代。叶,世代。

④刘尹:刘惔。

⑤蒲博:即"樗(chū)蒱",古代的一种赌博游戏。

【译文】

桓温将带兵攻打成汉,朝廷的官员们都认为李势在蜀地已经很久了,他凭借祖宗几代的基业,而且在地形上占据长江上游,三峡地区不能轻易攻克。只有刘惔说:"他必定能攻克蜀地。看他赌博就知道,没有必胜的把握就不会去做。"

二一

谢公在东山畜妓[①],简文曰[②]:"安石必出,既与人同乐,亦不得不与人同忧。"

【注释】

①谢公:谢安,字安石。东山:谢安出仕前的隐居地,在今浙江上虞西南。妓:指表演音乐、歌舞的侍女。

②简文:晋简文帝司马昱。

【译文】

谢安在隐居东山时养了一班歌伎舞女,简文帝说:"安石必定能出山当官,他既然能与人同乐,也就不得不与人同忧。"

二二

郗超与谢玄不善。苻坚将问晋鼎[①],既已狼噬梁、岐[②],

又虎视淮阴矣③。于时朝议遣玄北讨，人间颇有异同之论④，唯超曰："是必济事⑤。吾昔尝与共在桓宣武府⑥，见使才皆尽，虽履屐之间⑦，亦得其任。以此推之，容必能立勋⑧。"元功既举⑨，时人咸叹超之先觉，又重其不以爱憎匿善。

【注释】

①问晋鼎：图谋夺取晋朝政权。

②狼噬：像狼似地吞食。梁：梁州，治所在今陕西汉中。岐：岐山，今陕西岐山东北。

③虎视：如虎之视，指将欲有所攫取。淮阴：指淮河以南地区。

④异同：指不同，偏义复词。

⑤济事：成事。

⑥桓宣武府：桓温幕府。

⑦履屐：泛指鞋子，这里喻指小事。屐，木头鞋。

⑧容：也许，或许。

⑨元功：大功。此指谢玄在淝水之战中，率军大破苻坚南侵之军，立了大功。

【译文】

郗超与谢玄关系不好。苻坚将要图谋夺取晋朝的天下，他已经侵吞了梁、岐一带，又虎视眈眈地想攫取淮阴地区。这时朝廷决定派遣谢玄领军北伐，人们对此颇有不同看法，只有郗超说："他必定能成功。我过去曾经与他一起在桓宣武幕府共事，看他用人时都能人尽其才，即使遇到极细小的事，也都能处理得当。因此来推论，他完全可能建立功勋。"淝水之战大功告成后，当时的人都赞叹郗超的先见之明，又敬重他不以自己的好恶来掩盖他人的长处。

二三

韩康伯与谢玄亦无深好[①]，玄北征后，巷议疑其不振[②]。康伯曰："此人好名，必能战。"玄闻之，甚忿，常于众中厉色曰："丈夫提千兵入死地，以事君亲故发[③]，不得复云为名！"

【注释】

①韩康伯：韩伯。

②巷议：指路人互相议论所见闻之事。

③君亲：指君王，偏义复词。

【译文】

韩伯与谢玄也没有很深的交情，谢玄率军北伐后，街谈巷议都怀疑他不能奋力作战。韩伯说："这人很看重自己的名声，必定能奋力作战。"谢玄听到这话很气愤，常在大庭广众中声色俱厉地说："大丈夫率领千军万马出生入死，为的是效忠君王这才出征的，不能再说是为了扬名！"

二四

褚期生少时[①]，谢公甚知之，恒云："褚期生若不佳者，仆不复相士[②]！"

【注释】

①褚期生：褚爽，字茂弘，东晋时人，褚裒之孙。少有美称，为谢安所重。

②相士：鉴别人才。

【译文】

褚爽年轻时，谢安很赏识他，常常说："褚期生如果不优秀的话，我就不再鉴别人才了！”

二五

郗超与傅瑗周旋[①]。瑗见其二子，并总发[②]。超观之良久，谓瑗曰：“小者才名皆胜，然保卿家，终当在兄。”即傅亮兄弟也[③]。

【注释】

①傅瑗：字叔玉，东晋北地灵州（今宁夏灵武）人，官至安城太守。周旋：应酬，打交道。

②总发：古时未成年人把头发扎成髻，借指幼年。

③傅亮兄弟：傅瑗的两个儿子傅迪和傅亮。傅迪字长猷，官至五兵尚书。亮字季友，官至光禄大夫。

【译文】

郗超与傅瑗有应酬来往，傅瑗让两个儿子出来拜见郗超，两个人都还年幼。郗超对他们看了很久，对傅瑗说：“小的一位才学和名声都超过哥哥，但是保全您全家的，终归还应当靠哥哥。”这两个孩子就是傅亮兄弟。

二六

王恭随父在会稽，王大自都来拜墓[①]，恭暂往墓下看之[②]。二人素善，遂十余日方还。父问恭：“何故多日？”对曰：“与阿大语，蝉连不得归[③]。”因语之曰：“恐阿大非尔之友，终乖爱好[④]。”果如其言。

【注释】

①王大:王忱。

②暂:不久。

③蝉连:接连不断。

④乖:不相合,不和谐。

【译文】

王恭跟随父亲在会稽,王忱从京城来会稽扫墓,王恭不久到墓地去看他。他们俩一向很好,于是在一起十多天才回家。王恭父亲问他:"为什么去了这么多天?"王恭答道:"与王忱说话非常投机,一时不能回来。"他父亲于是对他说:"恐怕王忱不是你的朋友,你们的爱好志趣最终是不能和谐的。"结果真的像他所说的那样。

二七

车胤父作南平郡功曹①,太守王胡之避司马无忌之难②,置郡于沣阴③。是时胤十余岁,胡之每出,尝于篱中见而异焉,谓胤父曰:"此儿当致高名。"后游集,恒命之。胤长,又为桓宣武所知④,清通于多士之世⑤,官至选曹尚书⑥。

【注释】

①南平郡:治所在今湖南安乡北。功曹:郡守属官。

②司马无忌之难:司马无忌,字公寿,晋王室,司马承之子。王敦叛乱时,司马承受命讨伐,后被王敦所杀。王胡之是王廙之子,怕司马无忌为父报仇,故想避开他。

③沣阴:应作"澧阴",澧水之南。澧水,在湖南北部,流入洞庭湖。

④桓宣武:桓温。

⑤清通：清明通达。多士：人才众多。

⑥选曹尚书：吏部尚书，主管官吏选拔等事。

【译文】

车胤的父亲担任南平郡功曹的时候，太守王胡之为避开司马无忌的报复，把郡治设在澧水之南。此时车胤十多岁，王胡之出行时曾在篱笆中见到他，认为他很优异，便对车胤父亲说："这孩子当会得到很高的名声。"后来在游乐集会时，经常叫他来参加。车胤长大后，又被桓温所赏识，在人才众多的时代里显得清明通达，官职做到吏部尚书。

二八

王忱死，西镇未定[①]，朝贵人人有望[②]。时殷仲堪在门下[③]，虽居机要，资名轻小[④]，人情未以方岳相许[⑤]。晋孝武欲拔亲近腹心[⑥]，遂以殷为荆州。事定，诏未出。王珣问殷曰："陕西何故未有处分[⑦]？"殷曰："已有人。"王历问公卿，咸云："非。"王自计才地，必应任己。复问："非我邪？"殷曰："亦似非。"其夜，诏出用殷。王语所亲曰："岂有黄门郎而受如此任！仲堪此举，乃是国之亡征。"

【注释】

①西镇未定：指荆州刺史之职尚未确定。西镇，荆州为西部重镇，故称。

②朝贵：指朝中大臣。

③门下：门下省，皇帝的顾问机构。

④资名：资历名望。

⑤方岳：四方之高山，喻指地方长官。许：期望。

⑥晋孝武：晋孝武帝司马曜。拔：提拔。腹心：喻指亲信。

⑦陕西：喻指荆州。西周初召公奉命分治陕西以辅佐王室，此以之喻指重镇荆州。处分：处置。

【译文】

王忱死后，荆州刺史的人选尚未确定，朝中大臣人人都有当刺史的愿望。当时殷仲堪在门下省任职，虽然位居机密要务，但是他资历浅名望低，人们不认为他能胜任地方长官的要职。孝武帝要提拔自己的心腹，便用殷仲堪担任荆州刺史。事情确定后，诏书尚未发出。王珣问殷仲堪说："荆州的事为什么没有处置？"殷仲堪说："已经有人选了。"王珣一个个地举出公卿的名字来问，殷仲堪都说："不是。"王珣自己估计无论才能与门第，必定应当是自己。便再问："莫非是我吗？"殷仲堪说："也不是。"这天晚上，诏书发出，任用的是殷仲堪。王珣告诉亲信说："哪有黄门侍郎能得到如此重任？任命殷仲堪的举动，是亡国的征兆。"

赏誉第八

【题解】

赏誉，指对人物的鉴赏和赞誉。《韩非子·内储说上》："赏誉薄而谩者，下不用；赏誉厚而信者，下轻死。"赏誉与识鉴有着紧密的联系，从某种角度说，赏誉也是对人物识鉴的标准。

本篇共有一百五十六则，反映了魏晋士人重精神、重气度、重才智、重悟性的鉴人角度，也刻画出了名流大家们高蹈玄远的风骨。

一

陈仲举尝叹曰[①]："若周子居者[②]，真治国之器[③]。譬诸宝剑，则世之干将[④]。"

【注释】

①陈仲举：陈蕃。

②周子居：周乘。

③器：才能。

④干将：宝剑名。传说春秋时吴国干将与妻莫邪精心铸成阴阳宝剑，阳者名干将，阴者名莫邪，为世所宝。

【译文】

陈蕃曾赞叹地说："像周子居这样的人，是真具有治国才能的人才。用宝剑来比喻的话，那就是闻名于世的干将。"

二

世目李元礼①："谡谡如劲松下风②。"

【注释】

①目：品评。李元礼：李膺。

②谡谡(sù)：风起的样子。

【译文】

当代的人品评李膺："他的风度犹如劲松下的风。"

三

谢子微见许子将兄弟曰①："平舆之渊②，有二龙焉。"见许子政弱冠之时③，叹曰："若许子政者，有干国之器④。正色忠謇⑤，则陈仲举之匹⑥；伐恶退不肖⑦，范孟博之风⑧。"

【注释】

①谢子微：谢甄，东汉召陵（今河南郾城东）人。善谈论，曾与郭泰连日达夜地畅谈，郭泰称其"英才有余"。因不拘小节，为时所毁。许子将兄弟：许劭及兄许虔。许劭（150—195），字子将，汝南平舆（今属河南）人。少有重名，善知人，与郭泰并称"许郭"。许虔，字子政，许劭之兄，亦知名当世。

②渊：深水。

③弱冠：指二十岁。古时男子二十岁行冠礼，以示成人。

④干国：国之栋梁。

⑤正色：指态度严肃，神色严厉。忠謇(jiǎn)：忠诚正直。

⑥匹：比得上，相当。

⑦伐恶：打击恶人。不肖：不贤之人。

⑧范孟博：范滂(137—169)，字孟博，汝南征羌(治在今河南郾城东南)人。为清诏使时，贪赃枉法者望风解印而去。反对宦官专权，死于党锢之祸。

【译文】

谢甄见到许劭兄弟时说："平舆的深水之中，有两条龙在。"见到二十来岁的许虔时，赞叹道："像许子政这样的人，具有国家栋梁的才具。态度严肃，神色严厉，与陈仲举相当；打击恶人，斥退不贤之人，又有范孟博之风。"

四

公孙度目邴原[①]："所谓云中白鹤，非燕雀之网所能罗也[②]。"

【注释】

①公孙度：字升济，一字叔济，东汉襄平(今辽宁辽阳北)人，官至辽东太守。东伐高句丽，西击乌桓，南取东莱诸县，威行海外，自立为辽东侯、平州牧。曹操表其为永宁乡侯。目：品评，评价。邴原：字根矩，东汉朱虚(今山东临朐东)人。后避乱至辽东，公孙度厚礼之。后设计离开，公孙度不再阻挠，予以放行。

②罗:张网捕捉。

【译文】

公孙度品评邴原:“他就是人们所说的云中白鹤,不是用捕捉燕雀的小网所能捉得到的。”

五

钟士季目王安丰[①]:“阿戎了了解人意[②]。”谓:“裴公之谈[③],经日不竭。”吏部郎阙[④],文帝问其人于钟会[⑤]。会曰:“裴楷清通[⑥],王戎简要[⑦],皆其选也[⑧]。”于是用裴。

【注释】

①钟士季:钟会。王安丰:王戎。

②阿戎:对王戎的昵称。了了:聪明懂事。

③裴公:裴楷。

④阙:空缺。

⑤文帝:晋文帝司马昭。

⑥清通:清晰通达。

⑦简要:简明扼要。

⑧选:指人选。

【译文】

钟会评论王戎:“阿戎聪明懂事,善解人意。”说:“裴公的清谈,整天都说不尽。”吏部郎的官员缺人,晋文帝向钟会问询谁是适合的人选。钟会说:“裴楷清晰通达,王戎简明扼要,他们都是吏部郎合适的人选。”于是就任用了裴楷。

六

王濬冲、裴叔则二人总角诣钟士季[①]。须臾去，后客问钟曰："向二童何如？"钟曰："裴楷清通，王戎简要。后二十年，此二贤当为吏部尚书，冀尔时天下无滞才[②]。"

【注释】

①王濬冲：王戎。裴叔则：裴楷。总角：指童年。诣：拜访。钟士季：钟会。

②冀：希望。尔时：那时。滞才：遗漏的人才。

【译文】

王戎、裴楷两人童年时去拜访钟会。不久他们离去，后走的客人问钟会说："刚才两位童子怎么样？"钟会说："裴楷清晰通达，王戎简明扼要。二十年过后，这两位贤人当做吏部尚书，希望那时候天下再没有遗漏的人才。"

七

谚曰[①]："后来领袖有裴秀[②]。"

【注释】

①谚：谚语。

②后来：指后辈。裴秀(224—271)：字季秀，西晋河东闻喜(今属山西)人。晋武帝时官至司空，曾总结前人制图经验。在《禹贡地域图序》中提出"制度六体"，在世界地图史上也有重要地位。

【译文】

谚语说："后辈领袖有裴秀。"

八

裴令公目夏侯太初①："肃肃如入廊庙中②，不修敬而人自敬③。"一曰④："如入宗庙，琅琅但见礼乐器⑤。见钟士季⑥，如观武库⑦，但睹矛戟。见傅兰硕⑧，汪廧靡所不有⑨。见山巨源⑩，如登山临下，幽然深远。"

【注释】

①裴令公：裴楷。夏侯太初：夏侯玄。

②肃肃：严正的样子。廊庙：指朝廷。

③修：整治。

④一：另外。

⑤琅琅：形容玉石的光彩。

⑥钟士季：钟会。

⑦武库：藏兵器的地方。

⑧傅兰硕：傅嘏。

⑨汪廧（qiáng）：同"汪翔"，与"汪洋"同义，指宽广无边的样子。

⑩山巨源：山涛。

【译文】

裴楷评论夏侯玄说："看到他严正的样子就像进入朝廷，不修整敬重而人们自然会敬重他。"另一种说法是："好像进入宗庙，只看见琳琅满目的礼乐之器熠熠生辉。""见到钟士季，就像参观武器库，只看见到处都是矛戟等武器。见到傅兰硕，令人感到宽广无边，无所不有。见到山巨源，就像登山从高处望下看，幽幽的样子深远无边。”

九

羊公还洛①，郭奕为野王令②。羊至界，遣人要之③，郭便自往。既见，叹曰：“羊叔子何必减郭太业④！”复往羊许，小悉还⑤，又叹曰：“羊叔子去人远矣！”羊既去，郭送之弥日⑥，一举数百里，遂以出境免官。复叹曰：“羊叔子何必减颜子⑦！”

【注释】

①羊公：羊祜。洛：洛阳。

②郭奕：字太业，一字泰业，西晋太原阳曲（今山西太原）人。年轻时就已显名，后深得晋武帝赏识，官至雍州刺史、尚书。野王：县名，在今河南沁阳。

③要：邀请。

④何必：不必。减：减色，逊色。

⑤小悉：少顷，一会儿。

⑥弥日：一整天。

⑦颜子：颜回。

【译文】

羊祜回到洛阳，郭奕当时担任野王县令。羊祜到了野王县界后，就派人邀请郭奕，郭奕就自己去了。见面之后，郭奕赞叹道：“羊叔子不见得比我郭太业差！”他再次到羊祜处，很快就回来了，又赞叹道：“羊祜远远地超过一般人啊！”羊祜离开后，郭奕送了羊祜一整天，一送就送了几百里地，因为超出了野王县境范围而被免去了官职。他再次赞叹道：

"羊叔子不见得比颜子逊色!"

一〇

王戎目山巨源:"如璞玉浑金[①],人皆钦其宝[②],莫知名其器[③]。"

【注释】

①璞玉浑金:未雕琢之玉,未冶炼之金,比喻人品真诚质朴。

②钦:钦佩,敬重。

③器:器重,度量。

【译文】

王戎评论山涛:"他像是未经雕琢的玉石,未经冶炼的金子,人人都敬重他是宝物,但就是不能形容他的气度。"

一一

羊长和父繇与太傅祜同堂相善[①],仕至车骑掾[②],蚤卒[③]。长和兄弟五人幼孤。祜来哭,见长和哀容举止,宛若成人,乃叹曰:"从兄不亡矣[④]!"

【注释】

①羊长和:羊忱。繇:羊繇,字堪甫,西晋时官至车骑掾。太傅祜:羊祜。同堂:堂房的兄弟。

②车骑掾:车骑将军的属官。

③蚤:通"早"。

④从兄：堂兄。

【译文】

羊忱的父亲羊繇与太傅羊祜是堂兄弟，彼此友善，官职做到车骑掾，很早就死了。羊忱兄弟五人幼年就成了孤儿。羊祜来到羊忱家哭丧，看到羊忱悲哀的面容和神情举动，仿佛成年人一样，就感叹道："堂兄没有死！"

一二

山公举阮咸为吏部郎[①]，目曰："清真寡欲[②]，万物不能移也。"

【注释】

①山公：山涛。阮咸：字仲容，西晋陈留尉氏(今属河南)人，竹林七贤之一，阮籍之侄，与籍并称为"大小阮"。旷放不拘礼节，善弹琵琶，历官散骑郎，补始平太守。

②清真：纯洁质朴。寡欲：节制私欲。

【译文】

山涛荐举阮咸为吏部郎，评论道："他纯洁质朴，节制欲望，万事万物都不能改变他的性格。"

一三

王戎目阮文业[①]："清伦有鉴识[②]，汉元以来[③]，未有此人。"

【注释】

①阮文业：阮武，字文业，三国魏陈留尉氏（今属河南）人。阮籍族兄，官至清河太守。著有《阮子》。

②清伦：人品清高。鉴识：精辟的见识。

③汉元：指汉初建国以来。

【译文】

王戎评论阮武："人品清高，有精辟的见解，从汉代建国以来，未曾见过这样的人才。"

一四

武元夏目裴、王曰[①]："戎尚约[②]，楷清通。"

【注释】

①武元夏：武陔（gāi），字元夏，西晋初沛国竹邑（今安徽宿县北）人。官至左仆射。裴、王：裴楷、王戎。

②尚约：崇尚简约。

【译文】

武陔评论裴楷、王戎说："王戎崇尚简约，裴楷清晰通达。"

一五

庾子嵩目和峤[①]："森森如千丈松[②]，虽磊砢有节目[③]，施之大厦，有栋梁之用。"

【注释】

①庾子嵩:庾敳。

②森森:树木茂盛的样子。

③磊砢:树木多节的样子。节目:树木枝干交接之处为节,纹理纠结不顺的部分为目。

【译文】

庾敳评论和峤:"他就像繁密茂盛的千丈高的大松树,虽然树上多节,枝干交叉,但如果建造大厦,却可以用它来做栋梁。"

一六

王戎云:"太尉神姿高彻[①],如瑶林琼树[②],自然是风尘外物[③]。"

【注释】

①太尉:王衍。神姿:丰采。高彻:超脱通达。

②瑶林琼树:比喻人之品格如美玉般高洁。瑶、琼,均为美玉。

③风尘:世俗,尘世。

【译文】

王戎说:"太尉丰采超脱通达,就像美玉一样高洁,自然是世俗之外的人了。"

一七

王汝南既除所生服[①],遂停墓所。兄子济每来拜墓[②],略不过叔[③],叔亦不候。济脱时过[④],止寒温而已。后聊试问近事，答对甚有音辞[5]，出济意外，济极惋愕。仍与语，转造精微。济先略无子侄之敬，既闻其言，不觉懔然[6]，心形俱肃[7]。遂留共语，弥日累夜。济虽俊爽，自视缺然[8]，乃喟然叹曰[9]："家有名士，三十年而不知！"济去，叔送至门。济从骑有一马[10]，绝难乘，少能骑者。济聊问叔："好骑乘不？"曰："亦好尔。"济又使骑难乘马。叔姿形既妙，回策如萦[11]，名骑无以过之。济益叹其难测，非复一事。既还，浑问济[12]："何以暂行累日？"济曰："始得一叔。"浑问其故，济具叹述如此。浑曰："何如我？"济曰："济以上人。"武帝每见济，辄以湛调之曰[13]："卿家痴叔死未？"济常无以答。既而得叔后，武帝又问如前，济曰："臣叔不痴。"称其实美。帝曰："谁比？"济曰："山涛以下，魏舒以上[14]。"于是显名，年二十八始宦。

【注释】

①王汝南：王湛，字处冲，西晋太原晋阳(今山西太原)人。少有识度，少言语，宗族兄弟都以为他是痴子，只有他父亲王昶赏识他。后为侄子王济所知，向武帝推荐，历官尚书郎，太子中庶子，出为汝南内史，称王汝南。除所生服：脱去为亡父守丧期间所穿的孝服。所生，指生养自己的父母。

②济：王济。

③略不：完全不，几乎不。

④脱：偶或。

⑤音辞：指言辞很有意味。

⑥懔(lǐn)然：肃然起敬的样子。

⑦心形：内心与外表。

⑧缺然：有所欠缺的样子。

⑨喟(kuì)然:叹气的样子。

⑩从骑:随从。

⑪策:马鞭。萦:盘旋,回绕。

⑫浑:王浑,字玄冲,王济之父,王湛之兄,西晋时官至尚书左仆射,迁司徒。

⑬调(tiáo):调笑,开玩笑。

⑭魏舒:字阳元,三国魏任城樊(今山东济宁附近)人。不修常人之节,性好骑射,为司马昭器重,称“魏舒堂堂,人之领袖也”(《晋书》本传)。入晋,官至司徒。

【译文】

王湛脱去为父母守丧期间所穿的丧服后,就留住在坟墓旁。他兄长的儿子王济每次来墓地祭拜,几乎不来探望叔叔,叔叔也不去问候他。王济偶尔来探望一次,只是寒暄几句而已。后来王济姑且试问近来的事,王湛答对的言辞很有意味,王济听了出乎意料,极为惊讶。继续谈论下去,逐渐进入精细微妙之境。王济先前完全没有子侄对长辈的敬意,听了王湛的话后,不觉肃然起敬,从内心到外表都严肃起来。于是便留下来同王湛一起谈论,夜以继日。王济虽然才高俊迈性格爽朗,但比起王湛来也自觉有所欠缺,便喟然长叹道:“我们家里就有名士,却是三十年来都不知道!”王济告辞离去时,叔叔送他到门口。王济随从中有一匹马,极难骑乘,很少有人能骑它的。王济姑且问叔叔:“喜欢骑马吗?”王湛说:“也喜欢骑的。”王济便让他骑这匹难骑的马。叔叔不仅骑马的姿态绝妙,挥起马鞭来盘旋萦回,就是著名的骑手也不能超过他。王济更加感叹他高深莫测,不只一件事情如此。王济回家后,王浑问他:“为什么出去一下却在外面好几天?”王济说:“我刚才得到了一位叔叔。”王浑问其中的原因,王济便赞叹讲述了以上的情况。王浑说:“与我比怎么样?”王济说:“是在我以上的人。”过去晋武帝每次见到王济,总拿王湛来取笑他说:“你家的痴叔死了没有?”王济常常无言答对。

后来了解了叔叔以后，武帝又像以前那样问他，王济说："臣下的叔叔不痴。"他称赞叔叔确实很优秀。武帝说："可以与谁比较？"王济说："在山涛以下，魏舒以上。"他从此名声远扬，到了二十八岁才出山做官。

一八

裴仆射[①]，时人谓为言谈之林薮[②]。

【注释】

①裴仆射：裴頠。

②林薮(sǒu)：指聚集之处。

【译文】

裴頠，当时人认为他是言谈聚集的地方。

一九

张华见褚陶[①]，语陆平原曰[②]："君兄弟龙跃云津[③]，顾彦先凤鸣朝阳[④]，谓东南之宝已尽，不意复见褚生。"陆曰："公未睹不鸣不跃者耳。"

【注释】

①褚陶：字季雅，吴郡钱塘(今浙江杭州)人。少聪慧，十三岁作《鸥鸟》、《水碓》二赋，为人所奇，西晋时官至九真太守。

②陆平原：陆机。

③兄弟：指陆机、陆云兄弟。云津：指江、汉之水。亦指陆氏兄弟之家乡华亭(今上海松江，古称"云间")。

④顾彦先:顾荣。

【译文】

张华见到了褚陶,对陆机说:"您兄弟俩就像腾跃在江、汉水中的双龙,顾彦先犹如迎着朝阳长鸣的凤凰,我认为东南的珍宝都已囊括尽了,没想到今天再能见到褚先生。"陆机说:"只因为您没见到不长鸣、不腾跃的人才罢了。"

二〇

有问秀才[①]:"吴旧姓何如[②]?"答曰:"吴府君[③],圣王之老成[④],明时之俊乂[⑤];朱永长[⑥],理物之至德[⑦],清选之高望[⑧];严仲弼[⑨],九皋之鸣鹤[⑩],空谷之白驹[⑪];顾彦先[⑫],八音之琴瑟[⑬],五色之龙章[⑭];张威伯[⑮],岁寒之茂松,幽夜之逸光[⑯];陆士衡、士龙[⑰],鸿鹄之裴回[⑱],悬鼓之待槌。凡此诸君:以洪笔为锄耒[⑲],以纸札为良田,以玄默为稼穑[⑳],以义理为丰年,以谈论为英华[㉑],以忠恕为珍宝,著文章为锦绣,蕴五经为缯帛[㉒],坐谦虚为席荐[㉓],张义让为帷幕,行仁义为室宇,修道德为广宅。"

【注释】

①秀才:才能秀美者,这里指蔡洪。

②旧姓:指世家大族。

③吴府君:吴展,字士季,三国吴下邳(今江苏睢宁西北)人。官至吴广州刺史、吴郡太守。吴亡,闭门谢客。

④老成:指阅历多而通于世故者。

⑤俊乂(yì):贤能的人。

⑥朱永长:朱诞,字永长,三国吴吴郡(治在今江苏苏州)人,官至议郎。

⑦理物:治理人民。至德:最高的德行。

⑧清选:指高尚之贵官。高望:崇高的名望。

⑨严仲弼:严隐,字仲弼,三国吴吴郡(治在今江苏苏州)人,为宛陵令。

⑩九皋之鸣鹤:语见《诗经·小雅·鹤鸣》。九,喻沼泽曲折深远。皋,沼泽。鹤,比喻严仲弼为隐居之贤人。

⑪空谷之白驹:语见《诗经·小雅·白驹》:“皎皎白驹,在彼空谷。”谓皎洁的小白马,在那空谷中奔驰。亦为思念贤友之意。

⑫顾彦先:顾荣。

⑬八音:中国古代乐器,指金、石、丝、木、竹、匏(páo)、土、革。

⑭五色:青、黄、赤、白、黑为五色,这里泛指各种颜色。龙章:龙形花纹。

⑮张威伯:张畅,字威伯,三国吴吴郡(治今江苏苏州)人。

⑯逸光:放出的光。

⑰陆士衡、士龙:陆机、陆云。

⑱鸿鹄:天鹅。裴回:通“徘徊”,指盘旋飞翔。

⑲洪笔:大笔。锄耒(lěi):锄头和木叉,农具。

⑳玄默:深沉寡言。稼穑:种植和收割。

㉑英华:草木之美者。

㉒蕴:积聚。五经:指《易》、《尚书》、《诗经》、《礼》、《春秋》。汉武帝建元五年(前136)置五经博士,始有“五经”之称。缯帛:丝织物的总称。

㉓席荐:草垫。

【译文】

有人问蔡洪:“吴中的世家大族怎么样?”蔡洪说:“吴府君,是圣明君主的阅历多而深通世故的大臣,是太平盛世的贤才;朱永长,是治理人民的有德者，在高官中有崇高的名望；严仲弼，似曲折深远的沼泽中长鸣的大鹤，是在空谷中奔驰的小白马；顾彦先，是乐器中的琴瑟，五色中的龙纹；张威伯，是寒冬中茂盛的松柏，黑夜里放出的光芒；陆士衡、陆士龙，是盘旋飞翔的天鹅，是悬挂着等待敲打的大鼓。所有上述诸位，都是用大笔当农具，用纸张做良田，用沉默寡言来种植收获，用义理来当做丰年，用谈论来做为美丽的草木，用忠恕当做珍宝，写文章当成锦绣，积聚五经当丝绸，用谦虚当做草垫来坐，伸张仁义礼让当做帷幕，推行仁义当做屋宇，修养道德作为广大的住所。”

二一

人问王夷甫[①]：“山巨源义理何如[②]？是谁辈？”王曰：“此人初不肯以谈自居，然不读《老》、《庄》，时闻其咏，往往与其旨合。”

【注释】

①王夷甫：王衍。

②山巨源：山涛。义理：探究名理的学问。

【译文】

有人问王衍：“山巨源探究名理的学问怎么样？是与谁同类的人？”王衍说：“这个人当初不肯以善于清谈自居，但他虽不读《老子》、《庄子》，却时常听到他的吟咏之声，每每与《老子》、《庄子》的旨趣相符合。”

二二

洛中雅雅有三嘏[①]：刘粹字纯嘏[②]，宏字终嘏[③]，漠字冲嘏[④]，是亲兄弟，王安丰甥[⑤]，并是王安丰女婿。宏，真长祖也[⑥]。洛中铮铮冯惠卿[⑦]，名荪，是播子。荪与邢乔俱司徒李胤外孙[⑧]，及胤子顺并知名[⑨]。时称："冯才清，李才明，纯粹邢[⑩]。"

【注释】

①洛中：洛阳。雅雅：温文娴雅。

②刘粹：字纯嘏（gǔ），西晋沛国相（今安徽濉溪西北）人。官至侍中、南中郎将。

③宏：刘宏，字终嘏，西晋时历任秘书监、光禄大夫。

④漠：刘漠，字冲嘏，西晋时官至吏部尚书。

⑤王安丰：王戎。

⑥真长：刘惔。

⑦铮铮：形容人刚正不阿。冯惠卿：名荪，字惠卿，西晋长乐（今河南安阳东）人。官至侍中，为长沙王司马乂所害。

⑧邢乔：字曾伯，西晋河间（今属河北）人，官至司隶校尉。李胤：字宣伯，西晋辽东襄平（今辽宁辽阳）人，官至司徒。

⑨顺：李顺，字曼长，西晋时官至太仆卿。

⑩纯粹：纯一不杂，精美无瑕。

【译文】

洛阳城中温文娴雅的人物中有"三嘏"：刘粹字纯嘏，刘宏字终嘏，刘漠字冲嘏，他们是亲兄弟，是王戎的外甥，又都是他的女婿。刘宏是刘惔的祖父。洛阳城中刚正不阿的是冯惠卿，他名叫荪，是冯播的儿子。冯荪与邢乔都是司徒李胤的外孙，他们与李胤的儿子李顺都很出名。当时人称赞道："冯荪才学清通，李胤才学明了，纯净精美的是邢乔。"

二三

卫伯玉为尚书令[1]，见乐广与中朝名士谈议[2]，奇之曰："自昔诸人没已来，常恐微言将绝[3]，今乃复闻斯言于君矣！"命子弟造之，曰："此人，人之水镜也[4]，见之若披云雾睹青天。"

【注释】

①卫伯玉：卫瓘，字伯玉。

②中朝：晋室南渡以后，称西晋为"中朝"。

③微言：指清谈中的精微之言。

④水镜：以水和镜子的清明比喻人的明鉴或性格开朗。

【译文】

卫瓘担任尚书令时，见乐广与西晋的名士清谈议论，对此表示奇怪，说："自从当初诸位名士去世以来，常常担心清谈中的微言即将断绝了，如今竟然又从您这里听到了这些话啊！"便让子弟去拜访乐广，说："这人，是人中的水镜，明鉴开朗，看到他就像拨开云雾见到了青天。"

二四

王太尉曰[1]："见裴令公精明朗然[2]，笼盖人上[3]，非凡识也[4]。若死而可作[5]，当与之同归。"或云王戎语。

【注释】

①王太尉：王衍。

②裴令公：裴楷。精明：精细明察。朗然：爽朗的样子。

③笼盖：高出在上。

④凡识：平凡的见识。

⑤死而可作：语见《礼记·檀弓下》："文子曰：'死者如可作也，吾谁与归？'"谓死人如能复活，我要跟从谁呢？作，起来，指活过来。

【译文】

王衍说："看到裴楷精细明察，高出于众人之上，不是见识平凡的人。如果人死了可以再活过来的话，我定当跟从他，与他在一起。"有人说这是王戎说的话。

二五

王夷甫自叹[①]："我与乐令谈[②]，未尝不觉我言为烦。"

【注释】

①王夷甫：王衍。

②乐令：乐广，仕至尚书令。

【译文】

王衍自己感叹："我和乐令清谈时，没有不觉得我的话不是烦琐的。"

二六

郭子玄有俊才[①]，能言《老》、《庄》，庾敳尝称之[②]，每曰："郭子玄何必减庾子嵩[③]！"

【注释】

①郭子玄:郭象。俊才:卓越的才智。

②庾敳:字子嵩。

③何必:不必,不见得,表反问语气。

【译文】

郭象有卓越的才智,善于谈论《老子》、《庄子》,庾敳曾称赞他,常说:"郭子玄不见得比我庾子嵩逊色!"

二七

王平子目太尉[①]:"阿兄形似道[②],而神锋太俊[③]。"太尉答曰:"诚不如卿落落穆穆[④]。"

【注释】

①王平子:王澄。太尉:王衍。

②道:有道者。

③神锋:神采气概。

④落落穆穆:疏淡端庄貌。

【译文】

王澄评论太尉王衍:"哥哥外貌像是有道之人,只是神采气概太俊秀了。"王衍答道:"我的样子确实不如你疏淡端庄。"

二八

太傅府有三才[①]:刘庆孙长才[②],潘阳仲大才[③],裴景声清才[④]。

【注释】

①太傅：指东海王司马越。

②刘庆孙：刘舆。

③潘阳仲：潘滔。

④裴景声：裴邈。

【译文】

东海王司马越太傅府中有三才：刘舆是有专长之才，潘滔是博学之才，裴邈是清廉之才。

二九

林下诸贤[1]，各有俊才子[2]：籍子浑[3]，器量弘旷[4]；康子绍[5]，清远雅正[6]；涛子简[7]，疏通高素[8]；咸子瞻[9]，虚夷有远志[10]，瞻弟孚，爽朗多所遗[11]；秀子纯、悌[12]，并令淑有清流[13]；戎子万子[14]，有大成之风，苗而不秀[15]，唯伶子无闻[16]。凡此诸子，唯瞻为冠，绍、简亦见重当世。

【注释】

①林下诸贤：指竹林七贤。魏晋间的嵇康、阮籍、山涛、向秀、阮咸、王戎、刘伶，相互友善，游于竹林，号为"七贤"。

②俊才子：指他们的儿子均有卓越的才能。

③籍子浑：阮籍的儿子阮浑，字长成，官至太子中庶子。

④弘旷：宽广开朗。

⑤康子绍：嵇康的儿子嵇绍。

⑥清远雅正：志向高远，本性正直。

⑦涛子简：山涛的儿子山简，字季伦，西晋时官至征南将军。

⑧疏通高素：通达高洁。

⑨咸子瞻：阮咸的儿子阮瞻，字千里，西晋时官至太子舍人。

⑩虚：谦虚平易。

⑪遗：指超脱世俗。

⑫秀子纯、悌：向秀之子向纯、向悌。向纯，字长悌，西晋时官至侍中。向悌，字叔逊，西晋时官至御史中丞。

⑬令淑：美好善良。清流：指具有时望的清高的名士。

⑭戎子万子：王戎之子万子，名绥，字万子，有美名，十九岁即早死。

⑮苗而不秀：语见《论语·子罕》："苗而不秀者，有矣夫！"孔子为痛惜学生颜渊早逝而发，后即喻人之未长成而早夭。秀，指庄稼吐穗开花。

【译文】

竹林诸位贤士，都有才能卓越的儿子：阮籍的儿子阮浑，度量宽广开朗；嵇康的儿子嵇绍，志向高远，本性正直；山涛的儿子山简，通达高洁；阮咸的儿子阮瞻，谦虚平易，有远大的志向；阮瞻的弟弟阮孚，性格爽朗，而对世务多不放在心上；向秀的儿子向纯、向悌，都很美好善良，是具有时望的清高的名士；王戎的儿子王万子，颇有成就大器的风度，可惜未及长成而早夭，只有刘伶的儿子默默无闻。所有这些人的儿子，只有阮瞻堪称第一，嵇绍、山简也被当代人所推重。

庾子躬有废疾[1]，甚知名。家在城西，号曰"城西公府"。

【注释】

①庾子躬：庾琮，字子躬，庾峻第二子，西晋时官至太尉掾。废疾：残疾。

【译文】

庾琮身有残疾，很有名气。他家住在城西，号称“城西公府”。

三一

王夷甫语乐令[①]：“名士无多人，故当容平子知[②]。”

【注释】

①王夷甫：王衍。乐令：乐广。

②容：等待。知：识别。

【译文】

王衍告诉乐广：“名士没有多少人，所以应当等待王平子来识别。”

三二

王太尉云[①]：“郭子玄语议如悬河写水[②]，注而不竭[③]。”

【注释】

①王太尉：王衍。

②郭子玄：郭象。写：同“泻”，水向下流。

③注：灌入。

【译文】

王衍说：“郭子玄的玄语论议就像瀑布灌注倾泻，滔滔不绝。”

三三

司马太傅府多名士[①]，一时俊异[②]。庾文康云[③]：“见子嵩在其中[④],常自神王[⑤]。"

【注释】

①司马太傅:指东海王司马越。

②俊异:才智出众不同凡响。

③庾文康:庾亮。

④子嵩:庾敳。

⑤神王:精神旺盛。王,即"旺"。

【译文】

司马越太傅府内有很多名士,都是当时才智出众不同凡响之士。庾亮说:"看到庾敳在这些人中,常常不由自主地精神旺盛起来。"

三四

太傅东海王镇许昌[①],以王安期为记室参军[②],雅相知重[③]。敕世子毗曰[④]:"夫学之所益者浅,体之所安者深[⑤]。闲习礼度[⑥],不如式瞻仪形[⑦];讽味遗言[⑧],不如亲承音旨[⑨]。王参军人伦之表[⑩],汝其师之[⑪]!"或曰:"王、赵、邓三参军[⑫],人伦之表,汝其师之!"谓安期、邓伯道、赵穆也。袁宏作《名士传》,直云王参军。或云赵家先犹有此本。

【注释】

①太傅东海王:司马越。许昌:县名,在今河南许昌东。

②王安期:王承。记室参军:王府和将军府属官。

③雅:很。

④敕:告诫。世子:王侯的嫡子,王位的继承者。毗(pí):司马毗。

⑤体：指体察、体会、体验等。

⑥闲习：熟习。

⑦式瞻：瞻仰。式，发语词。仪形：指法式，作为模范。

⑧讽味：诵读玩味。遗言：指古训。

⑨音旨：言谈意旨。

⑩参军：王承。表：表率。

⑪师：学习。

⑫王、赵、邓：王承、赵穆、邓攸三人均为参军。赵穆，字季子，西晋汲郡(今河南汲县)人。邓攸，字伯道。

【译文】

太傅东海王司马越出镇许昌时，以王承为记室参军，非常赏识敬重他。司马越告诫世子司马毗说："从书本中所得到的益处很肤浅，从亲身体验获得的就很深刻。熟习礼节仪式，不如瞻仰法式作为模范；诵读玩味古训，不如亲身领受言谈意旨。王承是人们的表率，你要学习他！"有人说："王、赵、邓三位参军，是人们的表率，你应学习他！"说的就是王承、邓攸、赵穆。袁宏写《名士传》，只说王参军。有人说赵家先前还有这个本子。

三五

庾太尉少为王眉子所知[①]。庾过江，叹王曰："庇其宇下[②]，使人忘寒暑。"

【注释】

①庾太尉：庾亮。王眉子：王玄。

②宇下：屋檐下。

【译文】

庾亮年轻时被王玄所赏识。庾亮渡江南下后，赞叹王玄说："在他的屋檐下受到庇护，使人忘记了天气的冷暖。”

三六

谢幼舆曰[①]：“友人王眉子清通简畅[②]，嵇延祖弘雅劭长[③]，董仲道卓荦有致度[④]。”

【注释】

①谢幼舆：谢鲲。

②王眉子：王玄。

③嵇延祖：嵇绍。弘雅：宽宏高雅。劭长：美好优秀。

④董仲道：董养，字仲道，西晋时人，见贾后专权，天下大乱将至，便自荷担，妻推鹿车，入于蜀山，不知所终。卓荦（luò）：超越出众。致度：风度。

【译文】

谢鲲说：“友人王眉子清静明朗、简易疏放；嵇延祖宽宏高雅，美好优秀；董仲道超越出众，很有风度。”

三七

王公目太尉[①]：“岩岩清峙[②]，壁立千仞[③]。”

【注释】

①王公：王导。太尉：王衍。

②岩岩：高峻的样子。清峙：清峻地耸立。

③壁立：如峭壁一样地耸立。千仞：极言其高，一仞八尺。

【译文】

王导品评王衍道:“他高高地耸立,仿佛千仞峭壁似地矗立着。”

三八

庾太尉在洛下①,问讯中郎②。中郎留之云:“诸人当来。”寻温元甫、刘王乔、裴叔则俱至③,酬酢终日④。庾公犹忆刘、裴之才俊,元甫之清中⑤。

【注释】

①庾太尉:庾亮。

②问讯:问候。中郎:指庾敳。

③寻:不久。温元甫:温几,字元甫,西晋太原(今属山西)人。历官司徒右长史、湘州刺史。刘王乔:刘畴,字王乔,西晋彭城(今江苏徐州)人。官至司徒左长史。裴叔则:裴楷。

④酬酢(zuò):筵席上主宾相互敬酒。

⑤清中:清朗平和。

【译文】

庾亮在洛阳时,前去问候庾敳。庾敳挽留他说:“还有许多人会来的。”不久温几、刘畴、裴楷都来了,主宾之间互相敬酒应对了整整一天。庾亮后来还能回忆起刘畴、裴楷的卓越才能,温几的清婉平和。

三九

蔡司徒在洛①,见陆机兄弟住参佐廨中②,三间瓦屋,士龙住东头,士衡住西头。士龙为人,文弱可爱;士衡长七尺余，声作钟声，言多慷慨[3]。

【注释】

①蔡司徒：蔡谟。

②陆机兄弟：陆机、陆云。参佐：属官。廨(xiè)：官署。

③慷慨：指情绪激昂。

【译文】

蔡谟在洛阳的时候，看到陆机兄弟俩住在属官的官署中，三间瓦屋，陆机住在东头，陆云住在西头。陆云为人文雅柔弱，十分可爱；陆机身长七尺多，声如洪钟，言辞之间多慷慨激昂之气概。

四〇

王长史是庾子躬外孙[1]，丞相目子躬云[2]："入理泓然[3]，我已上人[4]。"

【注释】

①王长史：王濛。庾子躬：庾琮。

②丞相：王导。

③泓然：水深清澈的样子。

④已上：以上。

【译文】

王濛是庾琮的外孙，王导品评庾琮道："他深入玄理，犹如清澈的深水，是在我之上的人。"

四一

庾太尉目庾中郎[①]:"家从谈谈之许[②]。"

【注释】

①庾太尉:庾亮。庾中郎:庾敳。

②家从:我家堂叔。从,堂房叔伯的通称。庾敳是庾亮的堂房叔伯。谈谈之许:一作"谈之祖",指庾敳是清谈之祖。

【译文】

庾亮品评庾敳:"我家堂叔是清谈之祖。"

四二

庾公目中郎[①]:"神气融散[②],差如得上[③]。"

【注释】

①庾公:庾亮。中郎:庾敳。

②融散:恬适疏淡。

③差如:颇为。得上:能超拔向上。

【译文】

庾亮品评庾敳:"他神情气度恬适疏淡,能够超拔向上。"

四三

刘琨称祖车骑为朗诣[①],曰:"少为王敦所叹。"

【注释】

①祖车骑:祖逖(266—321),字士稚,范阳遒县(今河北涞水北)人。轻财好使,慷慨有节操,博览古今书记,官豫章从事中郎。晋室大乱,率部曲百余家渡江,中流击楫而誓。元帝时为豫州刺史,自募军,收复黄河以南为晋土。朗诣:开朗通达。

【译文】

刘琨称赞祖逖很开朗通达,说:"他年轻时为王敦所赞叹。"

四四

时人目庾中郎[①]:"善于托大[②],长于自藏[③]。"

【注释】

①庾中郎:庾敳。

②托大:指襟怀宽广,不把世事放在心上。

③自藏:指韬晦,隐蔽自己,不露锋芒。

【译文】

当时人品评庾敳:"他的特点是襟怀宽广,不把世事放在心上,又会隐蔽自己,不露锋芒。"

四五

王平子迈世有俊才[①],少所推服[②]。每闻卫玠言,辄叹息绝倒[③]。

【注释】

①王平子：王澄。迈世：超脱世俗。

②推服：推崇佩服。

③绝倒：极为佩服倾倒。

【译文】

王澄超脱世俗有卓越的才能，很少有他所推崇佩服的人。可他每次听到卫玠的玄言清谈，总要赞叹，极为佩服倾倒。

四六

王大将军与元皇表云①："舒风概简正②，允作雅人③，自多于邃④，最是臣少所知拔⑤。中间夷甫、澄见语⑥：'卿知处明、茂弘⑦。茂弘已有令名⑧，真副卿清论⑨；处明亲疏无知之者。吾常以卿言为意，殊未有得，恐已悔之。'臣慨然曰：'君以此试。'顷来始乃有称之者⑩，言常人正自患知之使过，不知使负实⑪。"

【注释】

①王大将军：王敦。元皇：晋元帝司马睿。

②舒：王舒。风概：风度气概。简正：简易端正。

③允：确实。雅人：高尚之人。

④多：超过。邃：王邃，字处重，王舒之弟，晋琅邪（今山东临沂）人，官至尚书左仆射。

⑤知拔：赏识提拔。

⑥夷甫：王衍。澄：王澄。

⑦处明：王舒。茂弘：王导。

⑧令名：美名。

⑨副:符合。清论:高论。

⑩顷来:近来。

⑪负实:违背事实。

【译文】

王敦呈给晋元帝的表章上说:"王舒的风度气概简易端正,确实称得上是高雅人士,自然超过王邃,他是臣下年轻时最为赏识提拔的。这中间王夷甫、王澄告诉我说:'你赏识处明、茂弘。茂弘已经有美名了,正符合你的高论;处明在亲近或疏远的人中没有人赏识他。我常把你的话放在心上,可你绝对没有说对,恐怕你后悔说过的话了吧。'臣下感慨地说:'你拿这件事来试试吧。'近来才有了称赞他的人,谓常人总怕赏识他人过了头,反之又违背了他的实际才能。"

四七

周侯于荆州败绩还①,未得用。王丞相与人书曰②:"雅流弘器③,何可得遗④?"

【注释】

①周侯:周颉。败绩:大败。

②王丞相:王导。

③雅流:高雅之辈。弘器:指有大才干的人。

④遗:遗弃。

【译文】

周颉在荆州大败而归后,没有被朝廷任用。王导在写给别人的书信中说:"周侯是高雅一流之人,具有大才干,怎么可以遗弃不用?"

四八

时人欲题目高坐而未能[1]，桓廷尉以问周侯[2]。周侯曰："可谓卓朗[3]。"桓公曰："精神渊著[4]。"

【注释】

①题目：品评。高坐：高坐道人。

②桓廷尉：桓彝。周侯：周顗。

③卓朗：卓越开朗。

④桓公：桓温，桓彝之子。渊著：既深沉又显明。

【译文】

当时想要品评高坐道人而未能找到合适的评语，桓彝拿此事问周顗。周顗说："可以是卓越开朗。"桓温说："他的精神既深沉又显明。"

四九

王大将军称其儿云[1]："其神候似欲可[2]。"

【注释】

①王大将军：王敦。儿：王应，王敦养子。

②神候：精神状态。

【译文】

王敦称赞他的养子说："他的神韵风骨似乎还可以。"

五〇

卞令目叔向[1]："朗朗如百间屋[2]。"

【注释】

①卞令：卞壸(kūn)，曾任尚书令，故称。叔向：春秋时晋国大夫羊舌肸(xī)。又一说此“叔向”指卞壸之叔卞向，事迹不详。

②朗朗：指胸怀开朗坦荡。

【译文】

卞壸品评叔向：“他胸怀坦荡，犹如上百间房屋那样广大敞亮。”

五一

王敦为大将军，镇豫章[①]。卫玠避乱[②]，从洛投敦。相见欣然，谈话弥日。于时谢鲲为长史，敦谓鲲曰：“不意永嘉之中[③]，复闻正始之音[④]。阿平若在[⑤]，当复绝倒[⑥]。”

【注释】

①豫章：治在今江西南昌。

②避乱：指西晋末的战乱。

③永嘉：西晋怀帝的年号(307—313)。

④正始之音：三国魏齐王芳正始年间(240—249)，崇尚玄学清谈，后人称当时的风尚言论为“正始之音”。

⑤阿平：王澄。

⑥绝倒：极端佩服倾倒。

【译文】

王敦担任大将军时，镇守在豫章。卫玠为躲避战乱，从洛阳投奔王敦。两人见面后很高兴，谈了一整天的话。这时谢鲲在王敦幕府任长史，王敦对谢鲲说：“想不到在永嘉年间，又能听到正始之音。阿平如果在座，必定又要佩服倾倒了。”

五二

王平子与人书[1]，称其儿"风气日上[2]，足散人怀"[3]。

【注释】

①王平子：王澄。

②风气：风度气质。

③散：排遣。怀：心情，胸怀。

【译文】

王澄在写给别人的信里，称赞自己的儿子"风度气质一天天地向上，足以使人的胸怀得到排遣。"

五三

胡毋彦国吐佳言如屑，后进领袖[1]。

【注释】

①后进：晚辈，后辈。

【译文】

胡毋彦国谈吐时说出来的佳言妙语，犹如锯木时出来的木屑那样绵绵不绝，是后辈中的杰出人物。

五四

王丞相云[1]："刁玄亮之察察[2]，戴若思之岩岩[3]，卞望之之峰距[4]。"

【注释】

①王丞相:王导。

②刁玄亮:刁协。察察:分析明辨。

③戴若思:戴俨,字若思,东晋广陵(今江苏淮阴西南)人,官至征西将军,后为王敦所害。岩岩:态度严峻的样子。

④卞望之:卞壸。峰距:喻人严峻而有锋芒。

【译文】

王导说:"刁玄亮分析明辨,戴若思态度严峻,卞望之锋芒毕露。"

五五

大将军语右军[1]:"汝是我佳子弟,当不减阮主簿[2]。"

【注释】

①大将军:王敦。右军:王羲之。

②阮主簿:阮裕。

【译文】

王敦对王羲之说:"你是我家的好子侄,应当不比阮裕差。"

五六

世目周侯[1]:"嶷如断山[2]。"

【注释】

①周侯:周顗。

②嶷(nì):突出,高峻。断山:高耸孤立的山。

【译文】

世人品评周顗:"他峻拔的样子如同高高耸立的孤山。"

五七

王丞相招祖约夜语[①],至晓不眠。明旦有客,公头鬓未理[②],亦小倦[③]。客曰:"公昨如是,似失眠。"公曰:"昨与士少语[④],遂使人忘疲。"

【注释】

①王丞相:王导。

②鬓:脸旁边靠近耳朵的头发。

③小倦:稍感疲倦。

④士少:祖约,字士少。

【译文】

王导邀请祖约晚上来叙谈,直到天亮还没睡。第二天一早有客人来,王导的头发鬓毛还未梳理,也感到有些疲倦。客人说:"您昨晚如此疲倦,似乎失眠了。"王导说:"昨天晚上我和士少叙谈,就令人忘了疲倦了。"

五八

王大将军与丞相书[①],称杨朗曰:"世彦识器理致[②],才隐明断[③]。既为国器[④],且是杨侯淮之子[⑤]。位望殊为陵迟[⑥],卿亦足与之处。"

【注释】

①王大将军：王敦。丞相：王导。

②世彦：杨朗。识器：见识度量。理致：思想情趣。

③才隐：指才学深远。

④国器：治国之器。

⑤杨侯淮：当为“杨準”，杨修之孙，西晋时官至冀州刺史。

⑥位望：地位名望。陵迟：衰落。

【译文】

王敦给王导写信，称赞杨朗说：“世彦的见识器度、思想情趣，都表现了才学深远、明于决断。他既为治国之大器，且又是杨淮之子。可是他的地位名望却过于衰落不振，你也是值得与他交往的。”

五九

何次道往丞相许[①]，丞相以麈尾指坐[②]，呼何共坐曰：“来，来，此是君坐。”

【注释】

①何次道：何充。丞相：王导。

②麈(zhǔ)尾：拂尘。魏晋时名士清谈时常执的一种拂子，用麈(兽名)的尾毛制成。

【译文】

何充前往王导处，王导用拂尘指着座位，叫何充来与自己一起坐，说：“来，来，这是您的座位。”

六〇

丞相治扬州廨舍[①],按行而言曰[②]:“我正为次道治此尔[③]!”何少为王公所重,故屡发此叹。

【注释】

①丞相:王导。治:整修。扬州廨舍:指扬州刺史官署。

②按行:视察巡行。

③正:仅,只。次道:何充。

【译文】

王导修整扬州刺史官署,在视察巡行时说:“我只是为次道修整这个官署罢了!”何充年轻时就受到王导的器重,所以王导不止一次地发出这样的赞叹。

六一

王丞相拜司徒而叹曰[①]:“刘王乔若过江[②],我不独拜公。”

【注释】

①王丞相:王导。

②刘王乔:刘畴。

【译文】

王导被授予司徒之职时感叹:“刘王乔如果过江南下,我就不会独自一人担任三公了。”

六二

王蓝田为人晚成[①]，时人乃谓之痴。王丞相以其东海子[②]，辟为掾[③]。常集聚，王公每发言，众人竞赞之。述于末坐曰："主非尧、舜[④]，何得事事皆是？"丞相甚相叹赏。

【注释】

①王蓝田：王述，袭封为蓝田侯，故称。晚成：成就、成名较晚。

②东海：王述父王承曾任东海太守，故称。

③辟：征召。

④主：主人，对长官的尊称，指王导。

【译文】

王述成名比较迟，当时人甚至于认为他是痴子。王导因为他是东海太守的儿子，征召他为属官。大家曾经聚集在一起，王导每次发言，大家都竞相赞美他。坐在末座的王述说："长官不是尧、舜，怎么可能事事都是对的呢？"王导对他的话非常赞赏。

六三

世目杨朗："沉审经断[①]。"蔡司徒云[②]："若使中朝不乱[③]，杨氏作公方未已。"谢公云："朗是大才。"

【注释】

①沉审：深沉谨慎。

②蔡司徒：蔡谟。

③中朝：指西晋。

【译文】

世人品评杨朗："深沉谨慎。"蔡谟说："如果中朝不乱，杨氏一门担任公卿的将会连续不断。"谢安说："杨朗是大才。"

六四

刘万安即道真从子[①]，庾公所谓"灼然玉举"[②]。又云："千人亦见，百人亦见。"

【注释】

①刘万安：刘绥，字万安，晋高平（今山东巨野南）人。官至骠骑长史。道真：刘宝。从子：侄儿。

②庾公：庾琮。灼（zhuó）然：鲜明的样子。

【译文】

刘绥是刘宝的侄子，就是庾琮所说的"他鲜明的样子就像挺立的玉一样。"又说："他在千人之中也能显现出来，在百人中也能显现出来。"

六五

庾公为护军[①]，属桓廷尉觅一佳吏[②]，乃经年[③]。桓后遇见徐宁而知之[④]，遂致于庾公曰："人所应有，其不必有；人所应无，己不必无。真海岱清士[⑤]！"

【注释】

①庾公：庾亮。护军：护军将军，掌军职的选用，为重要军事长官

之一。

②属:嘱托。桓廷尉:桓彝。

③乃:竟。

④徐宁:字安期,东晋东海郯(tán,今属山东)人。历官吏部郎、左将军、江州刺史。

⑤海岱:指东海和泰山之间的地区。清士:高雅之士。

【译文】

庾亮担任护军将军时,嘱托桓彝寻觅一位好的属吏,竟然过了整整一年尚未找到。桓彝后来遇见徐宁并赏识他,便推荐给庾亮说:"人们所应当有的,他不一定有;人们所应当没有的,他不一定没有。他真是海岱一带的高雅之士!"

六六

桓茂伦云[①]:"褚季野皮里阳秋[②]。"谓其裁中也[③]。

【注释】

①桓茂伦:桓彝。

②褚季野:褚裒。皮里阳秋:表面上不作评论而心里却有所褒贬。皮里阳秋,原作皮里春秋,因晋简文帝母名春,故晋人避讳,以"阳"代"春"。

③裁中:指表面上不作评论,而内心却有褒贬。

【译文】

桓彝说:"褚季野是皮里阳秋。"就是说他表面上不作评论而心里却是有所褒贬的。

六七

何次道尝送东人[①]，瞻望，见贾宁在后轮中曰[②]："此人不死，终为诸侯上客[③]。"

【注释】

①何次道：何充。东人：指建康以东，吴郡、会稽一带人。

②贾宁：字建宁，东晋长乐(今属福建)人。苏峻起兵，他为之谋划。后归降朝廷，官至新安太守。后轮：指后面的车辆。

③诸侯：指治理一方的行政长官。

【译文】

何充曾经送别从东边吴郡、会稽来的人，放眼远望，看到贾宁在后面的车辆上，便说："这人不死的话，最终会成为诸侯的座上客。"

六八

杜弘治墓崩[①]，哀容不称[②]。庾公顾谓诸客曰[③]："弘治至羸[④]，不可以致哀[⑤]。"又曰："弘治哭不可哀。"

【注释】

①杜弘治：杜乂，字弘治，东晋京北(今陕西西安东南)人，杜预的孙子。官丹阳丞。墓崩：指祖坟崩塌。

②不称(chèn)：不适合。

③庾公：庾亮。

④羸：瘦弱。

⑤致哀：尽哀。

【译文】

杜乂的祖坟崩塌了，他悲哀的表情与之显得不相称，并不显得十分悲哀。庾亮回头对诸位宾客说：“弘治身体极其衰弱，不能尽哀。”又说：“弘治哭的时候不能太哀伤。”

六九

世称“庾文康为丰年玉[①]，稚恭为荒年谷”[②]。庾家论云：“是文康称恭为荒年谷，庾长仁为丰年玉[③]。”

【注释】

①庾文康：庾亮，谥号文康。丰年玉：庆丰收之玉器，比喻太平之世的人才。

②稚恭：庾翼。荒年谷：荒年歉收之谷，比喻乱世能济时救世之人才。

③庾长仁：庾统，字长仁，小字赤玉，庾亮的侄子。

【译文】

世人称赞“庾文康是丰年的美玉，庾稚恭是荒年的稻谷”。庾家的评论则说：“这是庾文康称赞庾稚恭为荒年的稻谷，庾长仁为丰年的美玉。”

七〇

世目：“杜弘治标鲜[①]，季野穆少[②]。”

【注释】

①杜弘治：杜乂。标鲜：指仪表清秀俊美。

②季野：褚裒。穆少：宁静淡泊。

【译文】

世人品评："杜弘治仪表清秀俊美，褚季野处世宁静淡泊。"

七一

有人目杜弘治[①]："标鲜清令[②]，盛德之风[③]，可乐咏也。"

【注释】

①杜弘治：杜乂。

②标鲜：指仪表清秀俊美。清令：秀雅美好。

③盛德：高尚的德行。

【译文】

有人品评杜乂："他的仪表清秀俊美，秀雅美好，高尚品德之风貌，值得用音乐来歌咏。"

七二

庾公云[①]："逸少国举[②]。"故庾倪为碑文云[③]："拔萃国举[④]。"

【注释】

①庾公：庾亮。

②逸少：王羲之。国举：全国推戴。

③庾倪：庾倩，字少彦，小字倪，庾冰之子，东晋时官至太宰长史。后为桓温诬陷谋害。

④拔萃：出众超群。

【译文】

庾亮说："王羲之是全国推戴的人。"所以庾倩为他所写的碑文说："出类拔萃，为国人所推戴。"

七三

庾稚恭与桓温书[①]，称："刘道生日夕在事[②]，大小殊快[③]。义怀通乐既佳[④]，且足作友，正实良器。推此与君同济艰不者也[⑤]。"

【注释】

①庾稚恭：庾翼。

②刘道生：刘恢，字道生，东晋沛国(今安徽濉溪西北)人。官车骑司马。日夕：日夜。在事：办事，忙于公务。

③快：畅快，称心。

④义怀：道义胸怀。通乐：通达乐观。

⑤艰不(pǐ)：艰难困苦。

【译文】

庾翼写信给桓温，说："刘道生日日夜夜忙于公事，上下左右的人都很称心。他为人道义胸怀通达乐观各方面都很好，又值得结为朋友，确实是位优秀的人才。我把他推荐给你，可以同你共同度过艰难困苦。"

七四

王蓝田拜扬州[①]，主簿请讳[②]，教云[③]："亡祖，先君，名播海内，远近所知。内讳不出于外④，余无所讳。”

【注释】

①王蓝田：王述。拜扬州：受任扬州刺史。

②请讳：请示该避讳的字。旧时对于君主或尊长的名字避免说出或写出而改用其他的字，称“避讳”。晋人尤重家讳，故新官上任时属吏要请示避讳的字。

③教：指大臣的指示。

④内讳：指家内女性长辈的名字。不出于外：《礼记·曲礼上》：“妇讳不出门。”

【译文】

王述担任扬州刺史时，主簿请示该避讳的字，王述批示道：“我去世的祖父，已故的父亲，名扬天下，远近无人不知。内讳从不传出门外。其余就没有什么可避讳的了。”

七五

萧中郎①，孙承公妇父②。刘尹在抚军坐③，时拟为太常④，刘尹云：“萧祖周不知便可作三公不⑤？自此以还⑥，无所不堪⑦。”

【注释】

①萧中郎：萧轮，字祖周，东晋乐安（今山东博兴北）人，历任常侍、国子博士。

②孙承公：孙统，字承公，历任鄞令、余姚令。妇父：妻子的父亲，即岳父。

③刘尹：刘惔。抚军：晋简文帝司马昱，时任抚军大将军。

④太常：官名，九卿之一，掌宗庙礼仪。

⑤三公：太尉、司徒、司空之合称，共同负责军政的最高长官。

⑥以还：以下。

⑦堪：胜任。

【译文】

萧轮是孙统的岳父。刘惔在司马昱抚军座上作客时，准备让萧轮担任太常一职，刘惔说："萧祖周不知可以担任三公吗？从三公以下，他没有什么不能胜任的。"

七六

谢太傅未冠[①]，始出西[②]，诣王长史[③]，清言良久。去后，苟子问曰[④]："向客何如尊[⑤]？"长史曰："向客亹亹[⑥]，为来逼人。"

【注释】

①谢太傅：谢安。未冠：尚未成年。

②出西：往西边，指去京城。谢安出仕前住会稽，到京城是向西，故称。

③王长史：王濛。

④苟子：王脩，字敬仁，小字苟子，王濛之子。

⑤尊：尊称父亲。

⑥亹亹(wěi)：勤勉不倦的样子。

【译文】

谢安尚未成年时，刚到西边京城去，拜望王濛，清谈玄理很长时间。

谢安走后，王濛的儿子王脩问道："刚才的客人比起父亲怎么样？"王濛说："刚才的客人勤勉不倦的样子，清言玄理咄咄逼人。"

七七

王右军语刘尹[1]："故当共推安石[2]。"刘尹曰[3]："若安石东山志立[4]，当与天下共推之。"

【注释】

①王右军：王羲之。刘尹：刘惔。

②故当：当然。安石：谢安。

③刘尹：刘惔。

④东山志：指不愿出仕隐居东山的志趣。

【译文】

王羲之对刘惔说："我们应当共同推荐谢安石。"刘惔说："如果谢安石确立了隐居东山之志，我们应当与天下人共同推举他。"

七八

谢公称蓝田[1]："掇皮皆真[2]。"

【注释】

①谢公：谢安。蓝田：王述。

②掇(duó)：拾，摘。

【译文】

谢安称誉王述："他这人摘去外表露出的都是本真。"

七九

桓温行经王敦墓边过，望之云："可儿[①]！可儿！"

【注释】

①可儿：即可人，即使人满意的人。

【译文】

桓温出行从王敦墓边经过，望着王敦的墓说："令人满意的人！令人满意的人！"

八〇

殷中军道王右军云[①]："逸少清贵人[②]，吾于之甚至[③]，一时无所后。"

【注释】

①殷中军：殷浩。道：称道。王右军：王羲之。

②逸少：王羲之字逸少。清贵人：清高尊贵之人。

③于：对于。之：代词，指王羲之。至：指情义深至。

【译文】

殷浩称道王羲之说："逸少是清高尊贵之人，我对于他可说是情义深至，一时无人在他之后。"

八一

王仲祖称殷渊源[①]："非以长胜人，处长亦胜人[②]。"

【注释】

①王仲祖：王濛。殷渊源：殷浩。

②处：对待。

【译文】

王濛称誉殷浩："他非但以长处胜过他人，在对待自己的长处上也胜过他人。"

八二

王司州与殷中军语[①]，叹云："己之府奥[②]，早已倾写而见[③]；殷陈势浩汗[④]，众源未可得测。"

【注释】

①王司州：王胡之。殷中军：殷浩。

②府奥：指胸中所有。

③倾写：即倾泻。写，同"泻"。

④陈势：阵势。陈，通"阵"。浩汗：广大辽阔的样子。

【译文】

王胡之与殷浩谈论，叹息道："我自己胸中所有的，早就已经倾泻出来了；而殷浩谈论的阵势浩大无边，众多的源头还未可测量呢。"

八三

王长史谓林公[①]："真长可谓金玉满堂[②]。"林公曰："金玉满堂，复何为简选[③]？"王曰："非为简选，直致言处自寡耳[④]。"

【注释】

①王长史：王濛。林公：支遁。

②真长：刘惔。金玉满堂：语出《老子》，比喻言辞丰富多彩。

③简选：挑选，选择。

④直：但，只。致言：发言。

【译文】

王濛对支遁说："真长的清谈真是金玉满堂，丰富多彩。"支遁说："既然是金玉满堂，又为什么要选择言辞呢？"王濛说："不是选择，只是发出言辞时自然精练而已。"

八四

王长史道江道群[①]："人可应有，乃不必有；人可应无，己必无。"

【注释】

①王长史：王濛。江道群：江灌，字道群，东晋陈留（今河南开封东北）人。历官吏部郎、抚军司马、御史中丞、吴兴太守、吴郡太守等。

【译文】

王濛称道江灌："别人所应有的，他不一定有；别人所应当没有的，他必定没有。"

八五

会稽孔沈、魏颛、虞球、虞存、谢奉并是四族之俊[①]，于时之杰。孙兴公目之曰[②]："沈为孔家金，颛为魏家玉，虞为长、琳宗③,谢为弘道伏④。”

【注释】

①魏顗:字长齐,东晋会稽(治在今浙江绍兴)人。官至山阴令。虞球:字和琳,东晋会稽余姚(今属浙江)人,仕至黄门侍郎。虞存:字道长。谢奉:字弘道。四族:指上述之孔、魏、虞、谢四个家族。

②孙兴公:孙绰,字兴公。

③宗:宗仰,尊崇。

④伏:佩服。

【译文】

会稽孔沈、魏顗、虞球、虞存、谢奉同是四个家族中的英才,当时的杰出人物。孙绰品评他们说:“孔沈是孔家的金子,魏顗是魏家的宝玉,虞家尊崇虞球和虞存,谢奉为谢家所佩服。”

八六

王仲祖、刘真长造殷中军谈①,谈竟,俱载去。刘谓王曰:“渊源真可②。”王曰:“卿故堕其云雾中③。”

【注释】

①王仲祖:王濛。刘真长:刘惔。殷中军:殷浩。

②渊源:殷浩。可:表示赞许。

③云雾:喻指言论如云遮雾罩,令人迷惑。

【译文】

王濛、刘惔同去拜访殷浩清谈,谈论完后,两人一起乘车离去。刘惔对王濛说:“渊源真行。”王濛说:“你肯定掉入他布下的云遮雾罩的迷魂中了。”

八七

刘尹每称王长史云[①]:“性至通而自然有节[②]。”

【注释】

①刘尹:刘惔。王长史:王濛。

②通:通达。节:节制。

【译文】

刘惔常称赞王濛说:“他的性格很通达而且自然有节制。”

八八

王右军道谢万石“在林泽中,为自遒上”[①];叹林公“器朗神俊”[②];道祖士少“风领毛骨[③],恐没世不复见如此人”[④];道刘真长“标云柯而不扶疏”[⑤]。

【注释】

①王右军:王羲之。谢万石:谢万,字万石。遒(qiú)上:强健挺拔。

②林公:支道林。器朗神俊:器宇开朗,神态秀雅。

③祖士少:祖约,字士少。风领毛骨:形容风姿、毛发、骨相不同凡俗。

④没世:终身。

⑤刘真长:刘惔。标:高扬,高耸。云柯:凌云的大树。扶疏:形容树枝繁茂分披的样子。

【译文】

王羲之称道谢万"在山林水泽之中,可谓强健挺拔";赞叹支遁"器宇开朗,神态秀雅";称道祖约"风姿骨相不同凡俗,恐怕一辈子再也见不到这样的人了";称道刘惔如"高耸入云的大树而枝叶却并不显得繁茂"。

八九

简文目庾赤玉[①]:"省率治除[②]。"谢仁祖云[③]:"庾赤玉胸中无宿物[④]。"

【注释】

①简文:晋简文帝司马昱。庾赤玉:庾统,字长仁,小字赤玉。

②省率:爽直坦率,不拘礼节。治除:修养自己,去除不良习气。

③谢仁祖:谢尚。

④宿物:隔夜的东西。

【译文】

简文帝品评庾统:"他爽直坦率,修身自爱。"谢尚说:"庾赤玉胸中坦荡,毫无芥蒂。"

九〇

殷中军道韩太常曰[①]:"康伯少自标置[②],居然是出群器[③]。及其发言遣辞[④],往往有情致[⑤]。"

【注释】

①殷中军:殷浩。韩太常:韩伯。

②标置：标榜，自负。

③居然：确实。出群：超群，出类拔萃。器：才能。

④遣辞：说话，运用词语。

⑤情致：意趣风致。

【译文】

殷浩称道韩伯说："康伯年轻时就很自负，确实是出类拔萃的人才。到了他发言用词时，常常充满意趣风致。"

九一

简文道王怀祖①："才既不长，于荣利又不淡②，直以真率少许③，便足对人多多许。"

【注释】

①王怀祖：王述。

②荣利：名位利禄。

③直：但，求。真率：真诚坦率。许：表示约数。

【译文】

简文帝称道王述："他在才能上既不擅长，在名位利禄方面又并不淡泊，只是他凭着少许的真诚坦率，就足够抵得上他人许许多多了。"

九二

林公谓王右军云①："长史作数百语②，无非德音③，如恨不苦④。"王曰："长史自不欲苦物⑤。"

【注释】

①林公：支遁。王右军：王羲之。

②长史：王濛。

③德音：善言，敬称对方之言。

④如：奈，只是。苦：指用言辞话语使人感到困窘。

⑤物：指人。

【译文】

支遁对王羲之说："王濛讲了几百句话，没有一句不是善言，只是遗憾说话不能令对方困窘。"王羲之说："王濛本来不想为难人。"

九三

殷中军与人书[①]，道谢万："文理转遒[②]，成殊不易。"

【注释】

①殷中军：殷浩。

②文理：文辞义理。转：更加。遒：遒劲，指笔意老练。

【译文】

殷浩给人写信，称道谢万："写文章文辞义理越来越遒劲，他的成就很不容易。"

九四

王长史云[①]："江思悛思怀所通[②]，不翅儒域[③]。"

【注释】

①王长史:王濛。

②江思悛(quān):江惇(dūn),东晋陈留(今河南开封东北)人。好学,手不释卷,兼综儒道。著《通道崇俭论》,为世所称。庾亮请为儒林参军,征拜博士、著作郎,皆不就。思怀:指思想、思虑。

③不翅:不止。翅,通"啻"。

【译文】

王濛说:"江思悛思想上所通晓的,不止在儒学的领域。"

九五

许玄度送母始出都[①],人问刘尹[②]:"玄度定称所闻不[③]?"刘曰:"才情过于所闻[④]。"

【注释】

①许玄度:许询。出都:指到京都,赴京都。

②刘尹:刘惔。

③定:到底,究竟。称(chèn):符合,相称。不:通"否"。

④才情:才华。

【译文】

许珣送母亲才到京都,有人问刘惔:"许玄度究竟与所传闻的相称吗?"刘惔道:"他的才华超过所传闻的。"

九六

阮光禄云[①]:"王家有三年少:右军[②],安期[③],长豫[④]。"

【注释】

①阮光禄:阮裕。

②右军:王羲之。

③安期:王应,字安期。

④长豫:王悦,字长豫。

【译文】

阮裕说:"王家有三位少年:右军,安期,长豫。"

九七

谢公道豫章[1]:"若遇七贤[2],必自把臂入林[3]。"

【注释】

①谢公:谢安。豫章:谢鲲,曾为豫章太守,故称。

②七贤:即竹林七贤。

③把臂:挽着手臂。入林:指加入竹林七贤的队伍。

【译文】

谢安称道谢鲲:"他如果碰到七贤,一定会与他们手拉手进入竹林同游。

九八

王长史叹林公[1]:"寻微之功[2],不减辅嗣[3]。"

【注释】

①王长史:王濛。林公:支遁。

②寻微：探寻精微之玄理。

③辅嗣：王弼，字辅嗣。

【译文】

王濛赞叹支遁："他探寻精微玄理的能力，不比王辅嗣逊色。"

九九

殷渊源在墓所几十年[①]。于时朝野以拟管、葛[②]，起不起[③]，以卜江左兴亡[④]。

【注释】

①殷渊源：殷浩。几：将近。

②拟：比拟。管、葛：管仲、诸葛亮。均为历史上的名相。

③起不起：指出仕与不出仕。

④卜：预测。江左：指东晋。

【译文】

殷浩在祖先墓地隐居了将近十年。当时朝廷内外都把他比拟为管仲、诸葛亮，根据他的出仕与否，预测东晋的兴亡。

殷中军道右军[①]："清鉴贵要[②]。"

【注释】

①殷中军：殷浩。右军：王羲之。

②清鉴：高明的见解。贵要：尊贵显要。

【译文】

殷浩称道王羲之:“他有高明的见解,而又尊贵显要。”

一〇一

谢太傅为桓公司马[①]。桓诣谢,值谢梳头,遽取衣帻[②]。桓公云:“何烦此!”因下共语至暝[③]。既去,谓左右曰:“颇曾见如此人不?”

【注释】

①谢太傅:谢安。桓公:桓温。

②遽(jù):急。帻(zé):包头巾。

③暝(míng):黄昏。

【译文】

谢安出任了桓温的司马。桓温去拜访谢安,正碰上谢安梳头,谢安急忙取来衣服和包头巾。桓温说:“何必烦劳这样做呢!”于是就下车与谢安一起谈论到傍晚。桓温离开后,对左右侍从说:“你们曾经见过这样的人物吗?”

一〇二

谢公作宣武司马[①],属门生数十人于田曹中郎赵悦子[②]。悦子以告宣武,宣武云:“且为用半[③]。”赵俄而悉用之[④],曰:“昔安石在东山[⑤],缙绅敦逼[⑥],恐不豫人事[⑦]。况今自乡选[⑧],反违之邪?”

【注释】

①谢公:谢安。宣武:桓温。

②属(zhǔ):嘱托。田曹中郎:官名,管理农事。赵悦子:赵悦,字悦子,东晋下邳(今江苏宿县)人。官至左卫将军。

③且:暂时。

④俄而:不久。

⑤安石:谢安。

⑥缙绅:古代大官插笏垂绅,后指官僚士大夫。敦逼:催促逼迫。

⑦豫:参预。人事:世事。

⑧乡选:在乡里选拔人才。

【译文】

谢安担任桓温司马时,把几十个门生嘱托给田曹中郎赵悦。赵悦把这件事告诉桓温,桓温说:“暂时任用一半。”不久赵悦全部任用了他们,说:“过去谢安石隐居在东山时,缙绅们催逼他出仕,就怕他不肯参预人事。何况如今是他亲自从乡里选拔来的人才,我反而要违背他的意愿吗?”

桓宣武表云[①]:“谢尚神怀挺率[②],少致民誉[③]。”

【注释】

①桓宣武:桓温。表:奏章。

②神怀:胸怀。挺率:直爽坦率。

③少:年轻时。致:获致,得到。

【译文】

桓温呈上的奏章说:“谢尚胸怀直爽坦率,年轻时就获得人们的赞誉。”

一〇四

世目谢尚为“令达”[①]。阮遥集云[②]:“清畅似达[③]。”或云:“尚自然令上[④]。”

【注释】

①令达:美好通达。

②阮遥集:阮孚。

③清畅:高雅疏放。

④令上:美好卓越。

【译文】

世人都品评谢尚为“美好通达”。阮孚说:“他高雅疏放似乎很通达。”有人说:“谢尚不做作而美好卓越。”

一〇五

桓大司马病[①],谢公往省病[②],从东门入[③]。桓公遥望,叹曰:“吾门中久不见如此人!”

【注释】

①桓大司马:桓温。

②谢公:谢安。

③东门:指姑孰(今安徽当涂)东门。

【译文】

桓温生病,谢安去探望,从东门进去。桓温远远看见,感叹道:“我的门中很久以来看不到这样高雅的人物了!”

一〇六

简文目敬豫为“朗豫”[①]。

【注释】

①简文：晋简文帝司马昱。敬豫：王恬，字敬豫。朗豫：开朗和悦。

【译文】

司马昱品评王恬是“开朗和悦”的人。

一〇七

孙兴公为庾公参军[①]，共游白石山[②]，卫君长在坐[③]。孙曰：“此子神情都不关山水，而能作文。”庾公曰：“卫风韵虽不及卿诸人[④]，倾倒处亦不近[⑤]。”孙遂沐浴此言[⑥]。

【注释】

①孙兴公：孙绰。庾公：庾亮。

②白石山：在今江苏溧水北。

③卫君长：卫永，字君长，东晋时官至左军长史。

④风韵：风度韵致。

⑤倾倒：令人佩服。近：浅近，平凡。

⑥沐浴：借指身受其润，浸润其中。

【译文】

孙绰担任庾亮的参军时，他们一起去游览白石山，卫永当时也在座。孙绰说：“这人的神情毫不关注山水风光，却能写文章。”庾亮说：“卫永的风度韵致虽然及不上你们诸位，可令人佩服的地方亦复不同凡响。”这话使孙绰深深浸润体味。

一〇八

王右军目陈玄伯[①]:“垒块有正骨[②]。”

【注释】

①王右军:王羲之。陈玄伯:陈泰。

②垒块:指胸中郁结不平。正骨:指刚正的品格。

【译文】

王羲之品评陈泰:“他胸中有郁结不平之气而品格刚正。”

一〇九

王长史云[①]:“刘尹知我[②],胜我自知。”

【注释】

①王长史:王濛。

②刘尹:刘惔。

【译文】

王濛说:“刘尹了解我,超过我对自己的了解。”

一一〇

王、刘听林公讲[①],王语刘曰:“向高坐者[②],故是凶物[3]。"复更听[4],王又曰:"自是钵钎后王、何人也[5]。"

【注释】

①王、刘:王濛、刘惔。林公:支道林。

②向:刚才。

③凶物:不吉之人。物,指人。

④复:原作"东",据影宋本改。

⑤钵钎(bō yú):僧人的食器,此指僧徒。钎,即"盂"之借用字。王、何:王弼、何晏,魏晋玄学清谈之风的开创人。

【译文】

王濛、刘惔听支道林讲经,王濛对刘惔说:"刚才坐在台上宣讲的人,原来是不吉之人。"再听下去,王濛又说:"他本来是佛门中的王弼、何晏啊。"

一一一

许玄度言[1]:"《琴赋》所谓'非至精者[2],不能与之析理',刘尹其人[3];'非渊静者[4],不能与之闲止[5]',简文其人[6]。"

【注释】

①许玄度:许询。

②《琴赋》:嵇康作。

③刘尹:刘惔。

④渊静:沉静恬淡。

⑤闲止:指安静地相处。

⑥简文:简文帝司马昱。

【译文】

许询说："《琴赋》所说的'不是最精通玄理的人，不能同他辨析玄理'，刘尹就是这样的人；'不是沉静恬淡的人，不能同他安静地相处'，简文帝就是这样的人。"

一一二

魏隐兄弟少有学义[①]，总角诣谢奉[②]。奉与语，大说之，曰："大宗虽衰[③]，魏氏已复有人。"

【注释】

①魏隐兄弟：指魏隐和魏逷(tì)兄弟俩。魏隐字安时，东晋会稽上虞(今属浙江)人，历官义兴太守、御史中丞。魏逷，官黄门郎。学义：才学。

②总角：指童年。

③大宗：尊称他人家族。

【译文】

魏隐兄弟从小就有才学，童年时去拜望谢奉。谢奉同他们说话，十分喜欢他们，说："他们的家族虽然衰落了，但魏家已经有了继承人了。"

一一三

简文云[①]："渊源语不超诣简至[②]，然经纶思寻处[③]，故有局陈[④]。"

【注释】

①简文:晋简文帝司马昱。

②渊源:殷浩。超诣:高超。简至:简要精到。

③经纶:整理丝缕,理出丝绪叫经,编丝成绳叫纶,引申为筹划治理之意。思寻:思索,思考。

④局陈,局阵,陈,同“阵”。指说话布置有法。

【译文】

简文帝说:“渊源的话语并不高超也不简要精到,但是在组织条理方面,他的话确实讲究格局法度。”

一一四

初,法汰北来[①],未知名,王领军供养之[②]。每与周旋行来[③],往名胜许[④],辄与俱。不得汰,便停车不行。因此名遂重。

【注释】

①法汰:竺法太。北来:从北方来。

②王领军:王洽,字敬和,王导第三子。东晋时历官吴郡内史、中领军。

③周旋:应酬,往来。行来:往来,交往。

④名胜:有名望的人,名流。

【译文】

当初,竺法汰从北方来,没有什么名气,王洽供养他。王洽常常与他应酬交往,到名流处去,总要与他一起去。法汰不能去,王洽就停下车来不走。因此法汰的名望就高起来了。

一一五

王长史与大司马书[①]，道渊源"识致安处[②]，足副时谈[③]"。

【注释】

①王长史：王濛。大司马：桓温。

②渊源：殷浩。识致：见识情致。安处：日常居处。

③副：相称。时谈：当时的评论。

【译文】

王濛给桓温写信，称道殷浩"他的见识情致和日常居处，足以与当时人的评论相称。"

一一六

谢公云[①]："刘尹语审细[②]。"

【注释】

①谢公：谢安。

②刘尹：刘惔。审细：谨慎精细。

【译文】

谢安说："刘尹的言论谨慎精细。"

一一七

桓公语嘉宾[①]："阿源有德有言[②]，向使作令仆[③]，足以仪刑百揆[④]，朝廷用违其才耳[⑤]。"

【注释】

①桓公:桓温。嘉宾:郗超,小字嘉宾。

②阿源:殷浩,字渊源。有德有言:有德行有嘉言。

③向:从前。令仆:尚书令,仆射。

④仪刑:法式,模范。百揆(kuí):百官。

⑤用:任用。

【译文】

桓温对郗超说:"阿源既有美德又有嘉言,当初如果让他做尚书令或仆射,足以做百官的模范,而现在朝廷任用他却是违背他的才能啊。"

一一八

简文语嘉宾[①]:"刘尹语末后亦小异[②],回复其言[③],亦乃无过。"

【注释】

①简文:晋简文帝司马昱。嘉宾:郗超。

②刘尹:刘惔。

③回复:指反复回味。

【译文】

简文帝司马昱对郗超说:"刘尹谈论的最后部分与前面所说也小有不同,但反复回味他的话,也竟没有什么差错。"

一一九

孙兴公、许玄度共在白楼亭[①],共商略先往名达[②]。林公既非所关③,听讫云:"二贤故自有才情④。"

【注释】

①孙兴公:孙绰。许玄度:许询。白楼亭:驿亭名,在今浙江绍兴。

②商略:讨论,筹划。先往:先前,以往。名达:名流贤达。

③林公:支道林。

④故自:的确,确实。

【译文】

孙绰、许询同在白楼亭,一起评论先前的名流贤达。支道林既然对这些并不关心,听了之后说道:"二位贤士确实有才华。"

一二〇

王右军道东阳①:"我家阿林②,章清太出③。"

【注释】

①王右军:王羲之。东阳:王临之,字仲产,东晋琅邪(今山东临沂)人,官至东阳太守。

②阿林:"林",当作"临"。阿临,王临之的昵称。

③章清太出:指显著突出。

【译文】

王羲之称道王临之:"我们家的阿临,才华横溢,实在太显著突出了。"

一二一

王长史与刘尹书①,道渊源②:"触事长易③。"

【注释】

①王长史：王濛。刘尹：刘惔。

②渊源：殷浩。

③触事：指处事。长：同“常”。易：简易。

【译文】

王濛写信给刘惔，称道殷浩：“处理事情常常很简易。”

一二二

谢中郎云[①]：“王修载乐托之性[②]，出自门风[③]。”

【注释】

①谢中郎：谢万。

②王修载：王耆之，字修载，东晋琅邪（今山东临沂）人。历官中书郎、鄱阳太守、给事中。乐（luò）托：同“落托”、“落拓”，指放浪不羁，不拘小节。

③门风：家风，家族世传之风尚。

【译文】

谢万说：“王修载放浪不羁的性格，来自他的家风。”

一二三

林公云[①]：“王敬仁是超悟人[②]。”

【注释】

①林公：支道林。

②王敬仁:王脩。超悟:超常悟性。

【译文】

支道林说:"王敬仁是有超常领悟能力的人。"

一二四

刘尹先推谢镇西[①],谢后雅重刘[②],曰:"昔尝北面[③]。"

【注释】

①刘尹:刘惔。推:推崇。谢镇西:谢尚。

②雅重:甚器重,很敬重。

③北面:指弟子敬师之礼。

【译文】

刘惔先前推崇谢尚,谢尚后来非常敬重刘惔,说:"我过去曾经对他执弟子之礼。"

一二五

谢太傅称王修龄曰[①]:"司州可与林泽游[②]。"

【注释】

①谢太傅:谢安。王修龄:王胡之。

②司州:王胡之曾任司州刺史,故称。林泽:山林水泽。亦指隐者所居之地。

【译文】

谢安称道王胡之说:"王司州这人值得与他共游山水名胜之地。"

一二六

谚曰:“扬州独步王文度[①],后来出人郗嘉宾[②]。”

【注释】

①独步:独一无二。王文度:王坦之。

②后来:指后辈。出人:超卓于人。郗嘉宾:郗超。

【译文】

谚语说:“扬州地区独一无二的人是王文度,后辈中出人头地的是郗嘉宾。”

一二七

人问王长史江虨兄弟群从[①],王答曰:“诸江皆复足自生活。”

【注释】

①王长史:王濛。群从:指同族子弟,

【译文】

有人问王濛有关江虨兄弟及堂房子弟的情况,王濛答道:“江家诸位兄弟子侄都能够自己立足于世。”

一二八

谢太傅道安北[①]:“见之乃不使人厌,然出户去,不复使人思。”

【注释】

①谢太傅：谢安。安北：王坦之，死后追赠安北将军，故称。

【译文】

谢安说王坦之：“看见他并不令人讨厌，但是出门离开了，也不再令人思念。”

一二九

谢公云[①]：“司州造胜遍决[②]。”

【注释】

①谢公：谢安。

②司州：王胡之。造胜：指玄言达到了美妙的境界。造，达到。胜，优，佳。遍决：指普遍解决疑难。

【译文】

谢安说：“王司州玄谈能达到美妙的境界，普遍解决疑难问题。”

一三〇

刘尹云[①]：“见何次道饮酒[②]，使人欲倾家酿[③]。”

【注释】

①刘尹：刘惔。

②何次道：何充。

③家酿：家中自己酿造的酒。

【译文】

刘惔说："看到何次道饮酒，就会让人要把家中所有自酿的酒都拿出来请他喝。"

一三一

谢太傅语真长[①]："阿龄于此事[②]，故欲太厉。"刘曰："亦名士之高操者[③]。"

【注释】

①谢太傅：谢安。真长：刘惔。

②阿龄：王胡之字修龄，故称。

③高操：指高尚品格。

【译文】

谢安对刘惔说："阿龄对于个人品格修养方面，确实像过于严厉了。"刘惔说："他也是名士中有高尚节操的人。"

一三二

王子猷说[①]："世目士少为朗[②]，我家亦以为彻朗[③]。"

【注释】

①王子猷：王徽之。

②士少：祖约。

③我家：我。彻：通达爽朗。

【译文】

王徽之讲："世人品评祖士少开朗，我也认为他通达爽朗。"

一三三

谢公云[①]："长史语甚不多[②]，可谓有令音[③]。"

【注释】

①谢公：谢安。

②长史：王濛。

③令音：指美好的言辞。音，指言辞。

【译文】

谢安说："王长史的话不是很多，但可称得上有美好的言辞。"

一三四

谢镇西道敬仁[①]："文学镞镞[②]，无能不新。"

【注释】

①谢镇西：谢尚。敬仁：王脩。

②文学：辞章修养。镞镞（zú）：杰出的样子。

【译文】

谢尚称道王修："他的辞章修养非常杰出，如果没有才能就不会有新意。"

一三五

刘尹道江道群[①]:"不能言而能不言[②]。"

【注释】

①刘尹:刘惔。江道群:江灌。

②言:指玄言,清谈。

【译文】

刘惔称道江灌:"他不擅长清谈而能够不谈。"

一三六

林公云[①]:"见司州警悟交至[②],使人不得住[③],亦终日忘疲。"

【注释】

①林公:支道林。

②司州:王胡之曾为司州刺史,故称。警悟:敏捷有悟性。交至:一起来。

③不得住:停不下来,指应接不暇。

【译文】

支道林说:"看到王司州敏捷与悟性一起呈现出来,令人应接不暇,也令人终日忘记疲劳。"

一三七

世称荀子秀出[①],阿兴清和[②]。

【注释】

①苟子：王脩。

②阿兴：王蕴字叔仁，小字阿兴，王脩弟，东晋时官至会稽内史。

【译文】

世人称道王脩明秀出众，王蕴清朗平和。

一三八

简文云[①]："刘尹茗柯有实理[②]。"

【注释】

①简文：晋简文帝司马昱。

②刘尹：刘惔。茗柯：即"茗仃"、"酩酊"，大醉。

【译文】

简文帝说："刘尹貌似醉酒的样子而实际上说话很有道理。"

一三九

谢胡儿作著作郎[①]，尝作《王堪传》[②]，不谙堪是何似人[③]，咨谢公[④]。谢公答曰："世胄亦被遇[⑤]。堪，烈之子[⑥]，阮千里姨兄弟[⑦]，潘安仁中外[⑧]。安仁诗所谓'子亲伊姑，我父唯舅[⑨]'，是许允婿[⑩]。"

【注释】

①谢胡儿：谢朗，字长度，小字胡儿。著作郎：官名，主编纂国史。

②王堪：字世胄，西晋东平寿张（今山东阳谷、范县一带）人。官尚

书左丞,后为石勒所害。

③谙:熟悉。何似:怎么样。

④咨:咨询。谢公:谢安。

⑤遇:指得到君主的恩遇赏识。

⑥烈:王烈,字阳秀,三国魏时官治书御史。

⑦阮千里:阮瞻。姨兄弟:姨表兄弟。

⑧潘安仁:潘岳。中外:指中表兄弟,中指舅父子女,外指姑母子女。

⑨子亲伊姑,我父唯舅:见潘岳《北芒送别王世胄诗》首章。

⑩许允:字士宗,三国魏人,官至吏部郎,后为晋司马师所杀。

【译文】

谢郎担任著作郎,曾作《王堪传》,不熟悉王堪是什么样人,去询问谢安。谢安答道:"世胄也曾经受到过恩遇。王堪是王烈的儿子,是阮千里的姨表兄弟,是潘安仁的中表兄弟,就是潘安仁诗中所说的'你母亲是我姑母,我父亲是你舅父',他是许允的女婿。"

一四〇

谢太傅重邓仆射[①],常言:"天地无知,使伯道无儿。"

【注释】

①谢太傅:谢安。邓仆射:邓攸,官至尚书右仆射,故称。

【译文】

谢安很敬重邓攸,常常说:"天地无知,竟然使伯道没有儿子。"

一四一

谢公与王右军书曰[①]:"敬和栖托好佳[②]。"

【注释】

①谢公:谢安。王右军:王羲之。

②敬和:王洽。栖托:寄托,安身。

【译文】

谢安给王羲之写信说:"王敬和居住安身的地方十分美好。"

一四二

吴四姓旧目云[①]:"张文,朱武,陆忠,顾厚。"

【注释】

①吴:吴郡。四姓:指张、朱、陆、顾四姓的大家族。

【译文】

对吴郡四姓大家庭,过去的品评说:"张姓崇文,朱姓尚武,陆姓忠诚,顾姓宽厚。"

一四三

谢公语王孝伯[①]:"君家蓝田[②],举体无常人事[③]。"

【注释】

①谢公:谢安。王孝伯:王恭。

②蓝田:蓝田侯王述。

③举体:全身,浑身。举,全。

【译文】

谢安对王恭说:"你们家的蓝田侯,所做的全部事情都不是常人能做的。"

一四四

许掾尝诣简文[①],尔夜风恬月朗[②],乃共作曲室中语[③]。襟怀之咏[④],偏是许之所长[⑤],辞寄清婉[⑥],有逾平日。简文虽契素[⑦],此遇尤相咨嗟[⑧],不觉造膝[⑨],共叉手语[⑩],达于将旦。既而曰:"玄度才情,故未易多有许。"

【注释】

①许掾:许询。简文:晋简文帝司马昱。

②尔夜:此夜。恬:安静。

③曲室:密室。

④襟怀之咏:抒发怀抱之诗。咏,指诗歌。

⑤偏:最,特别。

⑥清婉:清丽婉转。

⑦契素:素来意志相投。

⑧咨嗟:叹赏,赞赏。

⑨造膝:促膝,膝与膝相接,表示亲近。

⑩叉手：指相互拉着手，形容亲近。

【译文】

许询曾去拜见简文帝，这夜风静月朗，于是就一起在密室谈论。作诗抒发情怀，最是许询所擅长的，他诗中所寄托的辞意清丽婉转，超过了平日。简文帝虽然与许询素来意气相投，但对这次晤谈尤其赞叹，两人不知不觉地促膝而坐，握手而谈，直到天将亮。过后简文帝说：“像玄度这样的才华，确实不易多得。”

一四五

殷允出西[①]，郗超与袁虎书云[②]：“子思求良朋，托好足下[③]，勿以开美求之[④]。”世目袁为“开美”，故子敬诗曰[⑤]：“袁生开美度[⑥]。”

【注释】

①殷允：字子思，东晋陈郡长平（今河南西华东北）人。官吏部尚书。

②袁虎：袁宏，小字虎。

③托好：结交，交好。

④开美：开朗美好。

⑤子敬：王献之。

⑥度：气度。

【译文】

殷允往西边去，郗超写信给袁宏说：“子思要寻求好朋友，想与您结交，请不要以你的开朗美好来要求他。”世人品评袁宏为“开朗美好”，所以王献之有诗句说：“袁生有开朗美好的气度。”

一四六

谢车骑问谢公①："真长性至峭②，何足乃重③？"答曰："是不见耳！阿见子敬④，尚使人不能已。"

【注释】

①谢车骑：谢玄。谢公：谢安。

②真长：刘惔。峭：严峻。

③乃：如此。

④阿：我。子敬：王献之。

【译文】

谢玄问谢安："真长的性情极为严峻，哪里值得如此敬重？"谢安回答道："这是你没有见到他罢了！我见到子敬，尚且不能自制地敬重他。"

一四七

谢公领中书监①，王东亭有事②，应同上省③。王后至，坐促④，王、谢虽不通⑤，太傅犹敛膝容之。王神意闲畅，谢公倾目⑥。还谓刘夫人曰⑦："向见阿瓜⑧，故自未易有⑨，虽不相关，正自使人不能已已⑩。"

【注释】

①谢公：谢安。领：兼任。中书监：官名，中书省长官，掌机要。

②王东亭：王珣。

③上省：赴中书省。

④坐促：指座位窄小，不宽。

⑤不通：指不交往，不通问。

⑥倾目：注目。

⑦刘夫人：谢安夫人刘氏，刘惔之妹。

⑧阿瓜：王珣的另一个小字。

⑨故自：确实。

⑩正自：只是。第一个“已”：止。第二个“已”：句末语气词。

【译文】

谢安兼任中书监，王珣有事，照例应当与谢安一同赴中书省去。王珣后到，座位窄小拥挤，王、谢两家虽然互不通问，谢安还是收拢双膝容纳王珣同坐。王珣神态闲适舒畅，谢安注目看他。回到家谢安对刘夫人说：“刚才见到阿瓜，他确实是位难得的人才，我们之间虽然没有婚姻关系了，只是总令人心情难以平静啊。”

一四八

王子敬语谢公[①]：“公故萧洒[②]。”谢曰：“身不萧洒[③]。君道身最得[④]，身正自调畅[⑤]。”

【注释】

①王子敬：王献之。谢公：谢安。

②故：确实。

③身：我。

④道：品评，评论。得：得意，满意。

⑤正自：真，确实。调畅：调和畅达。

【译文】

王献之对谢安说:“您的风度确实潇洒。”谢安说:“我并不潇洒。只是您的评论我最满意,我真的感到调和畅达。”

一四九

谢车骑初见王文度曰[1]:“见文度,虽萧洒相遇[2],其复愔愔竟夕[3]。”

【注释】

①谢车骑:谢玄。王文度:王坦之。

②潇洒:无意,偶然。

③其:那种。复:语助词,无义。愔愔(yīn):安闲和悦的样子。竟夕:整夜。

【译文】

谢玄初次见到王坦之,说:“见到了王坦之,虽然是偶然相遇,但他仍然整夜都是那种安闲和悦的样子。”

一五〇

范豫章谓王荆州[1]:“卿风流俊望[2],真后来之秀。”王曰:“不有此舅,焉有此甥[3]!”

【注释】

①范豫章:范宁,曾任豫章太守,故称。王荆州:王忱,曾任荆州刺史,故称。

②风流:仪表出众。俊望:名望很高。

③舅、甥:范宁为王忱之舅,王忱是范宁外甥。

【译文】

范宁对王忱说:"你仪表出众,名望很高,真是后起之秀。"王忱说:"没有这样的舅舅,哪里会有这样的外甥!"

一五一

子敬与子猷书道[①]:"兄伯萧索寡会[②],遇酒则酣畅忘反,乃自可矜[③]。"

【注释】

①子敬:王献之。子猷:王徽之。

②萧索:孤寂。寡会:寡合,同别人难以投合。

③矜:指夸赞,尊敬。

【译文】

王献之写给王徽之的信中说:"兄长孤寂少与人投合,但一遇到酒就兴致酣畅痛饮忘返,这是值得夸赞的。"

一五二

张天锡世雄凉州[①],以力弱诣京师,虽远方殊类[②],亦边人之杰也。闻皇京多才[③],钦羡弥至[④]。犹在渚住[⑤],司马著作往诣之[⑥]。言容鄙陋[⑦],无可观听。天锡心甚悔来,以遐外可以自固[⑧]。王弥有俊才美誉[⑨],当时闻而造焉[⑩]。既至,天锡见其风神清令[⑪],言话如流,陈说古今,无不贯悉[⑫]。又谙人物氏族中表[13]，皆有证据。天锡讶服。

【注释】

①世雄：世代雄踞。凉州：治所在今甘肃武威。

②殊类：异族。

③皇京：京都，指建康。

④弥至：愈甚，更加。

⑤渚：指江边。

⑥司马著作：事迹不详。

⑦言容：言语容貌。

⑧遐外：指边远地区。遐，远。

⑨王弥：王珉，小字僧弥。

⑩造：造访。

⑪风神：风度文采。清令：高雅美好。

⑫贯悉：贯通熟悉。

⑬谙(ān)：熟记，熟悉。氏族：宗族，指同宗同族的人。

【译文】

张天锡世代雄踞凉州，因为势力衰弱投奔京都，他虽然是远方的异族，但也是边境地区的豪杰之士。他听说京都有很多人才，更加钦佩羡慕。当他还住在江边时，司马著作去拜访他。此人言论粗俗，容貌丑陋，没有什么可看可听的。张天锡心里很后悔到京都来，认为在边远地区自己可以固守下去。王珉有卓越的才干又有好名声，当时听说张天锡之名即去拜访他。到后，张天锡看到王珉的风度文采高雅美好，言谈话语滔滔不绝，论古说今，没有不贯通熟悉的。他又熟悉有关人物的宗族谱系和中表姻亲关系，说出来都是有根有据的。张天锡听了非常惊讶佩服。

一五三

王恭始与王建武甚有情[①]，后遇袁悦之间[②]，遂致疑隙[③]。然每至兴会[④]，故有相思时。恭尝行散至京口射堂[⑤]，于时清露晨流，新桐初引[⑥]。恭目之曰："王大故自濯濯[⑦]。"

【注释】

①王建武：王忱。

②袁悦：字元礼，东晋阳夏（今河南太康）人。初为会稽王司马道子所宠，不久被诛。间：离间。

③疑隙：因猜疑而造成的隔阂。

④兴会：兴致所至。

⑤行散：指服食五石散后须出外散步，使药性散发。京口：今江苏镇江。射堂：练习射箭的场所。

⑥引：萌发。

⑦王大：王忱，小字佛大，故称。故自：的确。濯濯：光明清新的样子。

【译文】

王恭当初与王忱很有感情，后来遭到袁悦的离间，于是就造成了隔阂。但是每当兴致来的时候，还是很想念的。王恭曾经行散到京口射堂，这时清澄的露水在晨曦中闪烁，初生的桐叶刚刚萌芽。王恭品评王忱说："王大的确是清新脱俗啊。"

一五四

司马太傅为二王目曰[①]："孝伯亭亭直上[②]，阿大罗罗清疏[③]。"

【注释】

①司马太傅:司马道子。二王:指王恭、王忱。目:品评。

②孝伯:王恭。亭亭:高耸的样子。

③阿大:王忱。罗罗:狂放不羁。清疏:清朗疏放。

【译文】

司马道子对王恭、王忱品评说:"孝伯高高耸立向上,阿大狂放不羁清朗疏达。"

一五五

王恭有清辞简旨①,能叙说②,而读书少,颇有重出③。有人道:"孝伯常有新意④,不觉为烦。"

【注释】

①清辞:清新的言辞。简旨:简明的意思。

②叙说:陈述。

③重出:重复出现。

④孝伯:王恭。

【译文】

王恭的谈论言辞清新意思简明,善于陈述,但是他读书少,有很多重复的地方。有人说:"孝伯的看法常常有新意,并不觉得烦琐。"

一五六

殷仲堪丧后,桓玄问仲文①:"卿家仲堪,定是何似人②?"仲文曰:"虽不能休明一世③,足以映彻九泉④。"

【注释】

①仲文:殷仲文,殷仲堪堂弟。

②定:到底,究竟。

③休明:美好清明。

④九泉:黄泉,指阴间。

【译文】

殷仲堪死后,桓玄问殷仲文:“您家的仲堪,到底是什么样的人?”殷仲文说:“他虽然不能像您这样美好清明于一世,但也足以令九泉生辉。”

中华经典名著

全本全注全译丛书

朱碧莲　沈海波◎译注

世说新语 下

中华书局

品藻第九

【题解】

品藻，品评人物、鉴别流品。《汉书·扬雄传下》："爰及名将尊卑之条，称述品藻。"颜师古注："品藻者，定其差品及文质。"唐刘知几《史通·杂说上》："如班氏之《古今人表》者，唯以品藻贤愚，激扬善恶为务尔。"

《赏誉》品评的是单个人物，而《品藻》则重在月旦人物。月旦人物的风气出现在东汉，《后汉书·许劭传》："初，劭与靖俱有高名，好共核论乡党人物，每月辄更其品题，故汝南俗有'月旦评'焉。"此风一直延续到魏晋时期。把两个或两个以上的人物放在一起，进行对比，论其长短，较其高下，鉴别其流品，成为魏晋时期品评人物的一种主要方式。

本篇共有八十八则。

一

汝南陈仲举、颍川李元礼二人[①]，共论其功德，不能定先后。蔡伯喈评之曰[②]："陈仲举强于犯上[③]，李元礼严于摄下[④]，犯上难，摄下易。"仲举遂在"三君"之下[⑤]，元礼居"八俊”之上[⑥]。

【注释】

①陈仲举:陈蕃。李元礼:李膺。

②蔡伯喈:蔡邕(132—192),字伯喈(jiē),陈留圉(今河南杞县南)人。为人通达,博学多才,通晓经史、天文、音律各项学问,擅长辞赋创作,有《述行赋》等传世诗文作品十余篇。官至中郎将,后因依附董卓被杀。

③犯上:指触犯上司。

④摄下:指管束下属。摄,管辖。

⑤三君:指东汉末之窦武、刘淑、陈蕃三人,为当时人所尊。陈蕃位居三君之末。君,对才德出众者之尊称。

⑥八俊:指东汉末年之李膺、荀绲、杜楷、王畅、刘佑、魏朗、赵典、朱寓八人,被当时人赞为杰出之士。李膺位居八俊之首。俊,才智杰出之士。

【译文】

对于汝南陈蕃、颍川李膺两个人,大家共同议论他们的功业德行,不能确定谁先谁后。蔡邕品评他们说:“陈蕃敢于冒犯上司,李膺管束下属很严厉,冒犯上司困难,管束下属容易。”于是陈蕃就排在“三君”之下,李膺居于“八俊”之上。

二

庞士元至吴[①],吴人并友之[②],见陆绩、顾劭、全琮[③],而为之目曰:“陆子所谓驽马有逸足之用[④],顾子所谓驽牛可以负重致远。”或问:“如所目,陆为胜邪?”曰:“驽马虽精速,能

致一人耳。驽牛一日行百里，所致岂一人哉？”吴人无以难。“全子好声名，似汝南樊子昭[⑤]。”

【注释】

①庞士元：庞统，据刘孝标注，庞统至吴国会见诸士人当在周瑜死后，庞统送丧回吴之时。

②友之：与他交朋友。友，作动词。

③陆绩(187—219)：字公纪，吴郡吴县(今江苏苏州)人。仕吴，官至郁林太守。通天文、历算，作《浑天图》，注《易》，撰《太玄经注》。顾劭：字孝则，吴郡吴县(今江苏苏州)人。顾雍之子，陆绩之甥，官至豫章太守。全琮：字子黄，三国吴郡钱塘(今浙江杭州)人。官至大司马、左军师。

④驽马：跑不快的马，劣马。逸足：使足安逸。逸，安乐，安闲。

⑤樊子昭：东汉末汝南人，出身贫贱，为许劭所赏识。

【译文】

庞统到了吴地，吴地士人都来和他交朋友。他看到陆绩、顾劭、全琮，就对他们加以评论说：“陆绩就好比劣马有为人代步之用，顾劭就好比笨牛可以负重跑远路。”有人问：“如你所评论的，陆绩更胜一筹吗？”他说：“劣马比起笨牛来虽然速度很快，但只能承载一人而已。笨牛一天能行百里，但所承载的又岂是一个人呢？”吴人无话可以反驳。庞统接着又说：“全琮看重名声，好像汝南的樊子昭。”

三

顾劭尝与庞士元宿语[①]，问曰：“闻子名知人[②]，吾与足下孰愈[③]？”曰：“陶冶世俗[④]，与时浮沉[⑤]，吾不如子；论王霸之余策[⑥],览倚伏之要害[⑦],吾似有一日之长[⑧]。"劭亦安其言[⑨]。

【注释】

①庞士元:庞统。

②名知人:以知人而闻名。

③愈:优,强。

④陶冶:熏陶化育。

⑤浮沉:指追随世俗,随波逐流。

⑥王霸:先秦儒家称以仁义治天下为王道,以武力平天下为霸道。

⑦倚伏:谓祸福之间互相依存。

⑧一日之长:指自己略胜一筹。

⑨安:指合适。

【译文】

顾劭曾和庞统一同住宿谈论,问庞统道:"听说你以知人闻名,我与你之间谁更强些?"庞统说:"在熏陶化育社会风尚,追随世俗变化方面,我不如你;在论说儒家王霸之道,观察祸福之间的因果关系方面,我似乎比你略胜一筹。"顾劭也认为庞统的话说得非常合适。

四

诸葛瑾、弟亮及从弟诞[①],并有盛名,各在一国。于时以为蜀得其龙,吴得其虎,魏得其狗。诞在魏,与夏侯玄齐名;瑾在吴,吴朝服其弘量[②]。

【注释】

①诸葛瑾(174—241):字子瑜,诸葛亮之兄,琅邪阳都(今山东沂南

中华经典名著

全本全注全译丛书

朱碧莲　沈海波◎译注

世说新语　下

中華書局

品藻第九

【题解】

品藻，品评人物、鉴别流品。《汉书·扬雄传下》："爰及名将尊卑之条，称述品藻。"颜师古注："品藻者，定其差品及文质。"唐刘知几《史通·杂说上》："如班氏之《古今人表》者，唯以品藻贤愚，激扬善恶为务尔。"

《赏誉》品评的是单个人物，而《品藻》则重在月旦人物。月旦人物的风气出现在东汉，《后汉书·许劭传》："初，劭与靖俱有高名，好共核论乡党人物，每月辄更其品题，故汝南俗有'月旦评'焉。"此风一直延续到魏晋时期。把两个或两个以上的人物放在一起，进行对比，论其长短，较其高下，鉴别其流品，成为魏晋时期品评人物的一种主要方式。

本篇共有八十八则。

一

汝南陈仲举、颍川李元礼二人①，共论其功德，不能定先后。蔡伯喈评之曰②："陈仲举强于犯上③，李元礼严于摄下④，犯上难，摄下易。"仲举遂在"三君"之下⑤，元礼居"八俊"之上[⑥]。

【注释】

①陈仲举:陈蕃。李元礼:李膺。

②蔡伯喈:蔡邕(132—192),字伯喈(jiē),陈留圉(今河南杞县南)人。为人通达,博学多才,通晓经史、天文、音律各项学问,擅长辞赋创作,有《述行赋》等传世诗文作品十余篇。官至中郎将,后因依附董卓被杀。

③犯上:指触犯上司。

④摄下:指管束下属。摄,管辖。

⑤三君:指东汉末之窦武、刘淑、陈蕃三人,为当时人所尊。陈蕃位居三君之末。君,对才德出众者之尊称。

⑥八俊:指东汉末年之李膺、荀绲、杜楷、王畅、刘佑、魏朗、赵典、朱寓八人,被当时人赞为杰出之士。李膺位居八俊之首。俊,才智杰出之士。

【译文】

对于汝南陈蕃、颍川李膺两个人,大家共同议论他们的功业德行,不能确定谁先谁后。蔡邕品评他们说:"陈蕃敢于冒犯上司,李膺管束下属很严厉,冒犯上司困难,管束下属容易。"于是陈蕃就排在"三君"之下,李膺居于"八俊"之上。

二

庞士元至吴[①],吴人并友之[②],见陆绩、顾劭、全琮[③],而为之目曰:"陆子所谓驽马有逸足之用[④],顾子所谓驽牛可以负重致远。"或问:"如所目,陆为胜邪?"曰:"驽马虽精速,能南）人。孙权称帝后，官至大将军。亮：诸葛亮。从弟：堂弟，族弟。诞：诸葛诞，字公休，诸葛瑾的族弟，在魏担任镇东将军、司空，后因谋逆，被诛。

②弘量：宏大的器量。

【译文】

诸葛瑾与弟弟诸葛亮以及族弟诸葛诞，都享有盛名，各自在一国任职。当时人认为蜀国得到其中的龙，吴国得到其中的虎，魏国得到其中的狗。诸葛诞在魏国，与夏侯玄齐名；诸葛瑾在吴国，吴国朝廷都佩服他宏大的器量。

五

司马文王问武陔①："陈玄伯何如其父司空②？"陔曰："通雅博畅③，能以天下声教为己任者④，不如也；明练简至⑤，立功立事，过之。"

【注释】

①司马文王：司马昭。

②陈玄伯：陈泰。司空：陈泰之父陈群任魏之司空，故称。

③通雅：明达雅正。博畅：渊博通畅。

④声教：声威教化。

⑤明练：精明干练。简至：简要周到。

【译文】

司马昭问武陔："陈玄伯与他父亲比怎么样？"武陔说："在明达雅正、渊博通畅，能把天下的声威教化作为自己的责任方面，不如他父亲；而在精明干练、简要周到、建功立业方面，超过他父亲。"

六

正始中[①]，人士比论[②]，以五荀方五陈[③]：荀淑方陈寔，荀靖方陈谌[④]，荀爽方陈纪，荀彧方陈群[⑤]，荀顗方陈泰[⑥]。又以八裴方八王：裴徽方王祥，裴楷方王夷甫[⑦]，裴康方王绥[⑧]，裴绰方王澄[⑨]，裴瓒方王敦[⑩]，裴遐方王导，裴頠方王戎，裴邈方王玄。

【注释】

①正始：三国魏齐王曹芳的年号(240—249)。

②人士：有名的人。比论：比较评论。

③五荀：指荀淑、荀靖、荀爽、荀彧、荀顗。方：比拟。五陈：指陈寔、陈谌、陈纪、陈群、陈泰。

④荀靖：字叔慈，荀淑第三子，有才学，不就征聘。陈谌：陈寔少子，字季方。

⑤荀彧：字文若，荀淑之孙。陈群：字长文，陈纪之子。

⑥荀顗：字景倩，荀彧之子，三国魏时官至光禄大夫，晋时官至太尉。

⑦王夷甫：王衍。

⑧裴康：裴徽之子，字仲豫，西晋时官太子左率。王绥：字彦猷，王愉之子，东晋时官至荆州刺史，因王愉谋乱被诛。

⑨裴绰：字仲舒，裴楷之弟，名气较次一等，西晋时官中书黄门侍郎。

⑩裴瓒：字国宝，裴楷之子，才气爽俊，西晋时官至中书郎。

【译文】

正始年间，名士们品评人物，以五荀比拟五陈：荀淑比拟陈寔，荀靖比拟陈谌，荀爽比拟陈纪，荀彧比拟陈群，荀顗比拟陈泰。又以八裴比拟八王：裴徽比拟王祥，裴楷比拟王衍，裴康比拟王绥，裴绰比拟王澄，裴瓒比拟王敦，裴遐比拟王导，裴頠比拟王戎，裴邈比拟王玄。

七

冀州刺史杨淮二子乔与髦①，俱总角为成器②。淮与裴頠、乐广友善，遣见之。頠性弘方③，爱乔之有高韵④，谓淮曰："乔当及卿，髦小减也⑤。"广性清淳，爱髦之有神检⑥，谓淮曰："乔自及卿，然髦尤精出⑦。"淮笑曰："我二儿之优劣，乃裴、乐之优劣。"论者，以为乔虽高韵，而检不匝⑧；乐言为得。然并为后出之俊。

【注释】

①杨淮：当作"杨準"，杨修之孙。乔：杨乔，字国彦，西晋时官至二千石。髦：杨髦，字士彦，西晋时官至二千石。

②总角：借指童年。成器：喻指成材。

③弘方：旷达正直。

④高韵：高雅的气质。

⑤减：不如，差。

⑥神检：精神操守。

⑦精出：优秀杰出。

⑧匝：周遍，完备。

【译文】

冀州刺史杨淮的两个儿子杨乔与杨髦，都是在童年时就成材了。杨淮与裴頠、乐广很友好，就让两个儿子去见他们。裴頠性格旷达正直，喜欢杨乔高雅的气质，对杨准说：“杨乔应当赶得上你，杨髦稍稍不如你。”乐广性格高洁淳朴，喜欢杨髦有精神操守，对杨准说：“杨乔自当赶得上你，但是杨髦尤其优秀杰出。”杨准笑道：“我两个儿子的优劣，竟然是裴颜、乐广的优劣。”当时议论者评论他们，认为杨乔虽然有高雅的气质，但操守不完备；乐广的话还是对的。不过兄弟俩都是后起之秀。

八

刘令言始入洛[①]，见诸名士而叹曰：“王夷甫太解明[②]，乐彦辅我所敬[③]，张茂先我所不解[④]，周弘武巧于用短[⑤]，杜方叔拙于用长[⑥]。”

【注释】

①刘令言：刘讷，字令言，晋彭城(今江苏徐州)人。官司隶校尉。

②王夷甫：王衍。解明：聪颖精明。

③乐彦辅：乐广。

④张茂先：张华。

⑤周弘武：周恢字弘武，晋汝南(在今河南)人，官至秦相。

⑥杜方叔：杜育，字方叔，晋襄城邓陵(在今河南)人。幼号“神童”，美风姿，有才藻，官至国子祭酒。

【译文】

刘讷刚到洛阳时，见到众名士就感叹道：“王夷甫太聪颖精明，乐彦辅是我敬佩的人，张茂先是我所不理解的，周弘武能巧妙地用他的短处，杜方叔则不善于发挥他的长处。”

九

王夷甫云[①]："闾丘冲优于满奋、郝隆[②]。此三人并是高才，冲最先达[③]。"

【注释】

①王夷甫：王衍。

②闾丘冲：字宾卿，晋高平（今山东巨野南）人，官至光禄勋。郝隆：字弘始，为人通达有清识，官至扬州刺史，后为王邃所杀。

③先达：优秀显达。

【译文】

王衍说："闾丘冲比满奋、郝隆好。这三个人都是高才，闾丘冲最为优秀显达。"

王夷甫以王东海比乐令[①]，故王中郎作碑云[②]："当时标榜，为乐广之俪[③]。"

【注释】

①王夷甫：王衍。王东海：王承，曾任东海太守，故称。乐令：乐广。

②王中郎：王坦之，王承的孙子。

③标榜：品评，称扬。俪（lì）：并列。

【译文】

王衍把王承比作乐广，所以王坦之作碑文道："当时的品评，王承是和乐广并列的。"

一一

庾中郎与王平子雁行[①]。

【注释】

①庾中郎：庾敳(ái)，字子嵩。王平子：王澄。雁行(háng)：喻指齐名并重。

【译文】

庾敳与王澄并列齐名，不分高下。

一二

王大将军在西朝时[①]，见周侯辄扇障面不得住[②]。后度江左[③]，不能复尔[④]。王叹曰："不知我进，伯仁退[⑤]？"

【注释】

①王大将军：王敦。西朝：指西晋。

②周侯：周𫖮。住：停止。

③江左：江东，指东晋。

④尔：如此。

⑤伯仁：周𫖮。

【译文】

王敦在西晋时，看见周𫖮总是用扇子不停地遮脸。后来渡江南下江东，不能够再这样了。王敦感叹说："不知道是我进步了，还是伯仁退步了？"

一三

会稽虞𩦎[①]，元皇时与桓宣武同侠[②]，其人有才理胜望[③]。王丞相尝谓𩦎曰[④]："孔愉有公才而无公望[⑤]，丁潭有公望而无公才[⑥]。兼之者其在卿乎？"𩦎未达而丧[⑦]。

【注释】

①虞𩦎(fēi)：字思行，晋会稽余姚(今属浙江)人。官至金紫光禄大夫。

②元皇：指晋元帝司马睿。桓宣武：为"桓宣城"之误，指桓温的父亲宣城内史桓彝。同侠：为"同僚"之误。

③才理胜望：指才思名望。

④王丞相：王导。

⑤孔愉：字敬康。

⑥丁潭：字世康，晋山阴(今浙江绍兴)人，少有雅望，与孔愉齐名。官至光禄大夫。

⑦达：显达，显贵。

【译文】

会稽虞𩦎，晋元帝时与桓彝是同僚，这人有才思名望。王导对虞𩦎说："孔愉有才思却没有您的名望，丁潭有名望却没有您的才思。这两方面兼而有之的恐怕就是您了吧！"虞𩦎未及显贵就去世了。

一四

明帝问周伯仁[①]："卿自谓何如郗鉴？"周曰："鉴方臣，如有功夫[②]。"复问郗，郗曰："周顗比臣，有国士门风[③]。"

【注释】

①明帝：晋明帝司马绍。周伯仁：周顗。

②功夫：修养，造诣。

③国士：国中有才德声望的人。门风：家风。

【译文】

晋明帝问周顗："你自己认为比郗鉴怎么样？"周顗说："郗鉴和我比，他好像更有修养。"明帝再问郗鉴，郗鉴说："周顗和我相比，有国士家风。"

一五

王大将军下①，庾公问②："闻卿有四友，何者是？"答曰："君家中郎、我家太尉、阿平、胡毋彦国③。阿平故当最劣。"庾曰："似未肯劣④。"庾又问："何者居其右⑤？"王曰："自有人。"又问："何者是？"王曰："噫！其自有公论。"左右蹑公⑥，公乃止。

【注释】

①王大将军：王敦。下：指东下京都建康。

②庾公：庾亮。

③中郎：指庾敳。太尉：王衍。阿平：王澄，王衍弟。

④肯：必，一定。

⑤右：上。古以右为尊。

⑥蹑：踩。

【译文】

王敦东下京城，庾亮问："听说你有四位朋友，他们是什么人？"王敦答道:“你家的中郎、我家的太尉、阿平、胡毋彦国。阿平在其中该当是最差的。”庾亮说:“他似乎不一定是最差的。”庾亮又问:“哪一位居首位呢?”王敦说:“自然有人。”庾亮又问:“是哪位?”王敦说:“噫!那是自有公论。”左右的人踩庾亮的脚,庾亮才停止发问。

一六

人问丞相[①]:“周侯何如和峤[②]?”答曰:“长舆嵯櫱[③]。”

【注释】

①丞相:指王导。

②周侯:周顗。和峤:字长舆。

③嵯櫱(cuó niè):山高峻的样子,此指人物超群出众。

【译文】

有人问王导:“周侯与和峤相比怎么样?”王导答道:“长舆超群出众。”

一七

明帝问谢鲲[①]:“君自谓何如庾亮?”答曰:“端委庙堂[②],使百僚准则[③],臣不如亮;一丘一壑[④],自谓过之。”

【注释】

①明帝:晋明帝司马绍。

②端委:朝服之端正而宽长者,此指穿着朝服。庙堂:指朝廷。

③准则:学习、效法。

④一丘一壑：指隐居不仕，放情山水。

【译文】

晋明帝问谢鲲："你自己认为比庾亮怎么样？"谢鲲答道："在朝廷上穿着朝服办事，使百官效法，我不如庾亮；放情于山水之间，自认为超过他。"

一八

王丞相二弟不过江[①]，曰颖[②]，曰敞[③]。时论以颖比邓伯道[④]，敞比温忠武[⑤]。议郎、祭酒者也。

【注释】

①王丞相：王导。不过江：指西晋末年没有渡江南来。

②颖：王颖，字茂英，西晋时官至议郎。

③敞：王敞，字茂平，西晋时被召为丞相祭酒，未过江即早死。

④邓伯道：邓攸。

⑤温忠武：温峤，死后谥号忠武，故称。

【译文】

王导的两个弟弟没有渡江南来，一个叫王颖，一个叫王敞。当时议论把王颖比为邓攸，把王敞比为温峤。他们分别担任议郎、祭酒。

一九

明帝问周侯[①]："论者以卿比郗鉴，云何？"周曰："陛下不须牵颉比。"

【注释】

①明帝：晋明帝司马绍。周侯：周𫖮。

【译文】

晋明帝问周𫖮："议论者把你和郗鉴相比，怎么样？"周𫖮说："陛下无须拿周𫖮来相比。"

二〇

王丞相云[①]："顷下论以我比安期、千里[②]，亦推此二人；唯共推太尉，此君特秀[③]。"

【注释】

①王丞相：王导。

②顷下：目前。安期：王承，字安期。千里：阮瞻，字千里。

③太尉：王衍。秀：突出，优秀。

【译文】

王导说："目前的议论把我比为安期、千里，我也推崇这两个人；只是应当共同推崇太尉，他特别优秀杰出。"

二一

宋祎曾为王大将军妾[①]，后属谢镇西[②]。镇西问祎："我何如王？"答曰："王比使君[③]，田舍、贵人耳[④]。"镇西妖冶故也[⑤]。

【注释】

①宋祎（yī）：石崇宠姬绿珠的弟子，貌美，善吹笛，先后属晋明帝、阮

孚、王敦、谢尚等。王大将军:王敦。

②谢镇西:谢尚,曾任镇西将军,故称。

③使君:指谢尚,他曾任江州刺史。

④田舍:乡巴佬。

⑤妖冶:艳丽。

【译文】

宋祎曾经是王敦的姬妾,后归属谢尚,谢尚问宋祎:"我比王敦怎么样?"宋祎回答道:"王敦比起你来,不过是乡巴佬比大贵人罢了。"这是谢尚长得妖艳动人之故。

二二

明帝问周伯仁[①]:"卿自谓何如庾元规[②]?"对曰:"萧条方外[③],亮不如臣;从容廊庙[④],臣不如亮。"

【注释】

①明帝:晋明帝司马绍。周伯仁:周顗。

②庾元规:庾亮。

③萧条:超脱自在。方外:世俗之外。

④从容:优闲,自在。廊庙:指朝廷。

【译文】

晋明帝问周顗:"你认为自己比庾元规怎么样?"周顗回答:"超脱于世俗之外,庾亮不如我;自在于朝廷上,我不如庾亮。"

二三

王丞相辟王蓝田为掾[①],庾公问丞相[②]:"蓝田何似?"王曰："真独简贵[③]，不减父祖[④]，旷然澹处[⑤]，故当不如尔。"

【注释】

①王丞相：王导。辟：征召。王蓝田：王述。

②庾公：庾亮。

③真独：真率突出。简贵：简约尊贵。

④父祖：王述之父王承，祖父王湛。

⑤旷然：心胸开阔的样子。澹处：淡于名利。

【译文】

王导征召王述为属官，庾亮问王导："蓝田怎么样？"王导说："真率突出，简约尊贵方面，不比他父亲祖父差，但心胸开阔淡泊名利方面，当然不如他们啊。"

二四

卞望之云[①]："郗公体中有三反[②]：方于事上[③]，好下佞己[④]，一反；治身清贞[⑤]，大修计校[⑥]，二反；自好读书，憎人学问[⑦]，三反。"

【注释】

①卞望之：卞壸。

②郗公：郗鉴。反：互相矛盾。

③方：正直。事上：指侍奉皇帝。

④佞：谄媚。

⑤治身：修身。清贞：清廉正派。

⑥修：指讲究。计校：计较。

⑦学问：指学习。

【译文】

卞壶说："郗公身上有三件相互矛盾的事：侍奉皇上很正直，却喜欢下属谄媚自己，这是第一件矛盾的事；自己修身清廉正派，而对他人则斤斤计较，这是第二件矛盾的事；自己爱好读书，却讨厌他人勤学好问，这是第三件矛盾的事。"

二五

世论温太真是过江第二流之高者[①]。时名辈共说人物[②]，第一将尽之间，温常失色。

【注释】

①温太真：温峤。

②名辈：名流。

【译文】

世人评论温峤是渡江南下人物第二流中的佼佼者。当时名流们一起议论人物，第一流人物将要说完时，温峤常会紧张得变了脸色。

二六

王丞相云[①]："见谢仁祖[②]，恒令人得上[③]。与何次道语[④]，唯举手指地曰：'正自尔馨[⑤]。'"

【注释】

①王丞相：王导。

②谢仁祖:谢尚。

③得上:指超脱凡俗上进。

④何次道:何充。

⑤尔馨:如此,这样。

【译文】

王导说:"见到谢仁祖,常令人意气超脱凡俗积极向上。与何次道说话,他只是举手指着地说:'正是如此。'"

二七

何次道为宰相[1],人有讥其信任不得其人[2]。阮思旷慨然曰[3]:"次道自不至此[4]。但布衣超居宰相之位[5],可恨唯此一条而已。"

【注释】

①何次道:何充。

②不得其人:指任用人不当。

③阮思旷:阮裕。

④自:本来。

⑤布衣:指平民,地位低下者。

【译文】

何充担任宰相,有人指责他信用了不该信任的人。阮裕感慨地说:"次道本来不至这样。但他以平民身份越级高居宰相之位,可遗憾的就是这一点而已。"

二八

王右军少时[1],丞相云[2]:“逸少何缘复减万安邪[3]?”

【注释】

①王右军:王羲之。

②丞相:王导。

③何缘:为什么。减:不如,差。万安:刘绥。

【译文】

王羲之年轻时,王导说:“逸少为什么还不如万安呢?”

二九

郗司空家有伧奴[1],知及文章[2],事事有意[3]。王右军向刘尹称之[4],刘问:“何如方回[5]?”王曰:“此正小人有意向耳[6],何得便比方回?”刘曰:“若不如方回,故是常奴耳。”

【注释】

①郗司空:郗鉴。伧(cāng)奴:当时南方人对北方人的称呼,有轻视之意。

②知:懂得。

③意:指意趣。

④王右军:王羲之。刘尹:刘惔。

⑤方回:郗愔,字方回,郗鉴之长子,东晋时历官会稽内史、侍中、司徒。

⑥正:只,仅。意向:志向。

【译文】

郗鉴家有个北方籍的奴仆，懂得文章，样样事都能领会点意趣。王羲之向刘惔称赞他，刘惔问："他比方回怎么样？"王羲之说："这只是小人有志向而已，怎么就能比方回呢？"刘惔说："如果他不如方回，那也只是个平常的奴仆而已。"

三〇

时人道阮思旷：骨气不及右军①，简秀不如真长②，韶润不如仲祖③，思致不如渊源④，而兼有诸人之美。

【注释】

①骨气：骨相气质。右军：王羲之。

②简秀：简约杰出。真长：刘惔。

③韶润：美好温润。仲祖：王濛。

④思致：才思情趣。渊源：殷浩。

【译文】

当时人称道阮裕：骨相气质不如王羲之，简约杰出不如刘惔，美好温润不如王濛，才思情趣不如殷浩，但他兼有上述众人之美。

三一

简文云①："何平叔巧累于理②，嵇叔夜俊伤其道③。"

【注释】

①简文：晋简文帝司马昱。

②何平叔：何晏。理：指真率之理。

③嵇叔夜：嵇康。俊：指才智出众。道：指虚澹自然之道。

【译文】

简文帝说："何平叔巧言虚夸，牵累到他所说的真率之理；嵇叔夜才智出众，伤害其虚澹自然之道。"

三二

时人共论晋武帝出齐王之与立惠帝[①]，其失孰多，多谓立惠帝为重。桓温曰："不然。使子继父业，弟承家祀，有何不可？"

【注释】

①晋武帝：司马炎。出齐王：指司马攸被赶出朝廷回到封地事。司马攸，字大猷（yóu），司马昭第二子，司马炎之弟，因司马师无子，过继给司马师为子。后受到奸臣的挑拨，出朝回封地，忧愤而死。立惠帝：指立司马衷为太子。司马衷，字正度，司马炎之次子，愚痴不任事。

【译文】

当时共同议论晋武帝把齐王司马攸赶出朝廷和立司马衷为太子这两件事，哪件事失误更大，多数人认为立惠帝为太子这事失误更大。桓温说："不是这样。让儿子继承父业，让弟弟承袭家族的香火，有什么不可以？"

三三

人问殷渊源[①]："当世王公以卿比裴叔道[②]，云何？"殷曰：

"故当以识通暗处[3]。"

【注释】

①殷渊源:殷浩。

②裴叔道:裴遐。

③暗处:指隐秘幽深的玄理。

【译文】

有人问殷浩:"当代的达官贵人把您比为裴叔道,您认为怎么样?"殷浩说:"应该是因为我们都有通晓玄理的才识。"

三四

抚军问殷浩[1]:"卿定何如裴逸民[2]?"良久答曰:"故当胜耳。"

【注释】

①抚军:晋简文帝司马昱。

②定:到底,究竟。裴逸民:裴頠。

【译文】

司马昱问殷浩:"你比裴逸民到底怎么样?"殷浩过了很久回答道:"当然超过他了。"

三五

桓公少与殷侯齐名[1],常有竞心[2]。桓问殷:"卿何如我?"殷云:"我与我周旋久[3],宁作我[4]。"

【注释】

①桓公:桓温。殷侯:殷浩。

②竞心:争胜之心。

③周旋:指商量。

④宁:宁可,宁愿。

【译文】

桓温年轻时与殷浩齐名,常有争胜之心。桓温问殷浩:“你比我怎么样?”殷浩说:“我和我自己商量了很久,我宁可做我自己。”

三六

抚军问孙兴公[①]:“刘真长何如[②]?”曰:“清蔚简令[③]。”“王仲祖何如[④]?”曰:“温润恬和[⑤]。”“桓温何如?”曰:“高爽迈出[⑥]。”“谢仁祖何如[⑦]?”曰:“清易令达[⑧]。”“阮思旷何如[⑨]?”曰:”弘润通长[⑩]。”“袁羊何如[⑪]?”曰:“洮洮清便[⑫]。”“殷洪远何如[⑬]?”曰:“远有致思[⑭]。”“卿自谓何如?”曰:“下官才能所经,悉不如诸贤。至于斟酌时宜[⑮],笼罩当世[⑯],亦多所不及。然以不才,时复托怀玄胜[⑰],远咏《老》、《庄》,萧条高寄[⑱],不与时务经怀[⑲],自谓此心无所与让也[⑳]。”

【注释】

①抚军:司马昱。孙兴公:孙绰。

②刘真长:刘惔。

③清蔚简令:清高有才思,简约而美好。

④王仲祖:王濛。

⑤温润恬和:温和柔顺,安适和畅。

⑥高爽迈出:杰出豪爽,超群出众。

⑦谢仁祖:谢尚。

⑧清易令达:清高简易,美好通达。

⑨阮思旷:阮裕。

⑩弘润通长:胸怀宽广,通达和善。

⑪袁羊:袁乔。

⑫洮洮(táo)清便:指人品高洁,善于辞令。洮洮,形容人品高洁。清便,清通条畅,指善于清谈。

⑬殷洪远:殷融,字洪远,殷浩叔父。

⑭远有致思:志向高远,富于情趣。致思,即思致,指思想性情。

⑮斟酌:衡量,反复考虑。时宜:时势所需。

⑯笼罩:把握,控制。

⑰托怀:寄托情怀。玄胜:指玄理殊胜的境界。

⑱萧条:超脱,闲逸。高寄:寄托高远。

⑲经怀:操心,烦心。

⑳让:谦让。

【译文】

司马昱问孙绰:“刘真长怎么样?”孙绰答道:“他清高有才思,简约而美好。”“王仲祖怎么样?”答道:“他温和柔顺,安适和畅。”“桓温怎么样?”答道:“他杰出豪爽,超群出众。”“谢仁祖怎么样?”答道:“他清高简易,美好通达。”“阮思旷怎么样?”答道:“他胸怀宽广,通达和善。”“袁羊怎么样?”答道:“他人品高洁,善于辞令。”“殷洪远怎么样?”答道:“他志向高远,富于情趣。”“您自己认为怎么样?”答道:“我的才学能力及我的经历,都不如上述诸位贤人。至于衡量时势所需,控制时局,也有很多及不上他们。但是以我这样不成才的人,时常在玄理美妙的境界中寄托情怀,吟咏古代的《老子》、《庄子》,超然物外,寄托高远,不把世事放在心上,自己认为这种心态是没有什么可以谦让的。”

三七

桓大司马下都[①]，问真长曰[②]："闻会稽王语奇进[③]，尔邪[④]？"刘曰："极进，然故是第二流中人耳。"桓曰："第一流复是谁？"刘曰："正是我辈耳。"

【注释】

①桓大司马：桓温。下都：指到都城。

②真长：刘惔。

③会稽王：司马昱。语：指清谈。奇：很。

④尔：如此，这样。

【译文】

桓温来到都城，问刘惔说："听说会稽王清谈很有进步，是这样吗？"刘惔说："极有进步，但仍然是第二流中的人物而已。"桓温说："第一流人物又是谁呢？"刘惔说："正是我们这些人啊！"

三八

殷侯既废[①]，桓公语诸人曰[②]："少时与渊源共骑竹马[③]，我弃去，已辄取之[④]，故当出我下。"

【注释】

①殷侯：殷浩。废：指殷浩率军北伐大败，被废为庶人。

②桓公：桓温。

③竹马：儿童的玩具，当马骑的竹竿。

④已：讫，完毕。

【译文】

殷浩已被废为庶人后，桓温对大家说："我小时候与殷浩一道骑竹马玩，我骑过后丢弃了的，他总是把它拿去，所以他该当在我之下。"

三九

人问抚军[①]："殷浩谈竟何如？"答曰："不能胜人，差可献酬群心[②]。"

【注释】

①抚军：司马昱。

②差：略，尚。献酬：原指主人向客人敬酒，此指酬报，满足。

【译文】

有人问司马昱："殷浩的清谈到底怎么样？"司马昱答道："不能超过别人，但还可以满足大家的心思。"

四○

简文云[①]："谢安南清令不如其弟[②]，学义不及孔岩[③]，居然自胜。"

【注释】

①简文：简文帝司马昱。

②谢安南：谢奉。清令：清秀美好。其弟：谢聘，字弘远，谢奉之弟，东晋时历官侍中、廷尉卿。

③学义：才学义理。孔岩：应为"孔严"。孔严，字彭祖，晋会稽山阴

（今浙江绍兴）人。官至吴兴太守，深得民心。

【译文】

简文帝说："谢安南在清秀美好方面不如他的弟弟谢聘，在才学义理上赶不上孔严，但是他竟然以其放任率真胜过他们二人。"

四一

未废海西公时[①]，王元琳问桓元子[②]："箕子、比干迹异心同[③]，不审明公孰是孰非[④]？"曰："仁称不异[⑤]，宁为管仲。"

【注释】

①海西公：晋废帝司马奕。

②王元琳：王珣。桓元子：桓温，字元子。

③箕子：殷纣王之叔，封于箕（今山西太谷东北）。纣王暴虐，箕子谏不听，便披发佯狂为奴，为纣王所囚。比干：殷纣王伯父。纣王淫乱，比干犯颜强谏，纣王怒，剖其心而死。

④审：知道。

⑤仁称：仁人的称呼。

【译文】

还没有废黜海西公司马奕时，王珣问桓温："箕子、比干事迹有异而用心相同，不知您认为谁对谁不对？"桓温答道："仁人的称呼没有不同，我宁愿做管仲那样的仁人。"

四二

刘丹阳、王长史在瓦官寺集[①]，桓护军亦在坐[②]，共商略西朝及江左人物[3]。或问："杜弘治何如卫虎[4]？"桓答曰："弘治肤清[5]，卫虎奕奕神令[6]。"王、刘善其言。

【注释】

①刘丹阳：刘惔。王长史：王濛。瓦官寺：故址在今南京附近。集：聚会。

②桓护军：桓伊，曾任护军将军，故称。

③商略：评论，品评。西朝：指西晋。江左：指东晋。

④杜弘治：杜乂。卫虎：卫玠，小名虎。

⑤肤清：外貌漂亮。

⑥奕奕神令：指神采焕发。

【译文】

刘惔、王濛在瓦官寺聚会，桓伊也在座，一起评论西晋和江南的人物。有人问："杜弘治比卫虎怎么样？"桓伊答道："弘治外貌漂亮，卫虎神采焕发。"王濛、刘惔认为他的话说得好。

四三

刘尹抚王长史背曰[1]："阿奴比丞相[2]，但有都长[3]。"

【注释】

①刘尹：刘惔。王长史：王濛。

②阿奴：对王濛的爱称。丞相：王导。

③都长：娴雅美好。

【译文】

刘惔拍着王濛的背说："你和丞相比起来，只是外表娴雅美好罢了。"

四四

刘尹、王长史同坐[①]，长史酒酣起舞。刘尹曰："阿奴今日不复减向子期[②]。"

【注释】

①刘尹：刘惔。王长史：王濛。

②向子期：向秀，字子期。

【译文】

刘惔、王濛坐在一起，王濛酒喝得很畅快便欣然起舞。刘惔说："你今天不比向子期逊色。"

四五

桓公问孔西阳[①]："安石何如仲文[②]？"孔思未对，反问公曰："何如？"答曰："安石居然不可陵践[③]，其处故乃胜也[④]。"

【注释】

①桓公：桓温。孔西阳：孔严，封西阳侯，故称。

②安石：谢安。仲文：殷仲文，桓温的女婿。

③陵践：欺凌。

④处：指处世之道。故乃：确实。

【译文】

桓温问孔严："安石与仲文比怎么样？"孔严想了想，没有回答，反过来问桓温："您看怎样？"桓温回答说："安石居然不可欺凌，他的处世之道确实超过殷仲文。"

四六

谢公与时贤共赏说[①],遏、胡儿并在坐[②]。公问李弘度曰[③]:"卿家平阳[④],何如乐令[⑤]?"于是李潸然流涕曰[⑥]":"赵王篡逆[⑦],乐令亲授玺绶[⑧]。亡伯雅正[⑨],耻处乱朝,遂至仰药[⑩],恐难以相比。此自显于事实,非私亲之言。"谢公语胡儿曰:"有识者果不异人意。"

【注释】

①谢公:谢安。时贤:名流,贤达。赏说:谈论,品评人物。

②遏:谢玄,小字遏。胡儿:谢朗,小字胡儿。

③李弘度:李充。

④平阳:李重,字茂曾,江夏钟武(今河南信阳东南)人。西晋时历官吏部郎、平阳太守。

⑤乐令:乐广。

⑥潸(shān)然:流泪的样子。

⑦赵王:赵王司马伦。篡逆:指赵王司马伦废惠帝自立为帝事。

⑧乐令:乐广。玺绶:古代印玺上必有组绶,因称印玺为玺绶。

⑨亡伯:李重为李充之伯父。雅正:正派,正直。

⑩仰药:服毒自杀。

【译文】

谢安与当时的贤士共同品评人物,谢玄、谢朗同时在座。谢安问李充说:"你家的平阳比乐令怎么样?"这时李充泪流不止地说:"赵王篡逆废帝自立,乐令亲自授给他玺绶。先伯父为人正直,以处于乱朝为耻,就服毒自尽了,他们恐怕难以相比。这是很明显的事实,并非我偏袒亲人之言。"谢安对谢朗说:"有见识的人果然与人们的意见没有什么不同。"

四七

王修龄问王长史[①]:"我家临川[②],何如卿家宛陵[③]?"长史未答,修龄曰:"临川誉贵[④]。"长史曰:"宛陵未为不贵。"

【注释】

①王修龄:王胡之。王长史:王濛。

②临川:指王羲之,曾任临川太守,故称。

③宛陵:指王述,曾任宛陵令,故称。

④誉:声誉。

【译文】

王胡之问王濛:"我家临川比你家宛陵怎么样?"王濛尚未回答,王胡之就说:"临川的声誉更高。"王濛说:"宛陵也未见得声誉不高。"

四八

刘尹至王长史许清言[①],时苟子年十三[②],倚床边听。既去,问父曰:"刘尹语何如尊[③]?"长史曰:"韶音令辞不如我[④],往辄破的胜我[⑤]。"

【注释】

①刘尹:刘惔。王长史:王濛。清言:清谈。

②苟子:王脩,王濛之子。

③尊:对父亲的敬称。

④韶音:美好的音调。令辞:美好的言辞。

⑤往:指与对方辩难。的:原指箭靶中心,此指要害。

【译文】

刘惔到王濛处清谈，当时王脩十三岁，靠在床边听。刘惔离开后，王脩问父亲道："刘尹的谈论比父亲怎么样？"王濛说："在美好的音调和言辞方面，他不如我；辩论起来总能切中要害方面，他胜过我。"

四九

谢万寿春败后[①]，简文问郗超[②]："万自可败，那得乃尔失士卒情[③]？"超曰："伊以率任之性[④]，欲区别智勇。"

【注释】

①谢万：谢安弟。寿春：今安徽寿州。

②简文：晋简文帝司马昱。

③那得：怎么，为什么。乃尔：如此。

④伊：他，第三人称代词。率任：随意放任。

【译文】

谢万在寿春大败后，简文帝问郗超："谢万自然可能失败，但怎么会如此失去士卒之心呢？"郗超说："他凭着随意放任的性子，想要把智谋和勇敢区分开来。"

五〇

刘尹谓谢仁祖曰[①]："自吾有四友[②]，门人加亲[③]。"谓许玄度曰[④]："自吾有由[⑤]，恶言不及于耳。"二人皆受而不恨[⑥]。

【注释】

①刘尹:刘惔。谢仁祖:谢尚。

②四友:四位相知的朋友。又据王先谦校勘,此处"四友"或为"回也"二字之误,"自吾有回也"与下文"自吾有由"相对,意谓刘惔以颜回比拟谢尚,以仲由比拟许询。

③门人:弟子,门生。

④许玄度:许询。

⑤由:仲由,字子路,孔子弟子,为人刚直,有勇力,信守诺言。

⑥恨:遗憾,不满。

【译文】

刘惔对谢尚说:"自从我有了四位相知的朋友后,门生弟子都更加亲近我了。"又对许询说:"自从我有了仲由后,恶言恶语就再也听不到了。"谢、许二人都接受这一说法而没有什么不满。

五一

世目殷中军[①]:"思纬淹通[②],比羊叔子[③]。"

【注释】

①殷中军:殷浩,曾任中军将军,故称。

②思纬:思路。淹通:广博通达。

③羊叔子:羊祜。

【译文】

世人品评殷浩:"他的思路广博通达,可以与羊祜相比。"

五二

有人问谢安石、王坦之优劣于桓公①。桓公停欲言②,中悔,曰:"卿喜传人语,不能复语卿。"

【注释】

①谢安石:谢安。桓公:桓温。

②停:正,副词。

【译文】

有人向桓温问谢安和王坦之两人的优劣。桓温正想说,中途又后悔,说:"你喜欢传播别人的话,我不能再对你说了。"

五三

王中郎尝问刘长沙曰①:"我何如荀子②?"刘答曰:"卿才乃当不胜荀子,然会名处多③。"王笑曰:"痴。"

【注释】

①王中郎:王坦之。刘长沙:刘奭(shì),字文时,东晋彭城(今江苏徐州)人。历官车骑咨议、长沙相、散骑常侍。

②荀子:王脩。

③会名处:领悟名理的地方。

【译文】

王坦之曾经问刘奭:"我比王脩怎么样?"刘奭答道:"你的才学应当不会超过王脩,但是领悟名理处却比他多。"王坦之笑着说:"痴。"

五四

支道林问孙兴公[①]:“君何如许掾[②]?”孙曰:“高情远致[③],弟子早已服膺[④];一吟一咏[⑤],许将北面[⑥]。”

【注释】

①孙兴公:孙绰。

②许掾:许询,曾被征为司徒掾,故称。

③高情远致:高尚的情操,深远的志趣。

④服膺:指衷心佩服。膺,胸。

⑤一吟一咏:吟诗作赋。

⑥北面:指服输,折服于人。

【译文】

支道林问孙绰:“你比起许询来怎么样?”孙绰说:“他的高尚情操,深远志趣,我早已衷心佩服;至于吟咏诗赋方面,他将输给我。”

五五

王右军问许玄度[①]:“卿自言何如安石[②]?”许未答,王因曰:“安石故相与雄[③],阿万当裂眼争邪[④]?”

【注释】

①王右军:王羲之。许玄度:许询。

②安石:当作“安、万”,指谢安与谢万。

③相与雄:一起称雄。

④阿万:谢万,谢安弟。裂眼:瞪大眼睛。

【译文】

王羲之问许询："你自己认为比谢安、谢万怎么样？"许询没有回答，王羲之就说："安石固然可以一起称雄，阿万却应当怒目相争！"

五六

刘尹云[①]："人言江虨田舍[②]，江乃自田宅屯[③]。"

【注释】

①刘尹：刘惔。

②田舍：乡巴佬，土里土气。

③宅：住宅。屯：村庄。

【译文】

刘惔说："人说江虨是乡巴佬，江虨本来就拥有很多的田地、住宅、村庄。"

五七

谢公云[①]："金谷中苏绍最胜[②]。"绍是石崇姊夫[③]，苏则孙[④]，愉子也[⑤]。

【注释】

①谢公：谢安。

②金谷：金谷园，在今河南洛阳东北，石崇所筑。苏绍：字世嗣，石崇的姊夫，西晋时官至议郎。最胜：指苏绍诗最好。

③石崇（249—300）：字季伦，渤海南皮（今属河北）人。历官散骑常侍、荆州刺史。曾劫远使客商致富，筑金谷园，与贵戚争奢斗靡。

附事贾后。后为赵王伦所杀。

④苏则:字文师,苏绍之祖父。西晋时官至河南相。

⑤愉:苏愉,字休豫,苏则次子,苏绍之父。西晋时官至光禄大夫。

【译文】

谢安说:"金谷园聚会中所作之诗以苏绍的诗作最好。"苏绍是石崇的姊夫,是苏则的孙子,苏愉的儿子。

五八

刘尹目庾中郎①:"虽言不愔愔似道②,突兀差可以拟道③。"

【注释】

①刘尹:刘惔。庾中郎:庾敳。

②愔(yīn)愔:和悦的样子。道:指老、庄学说的义理。

③突兀:突出,独立不群的样子。差:略,尚。拟:比拟。

【译文】

刘惔品评庾敳:"他所说之言虽然不像老庄义理那样和悦,但是言语突出尚能与得道之语相比拟。"

五九

孙承公云①:"谢公清于无奕②,润于林道③。"

【注释】

①孙承公:孙统。

②谢公:谢安。清:清纯,高雅。无奕:谢奕,谢安之兄。

③润:柔润,温雅。林道:陈逵,字林道,晋颍川许昌(今属河南)人。官至西中郎将,梁、淮南二郡太守。

【译文】

孙统说:“谢公比无奕清纯,比林道温雅。”

六〇

或问林公①:“司州何如二谢②?”林公曰:“故当攀安提万③。”

【注释】

①林公:支道林。

②司州:王胡之,曾被召为司州刺史,故称。二谢:谢安、谢万。

③攀:高攀。提:提携。

【译文】

有人问支道林:“王司州比二谢怎么样?”支道林说:“当然是上面高攀谢安,下面提携谢万了。”

六一

孙公兴、许玄度皆一时名流①。或重许高情②,则鄙孙秽行③;或爱孙才藻④,而无取于许。

【注释】

①孙兴公:孙绰。许玄度:许询。

②高情：高尚的情操。

③秽行：污浊的行为。

④才藻：才思文采。

【译文】

孙绰、许询都是当时的名流。有的人敬重许询的高尚情操，就鄙视孙绰的污浊行为；有的人喜爱孙绰的才思文采，而认为许询一无可取。

六二

郗嘉宾道谢公[①]："造膝虽不深彻[②]，而缠绵纶至[③]。"又曰："右军诣嘉宾[④]。"嘉宾闻之云："不得称诣，政得谓之朋耳[⑤]。"谢公以嘉宾言为得[⑥]。

【注释】

①郗嘉宾：郗超。谢公：谢安。

②造膝：原指谈话亲近，此谓交谈，谈论。深彻：深刻透彻。

③缠绵：指情意深厚，此谓周详备至。纶至：指思路明晰，有条理。

④右军：王羲之。诣：造诣。

⑤政：通"正"，只。朋：同等，齐同。

⑥得：对，正确。

【译文】

郗超品评谢安："他的谈论虽然不很深刻透彻，但是却周详备至，条理分明。"又有人说："王羲之颇有造诣比郗超深刻。"郗超听到后说："不能称他造诣高，只能说是同等而已。"谢安认为郗超的话是正确的。

六三

庾道季云[①]:“思理伦和[②],吾愧康伯[③];志力强正[④],吾愧文度[⑤]。自此以还[⑥],吾皆百之[⑦]。”

【注释】

①庾道季:庾龢。

②思理:指思路。伦和:指有条理。

③康伯:韩伯。

④志力:意志力。强正:坚强。

⑤文度:王坦之。

⑥以还:以外。

⑦百:百倍。

【译文】

庾龢说:“论思路有条理,我自愧不如康伯;论意志之坚强,我自愧不如文度。除此以外,我都超过他们百倍。”

六四

王僧恩轻林公[①],蓝田曰[②]:“勿学汝兄[③],汝兄自不如伊。”

【注释】

①王僧恩:王祎(yī)之,字文劭,小字僧恩,东晋太原晋阳(今山西太原)人。王述次子,官至中书郎。林公:支遁。

②蓝田:王述。

③汝兄:指王坦之。

【译文】

王祎之轻视支遁，王述说："不要学你哥哥，你哥哥本就不如他。"

六五

简文问孙兴公①："袁羊何似②？"答曰："不知者不负其才③，知之者无取其体④。"

【注释】

①简文：晋简文帝司马昱。孙兴公：孙绰。

②袁羊：袁乔。

③负：指舍弃。

④体：指品德。

【译文】

简文帝问孙绰："袁羊这人怎么样？"孙绰回答道："不了解他的人不会舍弃他的才能，了解他的人不会认可他的品德。"

六六

蔡叔子云①："韩康伯虽无骨干②，然亦肤立③。"

【注释】

①蔡叔子：蔡系，字叔子，实际当字子叔，晋司徒蔡谟子，官至抚军长史。

②韩康伯：韩伯。骨干：骨架。

③肤立：指外表形象尚能树立。

【译文】

蔡系说："韩康伯的身材看上去虽无骨架子，但其外表的样子也还过得去。"

六七

郗嘉宾问谢太傅曰[①]："林公谈何如嵇公[②]？"谢云："嵇公勤著脚[③]，裁可得去耳[④]。"又问："殷何如支[⑤]？"谢曰："正尔有超拔[⑥]，支乃过殷。然亹亹论辩[⑦]，恐殷欲制支。"

【注释】

①郗嘉宾：郗超。谢太傅：谢安。

②林公：支遁。嵇公：嵇康。

③勤著脚：指努力赶向前。

④裁：通"才"。

⑤殷：殷浩。

⑥正尔：正好。超拔：指超凡拔俗的风度。

⑦亹亹（wěi）：形容谈话不绝的样子。

【译文】

郗超问谢安说："林公清谈比嵇公怎么样？"谢安道："嵇公努力向前，才能赶上去啊。"郗超又问："殷浩比支遁怎么样？"谢安说："恰好支遁有超凡脱俗的风度，超过殷浩。但是在滔滔不绝的论辩方面，恐怕殷浩可以制服支遁。"

六八

庾道季云[①]："廉颇、蔺相如虽千载上死人[②]，懔懔恒如有生气[3];曹蜍、李志虽见在[4],厌厌如九泉下人[5]。人皆如此,便可结绳而治[6],但恐狐狸猯貉啖尽[7]。”

【注释】

①庾道季:庾龢。

②廉颇、蔺相如:战国时赵国的将相。

③懔懔(lǐn):严正的样子。

④曹蜍(chú):曹茂之,字永世,小字曹蜍,东晋彭城(今江苏徐州)人。官至尚书郎。李志:字温祖,东晋江夏钟武(今河南信阳东南)人。官至员外常侍、南康相。见:同“现”。

⑤厌厌(yān):精神不振的样子。

⑥结绳而治:原指文字产生前帮助记忆的方法,相传大事打大结,小事打小结。语出《周易·系辞下》:“上古结绳而治,后世圣人易之以书契。”此谓上古时代民风纯朴,易于治理。

⑦猯(tuān):猪獾(huān)。貉(hé):同“貈”,犬科动物,似狐而较肥。啖(dàn):吃。

【译文】

庾龢说:“廉颇、蔺相如虽然死了千年以上,但是仍然正气懔然勃勃有生气;曹蜍、李志虽然现在活着,却精神萎靡不振像死人一样。如果人人都像曹、李这样,不如就回到结绳而治的远古时代,但那样的话恐怕人都要被野兽吃光了。”

六九

卫君长是萧祖周妇兄[1],谢公问孙僧奴[2]:“君家道卫君长云何[3]?”孙曰:“云是世业人[4]。”谢曰:“殊不尔,卫自是理义人[5]。”于时以比殷洪远[6]。

【注释】

①卫君长：卫永。萧祖周：萧轮。

②谢公：谢安。孙僧奴：孙腾，字伯海，小字僧奴，太原人，东晋时官中庶子、廷尉。

③君家：即君，尊称。

④世业：指建功立业。

⑤理义：名理，经义。

⑥殷洪远：殷融。

【译文】

卫永是萧轮的妻兄，谢安问孙腾：“您说卫君长怎么样？”孙腾说：“是建功立业的人。”谢安说：“根本不是如此，卫君长本是擅长名理、经义的人。”当时都把他比为殷融。

七〇

王子敬问谢公[1]：“林公何如庾公[2]？”谢殊不受，答曰：“先辈初无论，庾公自足没林公[3]。”

【注释】

①王子敬：王献之。谢公：谢安。

②林公：支道林。庾公：庾亮。

③没：超过，胜过。

【译文】

王献之问谢安：“林公比庾公怎么样？”谢安很不愿意接受这样的比

较，回答道："先辈们当初没有议论过，庾公本来就足以超过林公。"

七一

谢遏诸人共道竹林优劣[①]，谢公云[②]："先辈初不臧贬七贤[③]。"

【注释】

①谢遏：谢玄。竹林：指竹林七贤，指嵇康、阮籍、山涛、向秀、阮咸、王戎、刘伶七人。

②谢公：谢安。

③臧贬：褒贬，评论。臧，善，称许。

【译文】

谢玄等人一起评论竹林七贤的优劣，谢安说："前辈们当初并没有褒贬七贤。"

七二

有人以王中郎比车骑[①]。车骑闻之曰："伊窟窟成就[②]。"

【注释】

①王中郎：王坦之。车骑：指谢玄，死后追赠车骑将军，故称。

②窟窟：当作"掘掘(kū)"，勤奋的样子。

【译文】

有人拿王坦之来比谢玄。谢玄听到这话说："他勤奋努力，故有成就。"

七三

谢太傅谓王孝伯[①]："刘尹亦奇自知[②]，然不言胜长史[③]。"

【注释】

①谢太傅：谢安。王孝伯：王恭。

②刘尹：刘惔。奇：极，甚。

③长史：王濛。

【译文】

谢安对王恭说："刘尹也很有自知之明，但他不说自己超过长史。"

七四

王黄门兄弟三人俱诣谢公[①]，子猷、子重多说俗事[②]，子敬寒温而已[③]。既出，坐客问谢公："向三贤孰愈[④]？"谢公曰："小者最胜。"客曰："何以知之？"谢公曰："吉人之辞寡，躁人之辞多[⑤]。推此知之。"

【注释】

①王黄门：王徽之，官至黄门侍郎，故称。兄弟三人：指王徽之、王操之、王献之兄弟三人。谢公：谢安。

②子猷：王徽之，王羲之第五子。子重：王操之，王羲之第六子。

③子敬：王献之，王羲之第七子。寒温：寒暄，说客气话。

④向：刚才。孰：谁，哪一个。愈：优，强。

⑤"吉人之辞寡"二句：语见《周易·系辞下》："吉人之辞寡，躁人之

辞多。”谓善人真诚正直，所以说话少；浮躁的人轻浮，所以说话多。吉人。善人。躁人，浮躁之人。

【译文】

王徽之兄弟三人一起去拜访谢安，王徽之、王操之多说世俗的事，王献之只是寒暄几句而已。他们辞别出去后，在座的宾客问谢安：“刚才离去的三位贤人中哪一位最好？”谢安说：“小的那位最好。”宾客说：“凭什么知道他最好？”谢安说：“美善之人言辞少而精，浮躁之人言辞多而杂。由此推定而知。”

七五

谢公问王子敬①：“君书何如君家尊？”答曰：“固当不同②。”公曰：“外人论殊不尔。”王曰：“外人那得知？”

【注释】

①谢公：谢安。王子敬：王献之。

②固当：当然。

【译文】

谢安问王献之：“您的书法比令尊怎么样？”王献之回答道：“当然不一样。”谢安说：“外边的评论根本不是这样。”王献之说：“外人怎么懂呢？”

七六

王孝伯问谢太傅①：“林公何如长史②？”太傅曰：“长史韶兴③。”问：“何如刘尹④？”谢曰：“噫⑤！刘尹秀。”王曰：“若如公言，并不如此二人邪？”谢云：“身意正尔也⑥。”

【注释】

①王孝伯：王恭。谢太傅：谢安。

②林公：支遁。长史：王濛。

③韶兴：美好的兴致。

④刘尹：刘惔。

⑤噫：叹词。

⑥身：我，第一人称代词。

【译文】

王恭问谢安：“林公比长史怎么样？”谢安说：“长史有美好的兴致。”又问：“林公和刘尹相比怎么样？”谢安说：“噫！刘尹优秀。”王恭说：“如果像你说的这样，他都不如这两个人吗？”谢安说：“我的意思正是这样啊。”

七七

人有问太傅①：“子敬可是先辈谁比②？”谢曰：“阿敬近撮王、刘之标③。”

【注释】

①太傅：谢安。

②子敬：王献之。

③近：接近，靠近。撮：聚集。王：王濛。刘：刘惔。标：格调，风度。

【译文】

有人问谢安：“子敬可以与先辈中哪一位相比？”谢安说：“阿敬接近

于聚集了王濛、刘惔的格调。”

七八

谢公语孝伯①:“君祖比刘尹②,故为得逮③。”孝伯云:“刘尹非不能逮,直不逮④。”

【注释】

①谢公:谢安。孝伯:王恭。

②君祖:指王恭的祖父王濛。刘尹:刘惔。

③逮:及,赶得上。

④直:只是,仅仅。

【译文】

谢安对王恭说:“令祖父比起刘尹来,确实是赶得上的。”王恭说:“刘尹不是不能赶,只是我祖父不想赶罢了。”

七九

袁彦伯为吏部郎①,子敬与郗嘉宾书曰②:“彦伯已入③,殊足顿兴往之气④。故知捶挞自难为人⑤,冀小却⑥,当复差耳⑦。”

【注释】

①袁彦伯:袁宏。

②子敬:王献之。郗嘉宾:郗超。

③已入:指袁宏已进入吏部担任吏部郎。

④顿:顿挫,挫伤。兴往之气:指锐意行事的气概。

⑤捶挞:指笞刑。东汉以来当郎官者一旦犯错,要受笞刑,即用荆条或小竹板打臀、腿或背的刑罚。

⑥小却:稍后,过些时候。

⑦差(chài):同"瘥",病愈,此指情况好转。

【译文】

袁宏担任吏部郎,王献之给郗超写信说:"彦伯已经进入吏部任职了,这是很足以挫伤他锐气的。他当然知道如果受到笞刑就难以做人了,只是希望过些日子情况会好转罢了。"

八〇

王子猷、子敬兄弟共赏《高士传》人及赞①,子敬赏"井丹高洁"②,子猷云:"未若'长卿慢世'③。"

【注释】

①王子猷:王徽之。子敬:王献之。《高士传》:书名,有两种《高士传》。一为三国魏嵇康撰,已佚,清严可均辑一卷。一为晋皇甫谧撰,三卷。人及赞:指《高士传》中的人物传记及附于文后之赞语。赞语一般用韵文赞扬传主。

②井丹:字大春,东汉扶风郿(今属陕西)人,博学高论,不事拜谒。

③长卿:司马相如。西汉成都(今属四川)人。口吃,辞赋大家,不慕高爵。与富人卓王孙之女文君相恋,同归成都,卖酒为生,泰然处之。慢世:任性不拘礼法。

【译文】

王徽之、王献之兄弟一起欣赏《高士传》中的人物及赞语。献之欣赏“井丹高洁”之赞，徽之说：“不如‘长卿慢世’更好。”

八一

有人问袁侍中曰[1]：“殷仲堪何如韩康伯[2]？”答曰：“理义所得[3]，优劣乃复未辨[4]。然门庭萧寂[5]，居然有名士风流[6]，殷不及韩。”故殷作诔云[7]：“荆门昼掩[8]，闲庭晏然[9]。”

【注释】

①袁侍中：袁恪之，字元祖，东晋陈郡阳夏（今河南太康）人。官至侍中。

②韩康伯：韩伯。

③理义：名理经义。

④乃复：竟，竟然。

⑤萧寂：冷落寂寞。

⑥居然：显然。风流：风度。

⑦诔：记叙死者生平以示哀悼的文字。

⑧荆门：用荆条编的门，状其简陋。

⑨晏然：平静的样子。

【译文】

有人问袁恪之说：“殷仲堪比韩康伯怎么样？”袁恪之答道：“在名理经义的心得方面，两人的优劣竟然不能辨别。但是在门庭冷落寂寞方面，显示有名士风度方面，则殷仲堪比不上韩伯。”所以殷仲堪为韩伯作诔文说：“贫寒之门白昼紧闭，清闲的庭院一派宁静。”

八二

王子敬问谢公[①]:"嘉宾何如道季[②]?"答曰:"道季诚复钞撮清悟[③],嘉宾故自上[④]。"

【注释】

①王子敬:王献之。谢公:谢安。

②嘉宾:郗超。道季:庾龢。

③诚复:确实,的确。钞撮:撮取。钞,同"抄",拿,取。清悟:指悟性高。

④上:超过别人,杰出。

【译文】

王献之问谢安:"嘉宾比道季怎么样?"谢安答道:"道季之清谈确实集中了各家之说,悟性高,但嘉宾本来就很杰出。"

八三

王珣疾,临困[①],问王武冈曰[②]:"世论以我家领军比谁[③]?"武冈曰:"世以比王北中郎[④]。"东亭转卧向壁[⑤],叹曰:"人固不可以无年[⑥]!"

【注释】

①困:生命垂危。

②王武冈:王谧(mì),字稚远,一作雅远。王导之孙,王劭之子。少有美誉,东晋时官至司徒,袭爵武冈侯,故称。

③领军:指王洽,王珣之父,王导子,曾征拜领军,故称。

④王北中郎：王坦之，曾任北中郎将，故称。

⑤东亭：王珣，封东亭侯，故称。

⑥无年：无寿。

【译文】

王珣生病，到了生命垂危时，问王谧说："世人评论把我家领军比作哪一位？"王谧道："世人把他比为王北中郎。"王珣转过身面向墙壁躺着，叹息说："人真是不能不长寿啊！"

八四

王孝伯道谢公[①]："浓至[②]。"又曰："长史虚[③]，刘尹秀[④]，谢公融[⑤]。"

【注释】

①王孝伯：王恭。谢公：谢安。

②浓至：浓厚深沉。

③长史：王濛。虚：谦虚。

④刘尹：刘惔。秀：优秀，突出。

⑤融：融通，融会和畅。

【译文】

王恭称道谢安："浓厚深沉。"又说："长史谦虚，刘尹优秀，谢公融合通达。"

八五

王孝伯问谢公[①]："林公何如右军[②]？"谢曰："右军胜林

公。林公在司州前[3],亦贵彻[4]。"

【注释】

①王孝伯:王恭。谢公:谢安。

②林公:支遁。右军:王羲之。

③司州:王胡之。

④贵彻:尊贵通达。

【译文】

王恭问谢安:"林公比右军怎么样?"谢安说:"右军胜过林公。林公在王司州之上,也算得尊贵通达。"

八六

桓玄为太傅[1],大会,朝臣毕集。坐裁竟[2],问王桢之曰[3]:"我何如卿第七叔[4]?"于时宾客为之咽气[5]。王徐徐答曰:"亡叔是一时之标[6],公是千载之英[7]。"一坐欢然[8]。

【注释】

①太傅:应为太尉。

②裁:通"才",刚刚。

③王桢之:字公幹,王徽之之子。东晋时历官侍中、大司马长史。

④第七叔:即王献之。

⑤咽气:屏住气,不敢出气,紧张。

⑥标:楷模,典范。

⑦英:英杰。

⑧欢然:喜悦的样子。

【译文】

桓玄担任太尉时，大会宾客，朝廷大臣都聚集在一起。刚刚坐定，桓玄问王桢之说："我比你七叔怎么样？"这时宾客们都为王桢之紧张得屏住了气。王桢之却从容不迫地回答道："我亡叔是一时的典范，您则是千载难遇的英豪。"满座宾客无不喜悦。

八七

桓玄问刘太常曰①："我何如谢太傅②？"刘答曰："公高，太傅深。"又曰："何如贤舅子敬③？"答曰："楂梨橘柚，各有其美。"

【注释】

①刘太常：刘瑾，字仲璋，东晋南阳（今属河南）人。王羲之的外孙。历官尚书，太常卿。

②谢太傅：谢安。

③子敬：王献之。

【译文】

桓玄问刘瑾："我比谢太傅怎么样？"刘瑾答道："您高远，太傅深沉。"桓玄又问："我比令舅子敬怎么样？"刘瑾答道："山楂、梨、橘子、柚子，各有自己的美味。"

八八

旧以桓谦比殷仲文①。桓玄时，仲文入，桓于庭中望见之，谓同坐曰："我家中军②，那得及此也！"

【注释】

①桓谦:字敬祖,桓玄的堂兄弟。东晋时官尚书仆射、中军将军。殷仲文:桓玄的姐夫。

②我家中军:指桓谦。

【译文】

过去拿桓谦比殷仲文。桓玄执政时,殷仲文从外面进门,桓玄在庭院中望见他,对同座的人说:"我家的中军,哪里赶得上这个人呢!"

规箴第十

【题解】

规箴，指对别人的言行进行规劝和诫谏。

本篇共有二十七则，内容涉及国计民生、家族声望、个人毁誉，规箴的方法也是多种多样，有借古讽今，有微言大义，有直言相劝，很好地反映出了魏晋士人率真、耿介的人格魅力。

一

汉武帝乳母尝于外犯事[①]，帝欲申宪[②]。乳母求救东方朔[③]，朔曰："此非唇舌所争[④]，尔必望济者[⑤]，将去时，但当屡顾帝[⑥]，慎勿言，此或可万一冀耳[⑦]。"乳母既至，朔亦侍侧，因谓曰："汝痴耳！帝岂复忆汝乳哺时恩邪？"帝虽才雄心忍，亦深有情恋，乃凄然愍之[⑧]，即敕免罪。

【注释】

①汉武帝：刘彻（前156—前87），西汉第五代皇帝，在位五十四年，对内进行了多次中央集权改革，对外打击匈奴，对汉王朝的统一

巩固和政权稳定有重大作用。犯事:犯法。

②申宪:依法惩办。

③东方朔(前154—前93):字曼倩,平原厌次(今山东惠民东)人,武帝时拜郎中。性谈谐滑稽,曾以辞赋谏武帝奢侈,陈农战强国之策,终不为用。

④唇舌:指言辞。

⑤济:成功。

⑥顾:回头看。

⑦冀:希望。

⑧愍:怜悯。

【译文】

汉武帝的乳母曾经在外面犯了法,武帝想要依法惩办。乳母向东方朔求救,东方朔说:"这不是靠言辞所能够争辩的,你如果一定想获得宽宥,就是在将要离开时,只是频频回头看,千万不要说话,这样或许有万一的机会。"乳母来见武帝告别时,东方朔也在武帝身边侍立,于是他就对乳母说:"你真愚笨啊!皇帝哪里再能回想起你小时候给他哺乳的恩情呢?"武帝虽然才能出众心狠手辣,但对乳母也深有情感,于是悲伤怜悯她,随即敕令赦免了她的罪。

二

京房与汉元帝共论[①],因问帝:"幽、厉之君何以亡[②]?所任何人?"答曰:"其任人不忠。"房曰:"知不忠而任之,何邪?"曰:"亡国之君各贤其臣,岂知不忠而任之?"房稽首曰[③]:"将恐今之视古,亦犹后之视今也。"

【注释】

①京房(前77—前37):西汉今文易学“京氏学”的开创者。本姓李,字君明,东郡顿丘(今河南清丰西南)人。曾学《易》于焦延寿,以通变说《易》,好讲灾异。元帝时立为博士,屡次上疏,以灾异推论时政得失,因劾奏石显等专权,出为魏郡太守,不久下狱死。著作今传《京氏易传》三卷。汉元帝:刘奭(前75—前33),汉宣帝子,好儒术,先后以贡禹、薛广德、匡衡等为相。宦官弘恭、石显专权,任石显为中书令,又重用外戚史氏、许氏。赋役繁重,西汉遂由盛走向衰落。

②幽、厉之君:周幽王和周厉王,均为无道昏君。幽王荒淫,为犬戎所杀,厉王暴虐,为国人所逐。

③稽(qǐ)首:古时一种最恭敬的跪拜礼,叩头到地。

【译文】

京房与汉元帝一起谈论,于是就问元帝:“周幽王、周厉王这样的国君为什么会亡国?他们所任用的都是什么人?”元帝答道:“他们所任用的人不忠。”京房说:“知道不忠还要任用他们,是为什么呢?”元帝说:“亡国之君各自认为他们的臣子是贤能的,哪里知道他们不忠还会去任用他们呢?”京房叩头说:“恐怕我们今人看古人,也就像后人看今人一样呢。”

三

陈元方遭父丧[①],哭泣哀恸,躯体骨立[②]。其母愍之[③],窃以锦被蒙上[④]。郭林宗吊而见之[⑤],谓曰:“卿海内之俊才,四方是则[⑥],如何当丧[⑦],锦被蒙上?孔子曰:‘衣夫锦也,食夫稻也,于汝安乎[⑧]?’吾不取也!”奋衣而去[⑨]。自后宾客绝百所日[⑩]。

【注释】

①陈元方:陈纪。

②骨立:形容人消瘦到极点,只剩下骨架子。

③愍:怜悯。

④窃:私下,暗地。

⑤郭林宗:郭泰。吊:吊丧。

⑥则:准则,模范。

⑦当:面对。

⑧"衣夫锦也"几句:见《论语·阳货》:"宰我问:'三年之丧,其已久矣!……'子曰:'食夫稻,衣夫锦,于汝安乎?'"

⑨奋衣:摔开衣服,以示激动。

⑩所:许,表示约数。

【译文】

陈纪遭遇父亲的丧事,哭泣哀痛,瘦得只剩下骨架子了。他母亲怜悯他,私下里用锦缎被子盖在他身上。郭林宗来吊丧看见了,对他说:"你是国内杰出的人才,四面八方的人士都以你为榜样,你怎么面对丧事,却盖上锦被?孔子说:'穿着锦衣,吃着米饭,在你能安心吗?'我是看不起这种人的!"说完拂袖而去。此后宾客不上门吊丧有一百多天。

四

孙休好射雉①,至其时,则晨去夕反。群臣莫不止谏②:"此为小物,何足甚耽③?"休曰:"虽为小物,耿介过人④,朕所以好之。"

【注释】

①孙休：字小烈，孙权第六子，初封琅邪王，258年即吴国皇位，在位六年，锐意典籍，好览百家之书。雉(zhì)：野鸡。

②止谏：指劝阻出猎之谏。

③耽(dān)：沉溺，入迷。

④耿介：有节操，正直。据说野鸡被人捕获后会自己拧动脖子闭气身亡，故说其“耿介”。

【译文】

孙休爱好射野鸡，到了射猎的季节，就早出晚归地去射猎。臣子们都加以劝阻：“这是小东西，哪里值得过于入迷？”孙休说：“虽然是小东西，但它的节操超过一般人，我所以喜欢它。”

五

孙皓问丞相陆凯曰①：“卿一宗在朝有几人②？”陆曰：“二相、五侯、将军十余人。”皓曰：“盛哉！”陆曰：“君贤臣忠，国之盛也；父慈子孝，家之盛也。今政荒民弊③，覆亡是惧，臣何敢言盛！”

【注释】

①孙皓：三国吴末代君主。陆凯：字敬风，三国吴郡吴(今江苏苏州)人。与陆逊同族。忠直好学，虽在外统兵仍手不释卷，官至左丞相。

②在朝：指在朝为官。

③荒：荒废。弊：疲困。

【译文】

孙皓问丞相陆凯:"你们家族在朝廷当官的有几个人?"陆凯说:"两个丞相、五个侯爵、十多个将军。"孙皓说:"真兴旺啊!"陆凯说:"国君贤明,臣下忠诚,是国家的兴旺;父母慈爱,儿子孝顺,是家庭的兴旺。如今政务荒废,民众疲困,惧怕的是国家覆亡,我怎么敢说兴旺呢!"

六

何晏、邓飏令管辂作卦[①],云:"不知位至三公不[②]?"卦成,辂称引古义,深以戒之。飏曰:"此老生之常谈。"晏曰:"知几其神乎[③],古人以为难;交疏吐诚[④],今人以为难。今君一面,尽二难之道,可谓'明德惟馨'[⑤]。《诗》不云乎:'中心藏之,何日忘之[⑥]!'"

【注释】

①管辂(lù,209—256):字公明,魏平原(今山东平原西南)人,官至少府丞。幼好天文,精通《易》和占卜。

②三公:太尉、司徒、司空的合称。此指与三公官位相当的高官。

③知几其神乎:《周易·系辞下》:"知几其神乎?"谓预知细微征兆之理就能达到神妙境界。几,细微,征兆。

④交疏:交情疏远。吐诚:吐露真诚。

⑤明德惟馨:语见《左传·僖公五年》引《周书》:"黍稷非馨,明德惟馨。"谓祭祀所用的谷物不一定香,只有君王完美的德行才能香气远播。

⑥"中心藏之"二句:见《诗经·小雅·隰桑》。谓思念之情藏心里,哪有一天忘记你!

【译文】

何晏、邓飏让管辂卜卦，说："不知道我们能升到三公之位吗？"卜卦完成后，管辂引经据典，语重心长地劝诫他们。邓飏说："这是老生常谈。"何晏说："预知细微征兆就能达到神妙境界，古人认为很难；交情疏远却能吐露真诚，今人认为很难。现在你与我们只是一面之交，却能解决这两个难题，可称得上是'完美的德行馨香远播'。《诗经》不是说过吗：'思念之情藏心里，哪有一天忘记你！'"。

七

晋武帝既不悟太子之愚[①]，必有传后意[②]，诸名臣亦多献直言。帝尝在陵云台上坐[③]，卫瓘在侧，欲申其怀[④]，因如醉，跪帝前，以手抚床曰："此坐可惜！"帝虽悟，因笑曰："公醉邪？"

【注释】

①晋武帝：司马炎。太子：司马衷。

②传后意：指晋武帝将帝位传给太子的心意。

③陵云台：台名，故址在今河南洛阳东。

④怀：想法，心意，指规劝武帝废太子之意。

【译文】

晋武帝对太子的愚痴既然没有醒悟，就必然有将帝位传给他的意思，诸位名臣也多直言进谏。武帝曾在陵云台上坐，卫瓘陪在旁边，想要申说他自己的心意，便像喝醉似的跪在武帝前，用手抚摸武帝的坐榻说："这个座位多么可惜啊！"武帝虽然明白他的意思，却笑着说："你喝醉了吗？"

八

王夷甫妇[①],郭泰宁女[②],才拙而性刚,聚敛无厌[③],干豫人事[④]。夷甫患之而不能禁。时其乡人幽州刺史李阳[⑤],京都大侠,犹汉之楼护[⑥],郭氏惮之。夷甫骤谏之[⑦],乃曰:"非但我言卿不可,李阳亦谓卿不可。"郭氏小为之损[⑧]。

【注释】

①王夷甫:王衍。王夷甫的妻子郭氏是当时贾皇后的亲戚,常借贾后之势盛行聚敛之事。

②郭泰宁:郭豫,字太宁(一作泰宁),西晋太原(今属山西)人。官至相国参军,知名而早逝。

③聚敛:搜刮财物。无厌:不满足。厌,满足。

④干豫人事:强行干涉他人之事。

⑤李阳:字景祖,西晋高平(今山东巨野南)人。性好游侠,宾客多惧怕他,官幽州刺史。

⑥楼护:字君卿,西汉齐(治所在今山东淄博)人,学习经传,议论、行动常依名节,甚得当时人称誉,官至天水太守。

⑦骤:屡次。

⑧小:稍微。损:收敛。

【译文】

王衍的妻子是郭豫的女儿,才能笨拙而性格倔强,搜刮财物没有满足的时候,喜欢干涉别人的事情。王衍很不满意她的行为但又不能禁止她。当时他的同乡幽州刺史李阳,是京都有名的大侠,就像汉代的楼护那样,郭氏很怕他。王衍屡次劝谏他,就说:"不只是我说你不能这样,就是李阳也说你不可以如此。"郭氏听了才稍微收敛了一点。

九

王夷甫雅尚玄远[①]，常嫉其妇贪浊[②]，口未尝言“钱”字。妇欲试之，令婢以钱绕床，不得行。夷甫晨起，见钱阂行[③]，呼婢曰：“举却阿堵物[④]！”

【注释】

①王夷甫：王衍。雅：素来，向来。尚：高尚。玄远：指深奥精微的玄理。

②嫉：憎恨，厌恶。

③阂：阻碍，阻隔。

④举却：拿掉。阿堵：这个，六朝人口语。

【译文】

王衍向来崇尚深奥精微的玄理，常常厌恶他妻子的贪婪污浊，所以口中从来不说“钱”字。妻子想试探他，便命婢女用钱围绕在床边，让他无法下床行走。王衍早晨起床，看见钱阻碍他走路，就叫婢女说：“拿掉这个东西！”

一〇

王平子年十四五[①]，见王夷甫妻郭氏贪，欲令婢路上儋粪[②]。平子谏之，并言不可。郭大怒，谓平子曰：“昔夫人临终[③]，以小郎嘱新妇[④]，不以新妇嘱小郎。”急捉衣裾[⑤]，将与杖。平子饶力[⑥]，争得脱，逾窗而走。

【注释】

①王平子:王澄,王衍弟。

②儋:"担"的古体字。

③夫人:指她的婆婆,王衍、王澄兄弟之母。

④小郎:小叔子。新妇:当时已婚妇女的自称。

⑤裾(jū):衣服的大襟。

⑥饶力:指力气大。

【译文】

王澄十四五岁时,看到王衍妻子郭氏贪婪品质低劣,想让婢女到路上去担粪。王澄就去劝谏她,并且说不可以这样做。郭氏听了大怒,对王澄说:"过去老夫人临终时,把你托付给我,而没有把我托付给你。"就很快地抓住王澄的衣襟,准备拿杖打他。王澄力气大,挣扎脱身,跳窗逃跑了。

一一

元帝过江犹好酒[①],王茂弘与帝有旧[②],常流涕谏。帝许之,命酌酒一酣[③],从是遂断。

【注释】

①元帝:司马睿。

②王茂弘:王导。有旧:旧相识,老交情。

③酣:酒喝得很痛快。

【译文】

元帝渡江南下后仍然爱喝酒,王导与元帝有老交情,常常流着眼泪劝谏。元帝答应戒酒,叫人斟酒来再痛快地喝一次,从此以后便戒酒不再喝了。

一二

谢鲲为豫章太守，从大将军下至石头[①]。敦谓鲲曰："余不得复为盛德之事矣[②]！"鲲曰："何为其然？但使自今已后[③]，日亡日去耳[④]。"敦又称疾不朝，鲲谕敦曰[⑤]："近者明公之举，虽欲大存社稷[⑥]，然四海之内，实怀未达[⑦]。若能朝天子，使群臣释然[⑧]，万物之心[⑨]，于是乃服。仗民望以从众怀，尽冲退以奉主上[⑩]，如斯则勋侔一匡[⑪]，名垂千载。"时人以为名言。

【注释】

①从大将军下至石头：指王敦叛逆时借重谢鲲的才德名望，逼谢鲲一起沿江东下到石头城。大将军，王敦。石头，石头城，故址在今南京清凉山。

②不得复为盛德之事：指不能再为皇上效力立功。

③已后：以后。

④日亡日去：指一天又一天，渐渐忘记过去君臣之间不愉快之事。

⑤谕：劝告。

⑥大存社稷：指用力保存社稷。

⑦实怀：实际用意。怀，本怀，用意，心意。

⑧释然：指疑虑消除。

⑨万物：指万众，众人。

⑩冲退：谦和退让。

⑪侔(móu)：相等。一匡：指辅佐王室，匡正天下之功。匡，匡正。语见《论语·宪向》："子曰：'管仲相桓公，霸诸侯，一匡天下，民至于今受其赐。'"

【译文】

谢鲲做豫章太守，随着大将军王敦举兵东下到了石头城。王敦对谢鲲说："我不能再做辅佐太子、建功立业的盛德之事了。"谢鲲说："为什么这样呢？只要从今以后，日子渐渐过去，忘记过去君臣之间不愉快之事就行了。"王敦又称病不去朝见晋元帝，谢鲲劝告王敦说："近来你的举动，虽然想用力保存国家社稷，但你的真实心意在海内并未表达出来。如果你能去朝见天子，让群臣的疑虑消除，万众之心就会敬服你。倚靠百姓的愿望顺从众人的心意，竭尽谦和退让的态度来侍奉主上，这样你的功勋就与一匡天下的管仲相等，就能永垂千古了。"当时人都认为他的话是至理名言。

一三

元皇帝时①，廷尉张闿在小市居②，私作都门③，早闭晚开，群小患之④，诣州府诉，不得理；遂至挝登闻鼓⑤，犹不被判。闻贺司空出⑥，至破冈⑦，连名诣贺诉。贺曰："身被征作礼官⑧，不关此事。"群小叩头曰："若府君复不见治⑨，便无所诉。"贺未语，令且去，见张廷尉当为及之。张闻，即毁门，自至方山迎贺⑩。贺出见，辞之曰⑪："此不必见关，但与君门情⑫，相为惜之。"张愧谢曰："小人有如此，始不即知，早已毁坏。"

【注释】

①元皇帝：晋元帝。

②廷尉：掌管刑狱的官。张闿（kǎi）：字敬绪，丹阳（今江苏南京）人。东晋时历官晋陵内史、廷尉卿。小市：指小集市。

③都门：指小集市的总门。

④群小：百姓。患：忧虑，厌恶。

⑤挝(zhuā)：击。登闻鼓：古时帝王在朝堂外悬鼓，臣民如有冤情或谏议可击鼓上闻。

⑥贺司空：贺循。

⑦破冈：即破冈渎，三国时开凿的古运河，用以连接秦淮河和太湖水网。

⑧征：召，征聘。礼官：掌礼仪之官。

⑨府君：对官员的尊称。

⑩方山：山名，在江苏江宁东南。

⑪辞：辞谢。

⑫门情：指门第间有情谊，即世交之意。贺循祖父贺齐为吴之将军，张闿之祖父张昭为吴相，两人颇有交情，故两家堪称世交。

【译文】

元帝时，廷尉张闿住在小集市，私自做了里巷的总门，每天早关门晚开门，老百姓都为此事担忧，到州衙门去告状，得不到审理；老百姓便到朝堂外去击打登闻鼓，还是没有得到判处。听说贺循出行，到了破冈，便联名到贺循处申诉。贺循说："我被任命为礼官，与此事无关。"百姓们叩头道："如果府君再不受理，我们就无处申诉了。"贺循没说别的话，只是让他们暂时离开，说自己见到张廷尉时会提到此事的。张闿听说后，立即拆去总门，亲自到方山来迎候贺循。贺循出来见张闿，告诉他说："此事本不与我相关，只是我家与你家有世交之谊，相互间要爱惜这份情。"张闿惭愧地道歉说："百姓有此等情形，当初我不知道，否则早已把门拆毁了。"

一四

郗太尉晚节好谈①，既雅非所经②，而甚矜之③。后朝觐[4],以王丞相末年多可恨[5],每见必欲苦相规诫。王公知其意,每引作他言[6]。临还镇[7],故命驾诣丞相[8],翘须厉色[9],上坐便言:“方当乖别[10],必欲言其所见。”意满口重,辞殊不流。王公摄其次曰[11]:“后面未期[12]。亦欲尽所怀[13],愿公勿复谈。“郗遂大瞋,冰衿而出[14],不得一言。

【注释】

①郗太尉:郗鉴。晚节:晚年。

②雅:向来,素来。经:擅长。

③矜(jīn):夸耀。

④朝觐(jìn):朝见君主。

⑤王丞相:王导。末年多可恨:指王导晚年对江南的世家大族宽容放任。

⑥引:指把话题引开。

⑦还镇:指回到镇守之地。

⑧故:故意,特地。命驾:令人驾车。

⑨翘须:翘起胡子。厉色:怒容满面。

⑩乖别:离别

⑪摄(niè):通“蹑”,随。

⑫期:期限,约定时间。

⑬怀:指心意。

⑭冰衿:指脸色阴沉,态度傲慢。

【译文】

郗鉴晚年喜欢谈论,这不是他所擅长的,而他对此却很喜欢夸耀。后来朝见皇帝时,他对王导晚年宽容江南士族事很不满,每次见面必定要苦苦规劝告诫。王导知道他的意思,每次都用其他的话题引开去。

到了要回去之时，郗鉴便特地让人驾车去拜访王导，翘起胡子，怒容满面，一坐下就说：“正当离别之时，我定要说出所见到的情况。”他想说的意思很多却口齿迟钝，说话很不流畅。王导随后说：“以后见面的日期不知何时。我也想把我心里要说的都说出来，希望你不要再谈了。”郗鉴听了大为恼怒，脸色阴沉态度傲慢地走了，再也不说一句话。

一五

王丞相为扬州[①]，遣八部从事之职[②]。顾和时为下传还[③]，同时俱见。诸从事各奏二千石官长得失[④]，至和独无言。王问顾曰：“卿何所闻？”答曰：“明公作辅[⑤]，宁使网漏吞舟[⑥]，何缘采听风闻[⑦]，以为察察之政[⑧]？”丞相咨嗟称佳[⑨]，诸从事自视缺然也[⑩]。

【注释】

①王丞相：王导。为扬州：指兼任扬州刺史。

②八部从事：州刺史属官。扬州刺史统领丹阳、会稽、吴、吴兴、宣城、东阳、临海、新安八部，故分别派遣部从事八人。之职：到职。

③下传（zhuàn）：指顾和作为刺史属官乘驿车到下面去视察。传，指驿车。

④二千石：对郡守的通称。郡守俸禄为二千石，故称。

⑤辅：宰相为辅佐帝王之人，故称。

⑥网漏吞舟：谓渔网太疏会漏掉吞舟之大鱼，比喻法令过宽会漏掉大奸大恶之人。

⑦何缘：为何。风闻：传闻。

⑧察察之政：严苛细小之政。

⑨咨嗟：指赞赏。

⑩自视缺然：自己认为有缺点。

【译文】

王导任丞相时兼领扬州刺史，派遣八位从事到职。顾和当时作为属官乘驿车到下面视察回来，同其他从事一起进见。诸位从事各自奏说二千石官长的得失，轮到顾和时唯独他什么也没说。王导问顾和道："你听到些什么？"顾和回答说："您担任宰辅，宁可让吞舟之鱼漏网，为何要采集传闻之辞，用这种手段来实行严苛琐碎的政令呢？"王导对此赞叹说好，其他从事为此自感不如。

一六

苏峻东征沈充①，请吏部郎陆迈与俱②。将至吴③，密敕左右④，令入阊门放火以示威⑤。陆知其意，谓峻曰："吴治平未久，必将有乱。若为乱阶⑥，请从我家始。"峻遂止。

【注释】

①苏峻东征沈充：指王敦谋反攻克京都时，以沈充为车骑将军，领吴国内史，后苏峻率军破沈充事。沈充，字士居，东晋吴兴（今浙江湖州）人，谄事王敦，王敦反叛攻下京都，以之为车骑将军，领吴国内史。王敦死后，为部将吴儒所杀。

②陆迈：字功高，东晋吴郡人，器识清敏，历官振威太守，尚书吏部郎。

③吴：吴郡，治所在今江苏苏州。

④敕：命令。

⑤阊门：苏州城西门。

⑥乱阶：祸端。

【译文】

苏峻东征沈充，请吏部郎陆迈与他一起去。将要到吴郡时，苏峻密令左右随从，让他们进入阊门放火以示军威。陆迈知道他的用意，对苏峻说："吴郡安定平静不久，必定将有祸乱发生。如果要制造祸端，请从我家开始。"苏峻于是放弃了放火的打算。

一七

陆玩拜司空[①]，有人诣之索美酒[②]，得，便自起泻著梁柱间地[③]，祝曰："当今乏才，以尔为柱石之用[④]，莫倾人栋梁[⑤]。"玩笑曰："戢卿良箴[⑥]。"

【注释】

①拜：授予官职。

②索：索取，讨取。

③泻：倾倒。

④柱石：柱子及其下面的基石，比喻担当国家重任。

⑤倾：倾覆。

⑥戢(jí)：收藏，引申为记住。箴(zhēn)：规劝。箴，告诫，规劝。

【译文】

陆玩被授予司空之职，有人拜访他索要美酒，拿到酒后，这人自己站起来，把酒倒在梁柱之间的地上，祝祷说："如今缺乏人才，用你担当国之重用，切莫倾覆人家的栋梁啊！"陆玩笑着说："我会记住你的良言。"

一八

小庾在荆州[①]，公朝大会[②]，问诸僚佐曰："我欲为汉高、魏武[③],何如?”一坐莫答,长史江虨曰:“愿明公为桓、文之事[④],不愿作汉高、魏武也。”

【注释】

①小庾:庾翼。在荆州:指在荆州刺史任上。

②公朝:指僚属参拜长官。

③汉高:汉高祖刘邦,为西汉开国皇帝,秦末群雄并起时率兵反秦,先行入关,受项羽封为汉王,重用萧何、张良、韩信等,最终击败项羽建立汉朝。魏武:魏武帝曹操。

④桓:齐桓公,春秋时齐国君,前685—前643在位,任用管仲使国力强盛,安定东周王室内乱,多次大会诸侯,订立盟约,成为春秋时第一位霸主。文:晋文公,春秋时晋国君,前636—前628在位,改革内政,国力强盛,平定周王室内乱,迎周襄王复位,大会诸侯,成为霸主。

【译文】

庾翼在荆州刺史任上时,在下属参拜长官的大会上,问诸位僚属:“我想做一番汉高祖、魏武帝那样的事业,怎么样?”满座的人没有一位回答,长史江虨说:“希望您做齐桓公、晋文公那样的事业,不希望您成为汉高祖、魏武帝那种人。”

一九

罗君章为桓宣武从事[①],谢镇西作江夏[②],往检校之[③]。罗既至,初不问郡事[④],径就谢数日饮酒而还[⑤]。桓公问:“有何事?”君章云:“不审公谓谢尚何似人[⑥]?”桓公曰:“仁祖是胜我许人[⑦]。”君章云:“岂有胜公人而行非者?故一无所问。”桓公奇其意而不责也。

【注释】

①罗君章：罗含。桓宣武：桓温。从事：官名，刺史僚属。

②谢镇西：谢尚。作江夏：指谢尚任江夏相。江夏，郡名，治所在安陆（今湖北云梦）。

③检校：检查。

④初：从来，丝毫，表示程度的副词。

⑤径：指直捷行事。

⑥审：知道。

⑦胜：超过。许：这样。

【译文】

罗含担任桓温的僚属时，谢尚镇守江夏，罗含前去视察。他到了江夏，完全不过问郡里的事，直接到谢尚那里喝了几天酒就回来了。桓温问：“有什么事吗？”罗含说：“不知您认为谢尚是何等样人？”桓温说：“仁祖是超过我的人。”罗含道：“哪里有超过您的人却会做错事呢？所以我什么政事都不去问。”桓温对他说的话感到很奇特所以没有责怪他。

二〇

王右军与王敬仁、许玄度并善[①]，二人亡后，右军为论议更克[②]。孔岩诫之曰：“明府昔与王、许周旋有情[③]，及逝没之后，无慎终之好[④]，民所不取。”右军甚愧。

【注释】

①王右军：王羲之。王敬仁：王脩。许玄度：许询。

②克：苛刻。

③明府：对郡太守的尊称。王羲之曾任会稽内史，故称之。孔岩为会稽人，故下文自称为民。周旋：交往。

④慎终：语出《论语·学而》："慎终追远。"谓对父母的丧事要办得谨慎合理，祖先虽远须依礼追祭。此指能尊重和正确对待死去的人。

【译文】

王羲之与王脩、许询相交甚好，王、许二人死后，王羲之议论起他们来更加苛刻。孔岩劝诫他说："您过去与王脩、许询来往有交情，到了他们去世之后，就不再尊重并正确对待死去的人，这是我不赞成的。"王羲之听了感到很惭愧。

二一

谢中郎在寿春败①，临奔走，犹求玉帖镫②。太傅在军③，前后初无损益之言④，尔日犹云⑤："当今岂须烦此⑥？"

【注释】

①谢中郎：谢万，曾任西中郎将，故称。

②玉帖镫（dèng）：以玉为饰的马镫。

③太傅：谢安。

④初：从来，副词，表程度。损益：指批评或诤谏。

⑤尔日：这天。

⑥须：需要。

【译文】

谢万在寿春打了败仗，临逃跑时，还在找玉帖镫。谢安当时跟随在军中，从来没有说过什么劝谏的话，这天也说："如今哪里需要麻烦找这种东西？"

二二

王大语东亭[①]："卿乃复论成不恶[②]，那得与僧弥戏[③]？"

【注释】

①王大：王忱，小字佛大，故称。东亭：王珣。

②乃复：竟，竟然。论成：指世论已成。不恶：不坏。

③僧弥：王珉的小字。

【译文】

王忱对王珣说："对您的评论想不到已经形成，评论不坏，怎么能与王珉去开玩笑呢？"

二三

殷觊病困[①]，看人政见半面[②]。殷荆州兴晋阳之甲[③]，往与觊别，涕零，属以消息所患[④]。觊答曰："我病自当差[⑤]，正忧汝患耳！"

【注释】

①病困：病重。

②政：通"正"，只。

③殷荆州：殷仲堪。兴晋阳之甲：事见《春秋公羊传·定公十三年》。后即指以清君侧为号召的起兵。文中所写殷仲堪起兵就

是为了清除晋安帝身边的尚书左仆射王国宝。

④属:通"嘱",叮嘱。消息:休息,调养。患:病患。

⑤差(chài):指病愈。

【译文】

殷觊病重,看人时只能看到半边脸。殷仲堪以清君侧名义起兵,前去与殷觊告别,禁不住泪流满面,便叮嘱他调养病体。殷觊答道:"我的病自然会痊愈的,我只忧虑你的祸患啊!"

二四

远公在庐山中①,虽老,讲论不辍②。弟子中或有堕者③,远公曰:"桑榆之光④,理无远照,但愿朝阳之晖⑤,与时并明耳。"执经登坐,讽诵朗畅⑥,词色甚苦⑦。高足之徒⑧,皆肃然增敬。

【注释】

①远公:慧远。

②辍(chuò):停止。

③堕(duò):通"惰",懒惰,懈怠。

④桑榆之光:日落时照在桑榆树上的阳光,比喻人的晚年。

⑤晖:阳光。

⑥讽诵:背诵。朗畅:响亮流畅。

⑦苦:指恳切。

⑧高足之徒:指学业优秀的学生。高足,敬称别人的学生。

【译文】

慧远在庐山时,虽然年纪老了,但讲论佛经没有停止。弟子中有偷懒的，慧远说："我像日暮的夕阳，照理不会久远照耀了，但愿你们如清晨朝阳之光，能随着时光的推移而越发明亮。"他手执经卷登上讲坛，背诵经文之声响亮流畅，言辞神色都很恳切，他的高足弟子都对他更加肃然起敬。

二五

桓南郡好猎①，每田狩②，车骑甚盛，五六十里中，旌旗蔽隰③，骋良马，驰击若飞，双甄所指④，不避陵壑⑤。或行陈不整⑥，麏兔腾逸⑦，参佐无不被系束⑧。桓道恭⑨，玄之族也，时为贼曹参军⑩，颇敢直言。常自带绛绵绳著腰中⑪，玄问："此何为？"答曰："公猎，好缚人士，会当被缚，手不能堪芒也。"玄自此小差⑫。

【注释】

①桓南郡：桓玄，袭爵南郡公，故称。

②田狩：打猎。田，同"畋"。

③隰(xí)：低湿的地方，泛指原野。

④双甄(zhēn)：左翼右翼，合称双甄。打猎犹如作战，故称。

⑤陵壑：山陵沟壑。

⑥行陈：军队的行列队形。陈，同"阵"，

⑦麏(jūn)：同"麕"，獐子。腾逸：逃跑。

⑧系束：捆绑。

⑨桓道恭：字祖猷，为桓玄同族叔祖，官淮南太守，东晋时桓玄叛乱，桓道恭在其"楚"政权中任官江夏相。义熙初年，因助桓玄谋逆被杀。

⑩贼曹参军：军府中掌管盗贼事务的属官。

⑪绛(jiàng)：深红色。

⑫小差：略有好转。差，病愈，此指好转。

【译文】

桓玄喜欢狩猎，每次出去打猎，随从的车马非常多，绵延五六十里范围内，旌旗遍野，良马驰骋，奔击如飞，左右两翼所向之处，不避山陵沟壑。有时行列队形不整齐，或獐子、兔子逃跑了，僚属就统统都被捆绑起来。桓道恭是桓玄的同族人，当时担任贼曹参军，很敢直言。他常常自带深红色的绵绳系在腰间，桓玄问他："你带这个干什么？"桓道恭答道："您打猎时喜欢绑人，轮到我被绑时，我的手可不能忍受绑绳上的芒刺啊。"桓玄的脾气从此以后略有好转。

二六

王绪、王国宝相为唇齿①，并上下权要②。王大不平其如此③，乃谓绪曰："汝为此欻欻④，曾不虑狱吏之为贵乎⑤？"

【注释】

①王绪：字仲业，晋太原(今山西太原)人。任会稽王司马道子从事中郎，他与堂兄王国宝勾结弄权，为司马道子所宠幸。王国宝：王坦之第三子，堂妹为会稽王司马道子之妃。司马道子辅政，得宠，用为侍中、中书令、中领军等，权倾内外，后与王绪一起被王恭所杀。唇齿：比喻相互依赖的关系。

②上下：指弄权。权要：权势，权力。

③王大：王忱。不平：愤慨，不满。

④欻欻(xū)：忽然，此指轻举妄动。

⑤曾:竟。狱吏之为贵:语见《史记·绛侯周勃世家》,西汉文帝时绛侯周勃为人诬告谋反而下狱,出狱后叹息而说此语。

【译文】

王绪、王国宝互相勾结,把持权柄,玩弄权势。王忱对他们的所作所为愤愤不平,就对王绪说:"你们这样轻举妄动,竟然不想想有朝一日会体会到狱吏的尊贵吗?"

二七

桓玄欲以谢太傅宅为营[①],谢混曰[②]:"召伯之仁[③],犹惠及甘棠[④];文靖之德[⑤],更不保五亩之宅[⑥]?"玄惭而止。

【注释】

①谢太傅:谢安。

②谢混:谢安的孙子。

③召(shào)伯:周代燕国始祖,姓姬,名奭(shì),初封于召(今陕西岐山西南)。佐武王灭商后封于燕,与周公共同辅政。

④甘棠:典出《诗经·召南·甘棠》,言召伯巡行南国,以布文王之政,歇息于甘棠树下,后人思其德,故爱其树而不忍伤害。后即以之称颂地方官吏之有惠政于民者。

⑤文靖:谢安死后谥文靖,故称。

⑥五亩之宅:泛指一户之家的住所。

【译文】

桓玄想用谢安的老宅作军营,谢混说:"召伯的仁爱,还能使甘棠树受到恩惠;文靖公的德行,难道就不能保住他小小的五亩住宅吗?"桓玄听后感到惭愧就中止了此事。

捷悟第十一

【题解】

捷悟，指思维敏捷、反应快速、领悟能力过人。捷悟是悟性的高层次境界，是聪明才智的集中表现，历来受到人们的重视。

本篇共有七则，其中有关曹操和杨修的故事经过《三国演义》的演绎，得到了广泛的流传。

一

杨德祖为魏武主簿①，时作相国门②，始构榱桷③，魏武自出看，使人题门作"活"字，便去。杨见，即令坏之④。既竟⑤，曰："'门'中'活'，'阔'字，王正嫌门大也⑥。"

【注释】

①杨德祖：杨修（175—219），字德祖，弘农华阴（今陕西华阴东）人。曹操为丞相时，辟为主簿，有才学，聪明过人，为曹操所忌，被杀。魏武：曹操。主簿：官名，丞相府重要僚属，总领府事，参与机要。

②相国门：相国府的门。

③构：建，搭。榱桷(cuī jué)：椽子，屋椽。

④坏：拆毁。

⑤竟：完毕，终了。

⑥王：指曹操。

【译文】

杨修担任曹操的主簿，当时正建造相国府的大门，刚刚搭建屋椽，曹操亲自出来察看，让人在门上题了一个“活”字，就离开了。杨修看到后，立即命人把门拆了。拆掉后，说：“‘门’中加‘活’字，就是‘阔’字，魏王正是嫌门太大。”

二

人饷魏武一杯酪[①]，魏武啖少许[②]，盖头上题“合”字以示众。众莫能解。次至杨修，修便啖曰：“公教人啖一口也[③]，复何疑？”

【注释】

①饷：赠送。酪(lào)：用牛或羊乳制成的乳浆。

②啖(dàn)：吃。

③啖一口：曹操题“合”字，拆开“合”字，即为“人一口”。

【译文】

有人送给曹操一杯乳酪，曹操吃了一点点，在杯盖上题了“合”字给大家看。大家都不懂是什么意思。按次序轮到杨修，杨修就吃了一口说：“曹公让每人吃一口，还疑虑什么？”

三

魏武尝过曹娥碑下①，杨修从。碑背上见题作“黄绢幼妇，外孙齑臼”八字②，魏武谓修曰：“解不③？”答曰：“解。”魏武曰：“卿未可言，待我思之。”行三十里，魏武乃曰：“吾已得。”令修别记所知。修曰：“黄绢，色丝也，于字为‘绝’；幼妇，少女也，于字为‘妙’；外孙，女子也，于字为‘好’；齑臼，受辛也④，于字为‘辞’⑤：所谓‘绝妙好辞’也。”魏武亦记之，与修同，乃叹曰：“我才不及卿，乃觉三十里⑥。”

【注释】

①魏武：曹操。曹娥碑：曹娥的墓碑。曹娥，东汉上虞(今属浙江)人。其父曹盱被水淹死，十四岁的曹娥为寻父尸，投江而死。县令度尚悲怜孝女，命弟子邯郸淳撰文，为之立碑。碑今已不存。

②齑(jī)：切(捣)成细末的腌菜。臼：用石头制成的舂东西的器具。

③不：同“否”。

④受辛：古时用石臼舂菜时，常加大蒜等辛辣的作料，故石臼要承受辛辣之味，谓之“受辛”。

⑤辞：繁体字为“辭”，即“辤”之异体字。

⑥觉：通“较”，相差之意。

【译文】

曹操曾经过曹娥碑下，杨修跟随着。见到碑的背面题了“黄绢幼妇，外孙齑臼”八个字，曹操对杨修说：“你理解吗？”杨修回答说：“理解。”曹操说：“你先不要说出来，等我想想。”走了三十里，曹操才说：“我已经解出来了。”他就叫杨修另外记下自己所理解的意思。杨修说：“黄绢，意谓有颜色的丝，合起来就是一个‘绝’字；幼妇，少女之意，合起来就是一个‘妙’字；外孙，就是女儿之子，合起来就是一个‘好’字；齑臼，意谓受辛，合起来就是一个‘辤’（辞）字：四个字就是‘绝妙好辞’之意。”曹操也记自己所解的字，与杨修完全相同，于是感叹道：“我的才思比不上你，竟相差了三十里。”

四

魏武征袁本初①，治装②，余有数十斛竹片③，咸长数寸。众云并不堪用，正令烧除。太祖思所以用之④，谓可为竹椑楯⑤，而未显其言。驰使问主簿杨德祖⑥，应声答之，与帝心同⑦。众伏其辩悟⑧。

【注释】

①魏武：曹操。袁本初：袁绍（？—202），汝南汝阳（今河南商水西北）人，字本初，出身于四世三公的世家大族。董卓专擅朝政时，他起兵讨伐，称冀州牧，后占有冀、青、幽、并等地，成为强大的割据势力，建安五年（200），在官渡被曹操打败，退回河北后又被曹操进逼，后病死。

②治装：整治、备办军队的装备。

③斛（hú）：古代量器，十斗为一斛。

④太祖：指曹操。

⑤竹椑楯（pí dùn）：椭圆形的竹盾牌。椑，椭圆形。楯，同“盾”，盾牌。

⑥杨德祖：杨修。

⑦帝：指曹操。

⑧辩悟：善言有悟性。

【译文】

曹操征讨袁绍时，整治备办军队的装备，还剩下几十斛竹片，每片都只有几寸长。大家都说不能用了，正要叫人烧掉。曹操在思考着利用这些竹片的方法，认为可以做成椭圆形的竹盾牌，只是没有明白地把话说出来。他派人骑马去问杨修，杨修随声就答复来人，与曹操的心思相同。大家都佩服杨修既善言而悟性又高。

五

王敦引军，垂至大桁①。明帝自出中堂②。温峤为丹阳尹，帝令断大桁，故未断③，帝大怒瞋目④，左右莫不悚惧⑤。召诸公来，峤至不谢⑥，但求酒炙⑦。王导须臾至，徒跣下地谢曰⑧："天威在颜⑨，遂使温峤不容得谢。"峤于是下谢，帝乃释然⑩。诸公共叹王机悟名言⑪。

【注释】

①垂：将，快。大桁(háng)：桥名，即朱雀桥，在建康(今南京)南朱雀门外，故名。

②明帝：司马绍。中堂：都城屯军之处，在建康宣阳门外。

③故：仍然。

④瞋(chēn)目：瞪大眼睛。

⑤悚(sǒng)惧：恐惧。

⑥谢：道歉，赔罪。

⑦炙：烤肉。

⑧徒跣(xiǎn)：赤足步行，以示谢罪。

⑨天威：天子的威严，指皇帝发怒。

⑩释然：指怒气消除。

⑪机悟：机警聪明。

【译文】

王敦率领军队将到大桁桥。明帝亲自到了中堂驻军之地。当时温峤担任丹阳尹，明帝命他拆断大桁桥，可是大桁桥却没有断，明帝瞪起眼睛大怒，左右随从没有不害怕的。明帝召集大臣们来，温峤来了却不谢罪，只是索要酒肉。王导过一会儿来了，他赤脚过来伏在地上谢罪说："皇上天颜震怒，就使得温峤没有机会能够谢罪了。"温峤于是乘机跪拜谢罪，明帝这才消除了怒气。大臣们都赞叹王导说的话是机警有悟性的名言。

六

郗司空在北府[①]，桓宣武恶其居兵权[②]。郗于事机素暗[③]，遣笺诣桓[④]："方欲共奖王室[⑤]，修复园陵。"世子嘉宾出行[⑥]，于道上闻信至，急取笺，视竟，寸寸毁裂，便回。还更作笺，自陈老病，不堪人间[⑦]，欲乞闲地自养。宣武得笺大喜，即诏转公督五郡、会稽太守[⑧]。

【注释】

①郗司空：郗愔。北府：东晋时京口的别称。当时郗愔兼任徐、兖二州刺史，移镇京口。

②桓宣武：桓温。

③事机：指事势机巧。素：素来，一向。暗：昏暗不明。

④笺：书信。

⑤奖：指辅助。

⑥世子：古代天子、诸侯的嫡长子之称。郗愔袭爵南昌郡公，故称其长子郗超为世子。嘉宾：郗超，时任桓温手下参军之职。

⑦人间：指世事，担任官职。

⑧转：调任。

【译文】

郗愔在京口时，桓温憎恶他掌握兵权。郗愔对于事势机巧等一向糊里糊涂，他派人送信给桓温说："正要与你共同辅助王室，修复先帝的陵园。"他的长子郗超出门在外，在路上听说信使来了，便急忙拿过信，看完后，把信撕得粉碎后便回去，重新代写了一封信，陈述自己年老多病，难以承受世事，只想求一块清闲之地来养老。桓温看到这封信后非常高兴，立即代拟诏书调动郗愔担任都督五郡军事及会稽太守的职务。

七

王东亭作宣武主簿①，尝春月与石头兄弟乘马出郊②。时彦同游者连镳俱进③，唯东亭一人常在前，觉数十步④，诸人莫之解。石头等既疲倦，俄而乘舆回⑤，诸人皆似从官⑥，唯东亭奕奕在前⑦，其悟捷如此。

【注释】

①王东亭：王珣。宣武：桓温。

②石头：桓熙，桓温长子，小字石头，后官至豫州刺史。

③时彦：当时的名流。彦，有才学之士。连镳(biāo)：并辔。镳，马嚼子，指马。

④觉：通"较"，相差。

⑤俄而：一会儿，不久。

⑥从官：下属官吏，侍从官。

⑦奕奕：神采焕发的样子。

【译文】

王珣担任桓温主簿时，曾在春天里与桓遐兄弟骑马到郊外游玩。当时名流并辔与他们同游并进，只有王珣一人常常在前面，相差几十步的距离，大家都不理解他为什么如此。桓遐兄弟等人玩得疲倦了，一会儿就乘车子回来了，同行的名士们都像随从官一样跟在后面，只有王珣神采焕发地在前面，他的敏捷颖悟往往如此。

夙惠第十二

【题解】

夙惠，指早惠。从古至今，为人父母者大多殷切期望子女出人头地，伴随着这种期望，很多儿童早惠的故事也就随之产生。其实，天才未必早惠，大器多半晚成。望子成龙的心情太过急切，结果往往适得其反。历史上很多儿童早惠的故事不过是人为附会而成，或者是言者无心、听者有意的结果。

本篇共有七则。

一

宾客诣陈太丘宿①，太丘使元方、季方炊②。客与太丘论议，二人进火，俱委而窃听③，炊忘著箄④，饭落釜中。太丘问："炊何不馏⑤？"元方、季方长跪曰⑥："大人与客语，乃俱窃听，炊忘著箄，饭今成糜⑦。"太丘曰："尔颇有所识不⑧？"对曰："仿佛志之⑨。"二子俱说，更相易夺⑩，言无遗失。太丘曰："如此，但糜自可，何必饭也！"

【注释】

①陈太丘:陈寔。

②元方:陈纪。季方:陈谌。

③委:舍弃,抛开。

④著箄(bì):放置蒸饭用的竹制盛器。著,放置。箄,竹制的蒸饭用的盛器。

⑤馏:指先将米下水煮,再捞出来蒸熟。

⑥长跪:挺直上身而跪。

⑦糜(mí):粥。

⑧识(zhì):记住。

⑨仿佛:大略。

⑩易夺:订正补充。

【译文】

宾客拜访陈寔,住宿在他家,陈寔叫儿子陈纪、陈谌烧火做饭。客人与陈寔正在谈论,二人烧上火后,就跑开了去偷听,蒸饭时忘了放上竹箄,饭全都掉落在了蒸锅里。陈寔问:“做饭为什么不捞出来蒸呢?”两个儿子挺身跪着说:“大人与客人说话,我们俩都在偷听,所以做饭时忘了放竹箄了,干饭现在成了粥了。”陈寔说:“你们还记得些什么吗?”两人答道:“大概记得。”他们便一起叙说,互相订正补充,把听到的话毫无遗漏地说出来了。陈寔说:“既然这样,只要粥就可以了,何必要吃饭呢!”

二

何晏七岁,明惠若神①,魏武奇爱之②。因晏在宫内③,欲以为子。晏乃画地令方④,自处其中。人问其故,答曰:

“何氏之庐也。”魏武知之，即遣还。

【注释】

①明惠：聪明。惠，通“慧”。

②魏武：曹操。奇：极，很。

③晏在宫内：何晏父死后，曹操娶何晏母尹氏为夫人，并收养何晏。

④画地令方：在地上画成方形。令方，使其成方形。

【译文】

何晏七岁时，聪明过人如有神助，曹操非常喜欢他。因为何晏长在宫里，所以曹操想认他为子。何晏就在地上画了一个方形框框，自己呆在里面。有人问他缘故，他答道：“这是何家的房屋。”曹操知道这事后，立即把他送回了家。

三

晋明帝数岁①，坐元帝膝上②。有人从长安来，元帝问洛下消息③，潸然流涕④。明帝问何以致泣，具以东渡意告之⑤。因问明帝：“汝意谓长安何如日远？”答曰：“日远。不闻人从日边来，居然可知⑥。”元帝异之。明日，集群臣宴会，告以此意，更重问之。乃答曰⑦：“日近。”元帝失色曰：“尔何故异昨日之言邪？”答曰：“举目见日，不见长安。”

【注释】

①晋明帝：司马绍。晋元帝之子，东晋第二位皇帝，在位三年。

②元帝：司马睿，本为西晋王室，八王之乱后渡江南下，于公元317年被王导等人拥立为帝，建都建康。

③洛下：指洛阳。

④潸然：流泪的样子。

⑤东渡：指西晋末年，司马睿东渡长江，西晋亡后在建康(今江苏南京)重建政权，延续司马氏统治之事。

⑥居然：显然。

⑦乃：竟。

【译文】

晋明帝只有几岁的时候，坐在元帝膝上。有人从长安来，元帝就问询洛阳方面的消息，不由流下了眼泪。明帝问为什么会流泪，元帝就把西晋灭亡东渡南下的事告诉他。于是元帝就问明帝："你认为长安与太阳相比哪里更远？"明帝答道："太阳更远。没听说有人从太阳那边来，这是很明显就知道的。"元帝对他的回答感到惊异。第二天，元帝召集群臣举行宴会，把明帝说的话告诉他们，又重新问明帝。明帝竟答道："太阳比长安近。"元帝听了大惊失色说："你为什么与昨天说的不一样呢？"明帝说："抬头张眼就能见到太阳，却见不到长安。"

四

司空顾和与时贤共清言①，张玄之、顾敷是中外孙②，年并七岁，在床边戏。于时闻语，神情如不相属③。暝于灯下④，二儿共叙客主之言，都无遗失。顾公越席而提其耳曰："不意衰宗复生此宝⑤。"

【注释】

①清言：清谈。

②中外孙：孙子和外孙。儿子所生为中，女儿所生为外。

③相属：彼此关注。属，关注。

④瞑：闭目。

⑤衰宗：谦称自己家族为衰落之家族。

【译文】

司空顾和与当代名流共同清谈，张玄之、顾敷是他的外孙、孙子，年龄都是七岁，正在坐榻旁玩耍。当时听他们说话，神情似乎毫不关注。当顾和在灯下闭目养神时，两个孩子一起叙述客人与主人的对话，一句也没漏。顾和离开坐席提提他们的耳朵说："想不到我们这个衰落的家族又能生出这样的宝贝。"

五

韩康伯数岁①，家酷贫，至大寒，止得襦②。母殷夫人自成之，令康伯捉熨斗③，谓康伯曰："且著襦，寻作复裈④。"儿云："已足，不须复裈也。"母问其故，答曰："火在熨斗中而柄热，今既著襦，下亦当暖，故不须耳。"母甚异之，知为国器⑤。

【注释】

①韩康伯：韩伯字康伯，善言玄理，官至丹阳尹、吏部尚书，死后赠太常。

②襦（rú）：短袄。

③捉：拿，握。

④复裈（kūn）：夹裤。裈，有裆的裤。

⑤国器：治国之才。

【译文】

韩伯只有几岁的时候，家里极为贫穷，到了大冷天时，只能穿一件短袄。他母亲殷夫人亲自缝制短袄时，叫韩伯拿着熨斗，对韩伯说："你暂时先穿短袄，随后就给你做夹裤。"韩伯说："已经够了，不需要夹裤了。"母亲问他什么原因，他回答说："火在熨斗里面，但是熨斗的柄也是热的，现在我已经穿上短袄了，下身也应当是暖和的，所以不需要再穿夹裤了。"母亲对他的话深感惊异，认为儿子具有治国之才。

六

晋孝武年十二①，时冬天，昼日不著复衣②，但著单练衫五六重③，夜则累茵褥④。谢公谏曰⑤："圣体宜令有常⑥。陛下昼过冷，夜过热，恐非摄养之术⑦"。帝曰："昼动夜静。"谢公出叹曰："上理不减先帝⑧。"

【注释】

①晋孝武：司马曜，东晋第九位皇帝。

②复衣：夹衣。

③单练衫：单层白绢上衣。练，白色熟绢。衫，上衣。

④累：重叠。茵褥：垫褥。

⑤谢公：谢安。

⑥常：规律。

⑦摄养：调理保养。

⑧理：指玄理。先帝：去世的皇帝，指简文帝。

【译文】

晋孝武帝十二岁那年，在冬天时，白天不穿夹衣，只穿五六层白绢单衣，夜里睡觉时却铺上好几层垫褥。谢安劝谏说："皇上保养圣体应当有规律。陛下白天过冷，夜晚过热，恐怕不是调理保养的办法。"孝武帝说："白天活动不觉冷，夜晚静卧则需热。"谢安出来后感叹道："皇上谈论玄理不亚于先帝。"

七

桓宣武薨①，桓南郡年五岁②，服始除③，桓车骑与送故文武别④，因指语南郡："此皆汝家故吏佐⑤。"玄应声恸哭，酸感傍人⑥，车骑每自目己坐曰："灵宝成人⑦，当以此坐还之。"鞠爱过于所生⑧。

【注释】

①桓宣武：桓温。薨(hōng)：指高品级官员之死。

②桓南郡：桓玄，桓温子，袭封南郡公。

③服始除：服丧期满，脱去丧服。服，丧服。

④桓车骑：桓冲(328—384)，字幼子，桓温弟，东晋时官至车骑将军。谢安执政，出镇京口(今江苏镇江)等地，与谢安协力防御前秦。送故：指送丧。

⑤故吏佐：旧部属。

⑥酸：悲痛。傍人：别人。

⑦灵宝：桓玄小字。

⑧鞠爱：抚育爱护。

【译文】

桓温死时，桓玄才五岁，丧服刚刚脱去，桓冲与送丧的文武官员们道别，便指着他们对桓玄说："这些人都是你家的旧部属。"桓玄听了随声痛哭，悲痛之情感人。桓冲常看着自己的座位说："等桓玄长大成人，我要把这个座位还给他。"抚育爱护之情超过自己的亲生孩子。

豪爽第十三

【题解】

豪爽，指性格豪迈、行事爽快。豪爽是一种气度，是性情的自然流露，展现的是魏晋士人开阔之胸襟与器宇轩昂之气概。魏晋名士追求无拘无束的“任自然”状态，豪爽成为人们欣赏的主要品性之一。

本篇共有十三则，其中六则与王敦有关，如王敦击鼓时“神气豪上，傍若无人，举坐叹其雄爽”，描写栩栩如生，如见其人。

一

王大将军年少时[①]，旧有田舍名[②]，语音亦楚[③]。武帝唤时贤共言伎艺事[④]，人皆多有所知，唯王都无所关[⑤]，意色殊恶[⑥]。自言知打鼓吹[⑦]，帝令取鼓与之。于坐振袖而起，扬槌奋击，音节谐捷[⑧]，神气豪上[⑨]，傍若无人，举坐叹其雄爽[⑩]。

【注释】

①王大将军：王敦。

②田舍：指乡巴佬，庄稼汉，有轻视意。

③楚：伧俗，粗俗。《宋书·长沙景王道怜传》："道怜素无才能，言音甚楚。"

④伎艺：技能，才艺。

⑤关：关涉。

⑥意色：表情神色。

⑦鼓吹：指鼓，击鼓。

⑧谐捷：和谐快速。

⑨豪上：豪迈向上。

⑩雄爽：雄壮豪爽。

【译文】

王敦年轻时，向来有乡巴佬的名声，语音也粗俗。晋武帝召唤当时名流共同谈论技能才艺之事，别人都知道很多，只有他毫无关联，所以表情神色非常不好。他说自己懂得击鼓，晋武帝就叫人拿鼓给他。他于是从座位上挥袖而起，拿起鼓槌奋力击打，音节和谐快速，神气豪迈向上，旁若无人，满座人都赞叹他雄壮豪爽。

二

王处仲[①]，世许高尚之目[②]，尝荒恣于色[③]，体为之弊[④]。左右谏之，处仲曰："吾乃不觉尔，如此者甚易耳！"乃开后阁[⑤]，驱诸婢妾数十人出路，任其所之，时人叹焉。

【注释】

①王处仲：王敦。

②许：赞许。目：品评，评价。

③荒恣：放纵。

④弊：疲困。

⑤后阁：内室小楼，女子妾妇所居。

【译文】

王敦这人，当时人对他有高尚的评价，他曾经放纵于女色，身体为此疲乏困顿。左右人劝谏他，王敦说："我竟然没有察觉到问题，如果是这样的话很容易解决！"于是就打开后阁小楼，把几十个婢妾赶上路，随便她们到哪里去，当时人都对他的做法叹服。

三

王大将军自目[①]："高朗疏率[②]，学通《左氏》[③]。"

【注释】

①王大将军：王敦。

②高朗：高尚爽朗。疏率：疏放真率。

③《左氏》：指《春秋左氏传》，相传为春秋时鲁国人左丘明著，是"春秋三传"之一，保存了大量珍贵史料。

【译文】

王敦自我评论："高尚爽朗，疏放真率，学问上精通《春秋左氏传》。"

四

王处仲每酒后[①]，辄咏"老骥伏枥，志在千里。烈士暮年，壮心不已"[②]。以如意打唾壶[③]，壶口尽缺。

【注释】

①王处仲:王敦。

②"老骥伏枥"四句:所引诗句出自曹操《步出夏门行·龟虽寿》。骥,千里马。枥,马厩。烈士,胸怀壮志者。壮心,雄心。不已,不止。

③如意:器物名。用竹、玉、骨等制成,头作灵芝或云叶形,柄微曲,供搔背或赏玩等用。唾壶:痰盂。

【译文】

王敦每次喝酒以后,总是吟咏曹操"老骥伏枥,志在千里。烈士暮年,壮心不已"的诗句。并用如意打唾壶,壶口被打得都是缺口。

五

晋明帝欲起池台①,元帝不许②。帝时为太子,好武养士,一夕中作池,比晓便成③。今太子西池是也。

【注释】

①晋明帝:司马绍。池台:池沼台榭等游玩之所。

②元帝:司马睿,明帝之父。

③比晓:等到天亮。

【译文】

晋明帝想建造池沼台榭,晋元帝不同意。明帝当时还是太子,喜欢养一些武士,就让他们用一个晚上修池,等到天亮就造成了。这就是现在的太子西池。

六

王大将军始欲下都处分树置[①]，先遣参军告朝廷[②]，讽旨时贤[③]。祖车骑尚未镇寿春[④]，瞋目厉声语使人曰[⑤]："卿语阿黑[⑥]，何敢不逊[⑦]！催摄面去[⑧]，须臾不尔[⑨]，我将三千兵槊脚令上[⑩]！"王闻之而止。[⑪]

【注释】

①王大将军：王敦。下都：指从武昌沿长江东下至东晋都城建康。处分树置：安排处置，此处指重新设置安排东晋朝廷部门官职。

②参军：王敦军府之属官。

③讽旨：以委婉的语言暗示意图。时贤：当时的名流贤达。

④祖左骑：祖逖。寿春：今安徽寿州。

⑤瞋(chēn)目：瞪大眼睛以示愤怒。

⑥阿黑：王敦之小字。

⑦逊：恭顺。

⑧催摄：指快速。面：通"偭"，背向，转面。

⑨不尔：不是如此。

⑩将：率领。槊(shuò)：长矛，这里用作动词，指戳，刺。

【译文】

王敦原要沿江东下到京都，对朝政之事作安排处置，便先派参军去报告朝廷，向当时的名流暗示自己的意图。祖逖当时还没有镇守寿春，便瞪大眼睛声色俱厉地对使者说："你去告诉阿黑，他怎么敢如此不恭！叫他速速回去，如果稍有耽误不照办，我就率领三千兵马刺他的脚后跟，赶他回去！"王敦听后就停止了东下京都之举。

七

庾稚恭既常有中原之志①，文康时②，权重未在己。及季坚作相③，忌兵畏祸，与稚恭历同异者久之④，乃果行。倾荆、汉之力⑤，穷舟车之势，师次于襄阳⑥，大会参佐⑦，陈其旌甲⑧，亲授弧矢曰⑨："我之此行，若此射矣！"遂三起三叠⑩。徒众属目，其气十倍。

【注释】

①庾稚恭：庾翼字稚恭，庾亮之弟，亮死后，授安西将军、荆州刺史，代替庾亮镇守武昌。中原之志：指恢复中原的志向。

②文康：庾亮死后之谥号。

③季坚：庾冰，庾亮之弟，庾翼之兄。

④同异：偏义复词，偏指"异"。

⑤荆、汉：指荆州地区和汉水流域。

⑥次：驻扎。襄阳：今湖北襄樊。

⑦参佐：下属。

⑧陈：陈列。

⑨弧矢：弓箭。

⑩三起三叠：指三发三中。起，古时以发射为起。叠，指击鼓。古时阅兵射箭中的以击鼓为号。

【译文】

庾翼早就有收复中原的志向，庾亮执政时，兵权不在他自己手里。等到庾冰作丞相时，顾忌出兵惹来祸乱，与庾翼持不同意见很久，最后才发兵北伐。庾翼倾尽荆州地区和汉水流域的全部兵力，发动所有车船，出兵驻扎在襄阳，大会部属，陈列旗帜与甲士，亲自拿起弓箭来说：

“我这次出征就像这回射箭一样!”说毕便三发三中。部属注目,士气为之高昂,十倍于前。

八

桓宣武平蜀[①],集参僚置酒于李势殿[②],巴、蜀缙绅莫不来萃[③]。桓既素有雄情爽气,加尔日音调英发[④],叙古今成败由人,存亡系才。其状磊落[⑤],一坐叹赏。既散,诸人追味余言。于时寻阳周馥曰[⑥]:“恨卿辈不见王大将军[⑦]。”

【注释】

①平蜀:指桓温平定成汉事。晋穆帝永和二年(346),桓温率晋军伐蜀,次年,成汉李势投降。

②李势:成汉第二代国主,降晋,封归义侯。

③缙绅:指官僚士大夫。萃:聚集。

④尔日:这天。英发:英武奋发。

⑤磊落:形容人的状貌英武,气概不凡的样子。

⑥周馥:周馥,字湛隐,曾为王敦的属官,东晋寻阳(今江西九江)人。

⑦王大将军:王敦。

【译文】

桓温平定蜀地以后,召集部下僚属在李势的宫殿上置办酒席,巴、蜀地区的官僚士大夫全都来参与聚会。桓温本来就有雄壮豪爽的气概,加上这天说话的音调英武奋发,谈论古往今来的成败取决于人,人才的优劣关系到国家的存亡等等。当时桓温的状貌英武,气概不凡,满座的人都感叹赞赏。酒宴虽散,大家还在追忆回味他的言论。这时寻阳周馥说："遗憾的是你们没有见到过王大将军。"

九

桓公读《高士传》[1]，至於陵仲子便掷去[2]，曰："谁能作此溪刻自处[3]！"

【注释】

①桓公：桓温。《高士传》：晋皇甫谧撰，记载古代隐逸高士的生平事迹，原书已失传，后世有辑本。

②於(wū)陵仲子：陈仲子，字子终，战国齐国高士。其兄相齐，他认为其兄食禄不义，避于楚，隐居於陵，号於陵仲子。楚王欲聘为相，携妻逃走，为人灌园，自食其力。

③溪刻：苛刻。处：对待。

【译文】

桓温读《高士传》时，读到於陵仲子的事迹就把书丢开了，说："谁能做出这样苛刻对待自己的事！"

一〇

桓石虔[1]，司空豁之长庶也[2]，小字镇恶。年十七八，未被举[3]，而童隶已呼为镇恶郎[4]。尝住宣武斋头[5]。从征枋头[6]，车骑冲没陈[7]，左右莫能先救。宣武谓曰："汝叔落贼，汝知不？"石虔闻之，气甚奋[8]。命朱辟为副[9]，策马于数万众中，莫有抗者，径致冲还[10]，三军叹服。河朔后以其名断疟[11]。

【注释】

①桓石虔:小字镇恶,桓温之侄。有才干,矫捷勇武,东晋时官至豫州刺史。

②司空豁:桓豁,字朗子,桓温之弟。东晋时官至荆州刺史,死后赠司空。长(zhǎng)庶:指妾所生子中的长子。

③举:指正式承认身份地位。当时看重门第,并严分长庶。庶出者须经其父正式承认方能确立身份。

④童隶:仆役。童,即僮,奴仆。郎:奴仆对主人的称呼。

⑤宣武:桓温。斋头:卧室、书房。

⑥枋头:地名,在今河南浚县西南。

⑦车骑冲:桓冲曾官车骑将军。没(mò)陈(zhèn):指陷入敌阵,陈同"阵"。

⑧奋:振奋。

⑨朱辟:生平不详,桓石虔的副将。

⑩径:径直。

⑪河朔:指黄河以北地区。

【译文】

桓石虔是司空桓豁的庶出长子,小字镇恶。到了十七八岁时,还没有被正式承认身份,但是家里的奴仆都已称他为镇恶郎了。他曾经住在桓温家中。后随桓温北征至枋头,车骑将军桓冲陷入敌阵,左右将士没有人能抢先去救他。桓温对石虔说:"你叔叔陷落在贼寇阵中,你知道吗?"石虔听到后,气势非常振奋。他命令朱辟为副将,就策马在数万敌军中驰骋,没人能够抵挡他,径直把桓冲救了回来,三军将士无不叹服。河朔地区后来即用他的名字来驱逐疟疾鬼。

一一

陈林道在西岸[①],都下诸人共要至牛渚会[②]。陈理既

佳[③]，人欲共言折[④]，陈以如意拄颊[⑤]，望鸡笼山叹曰[⑥]：“孙伯符志业不遂[⑦]！”于是竟坐不得谈[⑧]

【注释】

①陈林道：陈逵，时任淮南太守。

②都下：指京都建康。要：邀请。牛渚：山名，在今安徽当涂西北，山脚突入长江部分称采石矶。

③陈理：陈逵所谈论的玄理。

④言折：用言论使其折服。

⑤拄：支撑。

⑥鸡笼山：在今江苏南京西北，山形如鸡笼，故名。

⑦孙伯符：孙策(175—200)，字伯符，吴郡富春(今浙江富阳)人，乘乱占据江东，为吴国的建立奠定基业。遂：成功。

⑧竟坐：满座。

【译文】

陈逵驻守在长江西岸时，京都的友人们一起相约到牛渚山来聚会。陈逵所谈的玄理佳妙，大家都想用言论使其折服，陈逵用如意撑住脸颊，望着鸡笼山感叹说：“孙伯符的志向、事业都没有成功！”于是满座的人都谈不下去了。

一二

王司州在谢公坐[①]，咏“入不言兮出不辞，乘回风兮载云旗”[②]。语人云：“当尔时[③]，觉一坐无人。”

【注释】

①王司州:王胡之,字修龄,王廙之子,官至司州刺史。谢公:谢安。

②"入不言兮"二句:屈原《离骚·九歌·少司命》中的两句诗,写少司命与恋人匆匆定情之后,既没有说话,也不及告辞,就乘着旋风,驾着云旗飘然而去。

③尔时:此时。

【译文】

王胡之在谢安处做客时,吟咏"入不言兮出不辞,乘回风兮载云旗"诗句。他对人说:"当这个时候,我感觉满座空无一人。"

一三

桓玄西下,入石头①,外白司马梁王奔叛②。玄时事形已济③,在平乘上笳鼓并作④,直高咏云⑤:"箫管有遗音,梁王安在哉⑥?"

【注释】

①桓玄西下,入石头:指桓玄于晋安帝永兴元年(402)作乱,第二年年底称帝,入京都建康石头城。

②白:禀告,报告。司马梁王:司马珍之,字景度,晋宗室,封梁王。奔叛:逃亡,逃跑。

③事形:形势。济:成。

④平乘:一种大船。笳:胡笳,类似笛子,我国北方民族的一种乐器。

⑤直:仅仅,只是。

⑥"箫管有遗音"二句:阮籍《咏怀诗》三十一诗句。全诗凭吊战国

时魏国的古迹吹台，借古喻今，感慨时政腐败。箫管，管乐器。遗音，指战国魏时流传下来的音乐。梁王，战国魏王。因魏都大梁，故称魏王为梁王。

【译文】

桓玄西下，进入石头城，外面报告说司马梁王逃跑了。桓玄当时认为已经大功告成，便在大船上吹笳击鼓，笳鼓之声大作，他自己只是高声吟咏阮籍的诗句："至今箫管吹奏的音乐还留有战国魏时的乐声，可是梁王到如今又在哪里呢？"

容止第十四

【题解】

容止，指人的仪容举止。魏晋时期伴随着人的自我意识的觉醒，士人讲究仪容仪表和举止风度，尤其注重精神内在美。一些在现代人眼里看似大胆的举动，可以很形象地刻画出魏晋士人的时尚风气。

本篇共有三十九则，叙述的对象均为男子，生动具体地反映了魏晋士人的审美情趣。

一

魏武将见匈奴使①，自以形陋，不足雄远国②，使崔季珪代③，帝自捉刀立床头④。既毕，令间谍问曰："魏王何如?"匈奴使答曰："魏王雅望非常⑤，然床头捉刀人，此乃英雄也。"魏武闻之，追杀此使。

【注释】

①魏武：曹操。匈奴：我国古代北方的少数民族。

②雄：称雄，威慑。

③崔季珪：崔琰，字季珪，三国魏东武城（今山东武城西）人，眉目疏朗，鬓长四尺，有威仪，先事袁绍，后归曹操，后被曹操赐死。

④帝：指曹操。捉刀：握刀。

⑤雅望：高雅的仪容风采。

【译文】

曹操将要接见匈奴使者，自认为相貌丑陋，不足以在远方国家的使者面前称雄，便让崔琰来代替，自己就握刀站在床榻旁。接见过后，派间谍去问道："魏王怎么样？"匈奴使者回答说："魏王高雅的仪容风采非同寻常，但是床榻旁的握刀人，这才是真英雄啊。"曹操听了这话，派人追杀了这位使者。

二

何平叔美姿仪[①]，面至白。魏明帝疑其傅粉[②]，正夏月，与热汤饼[③]。既啖[④]，大汗出，以朱衣自拭，色转皎然[⑤]。

【注释】

①何平叔：何晏。

②魏明帝：曹叡字元仲，三国魏第二代君主，文帝曹丕之子。但据时代考证，此处当为魏文帝曹丕。傅：通"敷"。

③汤饼：指汤面。

④啖：吃。

⑤皎然：洁白的样子。

【译文】

何晏姿态仪容很美，脸很白皙。明帝怀疑他搽了粉，正当夏天，就给他吃热汤面。何晏吃完后，出了大汗，便用官服揩拭，脸色更加洁白了。

三

魏明帝使后弟毛曾与夏侯玄共坐①,时人谓“蒹葭倚玉树”②。

【注释】

①魏明帝:曹叡。毛曾:魏明帝毛皇后之弟,官驸马都尉,散骑侍郎。夏侯玄:字太初,魏征西将军,为当时宗室外戚,门第显赫。

②蒹葭(jiān jiā):芦苇一类草本植物,比喻微贱的人。玉树:传说中的仙树,比喻姿容美好、才能出众的人。

【译文】

魏明帝让皇后的弟弟毛曾与夏侯玄坐在一起,当时人认为是“芦苇倚靠着玉树”。

四

时人目夏侯太初“朗朗如日月之入怀”①,李安国“颓唐如玉山之将崩”②。

【注释】

①夏侯太初:夏侯玄。朗朗:明亮的样子。

②李安国:李丰,字安国,三国魏时仕至中书令,后为司马昭所杀。颓唐:精神萎靡不振的样子。玉山:比喻仪容美好如美玉之山。

【译文】

当时人品评夏侯玄“容貌光彩照人像日月投入怀抱”,李丰则“精神萎靡不振如玉山将要崩塌”。

五

嵇康身长七尺八寸，风姿特秀。见者叹曰：“萧萧肃肃[①]，爽朗清举[②]。”或云：“肃肃如松下风[③]，高而徐引[④]。”山公曰[⑤]：“嵇叔夜之为人也，岩岩若孤松之独立[⑥]；其醉也，傀俄若玉山之将崩[⑦]。”

【注释】

①萧萧肃肃：形容风度潇洒严整的样子。

②清举：清高脱俗的样子。

③肃肃：形容风声畅快有力的样子。

④高而徐引：高远而绵长。

⑤山公：山涛。

⑥岩岩：高大威武的样子。

⑦傀（guī）俄：通“巍峨”，山高峻的样子。

【译文】

嵇康身高七尺八寸，风度容貌出众美好。看到的人都赞叹道：“他风度潇洒严正，爽朗清高脱俗。”有人说：“他畅快有力犹如飒飒作响的松下之风，高远而绵长。”山涛说：“嵇康的为人，高大威武像孤松昂然独立的样子；喝醉酒时，如高峻的玉山将要崩塌的样子。”

六

裴令公目王安丰[①]：“眼烂烂如岩下电[②]。”

【注释】

①裴令公:裴楷。王安丰:王戎,封安丰县侯,故称。

②烂烂:明亮的样子。电:闪电。

【译文】

裴楷品评王戎:“他眼睛炯炯有神,就像山岩下的闪电。”

七

潘岳妙有姿容,好神情①。少时挟弹出洛阳道②,妇人遇者,莫不连手共萦之③。左太冲绝丑④,亦复效岳游遨⑤。于是群妪齐共乱唾之⑥,委顿而返⑦。

【注释】

①神情:神态风度。

②弹:弹弓。

③连手:拉起手来。萦:围绕。

④左太冲:左思,字太冲,貌丑口讷而善著文。

⑤游遨:游玩。

⑥妪(yù):妇人。

⑦委顿:疲乏困顿。

【译文】

潘岳有美好的姿态风度。少年时带着弹弓走在洛阳的街道上,妇女们遇到他,全都手拉手围观他。左思相貌极丑,也仿效潘岳出游。结果妇女们都朝他吐唾沫,左思萎靡不振地回去了。

八

王夷甫容貌整丽①,妙于谈玄②。恒捉白玉柄麈尾③,与手都无分别④。

【注释】

①王夷甫:王衍。整丽:端正美好。

②妙:精熟,擅长。

③麈尾:形似扇,以麈(鹿类动物)尾制成的拂尘。六朝名士谈玄时手持麈尾以助谈,后相习成俗。

④都:完全。

【译文】

王衍容貌端正美好,擅长谈论玄理。常拿着白玉柄的麈尾,那白玉的颜色与手完全没有分别。

九

潘安仁、夏侯湛并有美容①,喜同行,时人谓之"连璧"②。

【注释】

①潘安仁:潘岳。

②连璧:双璧,两块玉璧并列。璧,扁圆形中心有孔的玉饰,也泛指玉。

【译文】

潘岳、夏侯湛都有漂亮的容貌,喜欢一起出行,当时人称他们为"连在一起的玉璧"。

一〇

裴令公有俊容姿[①]，一旦有疾，至困，惠帝使王夷甫往看[②]。裴方向壁卧，闻王使至，强回视之。王出，语人曰："双眸闪闪若岩下电[③]，精神挺动[④]，体中故小恶[⑤]。"

【注释】

①裴令公：裴楷。

②王夷甫：王衍。

③岩下电：岩下的闪电。

④挺动：指精神灵活。

⑤恶：指疾病。

【译文】

裴楷有俊美的容貌，有一天生病，到了很重的程度，晋惠帝派王衍去看望。裴楷正面向墙壁躺着，听到使者王衍来了，勉强回过头来看他。王衍出来后，对人说："他双眼闪闪发光如岩下之闪电，而精神灵活，体内确有小恙。"

一一

有人语王戎曰："嵇延祖卓卓如野鹤之在鸡群[①]。"答曰："君未见其父耳。"

【注释】

①嵇延祖：嵇绍，字延祖，嵇康之子。卓卓：突出的样子。

【译文】

有人对王戎说："嵇绍就像野鹤在鸡群当中一样突出。"王戎答道："您还没有见过他的父亲啊。"

一二

裴令公有俊容仪[①]，脱冠冕[②]，粗服乱头皆好[③]。时人以为"玉人"。见者曰："见裴叔则，如玉山上行，光映照人。"

【注释】

①裴令公：裴楷。

②冠冕：礼帽。

③粗服乱头：粗劣的衣服，蓬乱的头发，形容仪容不整的样子。

【译文】

裴楷有美好的容貌仪表，就算是摘掉礼帽，仪容不整的时候也很好看。当时人认为是"玉人"。见到他的人说："见到裴叔则，就像在玉山上行走，光彩照人。"

一三

刘伶身长六尺，貌甚丑悴[①]，而悠悠忽忽[②]，土木形骸[③]。

【注释】

①丑悴(cuì)：丑陋憔悴。

②悠悠忽忽：酒醉迷离、飘乎自在的样子。悠悠，飘忽无定。忽忽，不经意的样子。

③土木：指不加修饰。形骸：指人的身体躯壳。

【译文】

刘伶身高六尺，容貌非常丑陋憔悴，而且神情悠然恍惚，形体如土木般质朴无华。

一四

骠骑王武子是卫玠之舅[①]，俊爽有风姿[②]。见玠，辄叹曰："珠玉在侧，觉我形秽[③]。"

【注释】

①骠骑：将军名号。王武子：王济，晋司徒王浑之子，少有才华，善清谈，为当世名士。

②俊爽：俊美豪爽。

③形秽：指相貌丑陋。

【译文】

骠骑将军王济是卫玠的舅父，长得俊美而豪爽，而且风采不凡。他见到卫玠，总是叹说："珠玉就在我身旁，我觉得自己的相貌很丑陋。"

一五

有人诣王太尉[①]，遇安丰、大将军、丞相在坐[②]；往别屋，见季胤、平子[③]。还，语人曰："今日之行，触目见琳琅珠玉[④]。"

【注释】

①王太尉：王衍。

②安丰：王戎。大将军：王敦。丞相：王导。

③季胤：王诩，字季胤，王衍之弟，官至修武令。平子：王澄，字平子，王衍之弟，官至荆州刺史。

④触目：目光所及。琳琅：美玉，比喻王氏诸兄弟仪容美好，光彩照人。

【译文】

有人去拜访王衍，遇见王戎、王敦、王导在座；到另一间屋里去，又见到王诩、王澄。回来后，他对人说："今天这一次出去，满眼见到的都是珠宝美玉。"

一六

王丞相见卫洗马曰①："居然有羸②，虽复终日调畅③，若不堪罗绮④。"

【注释】

①王丞相：王导。卫洗马：卫玠，因任太子洗马，故称。卫玠瘦弱多病，死时仅二十七岁。

②居然：显然。羸：瘦弱的样子。

③虽复：虽然。调畅：指调养身体。

④不堪：不能承受。罗绮：以轻而软的丝织品做的衣服。

【译文】

王导见到卫玠后说："他显然很瘦弱的样子，虽然整天调养身体，但好像连轻软的丝绸衣服也承受不起似的。"

一七

王大将军称太尉[1]:"处众人中,似珠玉在瓦石间。"

【注释】

①王大将军:王敦。太尉:王衍,为王敦从兄,才貌出众。

【译文】

王敦称赏王衍:"他处在众人中间,就像是珍珠宝玉在瓦片石头中间一样。"

一八

庾子嵩长不满七尺[1],腰带十围[2],颓然自放[3]。

【注释】

①庾子嵩:庾敳,字子嵩,侍中庾峻之子,雅好老、庄,富有度量,官至豫州刺史。

②围:量词,指两手拇指与食指合拢的长度。

③颓然自放:松弛自然、自由放纵的样子。

【译文】

庾敳身高不足七尺,腰带倒有十围之粗,一副意气潇洒、自由放纵的样子。

一九

卫玠从豫章至下都[1],人久闻其名,观者如堵墙[2]。玠先有羸疾[3],体不堪劳,遂成病而死。时人谓"看杀卫玠"。

【注释】

①豫章:郡名,治所在今江西南昌。下都:指东晋都城建康,相对于西晋都城洛阳(称上都)而言。

②堵墙:墙壁,比喻人多而密集。

③羸疾:瘦弱多病。

【译文】

卫玠从豫章郡来到京城,京城人早就听到他的名声,围观的人多得像墙壁似的。卫玠原先就瘦弱多病,这样一来体力上更加难以承受劳累,于是便病重而死。当时人都说是"看杀卫玠"。

二〇

周伯仁道桓茂伦[1]:"嵚崎历落可笑人[2]。"或云谢幼舆言[3]。

【注释】

①周伯仁:周顗。道:品评,评论。桓茂伦:桓彝,字茂伦,大司马桓温之父。有识鉴才,善拔人取士。

②嵚崎(qīn qí):山高峻的样子,喻指品格特异,不同于人。历落:树木多节,喻指人有奇才异能。

③谢幼舆:谢鲲,字幼舆,善清言,有识度,与桓彝友善。

【译文】

周顗评论桓彝:"他品格奇特,有怪才异能,是非常之人。"有人说这话是谢鲲说的。

二一

周侯说王长史父[1]:"形貌既伟[2],雅怀有概[3],保而用之,可作诸许物也[4]。"

【注释】

①周侯:周顗。王长史父:王濛的父亲王讷。王长史,王濛,曾任司徒左长史。王讷,字文开,东晋时官至新淦令。

②伟:壮美。

③雅怀:高尚的情怀。概:气概。

④诸许物:指许多事情。

【译文】

周顗评说王濛的父亲:"他的形貌既壮美,情怀高尚又有气概,如保护、任用他,就可以做许多事情。"

二二

祖士少见卫君长云[1]:"此人有旄仗下形[2]。"

【注释】

①祖士少:祖约,官至平西将军,豫州刺史。卫君长:卫永,字君长,曾任温峤左军长史。

②旄(máo)仗下形:指具有站在仪仗下的将帅形象。旄仗,仪仗。

【译文】

祖约看到卫永说:"这人颇有仪仗下的将帅形象。"

二三

石头事故[①]，朝廷倾覆。温忠武与庾文康投陶公求救[②]，陶公云："肃祖顾命不见及[③]，且苏峻作乱，衅由诸庾[④]，诛其兄弟，不足以谢天下。"于时庾在温船后闻之[⑤]，忧怖无计。别日，温劝庾见陶，庾犹豫未能往，温曰："溪狗我所悉[⑥]，卿但见之，必无忧也！"庾风姿神貌，陶一见便改观。谈宴竟日[⑦]，爱重顿至[⑧]。

【注释】

①石头事故：指苏峻、祖约之乱。咸和二年(327)，历阳太守苏峻以诛庾亮为名，举兵反叛，攻陷建康，自掌朝政，迁晋成帝于石头城。

②温忠武：温峤死谥忠武，故称。当时温峤为平南将军，镇守武昌。庾文康：庾亮死谥文康，故称。陶公：陶侃，时为征西大将军、荆州刺史，权重兵强，故温峤与庾亮前来求救。

③肃祖：晋明帝司马绍庙号。顾命：指皇帝的遗诏。

④衅：罪责。诸庾：指庾亮、庾翼等兄弟。

⑤庾：庾亮。

⑥溪狗：六朝时北方的世家大族对江西一带人的蔑称。陶侃是江西人，又出身寒微，故温峤以此称之。溪，一作"傒"。

⑦竟日：终日，整日。

⑧顿：顿时，立刻。

【译文】

苏峻、祖约声讨庾亮发动叛乱时，朝廷遭到了倾覆。温峤与庾亮投奔陶侃向他求救，陶侃说："明帝当初的遗诏中未曾提到我，况且苏峻作乱，罪在庾氏兄弟，即使诛杀庾氏兄弟，也不足以向天下人谢罪。”此时庾亮在温峤船后听到这些话，感到忧惧恐怖没有对策。另外一天，温峤劝庾亮去见陶侃，庾亮犹豫不决未能前往，温峤说：“那溪狗是我所熟悉的，你尽管去见他，一定不要担心！”庾亮的风度神态，使得陶侃一见就改变了原来的看法。两人叙谈宴饮了一整天，陶侃立即对庾亮喜爱推重到了极点。

二四

庾太尉在武昌[①]，秋夜气佳景清，佐吏殷浩、王胡之之徒登南楼理咏[②]。音调始遒[③]，闻函道中有屐声甚厉[④]，定是庾公。俄而率左右十许人步来[⑤]，诸贤欲起避之，公徐云：“诸君少住，老子于此处兴复不浅。”因便据胡床与诸人咏谑[⑥]，竟坐甚得任乐[⑦]。后王逸少下[⑧]，与丞相言及此事[⑨]，丞相曰：“元规尔时风范不得不小颓[⑩]。”右军答曰：“唯丘壑独存[⑪]。”

【注释】

①庾太尉：庾亮。

②佐吏：属下官吏。理咏：调理音律，吟诵诗歌。

③遒(qiú)：强劲有力。

④函道：楼梯。厉：指声音急促。

⑤俄而：不久。

⑥据：靠。胡床：古代由胡地传入的折叠椅。咏谑(xuè)：吟咏说笑。

⑦竟坐：满座。任乐：尽情快乐。

⑧王逸少：王羲之，字逸少，为丞相王导从子，曾任征西将军庾亮参

军、长史。下：指从上游武昌到下游建康。

⑨丞相：王导。

⑩元规：庾亮。风范：风度气派。颓：减弱。

⑪丘壑：指高雅的情趣。

【译文】

庾亮在武昌时，一天秋夜，天气美好，景色清朗，属官殷浩、王胡之等人登上南楼调理音律，吟诵诗歌。音调正要转向高亢之时，听到楼梯上传来急促的木屐声，众人知道一定是庾亮。不久庾亮领着十多位侍从走来，各位属官想起身避开，庾亮慢慢地说："诸位请留步，老夫对于此地兴趣也不算浅。"于是他便靠在胡床上与大家吟咏说笑，满座的人都很尽兴快乐。后来王羲之东下京都，与丞相王导说起这件事，王导说："元规那时的风度气派不得不说已稍稍减弱。"王羲之回答说："唯有高雅的情趣依然保存着。"

二五

王敬豫有美形[①]，问讯王公[②]。王公抚其肩曰："阿奴恨才不称[③]。"又云："敬豫事事似王公[④]。"

【注释】

①王敬豫：王恬，字敬豫，王导次子，多技艺、善隶书，官至会稽内史。

②问讯：问候。

③阿奴：表示亲昵的称呼，用于长者称呼年幼者。恨才不称：谓才学与容貌不能相称。

④事事：每件事。

【译文】

王恬有美好的容貌，他有一次去问候父亲王导。王导抚拍他的肩膀说："你呀，遗憾的是才学与容貌不能相称。"又有人说："王敬豫样样都像他父亲王公。"

二六

王右军见杜弘治①，叹曰："面如凝脂②，眼如点漆③，此神仙中人。"时人有称王长史形者④，蔡公曰："恨诸人不见杜弘治耳。"

【注释】

①王右军：王羲之。杜弘治：杜乂，字弘治，京兆人，晋镇南将军杜预之孙，官丹阳丞。

②凝脂：凝结的油脂，形容皮肤细腻光洁。

③点漆：形容眼睛黑亮如漆。

④王长史：王濛。

【译文】

王羲之见到杜乂，赞叹道："脸如凝结的油脂般细洁，眼如点漆似的黑亮，这是神仙之中的人。"当时人有的称赞王濛形貌美好，蔡谟说："遗憾的是这些人没有见过杜弘治啊。"

二七

刘尹道桓公①："鬓如反猬皮②，眉如紫石棱③，自是孙仲谋、司马宣王一流人④。"

【注释】

①刘尹:刘惔。桓公:桓温。

②反猬皮:翻过来的刺猬皮。

③紫石棱:有棱角的紫色石英石。紫石,紫色的石英石。

④孙仲谋:孙权。司马宣王:司马懿。此二人皆相貌非常,有雄才大略。

【译文】

刘惔称道桓温:"双鬓如翻过来的刺猬皮,眉毛如有棱角的紫石英,自然是孙仲谋、司马宣王一类人物。"

二八

王敬伦风姿似父[①],作侍中,加授桓公公服[②],从大门入。桓公望之曰:"大奴固自有风毛[③]。"

【注释】

①王敬伦:王劭,字敬伦,小字大奴,王导第五子,官至尚书仆射。

②桓公:桓温。公服:官服。

③大奴:指王劭。固自:本来,确实。风毛:凤凰的羽毛,形容有父辈的仪容风采。

【译文】

王劭的风度姿态像他的父亲,他担任侍中时,加授给桓温官服,从大门进入,桓温远远望着他说:"大奴确实具有他父亲的仪容风采。"

二九

林公道王长史[①]:"敛衿作一来[②],何其轩轩韶举[③]!"

【注释】

①林公:支遁,字道林,为东晋名僧,时称林公,与当世名流王濛、刘惔等来往密切。王长史:王濛。

②敛衿(jīn):收拢衣襟以表恭敬。作:起,指站起来。

③轩轩:仪态昂扬的样子。韶举:美好挺拔。

【译文】

支道林称道王濛:“他收拢衣襟站起来时,仪态是何等的轩昂挺拔!”

三〇

时人目王右军[①]:“飘如游云[②],矫若惊龙[③]。”

【注释】

①王右军:王羲之。

②飘:飘逸。游云:流动的云。

③矫:矫健。

【译文】

当时人品评王羲之:“他飘逸得如流动的云,矫健得像受惊动的龙。”

三一

王长史尝病[①],亲疏不通[②]。林公来[③],守门人遽启之曰[④]:“一异人在门[⑤],不敢不启。”王笑曰:“此必林公。”

【注释】

①王长史：王濛。

②亲疏：指亲友关系亲近的或疏远的。通：通报。

③林公：支道林。

④遽(jù)：急忙，赶快。启：禀报。

⑤异人：指相貌与众不同。

【译文】

王濛曾经患病，无论是亲近的还是疏远的亲友来访都不许通报。支道林来访时，守门人急忙禀告说："有一位相貌与众不同的人在门口，所以不敢不报。"王濛笑道："这必定是林公。"

三二

或以方谢仁祖不乃重者[①]。桓大司马曰[②]："诸君莫轻道，仁祖企脚北窗下弹琵琶[③]，故自有天际真人想[④]。"

【注释】

①方：比方，比拟。谢仁祖：谢尚。乃：是。重：指轻视。

②桓大司马：桓温。

③企脚：踮起脚后跟。

④天际真人：修真得道之人；神仙。想：情怀。

【译文】

有人评论谢尚，对谢尚不很尊重。桓温说："诸位不要轻易评说他，谢仁祖踮起脚跟在北窗下弹琵琶时，确实有天上神仙的情怀。"

三三

王长史为中书郎[①]，往敬和许[②]。尔时积雪，长史从门外下车，步入尚书[③]，著公服[④]。敬和遥望叹曰："此不复似世中人！"

【注释】

①王长史：王濛。

②敬和：王洽，字敬和，丞相王导子，曾任中书郎。许：处所，地方。

③尚书：指尚书省衙门。

④著(zhuó)：穿。公服：官服。

【译文】

王濛担任中书郎时，到王洽处去。那时正积雪，王濛从门外下车，走进尚书省衙门，身穿官服。王洽远远望见，赞叹道："这不像是世间之人。"

三四

简文作相王时[①]，与谢公共诣桓宣武[②]。王珣先在内[③]，桓语王："卿尝欲见相王，可住帐里[④]。"二客既去，桓谓王曰："定何如[⑤]？"王曰："相王作辅[⑥]，自然湛若神君[⑦]。公亦万夫之望[⑧]，不然，仆射何得自没[⑨]？"

【注释】

①简文：晋简文帝司马昱。作相王：指司马昱以会稽王的身份担任

丞相。

②谢公:谢安。桓宣武:桓温。

③王珣:丞相王导之孙,官至尚书令。时为桓温主簿,颇受器重。内:指帷帐内。

④住:留,躺。

⑤定:到底,究竟。

⑥辅:指辅佐大臣。

⑦湛(zhàn):深沉。神君:形容人贤明若神。

⑧万夫之望:为万人所敬仰的人。

⑨仆射:尚书省主管,指谢安。何得:岂可。自没:埋没自己。

【译文】

简文帝以会稽王的身份担任丞相时,与谢安一起去拜访桓温。王珣先已在帷帐内,桓温对王珣说:"你曾经想见相王,现在就留在帷帐里吧。"两位客人离开后,桓温对王珣说:"他们到底怎么样?"王珣说:"相王担任辅政大臣,自然是深沉、贤明若神。您也是为万人所敬仰的人,不然的话,谢公哪里会委屈埋没自己来拜访您呢?"

三五

海西时[①],诸公每朝,朝堂犹暗,唯会稽王来[②],轩轩如朝霞举[③]。

【注释】

①海西:晋废帝海西公司马奕,哀帝死后被立为帝,在位五年,为大司马桓温所废,封海西县公,史称晋废帝。

②会稽王:司马昱。

③轩轩：仪度轩昂的样子。举：升起。

【译文】

晋废帝在位时，群臣早朝，殿堂里还很暗，但会稽王到来时，气宇轩昂的样子，如朝霞升起一般，光彩照人。

三六

谢车骑道谢公[①]："游肆复无乃高唱[②]，但恭坐捻鼻顾睐[③]，便自有寝处山泽间仪。"

【注释】

①谢车骑：谢玄，谢安之侄，官至车骑将军。谢公：谢安。

②游肆：指游乐场所。

③捻(niǎn)：捏。顾睐(lài)：环视。睐，看。

【译文】

谢玄称道谢安："他处在游乐之所不再高歌唱咏，只是端坐着捏着鼻子，环顾四周，便自然有一种栖息在山林水泽间的潇洒仪态。"

三七

谢公云[①]："见林公双眼[②]，黯黯明黑[③]。"孙兴公见林公[④]："棱棱露其爽。"[⑤]

【注释】

①谢公：谢安。

②林公：支道林。

③黯黯(àn):形容眸子黑亮的样子。

④孙兴公:孙绰,字兴公,支道林与谢安、孙绰交往甚密。

⑤棱棱(léng):威严的样子。爽:豪爽。

【译文】

谢安说:“见到林公的双眼,他黑亮的眸子深沉冷峻。”孙绰见到支道林说:“他威严的样子显露出豪爽的姿态。”

三八

庾长仁与诸弟入吴[①],欲住亭中宿[②]。诸弟先上,见群小满屋[③],都无相避意。长仁曰:“我试观之。”乃策杖将一小儿[④],始入门,诸客望其神姿,一时退匿。

【注释】

①庾长仁:庾统,字长仁,少有佳名,官至寻阳太守,年二十九卒。

②亭:驿亭。

③群小:百姓。

④将:带。

【译文】

庾统与几位弟弟到吴郡去,半路上想在驿亭中住宿。几位弟弟先进去,见到满屋子住了百姓,全都没有避让他们的意思。庾统说:“我去试试看他们怎么样。”便拄着拐杖带着一位小童,刚进门,屋里的客人们望见他的神情姿态,一下子都避开了。

三九

有人叹王恭形茂者[①],云:“濯濯如春月柳[②]。”

【注释】

①茂:美好。

②濯濯:鲜亮清朗的样子。春月:春天。

【译文】

有人赞美王恭身形外貌美好,说:"他鲜亮清朗的样子就像春天的柳枝一样婀娜多姿。"

自新第十五

【题解】

自新，指改过从善、重新做人。《论语·学而》里孔子说："过则勿惮改。"改过自新一向为我国传统道德所重视，在魏晋时亦不例外。

本篇只有二则，其中周处的故事流传最广，明朝黄伯羽据此改编为《蛟虎记》，传统京剧《除三害》也以此为蓝本。

一

周处年少时[1]，凶强侠气[2]，为乡里所患。又义兴水中有蛟[3]，山中有邅迹虎[4]，并皆暴犯百姓。义兴人谓为"三横"，而处尤剧。或说处杀虎斩蛟，实冀三横唯余其一。处即刺杀虎，又入水击蛟。蛟或浮或没，行数十里。处与之俱，经三日三夜，乡里皆谓已死，更相庆。竟杀蛟而出，闻里人相庆，始知为人情所患，有自改意。乃入吴寻二陆[5]，平原不在[6]，正见清河[7]，具以情告，并云："欲自修改，而年已蹉跎，终无所成。"清河曰："古人贵朝闻夕死[8]，况君前途尚可。且人患志之不立，亦何忧令名不彰邪?"处遂改励[9]，终为忠臣孝子。

【注释】

①周处：字子隐，西晋义兴（今江苏宜兴）人。官至御史中丞，纠弹不避权贵，为贵戚权臣所排挤，晋惠帝元康七年（297），周处受朝廷委派镇压氐人反叛，战死沙场。

②侠气：指意气用事。

③义兴：郡名，西晋时治所在阳羡县（今江苏宜兴）。蛟：鳄鱼。古人神化为蛟龙类动物。

④邅（zhān）迹虎：跛足的老虎。

⑤入吴：到吴郡。二陆：陆机、陆云。陆机（261—303），字士衡，吴郡吴县华亭（今上海松江）人。祖逊、父抗皆三国吴名将，少时任吴牙门将。晋武帝太康末与弟云同至洛阳，文才倾动一时，称"二陆"。曾任平原内史，世称陆平原。成都王司马颖攻长沙王司马乂时，机为后将军、河北大都督，兵败被谗，为司马颖所杀。工骈文与诗，所作《文赋》为重要的文论，后人辑有《陆士衡集》。陆云（262—303）：字士龙，陆机之弟，曾任清河内史、大将军右司马等职，陆机遇害后亦被杀。

⑥平原：陆机曾任平原内史，故称。

⑦正：只。清河：陆云曾任清河内史，故称。

⑧朝闻夕死：《论语·里仁》："朝闻道，夕死可矣。"意谓人贵在得道，如果早晨听到圣贤之道，那么即使晚上死了也算不虚度一生了。

⑨改励：改过自新，努力上进。

【译文】

周处年轻时，凶悍霸道，意气用事，被乡里人认为是一个祸害。另外，义兴郡水中有一条蛟龙，山上有一只跛足的老虎，都残暴地侵害百姓。义兴人称为"三害"，而周处的危害最为严重。有人劝说周处去杀虎斩蛟，实际上是希望三害中除掉两害而只剩下一害。周处立即刺杀了老虎，又下水去击杀蛟龙。蛟龙时浮时沉，游了几十里。周处始终和蛟龙纠缠在一起，经过了三天三夜，乡里人以为他已经死了，就互相庆祝。不料周处竟杀掉了蛟龙，从水里出来了，他听到乡里人互相庆贺，才知道自己为乡里人所厌恶，就有了悔改之意。于是他到吴郡去寻访陆机、陆云，陆机不在，只见到了陆云，周处把事情的经过告诉了陆云，并说："我想修正悔改，但年纪大了，恐怕最终没有什么成绩。"陆云说："古人以'朝闻夕死'为贵，况且您还前途远大呢。再说，人只怕不能立志，何必担忧美名得不到宣扬呢？"周处就努力改过自新，最终成了忠臣孝子。

二

戴渊少时①，游侠不治行检②，尝在江淮间攻掠商旅。陆机赴假还洛③，辎重甚盛。渊使少年掠劫，渊在岸上，据胡床指麾左右，皆得其宜。渊既神姿锋颖④，虽处鄙事，神气犹异。机于船屋上遥谓之曰："卿才如此，亦复作劫邪？"渊便泣涕，投剑归机，辞厉非常⑤。机弥重之，定交⑥，作笔荐焉。过江，仕至征西将军。

【注释】

①戴渊：即戴俨，字若思，晋广陵（今江苏淮阴西南）人，官至征西将军。

②游侠：指好交游，乐助人，重义轻生，或勇于不轨行为者。行检：品行操守。

③赴假：销假。

④锋颖：形容其神情姿态不凡，引人注目。

⑤辞厉：言辞激切。

⑥定交：结为朋友。

【译文】

戴渊年轻时，游侠逞强，行为不检点，曾经在江淮地区抢夺商旅的财物。陆机休假完毕返回洛阳，路上携带的行李很多。戴渊让少年们去抢夺，他自己在岸上，靠着椅子指挥，事情安排得非常妥帖。戴渊神情姿态不凡，虽然干的是不正当的事，但还是神采不同一般。陆机在船棚里远远地对他说："你才能如此杰出，也还做强盗吗？"戴渊就哭泣流泪，丢掉宝剑，投靠陆机，他言辞激切，非同寻常。陆机更加看重他，与他结为朋友，随即写文章推荐戴渊。过江以后，戴渊官至征西将军。

企羡第十六

【题解】

企羡，指企盼仰慕。本篇中魏晋士人仰慕或者自比的对象既有同时代的贤达人士，也有古人英雄，但侧重点都在于其非凡气质和不俗志趣，而非限于“容止”篇列举的那些外表美好的美男子，这也是魏晋士人注重内在精神生活质量的表现。

本篇共有六则，颇能反映魏晋士人的审美情趣和精神追求。

一

王丞相拜司空①，桓廷尉作两髻、葛裙、策杖②，路边窥之，叹曰：“人言阿龙超③，阿龙故自超④。”不觉至台门⑤。

【注释】

①王丞相：王导。司空：官名，三公之一。

②桓廷尉：桓彝，以善于识鉴品评人物著称，死后追赠廷尉。髻(jì)：梳在头顶的发结。葛裙：葛布做的下裳。裙，下裳。

③阿龙：王导小字。超：超脱。

④故自：本来。

⑤台门：指朝廷所在之中央官府。

【译文】

王导被授为司空时，桓彝把头发梳成两个髻，穿着葛布下裳，拄着拐杖，在路边暗暗观察他，赞叹道："人们都说阿龙超脱，阿龙本来就超脱。"不知不觉间一直跟到了台门。

二

王丞相过江[①]，自说昔在洛水边，数与裴成公、阮千里诸贤共谈道[②]。羊曼曰："人久以此许卿[③]，何须复尔？"王曰："亦不言我须此，但欲尔时不可得耳[④]！"

【注释】

①王丞相：王导。过江：指西晋末渡江南下。

②数（shuò）：屡次。裴成公：裴頠，封钜鹿公，死后谥成，西晋名士，善清谈，有名著《崇有论》。阮千里：阮瞻，字千里，阮咸之子，善谈名理，尝以"将无同"对老庄与儒教异同之问，传为名言。道：指玄理。

③许：赞许。

④但：只是。

【译文】

王导渡江后，说自己曾经在洛水边，屡次与裴頠、阮瞻诸位名流共同谈论玄理。羊曼说："人们早就以善谈玄理来赞许你了，何必还要再这样说呢？"王导说："也不必说我需要这样说，只是想再要那样谈论玄理的美妙时光已是不可能再得了！"

三

王右军得人以《兰亭集序》方《金谷诗序》[①]，又以己敌石崇[②]，甚有欣色。

【注释】

①王右军：王羲之。《兰亭集序》：王羲之于穆帝永和九年（353）三月三日与谢安等四十一人会于会稽山阴之兰亭，修禊赋诗，编为诗集。羲之为之作序三百二十四字，世称《兰亭序》。方：比拟。《金谷诗序》：晋惠帝元康六年（296），石崇、苏绍等三十人，集于河南县金谷涧（在今河南洛阳西北），游宴赋诗，各抒其怀，后编为一集，石崇为之作序。

②敌：相当，匹敌。

【译文】

王羲之从别人处得知人们把《兰亭集序》比作《金谷诗序》，又把自己与石崇相匹敌，脸上便颇有喜悦之神色。

四

王司州先为庾公记室参军[①]，后取殷浩为长史[②]。始到，庾公欲遣王使下都[③]。王自启求住曰[④]：“下官希见盛德[⑤]，渊源始至[⑥]，犹贪与少日周旋[⑦]。”

【注释】

①王司州：王胡之，曾任司州刺史。庾公：庾亮。记室参军：官名，诸侯、三公、大将军等所设属官，掌表章文书。

②长史：将军府的属官。

③下都：东下都城建康。

④自启：自己报告。住：留下。

⑤希：少。盛德：德高望重之人。

⑥渊源：殷浩，字渊源，少有善清谈之名，好言玄理，官至扬州刺史，中军将军。

⑦少日：指几天。周旋：交往。

【译文】

王胡之先前担任庾亮的记室参军，后来庾亮又用殷浩当长史。殷浩刚到，庾亮想派王胡之出使东下都城建康。王胡之自己报告要求留下说："我很少见到德高望重之人，渊源才到这里，还想贪图与他交往几天。"

五

郗嘉宾得人以己比苻坚[①]，大喜。

【注释】

①郗嘉宾：郗超，小字嘉宾，晋司空郗愔之子，精义理，善清谈，富有谋略，为大司马桓温谋主，助桓温图霸业，权重一时。

【译文】

郗超得知人们把自己比作苻坚时，大为欣喜。

六

孟昶未达时[①]，家在京口[②]。尝见王恭乘高舆[③]，被鹤氅裘[④]。于时微雪，昶于篱间窥之，叹曰："此真神仙中人！"

【注释】

①达：显达，显贵。

②京口：今江苏镇江，东晋时为军事重镇。

③高舆：高车。

④被(pī)：同"披"。鹤氅裘：用鸟羽制作的皮衣。

【译文】

孟昶还没有显达时，家住京口。他曾经看到王恭乘坐在高车上，身披用鸟羽制作的皮衣。当时正下着小雪，孟昶透过篱笆缝隙暗自观察，赞叹道："这真是神仙中人啊！"

伤逝第十七

【题解】

伤逝，指对亡者的哀伤悼念。圣人有情无情的问题，是魏晋清谈的品目之一，所以士人对情的理解和认识逐步理性化，重情、钟情也成为名士之风。

本篇共有十九则，生动记述了魏晋名士溺于真情，哭悼死者时不拘礼法，真诚灼然，令人心动。

一

王仲宣好驴鸣①。既葬，文帝临其丧②，顾语同游曰③："王好驴鸣，可各作一声以送之④。"赴客皆一作驴鸣⑤。

【注释】

①王仲宣：王粲（177—217），字仲宣，山阳高平（今山东邹城西南）人。先依刘表，未得重用，后为曹操幕僚，官侍中，随军征吴时，病故于道中。学识溥洽，以诗、赋著称。

②文帝：魏文帝曹丕。临（lìn）：哭吊死者。

③顾：回头看。

④作：发出音响。

⑤赴客：送葬的客人。

【译文】

王粲喜欢驴的叫声。他去世下葬后，曹丕亲自参加丧礼哭吊，回过头去对同游的朋友们说："王仲宣爱好驴叫之声，大家可每人发出一声驴叫送送王仲宣。"参加丧礼的来客于是就都学了一次驴叫。

二

王濬冲为尚书令①，著公服，乘轺车②，经黄公酒垆下过③。顾谓后车客："吾昔与嵇叔夜、阮嗣宗共酣饮于此垆④。竹林之游⑤，亦预其末⑥。自嵇生夭、阮公亡以来⑦，便为时所羁绁⑧。今日视此虽近，邈若山河⑨。"

【注释】

①王濬冲：王戎，字濬冲。尚书令：官名，尚书省长官。

②轺（yáo）车：用一匹马拉的轻便马车。

③黄公酒垆：酒家名。酒垆，酒店前放置酒瓮的土台，此指酒店。

④嵇叔夜：嵇康。阮嗣宗：阮籍。

⑤竹林之游：指魏晋间嵇康、阮籍、山涛、刘伶、阮咸、向秀、王戎等人，相与交好，常宴集于竹林之下。

⑥预其末：参与末座。

⑦夭（yāo）：早死。嵇康因遭钟会诬陷，被司马昭所杀，年仅三十九。

⑧羁绁（jī xiè）：束缚，约束。

⑨邈（miǎo）：遥远。

【译文】

王戎担任尚书令时，穿着官服，乘着轻便马车，从黄公酒家旁边经过。他回头对坐在车后的客人说："我当初与嵇叔夜、阮嗣宗一起在这家酒店畅饮。竹林之游，我也参与末座。自从嵇生早逝、阮公亡故以来，我便为时势所束缚。今天看到这家酒店虽然近在眼前，却感到遥远得如隔着山河一般。"

三

孙子荆以有才[①]，少所推服，唯雅敬王武子[②]。武子丧时[③]，名士无不至者。子荆后来，临尸恸哭，宾客莫不垂涕。哭毕，向灵床曰："卿常好我作驴鸣，今我为卿作。"体似真声[④]，宾客皆笑。孙举头曰："使君辈存，令此人死！"

【注释】

①孙子荆：孙楚，字子荆，晋太原人，有才气，善为文，为西晋名士。以：凭借。

②雅敬：非常敬重。雅，甚，极。王武子：王济。

③丧：治丧。

④体似真声：应为"体似声真"，见《晋书》本传，谓其模拟得像，声音逼真。

【译文】

孙楚凭借自己有才能，很少推崇佩服别人，只是非常敬重王济。王济死后治丧时，当时的名士没有不去吊唁的。孙楚后到，面对尸体痛哭，宾客们感动得无不为之流泪。哭完后，他对着王济灵床说："你平时喜欢听我学驴叫，现在我就为你学叫。"他模仿得很像，叫声逼真，宾客都笑了起来。孙楚抬头说:"怎么让你们这班人活着,却叫这个人死了呢!"

四

王戎丧儿万子[①],山简往省之[②],王悲不自胜。简曰:"孩抱中物[③],何至于此?"王曰:"圣人忘情[④],最下不及情[⑤]。情之所钟[⑥],正在我辈。"简服其言,更为之恸[⑦]。

【注释】

①万子:王绥,王戎子,年十九卒。

②山简:字季伦,山涛子。省(xǐng):看望。

③孩抱中物:已会笑还要人抱的幼儿,泛指年幼的孩子。

④忘情:指不动感情。

⑤最下:指最下等的愚民。不及情:指不懂感情。

⑥钟:专注。

⑦更:竟然,反而。恸(tòng):悲痛。

【译文】

王戎死了儿子万子,山简前去看望他,王戎悲痛得无法自制。山简说:"不过是一个年幼的孩子,何至于伤心到这种地步?"王戎说:"圣人能不动感情,最下等的愚民不懂感情。感情最专注的,正是我们这种人。"山简佩服他的话,反而为之悲痛。

五

有人哭和长舆曰[①]:"峨峨若千丈松崩[②]。"

【注释】

①和长舆:和峤,字长舆,晋武帝时官中书令,转侍中,甚受器重。

②峨峨:高峻的样子。崩:倒塌,崩坏。

【译文】

有人哭吊和峤说:“他的去世如同高峻的千丈松倒塌下来一样。”

六

卫洗马以永嘉六年丧①,谢鲲哭之,感动路人。咸和中②,丞相王公教曰③:“卫洗马当改葬。此君风流名士,海内所瞻,可修薄祭④,以敦旧好⑤。”

【注释】

①卫洗(xiǎn)马:卫玠,官任太子洗马,故称。永嘉六年:公元312年。永嘉,西晋怀帝年号(307—313)。

②咸和:东晋成帝年号(326—334)。

③丞相王公:王导。

④修:治备。薄祭:指简单的祭礼,此处是对死者的谦词。

⑤敦:增强,增加。

【译文】

卫玠在永嘉六年去世,谢鲲去哭吊他,悲痛之情感动了过路人。咸和年间,丞相王导发布教令说:“卫洗马应当改葬。这位君子是风流名士,为天下人所仰慕,可治备些简单的祭礼,用来增进彼此昔日的情谊。”

七

顾彦先平生好琴[①]，及丧，家人常以琴置灵床上。张季鹰往哭之[②]，不胜其恸，遂径上床[③]，鼓琴作数曲，竟，抚琴曰：“顾彦先颇复赏此不[④]？”因又大恸，遂不执孝子手而出[⑤]。

【注释】

①顾彦先：顾荣，字彦先，东吴丞相顾雍之孙，吴降晋后，任尚书郎等。

②张季鹰：张翰，字季鹰，性放旷不羁，与顾荣同乡，相友善。

③径：直接。床：灵床，停放尸体或为悼念死者而虚设之座位。

④不：同“否”。

⑤不执孝子手：依古代丧礼，凡吊者须执孝子之手以示慰问，张季鹰痛悼死者纵情任性，不执孝子手而径直上床鼓琴，也是魏晋名士真情流露之处。

【译文】

顾荣平生喜欢弹琴，等到死后，家人常把琴放在灵床上。张翰前去哭吊他，悲痛得无法自抑，便直接上床弹了几个琴曲，弹完后，抚摸着琴说：“顾彦先还能再欣赏这曲子吗？”于是又痛哭起来，没有握孝子的手就出来了。

八

庾亮儿遭苏峻难遇害[①]。诸葛道明女为庾儿妇[②]，既寡，将改适[③]，与亮书及之。亮答曰：“贤女尚少，故其宜也[④]。感念亡儿，若在初没[⑤]。”

【注释】

①庾亮儿:庾亮之子庾会,字会宗,在咸和二年苏峻之乱中遇害于建康。

②诸葛道明:诸葛恢。

③改适:改嫁。

④宜:应当。

⑤没:通"殁",死亡。

【译文】

庾亮的儿子遭到苏峻之乱遇害。诸葛恢的女儿是庾亮的儿媳妇,守寡之后,将要改嫁,诸葛恢给庾亮的信中提到这件事。庾亮回答道:"令爱还年轻,改嫁本来是应当的。只是我感念死去的儿子,就好像他刚刚死去一样。"

九

庾文康亡①,何扬州临葬②,云:"埋玉树著土中③,使人情何能已已④!"

【注释】

①庾文康:庾亮,谥号文康,故称。

②何扬州:何充,曾任扬州刺史,故称。

③玉树:比喻庾亮姿容美又有才干。

④已已:静止下来。后面的"已"为语气词,加重语气。

【译文】

庾亮去世时,何充亲临葬礼,说:"把玉树埋在土里,让人的悲痛之情怎么能平静下来啊!"

一〇

王长史病笃[①]，寝卧灯下，转麈尾视之，叹曰："如此人，曾不得四十！"及亡，刘尹临殡[②]，以犀柄麈尾著柩中[③]，因恸绝。

【注释】

①王长史：王濛。

②刘尹：刘惔，曾为丹阳尹，故称。

③犀柄：以犀牛角做柄。

【译文】

王濛病危时，躺在灯下，转动麈尾看着，叹息道："像这样的人，竟活不到四十岁！"到王濛死后，刘惔亲临葬礼，把犀牛角做柄的麈尾放在棺中，竟悲痛得昏了过去。

一一

支道林丧法虔之后[①]，精神霣丧[②]，风味转坠[③]。常谓人曰："昔匠石废斤于郢人[④]，牙生辍弦于钟子[⑤]，推己外求，良不虚也[⑥]。冥契既逝[⑦]，发言莫赏，中心蕴结[⑧]，余其亡矣！"却后一年，支遂殒。

【注释】

①支道林：支遁。法虔：晋时僧人，支道林的同学，善义理。

②霣（yǔn）丧：坠落，指消沉、沮丧。

③风味：风采，风貌神韵。转：渐渐。坠：衰退。

④匠石废斤于郢（yǐng）人：典出《庄子·徐无鬼》。谓楚国的郢人鼻尖上沾上如苍蝇翅膀一般的小污点，便让匠石用斧子把污点除掉。结果鼻尖上的污点斫去，而鼻子没有受伤，郢人若无其事地站着。匠石，名字叫石的匠人。斤，斧类的工具。郢，郢都，楚国的都城，在今湖北江陵北。

⑤牙生辍（chuò）弦于钟子：典出《淮南子·修务》。谓春秋时楚人伯牙精于音律，鼓琴时志在高山流水，钟子期听而知之。后子期死，伯牙谓世无知音，遂绝弦破琴，终身不再鼓琴。牙生，指伯牙。辍弦，停止弹琴。钟子，钟子期。

⑥良：确实。

⑦冥契：指相互投合的知音。

⑧中心：内心。蕴结：情思郁结。

【译文】

支道林在法虔去世以后，精神消沉，风貌神韵渐渐衰退。他常对人说："过去匠石因为郢人的去世而丢掉斧子不用，伯牙因为知音去世而停止弹琴，以自己的体验去推想别人，确实是不会虚假的。既然相互投合的知音已经去世，自己说话已无人欣赏，内心情思郁结，我恐怕要死了！"过后一年，支道林就去世了。

一二

郗嘉宾丧①，左右白郗公②："郎丧③。"既闻不悲，因语左右："殡时可道。"公往临殡，一恸几绝。

【注释】

①郗嘉宾:郗超。

②郗公:郗愔,郗超之父。

③郎:少主人,郎君。

【译文】

郗超死了,左右侍从禀报郗愔:“少主人死了。”郗愔听了也并不悲痛,即对身边的侍从说:“殡殓时应当告诉我。”郗愔后来亲临殡殓仪式时,一下子悲痛得几乎断了气。

一三

戴公见林法师墓曰①:“德音未远②,而拱木已积③。冀神理绵绵④,不与气运俱尽耳⑤。”

【注释】

①戴公:戴逵。林法师:支道林。

②德音:对他人言辞的敬称。

③拱木:指墓地上的大树,两手可围抱。语出《左传·僖公三十二年》:“中寿,尔墓之木拱矣!”后即以“拱木”指墓地之木。

④神理绵绵:精妙的玄理延续不断。

⑤气运:气数命运。

【译文】

戴逵看到支道林法师的墓说:“支公的高论犹在耳旁萦回,而墓地的树木已长成合抱的参天大树了。希望你的精妙的玄理能延续不断,不会与气数命运一同消逝。”

一四

王子敬与羊绥善[①]。绥清淳简贵[②]，为中书郎[③]，少亡。王深相痛悼，语东亭云[④]："是国家可惜人[⑤]。"

【注释】

①王子敬：王献之，字子敬。羊绥：字仲彦，晋羊楷之子，官至中书侍郎。

②清淳（chún）：清正朴实。简贵：简约尊贵。

③中书郎：官名，中书侍郎。

④东亭：王珣，为丞相王导之孙，与王献之为同族兄弟。封东亭侯，故称。

⑤可惜：值得珍惜。

【译文】

王献之与羊绥友好。羊绥清正朴实，官为中书郎，年轻时就死了。王献之深切地痛悼他，对王珣说："这是国家值得珍惜的人。"

一五

王东亭与谢公交恶[①]。王在东闻谢丧，便出都诣子敬道[②]："欲哭谢公。"子敬始卧，闻其言，便惊起曰："所望于法护[③]。"王于是往哭。督帅刁约不听前[④]，曰："官平生在时，不见此客。"王亦不与语，直前哭，甚恸，不执末婢手而退[⑤]。

【注释】

①王东亭：王珣。谢公：谢安。交恶（wù）：感情破裂，彼此憎恨。

②出都：到京都，赴京都。子敬：王献之。

③法护：王珣的小名。

④督帅：指谢安帐下的领兵官。刁约：督帅名，生平不详。

⑤末婢：谢安之子琰，字瑗，小字末婢。官著作郎、秘书丞、侍中等。

【译文】

王珣与谢安感情破裂，彼此憎恨。王珣在东边听说谢安去世了，便赶赴都城拜望王献之说："我想去哭吊谢公。"王献之起先躺着，听到他的话，就吃惊地起来说："这正是我希望你去做的。"王珣于是就去哭吊。谢安帐前的督帅刁约不让他上前，说："长官在世时，不见这位客人。"王珣也不与他说话，径直上前哭吊，非常悲痛，没有与谢琰握手就退出来了。

一六

王子猷、子敬俱病笃[①]，而子敬先亡。子猷问左右："何以都不闻消息？此已丧矣！"语时了不悲[②]。便索舆来奔丧，都不哭。子敬素好琴，便径入坐灵床上，取子敬琴弹，弦既不调[③]，掷地云："子敬，子敬，人琴俱亡！"因恸绝良久。月余亦卒。

【注释】

①王子猷(yóu)：王徽之，字子猷，王羲之第五子。子敬：王献之，字子敬，王羲之第七子。

②了：完全。

③调(tiáo)：协调，和谐。

【译文】

王徽之、王献之都病得很重，王献之先死了。王徽之问左右侍从：

"为什么没有听到一点消息？他已经死了啊！"说话时完全没有悲伤的样子。他即备了车子去奔丧，一点也不哭。献之一向喜欢弹琴，徽之便径直进去坐在灵床上，拿了献之的琴来弹，琴弦无法调好，他就把琴扔在地上说："子敬！子敬！人与琴都死了！"随即久久地悲痛欲绝。过了一个多月，他也因此身故。

一七

孝武山陵夕[①]，王孝伯入临[②]，告其诸弟曰："虽榱桷惟新[③]，便自有《黍离》之哀[④]。"

【注释】

①孝武：东晋孝武帝司马曜。山陵夕：指孝武帝逝世之夜。山陵，指帝王之死。

②王孝伯：王恭。入临：指参加丧礼哭吊。

③榱桷(cuī jué)：椽(chuán)子，此指帝王陵寝建筑。

④《黍离》：《诗经·王风》中的篇名，写周大夫叹西周衰亡之事，后即用为感触亡国，触景生情之词。

【译文】

孝武帝去世之夜，王恭入宫哭吊，告诉他几位弟弟说："虽然陵寝建筑都是新的，但已令人感到有亡国的悲哀。"

一八

羊孚年三十一卒，桓玄与羊欣书曰[①]："贤从情所信寄[②]，暴疾而殒[③]。祝予之叹[④]，如何可言！"

【注释】

①羊欣:字敬元,是羊孚同曾祖的堂弟,善隶书。官新安太守、中散大夫。

②贤(cóng):令堂兄。贤,尊称。信寄:信赖寄托。

③暴疾:急病。殒(yǔn):死亡。

④祝予:断绝我。祝,断绝。予,我。语见《公羊传·哀公十四年》:"颜渊死,子曰:'天丧予!'子路死,子曰:'噫,天祝予!'"

【译文】

羊孚三十一岁去世,桓玄给羊欣写信说:"令堂兄是我感情所信赖寄托的人,如今急病而亡。孔子当年痛悼子路之死时曾发出断绝我事业的悲叹,让我又怎么能用言语来表达!"

一九

桓玄当篡位①,语卞鞠云②:"昔羊子道恒禁吾此意③。今腹心丧羊孚,爪牙失索元④,而匆匆作此诋突⑤,讵允天心?⑥"

【注释】

①当:将,将要。篡位:指桓玄于安帝元兴二年(403)废安帝称帝事。

②卞鞠:卞范之,字敬祖,小字鞠,济阴冤句(今山东菏泽西南)人,为长史,深得桓玄器重。玄称帝,他官侍中尚书仆射,事败被杀。

③羊子道:羊孚,字子道。

④爪牙:比喻武臣。索元:字天保,官征西将军、历阳太守,是桓玄的心腹。

⑤诋(dǐ)突:冒犯,触犯,指篡位事。

⑥讵(jù):难道。允:合乎,合于。

【译文】

桓玄篡位时,对卞鞠说:“从前羊子道经常劝止我这种意图。如今我的亲信中死了羊孚,武将中失去了索元,却要匆匆忙忙干这种大逆不道之事,这难道是合乎天意的吗?”

栖逸第十八

【题解】

栖逸，指无意仕途、隐居赋闲。魏晋时期隐逸之风盛行，很多名士旷达任放、傲世独立，他们不以功名利禄为务，甘于淡泊，反抗世俗的束缚，或离群索居，或遁迹山林，追求内心世界的满足。也有所谓的“朝隐”，这样的隐士不必去过心迹双枯的清苦生活，又可以不营俗务，以“内足于怀”为理想境界。

本篇共有十七则，展现了魏晋士人心神超越的风范。

一

阮步兵啸闻数百步[①]。苏门山中[②]，忽有真人[③]，樵伐者咸共传说。阮籍往观，见其人拥膝岩侧，籍登岭就之，箕踞相对[④]。籍商略终古[⑤]，上陈黄、农玄寂之道[⑥]，下考三代盛德之美[⑦]，以问之，仡然不应[⑧]；复叙有为之教[⑨]，栖神导气之术[⑩]，以观之，彼犹如前，凝瞩不转[⑪]。籍因对之长啸。良久，乃笑曰：“可更作。”籍复啸。意尽退。还半岭许，闻上嘀然有声[⑫]，如数部鼓吹[⑬]，林谷传响。顾看，乃向人啸也[⑭]。

【注释】

①阮步兵：阮籍，曾任步兵校尉，故称。啸（xiào）：撮口作声，即口哨。

②苏门山：山名，又名苏岭、北门山，在今河南辉县。

③真人：道家称得道之人。

④箕踞：一种傲慢放达的坐姿，两足伸开，状如簸箕。

⑤商略：商讨，评论。终古：往昔，往古。

⑥黄、农：黄帝和神农氏，传说中的远古帝王。玄寂：指道家玄远幽寂的道理。

⑦三代：夏、商、周三个朝代。盛德：指夏、商、周三代所施行的大德美政。

⑧仡（yì）然：昂首的样子。

⑨有为之教：有作为的学说，指儒家学说。

⑩栖神导气之术：道家的修炼方法。栖神，凝聚心神使其不散乱。导气，指导引气息，摄气运息。

⑪凝瞩：集中注视，目不转睛。

⑫啾（qiú）然：形容啸声悠然长远。

⑬鼓吹：古代一种器乐合奏，用鼓、钲、箫、笳等乐器演奏，本专指军乐，后被广为应用。

⑭向人：刚才那个人。

【译文】

阮籍的啸声能在百步外听得到。苏门山中，忽然之间出现了一位得道真人，砍柴人全都这样传说。阮籍前去观看，见这人在山岩旁抱膝而坐，阮籍就登上山岭靠近他，两个人都伸开腿箕踞相对而坐。阮籍评论古代史事，往上陈述黄帝、神农氏玄远幽寂之道，下至考证夏商周三代的大德美政，用这些来问他，他昂着头没有应答；再叙述儒家有为的学说，道家凝聚心神导引气息的方法，拿这些来观察他，他还像先前一样，目不转睛。阮籍于是对着他长啸。过了很久，他才笑着说："可以再啸一次。"阮籍再次长啸。阮籍兴尽离开，回到了半山腰处，听到山上啸声悠然长远，好像几支乐队在演奏鼓吹曲，乐声在山林幽谷间传播回响。阮籍回头一看，原来就是刚才那人在长啸。

二

嵇康游于汲郡山中①，遇道士孙登②，遂与之游。康临去，登曰："君才则高矣，保身之道不足。"

【注释】

①汲郡：郡名，治所在今河南汲县西南。

②道士：有道之人，隐居不仕者。孙登：字公和，魏末晋初道士，无家，隐居汲郡山中。

【译文】

嵇康在汲郡山中漫游，遇到道士孙登，便与他一起游逛学习。嵇康临走时，孙登说："您的才学固然很高，但保全自身的能力不足。"

三

山公将去选曹①，欲举嵇康②，康与书告绝③。

【注释】

①山公：山涛。去：离开。选曹：主管选拔官吏的官署。

②举：荐举。

③与书告绝：嵇康给山涛写信宣告与他绝交，后世传有《与山巨源

绝交书》一文。

【译文】

山涛将要离开选曹的官职，想举荐嵇康来接替，但嵇康却写信宣告与他绝交。

四

李廞是茂曾第五子[①]，清贞有远操[②]，而少羸病[③]，不肯婚宦[④]。居在临海[⑤]，住兄侍中墓下[⑥]。既有高名，王丞相欲招礼之[⑦]，故辟为府掾[⑧]。廞得笺命[⑨]，笑曰："茂弘乃复以一爵假人[⑩]。"

【注释】

①李廞(xīn)：字宗子，江夏钟武(今河南信阳东南)人。家世有名望，父李重。好学，善草隶。腿瘸不能行走，常仰卧，而弹琴、饮酒不停。以疾辞官不赴。茂曾：李重字茂曾。

②清贞：指心性清雅贞洁。远操：远大的志向。

③羸(léi)病：瘦弱多病。

④婚宦：结婚做官。

⑤临海：郡名，治在今浙江临海。

⑥兄：指李廞长兄李式，字景则，任临海太守、侍中。墓下：指墓地。

⑦王丞相：王导。

⑧故：特意。辟(bì)：征召。府掾(yuàn)：丞相府的属官。

⑨笺命：授官文书。

⑩茂弘：王导字茂弘。爵：官爵。假人：借给人，这里指给予人。

【译文】

李廞是李重的第五个儿子，心性清雅贞洁，有远大的志向，但小时候瘦弱多病，所以不肯结婚做官。他家在临海郡时，就住在兄长李式的墓地旁。他已享有很高的名声，王导想礼聘他，特地征召他做相府属官。李廞得到了授官文书，笑着说："王导竟然拿一个官爵送给我。"

五

何骠骑弟以高情避世①，而骠骑劝之令仕②，答曰："予第五之名，何必减骠骑③！"

【注释】

①何骠(piào)骑：何充。弟：何充之五弟何准，字幼道。志趣高尚，不就征辟，不问世事，为人称颂。高情：高尚的情操。

②仕：出仕，做官。

③何必：未必不见得。减：不如，差。

【译文】

何充的弟弟何准因有高尚的情操远避世事，而何充劝他做官，何准回答说："我何家老五的名望，未必比你骠骑将军逊色吧！"

六

阮光禄在东山①，萧然无事②，常内足于怀。有人以问王右军③，右军曰："此君近不惊宠辱④，虽古之沉冥⑤，何以过此？"

【注释】

①阮光禄：阮裕，曾任金紫光禄大夫，故称。东山：在今浙江上虞西南。

②萧然：冷落寂寞的样子。

③王右军：王羲之。

④不惊宠辱：语见《老子》："何谓宠辱若惊？宠为下。得之若惊，失之若惊，是谓宠辱若惊。"意谓：什么叫做得宠和受辱都感到惊慌失措？得宠本来就是不好的。得到恩宠感到心惊，失去恩宠也感到惊恐，这就叫做得宠和受辱都感到惊慌失措。

⑤沉冥：深藏不露之人，指隐士。

【译文】

阮裕住在东山，过着冷落寂寞的生活，但内心感到很满足。有人拿他的情况去问王羲之，王羲之说："这位先生近来宠辱不惊，即使是古代深藏不露的隐士，又怎么能超过这种境界呢？"

七

孔车骑少有嘉遁意①，年四十余，始应安东命②。未仕宦时，常独寝③，歌吹自箴诲④。自称孔郎，游散名山⑤。百姓谓有道术，为生立庙。今犹有孔郎庙。

【注释】

①孔车骑：孔愉。嘉遁（dùn）：善守其德以避世，指隐居不仕。嘉，善。遁，隐避。

②安东：安东将军，指晋元帝司马睿，他即帝位前曾任安东将军。命：任命。

③独寝：独居。

④歌吹：歌声与乐器吹奏声。此指吟咏弹唱。箴(zhēn)诲：告诫教诲。

⑤游散：漫游。

【译文】

孔愉年轻时就有隐居不仕的心意，到了四十多岁，才接受安东将军司马睿的任命。他尚未做官时，常常一个人独居，吟咏弹唱，自我告诫教诲。自称孔郎，漫游名山。老百姓都认为他有道术，便在他活着时就为他立庙，至今还有孔郎庙。

八

南阳刘驎之①，高率②，善史传，隐于阳岐③。于时苻坚临江④，荆州刺史桓冲将尽讦谟之益⑤，征为长史，遣人船往迎，赠贶甚厚⑥。驎之闻命，便升舟，悉不受所饷⑦，缘道以乞穷乏⑧，比至上明亦尽⑨。一见冲，因陈无用，翛然而退⑩。居阳岐积年⑪，衣食有无，常与村人共。值己匮乏⑫，村人亦如之。甚厚，为乡闾所安⑬。

【注释】

①南阳：郡名，治在今河南南阳。刘驎之：字子骥。好游山水，清心寡欲，有避世隐居之志。

②高率：高尚真率。

③阳岐：村名，濒临长江，距荆州二百里。

④临江：指苻坚率兵濒临长江。

⑤讦谟(xū mó)：宏图大计，此处指桓冲准备举兵抵御苻坚。

⑥赠贶(kuàng):赠送礼物。

⑦饷(xiǎng):赠送。

⑧缘道:沿途。乞:给予。

⑨比:等到。上明:城名,在今湖北松滋南。

⑩翛(xiāo)然:超脱自在的样子。

⑪积年:多年。

⑫匮(kuì)乏:穷困。

⑬乡闾(lǘ):乡里。

【译文】

南阳刘驎之,为人高尚真率,熟悉历史,隐居在阳岐村。当时苻坚兵临长江,荆州刺史桓冲想尽力地实现有益于国家的宏图大计,便聘刘驎之为长史,并派人备船去迎接,还赠送很多的礼物。刘驎之听到任命后,就登上船,对桓冲所送的礼物全都不接受,而是沿途把它们都给了穷苦人,等到了上明城礼物也送完了。他一见到桓冲,就陈说自己是无用之人,随后就很潇洒地告退出来。他在阳岐村住了多年,不管吃的穿的有无多少,常与村里的人共享。遇到自己短缺时,村里人也同样像他那样帮助他。他为人厚道,所以成为乡里人所乐于相处的人。

九

南阳翟道渊与汝南周子南少相友①,共隐于寻阳②。庾太尉说周以当世之务③,周遂仕,翟秉志弥固④。其后周诣翟,翟不与语。

【注释】

①翟道渊:翟汤,字道渊,南阳(今属河南)人。隐居不仕,屡辞征

聘，人称卧龙。汝南：郡名，治在今河南汝南。周子南：周邵，字子南，汝南人。少与翟汤共隐于寻阳，后为庾亮所举，官至西阳太守。

②寻阳：郡名，治所在今江西九江西。

③庾太尉：庾亮。说(shuì)：用话劝说、打动别人。

④秉志：坚守自己的隐居不仕的志趣。弥：更。

【译文】

南阳翟汤与汝南周邵是少年时的好朋友，一起隐居在寻阳。庾亮从当时的时势需要出发来劝说周邵，周邵便出仕做官了，翟汤却更加坚持自己隐居不仕的志趣。后来周邵去拜访翟汤，翟汤不再同他说话。

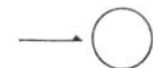

孟万年及弟少孤[①]，居武昌阳新县。万年游宦[②]，有盛名当世。少孤未尝出，京邑人士思欲见之，乃遣信报少孤云："兄病笃"。狼狈至都。时贤见之者，莫不嗟重。因相谓曰："少孤如此，万年可死。"

【注释】

①孟万年：孟嘉，字万年。少孤：孟陋，字少孤，孟嘉之弟。布衣蔬食，口不言世事，独来独往，博学多通，曾注《论语》行于世。

②游宦：外出做官。

【译文】

孟嘉和他的弟弟孟陋，住在武昌阳新县。孟嘉外出做官，在当时有很大的名声。孟陋没有离开家到外面去过，京城里的名流想见他，就派人送信给孟陋说："令兄病重。"孟陋就匆忙地赶到京城。当时的贤达见到他的，无不赞叹敬重。于是互相说："少孤的才德如此，万年可以死而无憾了。"

一一

康僧渊在豫章[①]，去郭数十里立精舍[②]。旁连岭，带长川，芳林列于轩庭[③]，清流激于堂宇。乃闲居研讲，希心理味[④]。庾公诸人多往看之，观其运用吐纳[⑤]，风流转佳[⑥]。加已处之怡然[⑦]，亦有以自得[⑧]，声名乃兴。后不堪，遂出。

【注释】

①康僧渊：东晋高僧，本西域人，晋成帝时南渡，精于佛理，曾在豫章建寺讲法。豫章：郡名，治在今江西南昌。

②郭：外城。精舍：僧人讲经修持的地方。

③轩庭：长廊庭院。

④希心：潜心，专心。理味：研究体会。

⑤运用：指灵活多变地利用。吐纳：吐故纳新，古人修炼养生之术，吐出污秽之气，吸入清新之气。

⑥风流：风度神采。转：更加。

⑦加：加上。怡然：和悦愉快的样子。

⑧自得：自感得意，自在。

【译文】

康僧渊在豫章时，在离城几十里之处建造了修持静养的精舍。精舍旁边连着山岭，四周环绕着河流，长廊庭院里布满花草林木，清澈的流水在厅堂屋宇周围激荡。他就悠闲地住在这里研习讲论佛理，潜心研究体味。庾亮等人常去看他，观察他运用吐纳养生之术，他的风度神采更加优雅。加上他处身于此非常自在，颇感得意，于是声名大振。后来他终于不能忍受外来的干扰，就离开这里了。

一二

戴安道既厉操东山①，而其兄欲建式遏之功②。谢太傅曰③："卿兄弟志业④，何其太殊？"戴曰："下官不堪其忧，家弟不改其乐⑤。"

【注释】

①戴安道：戴逵，字安道，善鼓琴，工书画，隐居会稽剡山，不仕而终。厉操：磨炼节操。东山：在今浙江嵊州。

②其兄：戴逵之兄戴逯，字安丘，官至大司农。式遏(è)：指为国立功。语见《诗经·大雅·民劳》："式遏寇虐，僭不畏明。柔远能迩，以定我王。"后即以"式遏"指为国效力立功。

③谢太傅：谢安。

④志业：志趣事业。

⑤"下官不堪其忧"二句：化用《论语·雍也》的句子："贤哉回也！一箪食，一瓢饮，在陋巷，人不堪其忧，回也不改其乐。"孔子赞弟子颜回能安贫乐道，此则戴逯用以谓自己处于贫苦境地经不起忧苦，故要出仕当官；而其弟戴逵则隐居不仕，安贫乐道。

【译文】

戴逵已隐居东山磨炼节操，而他的兄长戴逯则要为国建功立业。谢安对戴逯说："你们兄弟的志趣事业，为什么如此悬殊啊？"戴逯说"我如果处于贫困境地就会经不起忧苦，而舍弟虽隐居贫困却能不改其乐。"

一三

许玄度隐在永兴南幽穴中①，每致四方诸侯之遗②。或谓许曰："尝闻箕山人③，似不尔耳④。"许曰："筐篚苞苴⑤，故当轻于天下之宝耳⑥。"

【注释】

①许玄度：许询，字玄度，东晋名士，隐居不仕，与支遁、谢安、王羲之等友善。永兴：县名，故址在今浙江萧山西。幽穴：很深的山洞。

②致：招引。诸侯：指地方长官。遗（wèi）：赠与。

③箕（jī）山：在今河南登封县。传说唐尧时，巢父、许由曾隐居于此。

④尔：如此。

⑤筐篚（fěi）苞苴（jū）：指装在盛器内的礼物。筐篚，方形与圆形的盛物竹器。苞苴，裹鱼肉的草包。

⑥天下之宝：喻指天子的尊位。

【译文】

许询隐居在永兴南面的深山岩洞中，常常招引四方的高官送来馈赠。有人对许询说："曾听说隐居于箕山的巢父、许由，好像不是如此的啊。"许询说："装在各种盛器中送来的礼物，自然要比天子的尊位轻啊。"

一四

范宣未尝入公门①，韩康伯与同载②，遂诱俱入郡③，范便于车后趋下[④]。

【注释】

①范宣：东晋儒士，一生不仕，以讲论为业。公门：官府之门，衙门。

②韩康伯：韩伯。

③郡：指衙门。

④趋：快步走，小跑。

【译文】

范宣从来没有进过官府的衙门。韩伯与他同乘一辆车，便骗他一起进衙门，范宣察觉后便在车后快步地跑掉了。

一五

郗超每闻欲高尚隐退者[①]，辄为办百万资[②]，并为造立居宇。在剡[③]，为戴公起宅[④]，甚精整。戴始往旧居[⑤]，与所亲书曰："近至剡，如官舍。"郗为傅约亦办百万资[⑥]，傅隐事差互[⑦]，故不果遗[⑧]。

【注释】

①高尚：崇尚高远。

②办：备办。

③剡(shàn)：县名，在今浙江嵊州。

④戴公：戴逵。

⑤旧：为多余的字，无义。

⑥傅约：傅琼，小字约。

⑦差互：指事情出差错或未办成。

⑧果遗(wèi):指馈赠未能成为现实。果,成为现实。遗,指赠与。

【译文】

郗超每次听到崇尚高远想隐居的人,总是给他们备办百万钱财,并且为他们建造住宅。在剡县时,他曾为戴逵兴建住宅,非常精致齐整。戴逵刚去住时,给他亲近的人写信说:"最近到了剡县,好像住在官衙里一样。"郗超为傅约也置办了百万钱财,傅约隐居之事后来被拖延了下来,所以馈赠未能成为现实。

一六

许掾好游山水[①],而体便登陟[②]。时人云:"许非徒有胜情[③],实有济胜之具[④]。"

【注释】

①许掾(yuàn):许询曾征为司徒掾,故称。

②便:便利,此指轻捷,矫健。登陟(zhì):攀登。

③非徒:不仅,不只。胜情:指高雅的情怀。

④济胜之具:指身体强健,具有游览名山胜景的条件。

【译文】

许询喜欢游览山水,而且身体轻捷,便于攀登。当时人说:"许询不仅具有高雅的情怀,而且确实拥有登临名山胜景的强健的身体。"

一七

郗尚书与谢居士善[①],常称:"谢庆绪识见虽不绝人[②],可以累心处都尽[③]。"

【注释】

①郗尚书：郗恢，字道胤，小字阿乞，东晋高平金乡（今属山东）人。郗昙之子，曾任雍州刺史。后在就任尚书的路上为殷仲堪所杀。谢居士：谢傅，字庆绪，会稽（今浙江绍兴）人，崇信佛教，终身未仕。

②绝人：超人。

③累心：指烦扰人心之世俗事。

【译文】

郗恢与谢傅友好，常称赞他说："谢傅的见识虽不能超越一般人，但令人们感到烦扰的世俗之事却都被去除了。"

贤媛第十九

【题解】

贤媛，指贤淑的女子。

本篇共有三十二则，展现了魏晋时期上流社会中的妇女形象，他们或德才兼备、或相夫教子、或母仪垂范，其风采跃然纸上。

一

陈婴者[①]，东阳人。少修德行，著称乡党[②]。秦末大乱，东阳人欲奉婴为王，母曰："不可！自我为汝家妇，少见贫贱，一旦富贵，不祥。不如以兵属人[③]，事成少受其利；不成祸有所归。"

【注释】

①陈婴：秦末东阳（今安徽天长）人。秦末起兵，为项梁将，封上柱国。项羽死，归汉。

②乡党：乡里，家乡。

③属：归属，托付。

【译文】

陈婴是东阳人。年轻时修养道德品行，在家乡很著名，受到称赞。秦末时天下大乱，东阳人想拥戴陈婴当首领，他母亲说："不行！自从我做了你家媳妇，年轻时就见你家很贫贱，现在一下子富贵起来，这是不吉祥的。还不如把队伍交给别人，事情成功的话可以稍微得到一点好处；事情不成功，祸害自有别人来承担。"

二

汉元帝宫人既多①，乃令画工图之②，欲有呼者，辄披图召之③。其中常者④，皆行货赂⑤。王明君姿容甚丽⑥，志不苟求⑦，工遂毁为其状⑧。后匈奴来和⑨，求美女于汉帝，帝以明君充行⑩。既召见而惜之，但名字已去⑪，不欲中改⑫，于是遂行。

【注释】

①汉元帝：刘奭，汉宣帝之子，西汉第八位皇帝，在位十六年，重视儒术，与匈奴和亲。

②图：画。

③披：翻阅。

④中常：指相貌中等平常。

⑤货赂：指向画工行贿。

⑥王明君：王昭君，晋人为避文帝司马昭之讳，改为王明君。王昭君为汉元帝时宫人，汉元帝对北方匈奴实行和亲政策，将昭君嫁给匈奴呼韩邪单于，为宁胡阏氏（yān zhī）。

⑦苟求：苟且求情。

⑧毁为其状：作画时毁坏其容貌。

⑨匈奴来和：指匈奴呼韩邪单于向汉要求和亲事。

⑩充行：充当皇家宗室之女出嫁匈奴。

⑪去：送去。

⑫中改：中途更改。

【译文】

汉元帝的宫女已经很多了，便让画工把她们的相貌画下来，他想叫谁来，就翻看图像来召唤她们。宫女当中那些姿色平常的，都贿赂画工。王昭君姿态容貌非常美丽，她立志不肯苟且求情，画工便在作画时把她的容貌画得很丑。后匈奴来要求和亲，向汉元帝请求赏赐美女，元帝便用昭君来充当宗室之女嫁给单于。等到召见昭君后发现她很美，因而深感惋惜，但是名字已经送到匈奴去了，又不想中途更改，于是王昭君就去了匈奴。

三

汉成帝幸赵飞燕①，飞燕谗班婕好祝诅②，于是考问③。辞曰④："妾闻死生有命⑤，富贵在天。修善尚不蒙福，为邪欲以何望？若鬼神有知，不受邪佞之诉⑥；若其无知，诉之何益？故不为也。"

【注释】

①汉成帝：刘骜（前51—前7），字太孙，元帝子，前33—前7在位。幸：宠爱。赵飞燕：原为长安宫女，善歌舞，号飞燕，后为成帝所宠幸，立为皇后。

②谗（chán）：说别人坏话。班婕妤（jié yú）：汉成帝宠姬，因遭赵飞

燕谗毁失宠,退处东宫,作赋自伤。祝诅:指向鬼神祷告诅咒。

③考问:拷打审问。

④辞曰:供词。

⑤妾:女子自称,表示谦卑。“死生有命”二句:语见《论语·颜渊》,谓人的生死富贵,均由天命注定。

⑥邪佞(nìng):邪恶谄媚。诉:指诅咒。

【译文】

汉成帝宠幸赵飞燕,飞燕诬告班婕妤,说她向鬼神诅咒后宫,于是成帝就审问班婕妤。她的供词说:“我听说人的死生由命运来决定,富贵由天意来安排。修善还不能受到福报,作恶还能指望什么?如果鬼神有知觉的话,就不会接受邪恶谄媚的诬告诅咒;如果鬼神没有知觉,诬告诅咒又有什么用呢?所以我是不会做这种事的。”

四

魏武帝崩[①],文帝悉取武帝宫人自侍[②]。及帝病困[③],卞后出看疾[④]。太后入户,见直侍并是昔日所爱幸者[⑤]。太后问:“何时来邪?”云:“正伏魄时过[⑥]。”因不复前而叹曰:“狗鼠不食汝余[⑦],死故应尔[⑧]!”至山陵[⑨],亦竟不临[⑩]。

【注释】

①魏武帝:曹操。

②文帝:曹丕。

③病困:病重。

④卞(biàn)后:曹丕之母,丕称帝,尊其为皇太后。

⑤直侍:当班服侍的人。直,通“值”。并是:都是。

⑥伏魄：招魂。古人死后，举行招魂仪式，称伏魄。

⑦狗鼠不食汝余：卞后骂曹丕行为卑鄙，连狗鼠都不吃他剩下的食物。

⑧故：确实。

⑨山陵：帝王陵墓，此指曹丕葬礼。

⑩竟：终于。临：指哭吊。

【译文】

曹操死后，曹丕把曹操的宫人全部招来服侍自己。等到曹丕病重时，卞太后来探病。太后进门时，看到当班服侍的人都是曹操过去所宠爱的人。太后问："你们什么时候来的？"回答道："正当为武帝招魂时过来的。"卞太后于是就不再往前走并且叹息道："狗鼠都不吃你剩下的东西，你确实该死！"到了举行葬礼时，卞太后终于没去哭吊。

五

赵母嫁女①，女临去，敕之曰②："慎勿为好！"女曰："不为好，可为恶邪？"母曰："好尚不可为，其况恶乎！"

【注释】

①赵母：三国吴人，桐乡令虞韪妻，虞韪死后，孙权敬其有文才，诏入宫省，作《列女传解》，号赵母注。

②敕(chì)：告诫。

【译文】

赵母嫁女儿，女儿临去时，告诫女儿说："切莫做好事！"女儿说："不做好事，可以做坏事吗？"赵母说："好事尚且不可以做，何况做坏事呢！"

六

许允妇是阮卫尉女[①]，德如妹[②]，奇丑。交礼竟[③]，允无复入理[④]，家人深以为忧。会允有客至，妇令婢视之，还答曰："是桓郎。"桓郎者，桓范也[⑤]，妇云："无忧，桓必劝入。"桓果语许云："阮家既嫁丑女与卿，故当有意[⑥]，卿宜察之。"许便回入内。既见妇，即欲出。妇料其此出，无复入理，便捉裾停之[⑦]。许因谓曰："妇有四德[⑧]，卿有其几？"妇曰："新妇所乏唯容尔。然士有百行[⑨]，君有几？"许云："皆备。"妇曰："夫百行以德为首，君好色不好德，何谓皆备？"允有惭色，遂相敬重。

【注释】

①阮卫尉：阮共，字伯彦，尉氏（今属河南）人，官至卫尉卿。卫尉，管宫门警卫的官。

②德如：阮侃，字德如，阮共之子，官至河内太守。

③交礼：指结婚时行交拜礼。竟：完毕。

④理：指意愿。

⑤桓范：字元则，魏沛郡（今安徽宿州）人，官大司农。

⑥故当：必定，自然。

⑦裾：衣服前襟或后襟。

⑧四德：旧时指妇女应具备四种德行：品德、言语、容仪、女红。

⑨百行：指多方面的品行。

【译文】

许允的妻子是阮共的女儿，阮侃的妹妹，容貌特别丑陋。他们结婚行过交拜礼后，许允就不再有进入新房的意愿，家人都为此深感忧虑。

正好许允有客人来，新娘就叫婢女去看是谁，婢女回来答道："是桓郎"。桓郎就是桓范。新娘说："不要担忧了，桓郎必定会劝他进来的。"桓范果然对许允说："阮家既然把丑女嫁给你，必定是有用意的，你应当好好体察。"许允就回到新房。见到新娘后，立即就想退出去。新娘料想他这回出去就不会再回来了，便抓住新郎的衣襟要他留下。许允便对她说："妇人要有四种德行，你有几种？"新娘说："我所缺少的只有容貌而已。然而士人应具备多方面的品行，你有几种？"许允说："我全都具备。"新娘说："各方面品行中品德是第一位的，你爱美色而不爱德行，怎么能说都具备呢？"许允听了面有愧色，从此以后他们夫妻之间就互相敬重了。

七

许允为吏部郎①，多用其乡里②，魏明帝遣虎贲收之③。其妇出诫允曰："明主可以理夺，难以情求。"既至，帝核问之④。允对曰："'举尔所知'⑤。臣之乡人，臣所知也。陛下检校为称职与不⑥，若不称职，臣受其罪。"既检校，皆官得其人，于是乃释。允衣服败坏，诏赐新衣。初，允被收，举家号哭。阮新妇自若云⑦："勿忧，寻还⑧。"作粟粥待⑨，顷之允至⑩。

【注释】

①吏部郎：官名，主管官吏选拔。

②乡里：指同乡人。

③魏明帝：曹叡。虎贲（bēn）：官名，管宫门警卫之官。收：逮捕。

④核（hé）：核实。

⑤举尔所知：举荐你所了解的人。语出《论语·子路》："曰：'焉知贤才而举之？'子曰：'举尔所知。'"

⑥检校：检查，考察。不（fǒu）：同"否"。

⑦自若：自如，与平常一样。

⑧寻：不久。

⑨粟：小米。

⑩顷之：不一会。

【译文】

许允担任吏部郎时，任用的大都是同乡人，魏明帝知道后就派禁卫军去逮捕他。他妻子出来告诫许允说："英明之君可以用道理来说服，很难用感情去求告。"到了朝廷后，明帝考察审问他。许允对答说："孔子说'荐举你所了解的人'。臣子的同乡人，都是臣子所了解的。陛下可以考察他们是否称职，如果不称职，臣子愿意接受应得的罪名。"经过考察，他们的官位都与职务相称，于是就把他释放了。许允的衣服很破烂，明帝便下诏赐给他新衣服。当初，许允被捕时，全家都号啕大哭。许允的妻子像平常一样自如地说："不必忧虑，不久他就会回家的。"便烧了小米粥等着他，一会儿许允就回来了。

八

许允为晋景王所诛[①]，门生走入告其妇[②]。妇正在机中[③]，神色不变，曰："蚤知尔耳[④]！"门人欲藏其儿，妇曰："无豫诸儿事[⑤]。"后徙居墓所，景王遣钟会看之[⑥]，若才流及父[⑦]，当收[⑧]。儿以咨母[⑨]。母曰："汝等虽佳，才具不多[⑩]，率胸怀与语[⑪]，便无所忧。不须极哀，会止便止[⑫]。又可少问朝事[⑬]。"儿从之，会反以状对[⑭]，卒免。

【注释】

①为晋景王所诛：指许允被司马师所杀。晋景王，司马师。刘孝标注引文谓许允与夏侯玄、李丰亲近而被司马师怀疑其不忠，再加被人揭发擅用厨钱谷谋私，便将其流放边关致死。

②门生：供驱使的门人。

③正在机中：指正在织机上织布。

④蚤：通“早”。尔：如此。

⑤豫：参与，关涉。

⑥钟会：字士季，仕魏官至司徒，后因谋反被杀，此时为司马师的亲信。

⑦才流：才智流品。及：赶得上。

⑧收：逮捕。

⑨咨(zī)：商议，咨询。

⑩才具：才能。

⑪率胸怀与语：直爽坦白地对他诉说心里要说的话。

⑫止：指停止哭泣。

⑬少：稍微，略微。

⑭反：通“返”，指返回朝廷。

【译文】

许允被晋景王司马师杀了，他的门人跑来告诉他妻子。她正在织机上织布，神色不变，说：“早就知道会这样的！”门人想把他们的儿子藏起来，许允妻说：“与儿子们无关。”后来他们迁居到许允墓地上住下，司马师派钟会去看他们，说如果他们的儿子才能流品赶得上他们父亲，就把他们抓起来。儿子便与母亲商量。母亲说：“你们虽然很优秀，但才能不够，你们可以敞开胸怀率直地与他交谈，便没有什么可忧虑了。不必要表示极度的哀痛，钟会停下来不哭了你们也停下不哭。又可以稍稍问一点朝廷的事。"儿子们听从母亲的话。钟会回去后把情况告诉司马师,许允的儿子终于得以幸免。

九

王公渊娶诸葛诞女[①]。入室,言语始交,王谓妇曰:"新妇神色卑下,殊不似公休!"妇曰:"大丈夫不能仿佛彦云[②],而令妇人比踪英杰[③]?"

【注释】

①王公渊:王广,字公渊,三国魏太原祁(今山西祁县)人。王凌子,有才学,官屯骑校尉、尚书。其父谋立楚王曹彪为帝,事泄自杀,广受牵连,为司马氏所杀。诸葛诞:字公休,三国魏扬州刺史,后官至镇东将军、司空。

②仿佛:仿效。彦云:王凌字彦云,三国魏人,历官司空、太尉、征东将军,后被司马懿所杀。

③比踪:比拟追踪,向……看齐。

【译文】

王广娶诸葛诞的女儿为妻。进入洞房后才交谈起来,王广对妻子说:"新娘子神态表情很卑下,太不像令尊公休了!"妻子说:"大丈夫不能仿效令尊彦云,却要让我这个妇道人家去比拟追踪英雄豪杰?"

一〇

王经少贫苦[①],仕至二千石[②],母语之曰:"汝本寒家子,仕至二千石,此可以止乎?"经不能用。为尚书,助魏[③],不忠于晋[4]，被收。涕泣辞母曰：“不从母敕[5]，以至今日。”母都无戚容，语之曰：“为子则孝，为臣则忠，有孝有忠，何负吾邪？”

【注释】

①王经：字彦纬，三国魏人，官至尚书。

②二千石：指郡守。汉代郎将、郡守俸禄等级是二千石，后即称郎将、郡守等为二千石。

③助魏：指王经帮助魏高贵乡公曹髦。

④晋：当时还是曹魏时期，晋尚未建立。为了叙述方便，后人即以“晋”称司马氏。

⑤敕(chì)：指母亲的教诲。

【译文】

王经年轻时很贫苦，后做到了二千石的大官，母亲对他说：“你本来是贫寒人家的孩子，官做到二千石，这就可以停止了吧！”王经没有采纳她的建议。后他担任尚书，帮助曹魏，不忠于司马氏，被逮捕。他流着眼泪辞别母亲说：“我没有听从母亲的教诲，以至于有今天的下场。”他母亲脸上没有一点儿忧愁的神色，对他说道：“你做儿子尽孝，做臣子尽忠，有孝有忠，有什么辜负我的呢？”

一一

山公与嵇、阮一面[1]，契若金兰[2]。山妻韩氏觉公与二人异于常交，问公，公曰：“我当年可以为友者[3]，唯此二生耳。”妻曰：“负羁之妻亦亲观狐、赵[4]，意欲窥之[5]，可乎？”他日，二人来，妻劝公止之宿，具酒肉。夜穿墉以视之[6]，达旦忘反[7]。公入曰：“二人何如？”妻曰：“君才致殊不如[8]，正当以识度相友耳[9]。"公曰:"伊辈亦常以我度为胜[10]。"

【注释】

①山公:山涛。嵇:嵇康。阮:阮籍。

②契若金兰:形容彼此相投,友谊深厚。契若,投合。金兰形容友情深厚,引申为异姓结拜兄弟。

③当年:现在。

④负羁之妻亦亲观狐、赵:语本《左传·僖公二十三年》:"僖负羁之妻曰:'吾观晋公子之从者皆足以相国,若以相,夫子必反其国。反其国,必得志于诸侯。'"指晋公子重耳遭骊姬之谗,流亡在外,到了曹国。随从亲信中有晋大夫狐偃、赵衰(cuī)等人。曹大夫僖负羁妻仔细观察狐偃、赵衰后说了这段话,谓:"我看晋公子的随从,都可以做国家的相国,晋公子如果用他们来辅佐,一定能回到晋国。回到晋国后,必定能做诸侯的霸主。"狐、赵:借指嵇康、阮籍。

⑤窥:暗中观察。

⑥墉(yōng):墙。

⑦达旦:通宵。

⑧才致:才气,才情旨趣。

⑨识度:见识气度。

⑩伊辈:他们。

【译文】

山涛与嵇康、阮籍见了一面,彼此就情投意合亲如兄弟。山涛妻子韩氏感觉山涛与他们二人的交情非同寻常,就问山涛,山涛说:"我这一生最要好的就是这二位先生而已。"韩氏说:"僖负羁之妻也曾亲自观察过狐偃、赵衰,我也想观察嵇、阮二位,可以吗?"后来有一天,他们二位来了,韩氏劝山涛把他们留下来住宿,同时准备好酒肉招待。夜晚韩氏打通墙壁来观察他们,直到天亮都忘了回来。山涛进去说:"这二人怎么样?"韩氏说:"你的才情志趣远远不如他们,正应当以你的见识气度与他们交朋友而已。”山涛说：“他们也常常认为我的气度胜人一筹。”

一二

王浑妻钟氏生女令淑[1]，武子为妹求简美对而未得[2]，有兵家子，有俊才，欲以妹妻之，乃白母。曰：“诚是才者[3]，其地可遗[4]，然要令我见。”武子乃令兵儿与群小杂处，使母帷中察之。既而母谓武子曰：“如此衣形者，是汝所拟者非邪？”武子曰：“是也。”母曰：“此才足以拔萃[5]，然地寒[6]，不有长年[7]，不得申其才用[8]。观其形骨[9]，必不寿，不可与婚。”武子从之。兵儿数年果亡。

【注释】

①令淑：美貌善良。

②武子：王济，字武子，王浑之子。简：选择。美对：美好的配偶。

③诚：确实，果真。

④地：出身门第。遗：忽略，抛开。

⑤拔萃：超群。

⑥地寒：门第寒微。

⑦长年：长寿。

⑧申其才用：施展他的才干。

⑨形骨：形貌骨相。

【译文】

王浑妻钟氏生的女儿美丽善良，王济为妹妹寻求挑选好配偶而没有找到合适的，有一位当兵人家的儿子，有出众的才干，王济想把妹妹嫁给他，便禀告母亲。母亲说：“如果他确有才干的话，他的出身门第可以忽略不计，但要让我亲自看看。”王济就让当兵人之子与其他老百姓混杂在一起，让母亲在帷幕中观察。看过后母亲对王济说："穿这种衣服如此体貌的人，就是你准备选取的人吗？"王济说："是的。"母亲说："这人的才干称得上超群，但是他的门第寒微，不能长寿也就不可能施展他的才干。看他的形貌骨相，必定不能长寿，不可与他结亲。"王济听从了她的话。这位当兵者之子几年后果然死了。

一三

贾充前妇①，是李丰女。丰被诛，离婚徙边②，后遇赦得还。充先已取郭配女③，武帝特听置左右夫人④。李氏别住外⑤，不肯还充舍。郭氏语充，欲就省李⑥，充曰："彼刚介有才气⑦，卿往不如不去。"郭氏于是盛威仪⑧，多将侍婢⑨。既至，入户，李氏起迎，郭不觉脚自屈，因跪再拜。既反，语充，充曰："语卿道何物⑩？"

【注释】

①前妇：前妻。

②徙边：流放到边远地区。

③郭配：字仲南，三国魏人，官至城阳太守。其女名郭槐，嫁给贾充。

④武帝：西晋武帝司马炎。听：准许。

⑤别：另外。

⑥省(xǐng)：看望。

⑦刚介：刚强耿直。

⑧威仪：服饰仪表。

⑨将：带。

⑩何物：当时口语，什么。

【译文】

贾充的前妻,是李丰的女儿。李丰被杀后,她与贾充离了婚被流放到了边远地方,后来遇赦得以回来。贾充在这之前已经娶了郭配之女为妻,晋武帝特别准许贾充设置左右两位夫人。李氏另住在外边,不肯回到贾充的住处。郭氏对贾充说,想去探望李氏,贾充说:"她的性子刚直又有才气,你去看望她还不如不去。"郭氏于是在服饰仪表上盛装打扮,多带侍婢。到了以后,进了门,李氏起身相迎,郭氏不知不觉地双腿弯曲,于是就跪下去再拜。回到家后,她告诉贾充,贾充说:"我曾对你说过什么?"

一四

贾充妻李氏作《女训》①,行于世。李氏女②,齐献王妃③;郭氏女④,惠帝后。充卒,李、郭女各欲令其母合葬,经年不决⑤。贾后废,李氏乃祔葬⑥,遂定。

【注释】

①《女训》:书名,贾充妻李氏作,已佚。

②李氏女:贾充与前妻李氏生二女:褒、裕。褒,名荃,裕,名浚。荃为齐王攸妃。

③齐献王:即司马攸。攸字大猷,司马昭之子,晋武帝之弟,封齐王。后遭武帝猜忌,被贬斥,忧惧而死,谥号献。

④郭氏女:郭槐生一女,名南风,为晋惠帝之皇后,与贾谧等专朝政十余年,后被赵王伦所废。

⑤经年:指多年。

⑥祔(fù):合葬。

【译文】

贾充的妻子李氏写了《女训》一书,流行于世。李氏生的女儿,后来是齐献王的妃子;郭氏生的女儿,后来成为惠帝的皇后。贾充死后,李氏、郭氏的女儿各自想让自己的母亲与贾充合葬,此事历经多年未能解决。直到贾后被废之后,李氏才得与贾充合葬,事情于是定了下来。

一五

王汝南少无婚①,自求郝普女②。司空以其痴③,会无婚处④,任其意便许之⑤。既婚,果有令姿淑德⑥。生东海⑦,遂为王氏母仪⑧。或问汝南:"何以知之?"曰:"尝见井上取水,举动容止不失常⑨,未尝忤观⑩,以此知之。"

【注释】

①王汝南:王湛。曾任汝南内史,故称。

②郝普:字道匡,太原襄城人,官洛阳太守。

③司空:指王昶,昶字文舒,王湛之父,官至司空。

④会:反正,终究。

⑤任:听凭。

⑥令姿淑德:美好的姿容,善良的品德。

⑦东海:指王承,他曾任东海郡太守,故称。

⑧母仪:做母亲的典范。

⑨容止:仪容举止。

⑩忤观:指碍眼、不雅观的景象。

【译文】

王湛年轻时未及订婚，便自己去求娶郝普之女为妻。王湛父亲王昶认为他痴呆，反正也没人与他结婚，便任凭他自己的意思就答应了他。结婚之后，新娘子果然有美好的容貌和善良的品德。生下王承之后，她便成为王氏门中做母亲的典范。有人问王湛："你是怎么了解她的？"王昶说："我曾见她在井上汲水，举止容仪安详，没有失常之处，没有任何碍眼不雅的景象，从这些地方就知道她的为人了。"

一六

王司徒妇[①]，钟氏女，太傅曾孙[②]，亦有俊才女德[③]。钟、郝为娣姒[④]，雅相亲重[⑤]。钟不以贵陵郝[⑥]，郝亦不以贱下钟。东海家内[⑦]，则郝夫人之法[⑧]；京陵家内[⑨]，范钟夫人之礼[⑩]。

【注释】

①王司徒：王浑，曾为司徒，故称。

②太傅：指钟繇，曾为太傅，故称。

③俊才：出众的才能。

④娣姒（dì sì）：妯娌（zhóu lǐ）。弟妻为娣，兄妻为姒。

⑤雅：极，甚。

⑥陵：欺侮。

⑦东海：指王湛与郝氏所生之子王承。

⑧则：效法。

⑨京陵：指王浑，袭父爵京陵侯。

⑩范：仿效。

【译文】

王浑的妻子是钟家的女儿，钟繇的曾孙女，也有出众的才能、女性的美德。钟氏与郝氏是妯娌，互相之间非常亲近敬重。钟氏不凭出身高贵欺侮郝氏，郝氏也不因为出身低微而屈居钟氏之下。王承家里，遵守郝夫人之规范为法则；王浑家里，以钟夫人的礼法为典范。

一七

李平阳[①]，秦州子[②]，中夏名士[③]，于时以比王夷甫[④]。孙秀初欲立威权[⑤]，咸云："乐令民望[⑥]，不可杀，减李重者又不足杀[⑦]。"遂逼重自裁[⑧]。初，重在家，有人走从门入[⑨]，出髻中疏示重[⑩]。重看之色动[⑪]，入内示其女，女直叫"绝"[⑫]。了其意[⑬]，出则自裁。此女甚高明[⑭]，重每咨焉[⑮]。

【注释】

①李平阳：李重，曾任平阳太守，故称。

②秦州：李秉，字玄胄，曾任秦州刺史，故称。

③中夏：中原地区。

④王夷甫：王衍。

⑤孙秀：字俊忠，琅邪(今属山东)人。晋赵王伦篡位，秀任中书令，专朝政，杀石崇、欧阳建、潘明等，赵王伦败，被杀。

⑥乐令：乐广。民望：民众所仰望的人。

⑦减：不如，次于。

⑧自裁：自杀。

⑨走：跑。

⑩疏：给皇帝的奏议。

⑪色动：脸色改变。

⑫直：只是。

⑬了：明了，明白。

⑭高明：见解高，有智慧。

⑮咨：咨询，征求意见。

【译文】

李重是李秉的儿子，是中原地区的名士，当时人把他比作王衍。孙秀当初想建立威望权势，他身边的人都说："乐广是民众所仰望的，不可以杀，不如李重的人又不值得杀。"于是就逼迫李重自杀。当初，李重在家，有人跑着从大门进来，从发髻中拿出奏议来给李重看，李看了脸色都变了，他进内室给女儿看，女儿只是叫"完了"。他明白女儿的意思，出了内室就自杀了。这位女孩子智慧很高，李重有事常向她咨询，与她商量。

一八

周浚作安东时①，行猎，值暴雨，过汝南李氏②。李氏富足，而男子不在。有女名络秀③，闻外有贵人，与一婢于内宰猪羊，作数十人饮食，事事精办，不闻有人声。密觇之④，独见一女子，状貌非常，浚因求为妾。父兄不许，络秀曰："门户殄瘁⑤，何惜一女？若连姻贵族，将来或大益。"父兄从之。遂生伯仁兄弟⑥。络秀语伯仁等："我所以屈节为汝家作妾，门户计耳⑦。汝若不与吾家作亲亲者⑧，吾亦不惜余年⑨！"伯仁等悉从命。由此李氏在世，得方幅齿遇⑩。

【注释】

①周浚：字开林，汝南安成（今河南汝南）人。仕魏为扬州刺史，平吴有功，封成武侯。晋武帝时为侍中，后代王浑都督扬州诸军事，加安东将军。

②汝南：郡名，在今河南。

③络秀：汝南李宗伯之女，安东将军周浚之妻，生三子：名顗、嵩、谟。

④觇(chān)：看，窥视。

⑤殄瘁(tiǎn cuì)：败落。

⑥伯仁：周顗字伯仁。

⑦计：考虑。

⑧亲亲：亲戚。

⑨不惜余年：不爱惜晚年，指不如死掉算了。

⑩方幅：当时口语，指正当，正式。齿遇：受到礼遇。

【译文】

周浚任安东将军时，出外打猎，正遇上暴雨，经过汝南李家。李家家境富足，但男人不在家。有个女儿，名叫络秀，听到外面有贵客来了，她与一个婢女在内院宰杀猪羊，做了几十个人的饮食，每件事都办得精细周到，听不到一点声音。周浚暗中察看，只见一位女子，相貌生得不同一般，周浚于是求娶她为小妾。她的父亲、兄弟不答应，络秀说："我家门第低微，为什么珍惜一个女儿？如果与贵族结成婚姻，将来也许有很大的好处。"她父亲兄长就听从她的意思。于是婚后便生下周顗兄弟。络秀对周顗兄弟说："我委屈自己嫁到你们家作小妾的原因是为我家的门第考虑而已。你们如不与我家做亲戚，我也不会爱惜自己的晚年！"周顗弟兄都听从母亲的话。因此李氏在世时得到了正当的礼遇。

一九

陶公少有大志[①]，家酷贫，与母湛氏同居[②]。同郡范逵素知名[③]，举孝廉[④]，投侃宿。于时冰雪积日，侃室如悬罄[⑤]，而逵马仆甚多。侃母湛氏语侃曰："汝但出外留客[⑥]，吾自为计。"湛头发委地[7]，下为二髲[8]，卖得数斛米[9]；斫诸屋柱[10]，悉割半为薪；剉诸荐[11]，以为马草。日夕，遂设精食，从者皆无所乏。逵既叹其才辩，又深愧其厚意。明旦去，侃追送不已，且百里许。逵曰："路已远，君宜还。"侃犹不返。逵曰："卿可去矣。至洛阳，当相为美谈。"侃乃返。逵及洛，遂称之于羊晫、顾荣诸人[12]。大获美誉。

【注释】

①陶公：陶侃，字士衡，晋庐江寻阳人，官至荆州刺史。成帝初，因平定苏峻之乱有功，封长沙郡公。

②湛氏：陶侃之母，豫章新淦（在今江西）人。

③范逵：鄱阳（在今江西）人，闻名乡里，与陶侃友善。

④孝廉：汉魏时选拔官吏的科目。孝，孝子；廉，廉洁之士。汉武帝元光元年初，命郡国举孝廉各一人，后合称孝廉，魏晋沿袭此制，隋唐后改制。

⑤室如悬磬（qìng）：形容室内空无所有。磬，古代的打击乐器。

⑥但：只要。

⑦委：垂，拖。

⑧髲（bì）：假发。

⑨斛（hú）：量器名，古以十斗为斛，后又以五斗为斛。

⑩斫（zhuó）：砍。

⑪剉（cuò）：铡碎。荐：草垫。

⑫羊晫（zhuó）：历仕豫章郎中令、十郡中正。

【译文】

陶侃年轻时就有远大的志向，家里极其贫困，与母亲湛氏住在一起。同郡人范逵一向很有名声，被荐举为孝廉，一天夜里他到陶侃家投宿。当时接连几天冰雪，陶侃家一无所有，而范逵的马匹仆从很多。陶侃母亲湛氏对陶侃说："你只要出去把客人留下来，我自然会想办法的。"湛氏的头发很长拖到地，便剪下头发做成二段假发，卖了头发买了几斛米，砍掉房柱，又把柱子劈下一半当柴烧，铡碎草垫子，用来作喂马的草料。到了晚上，便准备好了精美的食物，连随从都得到了周到的招待。范逵赞叹陶侃的能力与辩才，又对他的深厚情谊感到不安。第二天走时，陶侃一路追着送行不肯停下，直送出百里多地。范逵说："路送出这么远了，你应该回去了。"陶侃还是不肯回去。范逵说："你可以回去了，到了洛阳，我定会把你的盛情传为美谈的。"陶侃这才回去。范逵到了洛阳，便在羊晫、顾荣这些名士面前称赞陶侃，陶侃因此便获得了极大的美誉。

二〇

陶公少时作鱼梁吏①，尝以坩鲊饷母②。母封鲊付使，反书责侃曰③："汝为吏，以官物见饷，非唯不益，乃增吾忧也。"

【注释】

①陶公：陶侃。鱼梁吏：指管理堵水捕鱼的官吏。

②坩(gān)：盛物的陶器。鲊(zhǎ)：腌制的鱼。饷(xiǎng)：指赠送。

③反书：回信。

【译文】

陶侃年轻时当管理堵水捕鱼的小吏，曾把一罐腌制的鱼送给母亲。母亲封好腌鱼交付给捎鱼来的人，回信责怪陶侃说："你作为官吏，拿公家的东西送给我，非但没有好处，反而增加了我的忧虑啊！"

二一

桓宣武平蜀[①]，以李势妹为妾[②]，甚有宠，常著斋后[③]。主始不知[④]，既闻，与数十婢拔白刃袭之。正值李梳头，发委藉地[⑤]，肤色玉曜[⑥]，不为动容。徐曰："国破家亡，无心至此，今日若能见杀，乃是本怀[⑦]。"主惭而退。

【注释】

①桓宣武：桓温。平蜀：指平定十六国之一的成汉政权。

②李势：字子仁，成汉第二代君主，在位四年，降晋，封归义侯。

③著：安置。

④主：公主，指桓温妻晋明帝女南康长公主。

⑤委：下垂。藉：铺。

⑥曜（yào）：明亮。

⑦本怀：本愿、本意。

【译文】

桓温平定成汉后，娶了李势妹妹为妾，非常宠爱她，常把她安置在书斋后面住。他的妻子南康公主起初不知道，听到消息后，就带了几十个婢女拔出刀子去袭击她。正遇上李氏在梳头，头发下垂铺到了地上，肤色如白玉般明亮，但她见到众人拔刀时一点都不惊慌，缓缓地说："国破家亡，我也是无意间到了此地，今天如被杀，正是我的本愿。"公主惭愧地退了出来。

二二

庾玉台[①]，希之弟也[②]。希诛，将戮玉台。玉台子妇，宣武弟桓豁女也[3],徒跣求进[4]。阍禁不内[5],女厉声曰:“是何小人?我伯父门,不听我前[6]!”因突入[7],号泣请曰:“庾玉台常因人[8],脚短三寸,当复能作贼不?”宣武笑曰:“婿故自急[9]。”遂原玉台一门[10]。

【注释】

①庾玉台:庾友,字惠彦,小字玉台,庾冰第三子,历仕中书郎、东阳太守。

②希:庾希,字始彦,庾冰长子,官至徐、兖二州刺史,为桓温所杀。

③宣武:桓温。桓豁:桓温弟,字朗子,官征西大将军。

④徒跣(xiǎn):光着脚,赤脚。

⑤阍(hūn):守门人。内(nà):同“纳”,进入。

⑥听:让,准许。

⑦突入:冲进去。

⑧因人:指庾友脚比常人短,必须靠他人帮助才能行走。因,依靠,凭借。

⑨故自:确实,的确。

⑩原:赦免。

【译文】

庾友是庾希的弟弟。桓温杀了庾希后,将要株连杀死庾友。庾友的儿媳是桓温弟弟桓豁的女儿,急急忙忙光了脚就求见桓温。守门人禁止她进去,她厉声道:“是什么奴才?我伯父家门,竟然不准我进去!”于是她就冲了进去,大哭大叫请求道:“庾玉台常常要依靠别人帮助才能走路,他的脚要短三寸,还能谋反吗?”桓温笑道:“侄女婿是确实着急了。”于是便赦免了庾友一家人。

二三

谢公夫人帏诸婢[①],使在前作伎[②],使太傅暂见,便下帏。太傅索更开[③],夫人云:“恐伤盛德[④]。”

【注释】

①谢公夫人:谢安夫人。帏(wéi):帷帐,这里用作动词,即用帷帐遮隔之意。

②作伎:表演歌舞,演奏乐曲。

③索:要求。

④伤:损害。

【译文】

谢安夫人用帷帐遮隔众婢女,叫她们在里面表演歌舞,演奏乐曲,让谢安观看了一会儿,就放下了帷帐。谢安要求再次打开帷帐,夫人说:“恐怕会损害你的美德。”

二四

桓车骑不好著新衣[①],浴后,妇故送新衣与[②]。车骑大怒,催使持去。妇更持还,传语云:“衣不经新,何由而故?”桓公大笑,著之。

【注释】

①桓车骑:桓冲,桓温之弟,字幼子,历镇江州、徐州、荆州等地,官至车骑将军,加侍中,死后赠太尉。

②故:故意,特意。

【译文】

桓冲不喜欢穿新衣服,一次洗澡后,他妻子特意送新衣服给他,桓冲大怒,催促侍者拿走。他妻子又派人拿回来给他,传话说:“衣服不经过新的,怎么会变成旧的呢?”桓冲听了大笑,穿上了新衣服。

二五

王右军郗夫人谓二弟司空、中郎曰①:“王家见二谢②,倾筐倒庋③;见汝辈来,平平尔④。汝可无烦复往。”

【注释】

①王右军:王羲之。郗夫人:王羲之夫人为郗鉴之女,故称。司空:郗愔,郗鉴的长子,死赠司空。中郎:郗昙,字重熙,郗鉴次子,官北中郎将,徐、兖二州刺史。

②王家:指王羲之家的人。二谢:谢安、谢万。

③倾筐倒庋:形容倾其所有,热情款待。庋(guǐ),放东西的架子。

④平平:指态度平淡。

【译文】

王羲之妻子郗夫人对两位弟弟郗愔、郗昙说:“王家人见到谢家谢安、谢万两位兄弟来,倾其所有热情地款待;见到你们来,只是平平淡淡而已。你们可以无须再去王家了。”

二六

王凝之谢夫人既往王氏①,大薄凝之②。既还谢家,意大不说。太傅慰释之曰③:“王郎,逸少之子④,人身亦不恶⑤,

汝何以恨乃尔[⑥]?”答曰:“一门叔父[⑦],则有阿大、中郎[⑧];群从兄弟[⑨],则有封、胡、遏、末[⑩]。不意天壤之中,乃有王郎!”

【注释】

①王凝之:王羲之次子,曾任江州刺史、左将军、会稽内史等官。谢夫人:王凝之妻谢道韫,谢安侄女。往:指嫁出去。

②薄:轻视。

③慰释:宽慰劝解。

④逸少:王羲之字逸少。

⑤人身:指人的品貌、才干等等。

⑥乃尔:如此。

⑦叔父:父亲的兄弟。

⑧阿大:指谢尚。谢安叔父谢绲只生谢尚一子,故称阿大。中郎:指谢安的二哥谢据,老二居中,故称。

⑨群从:指同族兄弟。从,堂房亲属。

⑩封、胡、遏、末:封,谢韶,字穆度,小字封。胡,谢朗,小字胡儿。遏,谢玄,小字遏。末,谢渊,字叔度,小字末。

【译文】

王凝之夫人谢道韫嫁到王家后,非常瞧不起王凝之。回到谢家,她心里很不高兴。谢安宽慰劝解她道:“王郎是逸少的儿子,人品、才干也不坏,你为什么会遗憾到如此地步?”她答道:“我们谢家一门叔父中,有阿大、中郎;同族兄弟中,又有阿封、胡儿、阿遏、阿末。想不到天地之间,竟有王郎这样的人!”

二七

韩康伯母隐古几毁坏[①],卞鞠见几恶[②],欲易之[③]。答曰："我若不隐此，汝何以得见古物？"

【注释】

①隐：凭倚，扶靠。几(jī)：矮桌，用来凭倚休息或陈放物品。

②卞鞠：卞范之。恶：坏。

③易：更换。

【译文】

韩康伯的母亲凭靠的矮桌坏掉了，韩母的外孙卞鞠见矮桌坏了，想要掉换它。韩母答道："我如果不是凭靠这张矮桌，你怎么能见得到古物呢？"

二八

王江州夫人语谢遏曰[①]："汝何以都不复进？为是尘务经心[②]，天分有限[③]？"

【注释】

①王江州夫人：谢道韫。王江州，王凝之曾任江州刺史，故称。谢遏(è)：谢玄，谢道韫之弟。刘注谓"夫人，玄之妹"，"妹"当为"姊"之误。

②为是：表示选择的词，还是之意。尘务：世俗之事。经心：烦扰于心。

③天分：天资。

【译文】

王凝之夫人对谢玄说："你为什么一点儿都不见长进，是世俗之事烦扰于心呢，还是天资有限呢？"

二九

郗嘉宾丧[①]，妇兄弟欲迎妹还[②]，终不肯归，曰："生纵不得与郗郎同室[③],死宁不同穴[④]?”

【注释】

①郗嘉宾:郗超。

②妇:郗超妻。还:指回家。

③纵:即使。

④宁(nìng):难道。

【译文】

郗超死后,他妻子的兄弟想接妹妹回娘家,妹妹始终不肯回去,说:“我活着即使不能与郗郎同居一室,死后难道不能与他同穴合葬吗?”

三〇

谢遏绝重其姊[①],张玄常称其妹[②],欲以敌之[③]。有济尼者[④],并游张、谢二家,人问其优劣,答曰:“王夫人神情散朗[⑤],故有林下风气[⑥];顾家妇清心玉映[⑦],自是闺房之秀[⑧]。”

【注释】

①谢遏:谢玄。绝:极,甚。姊:指谢道韫。

②张玄:即张玄之,字祖希,官至吴兴太守。妹:张玄之妹嫁给顾家。

③敌:相当,匹配。

④济尼:名叫济的尼姑。

⑤王夫人:指谢道韫。散朗:洒脱开朗。

⑥林下风气:指有竹林七贤那样超脱的风度。

⑦顾家妇:顾家媳妇,指张玄妹妹。清心玉映:指其心胸明净,如美玉照人。

⑧闺房之秀:妇女中的优秀人物。

【译文】

谢玄非常尊重他的姐姐，张玄常常称赞他的妹妹，想让她与谢道韫抗衡。有一位叫济的女尼，同时与张、谢两家有交往，有人问起她们的优劣高下，女尼答道："王夫人神情洒脱开朗，确有竹林七贤般超脱的风度气质；顾家媳妇心胸明净如美玉照人，自然是闺阁中的优秀女子。"

三一

王尚书惠尝看王右军夫人[1]，问："眼耳未觉恶不[2]？"答曰："发白齿落，属乎形骸[3]；至于眼耳，关于神明[4]，那可便与人隔[5]？"

【注释】

①王尚书惠：王惠，字令明，王导的曾孙，是王羲之的孙辈，刘宋时官吏部尚书。王右军夫人：王羲之夫人郗氏。

②恶：指身体有病。

③形骸(hái)：人的形体躯壳。

④神明：人的精神。

⑤隔：隔绝。

【译文】

王惠曾经去看望王羲之夫人，问道："您的眼睛耳朵没有觉得有什么不舒服吧？"王夫人答道："头发变白牙齿脱落，是属于人的形体上的毛病；至于眼睛与耳朵，是关系到人的精神问题，怎么可能就与人们隔绝了呢？"

三二

韩康伯母殷[1]，随孙绘之之衡阳[2]，于阖庐洲中逢桓南郡[③]。卞鞠是其外孙，时来问讯。谓鞠曰："我不死，见此竖二世作贼[④]！"在衡阳数年，绘之遇桓景真之难也[⑤]，殷抚尸哭曰："汝父昔罢豫章[⑥]，征书朝至夕发[⑦]。汝去郡邑数年[⑧]，为物不得动[⑨]，遂及于难，夫复何言！"

【注释】

①韩康伯：韩伯。母殷：母亲殷氏，为晋豫章太守殷羡之女。

②绘之：韩绘之，字季伦，韩伯之子，官至衡阳太守。

③阖(hé)庐洲：长江中小洲名。桓南郡：桓玄。

④竖：竖子，对人的一种蔑称。二世作贼：指桓温与桓玄父子两代背叛朝廷作乱。

⑤桓景真：桓亮，字景真，桓温之孙，桓玄之侄。桓玄篡逆被诛后，亮聚众于长沙，自号平南将军、湘州刺史，为刘毅讨灭。

⑥罢：罢免。豫章：指豫章太守。

⑦征书：征召文书。

⑧去：离开。

⑨为物：指为事务所累。

【译文】

韩康伯的母亲殷夫人，跟随孙子韩绘之同到衡阳，在阖庐洲遇见桓玄。桓玄的部下卞鞠是殷夫人的外孙，常常来问候。她对卞鞠说："我活到现在不死，看见桓玄这小子两代人叛逆造反！"住在衡阳几年，韩绘之在桓亮作乱时遇害，殷夫人抚着尸体痛哭道："你父亲当年被免去豫章太守时，征召的文书早上发出，晚上他就动身出发了。你离开郡城几年，为事务所累不得脱身，终于被杀遇难，这又有什么话可说呢！"

术解第二十

【题解】

术解，指通晓各种技艺，包括占卜、风水、医药、音乐等。魏晋时期占卜、风水之学大盛，很多士人都以卜筮闻名，郭璞甚至被后世阴阳家奉为祖师。

本篇共有十一则，大多涉及卜筮，迷信色彩较为浓厚。

一

荀勖善解音声[①]，时论谓之“闇解”[②]。遂调律吕[③]，正雅乐[④]。每至正会[⑤]，殿庭作乐，自调宫商[⑥]，无不谐韵[⑦]。阮咸妙赏[⑧]，时谓“神解”[⑨]。每公会作乐[⑩]，而心谓之不调[⑪]，既无一言直勖[⑫]，意忌之，遂出阮为始平太守[⑬]。后有一田父耕于野，得周时玉尺，便是天下正尺[⑭]。荀试以校己所治钟鼓、金石、丝竹[⑮]，皆觉短一黍[⑯]，于是伏阮神识[⑰]。

【注释】

①荀勖(xù)：晋时官中书监，加侍中，领著作。又掌乐事，修律吕，

行于世。善解：指精通。音声：乐理。

②闇（ān）解：精通。闇，通“谙”。熟悉，了解。

③调（tiáo）：调整。律吕：古代乐律有阴阳十二律，阳六叫律，阴六叫吕，合称律吕。

④正：校正。雅乐：典雅纯正之乐，古代帝王用于祭祀、朝会的音乐。

⑤正（zhēng）会：元旦朝会，指正月初一日皇帝朝会群臣。

⑥宫商：古以宫、商、角、徵、羽代表五个不同的音阶，此泛指五音。

⑦谐韵：音韵和谐。

⑧妙赏：美妙的欣赏能力。

⑨神解：悟性过人。

⑩公会：因公事聚会。

⑪不调：不协调。

⑫既：竟然。直勖：认为荀勖正确。

⑬始平：郡名，治所在槐里（今陕西兴平）。

⑭正尺：标准尺。

⑮治：制作。金石：钟磬类乐器。丝竹：管弦乐器。

⑯黍（shǔ）：古长度单位。一黍为一分，百黍为尺。

⑰伏：佩服。神识：见识高超。

【译文】

荀勖精通乐理，当时人都称他是“闇解”。他于是就调整乐律，校正雅乐。每到正月元旦聚会时，在殿堂奏乐，他自己亲自调整五音，音韵没有不和谐的。阮咸在音乐上有着美妙的欣赏能力，当时人称他为“神解”。每当因公事聚会奏乐时，阮咸心里都认为乐声不协调，他竟然没有一句肯定荀勖的话，荀勖心中忌恨他，便把阮咸调出朝廷去当始平太守。后来有一个农夫在田野耕地时，得到一把周代的玉尺，这便是天下的标准尺。荀勖试着用它来校正自己所制作的钟鼓、金石、丝竹等乐器，发现都短了一黍，于是才佩服阮咸见识高超。

二

荀勖尝在晋武帝坐上食笋进饭[①]，谓在坐人曰："此是劳薪炊也[②]。"坐者未之信，密遣问之，实用故车脚。

【注释】

①晋武帝：司马炎。

②劳薪：指以旧车轮当柴火烧。车子运行以车脚车轮最辛苦，故称。

【译文】

荀勖曾经在晋武帝宴席上吃笋下饭，对在座的人说："这是用旧车轮当柴火烧出来的。"在座者不信他的话，暗中派人去问这事，确实是用旧车轮当柴火烧出来的。

三

人有相羊祜父墓，后应出受命君[①]。祜恶其言[②]，遂掘断墓后以坏其势[③]。相者立视之[④]，曰："犹应出折臂三公[⑤]。"俄而祜坠马折臂，位果至公。

【注释】

①后：后代。受命君：接受天命的君主。

②恶（wù）：厌恶。

③势：指地理形势，这里含有风水的意思。

④立：站立。

⑤三公：太尉、司徒、司空为三公。

【译文】

有位看相的人为羊祜父亲的坟墓看风水，说其后代会出一位受天命的君主。羊祜厌恶他的话，便掘断坟墓的后部，来破坏坟墓的形势风水。看相人站着察看坟墓说："还是会出一位折臂三公的。"不久羊祜从马上摔下折断了手臂，他的官位果然升到三公。

四

王武子善解马性[①]。尝乘一马，著连钱障泥[②]，前有水，终日不肯渡。王云："此必是惜障泥。"使人解去，便径渡。

【注释】

①王武子：王济。

②著：放置。连钱：钱纹相连的一种花饰。障泥：放在马鞍下垂在马腹两侧的垫子，用来阻挡泥水的马饰。

【译文】

王济很懂得马的脾性。他曾经骑着一匹马，马背上铺着一块连钱纹饰的垫子，前面有河水，马始终不肯渡水过去。王济说："这一定是马爱惜垫子。"派人解下垫子，马就一直渡过河了。

五

陈述为大将军掾[①]，甚见爱重。及亡，郭璞往哭之，甚哀，乃呼曰："嗣祖，焉知非福！"俄而大将军作乱，如其所言。

【注释】

①陈述:字嗣祖,颍川许昌(在今河南)人。有美名,曾为王敦大将军府掾。大将军:指王敦。掾(yuàn):官署属员。

【译文】

陈述担任王敦的属官,很受王敦的喜爱敬重。到他死时,郭璞前去哭吊他,非常哀痛,却呼喊道:"嗣祖啊,怎么知道这英年早逝不是福分!"不久王敦反叛作乱,正如郭璞所预言的那样。

六

晋明帝解占冢宅[①],闻郭璞为人葬[②],帝微服往看[③],因问主人:"何以葬龙角[④]?此法当灭族[⑤]!"主人曰:"郭云此葬龙耳,不出三年,当致天子[⑥]。"帝问:"为是出天子邪?"答曰:"非出天子,能致天子问耳。"

【注释】

①晋明帝:司马绍。解:懂。占冢宅:占卜推算坟墓的吉凶祸福。占,占卜。推算风水。

②为人葬:为人择地安葬。

③微服:君王或官员穿平民百姓的衣服。

④龙角:古时看风水者将绵延的山势喻为龙,相风水者根据情况选择某处为墓地。此指选龙角之处为墓地。

⑤灭族:刘孝标注引文谓如葬在龙角,将导致突然富贵,但最后会招来灭门之祸。

⑥致:招来。

【译文】

晋明帝懂得占卜墓地的吉凶之术，听说郭璞为人择地安葬，明帝穿便服前往察看，于是便问主人："为什么要葬在龙角的位置上？这样葬法会带来灭族之祸！"主人说："郭璞说这是葬在龙耳的位置上，不出三年，会招来天子。"明帝问："是指家里会出个天子吗？"主人答道："不是出天子，是指能招来天子的询问而已。"

七

郭景纯过江[①]，居于暨阳[②]，墓去水不盈百步。时人以为近水，景纯曰："将当为陆。"今沙涨，去墓数十里皆为桑田[③]。其诗曰："北阜烈烈[④]，巨海混混[⑤]，垒垒三坟[⑥]，唯母与昆[⑦]。"

【注释】

①郭景纯：郭璞字景纯。过江：指从北方渡江至南方。

②暨阳：县名，在今江苏江阴县。

③桑田：陆地，田地。

④阜：土山。烈烈：高峻的样子。

⑤混混（gǔn）：同"滚滚"，大水奔流的样子。

⑥垒垒：重叠的样子。

⑦唯：语气词，强调语气。昆：兄长。

【译文】

郭璞渡江后，住在暨阳，他家墓地距离江水不足一百步。当时人认为离江水太近，郭璞说："这里将会成为陆地。"如今泥沙堆积涨高，距离墓地几十里地都成了农田。郭璞有诗说："北面的土山高高耸起，大海波涛滚滚东去，重重叠叠的三座坟墓，是母亲与二位兄长的长眠之地。"

八

王丞相令郭璞试作一卦[①]。卦成，郭意色甚恶，云："公有震厄[②]。"王问："有可消伏理不[③]？"郭曰："命驾西出数里[④]，得一柏树，截断如公长，置床上常寝处，灾可消矣。"王从其语，数日中，果震柏粉碎。子弟皆称庆。大将军云[⑤]："君乃复委罪于树木[⑥]！"

【注释】

①王丞相：王导。

②震厄：雷击的灾难。

③消伏理：消除的办法。理，办法。不(fǒu)：同"否"。

④命驾：指出行。

⑤大将军：王敦。

⑥乃复：竟，竟然。委罪：把罪过推给别人。

【译文】

王导让郭璞试占一卦。卦占成后，郭璞的神情脸色很难看，说："丞相您有雷击之灾！"王导问："有消除的办法吗？"郭璞说："您出行往西走几里地，看到一棵柏树，把它截断像您身体一般长短，放在床上常睡之处，灾祸即可消除了。"王导听他的话去做，几天之内，果然雷击把柏树打得粉碎，王家子弟都表示庆贺。王敦说："你竟把罪过推给了树木！"

九

桓公有主簿[①]，善别酒[②]，有酒辄令先尝，好者谓"青州从事"[③]，恶者谓"平原督邮"[④]。青州有齐郡，平原有鬲县；"从事"言到脐⑤,"督邮"言在鬲上住⑥。

【注释】

①桓公:桓温。

②别:辨别酒质的优劣。

③从事:州刺史的属官。

④督邮:郡守的佐吏。

⑤脐:肚脐。

⑥鬲(gé):横膈膜。

【译文】

桓温属下有位主簿,善于区别酒质的优劣好坏,桓温有酒总是让他先品尝,好酒称为"青州从事",劣酒就称为"平原督邮"。青州有齐郡,平原有鬲县;"从事"就是谓好酒入口酒力可达肚脐下面,劣酒入口就是谓酒力只能停留在横膈膜上面。

一〇

郗愔信道甚精勤①,常患腹内恶②,诸医不可疗。闻于法开有名,往迎之。既来便脉③,云:"君侯所患④,正是精进太过所致耳⑤。"合一剂汤与之⑥。一服即大下⑦,去数段许纸⑧,如拳大,剖看,乃先所服符也⑨。

【注释】

①信道:信奉天师道。精勤:专心勤奋。

②恶:指身体有病或情绪不好。

③脉:指按脉以诊断病情。

④君侯:对高官或士大夫的尊称。

⑤精进:指在修善断恶,去染转净的过程中不懈怠地努力,南北朝时佛、道二家均用此语。此指郗愔修炼道教非常虔诚勤奋。

⑥合一剂汤:调配一剂汤药。合,调配。

⑦大下:大泻。

⑧去:指泻出。许:约略估计之词。

⑨乃:竟。符:符箓,道士画的一种图形或线条,据说可用以召神驱鬼,消灾祛病。

【译文】

郗愔信奉道教非常专心勤奋,他常常感到腹内不舒服,很多医生都治不好。听说于法开有名气,就去接他来治病。于法开来了以后,就为他把脉诊断病情,说:"君侯您所患的病,正是修炼太过分所造成的。"便调配了一剂汤药给他服用。一剂药服后即大泻,泻出了好几段像拳头大小的纸团,剖开来看,竟然是先前所吞服的符箓。

一一

殷中军妙解经脉①,中年都废②。有常所给使③,忽叩头流血。浩问其故,云:"有死事,终不可说。"诘问良久,乃云:"小人母年垂百岁,抱疾来久④,若蒙官一脉⑤,便有活理,讫就屠戮无恨⑥。"浩感其至性⑦,遂令舁来⑧,为诊脉处方。始服一剂汤便愈。于是悉焚经方⑨。

【注释】

①殷中军:殷浩。经脉:经络血脉,中医根据人体的气血运行的理论来诊治病情。

②废：荒废。

③常：经常。所给使：供差遣、使唤的仆役。

④抱疾：指身带疾病。来久：指时间很久。

⑤官：尊称长官。

⑥讫：指诊治完毕。

⑦至性：指孝顺父母的至诚之性。

⑧舁（yú）：抬。

⑨经方：古代对医药方书的统称。

【译文】

殷浩精通医术，到了中年便都荒废了。有一个经常供他差遣的仆役，忽然给他叩头直至流血。殷浩问他为什么，他说："有关生死的事，但终究是不能说的。"追问了好久，才说道："小人母亲年近一百岁，身患疾病已久，如果承蒙长官替她把脉诊治，便有活下去的希望，看好之后就是把我杀了也没有遗憾了。"殷浩被他的孝母至诚之心所感动，便让他把老母亲抬来，为她诊脉开方子。才服了一剂汤药，就痊愈了。殷浩于是把有关医药处方的书全都烧毁了。

巧艺第二十一

【题解】

巧艺，指精巧的技艺。《后汉书·伏无忌传》刘昭注："艺谓书、数、射、御，术谓医、方、卜、筮。"这里所说的"艺"，主要属于艺术的范畴。

本篇共有十四则，记载了魏晋士人在绘画、书法、棋艺、建筑等方面的精巧技艺。

一

弹棋始自魏①，宫内用妆奁戏②。文帝于此戏特妙③，用手巾角拂之④，无不中。有客自云能，帝使为之。客著葛巾角⑤，低头拂棋，妙逾于帝。

【注释】

①弹棋：魏晋时的一种博戏。一般为二人对局，白黑棋各六枚，先列棋相当，以手指或他物弹动己方棋子碰撞对方棋子，进而攻破对方棋门。

②用妆奁戏：指以宫女梳妆用的金钗、玉梳等放在梳妆用盒上当作

游戏的器具。

③文帝：魏文帝曹丕。

④拂：碰触。

⑤葛巾：用葛布制成的头巾。

【译文】

弹棋的游戏从魏开始，宫女们在梳妆盒上用金钗、玉梳等作弹棋的器具来游戏。魏文帝对这种游戏玩得特别精妙，他用手巾来碰弹，没有不击中的。有位客人自称很会玩，文帝便让他来表演。客人戴着葛布头巾，低头碰触棋子，比文帝更为巧妙。

二

陵云台楼观精巧[①]，先称平众木轻重，然后造构，乃无锱铢相负揭[②]。台虽高峻，常随风摇动，而终无倾倒之理。魏明帝登台[③]，惧其势危[④]，别以大材扶持之，楼即颓坏[⑤]。论者谓轻重力偏故也。

【注释】

①陵云台：楼台名，在河南洛阳，今不存。楼观：楼台观舍。

②乃：竟。锱铢（zī zhū）：指极微小的重量。负揭：指上下出入，形容建筑物的轻重等计算精确，误差极小。

③魏明帝：曹叡。

④危：高，险，不安全。

⑤颓坏：坍塌。

【译文】

陵云台的楼台观舍设计精巧，建造时先称量所用木材的轻重分量，然后才建造构筑，竟然没有丝毫的误差。楼台虽然高峻，常常随着风力而摇动，但始终没有倾倒的可能。魏明帝登上楼台时，怕楼台高峻的形势有危险，另外用大木材来支撑它，楼台立即坍塌。议论者都说这是轻重失去了平衡造成的结果。

三

韦仲将能书[①]。魏明帝起殿[②]，欲安榜[③]，使仲将登梯题之。既下，头鬓皓然[④]。因敕儿孙勿复学书[⑤]。

【注释】

①韦仲将：韦诞，字仲将，京兆杜陵人，太仆韦端之子，擅长楷书，曹魏时宫观匾额多为韦诞所题。能书：擅长书法。

②魏明帝：曹叡。

③安榜：安放匾额。

④皓然：雪白的样子。

⑤敕：告诫。

【译文】

韦诞擅长书法。魏明帝建造宫殿，想安放匾额，让韦诞登上梯子题写匾额。题好字下来后，韦诞的鬓发都变得雪白了。于是他告诫儿孙们今后不要再学书法了。

四

钟会是荀济北从舅[①]，二人情好不协[②]。荀有宝剑，可直百万[③]，常在母钟夫人许。会善书，学荀手迹[④]，作书与母取剑，仍窃去不还[⑤]。荀勖知是钟而无由得也，思所以报之。后钟兄弟以千万起一宅，始成，甚精丽，未得移住。荀极善画，乃潜往画钟门堂[⑥]，作太傅形象[⑦]，衣冠状貌如平生。二钟入门[⑧]，便大感恸[⑨]，宅遂空废。

【注释】

①荀济北：荀勖，封济北郡公，故称。从舅：母亲的叔伯兄弟。

②情好：交情，友谊。不协：不和谐，不和睦。

③直：值，价值。

④学：模仿。

⑤仍：就，于是。

⑥门堂：指门侧堂屋。

⑦太傅：钟繇，钟会和钟毓的父亲。

⑧二钟：指钟会和钟毓兄弟二人。

⑨感恸（tòng）：大受感动而悲痛。

【译文】

钟会是荀勖的堂舅，两人的感情不和。荀勖有一把宝剑，价值百万，平常放在母亲钟夫人处。钟会擅长书法，就模仿荀勖的笔迹，写信给钟夫人要宝剑，于是骗走了宝剑不还。荀勖知道是钟会干的，却无法取回来，于是就想办法报复他。后来钟会兄弟耗费千万钱建起一座宅院，刚建成，十分精致壮丽，还没有搬进去住。荀勖非常善于绘画，便偷偷地到新宅的门侧堂屋，画了太傅钟繇的像，衣冠容貌就像生前一样。钟氏兄弟进门看见，于是大受感动而极度悲痛，这座宅院便从此废弃了。

五

羊长和博学工书[①]，能骑射，善围棋。诸羊后多知书[②]，而射、弈余艺莫逮[③]。

【注释】

①羊长和：羊忱，字长和，晋泰山南城人，官至扬州刺史，永嘉之乱中被杀。工书：擅长书法。

②知书：懂得书法。

③射、弈：射箭、下棋。莫逮：没有人赶得上。

【译文】

羊忱学问渊博，又擅长书法，能骑马射箭，还擅长围棋。羊忱的后人多数懂书法，而射箭、下棋等技艺都赶不上他。

六

戴安道就范宣学[①]，视范所为，范读书亦读书，范抄书亦抄书。唯独好画，范以为无用，不宜劳思于此[②]。戴乃画《南都赋图》[③]，范看毕咨嗟[④]，甚以为有益，始重画[⑤]。

【注释】

①戴安道：戴逵。就：向。

②劳思：花费心思。

③《南都赋图》：戴逵根据《南都赋》之意作画。《南都赋》，东汉张衡作。

④咨嗟：赞叹。

⑤始:才。

【译文】

戴逵向范宣学习,一切都参照范宣之所做,范宣读书他也读书,范宣抄书他也抄书。只是他偏偏爱好绘画,范宣认为没有什么用处,不应该在这上面花费心思。戴逵就画了一幅《南都赋图》,范宣看完后很是赞赏,认为很有益处,这才重视绘画了。

七

谢太傅云[①]:“顾长康画[②],有苍生来所无[③]。”

【注释】

①谢太傅:谢安。

②顾长康:顾恺之。博学有才气,好谐谑,尤精绘画,谢安等很器重他。晋安帝时官散骑常侍。时人称其有三绝:才绝、画绝、痴绝。

③苍生:人类。

【译文】

谢安说:“顾恺之的画,是有人类以来所未曾有过的。”

八

戴安道中年画行像甚精妙[①]。庾道季看之[②],语戴云:“神明太俗[③],由卿世情未尽[④]。”戴云:“唯务光当免卿此语耳[⑤]。”

【注释】

①戴安道：戴逵。行像：佛像。

②庾道季：庾龢，字道季，晋太尉庾亮子，善清谈，官至丹阳尹、中领军。

③神明：神情。

④世情：世俗之情。

⑤务光：夏代的隐士。传说汤伐桀时向他问计，他认为与己无关。汤灭桀后打算将天下让给他，务光认为是无道之世，便负石自沉于卢水。

【译文】

戴逵中年时所画佛像非常精妙。庾龢看到他的画后，对戴逵说："所画佛像神情太俗气，这是由于你世俗之情未能根除所造成的。"戴逵说："只有务光才能免去你这种评语吧。"

九

顾长康画裴叔则[①]，颊上益三毛[②]。人问其故，顾曰："裴楷俊朗有识具[③]，正此是其识具。"看画者寻之[④]，定觉益三毛如有神明[⑤]，殊胜未安时[⑥]。

【注释】

①裴叔则：裴楷。

②益：增加。

③俊朗：俊逸开朗。识具：见识才具。

④寻：寻味，探求玩味。

⑤定：确定，的确。神明：指人的精神。

⑥殊：甚，颇。

【译文】

顾恺之画裴楷像，脸颊上加了三根毫毛。有人问其中的缘故，顾恺之说："裴楷俊逸开朗，又有见识才能，这正是表现了他的见识才能。"看画的人探求玩味此画，确实感觉到加了三根毫毛好像更有精神，远远胜过没有加上去的时候。

一〇

王中郎以围棋是坐隐[①]，支公以围棋为手谈[②]。

【注释】

①王中郎：王坦之。坐隐：在座位上坐着隐居。

②支公：支道林。手谈：用手交谈。

【译文】

王坦之认为围棋是坐着隐居，支道林认为围棋是用手谈话。

一一

顾长康好写起人形[①]，欲图殷荆州[②]，殷曰："我形恶[③]，不烦耳。"顾曰："明府正为眼尔[④]。但明点童子[⑤]，飞白拂其上[⑥]，使如轻云之蔽日。"

【注释】

①写：描摹。起：选取。

②殷荆州：殷仲堪。

③形恶:形象丑陋。

④正:只。为眼尔:为了眼睛而已。殷仲堪为治父病,不慎执药拭泪,弄瞎了一只眼睛。

⑤明:明显。点:用笔点画。童子:瞳子,眼珠。

⑥飞白:中国画的一种笔法,线条枯笔露白。拂:画的一种笔法,轻轻拂拭。

【译文】

顾恺之喜爱选人来画像,想给殷仲堪画,殷仲堪说:"我形貌丑陋,就不麻烦你了。"顾恺之说:"您只是为了眼睛的缘故罢了。这只需清晰地点上瞳子,用飞白的笔法在上面轻轻拂拭,使得眼部好像轻云遮住明月一样。"

一二

顾长康画谢幼舆在岩石里[①]。人问其所以[②],顾曰:"谢云:'一丘一壑,自谓过之[③]。'此子宜置丘壑中。"

【注释】

①谢幼舆:谢鲲。

②所以:原因。

③"一丘一壑"二句:指晋明帝曾问谢鲲,有人将他与庾亮相比,自认为如何,谢鲲回答自己在做官的能力方面不如庾亮,但在放情山水、高蹈隐居方面,自己远远超过庾亮。

【译文】

顾恺之为谢鲲画像,处身在岩石之中。有人问他这样画的原因,顾恺之说:"谢鲲说过:'在隐居深山幽谷方面,我自认为超过庾亮。'所以这位先生应当置身于深山幽谷之中。"

一三

顾长康画人，或数年不点目精[①]。人问其故，顾曰："四体妍蚩[②]，本无关于妙处；传神写照[③]，正在阿堵中[④]。"

【注释】

①目睛：眼珠。

②四体：人的四肢。妍蚩(chī)：美丑。

③写照：指画人物肖像，写真。

④阿堵：这个。

【译文】

顾恺之画人，有时几年都不点上眼珠。有人问他是什么缘故，顾恺之说："人的四肢美丑，本来与画的精妙无关；传达人的精神面貌，画出人物的肖像，正是在这个点睛的一点之中。"

一四

顾长康道："画'手挥五弦'易，'目送归鸿'难[①]。"

【注释】

①画"手挥五弦易"二句：意谓画"用手指拨弹五弦琴"容易，而画"用目光追随北归的鸿雁"很难。诗句出于嵇康《赠秀才入军五首》："目送归鸿，手挥五弦。俯仰自得，游心泰玄。"(《文选》第二十四卷)

【译文】

顾恺之说："画'用手指拨弹五弦琴'容易，而画'用目光追随北归的鸿雁'很难。"

宠礼第二十二

【题解】

宠礼，指宠信和礼遇。虽说魏晋士人大多宠辱不惊，但出于对仁人志士的尊重，执政者们对士人还是能够做到宠礼有加。同时各大家族首领为巩固和扩张自己的努力，同样需要延揽人才，宠信和礼遇人才就成为更常见的现象。

本篇共有六则。

一

元帝正会①，引王丞相登御床②，王公固辞，中宗引之弥苦③。王公曰："使太阳与万物同辉，臣下何以瞻仰？"

【注释】

①元帝：晋元帝司马睿。正会：指正月初一朝会。

②王丞相：王导。御床：皇帝的坐卧之榻。

③中宗：晋元帝司马睿死后的庙号。弥苦：更加恳切。

【译文】

晋元帝在正月初一朝会时，拉着王导一起坐御座，王导坚决辞让，元帝更加恳切地拉着他。王导说："让太阳和万物发出同样的光辉，那么我们臣下怎么仰视瞻望呢？"

二

桓宣武尝请参佐入宿[①]，袁宏、伏滔相次而至[②]。莅名[③]，府中复有袁参军。彦伯疑焉[④]，令传教更质[⑤]。传教曰："参军是袁、伏之袁，复何所疑？"

【注释】

①桓宣武：桓温。入宿：入府值宿。

②相次：先后依次。

③莅名：列名，通报来人姓名。

④彦伯：袁宏。

⑤传教：传达教令的小吏。更质：再次询问。

【译文】

桓温曾请僚属入府值宿，袁宏、伏滔先后依次而来。通报姓名时，府中还有一位袁参军。袁宏怀疑喊的不是自己，就让传达教令的小吏再次询问。小吏说："参军就是袁、伏之袁，还有什么可怀疑的？"

三

王珣、郗超并有奇才，为大司马所眷拔[①]。珣为主簿，超为记室参军。超为人多髯[②]，珣形状短小，于时荆州为之语曰："髯参军，短主簿，能令公喜[③]，能令公怒。"

【注释】

①大司马：指桓温。眷拔：宠爱提拔。

②髯：面颊上的胡须。

③公：指桓温。

【译文】

王珣、郗超都有不同寻常的才干，得到大司马桓温的宠爱提拔。王珣担任主簿，郗超担任记室参军。郗超脸上多胡须，王珣身材矮小，当时荆州人为他们编了顺口溜说："大胡子参军，矮个子主簿，能让桓公喜欢，也能让桓公恼怒。"

四

许玄度停都一月①，刘尹无日不往②，乃叹曰："卿复少时不去，我成轻薄京尹③！"

【注释】

①许玄度：许询。

②刘尹：刘惔。

③轻薄：轻佻浅薄，不负责任。京尹：京兆尹，都城地区的行政长官。

【译文】

许询在京都停留了一个月，刘惔没有一天不到他那里去，刘惔于是叹息道："你再过些日子不离开京城，我就要成为不负责任的京兆尹了！"

五

孝武在西堂会[1],伏滔预坐[2]。还下车呼其儿,语之曰:“百人高会,临坐未得他语,先问:‘伏滔何在?在此不?’此故未易得[3]。为人作父如此,何如?”

【注释】

①孝武:东晋孝武帝司马曜。西堂:皇宫厅堂名,指太极殿的西厅。

②预:参与,参加。

③故:确实。

【译文】

孝武帝在西堂聚会,伏滔参与聚会就座。回到家,一下车就叫他儿子,告诉儿子说:“上百人的盛会,皇上莅临就位没有说别的话,先就问:‘伏滔在哪里?在这里吗?’这样的宠幸确实不容易得到。为人在世,做父亲的能够如此,怎么样?”

六

卞范之为丹阳尹,羊孚南州暂还[1],往卞许[2],云:“下官疾动[3],不堪坐。”卞便开帐拂褥,羊径上大床,入被须枕[4]。卞回坐倾睐[5],移晨达莫。羊去,卞语曰:“我以第一理期卿[6],卿莫负我!”

【注释】

①南州:指姑熟,故址在今安徽当涂。

②许：处所。

③疾动：毛病发作。

④须：靠。

⑤倾睐：斜着眼睛看。这里指注目。

⑥第一理：指第一等善谈义理的人。期：期望，期待。

【译文】

卞范之担任丹阳尹时，羊孚从南州暂时回来，前往卞范之住所，说："我的病发作了，不能坐着。"卞范之就打开帐子掸净被褥，羊孚径直上了大床，钻进被子靠着枕头，卞范之回到座位注目看着他，从清晨直到黄昏。羊孚走时，卞范之对他说："我期待你成为第一等善谈义理的人，你不要辜负我！"

任诞第二十三

【题解】

任诞，指任性放达。魏晋士人不满于旧礼教的束缚，追求个性之自由和精神之解放，形成了“指礼法为俗流，目纵诞以清高”的风尚。任诞的表现形式多半离不开饮酒。饮酒不但是魏晋风度的核心内容之一，还是士人消灾避祸的重要手段。所以，魏晋士人盛行任诞之风，既可视作是对旧礼制的反抗，也可视作是对当时险恶政治环境的逃避。

本篇共有五十四则，反映了魏晋士人纵酒放达、诋毁礼教、愤世嫉俗、傲骨铮铮的精神面貌。

一

陈留阮籍、谯国嵇康、河内山涛①，三人年皆相比②，康年少亚之③。预此契者④，沛国刘伶、陈留阮咸、河内向秀、琅邪王戎⑤。七人常集于竹林之下，肆意酣畅⑥，故世谓竹林七贤。

【注释】

①陈留：郡名，治所在陈留县(今河南开封东南)。谯国：谯郡，治所

在谯县(今安徽亳州)。河内:郡名,治所在野王县(今河南沁阳)。

②比:接近。

③亚:次于。

④预:参与。契:约会,聚会。

⑤沛国:沛郡,治所在相县(今安徽濉溪)。琅邪:郡名,治所在东武县(今山东诸城)。

⑥肆意:任意,随心所欲。酣畅:畅快地饮酒。

【译文】

陈留阮籍、谯国嵇康、河内山涛,三个人的年龄都相近,嵇康的年龄稍小些。参加这些人聚会的还有沛国刘伶、陈留阮咸、河内向秀、琅邪王戎。七个人常常在竹林下聚集,纵情地畅饮,所以当时人称他们为竹林七贤。

二

阮籍遭母丧,在晋文王坐[①],进酒肉。司隶何曾亦在坐[②],曰:“明公方以孝治天下,而阮籍以重丧[③],显于公坐饮酒食肉[④],宜流之海外[⑤],以正风教[⑥]。”文王曰:“嗣宗毁顿如此[⑦],君不能共忧之,何谓?且有疾而饮酒食肉,固丧礼也[⑧]。”籍饮啖不辍[⑨],神色自若[⑩]。

【注释】

①晋文王:司马昭。

②司隶:官名,司隶校尉。何曾:字颖考,西晋时官至侍中、太保,后进位太傅。

③重丧：重大的丧事。

④显：公开。

⑤流：流放。海外：指边远地区。

⑥风教：风俗教化。

⑦嗣宗：阮籍。毁顿：因哀伤过度而导致身体毁损，精神困顿。

⑧“且有疾而饮酒”二句：见《礼记·曲礼上》：“居丧之礼，头有创则沐，身有疡则浴，有疾则饮酒食肉，疾止复初。不胜丧，乃比于不慈不孝。”意谓：居丧之礼，如果头上有疮，就可以洗头；身上发痒，就可以洗澡。如果生病，可以喝酒吃肉，病愈后就恢复居丧之礼。如果承当不起丧事的哀痛，就等于不慈不孝。固，本来。

⑨饮啖：指喝酒吃肉。辍：停。

⑩自若：不改常态。

【译文】

阮籍在母亲去世服丧期间，在晋文王宴席上饮酒吃肉。司隶校尉何曾也在座，对晋文王说：“您正以孝道治理天下，但阮籍重丧在身，却公然在您的宴席上饮酒吃肉，应当把他流放到边远地区，来端正风俗教化。”文王说：“阮籍哀伤过度身体毁损精神困顿，你不能为他分忧，这是为什么？况且居丧期间因病而饮酒吃肉，这本来就是符合丧礼的。”当时阮籍吃喝不停，神色自如。

三

刘伶病酒①，渴甚，从妇求酒②。妇捐酒毁器③，涕泣谏曰：“君饮太过，非摄生之道④，必宜断之⑤！”伶曰：“甚善。我不能自禁，唯当祝鬼神⑥，自誓断之耳。便可具酒肉。”妇曰：“敬闻命。”供酒肉于神前，请伶祝誓。伶跪而祝曰：“天生刘伶，以酒为名[⑦]，一饮一斛，五斗解酲[⑧]。妇人之言，慎不可听！”便引酒进肉，隗然已醉矣[⑨]。

【注释】

①病酒：饮酒过量而引起的身体不适。

②从：向。妇：指妻子。

③捐：丢弃。

④摄生：保养身体。

⑤宜：应当。

⑥祝：向鬼神祷告。

⑦名：通“命”。

⑧酲（chéng）：酒病，醉酒后神志处于模糊状态。

⑨隗（wěi）然：醉倒的样子。

【译文】

刘伶因饮酒过度而导致身体不适，感到异常口渴，就向妻子讨酒喝。他妻子把酒倒掉，把酒器毁坏，哭着劝道：“你喝酒过量，这不是养生的办法，必须要把酒戒掉！”刘伶说：“很好。但我不能自己禁，只能向鬼神祷告，自己发誓来戒掉酒瘾。你就准备祭祀用的酒肉吧。”妻子说：“我按照你交代的去办。”于是把酒肉供在神前，请刘伶去祷告发誓。刘伶跪着说：“天生我刘伶，酒是我的命。一次喝一斛，五斗消酒病。妇人之言辞，千万不能听。”说完拿起酒肉就吃喝起来，颓然醉倒了。

四

刘公荣与人饮酒[①]，杂秽非类[②]。人或讥之，答曰：“胜公荣者，不可不与饮；不如公荣者，亦不可不与饮；是公荣辈者，又不可不与饮。故终日共饮而醉。”

【注释】

①刘公荣：刘昶，字公荣，西晋沛国（今安徽濉溪）人，性好酒，为人通达，官兖州刺史。

②杂秽：杂乱。非类：不是同一类人。

【译文】

刘昶和别人一道喝酒，酒友很杂都不是同一类人。有人讥笑他，他答道："酒量超过我的，我不能不同他喝酒；酒量不如我的，也不能不同他喝酒；凡是我同类的人，更加不能不同他一起喝酒，所以我整天与人一起饮酒而醉。"

五

步兵校尉缺[①]，厨中有贮酒数百斛，阮籍乃求为步兵校尉。

【注释】

①步兵校尉：官名，魏晋时统领宿卫部队。缺：指职位空缺。

【译文】

步兵校尉的官职空缺了，阮籍听说步兵营的厨房里储存了几百斛酒，就要求担任步兵校尉的职务。

六

刘伶恒纵酒放达[①]，或脱衣裸形在屋中。人见讥之，伶曰："我以天地为栋宇②，屋室为裈衣③，诸君何为入我裈中？"

【注释】

①放达：放纵通达。

②栋宇：房屋。

③裈(kūn)衣：裤子。

【译文】

刘伶常常纵情饮酒，任性放诞，有时脱掉衣服，赤身裸体呆在屋中。有人看到后讥笑他，刘伶说："我把天地当房子，把房屋当裤子，诸位为什么跑到我裤子里来？"

七

阮籍嫂尝还家①，籍见与别。或讥之，籍曰："礼岂为我辈设也②？"

【注释】

①还家：这里指回娘家。

②礼：礼法，这里指《礼记·曲礼上》"嫂叔不通问"的规定。

【译文】

阮籍的嫂嫂有一次回娘家，阮籍与她相见道别。有人讥笑他，阮籍说："礼法难道是为我们这些人而设的吗？"

八

阮公邻家妇有美色①，当垆酤酒②。阮与王安丰常从妇饮酒③,阮醉,便眠其妇侧。夫始殊疑之,伺察④,终无他意。

【注释】

①阮公:阮籍。

②垆:酒店前安放酒瓮的土台子,指酒店。酤(gū):卖。

③王安丰:王戎。

④伺察:探察。

【译文】

阮籍邻家的妇女姿色美丽,在酒垆边卖酒。阮籍与王戎常常到该女处饮酒,阮籍喝醉后,就睡在该女身旁。她丈夫开始很怀疑他,经过探察后,发现他始终没有其他的意图。

九

阮籍当葬母,蒸一肥豚①,饮酒二斗,然后临诀②,直言③:"穷矣④!"都得一号⑤,因吐血,废顿良久⑥。

【注释】

①豚(tún):小猪。

②临诀:指向遗体告别。

③直言:直截了当地说。

④穷:孝子哭丧语。当时习俗,孝子哭丧言"穷",意为穷极无奈,极度悲伤。

⑤都:总共。号:悲痛大哭。

⑥废顿:指精神萎靡不振,疲惫不堪。

【译文】

阮籍在安葬母亲时，蒸了一只很肥的小猪，喝了二斗酒，然后向母亲的遗体告别，直接说“穷啊！”只是极度悲伤地大哭了一声，就吐血了，精神萎靡了很久。

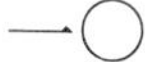

一〇

阮仲容、步兵居道南[①]，诸阮居道北；北阮皆富，南阮贫。七月七日，北阮盛晒衣[②]，皆纱罗锦绮。仲容家以竿挂大布犊鼻裈于中庭[③]，人或怪之，答曰：“未能免俗，聊复尔耳！”

【注释】

①阮仲容：阮咸。步兵：阮籍。

②晒衣：当时习俗，七月初七晒衣以防虫蛀。

③大布：粗布。犊(dú)鼻裈：一种干杂活时穿的裤子，无裆，形如小牛鼻。

【译文】

阮咸、阮籍居住在路南，其他阮姓人住在路北；住在路北的阮姓人都很富有，住在路南的都很贫穷。七月七日，路北的阮姓人大晒衣服，都是绫罗绸缎。阮咸就用竹竿在庭院中挂了一条粗布做的犊鼻形状的裤子，有人对他的做法感到很奇怪，他答道：“我没能免除世俗的习惯，姑且再这样应付一回罢了！”

一一

阮步兵丧母，裴令公往吊之[①]。阮方醉，散发坐床，箕踞不哭[②]。裴至，下席于地，哭吊唁毕，便去。或问裴："凡吊，主人哭，客乃为礼。阮既不哭，君何为哭？"裴曰："阮方外之人[③]，故不崇礼制。我辈俗中人，故以仪轨自居[④]。"时人叹为两得其中[⑤]。

【注释】

①裴令公：裴楷。

②箕踞：伸开两腿而坐，形如簸箕。这种坐姿被视为放浪不拘、傲慢无礼之姿。

③方外：世俗之外。

④仪轨：规范，礼法。

【译文】

阮籍母亲死后，裴楷前往吊唁。阮籍当时正喝醉了酒，披头散发坐在榻上，两腿伸开，也没哭。裴楷到了，阮籍离开了坐席下地，裴楷行哭丧之礼，吊唁完毕，就离开了。有人问裴楷："凡是吊唁，丧家主人哭，客人才行礼。阮籍既然不哭，您为什么哭？"裴楷说："阮籍是世俗之外的人，所以不尊崇礼制。我们是世俗之人，所以用礼法来对待。"当时人认为他的话非常得体。

一二

诸阮皆能饮酒[①]，仲容至宗人间共集[②]，不复用常杯斟酌[③]，以大瓮盛酒[④]，围坐，相向大酌[⑤]。时有群猪来饮，直接去上，便共饮之。

【注释】

①诸阮：指阮氏同族人。

②仲容：阮咸。宗人：同族人。

③斟酌：斟酒，饮酒。

④瓮：盛酒的陶器。

⑤相向：面对面。

【译文】

阮氏家族的人都能喝酒，阮咸到同族人当中聚会，不再用一般的杯子来喝酒，而是用大瓮来盛酒，大家一起围坐，面对面痛饮。当时有很多猪也来喝，它们直接就上去喝了，于是大家就与这群猪一道喝酒。

一三

阮浑长成[①]，风气韵度似父，亦欲作达[②]。步兵曰[③]："仲容已预之[③]，卿不得复尔。"

【注释】

①阮浑：字长成，阮籍的儿子，西晋时曾任太子中庶子。

②作达：做放任不羁的事。

③步兵：阮籍。

④仲容：阮咸。

【译文】

阮浑长大成人，风格气度很像父亲，也想做些任性放达的事。阮籍说："阮咸已经参与其中了，你不能再这样了。"

一四

裴成公妇[①]，王戎女。王戎晨往裴许[②]，不通径前。裴从床南下，女从北下，相对作宾主，了无异色。

【注释】

①裴成公：裴颜，死后谥成。

②许：处，处所。

【译文】

裴颜的妻子是王戎的女儿，王戎早上到裴颜那里去，不通报一声就直接进了内室。裴颜从床的南面下，女儿从床的北面下，宾主相对，大家神态如常，完全没有一点为难的表情。

一五

阮仲容先幸姑家鲜卑婢[①]，及居母丧，姑当远移，初云当留婢，既发，定将去[②]。仲容借客驴，著重服[③]，自追之。累骑而返[④]，曰："人种不可失！"即遥集之母也[⑤]。

【注释】

①阮仲容：阮咸。幸：宠爱。鲜卑：我国古代北方少数民族名。

②定：终于。将：带。

③重服：指为父母亡故所穿的孝服。

④累骑：二人共骑。

⑤遥集：阮孚，字遥集，阮咸之次子。

【译文】

阮咸原先宠爱姑母家一鲜卑族的婢女，等到他为母亲守丧时，姑母要搬到远处去，起初说要留下这位婢女，当要出发了，终于带她走了。阮咸借了客人的驴子，身穿重孝，亲自去追她。两人合骑一头驴回来，他说："传宗接代的人不能失去！"这位婢女就是阮孚的母亲。

一六

任恺既失权势[①]，不复自检括[②]。或谓和峤曰："卿何以坐视元裒败而不救？"和曰："元裒如北夏门[③]，拉㩻自欲坏[④]，非一木所能支。"

【注释】

①任恺：字元裒。西晋乐安博昌（今山东博兴东南）人，晋武帝时历任侍中、太子少傅、吏部尚书，深受器重，后被贾充所间，不得志而死。

②检括：检点约束。

③北夏门：即大夏门，洛阳城门之一。

④拉㩻：断裂。

【译文】

任恺失去权势以后，不再检点约束自己。有人对和峤说："你为什么坐视元裒颓废而不救他呢？"和峤说："元裒有如北夏门，断裂后自然会损坏，不是一根木头能支撑得住的。"

一七

刘道真少时[①]，常渔草泽，善歌啸[②]，闻者莫不留连。有一老妪，识其非常人，甚乐其歌啸，乃杀豚进之[3]。道真食豚尽，了不谢[4]。妪见不饱，又进一豚。食半余半，乃还之。后为吏部郎[5]，妪儿为小令史[6]，道真超用之[7]。不知所由[8]，问母，母告之。于是赍牛酒诣道真[9]，道真曰："去，去！无可复用相报。"

【注释】

①刘道真：刘宝，字道真，西晋山阳郡高平人（今山东邹城西南）。历官吏部郎、侍中、安北大将军、领护乌丸校尉、都督幽并州诸军事，赐爵关内侯。

②歌啸：亦称"啸咏"。晋朝文士啸咏之习甚盛，被视为文人雅士之风流逸态。

③豚：小猪。

④了不：完全不，一点不。了，完全。

⑤吏部郎：吏部的属官。

⑥小令史：掌文书的小吏。

⑦超用：越级提拔。

⑧所由：何由。

⑨赍(jī)：携带。诣：到……去，拜访。

【译文】

刘宝年轻时，常在荒野湖沼中打鱼，他善于啸咏，听到的人没有不被他的啸咏之声所吸引的。有一个老妇人，看到他不是一般人，又非常喜欢他的啸咏，就杀了一只小猪送给他。刘宝把小猪吃光了，一点也不表示感谢。老妇人见他没有吃饱，又送给他一只。刘宝吃了一半，就把剩下的一半还给老妇人。后来刘宝做了吏部郎，老妇人的儿子是小令史，刘宝越级提拔了他。他不知道是什么原因，问母亲，母亲告诉了他，于是他带着牛肉和酒去拜见刘宝。刘宝说:“走吧!走吧!不用再来答谢我。”

一八

阮宣子常步行①,以百钱挂杖头②,至酒店,便独酣畅,虽当世贵盛,不肯诣也。

【注释】

①阮宣子:阮脩,字宣子,阮籍从子,西晋名士。善清言,任诞不修人事。

②杖:手杖,拐杖。

【译文】

阮宣子经常徒步外出,把百钱挂在手杖顶端,走到酒店,就独自开怀畅饮,即使是当世的权贵名流,也不肯去拜访。

一九

山季伦为荆州①,时出酣畅,人为之歌曰:“山公时一醉,径造高阳池②,日莫倒载归③,茗艼无所知④。复能乘骏马,倒著白接篱⑤,举手问葛彊,何如并州儿⑥?”高阳池在襄阳。彊是其爱将,并州人也。

【注释】

①山季伦:山简。

②径造：径直前去。高阳池：池在襄阳，本为汉侍中习郁所修养鱼池，是游乐之所。山简镇襄阳，常到此饮酒，呼之为高阳池，意即酒池。高阳，因秦汉之际高阳人郦食其喜饮酒，他后来辅佐刘邦有功，高阳遂成为酒徒代名词。

③日莫：即日暮。

④茗艼：即酩酊，大醉的样子。

⑤倒著：倒转来戴着。著，戴。接篱（lí）：古代男子戴的一种帽子。

⑥葛彊：山简手下爱将，并州人。并（bīng）州：州名，治所在晋阳（今山西太原）。

【译文】

山简做荆州刺史的时候，经常外出痛饮，有人为他编了一首歌谣："山简经常醉，径直去高阳。日落倒卧车中归，酩酊大醉无所知。忽而又能骑骏马，倒戴白接篱。挥手问葛彊，比你这并州人怎么样？"高阳池在襄阳。葛彊是山简的爱将，并州人。

二〇

张季鹰纵任不拘①，时人号为"江东步兵"②。或谓之曰："卿乃可纵适一时③，独不为身后名邪④？"答曰："使我有身后名，不如即时一杯酒！"

【注释】

①张季鹰：张翰，字季鹰，西晋吴郡吴（今江苏苏州）人。性狂放不羁，时人以比阮籍，称为"江东步兵"。为晋大司马齐王冏东曹掾，见晋室祸乱将起，乃辞官归隐。

②江东：指长江下游南岸地区。

③乃可：虽然能够。

④独：难道。身后：死后。

【译文】

张翰任性放纵，当时人把他称为“江东步兵”。有人对他说：“你虽然能够纵情于一时，难道不为身后的名声着想吗？”张翰回答说：“让我有身后的名声，还不如眼前的一杯好酒。”

二一

毕茂世云[①]：“一手持蟹螯，一手持酒杯，拍浮酒池中[②]，便足了一生。”

【注释】

①毕茂世：毕卓，字茂世，东晋新蔡鲖阳（今安徽临泉鲖城）人。曾任吏部郎，官至平南长史。性格放达，后因饮酒而废职。

②拍浮：以手拍水游泳。

【译文】

毕茂世说：“一手拿蟹腿，一手拿酒杯，在酒池中浮游，就足以了却此生了。”

二二

贺司空入洛赴命[①]，为太孙舍人[②]，经吴阊门[③]，在船中弹琴。张季鹰本不相识[④]，先在金阊亭[⑤]，闻弦甚清，下船就贺[⑥]，因共语，便大相知说[⑦]。问贺：“卿欲何之[⑧]？”贺曰：“入洛赴命，正尔进路。”张曰：“吾亦有事北京[⑨]，因路寄载。”便与贺同发。初不告家,家追问乃知。

【注释】

①贺司空:贺循,字彦先,西晋会稽山阴(今浙江绍兴)人。官至太常卿,死后赠司空。

②太孙舍人:应作"太子舍人"。太子舍人,皇太子属官。

③吴阊门:吴县(今江苏苏州)城门名。因像天门之有阊阖,故名阊门。

④张季鹰:张翰。

⑤金阊亭:亭名,在吴县(今江苏苏州)阊门外。因位置在城西,又靠近阊门,故名金阊。金,五行之一,代表西方。

⑥就:靠近,到……去。

⑦知说(yuè):赏识爱悦。"说"通"悦"。

⑧何之:之何,到哪里。

⑨北京:指京城洛阳。此二人皆吴地人氏,故称北方的京城为北京。

【译文】

贺循去洛阳接受皇帝的诏命,做太子舍人,途经吴阊门,在船中弹琴。张翰与贺循本来不相识,他先在金阊亭,听到琴声很清雅,便下船去拜访贺循,一经交谈,彼此十分赏识爱悦。张翰问贺循:"你打算到哪里去?"贺循说:"到洛阳去接受诏命,正在路上。"张翰说:"我也有事要到洛阳去,就顺路搭载。"于是与贺循一同出发。张翰一开始没有告诉家人,家人追问才知道事情的原委。

二三

祖车骑过江时①,公私俭薄②,无好服玩。王、庾诸公共就祖[3]，忽见裘袍重叠，珍饰盈列。诸公怪问之，祖曰："昨夜复南塘一出[4]。"祖于时恒自使健儿鼓行劫钞[5]，在事之人亦容而不问。

【注释】

①祖车骑：祖逖。

②公私检薄：公库私府都不丰裕。

③王、庾诸公：指王导、庾亮等人。

④南塘：地名。在东晋都城建康秦淮河南岸。一出：去一遭，到一趟。

⑤恒自：常常，总是。"自"为词缀。鼓行：古代行军，击鼓则进，鸣金则退，因称行进为鼓行。此处指公开进行。

【译文】

祖逖渡江南下时，公库私府都不丰裕，没什么好的衣服和玩物。王导、庾亮等人一起去拜访祖逖，忽然看到他那里皮毛衣服层层堆积，珍贵饰物陈列满架。他们感到很奇怪，就问他原因，祖逖说："昨夜又去了一次南塘。"祖逖在当时常常让部下出去公开抢劫，那些当政者也容忍他们而不加过问。

二四

鸿胪卿孔群好饮酒[1]，王丞相语云："卿何为恒饮酒？不见酒家覆瓿布[2]，日月糜烂？"群曰："不尔[3]。不见糟肉乃更堪久？"群尝书与亲旧："今年田得七百斛秫米[4]，不了麹糵事[5]。"

【注释】

①鸿胪卿:官名,掌朝贺庆吊等礼仪。孔群:字敬林,东晋会稽山阴(今浙江绍兴)人。嗜酒,志尚高蹈。曾任鸿胪卿、御史中丞等职。

②瓿(bù):古代一种瓦器。此指陶制盛酒器。

③不尔:不是这样。尔,这样。

④秫米:高粱。

⑤麴蘖(qū niè):酒母,即酿酒用的发酵物。这里指酿酒。

【译文】

鸿胪卿孔群喜欢喝酒,王导对他说:"你为什么经常喝酒?难道没有看见卖酒人家盖在酒器上的布,日子久了就烂掉了吗?"孔群说:"不是这样的。你难道没有看见酒糟腌制的肉反而能存放得更久吗?"孔群曾经写信给亲戚故旧说:"今年田里收到七百斛秫米,还不能满足酿酒之用。"

二五

有人讥周仆射与亲友言戏秽杂无检节[①]。周曰:"吾若万里长江,何能不千里一曲[②]。"

【注释】

①周仆射:周𫖮。言戏:言谈戏乐。秽杂:污秽不雅。

②千里一曲:长江千里间必有一弯曲处,借喻人的一生难免小有过失。

【译文】

有人讥笑周𫖮和亲友谈论说笑污秽不雅,毫无检点节制。周𫖮说:

“我好像那万里长江，怎么能在千里之间没有一点儿弯曲呢？”

二六

温太真位未高时[1]，屡与扬州、淮中估客樗蒲[2]，与辄不竞[3]。尝一过大输物[4]，戏屈[5]，无因得反[6]。与庾亮善，于舫中大唤亮曰：“卿可赎我！”庾即送直[7]，然后得还。经此数四[8]。

【注释】

①温太真：温峤，字太真。

②淮中：淮河一带。估客：贩卖货物的行商。樗蒱(chū pú)：一种赌博游戏。

③不竞：不能得胜。

④一过：一局，一场。输物：赌注。

⑤戏屈：玩输。

⑥无因：没有办法。

⑦直：通“值”，即赎金。

⑧数四：好几次，表示约数的习惯用法。

【译文】

温峤官位还不高时，屡次和扬州、淮中的行商赌博，每次都输。曾经有一次赌注很大，输了很多钱，没有办法回去。他和庾亮很好，在船中大声呼唤庾亮：“你来赎我！”庾亮随即送赎金过去，他才得以回来。这样的事情发生过好多次。

二七

温公喜慢语[①]，卞令礼法自居[②]。至庾公许[③]，大相剖击[④]，温发口鄙秽[⑤]，庾公徐曰："太真终日无鄙言[⑥]。"

【注释】

①温公：温峤。慢语：放纵傲慢的话。

②卞令：卞壸。

③庾公：庾亮。许：住处。

④剖击：辩驳批评。

⑤发口：开口。鄙秽：粗鄙庸俗。

⑥太真：温峤字太真。

【译文】

温峤喜欢说放纵傲慢的话，卞壸却以礼仪法度自居。两人到庾亮的住处去，相互间激烈地辩驳批评，温峤说话粗鄙庸俗，庾亮慢悠悠地说："太真整天没有一句庸俗的话。"

二八

周伯仁风德雅重[①]，深达危乱。过江积年[②]，恒大饮酒，尝经三日不醒。时人谓之"三日仆射"[③]。

【注释】

①周伯仁：周顗字伯仁，官至尚书左仆射。

②过江：渡过长江。晋室南渡，曾有大批官僚士族集团南迁。

③三日仆射：后成为只饮酒不做事的宰相的典故。

【译文】

周顗作风品德正派厚重，深明当时危乱的形势。过江多年，总是大肆饮酒，曾经一连三日醉酒不醒。当时人称之为“三日仆射”。

二九

卫君长为温公长史[①]，温公甚善之，每率尔提酒脯就卫[②]，箕踞相对弥日[③]。卫往温许亦尔[④]。

【注释】

①卫君长：卫永，字君长，官至左军长史。温公：温峤。

②每：经常。率尔：随意，随便。脯：干肉。

③弥日：整天。

④许：住处。尔：这样。

【译文】

卫永担任温峤的长史时，温峤对他十分亲近，常常随意地提着酒肉到卫永那里去，两人面对面随随便便地坐着整天饮酒。卫永到温峤那里去也是这样。

三〇

苏峻乱，诸庾逃散[①]。庾冰时为吴郡[②]，单身奔亡。民吏皆去，唯郡卒独以小船载冰出钱塘口，籧篨覆之[③]。时峻赏募觅冰，属所在搜检甚急[④]。卒舍船市渚[⑤]，因饮酒醉，还，舞棹向船曰：“何处觅庾吴郡，此中便是！”冰大惶怖，然不敢动。监司见船小装狭，谓卒狂醉，都不复疑[⑥]。自送过淛江[⑦]，寄山阴魏家，得免。后事平，冰欲报卒，适其所愿。卒曰："出自厮下⑧，不愿名器⑨。少苦执鞭⑩，恒患不得快饮酒。使其酒足余年，毕矣。无所复须。"冰为起大舍，市奴婢，使门内有百斛酒，终其身。时谓此卒非唯有智，且亦达生。

【注释】

①"苏峻乱"二句：指晋成帝咸和二年(327)，苏峻以讨伐庾亮为名起兵叛乱，攻陷建康，迁晋成帝于石头城。诸庾，庾亮等庾氏诸兄弟。庾亮在建康与苏峻大战，失败后率弟南奔。

②为吴郡：做吴郡太守。

③籧篨(qú chú)：用芦苇或竹篾编的粗席。

④属：通"嘱"。叮嘱，命令。所在：各处，到处。

⑤市渚：到小洲上买东西。市，买。渚，水中小洲。

⑥都不：完全不，一点不。

⑦自：副词，表示已然。淛江：即浙江。

⑧厮下：指地位卑微、低贱的仆役。

⑨名器："名"指爵位，等级称号。"器"指车服仪制。

⑩执鞭：喻供人驱使。

【译文】

苏峻作乱，庾氏兄弟都逃散了。庾冰当时是吴郡太守，一个人逃亡。百姓和属官都离散了，只有一个府役独自用小船载着庾冰逃出钱塘江口，用粗竹席盖住他。当时苏峻正悬赏捉拿庾冰，嘱咐部下到处搜查，十分紧急。府役离开小船到江中小洲上去买东西，喝醉了酒回来，挥舞着船桨，面对着小船说："哪里去寻找庾吴郡？这条船里就是！"庾冰大为恐慌，但又不敢动。搜查的人看到船十分狭小，认为是府役喝醉了酒说胡话，就不再怀疑。府役就把庾冰送过钱塘江，寄居在山阴魏家，得以免祸。后来叛乱平息，庾冰要报答府役，说可以满足他的愿望。

府役说："我出身于仆役，不愿意做官。从小就苦于为人服役，经常觉得不能畅快地喝酒，感到遗憾。假如给我足够的酒让我度过余年，我就满足了。没有其他的什么要求了。"庾冰就给他盖了大房子，买了奴婢，让他家里有上百斛的酒，一直供养他终身。当时人说这位府役不仅仅是有智谋，而且对人生也很达观。

三一

殷洪乔作豫章郡①，临去，都下人因附百许函书②。既至石头③，悉掷水中，因祝曰④："沉者自沉，浮者自浮，殷洪乔不能作致书邮⑤！"

【注释】

①殷洪乔：殷羡，字洪乔，中军将军殷浩之父。仕晋，官至豫章太守、光禄勋。作豫章郡：任豫章郡太守。

②都下：京城。因附：趁便捎带。函：量词，用于书信。书：信。

③石头：即石头城。

④祝：祷告。

⑤致书邮：送信的邮差。

【译文】

殷羡作豫章郡太守，将要离开赴任时，京都的人托他带了上百封信。到了石头城，他把信全部抛入江中，还祷告说："沉的自己沉下去，浮的自己浮上来。我殷洪乔不能做那送信的邮差！"

三二

王长史、谢仁祖同为王公掾①，长史云："谢掾能作异舞。"谢便起舞，神意甚暇。王公熟视[2]，谓客曰："使人思安丰[3]。"

【注释】

①王长史：王濛。谢仁祖：谢尚。王公：王导。

②熟视：仔细看。

③安丰：王戎。

【译文】

王濛和谢尚同是王导的属官，王濛说："谢掾会跳奇特的舞蹈。"谢尚于是跳起舞来，神情意志很悠闲。王导仔细地观看，对客人说："让人想起了王戎。"

三三

王、刘共在杭南[1]，酣宴于桓子野家[2]。谢镇西往尚书墓还[3]，葬后三日反哭[4]。诸人欲要之[5]，初遣一信[6]，犹未许，然已停车；重要，便回驾。诸人门外迎之，把臂便下。裁得脱帻[7]，著帽酣宴。半坐，乃觉未脱衰[8]。

【注释】

①王、刘：王濛、刘惔。杭南：指东晋都城建康的朱雀航之南，王、谢诸名族所居乌衣巷，距离朱雀航不远。

②桓子野：桓伊，字叔夏，小字子野。善音乐，东晋时官至护军将军。

③谢镇西：谢尚。尚书：谢裒。

④反哭：古代丧礼，埋葬后，丧主要奉神主返于庙而哭。灵柩由庙里抬出安葬，复神主于庙，故曰反哭。

⑤要:邀请。

⑥信:使者。

⑦裁得:才得以,才来得及。裁,通“才”。帻:巾帻,发巾。

⑧乃:才。衰(cuī):丧服。

【译文】

王濛、刘惔同在朱雀桥南,在桓伊家里畅饮。谢尚到谢裒墓上回来,是葬后三日的反哭。众人想邀请谢尚来共饮,起初派了一个使者去请,他还没答应,但是已经把车子停了下来;再次邀请,就调转车头来了。众人在门外迎接他,他拉着别人的臂膀就下车了。刚刚脱去头巾,换上便帽就痛饮起来。坐下好一阵子了,才发现没有脱下丧服。

三四

桓宣武少家贫,戏大输[①],债主敦求甚切。思自振之方,莫知所出。陈郡袁躭俊迈多能[②],宣武欲求救于躭。躭时居艰[③],恐致疑[④],试以告焉,应声便许,略无嫌吝。遂变服,怀布帽,随温去与债主戏。躭素有蓺名[⑤],债主就局,曰:“汝故当不办作袁彦道邪?”遂共戏。十万一掷,直上百万数,投马绝叫[⑥],傍若无人,探布帽掷对人曰:“汝竟识袁彦道不?”

【注释】

①桓宣武:桓温。戏:博戏。

②陈郡:治所在陈县(今河南淮阳)。袁躭:字彦道,东晋陈郡阳夏人。为王导参军,因平苏峻有功,官历阳太守,后至从事中郎。

③居艰:居丧,在服丧期中。

④疑:迟疑,犹豫。

⑤素：一向，素来。蓺(yì)名：技艺高超的名声。“蓺”同“艺”。

⑥马：樗蒱之马。赌博时投掷，以决输赢。绝叫：大声喊叫。绝，副词，表示程度，犹及，甚。

【译文】

桓温年轻时家里贫穷，一次赌博大输，债主催逼他还赌债。他想要反输为赢，可又想不出办法。陈郡袁耽慷慨豪迈，多才多艺，桓温便想向他求救。袁耽当时正在守丧期间，去求他怕他为难，只能试着把这件事告诉他，袁耽立即答应了，没有一点为难的意思。他脱下孝服，穿上便装，把布帽揣在怀里，和桓温一起去和那个债主赌钱。袁耽平时在技艺游戏方面是很有名气的，那个债主上了赌局，说：“你或许不可能像袁彦道吧？”就一起赌起来了。赌注从十万一掷，一直上升到百万之数，袁耽投下筹码，大喊大叫，旁若无人，从怀中拿出布帽掷向对方，说：“你到底认识袁彦道吗？”

三五

王光禄云[①]：“酒正使人人自远[②]。”

【注释】

①王光禄：王蕴，字叔仁，东晋晋阳（今山西太原）人。曾任光禄大夫，有政绩。

②正：的确。自远：忘却自己。

【译文】

王蕴说：“酒的确能使人们忘却自己。”

三六

刘尹云[①]：“孙承公狂士[②]，每至一处，赏玩累日，或回至半路却返。”

【注释】

①刘尹：刘惔。

②孙承公：孙统，字承公，孙楚之孙。生卒年不详，晋成帝时人。放浪不羁，喜好山水，善属文。

【译文】

刘惔说：“孙承公是狂放之士，每到一个地方，就一连好几天游赏玩乐，有时候往回走到半路又转身再去。”

三七

袁彦道有二妹[①]：一适殷渊源，一适谢仁祖[②]。语桓宣武云[③]：“恨不更有一人配卿！”

【注释】

①袁彦道：袁耽。

②谢仁祖：谢尚。

③桓宣武：桓温。

【译文】

袁耽有两个妹妹：一个嫁给殷浩，一个嫁给谢尚。他对桓温说：“遗憾的是没有另外一个妹妹许配给你。”

三八

桓车骑在荆州[①]，张玄为侍中[②]，使至江陵[③]，路经阳岐村。俄见一人持半小笼生鱼，径来造船，云："有鱼欲寄作脍④。"张乃维舟而纳之⑤，问其姓字，称是刘遗民⑥。张素闻其名，大相忻待⑦。刘既知张衔命⑧，问："谢安、王文度并佳不⑨？"张甚欲话言，刘了无停意。既进脍，便去，云："向得此鱼，观君船上当有脍具，是故来耳。"于是便去。张乃追至刘家。为设酒，殊不清旨，张高其人，不得已而饮之。方共对饮，刘便先起，云："今正伐荻⑩，不宜久废。"张亦无以留之。

【注释】

①桓车骑：桓冲。

②张玄：又作张玄之。

③江陵：晋朝时为荆州治所，在今湖北省。

④寄：委托。脍：细切的鱼肉。

⑤维舟：系船。

⑥刘遗民：刘驎之，字子骥，东晋南阳（今河南南阳）人，清心寡欲，隐于阳岐。

⑦忻：同"欣"，喜悦。

⑧衔命：肩负使命。

⑨王文度：王坦之。

⑩荻：类似芦苇的草本植物。

【译文】

桓冲任荆州刺史时，张玄担任侍中，奉命到江陵去，路过阳岐村。一会儿看见一个人拿着半小笼活鱼，径直来到船边，说："有些鱼，想托你们切成鱼片。"张玄就系好船让他上来。问他的姓名，他自己说是刘遗民。张玄平常听说过他的名声，十分高兴地接待他。刘遗民知道张玄是奉命出行，问："谢安、王文度还好吗？"张玄很想和他谈谈，刘遗民却完全没有停留的意思。鱼片切好送进来以后，他就要离开，说："刚才得到这些鱼，看您船上应当有切鱼的刀具，所以才来的。"于是便走了。张玄跟着到了刘遗民家。刘遗民置办了酒，酒色很不清醇，张玄敬重他的为人，不得已喝了酒。正要和他对饮时，刘遗民先站起来说："今天正割芦荻，不应耽搁太久。"张玄也没有办法留下。

三九

王子猷诣郗雍州①，雍州在内。见有毾㲪②，云："阿乞那得此物？"令左右送还家。郗出觅之，王曰："向有大力者负之而趋③。"郗无忤色④。

【注释】

①王子猷：王徽之。诣：拜访。郗雍州：郗恢，小字阿乞，东晋时曾任雍州刺史。

②毾㲪(tà dēng)：西域传入的一种羊毛毯，质地细密，比较珍贵。

③向：刚才。

④忤色：生气的样子。

【译文】

王徽之去拜访郗恢，郗恢在内室。王徽之看到有羊毛毯，说："阿乞哪来的这个东西？"就叫手下人送回自己家中。郗恢出来寻找毛毯，王徽之说："刚才有个大力士背着它跑了。"郗恢没有一点生气的样子。

四〇

谢安始出西①，戏，失车牛，便杖策步归②。道逢刘尹③，语曰:“安石将无伤[4]?”谢乃同载而归。

【注释】

①出西:指入都,到建康去。

②杖策:拄着手杖。

③刘尹:刘惔。

④将无:恐怕,大概,六朝时习惯用语。

【译文】

谢安初到建康,外出游玩,丢失了车和牛,就拄着手杖步行回家。路上碰到了刘惔,刘惔对他说:“安石恐怕受到损伤了吧?”谢安就和他同乘一辆车回去。

四一

襄阳罗友有大韵[1],少时多谓之痴。尝伺人祠[2],欲乞食,往太蚤,门未开。主人迎神出见,问以非时何得在此,答曰:“闻卿祠,欲乞一顿食耳。”遂隐门侧,至晓得食便退,了无怍容[3]。为人有记功[4],从桓宣武平蜀,按行蜀城阙观宇,内外道陌广狭,植种果竹多少,皆默记之。后宣武漂洲与简文集[5],友亦预焉。共道蜀中事,亦有所遗忘,友皆名列,曾无错漏。宣武验以蜀城阙簿,皆如其言,坐者叹服。谢公云:“罗友讵减魏阳元[6]。”后为广州刺史,当之镇,刺史桓豁语令莫来宿[7],答曰:“民已有前期[8],主人贫,或有酒馔之费,见与甚有旧。请别日奉命。”征西密遣人察之[9],至夕乃往荆州门下书佐家,处之怡然,不异胜达。在益州,语儿云:“我有五百人食器。"家中大惊,其由来清,而忽有此物,定是二百五十沓乌檑[10]。

【注释】

①襄阳:郡名,治所在襄阳县(今湖北襄樊)。罗友:字宅仁,东晋襄阳(今湖北襄阳)人。嗜酒,放达。被大司马桓温所器重,官至襄阳太守、广、益二州刺史。韵:风度、气质。

②伺:探察,侦察。祠:祭祀。

③怍容:惭愧的表情。

④记功:记忆力。

⑤漂洲:当作"溧洲",长江中小洲名。简文:晋简文帝司马昱。

⑥讵(jù):哪里,怎么。减:比……差。魏阳元:魏舒字阳元,任城樊(今山东兖州西南)人。晋武帝时官至司徒。

⑦莫:即"暮"。傍晚,晚上。

⑧民:自称。对官长或国主自称民,表示谦卑。罗友襄阳人,属荆州地界,桓豁为荆州刺史,故其自称民。前期:前约。

⑨征西:桓豁,为征西大将军,故称。

⑩沓(tà):量词。食盒一具为一沓。犹今之言套。乌檑(lěi):黑漆食盒。檑,食盒。

【译文】

襄阳罗友为人有特殊的风格,年轻时很多人认为他痴呆。他有一次知道有户人家祭祀,便想去讨点吃喝,去得太早了,人家门还没有开。主人迎神时出来看到他,问他还没到时候,为什么在这里,他回答说:"听说您祭祀,想要讨一顿吃喝罢了。"就躲在门边,到天亮,得了食物就走了,没有一点羞惭的神色。他有很强的记忆力,跟随桓温平定蜀地,他巡视蜀中城池楼台屋宇,城内外大小道路的宽窄,以及种植的果树、竹子的多少,都默默地记在心里。后来桓温在溧洲与简文帝会面,罗友也参与其事。他们一起谈论当年蜀中的事情，也有所遗忘，罗友却一条条列出名目，无一遗漏。桓温拿出记载蜀中情况的簿籍来对证，都如他所说的那样，在座者都为之叹服。谢安说："罗友哪里比魏舒差。"后来罗友做广州刺史，往驻地去时，刺史桓豁让他晚上来住宿，他回答说："下民已经有约在先，那家主人穷，可能会破费钱财准备酒菜，我与他是有老交情的。请允许我改日奉命拜访。"桓豁暗中派人去观察罗友，到了那天，他竟然到荆州的下属书佐家去了，彼此相处十分融洽，和对待名流达官没有什么不同。他在益州时，对儿子说："我有供五百人吃喝的餐具。"家里人大为吃惊，他一向清贫，却突然有这些东西，估计一定是二百五十沓黑色的食盒碟子。

四二

桓子野每闻清歌①，辄唤"奈何②"。谢公闻之③，曰："子野可谓一往有深情。"

【注释】

①桓子野：桓伊，字叔夏，小字子野，东晋时官至护军将军。清歌：挽歌。

②奈何：晋时风俗，父母之丧，有人吊丧，孝子哭唤"奈何"。

③谢公：谢安。

【译文】

桓伊每次听到挽歌，就喊"奈何"，谢安听说后，说："子野可算得上是一往情深。"

四三

张湛好于斋前种松柏[①]。时袁山松出游[②],每好令左右作挽歌[③]。时人谓“张屋下陈尸,袁道上行殡”。

【注释】

①张湛:字处度,东晋高平(今山西)人,官至中书郎。有《列子注》八卷。种松柏:古人有在坟墓上种植松柏的习俗。

②袁山松:东晋陈郡阳夏(今河南)人,官至吴郡太守。

③挽歌:出殡时唱的哀悼死者的歌。

【译文】

张湛喜好在房前种植松柏。当时袁山松外出游玩,常常喜好让身边的人唱挽歌。当时人说“张湛在房屋前停放尸体,袁山松在道路上出殡”。

四四

罗友作荆州从事,桓宣武为王车骑集别[①]。友进,坐良久,辞出,宣武曰:“卿向欲咨事[②],何以便去?”答曰:“友闻白羊肉美,一生未曾得吃,故冒求前耳[③],无事可咨。今已饱,不复须驻。”了无惭色。

【注释】

①桓宣武:桓温。王车骑:王洽。集别:聚会饯行。

②向:刚才。

③求前:要求会见。前,见面。

【译文】

罗友担任荆州从事时，桓温为王洽聚会饯行。罗友进来，坐了很久，告辞出去，桓温说："你刚才有事要问，为什么这就走了呢？"罗友回答说："我听说白羊肉鲜美，有生以来没有吃过，所以才冒昧求见，没有什么事情要问。现在已经吃饱了，不再需要呆下去。"他完全没有惭愧的神色。

四五

张驎酒后[①]，挽歌甚凄苦。桓车骑曰[②]："卿非田横门人[③]，何乃顿尔至致[④]？"

【注释】

①张驎：张湛，小字驎。

②桓车骑：桓冲。

③田横：秦末人，曾自立为齐王，刘邦称帝，派人招降他，他羞为汉臣而自杀，手下人不敢哭，只是唱挽歌表示哀悼。

④顿尔：突然。

【译文】

张湛酒后唱挽歌，唱得十分悲伤痛苦。桓冲说："你不是田横的门人，为什么突然悲伤到这个地步？"

四六

王子猷尝暂寄人空宅住[①]，便令种竹。或问："暂住何烦尔？"王啸咏良久，直指竹曰："何可一日无此君[②]？"

【注释】

①王子猷:王徽之。

②君:这里指竹,用拟人手法将竹比作高雅之人

【译文】

王徽之曾经暂住在别人的空宅院里,随即命人种竹子。有人问:“只是暂住,何必烦劳呢?”王徽之啸咏很久,直指竹子说:“怎么能一天没有这位先生?”

四七

王子猷居山阴[①],夜大雪,眠觉,开室命酌酒,四望皎然。因起彷徨[②]。咏左思《招隐诗》[③],忽忆戴安道[④]。时戴在剡[⑤],即便夜乘小船就之[⑥]。经宿方至,造门不前而返。人问其故,王曰:“吾本乘兴而行,兴尽而返,何必见戴!”

【注释】

①王子猷:王徽之。山阴:县名。在会稽以北,晋时属会稽郡。

②彷徨:徘徊。

③《招隐诗》:共两首,描写隐士生活。

④戴安道:戴逵。

⑤剡:县名。

⑥就之:到他那里去。

【译文】

王徽之住在山阴的时候,一天夜里下大雪,他睡觉醒来,打开房门,叫左右备酒,环顾四周,一片洁白。他就起身徘徊,吟诵左思的《招隐诗》,忽然想起戴逵。当时戴逵在剡县,王徽之就连夜乘了小船去拜访他。船

行了一夜才到，到了门口却不进去，又返回山阴了。有人问他缘故，他说："我本来是乘兴而去的，现在兴尽而回，何必一定要见到戴逵呢？"

四八

王卫军云[①]："酒正自引人著胜地[②]。"

【注释】

①王卫军：王荟，字敬文，王导之子，东晋时官至会稽内史、镇军将军。

②正自：的确，"自"为词缀。著：到。

【译文】

王荟说："酒的确能把人带到美妙的境地。"

四九

王子猷出都[①]，尚在渚下[②]。旧闻桓子野善吹笛[③]，而不相识。遇桓于岸上过，王在船中，客有识之者，云是桓子野，王便令人与相闻[④]，云："闻君善吹笛，试为我一奏。"桓时已贵显，素闻王名，即便回下车[⑤]，踞胡床[⑥]，为作三调。弄毕，便上车去。客主不交一言。

【注释】

①出都：赴京都，到京都去。出，到、至。

②渚：此指青溪渚。东晋时建康东南青溪上的码头，是都城漕运要道。

③桓子野：桓伊。

④相闻：通消息，传话。

⑤回下车：转身下车。晋时车制皆于车后上下，故曰“回下车”。

⑥踞：靠，倚。

【译文】

王徽之奉召赴京都，船还停泊在青溪渚下。他曾经听说桓伊擅长吹笛，但是不相识。这次正好遇上桓伊从岸上经过，王徽之在船中，门客中有人认识桓伊，说那是桓伊，王徽之就派人去传话，说：“听说您善于吹笛，请为我演奏一段。”桓伊当时已经做官显贵了，但他素来知道王徽之的大名，就回头下车，靠着胡床，为他演奏了三个曲子。演奏完毕，就上车离开了。客人和主人间没有交谈过一句话。

五〇

桓南郡被召作太子洗马①，船泊荻渚②，王大服散后已小醉③，往看桓。桓为设酒，不能冷饮，频语左右令“温酒来”，桓乃流涕呜咽。王便欲去，桓以手巾掩泪，因谓王曰：“犯我家讳，何预卿事④！”王叹曰：“灵宝故自达⑤！”

【注释】

①桓南郡：桓玄。太子洗马：东宫太子属官。

②荻渚：地名。故址在今湖北江陵。

③王大：王忱。散：即“寒食散”，也称“五石散”。

④家讳：父祖的名讳。晋代尤重家讳。“温”字为桓玄父之讳。预：干预，关涉。

⑤灵宝：桓玄别名。

【译文】

桓玄被征召做了太子洗马，他的船停泊在荻渚，王忱服了五石散后已经微醉，前去看望桓玄。桓玄为他备酒，知道他服散后不能喝冷酒，多次吩咐左右，叫他们拿温酒来。桓玄竟然流泪哭泣，王忱就要离去，桓玄用手巾擦拭眼泪，并对王忱说："我犯了家讳，关你什么事？"王忱叹服说："灵宝真是通达。"

五一

王孝伯问王大①："阮籍何如司马相如？"王大曰："阮籍胸中垒块②，故须酒浇之。"

【注释】

①王孝伯：王恭。王大：王忱。

②垒块：疙瘩，指郁结，有不平之气。

【译文】

王恭问王忱："阮籍和司马相如相比如何？"王忱说："阮籍胸中郁结如有疙瘩，因此必须用酒来浇它。"

五二

王佛大叹言①："三日不饮酒，觉形神不复相亲②。"

【注释】

①王佛大：王忱，小字佛大。

②形：形体。神：精神。

【译文】

王忱感叹说："三天不喝酒，便觉得形体和精神不再相互亲近了。

五三

王孝伯言[①]："名士不必须奇才，但使常得无事[②]，痛饮酒，熟读《离骚》，便可称名士。"

【注释】

①王孝伯：王恭。

②但使：只要。

【译文】

王恭说："名士不一定要有杰出的才华，只要能经常无事，尽兴喝酒，熟读《离骚》，就可以称作名士了。"

五四

王长史登茅山[①]，大恸哭曰："琅邪王伯舆，终当为情死。"

【注释】

①王长史：王廞，字伯舆，王导之孙，王荟之子，曾任司徒长史。他在服母丧期间，被任命为吴国内史，响应王恭起兵三吴，后王恭退兵，命他去职回家，王廞愤而起兵讨伐王恭，最后兵败为王恭所杀。茅山：山名，在今江苏句容东南。

【译文】

王廞登上茅山，大声痛哭着说："琅邪王伯舆，最终一定是为情而死。"

简傲第二十四

【题解】

简傲，指简慢高傲。简傲本来是一种无理的举动，但魏晋士人出于对世俗的反抗，故意做出各种简傲的行为，并形成一股慢世之风。当然，很多士人也为此付出了生命的代价。

本篇共有十七则。

一

晋文王功德盛大①，坐席严敬②，拟于王者。唯阮籍在坐，箕踞啸歌③，酣放自若④。

【注释】

①晋文王：司马昭。

②严敬：严肃庄重。

③箕踞：伸开两足而坐，形如箕，表示放达、傲慢的一种坐姿。啸歌：吟唱。

④酣放自若：尽情地饮酒，放纵不羁，神情自在。

【译文】

晋文王司马昭功业兴旺、德行高尚，坐在席位上严肃庄重，可与君王相比。只有阮籍在座位上伸开两足吟唱，他尽情地饮酒，放纵不羁，神态自在。

二

王戎弱冠诣阮籍[①]，时刘公荣在坐[②]。阮谓王曰："偶有二斗美酒[③]，当与君共饮，彼公荣者无预焉[④]。"二人交觞酬酢[⑤]，公荣遂不得一杯，而言语谈戏，三人无异。或有问之者，阮答曰："胜公荣者，不得不与饮酒；不如公荣者，不可不与饮酒；唯公荣，可不与饮酒。"

【注释】

①弱冠：古代男子二十岁行加冠礼，后因以"弱冠"指二十岁或二十岁左右之人。

②刘公荣：刘昶。

③偶：碰巧，恰好。

④预：参加。

⑤交觞(shāng)：一齐，互相。酬酢(zuò)：宾主相互敬酒。

【译文】

王戎二十岁时去拜访阮籍，当时刘昶也在座。阮籍对王戎说："我恰好有二斗美酒，应当与你同饮，他刘昶呢就不要参与了。"两个人就互相敬酒，刘昶最后也没有得到一杯酒，但是言语谈笑，三个人彼此并没有异样。有人问起此事，阮籍答道："胜过刘昶的人，不得不与他饮酒；不如刘昶的人，不可不与他饮酒；只有刘昶，可以不与他饮酒。"

三

钟士季精有才理[①]，先不识嵇康，钟要于时贤俊之士[②]，俱往寻康。康方大树下锻[③]，向子期为佐鼓排[④]。康扬槌不辍，傍若无人，移时不交一言[⑤]。钟起去，康曰："何所闻而来？何所见而去？"钟曰："闻所闻而来，见所见而去。"

【注释】

①钟士季：钟会。才理：才思。

②要(yāo)：约请。贤俊：贤能杰出之人。

③锻：打铁。

④向子期：向秀，字子期。佐：辅助。鼓排：拉风箱鼓风。

⑤移时：过了很久时间。

【译文】

钟会精明有才思，先前不认识嵇康，钟会邀请当时贤能杰出人士，一起去探访嵇康。嵇康正在大树下打铁，向子期正在帮他拉风箱鼓风。嵇康不停地挥动槌子打铁，旁若无人，过了很久也不与他们说一句话。钟会起身离开，嵇康说："你听到了什么才来的？见到了什么才走的？"钟会说："听到了所听到的才来，看到了所看到的才走的。"

四

嵇康与吕安善[①]，每相思，千里命驾。安后来，值康不在，喜出户延之[②]，不入，题门上作"凤"去。喜不觉，犹以为欣[③]，故作。"凤"字凡鸟也[④]。

【注释】

①吕安：字仲悌，晋东平人，与嵇康、山涛等友善，后被司马昭所杀。

②喜：嵇喜，字公穆，嵇康之兄，历仕扬州刺史、太仆、宗正。延：邀请。

③欣：高兴，喜悦。

④凤："鳳"为"凤"的繁体字，由"凡"，"鳥"二字组合而成，吕安特地以此比喻嵇喜为凡鸟，以示轻视之意。

【译文】

嵇康和吕安很友好，每当思念吕安时，再远的路也要长途驾车前去探访。吕安后来去拜访嵇康时，正巧嵇康不在家，嵇喜出门来迎接他，他不进门，在门上题了一个"凤"字就走了。嵇喜并未察觉吕安的用意，还以为他很高兴，所以才题字的。"凤(鳳)"字，就是凡鸟啊。

五

陆士衡初入洛①，咨张公所宜诣②，刘道真是其一③。陆既往，刘尚在哀制中④。性嗜酒，礼毕，初无他言，唯问："东吴有长柄壶卢⑤，卿得种来不？"陆兄弟殊失望，乃悔往。

【注释】

①陆士衡：陆机字士衡。洛：洛阳。

②咨：询问。张公：张华。所宜诣：应当拜访的人。

③刘道真：刘宝，字道真。

④哀制：礼制规定的居丧期，这里指父母的丧事。

⑤壶卢：葫芦，可作盛酒之器。

【译文】

陆机初到洛阳时，向张华询问应当去拜访的人，张华认为刘宝是应拜访的一位。陆机去刘家时，刘宝还在守丧期中。刘宝性喜饮酒，见面礼行过后，开头没说别的话，只是问："东吴有一种长柄葫芦，你们带了种子来吗?"陆机、陆云兄弟听了非常失望，于是很后悔去拜访其人。

六

王平子出为荆州①，王太尉及时贤送者倾路②。时庭中有大树，上有鹊巢，平子脱衣巾，径上树取鹊子，凉衣拘阂树枝③，便复脱去。得鹊子还下弄④，神色自若，傍若无人。

【注释】

①王平子：王澄，王衍之弟。出为荆州：出任荆州刺史。

②王太尉：王衍。倾路：挤满路。

③凉衣：贴身内衣。拘阂(hé)：挂碍，钩住。

④弄(nòng)：戏耍，拿着玩。

【译文】

王澄出任为荆州刺史，王衍与当时的名流去送行的挤满了道路。当时庭院中有一棵大树，上面有鹊巢，王澄脱下上衣和头巾，径直爬上树去抓小鹊，贴身内衣钩住了树枝，就再把内衣脱掉。他抓到小鹊后又下树拿着小鹊玩耍，神色自如，旁若无人。

七

高坐道人于丞相坐①，恒偃卧其侧②。见卞令③，肃然改容云[④]:“彼是礼法人。”

【注释】

①高坐:西晋和尚。道人:晋宋时称僧徒为“道人”。丞相:王导。

②偃(yǎn)卧:仰卧。

③卞令:卞壸(kǔn),字望之,官尚书令。

④肃然:恭敬的样子。改容:脸上变得严肃起来。

【译文】

高坐和尚在王导家里作客时,常仰卧在王导身边。看到卞壸,脸色就变得恭敬严肃起来,说:“他是讲究礼仪法度之人。”

八

桓宣武作徐州[①],时谢奕为晋陵[②],先粗经虚怀[③],而乃无异常。及桓迁荆州[④],将西之间,意气甚笃[⑤],奕弗之疑。唯谢虎子妇王悟其旨[⑥],每曰:“桓荆州用意殊异,必与晋陵俱西矣[⑦]。”俄而引奕为司马[⑧]。奕既上,犹推布衣交。在温坐,岸帻啸咏[⑨],无异常日。宣武每曰:“我方外司马[⑩]。”遂因酒,转无朝夕礼[⑪]。桓舍入内[⑫],奕辄复随去[⑬]。后至奕醉,温往主许避之[⑭]。主曰:“君无狂司马,我何由得相见?”

【注释】

①桓宣武:桓温。作徐州:担任徐州刺史。

②谢奕:字无奕,谢安兄。为晋陵:任晋陵太守。

③粗经虚怀:指略叙寒暄之意。粗经,略表。虚怀,心怀,心意。

④迁荆州:调任荆州刺史。

⑤意气：情义。笃：深厚。

⑥谢虎子：谢据，小字虎子，谢奕弟。妇王：妻子王氏。悟其旨：明白他的意思。

⑦晋陵：指任晋陵太守的谢奕。

⑧引：举荐。司马：刺史的属官。

⑨岸帻（zé）：把头巾略微掀起，露出额头，形容潇洒，无拘无束的样子。

⑩方外：世俗之外。

⑪朝夕礼：指早晚应有的礼节。《晋书》本传作“朝廷礼”。

⑫舍：避开。

⑬辄复：就。

⑭主许：指桓温妻子南康长公主的住处。许，住处。

【译文】

桓温担任徐州刺史，当时谢奕担任晋陵太守，起先两人略通寒暄，也没有什么异样的地方。等到桓温改任荆州刺史，将往西边去就任时，两人情义非常深，谢奕没有怀疑他。只有谢据的妻子王氏了解其中的意思，常说：“桓温的用心很不寻常，他必定与晋陵一起到西边去了。”不久桓温就荐举谢奕为司马。谢奕上任后，还是把桓温当做贫贱时的朋友看待。在桓温座上作客时，他把头巾掀起露出额头长啸歌咏，与平常没有什么不同。桓温常说：“他是我世俗之外的司马。”于是他因为喝多了酒，更加没有早晚应有的礼节了。桓温避开他进入内室，谢奕就跟进去。后来到了谢奕喝醉酒，桓温到南康长公主住处避开他。公主说：“你如果没有这位狂司马，我怎么能够与你相见呢？”

九

谢万在兄前①，欲起索便器②。于时阮思旷在坐曰③：

“新出门户④，笃而无礼⑤。”

【注释】

①谢万：字万石，谢安、谢奕之弟。

②便器：便壶。

③阮思旷：阮裕，字思旷。

④新出门户：指新兴的大家族。门户，门第，家族。

⑤笃：忠厚诚实。无礼：不懂礼节。

【译文】

谢万在兄长面前，想要起身取便壶。当时阮裕在座，说道：“这种新兴的大家族，忠厚诚实却不懂礼节。”

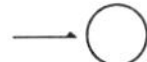

谢中郎是王蓝田女婿①，尝著白纶巾②，肩舆径至扬州听事③，见王，直言曰：“人言君侯痴，君侯信自痴④。”蓝田曰：“非无此论，但晚令耳⑤。”

【注释】

①谢中郎：谢万，曾为从事中郎，故称。王蓝田：王述，袭父爵为蓝田侯，故称。

②著(zhuó)：戴。纶(guān)巾：古代配有青丝带的头巾。

③肩舆：两个人抬的一种轿子。径：径直，直接。听事：厅堂。

④信自：确实。

⑤晚令：晚年得到好名声。令，令名，美名。

【译文】

谢万是王述的女婿，曾戴着白纶巾，坐着肩舆，径直到扬州刺史厅堂上，谒见王述，直率地说："人们说君侯你有点痴呆，君侯你确实是痴呆。"王述说："不是没有这种议论，只是我晚年才得到好名声罢了。"

一一

王子猷作桓车骑骑兵参军[①]，桓问曰："卿何署[②]？"答曰："不知何署，时见牵马来，似是马曹[③]。"桓又问："官有几马？"答曰："不问马[④]，何由知其数[⑤]？"又问："马比死多少[⑥]？"答曰："未知生，焉知死[⑦]？"

【注释】

①王子猷（yóu）：王徽之字子猷，王羲之第五子。有才器，放诞不羁，官至黄门侍郎。桓车骑：桓冲，字幼子，桓温弟，官至车骑将军，故称。骑兵参军：官名，掌管马畜牧养，供给等事。

②署：官署，部门。

③马曹：管马匹的官署。

④不问马：《论语·乡党》："厩焚。子退朝，曰：'伤人乎？'不问马。"谓马房失火，孔子从朝中回来，听到了就说："伤到人了吗？"没有问马的情况。文中借用了"不问马"之语。

⑤何由：怎么，如何。

⑥比：近来，近期。

⑦"未知生"二句：《论语·先进》："季路……曰：'敢问死。'曰：'未知生，焉知死！'"谓子路问孔子死后是怎么样的情况。孔子说："我们连一个人活着的道理都搞不清楚，怎么会知道死后的情

形呢!"

【译文】

王徽之担任桓冲的骑兵参军,桓冲问他:"你是哪个部门的?"王徽之答道:"不知道是什么部门,只是常常看见牵了马来,好像是马曹。"桓冲又问:"官府中有多少马?"徽之答着:"我不问马,怎么知道马的数目呢?"桓冲又问:"马近来死了多少?"徽之答道:"不知道活着的,怎么知道死掉的?"

一二

谢公尝与谢万共出西①,过吴郡②,阿万欲相与共萃王恬许③,太傅云④:"恐伊不必酬汝⑤,意不足尔⑥。"万犹苦要⑦,太傅坚不回,万乃独往。坐少时,王便入门内,谢殊有欣色,以为厚待己。良久,乃沐头散发而出,亦不坐,仍据胡床⑧,在中庭晒头,神气傲迈,了无相酬对意⑨。谢于是乃还,未至船,逆呼太傅⑩,安曰:"阿螭不作尔⑪!"

【注释】

①谢公:谢安。谢万:谢安弟。

②吴郡:郡名,治所在今江苏苏州。

③萃:聚集。王恬:字敬豫,小字螭虎。王导第二子。历仕中书郎、魏郡太守、会稽内史、死赠中军将军。许:处所。

④太傅:谢安。

⑤不必:不一定。酬:应酬。

⑥不足:不值得。

⑦苦要(yāo):竭力邀请。

⑧据：即踞，坐着两腿作八字形分开。胡床：由胡地传入的轻便坐具，故称，类似折叠椅。

⑨了：完全。

⑩逆：预先。

⑪阿螭(chī)：王恬的小名。不作：不足，不值得。

【译文】

谢安曾经与谢万一起到西边的京城去，经过吴郡时，谢万想与谢安一起到王恬处与王恬聚会。谢安说："恐怕他不一定会与你应酬，我认为不值得如此。"谢万还是竭力邀请他同去，谢安坚决不肯改变主意。谢万就独自前去。坐了一会儿，王恬就进屋去了，谢万很有点儿欣喜之色，认为他要好好款待自己。过了很久，王恬洗了头披散着头发出来了，也不坐下，两腿仍然张开八字形坐在折叠椅上，在庭院中晒头发，神色傲慢，毫无要招待他的意思。谢万于是就回来了，还未到船上，就预先叫谢安，谢安说："阿螭那里不值得你如此走一趟啊！"

一三

王子猷作桓车骑参军①。桓谓王曰："卿在府久，比当相料理②。"初不答③，直高视④，以手版拄颊云⑤："西山朝来⑥，致有爽气⑦。"

【注释】

①王子猷(yóu)：王徽之字子猷。

②比：近来。料理：安排。

③初不：一点都不。

④直：只是。高视：远望。

⑤手版：手板，古代官吏上朝或谒见上司时所拿的笏，以备记事之用。拄(zhǔ)：撑。

⑥朝(zhāo)：早晨。

⑦致：通“至”，极。爽气：清爽之气。

【译文】

王徽之当车骑将军桓冲的参军，桓冲对王徽之说：“你在军府中的时间很久了，近来应当安排事务了。”王徽之一点儿都不回答，只是远远地望着，用手板撑着面颊道：“西山的早晨，极有清爽之气。”

一四

谢万北征[①]，常以啸咏自高[②]，未尝抚慰众士。谢公甚器爱万[③]，而审其必败[④]，乃俱行，从容谓万曰[⑤]：“汝为元帅，宜数唤诸将宴会[⑥]，以说众心[⑦]。”万从之。因召集诸将，都无所说，直以如意指四坐云[⑧]：“诸君皆是劲卒[⑨]。”诸将甚忿恨之[⑩]。谢公欲深著恩信[⑪]，自队主将帅以下[⑫]，无不身造[⑬]，厚相逊谢。及万事败[⑭]，军中因欲除之。复云：“当为隐士[⑮]。”故幸而得免。

【注释】

①北征：指穆帝于升平二年(359)命谢万与徐、兖二州刺史北攻前燕。面对大敌，他没有抚慰将士，应对无方，导致大败。

②啸咏：长啸歌咏。自高：自命清高。

③谢公：谢安。器爱：器重爱护。

④审：推究分析。

⑤从容：随便地。

⑥数(shuò):多次,经常。

⑦说:通"悦",取悦。

⑧如意:一种供赏玩的象征吉祥的器物,以玉、竹、骨等制成,柄微曲,兴呈灵芝形或云形。

⑨劲卒:精壮的士兵。

⑩诸将甚忿恨之:《资治通鉴·晋纪》穆帝升平三年胡三省注曰:"凡奋身行伍者,以兵与卒为讳。既为将矣,而称之为卒,所以益恨也。"按,兵,音同"殡";卒,死亡。这两个字均为行伍中人忌讳之语,故诸将士听了谢万之语更加恨他。

⑪深著:深入显明。

⑫队主:一队之长,长官。

⑬深造:亲自访问。

⑭事败:指谢万错误判断撤退,兵败溃散,单骑逃回。

⑮隐士:指谢安。当时谢安正隐居东山,尚未出仕,故称。

【译文】

谢万北征时,常常用长啸歌咏来表示自己的清高,从来没有去安抚慰问将士们。谢安很器重爱护谢万,分析形势知道他必定会失败,于是就与他一起出行,故意随便地对谢万说:"你做元帅,应该常常召唤将领们参加宴会,来取悦众将之心。"谢万听从了谢安的话。于是召集诸将,在筵席上谢万都没有说什么,只是用如意指着四座的人说:"诸位都是精壮的士兵。"众将听了非常怨恨他。谢安想对将领们施予更深厚显明的恩惠信用,从队长将帅以下,都亲自上门拜访,表示深厚的谦让感谢之意。等到谢万北征打了败仗,军中将士借此要杀掉他。但又说:"应当为隐士谢安着想。"所以谢万侥幸得以免去一死。

一五

王子敬兄弟见郗公[①],蹑履问讯[②],甚修外生礼[③]。及嘉宾死[④]，皆著高屐[⑤]，仪容轻慢[⑥]。命坐，皆云："有事，不暇坐。"既去，郗公慨然曰："使嘉宾不死，鼠辈敢尔[⑦]？"

【注释】

①王子敬：王献之。郗公：郗愔。

②蹑履：穿着鞋。见客穿鞋在当时是有礼貌的表现。问讯：问候起居。

③修：讲求。外生：外甥。王羲之是郗鉴的女婿，郗愔是郗鉴之子，王献之兄弟是王羲之之子，故愔与他们为舅甥关系。

④嘉宾：郗超，字嘉宾，郗愔之子。是桓温的亲信，权重一时。

⑤高屐(jī)：厚底的木屐。木屐是木底有齿的鞋子，休闲时穿。正式场合则穿履。

⑥仪容：仪表举止。轻慢：轻浮傲慢。

⑦鼠辈：对晚辈或年少者轻蔑之称。

【译文】

王献之兄弟去见郗愔时，穿着见客的鞋子去问候起居，很讲外甥作客的礼节。等到郗超死后，他们就都穿着休闲的高齿木屐，轻浮傲慢起来。郗愔叫他们坐，都说："还有别的事，没空坐。"他们走了以后，郗愔慨叹说："假如嘉宾不死的话，鼠辈怎敢如此放肆！"

一六

王子猷尝行过吴中[①]，见一士大夫家极有好竹。主已知子猷当往，乃洒扫施设[②]，在厅事坐相待。王肩舆径造竹下[③]，讽啸良久。主已失望，犹冀还当通[④]，遂直欲出门。主人大不堪[⑤]，便令左右闭门，不听出。王更以此赏主人[⑥]，乃留坐，尽欢而去。

【注释】

①王子猷：王徽之。吴中：吴郡，治在今江苏苏州。

②施设：陈设，设置。

③肩舆：轿子类代步工具。径造：直接到。

④冀：希望。通：通报。

⑤不堪：不能忍受。

⑥更：反而。

【译文】

王徽之出行时曾经过吴郡，看见一个士大夫家很有些好竹子。那家主人已经知道王徽之会去，便洒扫庭园，摆放陈设，在厅堂中坐着等待。王徽之坐轿子直接到了竹林下，讽咏长啸了很长时间。主人已感到失望，但还是希望王徽之回去，并来通报见面，但王徽之竟想径直而去。主人感到不能忍受，便命左右的人把门关上，不许王徽之出去。王徽之反而因此赏识主人，就留下来同坐，尽兴欢聚后才离去。

一七

王子敬自会稽经吴[①]，闻顾辟疆有名园[②]，先不识主人，径往其家。值顾方集宾友酣燕[③]，而王游历既毕，指麾好恶[④]，傍若无人。顾勃然不堪曰[⑤]：“傲主人，非礼也；以贵骄人，非道也。失此二者，不足齿之[⑥]，伧耳[⑦]。”便驱其左右出门。王独在舆上[⑧]，回转顾望，左右移时不至[⑨]，然后令送著门外，怡然不屑[⑩]。

【注释】

①王之敬:王献之。

②顾辟疆:东晋吴郡人,官郡功曹、平北参军。

③酣燕:畅快地饮酒吃饭。燕,通“宴”,宴享招待。

④指麾(huī):指点评论。

⑤勃然:大怒的样子。不堪:难以忍受。

⑥齿:谈论,提及。

⑦伧(cānɡ):粗俗,鄙陋之人。

⑧舆:肩舆,轿子。

⑨移时:长时间。

⑩怡然:愉快的样子。不屑:不介意,不在乎。

【译文】

王献之从会稽经过吴郡,听说顾辟疆有座名园,他先前并不认识主人,就直接到了主人家。正遇到顾辟疆聚集宾客友人在畅快地饮酒宴会,王献之游览了名园后,指指点点地评论这座园林的优缺点,旁若无人。顾辟疆难以忍受,勃然大怒道:“傲视主人,是无礼的;仗着高贵的身份对人骄横,是不懂道理。丢掉这两条原则,是不值一提的人,不过是一个粗俗之人罢了。”说完就把王献之的左右侍从赶出家门。王献之独自在轿上,四处张望,左右随从过了很久也不来,然后他就让主人把自己送出门外,摆出一副愉快不在乎的样子。

排调第二十五

【题解】

排调，指幽默。魏晋士人的排调不是一般意义上的戏谑或调笑，而是一种幽默。林语堂先生说："最上乘的幽默，自然是表示'心灵的光辉与智慧的丰富'……各种风调之中，幽默最富于感情。"(《论读书·论幽默》)魏晋士人的排调，见学、见思、见才、见情、见智、见理，意趣无穷，耐人玩味。

本篇共有六十五则。

一

诸葛瑾为豫州[①]，遣别驾到台[②]，语云："小儿知谈[③]，卿可与语。"连往诣恪[④]，恪不与相见。后于张辅吴坐中相遇[⑤]，别驾唤恪："咄咄郎君[⑥]。"恪因嘲之曰："豫州乱矣，何咄咄之有？"答曰："君明臣贤，未闻其乱。"恪曰："昔唐尧在上[⑦]，四凶在下[⑧]。"答曰："非唯四凶[⑨]，亦有丹朱[⑩]。"于是一坐大笑。

【注释】

①诸葛瑾：字子瑜，诸葛亮之兄。为豫州：任豫州刺史。

②别驾：官名，为州刺史的重要佐吏。台：指朝廷禁省等政府衙门。

③小儿：指其子诸葛恪。知谈：擅长言谈。

④恪(kè)：诸葛恪，字元逊，诸葛瑾长子，少有才名。仕吴，官至太傅，后被孙峻杀害。

⑤张辅吴：张昭，字子布，仕吴，为辅吴将军，故称。

⑥咄咄：叹词，表示惊异或感叹。郎君：属吏称长官之子。

⑦唐尧：即陶唐氏，传说中的贤君。

⑧四凶：传说中尧舜时的四个恶人：共工、驩兜、三苗、鲧，后被舜流放。

⑨非唯：不仅。

⑩丹朱：相传为唐尧之子，由于不肖，唐尧传位给舜。

【译文】

诸葛瑾担任豫州刺史时，派别驾到朝廷去，对他说："我儿子擅长言谈，你可以与他聊聊。"别驾连着几次去拜访诸葛恪，诸葛恪都不肯与他相见。后来在张昭家座席上相遇，别驾就呼唤诸葛恪："哎唷郎君！"诸葛恪于是嘲笑他道："豫州乱了吗，有什么好哎唷的？"别驾答道："君主圣明，臣子贤良，没听说豫州混乱。"诸葛恪说："古时唐尧在上面，却还有四凶在下面。"别驾答道："不仅有四凶，还有唐尧的儿子丹朱。"于是满座的人都大笑起来。

二

晋文帝与二陈共车[①]，过唤钟会同载，即驶车委去[②]。比出[③]，已远。既至，因嘲之曰："与人期行[④]，何以迟迟？望卿遥遥不至[5]。"会答曰:"矫然懿实,何必同群[6]?"帝复问会:"皋繇何如人[7]?"答曰:"上不及尧、舜,下不逮周、孔,亦一时之懿士[8]。"

【注释】

①晋文帝:司马昭。二陈:陈骞(qiān)、陈泰。

②委去:抛弃,丢弃。

③比:等到。

④期行:约定同行。

⑤遥遥:形容时间长久。此处因钟会父亲钟繇之名中有"繇"字,故以"遥遥"同音戏弄钟会。

⑥矫然懿(yì)实,何必同群:因陈骞父名矫,司马昭父名懿,陈泰父名群,钟会遂将这些人的家讳组词连句来回敬对方的调笑。矫然,强健挺拔的样子。懿实,美好诚实。

⑦皋繇(gāo yáo):即皋陶(yáo),传说中东夷的首领。

⑧周、孔:周公、孔子。懿士:有美德之人。

【译文】

晋文帝司马昭与陈骞、陈泰同乘一辆车,经过钟会家门口时,叫钟会出来一同乘车,却立即驾车而走,把钟会丢下了。等到钟会出来,车子已走远了。到了目的地后,晋文帝司马昭就嘲讽钟会道:"与别人约定同行,为什么迟迟不出来?我们盼望着你,你却遥遥不到。"钟会答道:"矫然懿实,何必同群?"文帝司马昭又问钟会:"皋陶是怎样的人?"钟会答道:"他向上比不上尧、舜,向下不如周公、孔子,却也是当代的一位懿士。"

三

钟毓为黄门郎[①]，有机警，在景王坐燕饮[②]。时陈群子玄伯、武周子元夏同在坐[③]，共嘲毓。景王曰："皋繇何如人？"对曰："古之懿士。"顾谓玄伯、元夏曰："君子周而不比[④]，群而不党[⑤]。"

【注释】

①钟毓：钟繇之子，钟会兄，曾为黄门侍郎、后历廷尉、青州刺史、都督荆州军事等职。黄门郎：官名，掌侍从皇帝，传达诏命等事。

②景王：司马师，司马懿之子，晋朝建立，追尊景帝。

③陈群：陈泰之父。玄伯：陈泰字玄伯。武周：字伯南，三国时魏沛国竹邑（今安徽宿州北）人。仕魏，官卫尉、光禄大夫。元夏：武陔（gāi），字元夏，仕晋，官至左仆射、光禄大夫，开府仪同三司。

④周而不比：周，忠信。比，勾结。《论语·为政》："君子周而不比，小人比而不周。"孔安国注谓"忠信为周，阿党为比"。指君子讲诚信，小人讲利益而互相勾结。

⑤群而不党：群，合群。党，偏私，袒护。《论语·卫灵公》："君子……群而不党。"谓君子合群而不结党营私。

【译文】

钟毓担任黄门郎，为人机智敏锐，一次在晋景王司马师的坐席上饮酒。当时陈群的儿子陈泰、武周的儿子武陔一同在座，他们一起嘲讽钟毓。司马师说："皋繇是什么人？"钟毓对答道："古代的懿士。"又回过头来对陈泰、武陔说："君子周而不比，讲诚信，合群共处而不结党营私。"

四

嵇、阮、山、刘在竹林酣饮[①]，王戎后往[②]，步兵曰[③]："俗物已复来败人意[④]！"王笑曰："卿辈意亦复可败邪？"

【注释】

①嵇、阮、山、刘：嵇康、阮籍、山涛、刘伶，都是竹林七贤中人。

②王戎：亦为竹林七贤中人。

③步兵：阮籍曾任步兵校尉，故称。

④俗物：世俗之人，俗人。此指王戎。败人意：败坏人家的意兴。意，心绪，情绪。

【译文】

嵇康、阮籍、山涛、刘伶在竹林中畅快地饮酒，王戎后到，阮籍说："这个俗人又来败坏人家的意兴！"王戎笑道："你们这帮人的意兴也是可以败坏的吗？"

五

晋武帝问孙皓[①]："闻南人好作《尔汝歌》[②]，颇能为不？"皓正饮酒，因举觞劝帝而言曰[③]："昔与汝为邻，今与汝为臣。上汝一杯酒，令汝寿万春。"帝悔之。

【注释】

①晋武帝：司马炎，西晋开国之君。孙皓：孙权之孙，三国时吴国的亡国之君，降晋后封归命侯。

②南人：南方人。《尔汝歌》：魏晋民歌。歌词中以"尔"、"汝"等称

谓表示亲昵，含有不尊重轻蔑的成分。

③觞(shāng)：饮酒的器具。

【译文】

晋武帝问孙皓："听说南方人喜欢唱《尔汝歌》，你还能唱吗？"孙皓正在喝酒，于是就举杯敬武帝酒并吟唱道："当年与你相邻，如今向你称臣。敬你一杯酒，祝你长寿万年春。"武帝听了很后悔。

六

孙子荆年少时欲隐[①]，语王武子"当枕石漱流[②]"，误曰"漱石枕流"。王曰："流可枕，石可漱乎？"孙曰："所以枕流，欲洗其耳；所以漱石，欲砺其齿[③]。"

【注释】

①孙子荆：孙楚，字子荆，晋太原人，有才气，善文章，官至冯翊太守。

②王武子：王济，字武子。枕石漱流：以石块为枕头，以流水漱口，指隐居山林。

③砺：磨。

【译文】

孙楚年轻时想隐居，对王济说："应当去枕石漱流。"但说的时候口误说了"漱石枕流"。王济说："流水可以当枕头，石头可以漱口吗？"孙楚说："头枕流水的原因是想洗自己的耳朵，用石头漱口的原因是想磨砺自己的牙齿。"

七

头责秦子羽云[①]:“子曾不如太原温颙[②],颍川荀寓[③],范阳张华[④],士卿刘许[⑤],义阳邹湛[⑥],河南郑诩[⑦]。此数子者,或謇吃无宫商[⑧],或尫陋希言语[⑨],或淹伊多姿态[⑩],或讙哗少智谞[⑪],或口如含胶饴[⑫],或头如巾齑杵[⑬]。而犹以文采可观,意思详序[⑭],攀龙附凤[⑮],并登天府[⑯]。”

【注释】

①秦子羽:身世不详。大约为虚构的人物,出自晋人张敏文集中《头责子羽文》,形式上是秦子羽的头颅责备子羽之身体,实际上讽刺温颙等六人行径丑恶却位高爵显,以抒发其怀才不遇的郁闷。

②曾:竟。温颙(yóng):字长仁。《晋书·任恺传》谓温颙与张华、向秀、和峤等党附任恺。

③荀寓(yù):字景伯,晋颍川颍阳(今河南许昌)人。

④张华:字茂先,晋范阳方城(今河北固安)人,官至司空,封壮武郡公。著有《博物志》。

⑤士卿:官名,掌管皇族事务。刘许:字文生,河北涿县(今河北涿州)人。

⑥义阳:郡名,治所在新野(今属河南)。邹湛:字润甫,官至侍中。

⑦河南:郡名,治所在洛阳。郑诩:字思渊,荥阳开封(今属河南)人,官卫尉卿。

⑧謇(jiǎn)吃:口吃。无宫商:指五音不全,没有乐感。

⑨尫(wāng)陋:瘦弱丑陋。希:稀少。

⑩淹伊:扭捏,装腔作势的样子。

⑪讙哗：喧哗。智谞（xū）：智慧。

⑫胶饴（yí）：粘性的糖浆。

⑬齑（jī）：捣碎的菜末。杵（chǔ）：木槌子。

⑭详序：周密而有条理。

⑮攀龙附凤：攀附权贵。

⑯天府：指朝廷。

【译文】

秦子羽的头颅责备秦子羽道："你竟然比不上太原的温颙，颍川的荀寓，范阳的张华，士卿刘许，义阳的邹湛，河南的郑诩。这几个人，有的口吃说不出像样的话；有的瘦弱丑陋，寡言少语；有的扭扭捏捏，故作姿态；有的吵吵闹闹，笨头笨脑；有的嘴里如含着糖浆，嘟嘟囔囔；有的脑袋如用手巾包起来的捣碎菜末用的木槌那样又小又尖。但是他们还是因为文才可观，思想周密又有条理，还善于攀附权贵，故都登上了朝廷的高位。"

八

王浑与妇钟氏共坐[①]，见武子从庭过[②]，浑欣然谓妇曰："生儿如此，足慰人意。"妇笑曰："若使新妇得配参军[③]，生儿故可不啻如此[④]。"

【注释】

①王浑：字玄冲，王武子之父。钟氏：名琰之，魏太傅钟繇曾孙女。

②武子：王济，字武子，有才，闻名当世。

③新妇：泛指已婚妇女，此处为妇人自称。参军：指王沦，字太冲，王浑之弟，曾任晋文王司马昭大将军参军，故称。

④不啻（chì）：不止。

【译文】

王浑与妻子钟氏一起坐着，看见儿子王济从庭院中走过。王浑欣喜地对妻子说："生儿子能够如此，足够令人宽慰如意了。"妻子笑道："如果我能许配给参军，那么生下的儿子可就不止这样了。"

九

荀鸣鹤、陆士龙二人未相识[①]，俱会张茂先坐[②]。张令共语，以其并有大才，可勿作常语。陆举手曰："云间陆士龙[③]。"荀答曰："日下荀鸣鹤[④]。"陆曰："既开青云睹白雉[⑤]，何不张尔弓，布尔矢[⑥]？"荀答曰："本谓云龙骙骙[⑦]，定是山鹿野麋[⑧]。兽弱弩强，是以发迟。"张乃抚掌大笑。

【注释】

①荀鸣鹤：荀隐，字鸣鹤，晋颍川人，官太子舍人、司徒掾。陆士龙：陆云，字士龙，吴郡吴县华亭(今上海松江)人。

②张茂先：张华。

③云间陆士龙：云间，古华亭(今上海松江)，松江府的古称。

④日下：指京都及其附近地区。古以帝王喻日，故京城及附近地区遂称"日下"。荀隐为颍川人，近京都洛阳，故称。

⑤白雉(zhì)：白色的野鸡。雉，野鸡。

⑥布：搭放。

⑦云龙：云间之龙。骙骙(kuí)：强壮的样子。

⑧定：表示意外，竟然，却。山鹿野麋(mí)：山野里的麋鹿。麋，野兽名，即麋鹿，又叫"四不像"，暗指陆云不是龙，只是四不像而已。

【译文】

荀隐、陆云两人互不相识，他们一起在张华家坐席上会面。张华让他们交谈，因为他们都有出众的才华，便让他们不要说些一般平常的话。陆云举手说："云间陆士龙。"荀隐答道："日下荀鸣鹤。"陆云说："既然青云已经散开看到了白色的野鸡，为什么不拉开你的弓，搭放你的箭？"荀隐答道："本以为云间之龙很强壮的样子，原来却只是山野间一只四不像。野兽虚弱，弓弩强大，所以才慢吞吞地放箭。"张华听了就拍手大笑。

一〇

陆太尉诣王丞相①，王公食以酪②。陆还，遂病。明日，与王笺云③："昨食酪小过④，通夜委顿⑤。民虽吴人，几为伧鬼⑥。"

【注释】

①陆太尉：陆玩，字士瑶，吴郡吴人，官至尚书令、司空，死后追赠太尉，故称。王丞相：王导。

②酪(lào)：用动物乳汁做的食品。

③笺(jiān)：下级给上级的书信。

④小过：稍微有点过分。

⑤委顿：疲惫不堪。

⑥伧(cāng)：当时南人对北方人的蔑称。

【译文】

陆玩去拜访王导，王导给他吃奶酪。陆玩回家，就生病了。第二天，他给王导写信说："昨天奶酪稍稍吃多了点，弄得整夜疲惫不堪。小民虽是南方吴地人，也差点儿成为北方的死鬼。”

一一

元帝皇子生[①]，普赐群臣。殷洪乔谢曰[②]：“皇子诞育，普天同庆。臣无勋焉，而猥颁厚赉[③]。”中宗笑曰[④]：“此事岂可使卿有勋邪？”

【注释】

①元帝：司马睿。皇子：元帝有六子，只有简文帝司马昱生于元帝即位后，故知此皇子即为简文帝司马昱。

②殷洪乔：殷羡，字洪乔，陈郡长平人，仕晋为豫章太守、光禄勋等。

③猥(wěi)：谦词。厚赉(lài)：优厚的赏赐。

④中宗：元帝司马睿的庙号。

【译文】

元帝的皇子出生后，遍赏群臣。殷羡谢恩道：“皇子诞生，普天同庆。臣子没有什么功劳，却承蒙皇上颁发优厚的赏赐。”元帝笑道：“这件事难道可以让你有功劳吗？”

一二

诸葛令、王丞相共争姓族先后[①]，王曰：“何不言葛、王，而云王、葛？”令曰：“譬言驴马，不言马驴，驴宁胜马邪[②]？”

【注释】

①诸葛令：诸葛恢，官至尚书令，故称。王丞相：王导。姓族先后：

姓氏家族的先后。先后，指次序排名的先后，一般认为先者为优，后者为劣。

②宁（nìng）：难道。

【译文】

诸葛恢与王导在一起争论姓氏家族的先后，王导说："为什么不说葛、王，却说王、葛？"诸葛恢说："譬如说驴马，不说马驴，驴难道胜过马吗？"

一三

刘真长始见王丞相[①]，时盛暑之月，丞相以腹熨弹棋局[②]，曰："何乃渹[③]？"刘既出，人问："见王公云何？"刘曰："未见他异，唯闻作吴语耳。"

【注释】

①刘真长：刘惔，字真长，晋沛国人。为东晋名士，官至丹阳尹。王丞相：王导。

②熨（yùn）：指紧贴。弹棋局：指弹棋盘。弹棋：一种二人对局的弹棋游戏。

③渹（qìng）：凉，吴地方言。

【译文】

刘惔初次见到王导时，当时是大热的月份，王导把肚子贴在弹棋盘上，说："怎么这样凉丝丝啊？"刘惔出来后，有人问他："见到王丞相感觉怎么样？"刘惔说："没有见他有什么异样的地方，只是听到他讲吴地方言罢了。"

一四

王公与朝士共饮酒[①]，举琉璃碗谓伯仁曰[②]："此碗腹殊空，谓之宝器，何邪？"答曰："此碗英英[③]，诚为清彻[④]，所以为宝耳。"

【注释】

①王公：王导。朝士：指朝廷官员。

②伯仁：周顗。

③英英：透明的样子，指晶莹剔透。

④清彻：纯净透明。

【译文】

王导和朝廷官员一起喝酒，他举起琉璃碗对周顗说："这碗中间空空，却称它是宝器，是为什么啊？"周顗回答道："这碗晶莹剔透，确是纯净透明，这就是它成为宝器的原因啊。"

一五

谢幼舆谓周侯曰[①]："卿类社树[②]，远望之，峨峨拂青天[③]；就而视之[④]，其根则群狐所托，下聚溷而已[⑤]。"答曰："枝条拂青天，不以为高；群狐乱其下，不以为浊。聚溷之秽[⑥]，卿之所保[⑦]，何足自称[⑧]？"

【注释】

①谢幼舆：谢鲲，字幼舆，初为王敦长史，后任豫章太守，为人放达

不拘，恬淡荣辱。周侯：周顗，袭父爵武城侯，故称。居高位，故有社树之喻；然好亵渎朝臣，故有聚溷之讥。

②社树：社庙的树。古代立社种树，作为标志。

③峨峨：高高的样子。

④就：靠近。

⑤溷(hùn)：指粪污。

⑥秽(huì)：污秽，肮脏。

⑦保：保有，保持。

⑧称：称颂，称赞。

【译文】

谢鲲对周顗说："你像社庙里的树，远远望去，高高的样子像碰到了青天；靠近去看，树根中成为群狐寄居之地，下面集聚了污秽的东西罢了。"周顗回答说："树枝碰到青天，我不认为那有什么高；群狐在下面捣乱，我也不认为就是污浊。集聚污秽的脏物，那是你所保有的，有什么值得自我称颂的？"

一六

王长豫幼便和令[①]，丞相爱恣甚笃[②]。每共围棋，丞相欲举行[③]，长豫按指不听[④]。丞相笑曰："讵得尔[⑤]？相与似有瓜葛[⑥]。"

【注释】

①王长豫：王悦，字长豫，王导长子，曾任中书侍郎，先于王导去世。和令：温和乖巧。

②丞相：王导。爱恣：爱护放纵。笃：指情义深厚。

③举行：指举棋落子。

④不听：不许，不让。

⑤讵：难道，岂。尔：如此。

⑥相与：指彼此，共同。瓜葛：比喻亲戚关系。

【译文】

王悦小时就很温和乖巧，王导对他宠爱放纵情义深厚。每当他们一起下围棋，王导要举棋落子时，王悦就按着父亲的手指不让动。王导笑着说："怎么能这样？我们彼此之间似乎还有点亲戚关系呢。"

一七

明帝问周伯仁[①]："真长何如人[②]？"答曰："故是千斤犗特[③]。"王公笑其言[④]。伯仁曰："不如卷角牸[⑤]，有盘辟之好[⑥]。"

【注释】

①明帝：司马绍。周伯仁：周顗。

②真长：刘惔。

③故：确实。千斤犗(jiè)特：有千斤之力的阉公牛。犗特，阉割过的公牛。

④王公：王导。

⑤卷角牸(zì)：卷角的老母牛。牸，母牛。也泛指雌性的牲畜。

⑥盘辟：盘旋。此是调侃王导善于在各种矛盾中周旋调和。

【译文】

明帝司马绍问周顗："刘惔这人是怎么样的人？"周顗答道："他确实是一头有千斤之力的阉公牛。"王导讥笑他说的话。周顗说："不过比不上卷角的老母牛，具有善于盘旋的好处。"

一八

王丞相枕周伯仁膝[1]，指其腹曰：“卿此中何所有？”答曰：“此中空洞无物，然容卿辈数百人。”

【注释】

①王丞相：王导。周伯仁：周顗。

【译文】

王导头枕在周顗的腿上，指着他的肚子说：“你这里面有什么东西？”周顗答道：“这里面空荡荡的没有东西，但能容得下像你一类的几百个人。”

一九

干宝向刘真长叙其《搜神记》[1]，刘曰：“卿可谓鬼之董狐[2]。”

【注释】

①干宝：字令升，新蔡（今属河南）人。元帝置史官，干宝以佐著作郎领修国史，著《晋纪》二十卷，时称良史。刘真长：刘惔。《搜神记》：三十卷，博采古代传说与鬼神故事，为魏晋志怪小说的代表作。

②董狐：春秋时晋史官，敢于直书，孔子称为古之良史。

【译文】

干宝向刘惔叙述他的《搜神记》，刘惔说：“你可称得上是记鬼神史的董狐。”

二〇

许文思往顾和许[①]，顾先在帐中眠。许至，便径就床角枕共语[②]。既而唤顾共行，顾乃命左右取杭上新衣[③]，易己体上所著。许笑曰："卿乃复有行来衣乎[④]？"

【注释】

①许文思：许琛（chēn），字文思，生平不详。许：住所。

②角枕：用角骨作装饰的枕头。

③杭：通"桁（hàng）"，衣架。

④乃复：间竟然。行来衣：出门穿的衣服。行来，指出门。

【译文】

许琛到顾和住处去，顾和先在帐子里睡了。许琛来后，就径直上床枕着用角骨装饰的枕头与他一起说话。不久又叫顾和一同出去，顾和就叫左右随从拿衣架上的新衣，换下自己身上穿的衣服。许琛笑道："你竟然有出门穿的衣服吗？"

二一

康僧渊目深而鼻高[①]，王丞相每调之[②]。僧渊曰："鼻者，面之山；目者，面之渊[③]。山不高则不灵，渊不深则不清。"

【注释】

①康僧渊：晋高僧，西域人，精于佛理，著称于时。

②王丞相：王导。调（tiáo）：调笑，嘲弄。

③渊：深水潭。

【译文】

康僧渊眼睛深凹鼻梁高耸，王导常常为此嘲笑他。僧渊说："鼻子是脸上的山峰，眼睛是脸上的深潭，山不高就没有灵气，渊不深就不会清亮。"

二二

何次道往瓦官寺[①]，礼拜甚勤，阮思旷语之曰[②]："卿志大宇宙，勇迈终古[③]。"何曰："卿今日何故忽见推[④]？"阮曰："我图数千户郡[⑤]，尚不能得；卿乃图作佛，不亦大乎？"

【注释】

①何次道：何充，字次道，晋庐江人，历官会稽内史、骠骑将军，扬州刺史，曾任晋穆帝宰相，信奉佛教。瓦官寺：佛寺名，在建康（今江苏南京）西南。

②阮思旷：阮裕，字思旷，阮籍族弟，官至金紫光禄大夫。

③迈：超越。

④推：推崇。

⑤图：图谋，谋取。郡：指郡守。

【译文】

何充到瓦官寺，顶礼拜佛很勤进，阮裕对他说："你的志向大过宇宙，勇气超越古人。"何充说："你今天为何忽然推崇起我来了？"阮裕说："我谋求作个几千户人的郡守尚且不能得到，而你却图谋作佛，志向不是很大吗？"

二三

庾征西大举征胡[①]，既成行，止镇襄阳[②]。殷豫章与书[③]，送一折角如意以调之[④]。庾答书曰："得所致[⑤]，虽是败物[⑥]，犹欲理而用之[⑦]。"

【注释】

①庾征西：庾翼，庾亮弟，官至征西将军，故称。征胡：指成帝咸康六年(340)，庾亮死，庾翼代镇武昌，康帝建元元年(343)庾翼率军北伐，二年，以北军势尚强，而康帝又驾崩，未能决战即回襄阳。

②襄阳：县名，今湖北襄樊。

③殷豫章：殷羡，为豫章太守，故称。

④折角如意：断了一个角的如意。如意，一种象征吉利，可供搔背或赏玩的器物。调(tiáo)：调笑，戏弄。

⑤所致：所送之物。

⑥败物：指残缺不全之物。

⑦理：修理。

【译文】

庾翼大举进兵讨伐胡人，出发后，驻扎镇守在襄阳。殷羡写信给他，并送了一只缺角的如意来戏弄他。庾翼回信说："得到了你送的东西，虽然是残缺不全之物，但我还是想要修理好了使用它。"

二四

桓大司马乘雪欲猎[①]，先过王、刘诸人许[②]。真长见其装束单急[③]，问："老贼欲持此何作[④]？"桓曰："我若不为此，卿辈亦那得坐谈[⑤]？"

【注释】

①桓大司马:桓温。

②过:探望。王、刘:王濛、刘惔。许:住所。

③真长:刘惔。装束:衣着。单急:服装轻便紧身,指着戎装。

④老贼:老家伙,老东西,戏谑语。作:做,干。

⑤那得:怎么。坐谈:坐下来清谈。

【译文】

桓温乘着下雪天想去打猎,先到王濛、刘惔的住处探望。刘惔看他身着军装,就问:"老家伙想穿这身衣服干什么?"桓温说:"我如不穿这身衣服,你们这班人怎么能坐下来清谈呢?"

二五

褚季野问孙盛[①]:"卿国史何当成[②]?"孙云:"久应竟[③]。在公无暇,故至今日。"褚曰:"古人'述而不作'[④],何必在蚕室中[⑤]?"

【注释】

①褚季野:褚裒(póu),字季野。

②国史:指孙盛所撰之《晋阳秋》。何当:何时。

③竟:完成。

④述而不作:语见《论语·述而》,意谓只传述前人的话而不创作新义。述,陈述,述说。作,创作。

⑤蚕室:古代行宫刑的住所。受过宫刑者畏惧风寒,须在密闭蓄火如养蚕的房间里将养,故称蚕室。《史记》作者司马迁在撰著《史记》过程中受了宫刑。

【译文】

褚裒问孙盛："你著国史什么时候能完成?"孙盛说："早该完成了。只是忙于公务没有空暇,所以拖到现在。"诸裒说："古人只陈述前人的话而不创作新义,你何必要等被关入蚕室中呢?"

二六

谢公在东山①,朝命屡降而不动②。后出为桓宣武司马③,将发新亭④,朝士咸出瞻送⑤。高灵时为中丞⑥,亦往相祖⑦,先时多少饮酒⑧,因倚如醉⑨,戏曰⑩:"卿屡违朝旨,高卧东山⑪,诸人每相与言⑫:'安石不肯出⑬,将如苍生何⑭?'今亦苍生将如卿何?"谢笑而不答。

【注释】

①谢公:谢安。东山:山名,在今浙江上虞西南,谢安曾隐居于此。

②朝命:指朝廷屡次征召他出山做官。

③桓宣武:桓温死谥宣武,故称。司马:高级武官的属官。

④发:出发。新亭:亭名,在今江苏南京南郊,为当时交通要道,东晋时官员、士人常在此宴饮送别。

⑤瞻送:看望送别。

⑥高灵:高崧,字茂琰,小字阿酃(líng),官至侍中。中丞:官名,即御史中丞。

⑦祖:送行,饯行。

⑧多少:略微。

⑨倚:凭借。

⑩戏:嘲弄,开玩笑。

⑪高卧东山:指隐居东山。

⑫相与:一起,共同。

⑬安石:谢安字安石。

⑭苍生:指百姓。

【译文】

谢安隐居在东山,朝廷屡次降旨征召他出山为官,他都不为所动。后来他出任桓温手下的司马,将要从新亭出发,朝廷官员都来看望送行。高灵当时担任中丞,也前往送别,他起先稍微喝了点酒,于是就借着醉酒模样,开玩笑说:"你屡次违背朝廷旨意,隐居东山不出来,大家常常一起议论说:'安石不肯出山当官,将如何对待老百姓呢?'现如今老百姓又将怎么对待你呢?"谢安笑着不回答。

二七

初,谢安在东山居,布衣①,时兄弟已有富贵者②,翕集家门③,倾动人物④。刘夫人戏谓安曰⑤:"大丈夫不当如此乎?"谢乃捉鼻曰⑥:"但恐不免耳⑦。"

【注释】

①布衣:平民。

②时兄弟已有富贵者:谢安堂兄谢尚、兄谢奕、弟谢万都已做了大官,已经富贵起来。

③翕(xī)集:齐集,聚集。

④倾动:令人倾倒而动心。

⑤刘夫人:谢安妻为刘惔之妹,故称。

⑥捉鼻：捏着鼻子，表示轻蔑意。

⑦但恐不免耳：只怕免不了要像兄弟们那样啊。

【译文】

当初，谢安在东山隐居时，是一介布衣百姓，那时他的兄弟中已有做大官富贵起来的，聚集在家族中，令人倾倒动心。刘夫人对谢安开玩笑说："大丈夫不应当这样吗？"谢安便捏着鼻子说："只怕是免不了要如兄弟们那样啊。"

二八

支道林因人就深公买印山[①]，深公答曰："未闻巢、由买山而隐[②]。"

【注释】

①支道林：支遁字道林，东晋高僧。因：托，通过。就：向。深公：晋高僧竺道潜，字法深。印山：当为岇(àng)山之误。岇山，在会稽剡(shàn)县(今浙江嵊州)，竺道潜隐居于此。

②巢、由：巢父、许由，传说为尧舜时的两位隐士。

【译文】

支遁托人向竺法深买岇山，竺法深回答道："没有听说过巢父、许由是买了山来隐居的。"

二九

王、刘每不重蔡公[①]。二人尝诣蔡，语良久，乃问蔡曰："公自言何如夷甫[②]？"答曰："身不如夷甫。"王、刘相目而笑曰③："公何处不如？"答曰："夷甫无君辈客。"

【注释】

①王、刘：王濛、刘惔。蔡公：蔡谟，字道明，博学多识，官至侍中、司徒。后因失礼被废为庶人。

②夷甫：王衍字夷甫。

③相目：互相对视。

【译文】

王濛、刘惔常不尊重蔡谟。他们二人曾经拜访蔡谟，谈了很久，他们就问蔡谟说："您自己说比王夷甫怎么样？"蔡谟答道："我不如王夷甫。"王濛、刘惔互相对视笑道："您什么地方不如他？"蔡谟答道："王夷甫没有你们这班客人。"

三〇

张吴兴年八岁①，亏齿②，先达知其不常③，故戏之曰："君口中何为开狗窦④？"张应声答曰："正使君辈从此中出入。"

【注释】

①张吴兴：张玄之，曾任吴兴太守，故称。

②亏：缺。

③先达：前辈有声望有才能的贤者。不常：不寻常，不一般。

④狗窦：狗洞。

【译文】

张玄之八岁时，缺了门牙，前辈贤达知道他不同寻常，特意对他开玩笑说："你口中为什么开了狗洞？"张玄之随声回答道："正是为了让你们这班人从这里进出。”

三一

郝隆七月七日出日中仰卧[①]，人问其故，答曰：“我晒书。”

【注释】

①郝隆：字佐治，汲郡（今河南汲县西南）人，官至征西将军。七月七日：魏晋时，习俗以七月七日晒经书及衣物。

【译文】

郝隆在七月七日这天出来在太阳下仰卧着，有人问他什么缘故，他答道：“我在晒书。”

三二

谢公始有东山之志[①]，后严命屡臻[②]，势不获已[③]，始就桓公司马[④]。于时人有饷桓公药草[⑤]，中有远志[⑥]。公取以问谢：“此药又名小草，何一物而有二称？”谢未即答。时郝隆在坐，应声答曰：“此甚易解。处则为远志[⑦]，出则为小草[⑧]。”谢甚有愧色。桓公目谢而笑曰：“郝参军此过乃不恶[⑨]，亦极有会[⑩]。

【注释】

①谢公：谢安。东山之志：指隐居的志向。

②严命：指朝廷征召谢安出仕的命令。臻：至，到达。

③不获已：不得已。

④始：才。就：就任。

⑤饷(xiǎng)：赠送。

⑥远志：草药名。

⑦处：指隐居不仕。

⑧出：指隐居者出来做官。

⑨此过：当作“此通”。通，指阐释。《太平御览》卷九十九作“此通”。

⑩会：意味。

【译文】

谢安起初有隐居不仕的志向，后朝廷屡次下诏征召他出仕，情势不得已，才就任桓温属下司马之职。当时有人送给桓温药草，其中有一味远志。桓温拿出来问谢安：“这药又叫小草，为什么一样东西有两种称呼？”谢安没有立即回答。那时郝隆在座，随声回答道：“这很容易解释。隐居山中叫远志，出了山做官就叫小草。”谢安颇有惭愧神色。桓温看着谢安笑道：“郝参军如此解释的确不坏，也极有意味。”

三三

庾园客诣孙监[①]，值行[②]，见齐庄在外[③]，尚幼，而有神意[④]。庾试之曰：“孙安国何在？”即答曰：“庾稚恭家[⑤]。”庾大笑曰：“诸孙大盛[⑥]，有儿如此。”又答曰：“未若诸庾之翼翼[⑦]。”还，语人曰：“我故胜[⑧]，得重唤奴父名。”

【注释】

①庾园客：庾爰之，小字园客，庾翼之子。永和初代父为荆州刺史，

后为桓温废黜。孙监:孙盛,字安国,官至秘书监、给事中。

②值:遇到。行:出行,外出。

③齐庄:孙放,字齐庄,孙盛之子。

④神意:指神采奕奕。

⑤庾稚恭:庾翼字稚恭。

⑥诸孙:指孙姓家族。

⑦诸庾:指庾氏家族。翼翼:繁茂兴旺的样子。

⑧故:仍然。

【译文】

庾爰之去拜访秘书监孙盛,正遇到他外出,见到他儿子齐庄在外面,年纪还小,但是却奕奕有神采。庾爰之试探他说:“孙安国在哪里?”齐庄立即回答说:“在庾稚恭家。”庾爰之大笑道:“孙氏家族大为昌盛,有这么好的儿子。”齐庄又回答说:“比不上庾氏家族兴旺发达的样子。”回来后,他对人说:“我仍然胜利了,我得以重复两次叫唤了那奴才父亲的名字。”

三四

范玄平在简文坐①,谈欲屈②,引王长史曰③:“卿助我。”王曰:“此非拔山力所能助④。”

【注释】

①范玄平:范汪,字玄平,东晋颍阳(今河南许昌东南)人。少有大志,博览经籍,历官吏部尚书、东阳太守、徐、兖二州刺史。简文:简文帝司马昱。

②谈:指清谈。屈:指理亏。

③引:拉。王长史:王濛。

④拔山力:有拔山之力,形容力气大。《史记·项羽本纪》:"于是项王乃慷慨悲歌,自为诗曰:'力拔山兮气盖世,时不利兮骓不逝。'"

【译文】

范汪在简文帝那里作客,清谈时在理屈词穷之际,拉着王濛说:"你帮帮我!"王濛说:"这不是靠拔山的气力所能帮助的。"

三五

郝隆为桓公南蛮参军①。三月三日会②,作诗,不能者罚酒三升。隆初以不能受罚,既饮,揽笔便作一句云:"娵隅跃清池③。"桓问:"娵隅是何物?"答曰:"蛮名鱼为娵隅。"桓公曰:"作诗何以作蛮语?"隆曰:"千里投公,始得蛮府参军,那得不作蛮语也?"

【注释】

①郝隆:字佐治,曾为桓温属官。桓公:桓温。南蛮参军:桓温在穆帝时任荆州刺史,兼领南蛮校尉。参军,校尉的属官。

②三月三日:为上巳节,古时以三月上旬巳日为上巳,官民皆于东流水上洗濯,以除去宿垢为大吉,同时聚会游乐。魏晋后改为三月三日为上巳节。

③娵(jū)隅:鱼,古代西南少数民族语。

【译文】

郝隆担任了桓温南蛮参军。三月三日上巳节聚会时,大家都要作诗,不能做诗的要罚酒三升。郝隆起初因不能写受罚,饮了酒后,拿起笔来就写了一句云："娵隅跃清池。"桓温问："娵隅是什么东西？"郝隆回答道："南蛮人叫鱼为娵隅。"桓温说："作诗为什么用蛮语？"郝隆说："我千里迢迢来投奔您老，才得了个蛮府参军之职，怎能不说南蛮语呢？"

三六

袁羊尝诣刘恢[①]，恢在内眠未起。袁因作诗调之曰[②]："角枕粲文茵，锦衾烂长筵[③]。"刘尚晋明帝女[④]，主见诗，不平曰："袁羊，古之遗狂[⑤]。"

【注释】

①袁羊：袁乔，字彦叔，小字羊。刘恢：当作刘惔，《晋书》有《刘惔传》，而无"刘恢"其人。本文下有"刘尚晋明帝女"语，而《晋书·刘惔传》亦载："尚明帝女庐陵公主。"可知刘恢为刘惔之误。

②调（tiáo）：调笑，戏弄。

③"角枕"二句：源于《诗经·唐风·葛生》："角枕粲兮，锦衾烂兮。予美亡此，谁与独旦？"写女子思夫，睹物怀人。谓角席依然鲜艳，锦被还是那样灿烂，只是我的爱人舍我而去，谁来陪伴孤独的我到天明？角枕，用角骨装饰的枕头。文茵，有花纹的褥垫。锦衾（qīn），锦被。烂，灿烂。长筵，铺在床上的长竹席。

④尚：指娶公主为妻。晋明帝女：庐陵长公主南弟。

⑤遗狂：遗留下来的狂徒。

【译文】

袁乔曾经拜访刘惔，刘惔在内室睡觉还未起床，袁乔就作诗调侃他说："角枕粲文茵，锦衾烂长筵。"刘惔娶了晋明帝之女为妻，公主见到诗，很不满地说：“袁羊是古代遗留下来的狂人！”

三七

殷洪远答孙兴公诗云[①]：“聊复放一曲[②]。”刘真长笑其语拙[③]，问曰：“君欲云那放[④]？”殷曰：“榻腊亦放[⑤]，何必其枪铃邪[⑥]？”

【注释】

①殷洪远：殷融，字洪远，善清谈，官吏部尚书、太常卿。孙兴公：孙绰。

②聊复：姑且。放：作，发，放歌。

③刘真长：刘惔。拙：笨拙。

④那：怎么。

⑤榻(tà)腊：指一种西域乐器发出的鼓声。

⑥枪(qiāng)铃：指钟声。

【译文】

殷融赠答孙绰的诗句说：“聊复放一曲。”刘惔笑他的诗语句笨拙，问道：“你想说怎么放歌？”殷融说：“鼓声也是放歌，何必要那钟声才算呢？”

三八

桓公既废海西[①]，立简文[②]。侍中谢公见桓公拜[③]，桓惊笑曰：“安石，卿何事至尔？”谢曰：“未有君拜于前，臣立于后。”

【注释】

①桓公：桓温。海西：海西公司马奕。奕字延龄，晋成帝子，兴宁三年（365）立为帝，被大司马桓温废黜，封海西县公，简称海西公。

②简文：简文帝司马昱。

③侍中：侍从皇帝左右的官，亲信贵重。谢公：谢安，字安石。

【译文】

桓温废黜海西公司马奕后，扶立了简文帝司马昱。侍中谢安见到桓温行跪拜礼，桓温吃惊地笑道："安石，你为什么竟至于这样？"谢安说："没有君主下拜在前，而臣子还站在后面的道理。"

三九

郗重熙与谢公书道[①]："王敬仁闻一年少怀问鼎[②]，不知桓公德衰[③]？为复后生可畏[④]？"

【注释】

①郗重熙：郗昙，字重熙，郗鉴子，官北中郎将，徐、兖二州刺史。谢公：谢安。

②王敬仁：王脩（xiū），字敬仁，王濛之子。怀：怀藏。问鼎：指图谋篡逆之野心。古以九鼎为传国之宝器，故称。

③桓公：指桓温。德衰：道德衰败。

④为复：还是。

【译文】

郗昙给谢安写信说："王脩听说有一位少年怀有图谋篡逆的野心，不知道是桓公道德衰败呢，还是少年气盛后生可畏呢？"

四〇

张苍梧是张凭之祖①,尝语凭父曰:"我不如汝。"凭父未解所以。苍梧曰:"汝有佳儿。"凭时年数岁,敛手曰②:"阿翁,讵宜以子戏父③?"

【注释】

①张苍梧:张镇,字义远,曾任苍梧太守,讨王含有功,封兴道县侯。张凭:字太宗,官至吏部郎、御史中丞。

②敛手:拱手,表示恭敬。

③阿翁:称祖父。讵(jù):怎,岂。宜:适合,适当。

【译文】

张镇是张凭的祖父,曾对张凭的父亲说:"我不如你。"张凭父亲不懂他这么说的原因。张镇说:"你有个好儿子。"张凭当时只有几岁,恭恭敬敬地拱手说:"阿翁,怎么可以用儿子来开父亲的玩笑呢?"

四一

习凿齿、孙兴公未相识①,同在桓公坐。桓语孙:"可与习参军共语。"孙云:"蠢尔蛮荆,敢与大邦为仇②?"习云:"薄伐猃狁,至于太原③。"

【注释】

①习凿齿:字彦威,荆州襄阳(今属湖北)人。曾任桓温属下户曹参军。孙兴公:孙绰。

②"蠢尔蛮荆"二句:《诗经·小雅·采芑(qǐ)》:"蠢尔荆蛮,大邦为

仇。"意谓：你们这些愚蠢无知的荆蛮，竟敢与大国为仇。荆蛮，对南方楚地人的蔑称。习凿齿是荆州襄阳人，故孙绰借此嘲弄之。大邦，大国，指周王朝。

③"薄伐猃狁(xiǎn yǔn)"二句：《诗经·小雅·六月》："薄伐猃狁，至于太原。"意谓攻伐猃狁，来完成伟大的功业。薄，发语词。猃狁，古代北方民族，商周时常侵扰中原。孙绰为太原人，故习凿齿引用此诗来回敬之。

【译文】

习凿齿与孙绰互不相识，同在桓温家中作客。桓温对孙绰说："可以与习参军谈谈。"孙绰说："你们蠢笨的荆蛮胆敢与我们大国为仇敌吗？"习凿齿说："讨伐猃狁，直达你们的老家太原。"

四二

桓豹奴是王丹阳外生①，形似其舅，桓甚讳之。宣武云②："不恒相似，时似耳。恒似是形，时似是神。"桓逾不说。

【注释】

①桓豹奴：桓嗣，字恭祖，小字豹奴，桓温的侄子，桓冲之子。官至江州刺史。王丹阳：王混，字奉正，王导孙，王恬子，官至丹阳尹。外生：外甥。

②宣武：桓温。

【译文】

桓嗣是王混的外甥，形貌像他的舅父，桓嗣很忌讳这点。桓温说："不是经常相似，有的时候相似罢了。经常相似是外貌，有时相似是神态。”桓嗣听了更加不高兴。

四三

王子猷诣谢万[①]，林公先在坐[②]，瞻瞩甚高[③]。王曰：“若林公须发并全，神情当复胜此不？”谢曰：“唇齿相须[④]，不可以偏亡[⑤]。须发何关于神明[⑥]？”林公意甚恶[⑦]，曰“七尺之躯，今日委君二贤[⑧]。”

【注释】

①王子猷(yóu)：王徽之，字子猷，王羲之第五子。

②林公：支道林。

③瞻瞩：指目光、神态。

④须：依靠。

⑤偏亡：偏废，缺失。

⑥神明：指人的精神。

⑦意：指心情、情绪。恶：指精神或情绪不爽。

⑧委：托付，委托。

【译文】

王徽之去拜访谢万，支道林先已在座，目光神态高傲。王徽之说：“如果林公胡须、头发都齐全的话，神情必定会胜过现在这样的吧？”谢万说：“唇齿相依，不可以偏废缺少一样。胡须头发对于人的精神有什么关系呢？”支道林听了情绪很不好，说：“我堂堂七尺之躯，今天就托付给二位贤人去评说了。”

四四

郗司空拜北府[①]，王黄门诣郗门拜云[②]："应变将略，非其所长[③]。"骤咏之不已[④]。郗仓谓嘉宾曰[⑤]："公今日拜，子猷言语殊不逊[⑥]，深不可容！"嘉宾曰："此是陈寿作诸葛评[⑦]，人以汝家比武侯[⑧]，复何所言！"

【注释】

①郗司空：郗愔。拜：授予官职。北府：东晋时京口的别称。当时郗愔兼任徐兖二州刺史，镇京口。

②王黄门：王徽之，他曾任黄门侍郎，故称。王徽之是郗愔的外甥。拜：指祝贺。

③"应变将略"二句：语见《三国志·蜀书》陈寿评诸葛亮曰："应变将略，非其所长也。"谓诸葛亮在应对变故、用兵的谋略上，并不是他的长处。

④骤：屡次，反复。

⑤郗仓：郗融，字景山，小字仓，郗愔次子，未及出仕，早死。嘉宾：郗超，小字嘉宾，郗愔长子。

⑥子猷(yóu)：王徽之字子猷。不逊：不恭。

⑦陈寿：字承祚，巴西安汉(今四川南充)人。仕蜀，屡次遭贬。入晋，为著作郎。撰《三国志》。官治书侍御史。

⑧汝家：你父亲。武侯：诸葛亮，字孔明，三国蜀丞相，死谥忠武侯。

【译文】

郗愔出任北府长官，王徽之到郗家祝贺道："应变将略，非其所长。"他反复吟诵这几句而不停口。郗融对郗超说："父亲今天被授予官职，徽之说的话很不恭敬，太令人不能容忍了！”郗超说：“他说的话是陈寿为诸葛亮所写的评语，人家把你父亲比为诸葛武侯，还有什么可说的！”

四五

王子猷诣谢公①，谢曰：“云何七言诗②？”子猷承问，答曰：“昂昂若千里之驹，泛泛若水中之凫③。”

【注释】

①谢公：谢安。

②云何：怎么样。

③“昂昂若千里之驹”二句：见屈原《卜居》：“宁昂昂若千里之驹乎，将泛泛若水中之凫。”昂昂，昂首奋发，器宇轩昂的样子。泛泛，浮游不定的样子。凫（fú），野鸭。

【译文】

王徽之去拜访谢安，谢安说：“七言诗是怎么样的？”王徽之听到问题，回答道：“昂昂若千里之驹，泛泛若水中之凫。”

四六

王文度、范荣期俱为简文所要①，范年大而位小②，王年小而位大。将前，更相推在前③，既移久④，王遂在范后。王因谓曰：“簸之扬之，糠秕在前⑤。”范曰：“洮之汰之，沙砾在后⑥。”

【注释】

①王文度：王坦之，字文度。范荣期：范启，字荣期，晋护军长史范坚子，官至黄门侍郎。简文：简文帝司马昱。要（yāo）：邀请。

②位：职位。

③推：推让。

④移久：很久。

⑤“簸（bǒ）之扬之”二句：扬去米糠中的糠皮杂物，糠皮杂物就飘浮在前面。此为王文度喻指范启走在前面为糠秕。糠秕（bǐ），糠皮。

⑥“洮（táo）之汰之”二句：用水洗净粮食中的杂质，除去差的不合适的，留下好的合适的。洮，即淘，洗去杂质。砾（lì），小石，碎石。

【译文】

王坦之、范启一同受到简文帝的邀请，范启年纪大而官位小，王坦之年纪小而官位大。他们将要往前走时，互相推让请对方走在前面。互相让了很久，王坦之便走在范启的后面。王坦之于是就说：“簸之扬之，糠秕在前。”范启回应道：“淘之汰之，沙砾在后。”

四七

刘遵祖少为殷中军所知[①]，称之于庾公[②]。庾公甚忻然[③]，便取为佐[④]。既见，坐之独榻上与语[⑤]。刘尔日殊不称[⑥]，庾小失望[⑦]，遂名之为“羊公鹤[⑧]”。昔羊叔子有鹤善舞[⑨]，尝向客称之，客试使驱来，氃氋而不肯舞[⑩]。故称比之。

【注释】

①刘遵祖:刘爰之,字遵祖,晋沛郡(今安徽濉溪)人。官中书郎、宣城太守。殷中军:殷浩,曾为中军将军。知:赏识。

②称:荐举。庾公:庾亮。

③忻然:高兴的样子。

④佐:佐吏,僚属。

⑤独榻:单人坐榻。

⑥尔日:这天。称:相称,符合。

⑦小:稍微。

⑧羊公鹤:余嘉锡《世说新语笺疏》引《舆地纪胜》六十四曰:"晋羊祜镇荆州,江陵泽中多有鹤,常取之教舞以娱宾客。"故称羊祜所教之鹤为"羊公鹤"。

⑨羊叔子:羊祜(hù),字叔子,晋初名将,官荆州刺史,后为征南大将军,历职三朝。

⑩氃氋(tóng méng):羽毛松散的样子。

【译文】

刘爰之年轻时得到殷浩的赏识,殷浩在庾亮面前荐举他。庾亮很高兴,就用他为僚属。见面后,庾亮让他坐在独榻上同他谈话。刘爰之这天的言谈与他的名声很不相称,庾亮感到有些失望,便把他称作"羊公鹤"。从前羊祜有鹤善于跳舞,他曾向来客称赞它,来客试着让人把它赶过来,这只鹤蓬松着羽毛却不肯跳舞,所以庾亮用"羊公鹤"来比拟刘爰之。

四八

魏长齐雅有体量①,而才学非所经②。初宦当出③,虞存嘲之曰④:"与卿约法三章⑤:谈者死⑥,文笔者刑⑦,商略抵罪[8]。"魏怡然而笑[9]，无忤于色[10]。

【注释】

①魏长齐：魏颉，字长齐，会稽（今浙江绍兴）人，官至山阴令。雅：很。体量：度量，气度。

②才学：才能学问。经：指擅长。

③当：将。

④虞存：字道长，晋会稽山阴人，官至尚书吏部郎。

⑤约法三章：指约定三条法令，语出《史记·高祖本纪》，谓高祖入咸阳，"与父老约法三章"。

⑥谈：指清谈。

⑦文笔：指写文章。

⑧商略：指评论，品评人物。抵罪：抵偿应负的罪责。

⑨怡然：愉快的样子。

⑩忤：抵触。

【译文】

魏颉很有气度，但才能学问不是他所擅长的。他初始做官将要出任时，虞存嘲弄他说："与你约法三章：清谈的人要处死，写文章的人要判刑，品评人物的人要抵罪。"魏颉高兴地笑了，脸上没有露出一丝抵触的神色。

四九

郗嘉宾书与袁虎[1]，道戴安道、谢居士云[2]："恒任之风[3]，当有所弘耳[4]。"以袁无恒，故以此激之。

【注释】

①郗嘉宾:郗超。袁虎:袁宏小字虎,晋陈郡人,官至东阳太守。

②道:评论。戴安道:戴逵。谢居士:谢敷,终身未仕,在家信奉佛教,故称居士。

③恒任:指恒心与负责任。

④弘:发扬,光大,扩充。

【译文】

郗超写信给袁宏,评论戴逵、谢敷说:"做事要有恒心、负责任的作风,这种作风应当得到发扬啊。"因为袁宏没有恒心,所以用这样的话来刺激他。

五〇

范启与郗嘉宾书曰[①]:"子敬举体无饶纵[②],掇皮无余润[③]。"郗答曰:"举体无余润,何如举体非真者?"范性矜假多烦[④],故嘲之。

【注释】

①范启:字荣期。郗嘉宾:郗超。

②子敬:王献之。举体:全身。饶纵:指丰满肥胖。

③掇(duō)皮:指去了皮。余润:指没有什么丰腴的肌肉。

④矜(jīn)假:矜持做作。

【译文】

范启给郗超写信说:"子敬全身没有丰润的肌肉,去了身上的皮也没有多余的肌肉。"郗超答道:"全身没什么丰腴的肌肉与全身上下没有一点儿真东西的人比起来,怎么样呢?"范启的本性矜持做作又繁琐,所以郗超嘲弄他。

五一

二郗奉道①，二何奉佛②，皆以财贿③。谢中郎云④："二郗谄于道⑤，二何佞于佛⑥。"

【注释】

①二郗：郗愔、郗昙兄弟。奉道：信奉天师道。

②二何：何充、何准兄弟。奉佛：信奉佛教。

③以财贿(huì)：指用去很多财物。以，用。

④谢中郎：谢万，曾任抚军从事中郎，故名。

⑤谄(chǎn)：巴结。

⑥佞(nìng)：讨好。

【译文】

二郗信奉天师道，二何信奉佛教，都花了大量财物。谢万说："二郗巴结道教，二何讨好佛教。"

五二

王文度在西州①，与林法师讲②，韩、孙诸人并在坐③。林公理每欲小屈④，孙兴公曰："法师今日如著弊絮在荆棘中⑤，触地挂阂⑥。"

【注释】

①王文度：王坦之，字文度，蓝田侯王述之子。西州：扬州刺史之治

所，因在台城西，故称。

②林法师：支道林，东晋名僧。法师，对僧人的尊称。讲：研讨，讲论。

③韩、孙：韩伯、孙绰。

④理：道理，义理。每：常。小屈：指所说之理稍处下风。

⑤著：穿。弊絮：破旧的棉絮。

⑥触地：处处。挂阂(ài)：意同“挂碍”。

【译文】

王坦之在扬州刺史官署时，与支道林讲玄谈理，韩伯、孙绰等人都在座。支道林所说的义理常常稍处下风，孙绰说：“法师今天好像穿了破棉絮穿行在荆棘丛中，处处受到牵挂妨碍。”

五三

范荣期见郗超俗情不淡①，戏之曰：“夷、齐、巢、许②，一诣垂名③，何必劳神苦形④，支策据梧邪⑤？”郗未答，韩康伯曰⑥：“何不使游刃皆虚⑦？”

【注释】

①范荣期：范启。俗情：世俗之情。

②夷、齐、巢、许：伯夷、叔齐、巢父、许由，他们都是古代著名的隐士。

③一诣(yì)垂名：指很快就名传后世。诣，到。垂，传留后世。

④劳神苦形：费尽心机，劳累身体。形，形体，指身体。

⑤支策据梧：语见《庄子·齐物论》：“昭文之鼓琴也，师旷之支策也，惠子之据梧也。”支策，指拿着手杖来击打节拍。策，指击打

乐器之物。据梧,指倚着梧桐树而吟。

⑥韩康伯:韩伯。

⑦游刃皆虚:语见《庄子·养生主》:“游刃必有余地。”谓骨节之间有空隙,只要看准空隙下刀,那么薄薄的刀刃就能游行于空隙之中而大有回旋的余地。后即以“游刃有余”来形容技艺熟练做事轻松利落。游刃,指顺着牛的骨节空隙处用刀。虚,指骨节之间的空隙。

【译文】

范启看到郗超有世俗之情,并不超脱恬淡,戏弄他说:“伯夷、叔齐、巢父、许由,他们很快就名传后世,你何必要费尽心神,劳累身体,像师旷那样拿着手杖击打节拍,如惠子那样倚着梧桐树而吟叹呢?”郗超没有回答,韩伯说:“为什么不像庖丁那样以熟练的手法轻松地在牛骨的空隙处下刀呢?”

五四

简文在殿上行①,右军与孙兴公在后②。右军指简文语孙曰:“此啖名客③”。简文顾曰:“天下自有利齿儿④。”后王光禄作会稽⑤,谢车骑出曲阿祖之⑥,王孝伯罢秘书丞在坐⑦,谢言及此事,因视孝伯曰:“王丞齿似不钝⑧。”王曰:“不钝,颇亦验⑨。”

【注释】

①简文:简文帝司马昱。

②右军:王羲之。孙兴公:孙绰字兴公。

③啖名客:好名之人。此为戏言,意谓司马昱官职多,名声显赫。

④利齿儿：牙齿坚利的人。

⑤王光禄：王蕴，曾任光禄大夫，故称。作会稽：指王蕴出任会稽内史。

⑥谢车骑：谢玄。曲阿：县名，治所在今江苏丹阳。祖：饯行。

⑦王孝伯：王恭。罢秘书丞：被罢免秘书丞的职务升转中书郎。秘书丞，秘书省的属官，管宫中文书图籍。

⑧王丞：指王恭。

⑨验：效验，效果。

【译文】

简文帝在殿上走时，王羲之和孙绰跟在后面。王羲之指着简文帝对孙绰说："这位是好名之人。"简文帝回过头说："天下本来就有牙齿坚利的人。"后来王蕴任会稽内史，谢玄到曲阿去为他饯行，被罢去秘书丞一职的王恭那时也在座，谢玄谈到此事，便看着王恭说："王丞的牙齿似乎也不钝。"王恭说："不钝，似乎还很有效验。"

五五

谢遏夏月尝仰卧[①]，谢公清晨卒来[②]，不暇著衣，跣出屋外[③]，方蹑履问讯[④]。公曰："汝可谓'前倨而后恭'[⑤]。"

【注释】

①谢遏：谢玄，小字遏，是谢安兄谢奕之子。

②谢公：谢安。卒(cù)：突然。

③跣(xiǎn)：光着脚。

④蹑履：穿上鞋。

⑤前倨(jù)而后恭：语见《战国策·秦策一》，指苏秦的家人在他没

有出名做官前轻视他，到后来苏秦佩六国相印荣耀显赫时又十分恭敬讨好，谓先前态度傲慢，后来态度恭顺。倨，傲慢。

【译文】

谢玄在夏天时曾在床上仰面躺着，谢安大清早突然来了，谢玄来不及穿好衣服，赤着脚就跑出屋外，这才穿上鞋子向谢安问候。谢安说："你可说是'前倨而后恭'。"

五六

顾长康作殷荆州佐①，请假还东。尔时例不给布驲②，顾苦求之③，乃得。发至破冢④，遭风大败⑤。作笺与殷云⑥："地名破冢，真破冢而出⑦。行人安稳，布驲无恙。"

【注释】

①顾长康：顾恺之，字长康。殷荆州：殷仲堪任荆州刺史，故称。佐：佐吏，僚属。

②不给(jǐ)：不供应。布驲(fán)：布制的船帆，指帆船。

③苦求：尽力地求。

④破冢(zhǒng)：地名，在今湖北江陵东。

⑤败：毁坏。

⑥作笺：写信。

⑦冢(zhǒng)：坟墓。

【译文】

顾恺之担任殷仲堪的僚属时，请假东下回家。那时按照惯例，不为僚属供给帆船，顾恺之尽力恳求，才得到了帆船。船出发到破冢时，遇到了大风，帆船被毁坏了。他写信给殷仲堪说："地名叫破冢，我真的像是打破坟墓跑出来。可谓行旅之人安安稳稳,帆船平安无事。"

五七

苻朗初过江[①],王咨议大好事[②],问中国人物及风土所生[③],终无极已[④],朗大患之[⑤]。次复问奴婢贵贱,朗云:"谨厚有识中者[⑥],乃至十万;无意为奴婢问者[⑦],止数千耳[⑧]。"

【注释】

①苻朗:字元达,前秦苻坚之侄,降晋后任员外散骑侍郎。

②王咨议:王肃之,字幼恭,王羲之子。官中书郎、骠骑咨议,故称。

③中国:指中原地区。风土所生:风土人情及物产等。

④终无极已:指问个不停,没个完的时候。

⑤患:厌恶。

⑥谨厚有识中者:指谨慎朴实有见识者。有识中者,晋时习惯用语,指有见识的人。

⑦无意为奴婢问者:指愚昧无知又要就奴婢的事问来问去的人。无意,指愚昧无知。

⑧止:仅,只。

【译文】

苻朗刚渡江南来时,王肃之非常喜欢管闲事,向苻朗问中原地区的人物,以及风土人情、物产等等事情,问起来没个完的时候,苻朗非常讨厌他。接着他又问奴婢价格的贵贱,苻朗说:"谨慎朴实有见识的奴婢,竟然卖到十万元;愚笨无知又要就奴婢的事问来问去的,只要几千钱而已。"

五八

东府客馆是版屋[①]。谢景重诣太傅[②]，时宾客满中[③]，初不交言[④]，直仰视云："王乃复西戎其屋[⑤]。"

【注释】

①东府：指扬州刺史治所，因在城东，故称。版屋：用木板建造的房屋。

②谢景重：谢重，字景重，曾任会稽王司马道子长史。太傅：指司马道子，封会稽王，曾任太傅，故称。

③满中：指满座。

④初：都。

⑤乃复：竟然。西戎其屋：谓会稽王竟然把自己的房子弄得像西戎的版屋。语出《诗经·秦风·小戎》："在其版屋，乱我心曲。"抒写女子怀念出征丈夫的烦乱心绪。

【译文】

东府的宾馆是木板建造的房屋。谢重去拜见太傅司马道子，当时宾客满座，他不跟人家交谈，只是仰着头看着房子说："会稽王竟然把自己的房子弄得像西戎的版屋一样。"

五九

顾长康啖甘蔗[①]，先食尾。人问所以，云："渐至佳境。"

【注释】

①顾长康：顾恺之。

【译文】

顾恺之吃甘蔗，先吃甘蔗的末尾。有人问他为什么这样吃，他说："这样可以慢慢地、一点一点地到达美好的境界。"

六〇

孝武属王珣求女婿曰①："王敦、桓温磊砢之流②，既不可复得，且小如意③，亦好豫人家事④，酷非所须⑤。正如真长、子敬比⑥，最佳。"珣举谢混⑦。后袁山松欲拟谢婚，王曰："卿莫近禁脔⑧。"

【注释】

①孝武：孝武帝司马曜。属（zhǔ）：通"嘱"，托付。

②磊砢（luǒ）：才能卓越。

③如意：得意，如愿。

④豫：通"与"，参与，干预。

⑤酷：极，甚。须：需要。

⑥正：只。真长：刘惔字真长，娶晋明帝女庐陵公主为妻。子敬：王献之字子敬，娶简文帝女新安公主为妻。

⑦珣：王珣，王导之孙。举：荐举。谢混：谢安之孙，娶简文帝女晋陵公主为妻，官至中领军，尚书仆射。

⑧禁脔（luán）：喻指他人不得分享之物。

【译文】

孝武帝托付王珣物色女婿，说："如王敦、桓温才能卓越之流，既然不可能再有，况且他们稍有点儿得意，就喜欢干预别人的家事，这是我最不需要的人。只是像刘惔、王献之这类人最好。"王珣举荐了谢混。后来袁山松打算要与谢混攀亲，王珣说："你不要去接近得不到的禁脔！"

六一

桓南郡与殷荆州语次①，因共作了语②。顾恺之曰："火烧平原无遗燎③。"桓曰："白布缠棺竖旒旐④。"殷曰："投鱼深渊放飞鸟。"次复作危语⑤。桓曰："矛头淅米剑头炊⑥。"殷曰："百岁老翁攀枯枝。"顾曰："井上辘轳卧婴儿⑦。"殷有一参军在坐⑧，云："盲人骑瞎马，夜半临深池⑨。"殷曰："咄咄逼人⑩！"仲堪眇目故也⑪。

【注释】

①桓南郡：桓玄。殷荆州：殷仲堪。语次：谈话间。

②了语：一种文字游戏，各人所说之联句与"了"字同韵，同时应含有终了，结束之意。了，完了，结束。

③火烧平原无遗燎：放火烧田不留余烬之意。遗燎，余火。

④白布缠棺竖旒旐(liú zhào)：白布缠住棺材，出殡时竖起了引路的魂幡。即人死一切完结之意。旒旐，指出殡时为棺柩引路的魂幡。

⑤危语：也是文字游戏，与"危"字同韵的描写危险情景的诗句。

⑥淅(xī)米：淘米。炊(chuī)：烧火做饭。

⑦辘轳(lù lu)：安在井上转动汲水的器具。

⑧参军：高级武官的僚属。

⑨临：靠近，挨着。

⑩咄咄(duō)：表示惊异的叹词。

⑪眇(miǎo)目：瞎了一只眼。

【译文】

桓玄与殷仲堪谈论时,顺便一起戏说以“了”字为韵及有关完结的话语。顾恺之说:“火烧平原无遗燎。”桓玄说:“白布缠棺竖旒旐。”殷仲堪说:“投鱼深渊放飞鸟。”接着大家又来做以“危”字为韵描写危险情景的诗句。桓玄说:“矛头淅米剑头炊。”殷仲堪说:“百岁老翁攀枯枝。”顾恺之说:“井上辘轳卧婴儿。”殷仲堪属下一位参军在座,说:“盲人骑瞎马,夜半临深池。”殷仲堪说:“啊呀,真是让人难以忍受!”因为殷仲堪瞎了一只眼的缘故啊。

六二

桓玄出射,有一刘参军与周参军朋赌①,垂成②,唯少一破③。刘谓周曰:“卿此起不破,我当挞卿。”周曰:“何至受卿挞?”刘曰:“伯禽之贵④,尚不免挞,而况于卿!”周殊无忤色。桓语庾伯鸾曰⑤:“刘参军宜停读书,周参军且勤学问⑥。”

【注释】

①朋赌:分组赌射箭。朋,组。

②垂:接近,快要。

③破:破的,指射中靶子。

④伯禽:周公之子,封于鲁。周公辅佐成王,成王有罪时,周公就鞭打伯禽。

⑤庾伯鸾:庾鸿,字伯鸾,官至辅国内史。

⑥且:尚,还。

【译文】

桓玄出外打猎,有一位刘参军与周参军结成一组射箭,还差一箭就可取胜。刘参军对周参军说:“你这一箭不能射中,我就要鞭打你。”周参军说:“何至于受你鞭打?”刘参军说:“伯禽尚且不免挨鞭打,何况是你!”周参军脸上没有丝毫不悦之色。桓玄对庾鸿说:“刘参军应该停止读书,周参军还要勤求学问。”

六三

桓南郡与道曜讲《老子》[①],王侍中为主簿[②],在坐。桓曰:“王主簿可顾名思义[③]。”王未答,且大笑。桓曰:“王思道能作大家儿笑[④]。”

【注释】

①桓南郡:桓玄,袭爵南郡公,故称。道曜:晋人,生平未详。

②王侍中:王桢之,字公幹,小字思道,王羲之的孙子,官侍中、大司马长史、主簿。

③顾名思义:看到名字就能想起它的含义。因王桢之字思道,《老子》中主要讲道,故桓玄用王桢之字开玩笑,意谓他可以不讲《老子》,只看自己的名字即体悟“道”之真谛。

④大家儿:指名门望族子弟。

【译文】

桓玄与道曜讲论《老子》,王桢之担任主簿,也在座。桓玄说:“王主簿可以看到自己的名字即知道其中的含义了。”王桢之没有回答,只是大笑。桓玄说:“王思道能作大家子弟的笑容。”

六四

祖广行恒缩头[①]。诣桓南郡[②],始下车[③],桓曰:“天甚晴朗，祖参军如从屋漏中来。”

【注释】

①祖广：字渊度，范阳(今河北涿州)人，任桓玄参军，官至护军长史。

②桓南郡：桓玄。

③始：才，刚。

【译文】

祖广走路时常常缩着头。他去拜访桓玄，刚下车，桓玄说：“天气很晴朗，祖参军却好像从漏雨的屋中出来似的。”

六五

桓玄素轻桓崖[①]。崖在京下有好桃[②]，玄连就求之[③]，遂不得佳者[④]。玄与殷仲文书[⑤]，以为嗤笑曰：“德之休明[⑥]，肃慎贡其楛矢[⑦]；如其不尔，篱壁间物[⑧]，亦不可得也。”

【注释】

①桓崖：桓修，字承祖，小字崖，娶简文帝女武昌公主，官至抚军大将军。是桓玄的堂兄弟。

②京下：京城，指建康。

③就：到，前去。

④遂：竟。

⑤殷仲文：桓玄的姐夫，后助桓玄谋反，被诛。

⑥休明：美好清明。

⑦肃慎：古代少数民族名。楛(hù)矢：以楛木为箭杆做成的狩猎工具。周成王时，肃慎以楛矢为贡物入贡。楛，木名。

⑧篱壁间物：篱笆墙壁处之物，即指家园生产之常见物。

【译文】

桓玄向来看不起桓修。桓修在京城有良种好桃，桓玄接连多次去求桃种，竟然得不到好的。桓玄给殷仲文写信，用这件事来讥笑说："德行美好清明的话，连肃慎这样边远地方的民族都来进献楛木箭；如果不是这样，即使篱笆墙壁之处极平常的东西，也得不到啊。"

轻诋第二十六

【题解】

轻诋，指轻蔑和诋毁。轻诋和简傲都是慢世之风的反映，简傲侧重于神态的流露，而轻诋则侧重于语言的攻击。主方往往能抓住客方的缺点，辛辣讽刺，中其要害，有此轻诋言行是由于文人相轻、利害相左而导致的。

本篇共有三十三则，体现了魏晋士人所具有的率真自然、直抒胸臆的时代性格。

一

王太尉问眉子①："汝叔名士②，何以不相推重？"眉子曰："何有名士终日妄语？"

【注释】

①王太尉：王衍。眉子：王玄字眉子，王衍之子。

②叔：指王澄，王衍之弟，字平子。

【译文】

王衍问王玄："你的叔叔是名士，你为什么不推重他？"王玄说："哪有名士整天胡乱说话的?”

二

庾元规语周伯仁①:“诸人皆以君方乐②。”周曰:“何乐?谓乐毅邪③?”庾曰:“不尔,乐令耳④。”周曰:“何乃刻画无盐⑤,以唐突西子也⑥?”

【注释】

①庾元规:庾亮,字元规。周伯仁:周顗,字伯仁。

②方:比拟,相比。乐(yuè):指姓乐的人。

③乐毅:战国时燕国大将,曾率五国之兵伐齐,大败齐国,以功封昌国君。

④乐令:乐广,曾作尚书令,故称。

⑤刻画:指细致的描绘。无盐:战国时齐无盐人钟离春,极丑,自诣齐宣王,分析时弊,被纳为后。后即以无盐为丑女之代称。

⑥唐突:冒犯。西子:西施,春秋时越国之美女。

【译文】

庾亮对周顗说:“大家都把你比为乐氏。”周顗说:“哪个乐氏?是说乐毅吗?”庾亮说:“不是这样的,是乐广啊。”周顗说:“为什么细致地描绘丑女无盐,用来冒犯美女西施啊?”

三

深公云①:“人谓庾元规名士②,胸中柴棘三斗许③。”

【注释】

①深公：竺道潜，字法深，晋高僧。

②庾元规：庾亮，字元规。

③柴棘：柴草荆棘。许：约略估计之词，大约。

【译文】

竺法深说："人们说庾亮是名士，他胸中却有柴草荆棘约三斗之多。"

四

庾公权重[①]，足倾王公[②]。庾在石头[③]，王在冶城坐[④]，大风扬尘，王以扇拂尘曰："元规尘污人。"

【注释】

①庾公：庾亮。权重：庾亮在晋元帝和晋成帝时，以太后之兄及帝舅的身份掌军政大权，权重一时。

②倾：压倒。

③石头：石头城，在今南京西。

④王：指王导。冶城：古城名，在今南京西。

【译文】

庾亮的权势很重，足以压倒王导。庾亮在石头城，王导在冶城坐的时候，大风扬起尘土，王导用扇子掸去尘灰说："元规尘土把人弄脏了！"

五

王右军少时甚涩讷[①]，在大将军许[②]，王、庾二公后来[③]，右军便起欲去。大将军留之曰："尔家司空、元规[④]，复可所难⑤?”

【注释】

①王右军:王羲之。涩讷:说话迟钝,不善讲话。

②大将军:王敦曾任大将军。许:处所。

③王、庾二公:指王导、庾亮。

④司空:王导官司空。元规:庾亮。

⑤可:余嘉锡《笺疏》引程炎震谓王世贞评点本“可作何”。

【译文】

王羲之年轻时说话迟钝,不善言辞,在大将军王敦那里时,王导、庾亮后到,他就起身要走。王敦挽留他说:“你家的司空与元规,又有什么为难的呢?”

六

王丞相轻蔡公①,曰:“我与安期、千里共游洛水边②,何处闻有蔡充儿③?”

【注释】

①王丞相:王导。蔡公:蔡谟。

②安期:王承。千里:阮瞻。

③蔡充:蔡谟之父,《晋书》本传作“蔡克”,字子尼,官成都王东曹掾。

【译文】

王导看不起蔡谟,说:“我与王承、阮瞻一起在洛水边游乐时,哪里听到过有什么蔡充的儿子。”

七

褚太傅初渡江[①]，尝入东，至金昌亭[②]，吴中豪右燕集亭中[③]。褚公虽素有重名，于时造次不相识别[④]。敕左右多与茗汁[⑤]，少著粽[⑥]，汁尽辄益，使终不得食。褚公饮讫，徐举手共语云："褚季野。"于是四坐惊散，无不狼狈。

【注释】

①褚太傅：褚裒(póu)，字季野，河南阳翟人，少负盛名，官至江、兖二州刺史，死后追赠太傅，故称。

②金昌亭：驿亭名，在今江苏苏州阊门外。

③吴中：指吴郡地区。豪右：豪门大族。

④造次：匆忙，仓促。

⑤敕(chì)：古时自上告下之词。茗汁：茶水。

⑥著：放置。粽：用蜜浸渍的瓜果蜜饯，喝茶时吃的小点心。

【译文】

褚裒刚渡江南下时，曾经到东边去，到了金昌亭，吴地的豪门大族正在亭中宴饮聚会。褚裒虽然向来有很高的名望，当时匆忙之中却没有被人认出来。主事者就命令左右侍从多给他茶水，少放蜜饯，茶水喝完了就立即添满，使他始终吃不到东西。褚裒喝完了茶水，慢慢地举手对大家说："我是褚季野。"于是满座的人都惊慌走散，没有一个不是狼狈不堪。

八

王右军在南[①]，丞相与书[②]，每叹子侄不令[③]，云："虎犊、虎犊④，还其所如⑤。”

【注释】

①王右军：王羲之。

②丞相：王导。

③令：美好，良善。

④虎犳(tún)：王彭之字安寿，小字虎犳，官至黄门郎。犳，同“豚”，小猪。虎犊(dú)：王彪之字叔虎，小字虎犊。王彭之的弟弟，官至左光禄大夫。犊，小牛。两人都是王导的族人。

⑤还其所如：指兄弟二人才质低下，如同他们的名字一样。

【译文】

王羲之在南方，丞相王导给他写信，常常慨叹子侄辈才质低下，说：“虎犳，虎犊，正如他们的小名一样。”

九

褚太傅南下①，孙长乐于船中视之②。言次及刘真长死③，孙流涕，因讽咏曰④：“人之云亡，邦国殄瘁⑤。”褚大怒曰：“真长平生，何尝相比数⑥，而卿今日作此面向人！”孙回泣向褚曰：“卿当念我⑦！”时咸笑其才而性鄙。

【注释】

①褚太傅：褚裒(póu)。

②孙长乐：孙绰，袭爵长乐侯，故称。

③言次：言谈间。刘真长：刘惔。

④讽咏：背诵吟咏。

⑤"人之云亡"二句:见《诗经·大雅·瞻卬》,意谓贤人良臣都逃亡了,国家就要衰落败灭。云,语助词。殄瘁(tiǎn cuì),衰败。

⑥比数:看重,重视。

⑦念:可怜,怜悯。

【译文】

褚裒南下时,孙绰到船中去看他。言谈之间说到刘惔去世,孙绰流下眼泪,就吟诵道:"人之云亡,邦国殄瘁。"褚裒大怒说:"真长平生,哪里看重过你,你今天却对人装出这副面孔!"孙绰收住眼泪对褚裒说:"你应当可怜我!"当时人们都笑话他有才华但品格鄙俗。

一〇

谢镇西书与殷扬州①,为真长求会稽②。殷答曰:"真长标同伐异③,侠之大者④。常谓使君降阶为甚⑤,乃复为之驱驰邪⑥?"

【注释】

①谢镇西:谢尚,曾任镇西将军。殷扬州:殷浩,曾任扬州刺史。

②真长:刘惔。求会稽:请求授予会稽郡的官职。

③标同伐异:称颂同道,攻击异己。标,称赞,夸耀。伐,征讨。

④侠:通"狭",狭隘,气量小。

⑤使君:对州郡长官的尊称。降阶:走下台阶迎接,以示尊重,比喻自谦之意。

⑥驱驰:指奔走效力。

【译文】

谢尚写信给殷浩,为刘惔请求担任会稽郡的官职。殷浩回答说:

“刘惔称颂同道，攻击异己，是最为狭隘的人。我常认为您对他谦恭得过分了，现在竟然还要为他奔走效力吗？”

一一

桓公入洛[1]，过淮、泗[2]，践北境[3]，与诸僚属登平乘楼[4]，眺瞩中原[5]，慨然曰：“遂使神州陆沉[6]，百年丘墟[7]，王夷甫诸人不得不任其责[8]！”袁虎率尔对曰[9]：“运自有废兴，岂必诸人之过？”桓公懔然作色[10]，顾谓四坐曰：“诸君颇闻刘景升不[11]？有大牛重千斤，啖刍豆十倍于常牛[12]，负重致远，曾不若一羸牸[13]。魏武入荆州[14]，烹以飨士卒[15]，于时莫不称快。”意以况袁[16]。四坐既骇，袁亦失色。

【注释】

①桓公：桓温。入洛：指桓温于永和十二年(356)讨伐姚襄，战于伊水，大胜，收复洛阳。

②淮、泗：淮河、泗水。

③践：踏，到达。

④平乘楼：大船的船楼。平乘，指大船。

⑤眺瞩：眺望注视。中原：指黄河流域地区。

⑥神州：指中原地区。陆沉：比喻国土沦丧。

⑦百年：指时间长久。丘墟：荒丘废墟。

⑧王夷甫：王衍，字夷甫。

⑨袁虎：袁宏字彦伯，小字虎。率尔：轻率的样子。

⑩懔(lǐn)然：令人敬畏的样子。作色：变了脸色，指发怒。

⑪刘景升：刘表，字景升，东汉高平(今山东巨野南)人。汉献帝时

为荆州牧，占据荆州近二十年，后病死。不：同“否”。

⑫啖（dàn）：吃。刍（chú）：喂牲口的草料。

⑬曾：竟。羸牸（léi zì）：瘦弱的母牛。牸，雌性的牲畜，一般用于牛。

⑭魏武：魏武帝曹操。

⑮烹（pēng）：煮。飨（xiǎng）：款待。

⑯况：比拟。

【译文】

桓温进军洛阳，渡过淮河、泗水，到达北方地区，他与属下的人登上大船船楼，眺望中原，慨叹道：“最终使得中原国土沦丧，百年来成为荒丘废墟，王夷甫这班人不能不承担他们的责任！”袁虎不加考虑就轻率地说：“国运自然有衰落有兴盛，难道必定是他们这些人的过错吗？”桓温神色严峻地变了脸色，环顾在座的人说：“诸位听说过刘表吗？他有一头大牛重千斤，吃起草料来比普通的牛多十倍，拉重物走远路，竟不如一头瘦弱的母牛。魏武帝进入荆州，把它宰杀煮了犒赏士兵，在当时没有人不感到痛快的。”桓温的意思是用这头牛来比拟袁宏。满座的人都感到惊惧，袁宏也吓得变了脸色。

一二

袁虎、伏滔同在桓公府[①]，桓公每游燕，辄命袁、伏[②]，袁甚耻之，恒叹曰：“公之厚意，未足以荣国士。与伏滔比肩[③]，亦何辱如之？”

【注释】

①袁虎：袁宏。伏滔：字玄度，曾任桓温属下参军。

②辄命袁、伏：总是叫袁宏、伏滔参加。

③比肩：并列，指平起平坐。

【译文】

袁宏、伏滔同在桓温官府中任职，桓温每次游乐宴饮，就叫袁宏、伏滔参加，袁宏对此感到十分的耻辱，常常感叹道："桓公的厚意，不能使国内有声望的人感到荣耀。与伏滔并列，还有什么耻辱能像这样的？"

一三

高柔在东①，甚为谢仁祖所重②。既出③，不为王、刘所知④。仁祖曰："近见高柔大自敷奏⑤，然未有所得。"真长云⑥："故不可在偏地居⑦，轻在角䚍中为人作议论⑧。"高柔闻之云："我就伊无所求⑨。"人有向真长学此言者，真长曰："我实亦无可与伊者。"然游燕犹与诸人书："可要安固⑩"。安固者，高柔也。

【注释】

①高柔：字世远，乐安（今浙江仙居）人，官安固令、司空参军。

②谢仁祖：谢尚。

③出：指出仕。

④王、刘：王濛、刘惔。知：知遇，赏识。

⑤大自敷奏：指大量地向朝廷进言陈述。敷奏，陈述，进言。

⑥真长：刘惔。

⑦偏地：偏僻之地。

⑧角䚍（nuò）：屋角，指偏僻的地方。

⑨就:接近。

⑩要(yāo):约请。安固:指高柔,他曾任安固令,故称。

【译文】

高柔在东边时,颇得谢尚的器重。赴京出仕后,没有得到王濛、刘惔的赏识。谢尚说:"近来见到高柔大量地向朝廷进言陈述,但是不见成效。"刘惔说:"所以不能在偏远地方居住,轻易地在角落里,被人家随便地议论。"高柔听到这些话后说:"我接近他一无所求。"有人向刘惔学说了这些话,刘惔说:"我确实也没有什么可以给他的。"但在每次宴饮时他还是给大家写信说:"可以邀请安固。"安固,就是高柔。

一四

刘尹、江虨、王叔虎、孙兴公同坐[①],江、王有相轻色。虨以手歙叔虎云[②]:"酷吏!"词色甚强。刘尹顾谓:"此是瞋邪[③]?非特是丑言声、拙视瞻[④]。"

【注释】

①刘尹:刘惔。江虨(bīn):字思玄,江统之子。东晋中兴大臣,官至尚书左仆射、护军将军。王叔虎:王彪之。孙兴公:孙绰。

②歙(shè):威胁之意。

③瞋(chēn):生气,发怒。

④非特:不仅。丑言声:指说话之声难听,恶言恶语。拙:拙劣,难看。视瞻:眼色神态。

【译文】

刘惔、江虨、王彪之、孙绰坐在一起时,江虨、王彪之有互相轻视的神色。江虨用手势威胁王彪之说:"酷吏!"说时声色俱厉。刘惔回头对他说："这是发怒吗？不仅是恶言恶语、神色拙劣。"

一五

孙绰作《列仙·商丘子赞》曰[①]："所牧何物[②]？殆非真猪[③]。傥遇风云[④]，为我龙摅[⑤]。"时人多以为能。王蓝田语人云[⑥]："近见孙家儿作文[⑦]，道'何物'、'真猪'也。"

【注释】

①孙绰作《列仙·商丘子赞》：孙绰为《列仙传·商丘子》写了赞语。《列仙传》为西汉刘向撰，一说为东汉人伪托。商丘子为仙人名。赞，一种文体，用以总结，评述全篇的文字。篇幅简短，有韵文、散文两体。

②何物：什么。

③殆：大概。

④傥：同"倘"，假如。

⑤龙摅（shū）：像龙一样飞腾。

⑥王蓝田：王述。

⑦孙家儿：指孙绰。

【译文】

孙绰写的《列仙·商丘子赞》说："放牧的是什么？大概不是真的猪。假如遇到风起云涌，它会为我像龙一样飞腾起来。"当时人都认为他有才能。王述对别人说："近来见孙家那小子写文章，说什么'何物'、'真猪'之类的话。"

一六

桓公欲迁都[①]，以张拓定之业[②]。孙长乐上表谏[③]，此议甚有理。桓见表心服，而忿其为异，令人致意孙云："君何不寻《遂初赋》[④]，而强知人家国事[⑤]！"

【注释】

①桓公：桓温。迁都：指桓温于晋穆帝永和十二年(356)率军北伐，收复洛阳，上表请迁都洛阳。

②张：扩大。拓定：开拓疆土，安定国家。

③孙长乐：孙绰袭爵长乐侯，故称。

④《遂初赋》：孙绰所作，写辞去官职，实现隐退的初愿。

⑤知：干预。

【译文】

桓温想迁都洛阳来扩大开拓疆土、安定国家的事业。孙绰上表谏阻，孙绰的议论很有道理。桓温见了奏表心里也很佩服，但是恨他提不同的意见，便叫人向孙绰传达意见说："你为什么不追随《遂初赋》中的意愿，却硬要干预别人的家国大事！"

一七

孙长乐兄弟就谢公宿[①]，言至款杂[②]。刘夫人在壁后听之[③]，具闻其语。谢公明日还，问："昨客何似？"刘对曰："亡兄门未有如此宾客[④]。"谢深有愧色。

【注释】

①孙长乐兄弟：指孙绰与其兄孙统。孙绰袭爵长乐侯，故亦可称孙长乐。谢公：谢安。

②款杂：空洞而杂乱。款，空。

③刘夫人：谢安夫人是刘惔之妹。

④亡兄：刘惔当时已死，故称。

【译文】

孙绰兄弟到谢安家住宿，言谈之语极其空洞杂乱。刘夫人在隔壁听他们谈话，所说的话全都听到了。谢安第二天回家，问夫人："昨天来的客人怎么样？"刘夫人回答说："亡兄门下从来没有这样的宾客。"谢安听了脸上现出深感惭愧之色。

一八

简文与许玄度共语①，许云："举君亲为难②。"简文便不复答，许去后而言曰："玄度故可不至于此③。"

【注释】

①简文：简文帝司马昱。许玄度：许询，字玄度。

②举：提出。君亲：君主与父母亲。

③故：本来。

【译文】

简文帝和许询一起谈论，许询说："提出君主与父母亲谁更重要是很难的。"简文帝就不再回答，许询走后他才说道："玄度本来可以不至于如此说话的。"

一九

谢万寿春败后还[①]，书与王右军云[②]："惭负宿顾[③]。"右军推书曰："此禹、汤之戒[④]。"

【注释】

①"谢万寿春败"句：晋穆帝升平三年(359)，谢万率兵北征时，由于"矜豪傲物"、"未尝抚众"(《晋书》本传)，大败而回。

②王右军：王羲之。

③负：辜负。宿顾：平素的关心，照顾。《晋书·王羲之传》：万为豫州都督，羲之遗书诫之曰："愿君每与士之下者同，则尽善矣。"万不能用，果败。

④禹、汤之戒：刘孝标注谓禹汤能自责改过，故能兴盛。王羲之意谓其不过是收买人心的做法。戒，告诫，自责。

【译文】

谢万在寿春大败后回来，写信给王羲之说："非常惭愧我辜负了你平素对我的关照。"王羲之推开信说："这是大禹、商汤自责的话语。"

二〇

蔡伯喈睹睐笛椽[①]，孙兴公听妓[②]，振且摆折[③]。王右军闻，大嗔曰[④]："三祖寿乐器[⑤]，虺瓦吊孙家儿打折[⑥]！"

【注释】

①蔡伯喈：蔡邕，字伯喈，东汉末年人，博学善为文，精于音律，官至中郎将。睹睐笛椽(chuán)：指蔡邕所制之竹笛。刘孝标注称蔡邕

避难江南时，宿于柯亭馆，馆舍以竹子做屋椽，蔡邕看到，知道这些竹子是好竹，便取下来做成笛子，声音极为美妙。徐震堮《世说新语校笺》谓："笛椽疑当作'椽笛'。据伏滔赋叙，则椽已取为笛，不当仍目之为椽……足见其是笛非椽。"所言是。

②孙兴公：孙绰。听妓：所歌女演唱。

③振且摆折：指孙绰振动竹笛并且击打竹笛以致竹笛断裂。

④嗔(chēn)：发怒。

⑤三祖寿乐器：指竹笛是祖宗三代传下来的。

⑥虺(huǐ)瓦：对女子的蔑称。虺，毒虫，毒蛇。打折(shé)，打断。此句语意难解，大意谓珍贵的乐器为了歌妓而被毁了。

【译文】

蔡邕用屋椽竹制成的竹笛，孙绰听歌女演唱时用竹笛伴奏，振动竹笛并且击打竹笛使得竹笛断裂。王羲之听说，大怒道："祖宗三代传下的乐器，为了听小歌女演唱，去振动击打，被孙家这小子打断了！"

二一

王中郎与林公绝不相得①。王谓林公诡辩，林公道王云："著腻颜帢②，绤布单衣③，挟《左传》，逐郑康成车后④，问是何物尘垢囊⑤？"

【注释】

①王中郎：王坦之曾任北中郎将，故称。林公：支道林。相得：彼此契合。得，合得来，融洽。

②著：戴。腻颜帢(qià)：污垢的便帽。腻，污垢。颜帢，白色额前有

一条横缝的帽，流行于三国曹魏之时。到西晋时，横缝渐渐去掉，称为无颜帢。故至东晋，颜帢已过时，再戴即被人讥笑。

③绤(xì)布：粗葛布。

④逐：追随。郑康成：郑玄，字康成，东汉经学家，曾遍注群经。

⑤何物：什么。尘垢囊：装满尘土污垢的袋子。

【译文】

王坦之和支道林彼此不融洽。王坦之说支道林善于诡辩，支道林说王坦之道："头戴肮脏过了时的便帽，身穿粗葛布单衣，挟着一部儒家经典《左传》，追随在经学家郑玄的车后，请问这是什么装满臭垃圾的袋子？"

二二

孙长乐作王长史诔云[①]："余与夫子[②]，交非势利[③]，心犹澄水[④]，同此玄味[⑤]。"王孝伯见曰[⑥]："才士不逊[⑦]，亡祖何至与此人周旋[⑧]！"

【注释】

①孙长乐：孙绰。王长史：王濛。诔(lěi)：哀悼死者生平事迹，德行之文。

②夫子：对王濛的尊称。

③势利：权势与利益。

④澄水：清澈的水。

⑤玄味：高远的旨趣。

⑥王孝伯：王恭字孝伯。

⑦才士：有才气之士，指孙绰。

⑧亡祖：指王濛。濛为王恭的祖父。

【译文】

孙绰为王濛撰写诔文说："我和老夫子，结交不为势利，心如清澄之水，同赏玄妙趣味。"王恭看到后说："才子不懂谦让，我先祖父哪里至于和这种人交往！"

二三

谢太傅谓子侄曰[①]："中郎始是独有千载[②]。"车骑曰[③]："中郎衿抱未虚[④]，复那得独有？"

【注释】

①谢太傅：谢安。

②中郎：谢万，曾为抚军从事中郎，故称。始：才。

③车骑：谢玄，字幼度，谢奕子，死后赠车骑将军，故称。

④衿抱：胸襟怀抱。虚：指胸襟宽广。

【译文】

谢安对子侄们说："谢万才是千年来独一无二之人。"谢玄说："他的胸襟怀抱不宽广，又怎么能说是独一无二的人呢？"

二四

庾道季诧谢公曰[①]："裴郎云[②]：'谢安谓裴郎乃可不恶[③]，何得为复饮酒[④]？'裴郎又云：'谢安目支道林如九方皋之相马[⑤]，略其玄黄[⑥]，取其俊逸[⑦]。'"谢公云："都无此二语，裴自为此辞耳。"庾意甚不以为好[⑧]，因陈东亭《经酒垆下赋》[9]。读毕,都不下赏裁[10],直云[11]:"君乃复作裴氏学[12]!"于此《语林》遂废[13]。今时有者,皆是先写,无复谢语。

【注释】

①庾道季:庾龢(hé),字道季,庾亮子。诧(chà):告诉。谢公:谢安。

②裴郎:裴启。裴启字荣期,著有《语林》一书。云:即指其在《语林》中的记载。

③乃可:确实。

④何得:为什么。

⑤目:品评,评论。九方皋(gāo):相传为春秋时善于相马的人。他得到伯乐的推荐,为秦穆公觅得千里马。相马:指察看马的优劣。

⑥略:忽略,不予注意。玄黄:黑色与黄色,指马的毛色。

⑦俊逸:指马的外形漂亮超群。

⑧不以为好:不以为然。

⑨陈:陈述。东亭:王珣封爵东亭侯,故称。《经酒垆下赋》:王珣作,哀悼阮籍、嵇康之赋。

⑩都:全。赏裁:赞赏评论。裁,评判。

⑪直:只是,仅仅。

⑫乃复:竟然。

⑬《语林》:古小说集。东晋裴启作。十卷。记汉魏两晋上层社会人士的轶事和言谈,文辞简洁,后来《世说新语》吸收了该书的部分材料。已佚,鲁迅《古小说钩沉》中有辑本。

【译文】

庾龢告诉谢安道:"裴郎说:'谢安称裴郎确实不坏,他为什么还要再饮酒呢?'裴郎又说:'谢安品评支道林像九方皋相马一样,不注意马的毛色是黑的还是黄的,而只选择马是否出众超群。'"谢安说:"我完全没有说过这两句话，是裴启自编的话罢了。”庾龢对谢安的话很不以为然，于是便陈述王珣的《经酒垆下赋》。赋读完后，谢安完全不赞赏评论，只是说：“您竟然要做裴启这号人的学问！”从此《语林》就被废止不流通了。现在还有的，都是先前的抄本，其中不再有谢安的话。

二五

王北中郎不为林公所知[①]，乃著论《沙门不得为高士论》[②]，大略云：“高士必在于纵心调畅[③]。沙门虽云俗外[④]，反更束于教[⑤]，非情性自得之谓也[⑥]。”

【注释】

①王北中郎：王坦之曾为北中郎将，故称。林公：支道林。知：赏识。

②《沙门不得为高士论》：王坦之写的文章名。题目意为：出家人不可能成为高士。沙门，指佛教僧侣。高士，指志趣、品行高尚的人。

③纵心调畅：放松心情，和谐舒畅。

④俗外：世俗之外。

⑤束于教：受到佛教戒律的束缚。

⑥情性：性情。自得：自以为得意或舒适。

【译文】

王坦之没有得到支道林的赏识，便写了论文《沙门不得为高士论》，大概的意思说：“志趣品格高尚的人必定是心情放松和谐舒畅的。出家人虽然说置身于世俗之外，但更加受佛教戒律的束缚，这就不是本性自在适意的意思了。”

二六

人问顾长康[①]:“何以不作洛生咏[②]?”答曰:“何至作老婢声[③]?”

【注释】

①顾长康:顾恺之。

②洛生咏:指带有重浊鼻音的咏诵声。洛阳书生诵咏声重浊,东晋渡江士族以仿效洛生咏为贵,谢安即善此。

③老婢(bì):老年女奴。

【译文】

有人问顾恺之:“为什么不仿效洛阳书生的吟咏声?”顾恺之答道:“我哪至于去学老年女奴的声调?”

二七

殷觊、庾恒并是谢镇西外孙[①],殷少而率悟[②],庾每不推[③]。尝俱诣谢公[④],谢公孰视殷曰[⑤]:“阿巢故似镇西[⑥]。”于是庾下声语曰[⑦]:“定何似[⑧]?”谢公续复云:“巢颊似镇西。”庾复云:“颊似,足作健不[⑨]?”

【注释】

①殷觊(yǐ):字伯通,小字巢。与堂弟殷仲堪同时知名。官至南蛮校尉。庾恒:字敬则,庾龢之子,官至尚书仆射。谢镇西:谢尚。

②率悟:坦率聪慧。

③推:推重,赞许。

④谢公：谢安。

⑤孰视：仔细看。孰，同“熟”。

⑥故：确实。

⑦下声：小声，低声。

⑧定：究竟，到底。

⑨作健：成为强者。不(fǒu)：同“否”。

【译文】

殷颉、庾恒都是谢尚的外孙，殷颉小的时候就坦率聪慧，庾恒常常不赞许他。他们曾一起去拜访谢安，谢安仔细看着殷颉道：“阿巢确实像镇西。”于是庾恒小声地说：“到底哪里像？”谢安继续又说：“殷颉的脸颊像谢尚。”庾恒又说：“脸颊相像，就足以成为强者称雄吗？”

二八

旧目韩康伯“将肘无风骨”①。

【注释】

①目：评论。韩康伯：韩伯。将肘：粗壮的胳膊肘。将，齐楚一带古语称大为将。肘，胳膊肘。风骨：指人的风格气质。

【译文】

过去人们评论韩伯说“胳膊肘粗壮，但没有什么风格气质”。

二九

苻宏叛来归国①，谢太傅每加接引②。宏自以有才，多好上人③，坐上无折之者④。适王子猷来⑤，太傅使共语。子猷直孰视良久[⑥],回语太傅云:“亦复竟不异人[⑦]。”宏大惭而退。

【注释】

①苻宏:前秦苻坚太子,苻坚被杀后投奔晋朝,为辅国将军。叛:指背叛前秦。归国:指归顺东晋。

②谢太傅:谢安。接引:接待引荐。

③上人:凌驾众人之上。

④折:折服。

⑤适:刚巧,恰好。王子猷(yóu):王徽之。

⑥直:只是。

⑦竟:终于,到底。

【译文】

苻宏背叛前秦来归附,谢安常常予以接见。苻宏自以为有才干,经常喜欢凌驾他人之上,在座者没有能使他折服的人。恰好王徽之来,谢安就让他们一起交谈。王徽之只是仔细看了苻宏很久,回头对谢安说:“到底也没有什么与别人不同的地方。”苻宏听了感到十分惭愧地告退了。

三〇

支道林入东[①],见王子猷兄弟[②],还,人问:“见诸王何如?”答曰:“见一群白颈乌,但闻唤哑哑声[③]。

【注释】

①入东:指到会稽去。

②王子猷兄弟:王羲之有七个儿子,以王徽之、王献之最著名。

③“见一群白颈乌”二句：陆游《老学庵笔记》八：“古所谓揖，但举手而已，今所谓喏，乃始于江左诸王。方其时，唯王氏子弟为之。故支道林入东，见王子猷兄弟，还，人问诸王何如。答曰：‘见一群白颈乌，但闻哑哑声。’即今喏也。”王琦注李贺《染丝上春机》引此事，云：“王氏子弟多服白领故也。”陆游称王氏兄弟对人行拱手礼，出声致敬，即为“唱喏(nuò)”。王琦谓王氏兄弟多穿白领衣服，故比喻他们为“白颈乌”。

【译文】

支道林到东边会稽去，见到王徽之兄弟，回来后，有人问他：“见到王家兄弟，他们怎么样？”支道林回答道：“见到一群白颈乌鸦，只听见哑哑的叫唤声。”

三一

王中郎举许玄度为吏部郎①，郗重熙曰②：“相王好事③，不可使阿讷在坐头④。”

【注释】

①王中郎：王坦之，曾任从事中郎。举：荐举。许玄度：许询。吏部郎：主管官吏选拔的官，魏晋时重视吏部郎人选，位在诸曹郎之上。

②郗重熙：郗昙，字重熙。

③相王：简文帝司马昱曾以会稽王身份担任丞相，故称。好事：喜欢多事。

④阿讷：许询的小名。坐头：座位。

【译文】

王坦之举荐许询担任吏部郎，郗昙说："相王喜欢多事，不能够让阿讷在吏部郎的座位上。"

三二

王兴道谓谢望蔡[①]："霍霍如失鹰师[②]。"

【注释】

①王兴道：王和之，字兴道，王胡之的儿子，官永嘉太守、侍中。谢望蔡：谢琰，字瑗度，小字末婢，谢安之子，淝水之战中有功，封望蔡公。

②霍霍：指性子急切不安，不能忍耐的样子。

【译文】

王和之评论谢琰："性子急躁不安，就像丢失了鹰的驯鹰人。"

三三

桓南郡每见人不快[①]，辄嗔云[②]："君得哀家梨[③]，当复不烝食不[④]？"

【注释】

①桓南郡：桓玄。不快：指愚钝，不爽快。

②嗔(chēn)：生气。

③哀家梨：传说汉朝秣陵人哀仲家的梨味美，入口即化，时人称为"哀家梨"。

④当复不烝食不(fǒu)：谓愚钝之人不会辨别滋味，该不会得到好

梨蒸了吃吧？

【译文】

桓玄每当看到别人行事愚钝不爽快，总是生气地说："您得到哀家梨，该不会拿来蒸了吃吧？"

假谲第二十七

【题解】

假谲，指权谋与诡诈。属于假谲的故事，大多数都以明显的个人功利为前提，以诡诈欺骗的手段达到个人目的，也有机智自保的事例。

本篇共有十四则，鲜活地反映了在魏晋时期的残酷政治环境中，人们施展各种计谋，甚至玩弄权术的现实情景。

一

魏武少时[①]，尝与袁绍好为游侠[②]。观人新婚，因潜入主人园中，夜叫呼云："有偷儿贼！"青庐中人皆出观[③]。魏武乃入，抽刃劫新妇，与绍还出，失道[④]，坠枳棘中[⑤]，绍不能得动，复大叫云："偷儿在此！"绍遑迫自掷出[⑥]，遂以俱免。

【注释】

①魏武：曹操。

②游侠：指喜好交游，轻生重义，勇于救人急难等侠义行为的人。

③青庐：当时婚俗，以青布搭屋迎娶新妇，举行婚礼。

④失道：迷路。

⑤枳棘（zhǐ jí）：两种多刺灌木。

⑥遑迫：惊慌急迫。掷出：跳出。

【译文】

曹操年轻时，曾经喜欢和袁绍一起干些不务正业的游侠行为。一次看到人家新婚，就偷偷进入主人家园子里，到夜里大声呼叫道："有小偷！"青庐中的人都跑出来看，曹操就进去，拔出刀来劫持了新娘，与袁绍一起跑出来，路上迷了路，掉进了荆棘丛中，袁绍动不了，曹操又大叫道："小偷在这里！"袁绍惊慌失措地跳了出来，两个人这才都逃走了。

二

魏武行役①，失汲道②，三军皆渴，乃令曰："前有大梅林，饶子③，甘酸可以解渴。"士卒闻之，口皆出水，乘此得及前源④。

【注释】

①行役：行军跋涉。

②汲道：通往水源的道路。

③饶子：指果实很多。

④前源：指前面的水源。

【译文】

曹操率军跋涉，找不到通往水源的道路，军中士卒都口渴难耐，于是他就下令说："前面有大片梅林，果实很多，又甜又酸可以解渴。"士卒们听到他的话，口里都流出口水来，乘着这个机会他们得以到达前面有水的地方。

三

魏武常言[①]:"人欲危己,己辄心动[②]。"因语所亲小人曰[③]:"汝怀刃密来我侧,我必说心动,执汝使行刑[④],汝但勿言其使[⑤],无他,当厚相报。"执者信焉,不以为惧,遂斩之。此人至死不知也。左右以为实,谋逆者挫气矣[⑥]。

【注释】

①魏武:曹操。常:曾经。

②危:危害,指谋害。心动:心跳。

③小人:指身边的侍从。

④执:捕捉。

⑤但:只要。

⑥谋逆者:图谋不轨的人。挫气:丧气。

【译文】

魏武帝曹操曾说:"有人想谋害我的时候,我就会立即心跳。"于是他告诉身边一名亲近的侍从说:"你胸前藏着刀偷偷到我身边来,我一定会说心跳,抓住你让人执行刑罚,你只要不说出是谁指使的,就没有什么关系,我定会重金报答你。"被抓的侍从相信了他,一点也不害怕,于是就被杀了。这人到死也不知道是怎么回事。左右侍从都以为这件事是真的,那些图谋不轨的人也都灰心丧气了。

四

魏武常云:"我眠中不可妄近[①],近便斫人[②],亦不自觉。左右宜深慎此[③]。"后阳眠[④],所幸一人[⑤],窃以被覆之[⑥],因便斫杀。自尔每眠,左右莫敢近者。

【注释】

①妄近:随便靠近。

②斫(zhuó)人:杀人。

③深:表示程度深。

④阳:同"佯",假装。

⑤幸:宠爱。

⑥窃:偷偷,暗中。

【译文】

魏武帝曹操曾说:"我睡觉时不可随便靠近我,靠近我就要杀人,连自己也不知道。左右侍从们应当特别小心这件事。"后来他假装睡着了,他所宠幸的一个侍从,暗地拿被子盖在他身上,曹操就乘机把他杀了。从此以后每当睡觉时,左右侍从没有人敢靠近他。

五

袁绍年少时,曾遣人夜以剑掷魏武,少下①,不著②。魏武揆之③,其后来必高。因帖卧床上④,剑至果高。

【注释】

①少(shǎo)下:指稍微低一点。少,稍微,略微。下,低。

②不著:指没有掷中。

③揆(kuí):推测。

④帖:紧挨。

【译文】

袁绍年轻时,曾经派人在夜晚用剑投掷刺杀曹操,剑掷得稍低了一点,没有掷中。曹操估计,后面掷过来的剑必高一些。于是他就紧贴睡在床上,掷过来的剑果然高了一点。

六

王大将军既为逆[①],顿军姑孰[②]。晋明帝以英武之才,犹相猜惮[③],乃著戎服[④],骑巴賨马[⑤],赍一金马鞭[⑥],阴察军形势[⑦]。未至十余里,有一客姥[⑧],居店卖食,帝过愒之[⑨],谓姥曰:"王敦举兵图逆,猜害忠良[⑩],朝廷骇惧,社稷是忧[⑪]。故劬劳晨夕[⑫],用相觇察[⑬]。恐形迹危露,或致狼狈[⑭],追迫之日,姥其匿之[⑮]!"便与客姥马鞭而去[⑯],行敦营匝而出[⑰]。军士觉,曰:"此非常人也!"敦卧心动,曰:"此必黄须鲜卑奴来[⑱]!"命骑追之,已觉多许里[⑲]。追士因问向姥:"不见一黄须人骑马度此邪?"姥曰:"去已久矣,不可复及。"于是骑人息意而反。

【注释】

①王大将军:王敦。为逆:叛逆,造反。

②顿军:屯驻。姑孰:今安徽当涂。

③猜惮:怀疑畏惧。

④戎服:军服。

⑤巴賨(cóng)马:巴地賨人进贡之马。賨人为我国古代少数民族,居住今四川渠县一带。

⑥赍(jī):携带。

⑦阴:暗中。

⑧客姥(mǔ):客居的老妇。

⑨愒(qì):同“憩”,休息。

⑩猜害:猜疑杀害。

⑪社稷:指国家。

⑫劬(qú)劳:劳累。

⑬觇(chān)察:暗中察看。

⑭狼狈:指处境危险。

⑮其:语气词,表示希望之意。匿:隐瞒。

⑯与:给予,赠送。

⑰匝:指环绕一周。

⑱黄须鲜卑奴:对晋明帝的蔑称。晋明帝生母荀氏是北燕胡人,故其相貌与胡人相似。

⑲觉(jiào):差,相差。多许里:指相距里程很多。

【译文】

大将军王敦犯上作乱后,把军队驻扎在姑孰。晋明帝虽有英武之才,对王敦还是猜疑畏惧的,他于是穿上戎装,骑上巴賨马,携带一条金马鞭,暗中察看叛军的形势。离叛军驻地十余里地,有一位客居老妇,在店里卖吃的,晋明帝经过时在那里休息,对老妇说:“王敦起兵叛乱,猜忌迫害朝廷忠臣,朝廷上下惊惧恐慌,国家的存亡令人担忧。所以我从早到晚不辞劳累,出来暗中察看形势。我怕行踪泄露,也许会处境危险,如果有人追赶过来,还望老人家能为我隐瞒行踪!”于是把金马鞭给了老妇后就离开了,到王敦军营绕了一圈才出来。王敦部下士兵发觉后,说:“这不是一般的人!”王敦正躺着睡觉感到心跳,说:“这必定是黄须的鲜卑奴来了!”命令骑兵去追赶他,可是已经相差很多里路了。追兵于是问那位老妇:“没有见过黄须的人骑马经过此地吗?”老妇说:“过去很久了,不可能再追上了。”于是骑兵打消了追赶的念头而返回了。

七

王右军年减十岁时①，大将军甚爱之②，恒置帐中眠。大将军尝先出，右军犹未起。须臾，钱凤入③，屏人论事④，都忘右军在帐中，便言逆节之谋⑤。右军觉⑥，既闻所论，知无活理，乃剔吐污头面被褥⑦，诈孰眠⑧。敦论事造半⑨，方忆右军未起，相与大惊曰："不得不除之！"及开帐，乃见吐唾从横⑩，信其实孰眠，于是得全。于时称其有智。

【注释】

①王右军：王羲之。减：不足，不满。

②大将军：王敦。

③钱凤：字世仪，东晋人，为王敦铠曹参军，随王敦谋反，失败被杀。

④屏(bǐng)：屏退，避开。

⑤逆节：指叛逆造反。

⑥觉：指醒过来。

⑦剔吐：呕吐。

⑧孰："熟"的古字。

⑨造半：到一半。

⑩从横：纵横，指吐出的东西乱七八糟、狼藉不堪的样子。

【译文】

王羲之不满十岁时，大将军王敦非常喜爱他，常常把他留在自己的床帐中睡觉。王敦曾经有一次先起床出来，王羲之还没起床。一会儿，钱凤进帐，王敦屏退手下人议论事情，全都忘了王羲之还在床帐中，就说起了叛逆造反的阴谋。王羲之醒来，听到他们商量的事，就知道没有活命的可能了，于是就呕出污秽的东西把头脸被褥都弄脏，假装熟睡。

王敦说到一半时，才想起王羲之还未起床，两个人都大惊失色道："不得不把他除掉！"等到打开帐子时，才看见呕吐物狼藉不堪，相信他确实在熟睡，于是王羲之得以保全性命。当时人都称赞他有智谋。

八

陶公自上流来赴苏峻之难①，令诛庾公②，谓必戮庾，可以谢峻③。庾欲奔窜④，则不可；欲会⑤，恐见执⑥，进退无计。温公劝庾诣陶，曰⑦："卿但遥拜，必无他。我为卿保之。"庾从温言诣陶。至便拜。陶自起止之曰："庾元规何缘拜陶士衡⑧？"毕⑨，又降就下坐⑩。陶又自要起同坐⑪。坐定⑫，庾乃引咎责躬⑬，深相逊谢⑭。陶不觉释然⑮。

【注释】

①陶公：陶侃。上流：指长江上游，陶侃时任荆州刺史。苏峻之难：指晋成帝咸和二年(327)，苏峻起兵叛乱，攻入建康。

②庾公：庾亮。

③谢峻：向苏峻谢罪。

④奔窜：逃跑。

⑤会：会见。

⑥见执：被捕。

⑦温公：温峤。诣：到。

⑧庾元规：庾亮，字元规。何缘：为什么。陶士衡：陶侃，字士衡。

⑨毕：指行过礼。

⑩降：指屈尊到下位就座。

⑪自要：亲自邀请。

⑫定：坐定。

⑬引咎责躬：由自己来承担责任并责备自己。躬，自身。

⑭逊谢：谦恭地认错。

⑮释然：疑虑消除了。

【译文】

陶侃从长江上游东下来平定苏峻叛乱，下令要杀掉庾亮，认为必须杀掉庾亮，才可以向苏峻谢罪。庾亮想逃跑已不可能；想要会见陶侃，恐怕被抓，真是进退两难，无计可施。温峤劝庾亮去拜见陶侃，说："你只要远远地行跪拜礼，必定不会有什么事。我为你担保。"庾亮听从温峤的话去拜访陶侃。到了那里就跪拜。陶侃亲自起身阻止他说："庾元规为什么要拜陶士衡？"行过礼后，庾亮又屈尊到下位就座。陶侃又亲自邀请庾亮起来与自己同坐。坐定后，庾亮就自己承担责任并责备自己，深刻谦恭地认错。陶侃在不知不觉中消除了疑虑。

九

温公丧妇[①]，从姑刘氏家值乱离散[②]，唯有一女，甚有姿慧。姑以属公觅婚[③]。公密有自婚意[④]，答云："佳婿难得，但如峤比云何[⑤]？"姑云："丧败之余，乞粗存活[⑥]，便足慰吾余年，何敢希汝比？"却后少日[⑦]，公报姑云："已觅得婚处，门地粗可[⑧]，婿身名宦[⑨]，尽不减峤[⑩]。"因下玉镜台一枚[⑪]。姑大喜。既婚，交礼，女以手披纱扇，抚掌大笑曰："我固疑是老奴，果如所卜[⑫]。"玉镜台，是公为刘越石长史北征刘聪所得[⑬]。

【注释】

①温公：温峤。

②从姑：堂房姑妈，即父亲的堂姐妹。刘氏：温峤的姑母应姓温，称刘氏，系从夫姓之故。值乱：遭遇战乱。

③属：通"嘱"，托付。

④密：私下，暗中。

⑤比：类，辈。云何：怎么样。

⑥乞：求。

⑦却后：过后。

⑧门地：家世地位。

⑨名宦：名声官职。

⑩尽：全，都。

⑪下：指下聘礼。

⑫卜：预料。

⑬刘越石：刘琨。刘聪（？—318）：十六国时期前汉国国君。310—318在位。刘渊死后他杀死兄长夺取帝位，后攻破洛阳、长安，俘获怀、愍二帝。在位时穷兵黩武，广建宫殿，沉迷酒色。

【译文】

温峤死了妻子，他的堂姑刘氏正值流离失散之际，身边只有一个女儿，非常美丽聪明。堂姑嘱托温峤为女儿找门亲事。温峤私下有自己娶她的意思，回答说："好女婿不容易找到，只是像我这类人，怎么样？"堂姑说："我们遭遇战乱劫难，只求勉强活下去，就足够安慰我的晚年了，哪敢指望有像你这样的女婿？"过后几天，温峤回报堂姑说："已找到婚配的人家了，身世地位大致可以，女婿的名声、官职都不比我差。"于是送上玉镜台一枚作为聘礼。堂姑非常高兴。结婚时，行交拜礼，新娘用手拨开遮脸的纱扇，拍手大笑道："我本来就怀疑是你这个老奴才，果然不出我所料。"玉镜台，是温峤当年担任刘琨手下长史北征刘聪时得到的。

一〇

诸葛令女[①]，庾氏妇[②]，既寡誓云："不复重出[③]。"此女性甚正强[④]，无有登车理[⑤]。恢既许江思玄婚[⑥]，乃移家近之。初，诳女云[⑦]："宜徙[⑧]。"于是家人一时去，独留女在后。比其觉[⑨]，已不复得出。江郎莫来，女哭詈弥甚[⑩]，积日渐歇[⑪]。江虨暝入宿[⑫]，恒在对床上。后观其意转帖[⑬]，虨乃诈厌[⑭]，良久不悟，声气转急。女乃呼婢云："唤江郎觉！"江于是跃来就之曰："我自是天下男子，厌，何预卿事而见唤邪[⑮]？既尔相关，不得不与人语。"女默然而惭，情义遂笃[⑯]。

【注释】

①诸葛令：诸葛恢。

②庾氏妇：庾亮家的媳妇。诸葛恢之女嫁给庾亮之子庾会。

③重出：指再嫁。

④正强：正直倔强。

⑤登车：指出嫁时乘车到夫家。

⑥江思玄：江虨，字思玄。

⑦诳(kuáng)：欺骗，瞒哄。

⑧徙：迁移。

⑨比：等到。

⑩詈(lì)：骂。弥甚：更加厉害。

⑪积日：数日。

⑫暝：天黑。

⑬帖：平静，安定。

⑭厌(yǎn)：同"魇"，做恶梦而引起的呻吟，惊叫等痛苦状。

⑮预：关系，相干。

⑯笃：深厚。

【译文】

诸葛恢的女儿，是庾亮家的媳妇，她守寡后，发誓说："我不会再嫁人。"这位女子性子很正直倔强，没有再嫁的可能。诸葛恢把女儿许配给江虨后，就把家搬到江家附近。起初，他骗女儿说："应当搬家。"于是家里人一起都离开了，只留下女儿一个人在后面。等到她发觉时，已经无法出去了。江虨晚上来时，她哭骂得更厉害，几天后才慢慢平静下来。江虨晚上进屋睡觉，常常睡在对面床上。后来看她的情绪逐渐平静，江虨就假装做噩梦，好久都不醒，梦话声与呼吸气息逐渐急促起来，她就叫婢女说："把江郎叫醒！"江虨于是跳起来靠近她说："我原是世上堂堂一条男子汉，做了噩梦，关你什么事要把我叫醒？既然你如此关心我，就不能不与人家说话。"她沉默无语感到惭愧，夫妻间的情义于是深厚起来了。

一一

愍度道人始欲过江①，与一伧道人为侣②，谋曰："用旧义往江东③，恐不办得食④。"便共立"心无义"⑤。既而此道人不成渡⑥，愍度果讲义积年⑦。后有伧人来，先道人寄语云⑧："为我致意愍度⑨，无义那可立？治此计，权救饥尔⑩，无为遂负如来也⑪！"

【注释】

①愍度道人：支愍度，一作支敏度，晋时高僧，成帝时与康僧渊、康法畅等过江南下，创"心无义"说，著《传译经录》。

②伧(cāng)道人:指北方和尚。伧,六朝时南方人对北方人的蔑称。

③旧义:指旧教义,原来的教义。

④不办:不可能。

⑤心无义:心无宗(东晋般若学派“六家七宗”之一)的代表人物,主张不执著于外物,但也不否定外物的存在。而本文则谓支愍度所造。

⑥既而:不久。不成渡:指渡江没有成功。

⑦讲义:讲授“心无义”。积年:多年。

⑧先道人:先前那个和尚。寄语:托人带话。

⑨致意:传话。

⑩权:权宜,暂时。

⑪无为:不应。

【译文】

支愍度和尚当初想渡江南下,与一个北方和尚结伴同行。两人商量说:“用旧教义到南方讲,恐怕连饭也没得吃了。”于是便共同创立了“心无义”。不久这个和尚渡江没有成功,支愍度果然讲了多年“心无义”。后来有北方人来,先前那位和尚传话说:“为我致意愍度,心无义怎么可以成立?想出这个办法来,是暂时混饭吃罢了,不应因此就背弃了如来佛祖啊!”

一二

王文度弟阿智[①],恶乃不翅[②],当年长而无人与婚。孙兴公有一女[③],亦僻错[④],又无嫁娶理,因诣文度,求见阿智。既见,便阳言[⑤]:“此定可[⑥],殊不如人所传,那得至今未有婚处?我有一女,乃不恶,但吾寒士,不宜与卿计,欲令阿智娶之。”

文度欣然而启蓝田云[7]:“兴公向来[8],忽言欲与阿智婚。”蓝田惊喜。既成婚,女之顽嚚[9],欲过阿智[10]。方知兴公之诈。

【注释】

①王文度:王坦之。阿智:王处之,字文将,小名阿智,晋侍中王述之子。

②恶:愚痴,凶顽。翅:古通“啻”(chì),只,止。

③孙兴公:孙绰。

④僻错:怪僻反常。

⑤阳言:说假话。阳,同“佯”,诈,装假。

⑥定:必定,一定。

⑦蓝田:王述。

⑧向来:刚才。

⑨顽嚚(yín):愚蠢而固执。

⑩欲:似。

【译文】

王坦之的弟弟阿智,不只是愚蠢凶顽而已。当他成人时没有人与他结亲。孙绰有一个女儿,也很怪癖反常,又没有婚嫁的可能,于是孙绰就去拜访王坦之,要求见见阿智。见到后,就假装说:“阿智这人一定不错的,一点儿不像人家所传的那样,怎么到现在还没有婚配?我有一个女儿,还不算差,但我是一个寒士,本不应与您计议婚事,但我想让阿智娶她。”王坦之高兴地禀报王述道:“孙绰刚才来,忽然说要与阿智结亲。”王述又惊又喜。成婚后,这个女子的愚蠢固执,似乎超过了阿智。王家这才知道孙绰的狡诈。

一三

范玄平为人好用智数[①],而有时以多数失会[②]。尝失官居东阳[③],桓大司马在南州[④],故往投之。桓时方欲招起屈滞[⑤],以倾朝廷[⑥],且玄平在京,素亦有誉[⑦]。桓谓远来投己,喜跃非常。比入至庭,倾身引望[⑧],语笑欢甚。顾谓袁虎曰:"范公且可作太常卿[⑨]。"范裁坐[⑩],桓便谢其远来意。范虽实投桓,而恐以趋时损名[⑪],乃曰:"虽怀朝宗[⑫],会有亡儿瘗在此[⑬],故来省视[⑭]。"桓怅然失望,向之虚伫[⑮],一时都尽。

【注释】

①范玄平:范汪,字玄平。智数:心计权术。

②多数:指过多的谋算。失会:失去机会。

③失官:丢掉官职。东阳:郡名,治所在今浙江金华。

④桓大司马:桓温。南州:姑孰,在今安徽当涂。

⑤招起:招聘起用。屈滞:指屈居下位、久不升迁的人。

⑥倾:颠覆。

⑦素:平素,向来。

⑧倾身引望:身体向前倾,伸长脖子望,以示谦恭的样子。

⑨且:暂且,暂时。太常卿:官名,掌管礼乐祭祀等。

⑩裁:通"才"。

⑪趋时:迎合时势。损名:损害名声。

⑫朝宗:拜见长官。

⑬会:恰巧。瘗(yì):埋葬。

⑭省视:看望。

⑮向:刚才。虚伫(zhù):虚心等待。伫,长时间站立。

【译文】

范汪为人好用心计权术,但有时因为多用了心计反而错失了机会。他罢官后曾经住在东阳,桓温大司马在南州,他便去投奔。桓温当时正要招聘起用失意之士,用来颠覆朝廷,况且范汪在京城,一向有名声。桓温认为他远道前来投奔自己,非常欢喜兴奋。等到范汪进入庭院,他即伸长脖子探望,两人又说又笑非常高兴。桓温回头对袁虎说:“范公暂时可做太常卿。”范汪才坐下,桓温就感谢他远道来投奔自己的厚意。范汪虽然确实是来投奔桓温的,但怕这样做被当作迎合时势,会损坏自己的名声,便说:“虽然我怀有拜见长官之心,但恰巧我有亡儿埋葬在此,所以前来看望。”桓温听了非常失望,刚才自己虚心等待站立许久的热情,一下子都化为乌有。

一四

谢遏年少时①,好著紫罗香囊②,垂覆手③。太傅患之④,而不欲伤其意。乃谲与赌⑤,得即烧之。

【注释】

①谢遏:谢玄,小字遏。

②著:穿着,此指佩带。紫罗香囊:用紫色丝罗编成的装有香料的口袋。

③覆手:手巾之类的物件。

④太傅:谢安,谢玄的叔叔。

⑤谲(jué):欺诈,骗。

【译文】

谢玄少年时,喜欢带紫色丝罗香袋,挂着手巾。谢安为此感到忧虑,但又不想伤他的心。于是就假装与他打赌,赢得香袋、手巾后就把它们烧掉了。

黜免第二十八

【题解】

黜免，指仕途之失意。魏晋之际，各权势集团互相倾轧，斗争残酷，士人们自身的政治命运常常难以捉摸和把握，常有人深感“世路艰险”。

本篇共有九则，颇为典型地反映了在魏晋时期动荡的政治环境下，士大夫们宦海沉浮的情景。

一

诸葛厷在西朝[①]，少有清誉[②]，为王夷甫所重[③]，时论亦以拟王[④]。后为继母族党所谗[⑤]，诬之为狂逆[⑥]。将远徙[⑦]，友人王夷甫之徒诣槛车与别[⑧]。厷问：“朝廷何以徙我[⑨]？”王曰：“言卿狂逆。”厷曰：“逆则应杀，狂何所徙？”

【注释】

①诸葛厷(gōng)：字茂远，西晋琅邪(今山东临沂北)人，官至司空主簿。西朝：指西晋。

②清誉:清高的声誉。

③王夷甫:王衍。

④拟:比拟。

⑤族党:指同族的亲属。

⑥狂逆:狂放叛逆。

⑦远徙:流放到边远处。

⑧槛(jiàn)车:押解犯人的囚车。

⑨徙(xǐ):流放。

【译文】

诸葛厷在西晋时,年纪轻轻就有清高的声誉,得到王衍的器重,当时的舆论也把他比作王衍。后来他被继母的同族人谗毁,诬陷他狂放叛逆。当他将要被流放到远方边地去时,友人王衍等到囚车前与他告别。诸葛厷问:“朝廷为什么要流放我?”王衍道:“说你狂放叛逆。”诸葛厷说:“叛逆就应当杀头,狂放为什么要流放?”

二

桓公入蜀[①],至三峡中,部伍中有得猿子者[②],其母缘岸哀号[③],行百余里不去,遂跳上船,至便即绝。破视其腹中,肠皆寸寸断。公闻之怒,命黜其人[④]。

【注释】

①桓公:桓温。入蜀:指桓温于晋穆帝永和二年(346)出兵攻蜀。

②部伍:指部队。猿子:指小猿。

③缘岸:沿岸。

④黜:罢免,黜退。

【译文】

桓温出兵攻蜀，到达三峡中，军中有人捕捉到一只小猿，那只母猿沿岸哀哭号叫，跟着走了一百多里路也不肯离去，最后终于跳上船，一上船即刻气绝。剖开他的肚腹看，肠子都一寸寸地断裂了。桓温听到此事大怒，下令罢免那个人的职务。

三

殷中军被废[①]，在信安[②]，终日恒书空作字[③]，扬州吏民寻义逐之[④]，窃视，唯作"咄咄怪事"四字而已[⑤]。

【注释】

①殷中军：殷浩。被废：指殷浩北伐失败被废为庶人。

②信安：县名，故地在今浙江衢州。

③书空：用手指在空中虚划字形。

④寻义：探寻所写字的意义。逐：追随。

⑤咄咄：惊叹词，表示出人意料，令人惊讶之事。

【译文】

殷浩被废为庶民，住在信安时，整天总是用手指在空中写字。扬州的官吏百姓要探寻他所写字的意义，便追随着他，偷偷地看，见他只写"咄咄怪事"四个字而已。

四

桓公坐有参军椅烝薤[①]，不时解，共食者又不助，而椅终不放，举坐皆笑。桓公曰："同盘尚不相助，况复危难乎[②]？"

敕令免官[3]。

【注释】

①桓公:桓温。坐:指宴席饭桌之座。椅:当作“掎(jī)”,指用筷子夹取食物。烝薤(xiè):一种蔬菜名。烝,通“蒸”。薤,又名藠(jiào)头,多年生草本植物,地下有茎,可食用。

②况复:何况。

③敕令:命令。

【译文】

桓温宴席上有一位参军用筷子夹蒸薤吃时筷子被卡住了,一时夹不下来,同桌吃饭者又没有帮他一把,而这位参军始终夹着不放手,满座的人都笑了起来。桓温说:“同在一个盘子里吃东西,尚且不肯相互帮助,何况遇到危难呢?”于是下令罢免同桌吃饭者的官职。

五

殷中军废后,恨简文曰[1]:“上人著百尺楼上[2],儋梯将去[3]。”

【注释】

①简文:晋简文帝司马昱。

②上人:让人上去。著(zhuó):在。

③儋(dān):二人用肩扛。将去:拿掉。

【译文】

殷浩被废为庶人后,怨恨简文帝说:“让人登上百尺高楼后,却把梯子拿掉了。”

六

邓竟陵免官后赴山陵[1]，过见大司马桓公[2]。公问之曰："卿何以更瘦？"邓曰："有愧于叔达[3]，不能不恨于破甑[4]。"

【注释】

①邓竟陵：邓遐，字应远，东晋陈郡（今河南项城东北）人，桓温参军，随从征战，官冠军将军、竟陵太守。免官：指桓温在枋头兵败，迁怒于邓遐，免其官职。山陵：指帝王陵，亦指帝王葬礼。

②过见：拜访。大司马桓公：桓温。

③叔达：孟敏，字叔达，东汉名士，曾经在市场上打破了买来的甑，而丝毫不为之懊悔，名士郭泰认为其德性可塑造，劝之读书，终成名贤。

④破甑（zèng）：破碎的瓦器。甑，古代蒸饭用的瓦器。

【译文】

邓遐被免官后去祭奠皇陵，同时拜访大司马桓温。桓温问他说："你为什么更加瘦了？"邓遐说："比起孟叔达来我感到惭愧，不能不对破碎瓦器的事感到遗憾。"

七

桓宣武既废太宰父子[1]，仍上表曰："应割近情[2]，以存远计[3]。若除太宰父子，可无后忧。"简文手答表曰[4]："所不忍言，况过于言[5]？"宣武又重表[6]，辞转苦切[7]。简文更答曰："若晋室灵长[8]，明公便宜奉行此诏；如大运去矣，请避贤路[9]。"桓公读诏，手战流汗[10]，于此乃止。太宰父子远徙新安。

【注释】

①桓宣武:桓温。太宰父子:指司马晞与其子司马综。司马晞,字道升,晋简文帝司马昱之兄,官至太宰。有武略,为桓温所忌。简文帝即位后,桓温奏请将司马晞父子流放新安(今浙江淳安西)。

②近情:指兄弟亲近之情。

③存:保全。

④手答表:指亲自批答奏表。

⑤过于言:指过分之言。

⑥重表:指再次上奏。

⑦转:更加。苦切:急切。

⑧灵长:绵延长久。

⑨贤路:贤者仕进之路。

⑩战:发抖。

【译文】

桓温罢免了司马晞父子的官职后,接着上奏表说:"应当割断亲属近情,以保全长远之计。如果除掉司马晞父子,就可以免除后顾之忧。"简文帝亲自批答奏章说:"这是我不忍心说的话,何况比这些话更加过分的举动呢?"桓温再次上奏章,言辞更加急切。简文帝又批示说:"如果晋朝国运绵延长久,明公就应当遵照这个诏令;如果晋朝国运已尽,请允许我退位,让出贤者登高之路。"桓温读了诏书,两手发抖,满脸流汗,到这时他才停止了要除掉司马晞父子的打算。司马晞父子俩被远远地流放到了新安。

八

桓玄败后①,殷仲文还为大司马咨议②,意似二三③,非复往日。大司马府听前有一老槐,甚扶疏④。殷因月朔⑤,与众在听，视槐良久，叹曰："槐树婆娑，无复生意！"

【注释】

①败：指桓玄在晋安帝时执掌朝政，逼其禅位，建国号楚，后为刘裕声讨，兵败被杀。

②殷仲文：桓玄的姐夫，助桓玄篡逆，官至侍中、尚书，后被刘裕所杀。还为大司马咨议：指殷仲文回到朝廷任大司马咨议之职。

③意似二三：心意不定，似乎三心二意。

④扶疏：原指枝叶繁茂的样子，此则指枝叶或下垂，或凋零，了无生意貌。

⑤月朔：夏历每个月的初一。

【译文】

桓玄失败后，殷仲文回到朝廷，担任大司马咨议，心情不定，似乎三心二意的样子，不再像过去那样了。大司马府厅堂前有一棵老槐树枝叶飘零毫无生气。殷仲文依照初一之例，与众人聚集在厅堂上，注视老槐树很久，感叹道："老槐树枝叶随风飘零，不再有生趣了！"

九

殷仲文既素有名望[①]，自谓必当阿衡朝政[②]。忽作东阳太守[③]，意甚不平，及之郡，至富阳[④]，慨然叹曰："看此山川形势，当复出一孙伯符[⑤]。"

【注释】

①名望：名誉声望。

②阿(ē)衡：一作"保衡"。阿衡为商初贤相伊尹之字，后即称辅佐

帝王主持朝政之官为阿衡。

③东阳:郡名,治所在今浙江金华。

④富阳:今浙江富阳。

⑤孙伯符:孙策,字伯符,孙坚之子,他占据江东,为吴国的建立奠定了基业。

【译文】

殷仲文既然向来就有名望,自认为必定能担当辅佐帝王、主持朝政的重任。如今忽然调他去做东阳太守,心中极为不平。等到了富阳时,他感慨地叹息道:"看这里的山川形势,该当会再出一位孙策那样的人。"

俭啬第二十九

【题解】

俭啬，指吝啬。俭啬原有两层含义，一为节俭，一为吝啬。本篇则指节俭过头以至于吝啬的行为。吝啬往往与个性俗气、贪鄙联系在一起，例如"竹林七贤"之一的王戎悭吝成性，便曾被同有盛名的阮籍目为"俗物"。

本篇共有九则，刻画出了诸如和峤、王戎这样的吝啬鬼形象。

一

和峤性至俭①，家有好李，王武子求之②，与不过数十。王武子因其上直③，率将少年能食之者④，持斧诣园⑤，饱共啖毕⑥，伐之，送一车枝与和公，问曰："何如君李？"和既得，唯笑而已。

【注释】

①至俭：极其吝啬。俭，吝啬。

②王武子：王济，和峤的妻弟。

③上直：指官员上朝值班。直，通“值”。

④率将：带领。

⑤诣：到。

⑥啖：吃。

【译文】

和峤的生性极为吝啬，家里有良种李树，王济向他要一点李子，和峤给了他不过几十颗。王济就乘他上朝值班时，带领胃口大的年轻人带着斧头到果园去，大家一起饱吃一顿李子后，把树砍了，送了一车子李树枝给和峤，问道：“比你家李树怎么样？”和峤得到这些树枝，只是笑笑而已。

二

王戎俭吝[①]，其从子婚[②]，与一单衣[③]，后更责之[④]。

【注释】

①俭吝：俭省吝啬。

②从子：侄儿。

③单衣：指单层衣服。

④责：索要。

【译文】

王戎节省吝啬，他的侄子结婚，他送了一件单衣，后来又把单衣要了回来。

三

司徒王戎既贵且富[①]，区宅、僮牧、膏田、水碓之属[②]，洛下无比[3]。契疏鞅掌[4],每与夫人烛下散筹算计。

【注释】

①司徒:官名,三公之一。王戎历官荆州刺史、尚书左仆射、司徒,封安丰侯。

②区宅:房屋、住宅。僮牧:奴婢与放牧的劳力。膏田:肥沃的田地。水碓(duì):利用水力旋动的舂米器具。

③洛下:指洛阳。

④契疏:契约帐簿。鞅掌:烦劳,繁多。

【译文】

司徒王戎已经做了大官,地位显贵,又有富足的财产,房屋住宅、奴婢仆夫、肥沃的土地、舂米的器具之类,洛阳无人能与他相比。契约账簿,堆砌繁多,他常与夫人在烛光下摊开筹码算账。

四

王戎有好李,常卖之,恐人得其种[1],恒钻其核。

【注释】

①种:指李子的核。

【译文】

王戎有良种李,常常拿出去卖,怕别人得到良种,总是先在李子核上钻个洞。

五

王戎女适裴頠[1],贷钱数万[2]。女归,戎色不说。女遽还钱[3],乃释然[4]。

【注释】

①适:指女子出嫁。

②贷钱:指向父亲王戎借钱。

③遽(jù):急忙。

④释然:指不悦之色消除。

【译文】

王戎的女儿嫁给裴頠,向王戎借了几万钱。女儿回到娘家时,王戎脸色很不好看。女儿连忙把钱还给他,王戎不高兴的脸色才算消除了。

六

卫江州在寻阳[1],有知旧人投之[2],都不料理[3],唯饷王不留行一斤[4]。此人得饷,便命驾[5]。李弘范闻之曰[6]:"家舅刻薄[7],乃复驱使草木[8]。"

【注释】

①卫江州:卫展,字道舒,晋河东安邑(今山西运城东北)人。历仕尚书郎、南阳太守、江州刺史等。寻阳:县名,在今江西九江西。

②知旧人:相知的老朋友。

③料理:照顾,安排。

④饷:赠送。王不留行:草药名。

⑤命驾:令车夫驾车。

⑥弘范:李弘度,卫展的外甥。

⑦刻薄：待人苛刻薄情。

⑧乃复：竟然。驱使：差遣，役使。

【译文】

卫展在寻阳时，有一位相知的老朋友来投奔他，他却全都不作安排，只送给客人一斤"王不留行"草药。客人得到礼物后，就驾车走了。他的外甥李弘范听到后说："我舅舅太刻薄了，竟然差遣草木来为他效劳。"

七

王丞相俭节①，帐下甘果盈溢不散②，涉春烂败③。都督白之④，公令舍去，曰："慎不可令大郎知⑤。"

【注释】

①王丞相：王导。

②帐下：营帐中。盈溢：堆满。

③涉春：进入春天。

④都督：帐下总管庶务者。白：禀告。

⑤大郎：指王导长子王悦。

【译文】

丞相王导生性节俭，营帐中甘甜的水果堆满了也不散发给大家，到了春天都腐烂坏掉了。都督禀报王导，王导让他丢掉，说："千方不要让大郎知道。"

八

苏峻之乱①，庾太尉南奔见陶公②，陶公雅相赏重③。陶性俭吝。及食，啖薤[4]，庾因留白。陶问："用此何为？"庾云："故可种[5]。"于是大叹庾非唯风流[6]，兼有治实[7]。

【注释】

①苏峻之乱：指苏峻与祖约起兵讨庾亮，倾覆东晋朝廷之事，在晋成帝咸和二年(327)。

②庾太尉：庾亮。陶公：陶侃。

③雅：极，很。

④薤(xiè)：多年生草本植物，鳞茎和嫩叶可以吃。一称"藠(jiào)头"。

⑤故：仍然。

⑥非唯：不仅。

⑦治实：指治理政务、解决实际问题的才干。

【译文】

苏峻叛乱时，庾亮向南投奔去见陶侃，陶侃非常赏识推重他。陶侃生性节俭吝啬。到进餐时，吃薤菜，庾亮就留下薤白不吃。陶侃问他："留下这东西有什么用？"庾亮说："还可以种。"于是陶侃大加赞叹，认为庾亮不仅风度优雅，还兼具治理政务、解决实际问题的才干。

九

郗公大聚敛[1]，有钱数千万。嘉宾意甚不同[2]，常朝旦问讯[3]。郗家法，子弟不坐，因倚语移时[4]，遂及财货事。郗公曰："汝正当欲得吾钱耳[5]！"乃开库一日，令任意用。郗公始正谓损数百万许[6]。嘉宾遂一日乞与亲友[7]，周旋略尽[8]。郗公闻之，惊怪不能已已[9]。

【注释】

①郗公：郗愔。聚敛：搜刮财物。

②嘉宾：郗超。

③常：通常，曾经。朝旦：早晨。问讯：问安。

④倚语：站着说话。移时：长时，长时间。

⑤正当：只是，只不过。

⑥损：损失。许：表示约略估计的词。

⑦乞与：给予。

⑧周旋：指交往的友人、朋友。略尽：指全送光了。

⑨惊怪：惊诧。已已：加强语气，谓止不住，难以停止下来。

【译文】

郗愔大肆搜刮财物，有钱财几千万，郗超对此很不赞同，曾经一次在早晨问安，郗家的礼法是子弟小辈在长辈前不能坐下来，他就站着说了很长时间的话，说到了钱财方面的事。郗愔说："你只不过要得到我的钱罢了！"于是打开库房一天，让郗超任意取用。郗愔开始只是认为损失几百万左右。郗超却在一天里把钱给了亲朋友人及有交往的人，钱全都送光了。郗愔听到此事，惊诧不已。

汰侈第三十

【题解】

汰侈，指极度的奢侈铺张。魏晋时期社会财富两极分化，贵族豪强聚敛无度，过着骄奢淫逸的生活。西晋开国君主司马炎即贪财好利，骄奢淫逸，以至于卖官自肥，臣下顺从风气，无不巧取豪夺，聚敛无厌，汰侈之风因此盛行。

本篇共有十二则，其中以石崇与王恺争豪最为著名。

一

石崇每要客燕集①，常令美人行酒。客饮酒不尽者，使黄门交斩美人②。王丞相与大将军尝共诣崇③，丞相素不能饮，辄自勉强，至于沉醉。每至大将军，固不饮以观其变④。已斩三人，颜色如故，尚不肯饮。丞相让之⑤，大将军曰："自杀伊家人⑥，何预卿事？"

【注释】

①石崇：字季伦。要：约请。

②黄门：指宦者。交斩：轮流斩杀。

③王丞相：王导。大将军：王敦。

④固：坚持。

⑤让：责备。

⑥伊家：他家。

【译文】

石崇每次邀请客人举行宴会，常叫美女斟酒劝客。客人饮酒没有干杯的，就让侍从轮流斩杀美人。王导与王敦曾经一起去拜访石崇，王导向来不善喝酒，总是勉强自己喝下去，以至于大醉。每次轮到王敦喝酒时，他坚持不喝以观察石崇究竟怎么样。已经杀了三个人，王敦脸色不变，还是不肯喝酒。王导责备他，王敦说："他杀掉自家的人，关你什么事？"

二

石崇厕，常有十余婢侍列①，皆丽服藻饰②。置甲煎粉、沉香汁之属③，无不毕备④。又与新衣著令出，客多羞不能如厕⑤，王大将军往⑥，脱故衣，著新衣，神色傲然⑦。群婢相谓曰："此客必能作贼⑧。"

【注释】

①侍列：列队侍奉客人。

②藻饰：修饰。

③甲煎粉：唇膏类化妆品、香料。沉香汁：用沉香木制成的香水。

④毕备：置备齐全。

⑤如厕：指上厕所。如，到。

⑥王大将军：王敦。

⑦傲然：傲慢的样子。

⑧作贼：指谋逆造反。

【译文】

石崇家的厕所里有十多个婢女列队侍奉客人，都穿了华丽新衣，修饰打扮得很漂亮。厕所里放置了甲煎粉、沉香汁之类，美容用品统统都齐备了。又给客人穿上新衣服才让出来，客人们大都害羞不肯到厕所去。王敦去厕所，脱下旧衣服，穿上新衣服，还显出神色傲慢的样子。婢女们相互议论说："这个客人一定会造反谋逆。"

三

武帝尝降王武子家①，武子供馔，并用琉璃器②。婢子百余人，皆绫罗绔䄙③，以手擎饮食④。蒸㹠肥美⑤，异于常味。帝怪而问之，答曰："以人乳饮㹠。"帝甚不平，食未毕，便去。王、石所未知作⑥。

【注释】

①武帝：晋武帝司马炎。降：降临。王武子：王济，其妻为晋武帝之女常山公主。

②并：全都。

③绫罗绔䄙（kù luò）：指所穿衣服，裤裙都是绫罗绸缎制成。绔，同"裤"。䄙，女子上衣。

④擎：向上托举。

⑤㹠：同"豚（tún）"，小猪。

⑥王、石：王恺、石崇。

【译文】

晋武帝曾驾临王济家，王济设宴招待，食物全都用琉璃器皿来供奉。婢女一百多人，身上所穿衣裙都用绫罗绸缎缝制，她们用手托举着食物。蒸熟的小猪肥嫩鲜美，与平常吃的味道不同。晋武帝觉得奇怪就问王济，王济答道："这是用人奶饲养的。"晋武帝听了很反感，没有吃完，就走了。这是连当时的大富豪王恺、石崇都不知道的制作方法。

四

王君夫以粭糒澳釜①，石季伦用蜡烛作炊②。君夫作紫丝布步障碧绫里四十里③，石崇作锦步障五十里以敌之④。石以椒为泥⑤，王以赤石脂泥壁⑥。

【注释】

①王君夫：王恺，字君夫。粭(yí)：同"饴"，麦芽糖，饴糖。糒(bèi)：干饭。澳釜：擦洗锅子。釜，炊具。

②石季伦：石崇，字季伦。作炊：烧饭。

③步障：帷幕，用来置于道路两侧以便于隔离内外。

④敌：匹敌。

⑤椒：花椒。

⑥赤石脂：一种风化石，色红，纹理细腻，可涂饰墙壁。

【译文】

王恺用饴糖拌合的干饭来擦洗锅子，石崇就用蜡烛来烧饭。王恺用紫丝布做了四十里长的帷幕，石崇则用锦做了五十里长的帷幕与他匹敌。石崇用花椒当做泥来涂墙，王恺就用赤石脂当泥来涂墙壁。

五

石崇为客作豆粥，咄嗟便办①。恒冬天得韭萍齑②。又牛形状气力不胜王恺牛，而与恺出游，极晚发③，争入洛城，崇牛数十步后迅若飞禽，恺牛绝走不能及④。每以此三事为搤腕⑤，乃密货崇帐下都督及御车人⑥，问所以⑦。都督曰："豆至难煮，唯豫作熟末⑧，客至，作白粥以投之。韭萍齑是捣韭根，杂以麦苗尔。"复问驭人牛所以驶。驭人云："牛本不迟，由将车人不及制之尔⑨。急时听偏辕⑩，则驶矣。"恺悉从之，遂争长。石崇后闻，皆杀告者。

【注释】

①咄嗟：顷刻，形容时间短暂。

②韭：韭菜，用作调料。萍(píng)：艾蒿类菜，亦可调味。齑(jī)：调味菜，一般在夏天才有。

③发：出发。

④绝走：极力奔跑。及：跟上。

⑤搤(è)腕：用一只手握住另一只手腕，以示不平情绪。

⑥密货：暗中用财物贿赂。都督：手下总管事务的人。

⑦所以：指事情发生的原因。

⑧豫作熟末：预先烧烂成碎末。

⑨将车人：驾车的人。

⑩听：任凭。偏辕：指车辕偏向一边。

【译文】

石崇为客人做豆粥，立刻就做成了。常在冬天也会得到用韭菜、萍菜、齑菜等做的调味品。他家的牛形状和力气看上去都不如王恺家的牛，但是与王恺出游，很晚才出发，争着进洛阳城，石崇的牛跑了几十步后就快得如同飞鸟，王恺的牛极力奔跑也赶不上。王恺常为这三件事而感到不满，于是他暗中买通石崇手下的管家与驾车人，探问其中的原因。管家说："豆子难以煮烂，只有预先烧成熟烂的碎末，客人来了，烧好白粥放进去。韭菜、蓱菜、齑菜等调料是将韭菜根捣碎，把麦苗搀进去而已。"再去问驾车人牛跑得快的原因，驾车人说："牛本来跑得不慢，由于驾车人来不及控制它罢了。在紧急的时候，任凭车子偏向一边，车子就行驶得快了。"王恺全都照着做，于是就争得优胜。石崇后来听到，把泄密者全都杀了。

六

王君夫有牛名八百里驳①，常莹其蹄角②。王武子语君夫③："我射不如卿，今指赌卿牛④，以千万对之⑤。"君夫既恃手快⑥，且谓骏物无有杀理⑦，便相然可⑧，令武子先射。武子一起便破的⑨，却据胡床⑩，叱左右速探牛心来⑪。须臾，炙至⑫，一脔便去⑬。

【注释】

①王君夫：王恺。八百里驳：牛名。牛身的毛色不纯，故称驳。八百里，指日行八百里。

②莹其蹄角：把牛的蹄和角磨得晶莹光亮。

③王武子：王济。

④指：指定。

⑤以千万对之：用一千万钱来抵。

⑥恃手快：仗着自己手势快，箭术精。

⑦骏物：指八百里驳跑得快，为出众之物。

⑧然可：答应，允诺。

⑨起：发射。破的：射中靶心。

⑩却：退回。

⑪探：掏。

⑫炙：烤熟的肉。

⑬一脔(luán)：一小块肉。

【译文】

王恺有条牛叫八百里驳，他常把牛的蹄和角磨得晶莹光亮。王济对王恺说："我射箭本领比不上你，今天指定打赌你的牛，我用一千万钱来抵你的牛。"王恺便仗着自己手势快箭术精，比射箭不会输，并且认为这样出众的宝物没有杀掉的道理，便答应下来。他让王济先射。王济一下子就射中靶心，退回去坐在交椅上，喝令左右侍从赶快把牛心掏出来。一会儿，烤好的牛心就送来了，王济只尝了一小块就走了。

七

王君夫尝责一人无服余衵[①]，因直，内著曲阁重闺里[②]，不听人将出[③]。遂饥经日[④]，迷不知何处去。后因缘相为[⑤]，垂死，乃得出[⑥]。

【注释】

①责：责备，责罚。服：指穿。余衵(yì)：指内衣。

②因：借，趁。直：值班，上朝。内著：纳入，放在。内，同"纳"。曲阁重闺：指深宫内室。曲阁，曲折的楼阁。重(chóng)闺，深邃的内室。

③听：准许。将：带。

④经日：指数日。

⑤因缘：指朋友，同伙。相为：相帮。

⑥乃：才。

【译文】

王济曾经责罚一个不穿内衣的人，他借着此人值班的时候，将其关入深宫内室里，不准别人把他带出去。此人便饿了好几天，迷迷糊糊地不知道从什么地方出去。后来靠朋友相帮，在快要死的时候，才得以出去。

八

石崇与王恺争豪①，并穷绮丽②，以饰舆服③。武帝，恺之甥也，每助恺④。尝以一珊瑚树高二尺许赐恺⑤，枝柯扶疏⑥，世罕其比⑦。恺以示崇。崇视讫，以铁如意击之⑧。应手而碎⑨。恺既惋惜，又以为疾己之宝⑩，声色甚厉。崇曰："不足恨⑪，今还卿。"乃命左右悉取珊瑚树，有三尺、四尺，条干绝世⑫，光彩溢目者六七枚⑬，如恺许比甚众⑭。恺惘然自失⑮。

【注释】

①争豪：争着比赛谁更富有。

②穷：指极尽可能。绮丽：华丽。

③舆服：指车马冠服与各种仪仗。

④每：常常。

⑤许：约略，估计之词。

⑥枝柯:树枝。扶疏:枝叶繁茂纷披的样子。

⑦罕:少。

⑧如意:一种表示祥瑞之玩物,可以用金、玉、铜、铁、竹、木等材质制成。

⑨应手:随手。

⑩疾:嫉妒。

⑪不足:不值得。

⑫绝世:当世独一无二。

⑬溢目:光彩夺目。

⑭许:那样。比:类。

⑮惘然:不如意的样子。自失:不知所措。

【译文】

石崇王恺争斗谁家更富有,并且极尽可能地来装饰车马冠服与各种仪仗。晋武帝是王恺的外甥,常常帮助王恺来与石崇斗富。他曾经把一株二尺多高的珊瑚树赐给王恺,此树枝条繁茂纷披,世上少有。王恺拿出来给石崇看,石崇看过后,用铁如意击打,珊瑚随手就碎了。王恺既惋惜,又认为石崇忌妒自己的宝贝,所以便声色俱厉。石崇说:"不值得遗憾,现在还给你。"就命左右侍从把家中所有的珊瑚树都拿出来,有高达三尺、四尺的,枝条美丽世上少有,光彩夺目的有六、七枚,像王恺的那种样子的珊瑚树就更多了。王恺看了很尴尬,不知所措。

九

王武子被责[①],移第北邙下[②]。于时人多地贵,济好马射[③],买地作埒[④],编钱匝地竟埒[⑤]。时人号曰"金沟"。

【注释】

①王武子：王济。被责：被责罚免官。王济因鞭打堂兄王佑府的官吏而被责罚免官。

②移第：搬家。北邙(máng)：北邙山，在今河南洛阳东北。

③马射：骑马射箭。

④埒(liè)：矮墙。

⑤编钱：把铜钱串连编起来。匝(zā)：环绕。竟：尽。

【译文】

王济被责罚贬了官，把家搬到了北邙山下。当时人多地贵，王济喜欢骑马射箭，就买了地筑起矮墙当跑马场。他用铜钱串连起来当矮墙，环绕着整个马场的矮墙都是用钱编起来的。当时人称之为“金沟”。

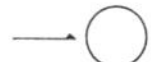

石崇每与王敦入学戏[1]，见颜、原象而叹曰[2]：“若与同升孔堂[3]，去人何必有间[4]！”王曰：“不知余人云何[5]？子贡去卿差近[6]。”石正色云[7]：“士当令身名俱泰[8]，何至以瓮牖语人[9]？”

【注释】

①每：常。学：指贵族子弟求学之太学。戏：游玩。

②颜、原：指孔子的学生颜回、原宪。

③同升孔堂：指同为孔门弟子。

④去：相距，距离。间：距离，差别。

⑤云何：怎么样，如何。

⑥子贡：端木赐，字子贡，孔子弟子。善于经商，家有千金，富比王

侯。差:颇,甚。

⑦正色:指态度严肃。

⑧身名:身份名望。泰:安泰显达。

⑨瓮牖:简陋的窗户。

【译文】

石崇与王敦常到太学里面游玩,看到颜回、原宪的画像就感叹说:“如果同他们一道做孔门弟子,就可以与他们不会有什么差别了!”王敦说:“不知道孔子其他学生怎么样?子贡跟你很相近。”石崇脸色严峻地说:“士子应当使身份名位都安泰显达,哪里用得着以贫贱简陋的蓬户破窗来对人宣扬呢?”

一一

彭城王有快牛①,至爱惜之。王太尉与射②,赌得之③。彭城王曰:“君欲自乘则不论;若欲啖者④,当以二十肥者代之⑤。既不废啖,又存所爱。”王遂杀啖⑥。

【注释】

①彭城王:司马权,字子舆,晋武帝堂叔,封彭城王。

②王太尉:王衍。

③赌:指打赌。

④啖:吃。

⑤肥:指肥牛。

⑥遂:竟,终于。

【译文】

彭城王司马权有一头快牛,他极为喜爱珍惜。王衍与他打赌,赢得这头牛。司马权说:“你如果想自己乘坐就不必说了,如果要吃的话,我会用二十头肥牛来代替它。这样既不妨碍你吃牛肉,又保全了我喜爱的牛。”王衍竟把牛杀了吃掉了。

一二

王右军少时[①],在周侯末坐[②],割牛心啖之[③],于此改观[④]。

【注释】

①王右军:王羲之。

②周侯:周颉。末坐:靠后的座位。

③牛心:当时习俗以牛心为贵。

④改观:改变了看法。

【译文】

王羲之年轻的时候,在周颉那里作客时坐在末座,周凯割下牛心给他吃,从此人们就改变了对王羲之的看法。

忿狷第三十一

【题解】

忿狷，指激愤、狷急。很多魏晋士人脾气都不太好，其原因是非常复杂的，鲁迅《魏晋风度及文章与药及酒之关系》认为是服五石散后药力发作所造成的。此外，时局之动荡，恐怕也是造成魏晋士人坏脾气的因素之一。

本篇共有八则。

一

魏武有一妓[①]，声最清高[②]，而情性酷恶[③]。欲杀则爱才，欲置则不堪[④]。于是选百人，一时俱教。少时，果有一人声及之[⑤]，便杀恶性者。

【注释】

①魏武：曹操。妓：歌女。

②清高：清脆高昂。

③酷恶：极其恶劣，极坏。

④置：指不予追究。不堪：不能忍受。

⑤及：比得上。

【译文】

曹操有一名歌女，声音特别清脆高亢，但是性情极其恶劣。他想杀了她却又爱惜她的才能，想留着却又不能忍受她的坏脾气。于是便选了一百人，同时一起训练。不久，果然有一人的歌声比得上她，于是就杀掉那位性情恶劣的歌女。

二

王蓝田性急[①]。尝食鸡子[②]，以箸刺之[③]，不得，便大怒，举以掷地。鸡子于地圆转未止，仍下地以屐齿蹍之[④]，又不得，瞋甚[⑤]，复于地取内口中[⑥]，啮破即吐之[⑦]。王右军闻而大笑曰[⑧]："使安期有此性[⑨]，犹当无一豪可论[⑩]，况蓝田邪？"

【注释】

①王蓝田：王述，封蓝田侯。

②鸡子：鸡蛋。

③箸（zhù）：筷子。

④屐（jī）：木底、前后有齿的鞋子。蹍（niǎn）：踩踏。

⑤瞋（chēn）甚：愤怒之极。

⑥内：即"纳"。

⑦啮（niè）：咬。

⑧王右军：王羲之。

⑨使：假使。安期：王承，王述之父，字安期，官至东海太守，为渡江后晋室名臣，"唯以性急为累"（《中兴书》）。

⑩豪：通"毫"。

【译文】

王述性子急躁。曾经吃鸡蛋，他用筷子去戳鸡蛋，没有戳到，就发火了，把鸡蛋拿起来扔在地上。鸡蛋在地上转个不停，他就跳下地用木屐的齿来踩踏鸡蛋，又没有踩踏到，他愤怒之极，又把蛋从地上捡起来放到口中，把鸡蛋咬破后立刻吐了出来。王羲之听说此事后大笑道："假使王承有这种脾气，尚且丝毫不值得一提，何况是其子王述呢？"

三

王司州尝乘雪往王螭许[①]。司州言气少有牾逆于螭[②]，便作色不夷[③]。司州觉恶[④]，便舆床就之[⑤]，持其臂曰："汝讵复足与老兄计[⑥]？"螭拨其手曰："冷如鬼手馨[⑦]，强来捉人臂！"

【注释】

①王司州：王胡之，他曾作司州刺史，故称。王螭（chī）：王恬，小字螭虎，王导之子，王胡之的堂弟。东晋时历官中书郎、魏郡太守、会稽内史。许：处所，地方。

②言气：言语态度。牾（wǔ）逆：抵触，冒犯。

③作色：变了脸色。夷：愉快。

④觉：觉察。恶：不好。

⑤舆床：搬动坐榻。床，坐具。就：靠近。

⑥讵（jù）复：难道再。

⑦馨（xīn）："宁馨"之省略，为晋宋方言，同"般"、"样"。

【译文】

王胡之曾经趁着大雪天到王恬那里去。王胡之的言语态度稍微有点冒犯王恬，王恬就变了脸色很不高兴。王胡之察觉他情绪不好，就搬动坐榻靠近王恬，握住他的手臂说："你难道还值得与老兄我计较吗？"王恬拨开王胡之的手说："冰冷得像鬼手一样，还硬要来抓人家的手臂！"

四

桓宣武与袁彦道樗蒱[①]。袁彦道齿不合[②]，遂厉色掷去五木[③]。温太真云[④]："见袁生迁怒[⑤]，知颜子为贵[⑥]。"

【注释】

①桓宣武：桓温。袁彦道：袁耽，字彦道，陈郡阳夏（今属河南）人。东晋时官至从事中郎。有才气，为士人所重。樗蒱（chū pú）：当时流行的一种赌博游戏。

②齿：类似于后来的骰子，赌博用具。不合：指不合自己的心意。

③厉色：脸色严厉。五木：即色子，赌博用具，用木头做成，一副五枚，故称。

④温太真：温峤。

⑤袁生：指袁耽。迁怒：将怒气发泄到他人身上。

⑥颜子：颜回，孔子的学生。《论语·雍也》："孔子曰：'有颜回者，好学，不迁怒，不贰过。'"

【译文】

桓温与袁耽赌博。袁耽掷出的骰子不合自己的心意，便怒气冲冲地把五枚色子扔了出去。温峤说："看到袁生迁怒于骰子，才知道颜子的可贵。"

五

谢无奕性粗强[①]，以事不相得[②]，自往数王蓝田[③]，肆言极骂[④]。王正色面壁不敢动[⑤]，半日，谢去。良久，转头问左右小吏曰："去未？"答云："已去。"然后复坐。时人叹其性急而能有所容[⑥]。

【注释】

①谢无奕：谢奕，字无奕，谢安之兄。官至安西将军、豫州刺史。粗强（jiàng）：粗暴，倔强。

②相得：彼此情意相投。

③数（shǔ）：责备。王蓝田：王述。

④肆言：任意，随着性子，毫无顾忌。极骂：痛骂。

⑤正色：脸色严肃。

⑥容：容忍，宽容。

【译文】

谢奕性子粗暴倔强，曾因一件事情与王述彼此意见不合，就亲自去责备王述，由着性子任意地痛骂。王述脸色严肃面向墙壁一动不敢动地坐着，坐了半天，谢奕走了。过了好久，王述转过头来问左右侍从说："他走了吗？"侍从回答说："已经走了。"然后王述才又坐下。当时人赞叹王述性子虽然急躁却也有宽容的时候。

六

王令诣谢公[①]，值习凿齿已在坐[②]，当与并榻[③]。王徙倚不坐[④]，公引之与对榻[⑤]。去后，语胡儿曰[⑥]："子敬实自清立[⑦]，但人为尔多矜咳[⑧]，殊足损其自然。”

【注释】

①王令：王献之，官至中书令，故称。诣：拜访。谢公：谢安。

②值：遇到。习凿齿：出身寒门，有史才，著《汉晋春秋》，官至荥阳太守。坐：同“座”。

③并榻：同坐一榻。

④徙倚：徘徊，流连，犹豫。

⑤引：领。

⑥胡儿：谢朗，小字胡儿，谢安的侄子。

⑦实自：确实。清立：清高特立。

⑧矜咳：矜持拘执。晋代重门阀，士庶不同坐，王氏为当时望族，而习凿齿出身寒门。

【译文】

王献之拜访谢安，遇到习凿齿已经在座作客，本应与他同坐一榻。王献之犹豫着没坐下来，谢安领他坐到习凿齿对面的榻上。王献之走后，谢安对谢朗说：“献之实在清高特立，只是他如此过于矜持固执，会很损害他的自然天性。”

七

王大、王恭尝俱在何仆射坐[①]，恭时为丹阳尹，大始拜荆州。讫将乖之际[②]，大劝恭酒，恭不为饮，大逼强之，转苦[③]，便各以裙带绕手[④]。恭府近千人，悉呼入斋；大左右虽少，亦命前，意便欲相杀。何仆射无计，因起排坐二人之间[⑤]，方得分散。所谓势利之交[⑥]，古人羞之[⑦]。

【注释】

①王大：王忱。小字佛大，人称王大。何仆射：何澄，字季玄，东晋时官至尚书左仆射，晋穆帝何皇后之弟。

②讫（qì）：到。乖：分别。

③苦：指竭力苦劝。

④裙：下衣。

⑤排：挤，推。

⑥势利之交：指为获取权势与财利的交情。

⑦羞：羞辱，可耻。

【译文】

王忱、王恭曾经一起在何澄家作客，王恭当时担任丹阳尹，王忱刚刚受任荆州刺史。到了将近分别之时，王忱劝王恭喝酒，王恭不肯喝，王忱就强迫他喝，且越发竭力苦劝他，两人于是就各自用裙带绕在手上做出要武斗的样子。王恭府上随从近千人，全都叫进屋内；王忱左右随从虽然少，也叫他们上来，双方的意思要互相攻杀打斗。何澄无计可施，就站起来分开他们坐在两人之间，双方这才得以分散开来。他们之间的关系就是所说的为权势财利之交，古人认为这是可耻的行为。

八

桓南郡小儿时[①]，与诸从兄弟各养鹅共斗[②]。南郡鹅每不如，甚以为忿。乃夜往鹅栏间，取诸兄弟鹅悉杀之。既晓，家人咸以惊骇，云是变怪[③]，以白车骑[④]。车骑曰："无所致怪，当是南郡戏耳[⑤]！"问，果如之。

【注释】

①桓南郡:桓玄,桓温之子,爵封南郡公。

②从兄弟:堂兄弟。

③变怪:鬼怪变异。

④车骑:桓冲,桓玄之叔,曾任车骑将军。

⑤戏:调笑,逗趣

【译文】

桓玄小时候,与堂兄弟们各自养了鹅来互相斗着玩。桓玄的鹅常常斗败,不如其他堂兄弟们的鹅,他非常忿恨。于是夜里到鹅栏里,把堂兄们的鹅抓来全部杀掉。天亮后,家里人都为之惊异害怕,说是鬼怪变异造成的,把这事报告桓冲。桓冲说:“没有什么东西造成怪异,必定是桓玄逗趣罢了!”一问,果然如此。

谗险第三十二

【题解】

谗险，指谗言和诽谤。

本篇共有四则。主要记述东晋佞臣王国宝、王绪之流嫉贤妒能、毁信谤忠及王珣、殷仲堪与之针锋相对斗争的事迹。

一

王平子形甚散朗[①]，内实劲侠[②]。

【注释】

①王平子：王澄，太尉王衍之弟。散朗：洒脱开朗。

②劲侠：刚劲侠义。

【译文】

王澄外形看上去很洒脱开朗，而内心却实在很刚强侠义。

二

袁悦有口才[①]，能短长说[②]，亦有精理[③]。始作谢玄参军，颇被礼遇。后丁艰④，服除还都⑤，唯赍《战国策》而已⑥。语人曰："少年时读《论语》、《老子》，又看《庄》、《易》⑦，此皆是病痛事⑧，当何所益邪？天下要物，正有《战国策》⑨。"既下⑩，说司马孝文王⑪，大见亲待⑫，几乱机轴⑬。俄而见诛。

【注释】

①袁悦：字元礼，东晋陈郡阳夏（治所在今河南太康）人，深受会稽王司马道子宠信，后被晋孝武帝所杀。

②短长说：原指战国时纵横家纵横游说之术，《战国策》也名《短长书》。此指游说。

③精理：精辟之理。

④丁艰：遭遇父母的丧事。

⑤服除：指守丧期满，除去丧服。

⑥赍（jī）：携带。

⑦《庄》：《庄子》。《易》：《周易》。

⑧病痛：一般指小病，比喻小事。

⑨正有：只有。

⑩下：指到京城。

⑪说：劝说、说服别人。司马孝文王：司马道子。

⑫亲待：亲近厚待。

⑬机轴：喻指朝廷的秩序。

【译文】

袁悦有口才，擅长游说，所说之言颇有精辟之理。他起初当谢玄的参军，深受礼遇优待。后来遇父母丧事在家守孝，除丧服后回到京都，只带了一部《战国策》而已。他对人说："年轻时读《论语》、《老子》，后来又看了《庄子》、《周易》，这些书说的都是小事，能有什么益处呢？天下重要的书，只有《战国策》。"到了京城后，他去游说司马道子，受到特别的亲近厚待，差点搞乱了朝廷的正常秩序。不久他就被杀了。

三

孝武甚亲敬王国宝、王雅①。雅荐王珣于帝②，帝欲见之。尝夜与国宝及雅相对，帝微有酒色③，令唤珣。垂至④，已闻卒传声⑤，国宝自知才出珣下，恐倾夺其宠⑥，因曰："王珣当今名流，陛下不宜有酒色见之，自可别诏召也。"帝然其言，心以为忠，遂不见珣。

【注释】

①孝武：晋孝武帝司马曜，简文帝之子，在位二十四年。王国宝：王坦之之子，东晋时历仕中书令、尚书左仆射。王雅：字茂建，东晋时官侍中、太子少傅、左仆射。

②王珣：王导之孙。

③微有酒色：指略有醉意。

④垂至：将到，快到。

⑤传声：传报之声。

⑥倾夺：争夺。

【译文】

孝武帝很亲近敬重王国宝、王雅。王雅向孝武帝推荐王珣，孝武帝想召见他。一天晚上曾经与王国宝、王雅相对而坐，孝武帝稍稍有点醉意，命人召王珣来。王珣将到时，已经听到吏卒传报的声音了，王国宝知道自己的才能不如王珣，害怕他来争夺自己得宠的地位，于是就说："王珣是当今的名流，陛下不宜带着酒意召见他，本来可以在别的时候下诏召见他。"孝武帝认为他的话说得对，心里认为他很忠诚，于是没有召见王珣。

四

王绪数谗殷荆州于王国宝[①],殷甚患之[②],求术于王东亭[③]。曰:"卿但数诣王绪[④],往辄屏人[⑤],因论它事。如此,则二王之好离矣。"殷从之。国宝见王绪,问曰:"比与仲堪屏人何所道[⑥]?"绪云:"故是常往来[⑦],无它所论。"国宝谓绪于己有隐,果情好日疏,谗言以息"。

【注释】

①王绪:字仲业,太原(今属山西)人,官琅邪内史、会稽王从事中郎,与王国宝弄权,后被王恭所杀。殷荆州:殷仲堪。

②患:忧虑。

③术:方法。王东亭:王珣,封东亭侯。

④但:只。数诣:频繁地去拜访。

⑤屏人:把人支开,打发走。

⑥比:近来。

⑦故:不过,只。

【译文】

王绪屡次在王国宝面前说殷仲堪的坏话,殷仲堪为此很忧虑,向王珣请教办法。王珣说:"你只要经常去拜访王绪,去了就把其他人支开,接着就谈论其他的事。这样,二王的交情就会疏远了。"殷仲堪就照着王珣的话做了。王国宝看见王绪,问道:"近来你与仲堪把别人支开讲些什么?"王绪说:"只不过是日常往来,并没有议论什么。"王国宝认为王绪对自己有所隐瞒,果然两人的感情一天天地疏远了,对殷仲堪的谗言因此也平息了。

尤悔第三十三

【题解】

尤悔，指过失和悔恨。语出《论语·为政》："言寡尤，行寡悔，禄在其中矣。"

本篇共有十七则，记述魏晋时期帝王、士大夫在仕途和生活中所犯下的错误及其懊悔与感叹。最著名的故事是王导感叹："我不杀周侯，周侯由我而死。"

一

魏文帝忌弟任城王骁壮[①]，因在卞太后阁共围棋[②]，并啖枣[③]，文帝以毒置诸枣蒂中，自选可食者而进。王弗悟，遂杂进之。既中毒，太后索水救之。帝预敕左右毁瓶罐[④]，太后徒跣趋井[⑤]，无以汲。须臾，遂卒。复欲害东阿[⑥]，太后曰："汝已杀我任城，不得复杀我东阿！"

【注释】

①魏文帝：曹丕，字子桓，曹操次子。公元220年称帝建立魏国，谥

文皇帝，著有《典论》及诗赋百余篇。任城王：曹彰，字子文，曹操与卞太后所生之第二子，好勇性刚，深得曹操喜爱。骁（xiāo）壮：勇猛健壮。

②因：趁着。閤：通“阁”，指内室。

③啖（dàn）：吃。

④敕：命令。

⑤徒跣（xiǎn）：赤脚。趋：快走。

⑥东阿：指曹植，字子建，曹操第三子。封东阿王，故称。

【译文】

曹丕忌妒弟弟曹彰勇猛健壮，便趁着在卞太后内阁一起下围棋，并一起吃枣子的时机，曹丕把毒药放在枣蒂中，自己挑选可以吃的枣子来吃。曹彰不知道，于是混杂吃了有毒和没毒的枣子。曹彰中毒后，太后找水来救曹彰。曹丕命令左右侍从把瓶瓶罐罐都毁了，太后就赤脚跑到井边，却没有任何汲水的器具。一会儿，曹彰就死了。曹丕还想害死曹植，太后说：“你已经杀了我的任城儿，不得再杀我的东阿儿啊！”

二

王浑后妻[①]，琅邪颜氏女[②]。王时为徐州刺史，交礼拜讫，王将答拜，观者咸曰：“王侯州将[③]，新妇州民[④]，恐无由答拜。”王乃止。武子以其父不答拜[⑤]，不成礼，恐非夫妇，不为之拜，谓为“颜妾”。颜氏耻之，以其门贵，终不敢离[⑥]。

【注释】

①王浑：王济之父。王浑前妻为太傅钟繇孙女，名琰之。

②琅邪（láng yá）：亦作“琅琊”，郡名，在今山东胶南西北。

③王侯：王浑，袭父爵为京陵侯，故称。州将：指州刺史，王浑时任徐州刺史。

④新妇州民：颜氏女是琅邪国人，隶属徐州刺史管辖，故称“州民”。

⑤武子：王济，字武子、浑子。

⑥离：离婚。

【译文】

王浑的后妻是琅邪颜家之女。王浑当时担任徐州刺史，颜氏行过交拜礼后，王浑将要答拜，观看婚礼的人都说：“王浑侯爷是州将，新娘是平民百姓，恐怕没有理由答拜。”王浑就停止了答拜。王济认为父亲不答拜，就不能算完成了婚礼，恐怕就不能成为夫妻，也就不能因此跪拜她，只能称她为“颜妾”。颜氏认为这是耻辱，但因为王家门第高贵，最终不敢离异。

三

陆平原河桥败①，为卢志所谗②，被诛。临刑叹曰：“欲闻华亭鹤唳③，可复得乎？”

【注释】

①陆平原：陆机字平原，吴郡吴人。官平原内史，故称“平原”。河桥败：晋惠帝太安元年（302），成都王司马颖起兵讨长沙王司马乂，任命陆机为河北大都督，陆机进兵洛阳，河桥兵败，被卢志所谗，为成都王司马颖所杀。

②卢志：字子道，历仕邺令、成都王司马颖长史、中书监，官至尚书。

③华亭鹤唳（lì）：陆机于吴亡入洛之前，曾与弟陆云居于华亭，闭门读书十年。后以“华亭鹤唳”为感慨生平、悔入仕途之典，表示对

过去生活的留恋。华亭，古地名，故址在今上海松江西。鹤唳，鹤鸣。

【译文】

陆机在河桥战败后，受到卢志的谗害，被杀害。他在临刑时叹息道："要想再听听家乡华亭的鹤鸣声，还能听到吗？"

四

刘琨善能招延[①]，而拙于抚御[②]。一日虽有数千人归投[③]，其逃散而去，亦复如此，所以卒无所建。

【注释】

①刘琨：据《晋书》本传，晋怀帝元嘉元年(307)，刘琨为并州刺史，对抗刘渊，深得众心，流亡士庶多归之。招延：招徕延揽。

②抚御：安抚驾驭。

③归投：归附投靠。

【译文】

刘琨善于招徕延揽人才，但是不善于安抚驾驭他们。一天中虽有几千人来归附投奔他，但是逃散走掉的人也有这么多，所以最终没有什么建树。

五

王平子始下[①]，丞相语大将军[②]："不可复使羌人东行[③]。"平子面似羌。

【注释】

①王平子：王澄，字平子，曾任荆州刺史。下：指从荆州东下建康。

②丞相：王导。大将军：王敦。

③羌人：本指羌族人，羌族晋时曾在陕甘宁晋地区建立后秦政权，为十六国之一。此指王澄。

【译文】

王澄刚从荆州东下建康时，丞相王导对大将军王敦说："不可以再让那羌人到东边来了。"王澄的相貌长得像羌人。

六

王大将军起事[①]，丞相兄弟诣阙谢[②]。周侯深忧诸王[③]，始入[④]，甚有忧色。丞相呼周侯曰："百口委卿[⑤]！"周直过不应。既入，苦相存救[⑥]。既释，周大说[⑦]，饮酒。及出，诸王故在门[⑧]。周曰："今年杀诸贼奴[⑨]，当取金印如斗大系肘后[⑩]。"大将军至石头[⑪]，问丞相曰："周侯可为三公不[⑫]？"丞相不答。又问："可为尚书令不[⑬]？"又不应。因云："如此，唯当杀之耳！"复默然。逮周侯被害[⑭]，丞相后知周侯救己，叹曰："我不杀周侯，周侯由我而死，幽冥中负此人！"

【注释】

①王大将军：王敦。起事：指王敦于晋元帝永昌元年(322)以讨刘隗为名，从武昌起兵攻建康，杀戮大臣，自为丞相。

②丞相：指王导。诣阙谢：王敦起兵时，刘隗劝晋元帝诛杀王氏家族，故王导率子弟到朝廷谢罪。

③周侯：周顗。

④入：指进朝廷。

⑤百口：指全家人的性命。委：托付。

⑥苦：尽力，竭力。存救：保全，援救。

⑦说：通“悦”。

⑧故：仍然。

⑨贼奴：指王敦等叛逆之臣。

⑩取金印如斗大系肘后：谓杀贼立功受赏。

⑪石头：石头城，故址在今江苏南京西。

⑫三公：魏晋时以太尉、司徒、司空为三公，为掌握军政大权的高官。

⑬尚书令：掌管奏章文书的高官。

⑭逮（dài）：及，到。

【译文】

王敦起兵作乱，王导与兄弟到朝廷请罪。周𫖮深为王家人担忧，刚刚进朝廷时，脸上充满忧虑的神色。王导对周𫖮喊道：“我全家百口人的性命全都托付给你了！”周𫖮径直走过去没有应答。已经进去后，他竭力保全援救他们。释免后，周𫖮十分高兴，喝了酒。等到走出来时，王家人仍然在门口。周𫖮说：“今年杀了那些逆贼，我应当获取斗大的金印挂在肘后。”王敦后来到了石头城，问王导说：“周𫖮可以担任三公吗？”王导不回答。王敦又问：“可以担任尚书令吗？”王导还是没有应答。王敦于是说：“既然如此，只有杀掉他了！”王导又默不作声。等到周𫖮被杀害后，王导才知道周𫖮救过自己，就叹息道：“我不杀周侯，但周侯却是因为我而死，到阴曹地府中我对不起这个人啊！”

七

王导、温峤俱见明帝[①]，帝问温前世所以得天下之由[②]，温未答。顷,王曰:“温峤年少未谙③,臣为陛下陈之。”王乃具叙宣王创业之始④,诛夷名族⑤,宠树同己⑥,及文王之末高贵乡公事⑦。明帝闻之,覆面著床曰⑧:“若如公言,祚安得长⑨!”

【注释】

①王导、温峤:晋明帝辅政大臣,王导时为司徒,温峤时为中书令。明帝:司马绍,东晋第二主。

②前世:前朝。由:原因。

③谙:熟悉,有经验。

④具叙:详细叙述。宣王:司马懿。

⑤诛夷:杀灭,灭族。此指司马懿为夺取魏国政权,先后诛杀大将军曹爽、吏部尚书何晏、太尉王凌等。

⑥宠树:宠信,培植。此指培植蒋济等人。同己:指亲信,赞同自己的人。

⑦文王:司马昭。末:末年。高贵乡公事:指甘露五年(260),高贵乡公曹髦率宫人讨伐大将军司马昭,被司马氏的党羽贾充指使成济用戈刺死,并废掉皇帝名位。

⑧覆面著床:把脸遮住贴在坐床上。床,指坐具。

⑨祚:指皇位、国运。

【译文】

王导、温峤一起去朝见晋明帝司马绍,明帝问温峤前朝能够得天下的原因,温峤没有回答。过了一会儿,王导说:“温峤年轻对这些事不熟悉,臣子为陛下陈述吧。”王导于是详细叙述司马懿开始创业时,杀灭名家大族,宠信培植自己的亲信,以及司马昭晚年杀害高贵乡公曹髦等事情。明帝司马绍听后,把脸遮住贴在坐床上说:“如果像您说的那样,晋朝的国运怎么能够长久啊!”

八

王大将军于众坐中曰①:“诸周由来未有作三公者②。”有人答曰:“唯周侯邑五马领头而不克③。”大将军曰:“我与周洛下相遇④,一面顿尽⑤。值世纷纭⑥,遂至于此!”因为流涕。

【注释】

①王大将军:王敦。

②诸周:指周顗家族中人。父周浚为安东将军,周顗官左仆射,弟周嵩为从事中郎,弟周谟为中护军。由来:从来。

③周侯:周顗。五马领头而不克:比喻周顗的官位已高,与三公相去不远,可惜功亏一篑,犹如玩樗蒱赌博,棋局已达胜利在望之境却未能致胜一样。五马,即五木,古代赌博器具,用五木掷采打马,以后就专掷五木以决胜负。领头,即“博头”。不克,不能取胜。

④洛下:洛阳。

⑤一面顿尽:一见面即成知交,真情相待。

⑥值:遇到。纷纭:混乱。

【译文】

王敦在大庭广众中说:“周氏家族中从来没有人位至三公的。”有人答道:“只有周侯已经做到距三公不远的高官,最后却没有成功。”王敦说:“我与周顗在洛阳相遇,一见面即成知交,彼此倾心相待。遇到世道混乱,才到了如今这种地步!”于是他为周顗流下了眼泪。

九

温公初受刘司空使劝进[1]。母崔氏固驻之[2],峤绝裾而去[3]。迄于崇贵[4],乡品犹不过也[5]。每爵[6],皆发诏[7]。

【注释】

①温公初受刘司空使劝进:永嘉乱后,晋室南渡,并州刺史刘琨任命右司马温峤出使过江,劝镇守江左的司马睿即位。温公,温峤。刘司空,刘琨。劝进,劝说、拥戴他人当皇帝。

②母:温峤之母。固:坚决。驻:阻止。

③绝裾:扯断衣襟以示坚决离去。

④迄:到。崇贵:指地位崇高尊贵。

⑤乡品:指乡里的名士对本州郡人物朝廷评论。当时实行九品中正制,任用官吏,须通过品评,列入上品方可选拔任用。不过:不能通过。指乡里对温峤违背母意、绝裾而去的不孝行为无法原谅。

⑥每爵:每次升官授爵。

⑦发诏:发布诏书。

【译文】

温峤当初接受司空刘琨的命令,让他前去劝说司马睿即位称帝。母亲崔氏坚决阻止他,温峤扯断衣襟就走了。到他升了高官地位尊贵之时,乡里还是没有通过对他的品评。因此每当他要升官晋爵时,皇帝都要发布诏书来作解释。

一〇

庾公欲起周子南[1],子南执辞愈固[2]。庾每诣周,庾从南门入，周从后门出。庾尝一往奄至[③]，周不及去，相对终日。庾从周索食，周出蔬食，庾亦强饭[④]，极欢。并语世故[⑤]，约相推引[⑥]，同佐世之任[⑦]。既仕，至将军二千石[⑧]，而不称意。中宵慨然曰："大丈夫乃为庾元规所卖[⑨]！"一叹，遂发背而卒[⑩]。

【注释】

①庾公：庾亮。苏峻乱后，庾亮领江、荆、豫三州刺史，闻周邵之名，想任用他。起：起用，任用。周子南：周邵，字子南，与南阳翟汤隐于寻阳庐山。东晋时官至西阳太守。

②执辞愈固：坚持自己的意见推辞越发坚决。

③一往：径直，直往。奄(yān)：忽然。

④强(qiǎng)：勉强。

⑤世故：世俗之事。

⑥推引：推荐引进。

⑦佐世：辅佐朝廷治理天下。

⑧将军二千石：周邵官至镇蛮将军、西阳太守，俸禄二千石。

⑨庾元规：庾亮。

⑩发背：引发了背部毒疮。

【译文】

庾亮想起用周邵，周邵坚决推辞，特别固执。庾亮每次去拜访周邵，庾亮从南门进去，周邵就从后门出去。庾亮曾经突然直接来到，周邵来不及离开，两人就整天相对而坐。庾亮向周邵要吃的，周邵拿出蔬菜淡饭，庾亮也勉强吃下去，极为高兴。他们一起谈论世俗之事，同时约定推荐引进他，共同担负辅佐君主之重任。周邵出来任职后，官做到将军、郡守，但他并不称心如意。在半夜里感叹道："大丈夫竟然被庾元规出卖了!”他一声长叹,背疮发作而死。

一一

阮思旷奉大法[1],敬信甚至。大儿年未弱冠[2],忽被笃疾[3]。儿既是偏所爱重,为之祈请三宝[4],昼夜不懈。谓至诚有感者,必当蒙佑。而儿遂不济。于是结恨释氏[5],宿命都除[6]。

【注释】

①阮思旷:阮裕,字思旷,阮籍族弟。奉:信奉。大法:指大乘佛教深妙之法。

②大儿:阮牖,字彦伦,阮裕长子。东晋时官至州主簿。弱冠:古代男子二十岁行冠礼,以示成人,但体尚未壮,称“弱冠”。

③被:遭,受。笃疾:重病。

④三宝:佛教称佛、法、僧为三宝。佛,指释迦牟尼。法,指佛教的一切教法。僧,指继承、宣扬佛法的出家沙门。

⑤释氏:指佛教,佛教创始人为释迦牟尼,故称。

⑥宿命:佛教认为世上的人于前世都有生命,辗转轮回。今世的命运皆由前世的善恶所决定,即善有善报,恶有恶报,不是不报,时辰未到。

【译文】

阮裕信奉佛法,恭敬笃信到了极点。他的大儿子年龄不满二十岁,突然患了重病。这个儿子又是他偏爱与看重的,他就为儿子祈祷求请三宝保佑,白天黑夜坚持不懈地祈求。原以为自己精诚所至,必能感动三宝,必能蒙受护佑。但是儿子终于没有得救。于是他就与佛教结怨,把原来所信奉的善恶相报的宿命之说全都抛除了。

一二

桓宣武对简文帝[①]，不甚得语[②]。废海西后[③]，宜自申叙[④]，乃豫撰数百语[⑤]，陈废立之意。既见简文，简文便泣下数十行。宣武矜愧[⑥]，不得一言。

【注释】

①桓宣武：桓温。简文帝：晋帝司马昱，乃桓温所立。

②不甚得语：不是很会说话。

③废海西：公元371年，桓温废黜海西公司马奕，拥立简文帝司马昱。

④申叙：申诉陈说。

⑤豫：同“预”。

⑥矜愧：羞愧。

【译文】

桓温面对简文帝时，不是很会说话。他在废掉海西公后，应当自己去申明陈说，于是预先撰写了几百句话，陈述废黜海西公与立简文帝的意图。见到简文帝后，简文帝就泪流不止。桓温感到羞愧，一句话也说不出来。

一三

桓公卧语曰[①]：“作此寂寂[②]，将为文、景所笑[③]。”既而屈起坐曰[④]：“既不能流芳后世，亦不足复遗臭万载邪[⑤]？”

【注释】

①桓公:桓温。

②作:如,像。寂寂:冷静,无声无息。指无所作为。

③文、景:指晋文帝司马昭和晋景帝司马师。二人曾为司马氏代魏称帝立功,被追封为帝。

④屈起:突然。屈,通“崛”。

⑤不足:不能。

【译文】

桓温躺着说道:“像这样的无声无息,无所作为,恐怕要被文帝、景帝所耻笑。”接着他又突然坐起来说:“既然不能流芳百世,难道就不能遗臭万年吗?”

一四

谢太傅于东船行[①],小人引船[②],或迟或速,或停或待。又放船从横[③],撞人触岸。公初不呵谴[④],人谓公常无嗔喜[⑤]。曾送兄征西葬还[⑥],日莫雨[⑦],驶小人皆醉[⑧],不可处分[⑨]。公乃于车中手取车柱撞驭人,声色甚厉。夫以水性沉柔[⑩],入隘奔激[⑪],方之人情,固知迫隘之地[⑫],无得保其夷粹[⑬]。

【注释】

①谢太傅:谢安。东:东边,指会稽。会稽在建康之东。

②小人:指船夫。

③从横:即“纵横”,指放任不管,任由船夫驾船。

④呵谴:呵斥责备。

⑤嗔:发怒。

⑥征西：谢奕，谢安之兄。字无奕，官至豫州刺史，死后赠镇西将军。

⑦莫(mù)：同“暮”。日落时。

⑧驶小人：应为“驭人”之误。驭人，车夫。

⑨处分：处置，安排。

⑩沉柔：深沉柔和。

⑪隘：险要。奔激：水流奔腾激荡。

⑫迫隘：狭窄的地方。

⑬夷粹：平和纯粹。

【译文】

谢安在会稽坐船出行，船夫划船有时慢有时快，有时停下来有时等待。有时又放任不管，听凭船只横冲直撞，甚至撞到人、触到岸。谢安从不对他们呵斥责怪，人们都说谢安经常喜怒不形于色。他曾经为兄长谢奕送葬回来，天已经黑了，下着雨，驾车人都喝醉了，无法驾车。谢安就在车中拿起车柱撞击车夫，声色俱厉。水性是深沉柔和的，流入险要之地，水流就会奔腾激荡，用来比方人的性情，自然知道处身于狭窄之地，就不能保持平和纯粹之态了。

一五

简文见田稻[①]，不识，问是何草，左右答是稻。简文还，三日不出，云：“宁有赖其末而不识其本[②]！”

【注释】

①简文：晋简文帝司马昱。

②宁：岂。末：末端，指稻谷。本：根本，指稻禾。

【译文】

简文帝司马昱看见田里的稻子，不认识，问是什么草，左右侍从回答是稻。司马昱回去后，三天不出门，说："岂有依赖它的末端稻谷生活却不认识它的根本稻禾的！"

一六

桓车骑在上明畋猎①，东信至②，传淮上大捷③。语左右云："群谢年少大破贼④。"因发病薨⑤。谈者以为此死，贤于让扬之荆⑥。

【注释】

①桓车骑：桓冲，大司马桓温之弟，官至车骑将军。上明：城名，桓冲任荆州刺史时修建，故址在今湖北松滋西。畋(tián)猎：打猎。

②东信：东边的信使。

③淮上大捷：晋孝武帝太元八年(383)，谢玄等于淝水打败前秦苻坚。

④群谢年少大破贼：据《续晋阳秋》，桓冲曾认为："谢安乃有庙堂之量，不闲将略，吾量贼必破襄阳而并力淮淝。今大敌果至，方游谈示暇，遣诸不经事年少，而实寡弱，天下谁知，吾其左衽矣！""俄闻大勋克举，惭愧而薨。"群谢，淝水之战中，东晋将领谢石(谢安之弟)、谢玄(谢安之侄)、谢琰(谢安之子)等均为谢家人。

⑤薨(hōng)：指诸侯或有爵位的高官之死。

⑥贤：胜过。让扬之荆：指桓冲让出扬州刺史之职给比他更有名望的谢安，自己则到荆州任刺史。此处赞其能让贤。之，到。

【译文】

桓冲在上明打猎时，东边的信使到了，传来淝水之战大胜的消息。他对左右侍从说："谢家这些年轻人大败贼人。"于是就发病而死。议论者认为这样死去，远比当年让出扬州刺史到荆州任职更贤明。

一七

桓公初报破殷荆州①，曾讲《论语》②，至"富与贵，是人之所欲，不以其道，得之不处"③，玄意色甚恶④。

【注释】

①桓公初报破殷荆州：指桓玄击败殷仲堪事。殷仲堪原任荆州刺史，镇江陵，隆安二年(398)，与王恭、桓玄举兵反，因桓、殷间有隙，次年桓温袭江陵，殷仲堪败亡。

②曾：当作"会"，意为适逢、正遇。

③"富与贵"几句：见《论语·里仁》："富与贵，是人之所欲也。不以其道，得之不处也。"意为富贵是人人都想要的，但是不用正当的方法去取得富贵，是君子所不能取的。

④意色：表情神色。恶：坏，难看。

【译文】

桓玄当初得到打败殷仲堪的报告，正好碰到讲解《论语》，讲到"富与贵，是人之所欲，不以其道，得之不处"，桓玄的表情神色很难看。

纰漏第三十四

【题解】

纰漏，指差错或失误。

本篇共有八则，所记纰漏或为无心之过，或因孤陋寡闻，很多都让人忍俊不禁，如王敦如厕时把塞鼻用的干枣当水果吃了个精光。

一

王敦初尚主①，如厕②，见漆箱盛干枣，本以塞鼻，王谓厕上亦下果③，食遂至尽。既还，婢擎金澡盘盛水④，琉璃碗盛澡豆⑤，因倒著水中而饮之，谓是干饭⑥。群婢莫不掩口而笑之。

【注释】

①尚主：指娶公主为妻。因尊为帝王之女，不宜说"娶"，故谓"尚"。

②如厕：上厕所。

③下果：设置果品。

④擎(qíng)：托，举。澡盘：洗澡用的器皿。

⑤琉璃：一种有色半透明的玉石。澡豆：洗手、洗面用的物品。

⑥干饭：干粮。

【译文】

王敦刚娶了公主，去上厕所时，看到漆箱中盛有干枣，这原本是用来塞鼻孔防臭的，王敦以为在厕所内也放置水果，就把干枣吃光了。回到屋内，婢女托着金澡盘盛水，琉璃碗中盛着澡豆，于是就把澡豆倒进水中喝了下去，还认为这些是干粮。婢女们都捂着嘴笑话他。

二

元皇初见贺司空①，言及吴时事，问："孙皓烧锯截一贺头②，是谁？"司空未得言，元皇自忆曰："是贺劭③。"司空流涕曰："臣父遭遇无道④，创巨痛深，无以仰答明诏。"元皇愧惭，三日不出。

【注释】

①元皇：晋元帝司马睿。贺司空：贺循，死后赠司空。

②孙皓：吴国末代国君。截：割断。贺头：姓贺者的头颅。

③贺劭：字兴伯，贺循的父亲。贺劭因上书切谏孙皓的凶暴骄矜，为皓深恨，后贺劭中恶风，口不能言语。皓疑劭托疾，收付酒藏，考掠千数，卒无一言。遂杀之。

④无道：暴虐，暴政。

【译文】

晋元帝初次召见贺循时，说到三国东吴时的事，问道："孙皓烧红锯子割断了一个姓贺者的头颅，这个人是谁？"贺循还未回答，晋元帝自己回忆道："是贺劭。"贺循流着眼泪说："我父亲遭遇无道昏君的酷刑，令我蒙受巨大的伤痛，痛苦深重，所以无法仰答陛下英明的诏问。”晋元帝感到惭愧，三天没有出朝。

三

蔡司徒渡江①，见彭蜞②，大喜曰：“蟹有八足，加以二螯③。”令烹之。既食，吐下委顿④，方知非蟹。后向谢仁祖说此事⑤，谢曰：“卿读《尔雅》不熟⑥，几为《劝学》死⑦。”

【注释】

①蔡司徒：蔡谟，官至司徒，故称。

②彭蜞：生长在水边类似蟹类的动物，但不能食用。

③螯：螃蟹类动物的第一对脚，形状如钳，能开合，用来取食自卫。

④吐下：指上吐下泻。委顿：疲乏，萎靡不振。

⑤谢仁祖：谢尚，字仁祖。

⑥《尔雅》：我国最早解释词义、名物的专著。《尔雅》中《释鱼》谓“彭蜞，即彭蜞”。

⑦几：几乎，差一点。为《劝学》死：蔡谟的从曾祖蔡邕所作《劝学章》有“蟹有八足，加以二螯”之语，取义于荀子《劝学》。

【译文】

蔡谟渡江南下，看到彭蜞，非常高兴地说：“蟹有八只脚，加上两只螯。”叫人把蟹煮熟。吃了以后，上吐下泻，弄得萎靡不振，这才知道吃的不是螃蟹。后来向谢尚说起这件事，谢尚说：“你读《尔雅》读得不熟，差一点被《劝学》害死。”

四

任育长年少时[①]，甚有令名。武帝崩[②]，选百二十挽郎[③]，一时之秀彦[④]，育长亦在其中。王安丰选女婿[⑤]，从挽郎搜其胜者，且择取四人，任犹在其中。童少时，神明可爱，时人谓育长影亦好。自过江，便失志[⑥]。王丞相请先度时贤共至石头迎之[⑦]，犹作畴日相待[⑧]，一见便觉有异。坐席竟[⑨]，下饮[⑩]，便问人云："此为茶，为茗[⑪]？"觉有异色，乃自申明云："向问饮为热、为冷耳。"尝行从棺邸下度[⑫]，流涕悲哀。王丞相闻之曰[⑬]："此是有情痴[⑭]。"

【注释】

①任育长：任瞻，字育长，西晋时历官谒者仆射、都尉、天门太守。

②武帝：晋武帝司马炎。

③挽郎：牵引灵柩唱挽歌的少年。

④秀彦：德才兼优的人才。

⑤王安丰：王戎。

⑥失志：指失去神志，精神恍惚。

⑦先度时贤：当时较早渡江南下的贤达名流。

⑧畴日：前时，以前。

⑨竟：完毕。

⑩下饮：设茶，供茶。

⑪为茶，为茗：茶与茗本为同一物，六朝时以早采者为茶，晚采者为茗。任瞻一时未辨而发问，觉失当，以冷、热相掩饰。"茗"与"冷"在当时韵母相同，音近，而"茶"与"热"声韵较远。

⑫棺邸：棺材铺。

⑬王丞相:王导。

⑭有情痴:痴迷而排解不开的情感。

【译文】

任瞻年轻时,有很好的名声。晋武帝驾崩时,要选一百二十名挽郎,都是当时的俊秀人才,任瞻也是其中的一位。王戎选女婿,就从这些挽郎中寻找才貌俱佳的,暂时选取四人,任瞻也在其中。他在童年时,神情可爱,当时人认为任瞻的影子也是美好的。自从渡江南下后,他就神志不清,精神恍惚了。王导请当时先渡江南下的贤达一起到石头城迎接任瞻,还是像以前那样接待他,但一见面就觉得有些异常。大家坐下以后,上茶,任瞻就问别人:“这是茶,还是茗?”他觉得别人神色有变,就自己说明道:“刚才我问喝的茶是热的还是冷的而已。”他曾经从棺材店前走过,悲伤地流下眼泪。王导听到此事后说:“这是一位有情的痴子。”

五

谢虎子尝上屋熏鼠[①]。胡儿既无由知父为此事[②],闻人道痴人有作此者,戏笑之,时道此非复一过[③]。太傅既了己之不知[④],因其言次[⑤],语胡儿曰:“世人以此谤中郎[⑥],亦言我共作此。”胡儿懊热[⑦],一月日闭斋不出。太傅虚托引己之过[⑧],以相开悟[⑨],可谓德教[⑩]。

【注释】

①谢虎子:谢据,小字虎子。

②胡儿:谢朗,小字胡儿,谢据之子。无由:无从,没有机会,没有办法。

③非复:不只,不是。一过:一次。

④太傅:谢安。了:明白。

⑤因其言次:趁着他说话的时候。

⑥谤:诽谤。中郎:指谢据,他在兄弟中排名第二,故称。

⑦懊热:烦闷,烦躁。

⑧虚托:假托。引:举。

⑨开悟:开导启发,使其觉悟。

⑩德教:以道德的教育来感化人,使人觉悟。

【译文】

谢据曾经爬上屋顶熏老鼠,谢朗既然无从知道是父亲做的这件事,所以听人说起有个痴痴呆呆的人做了这样的事,就跟着戏笑,还不止一次地提起这件事。谢安已经明白了胡儿不知道实情,便趁着他讲这件事的机会,对谢朗说:"世上的人用这事来诽谤你父亲,还说我也与他共同做了这件事。"谢郎听了十分烦闷,关在家里一个月不出门。谢安假托这件事是自己的过错,用这个办法来开导启发,真可称得上德教。

六

殷仲堪父病虚悸①,闻床下蚁动,谓是牛斗。孝武不知是殷公②,问仲堪:"有一殷,病如此不③?"仲堪流涕而起曰:"臣进退唯谷④。"

【注释】

①殷仲堪父:殷师,字师子,陈郡(今属河南)人。东晋时官至骠骑咨议、晋陵太守。虚悸:中医病名,因气血亏虚造成心跳发慌等症状。

②孝武：晋孝武帝司马曜。殷公：指殷仲堪之父。

③不：同“否”。

④进退唯谷：进退两难。殷仲堪不回答则违抗君命，若回答则触父讳。语出《诗经·大雅·桑柔》：“人亦有言，进退维谷。”谷，比喻困境。

【译文】

殷仲堪的父亲生病得了虚悸症，听到床下有蚂蚁的响动，以为是牛在斗。孝武帝不知道病者是殷仲堪之父，问殷仲堪：“有一个姓殷的人，生的病就是这样的吗？”殷仲堪流泪起身说：“臣子进退两难，不知如何回答。”

七

虞啸父为孝武侍中[①]，帝从容问曰[②]：“卿在门下[③]，初不闻有所献替[④]。”虞家富春[⑤]，近海，谓帝望其意气[⑥]，对曰：“天时尚暖，鮆鱼虾鮝未可致[⑦]，寻当有所上献。”帝抚掌大笑。

【注释】

①虞啸父：东晋会稽余姚（今浙江余姚）人，官至侍中，为孝武帝所重。

②从容：委婉。

③门下：门下省。官署名，皇帝的顾问机关。

④初：从来。献替：“献可替否（pǐ）”的省称，即进献可行的言论，提出不可行的言论。

⑤富春：县名，在今浙江富阳。

⑥意气：指贡献礼物。

⑦鲥(zhì)鱼：浅海鱼，肉肥美。鲥鱼可制酱。致：得到，找到。

【译文】

虞啸父担任孝武帝司马曜侍中时，孝武帝很委婉地问道："你在门下省任职时，怎么从来没有听到你进献过什么可行的高见。"虞家在富春，靠近大海，他还以为皇帝要他进贡一些物品，就回答道："天气还暖和，鲥鱼虾鲜等鲜美的鱼类一时还搞不到，不久应当会有所进献。"孝武帝听了拍手大笑。

八

王大丧后[①]，朝论或云国宝应作荆州[②]。国宝主簿夜函白事云[③]："荆州事已行[④]。"国宝大喜，其夜开阁[⑤]，唤纲纪[⑥]。话势虽不及作荆州[⑦]，而意色甚恬[⑧]。晓遣参问[⑨]，都无此事。即唤主簿数之曰[⑩]："卿何以误人事邪？"

【注释】

①王大：王忱，官至荆州刺史。

②朝论：朝廷议论。国宝：王国宝，王忱之兄。作荆州：担任荆州刺史。

③主簿：官名，中央或地方郡县所设负责文书簿籍、掌印鉴等的属官。夜函白事：连夜函封报告文书。

④荆州事：指任命王国宝为荆州刺史事。已行：定下来了。

⑤开阁(gé)：打开衙署侧门。

⑥纲纪：指主簿。公府及州郡有政令，大都由主簿宣布，故称主簿为"纲纪"。

⑦话势：话头，说话的势头。

⑧意色：神情气色。恬：坦然，安静，恬淡。

⑨参问：探问，验证。

⑩数(shǔ)：责备。

【译文】

王忱死后，朝廷议论，有人说王国宝应当做荆州刺史。王国宝的主簿连夜封呈一份文书报告说："荆州刺史的任命已经定下来了。"王国宝大喜，当天晚上打开衙署的侧门，叫主簿属官来。说话的趋势虽然没有说到作荆州刺史，但神情气色很恬淡安静。到天亮时派人去探问，全都没有这回事。他立即叫来主簿责备他说："你为什么耽误人家的事呢？"

惑溺第三十五

【题解】

惑溺，指沉溺于女色。沉溺于女色的行为，历来为士大夫们所诟病，但其中也不乏颇为生动的爱情故事，如韩寿与贾充之女的故事，即为其例，这个故事后来成为《西厢记》的蓝本。

本篇共有七则。

一

魏甄后惠而有色①，先为袁熙妻②，甚获宠。曹公之屠邺也③，令疾召甄，左右白："五官中郎已将去④。"公曰："今年破贼，正为奴⑤。"

【注释】

①魏甄后：三国时魏文帝曹丕的皇后甄氏。惠：通"慧"，聪明。

②袁熙：字显奕，袁绍次子。

③曹公：曹操。屠邺：屠戮邺城。邺，县名，为冀州治所，故址在今河北临漳西南。

④五官中郎：指曹丕，曾任五官中郎，故称。将：带。

⑤奴：她。

【译文】

魏文帝曹丕的皇后既聪明又有姿色，先前是袁熙的妻子，很受宠爱。曹操攻破邺城屠杀百姓时，下令迅速召见甄氏，左右侍从说："五官中郎已经把她带走了。"曹操说："今年打败袁贼，正是为了她。"

二

荀奉倩与妇至笃[①]，冬月妇病热，乃出中庭自取冷，还以身熨之[②]。妇亡，奉倩后少时亦卒，以是获讥于世。奉倩曰："妇人德不足称，当以色为主。"裴令闻之曰[③]："此乃是兴到之事[④]，非盛德言[⑤]，冀后人未昧此语[⑥]"。

【注释】

①荀奉倩：荀粲。至笃：指情爱深厚。

②熨：指以身体去紧贴。

③裴令：裴楷。

④兴到：指一时兴起。

⑤盛德：德高望重之人。

⑥冀：希望。昧：糊涂，不明白。

【译文】

荀粲与妻子情爱深厚，冬天里妻子生了热病，他就到庭院在冷风中受冻，回来后用身体紧贴妻子，为她降温。妻子死后，他没多久也死了，为此他受到了世人的讥讽。荀粲曾说："妇人有德行不值得称赞，应当以美色为主。"裴楷听到这话后说："这是一时兴起的事，不是德高望重者当说的话,希望后人不要被这话弄糊涂了。”

三

贾公闾后妻郭氏酷妒①。有男儿名黎民,生载周②,充自外还,乳母抱儿在中庭,儿见充喜踊,充就乳母手中呜之③。郭遥望见,谓充爱乳母,即杀之。儿悲思啼泣,不饮它乳,遂死。郭后终无子。

【注释】

①贾公闾:贾充。郭氏:郭配之女,名槐,晋惠帝贾后之母。酷:表示程度之深。极,很。

②载周:指满周岁。载,开始。

③呜:亲吻。

【译文】

贾充的后妻郭氏妒忌心极重。她有个儿子名叫黎民,生下来才满周岁时,贾充从外边回来,乳母抱着小儿在庭院中,小儿看见贾充高兴得蹦蹦跳跳,贾充就在乳母手中亲吻了儿子。郭氏远远地望见,以为贾充爱上了乳母,立即把乳母杀了。小儿思念乳母,悲痛地啼哭,不吃别人的奶,于是死了。郭氏后来终于没有儿子。

四

孙秀降晋①,晋武帝厚存宠之②,妻以姨妹蒯氏③,室家甚笃④。妻尝妒,乃骂秀为“貉子”⑤。秀大不平,遂不复入。蒯氏大自悔责,请救于帝。时大赦,群臣咸见。既出,帝独留秀，从容谓曰："天下旷荡[6]，蒯夫人可得从其例不？"秀免冠而谢[7]，遂为夫妇如初。

【注释】

①孙秀（？—301或302）：字彦才，吴郡吴（今江苏苏州）人。三国时吴将，掌兵权，为前将军、夏口督。因孙皓疑忌而降晋，拜骠骑将军，封会稽公。

②晋武帝：司马炎。厚存宠：指格外关怀抚慰宠信。

③蒯（kuǎi）氏：为晋武帝之妻妹。

④笃：指感情深厚。

⑤貉（hé）：野兽名，类似狐狸。此为骂人之语。当时中原士族轻视江东吴人，故称他们为"貉子"。

⑥旷荡：宽宏大量。

⑦免冠而谢：脱下帽子谢罪。

【译文】

孙秀归降了晋朝，晋武帝格外关怀宠信他，把姨妹蒯氏嫁给他为妻，夫妇之间感情很深厚。孙秀妻子曾经妒性发作，就骂孙秀为"貉子"。孙秀心中十分不满，于是就不再进妻子的内室了。蒯氏深感悔恨自责，向武帝求救。当时正逢大赦，满朝臣子都来上朝谒见皇上。退朝后，武帝把孙秀单独留下，很委婉地说："天下大赦，恩德宽大，蒯夫人可以按照这个例子从宽发落吗？"孙秀脱帽谢罪，于是夫妇和好如初。

五

韩寿美姿容[1]，贾充辟以为掾[2]。充每聚会，贾女于青琐中看[3]，见寿，说之[4]，恒怀存想[5]，发于吟咏。后婢往寿家，具述如此[6]，并言女光丽[7]。寿闻之心动，遂请婢潜修音问[8]，及期往宿[9]。寿跻捷绝人[10]，逾墙而入，家中莫知。自是充觉女盛自拂拭[11]，说畅有异于常[12]。后会诸吏，闻寿有奇香之气，是外国所贡，一著人则历月不歇[13]。充计武帝唯赐己及陈骞[14]，余家无此香，疑寿与女通，而垣墙重密，门阁急峻[15]，何由得尔？乃托言有盗，令人修墙。使反曰[16]："其余无异，唯东北角如有人迹，而墙高，非人所逾。"充乃取女左右婢考问[17]，即以状对。充秘之，以女妻寿。

【注释】

①韩寿：字德真，西晋南阳赭（zhě）阳（今属河南）人。官至散骑常侍、河南尹。死后赠骠骑将军。

②辟（bì）：授予官职。

③青琐：镂刻成格的窗户，窗格。

④说：通"悦"，喜欢。

⑤存想：想念。

⑥具述：全都说了。具，同"俱"。

⑦光丽：光艳美丽。

⑧潜修音问：暗中传递音信。

⑨及期：指到约定的时期。

⑩跻捷：强健敏捷。

⑪盛自拂拭：讲究修饰打扮自己。

⑫说畅：喜悦舒畅。

⑬著（zhuó）：附着。歇：停止，消失。

⑭计：估计，考虑，打算。陈骞（qiān）：字休渊，仕魏时，官至大将军。

后仕晋,为晋武帝所重,封公。

⑮门阁(gé):大门和边门。急峻:指戒备森严。

⑯反:返。

⑰考问:审问,盘问。

【译文】

韩寿姿态容貌都很美,贾充召他为属官。贾充每次聚会,贾充女儿就从窗格中偷看,见到韩寿,就喜欢他,心里常常想念他,思念之情在吟咏诗歌时流露出来。后来婢女到韩寿家去,详细讲了这些情况,并且说到贾充女儿光艳美丽。韩寿听到后动了心,就请婢女暗地里传递消息,约定日期去过夜。韩寿身手矫健敏捷,超过常人,他跳墙进屋,家里没人知道。从此贾充感觉女儿讲究修饰打扮自己,喜悦舒畅之情不同于往常。后来贾充会见属官,闻到韩寿身上有一股奇特的香气,这种香是外国进贡的,一沾到人身上,几个月也不会消退。贾充估计这种香武帝只赐给自己和陈骞,其余人的家里没有这种香,就怀疑韩寿与女儿私通,但是家里的围墙重叠严密,大门、边门戒备森严,他怎么能进来呢?于是便借口有盗贼,派人修墙。匠人回来说:"其他地方没有什么异常情况,只有东北角好像有人的足迹,但围墙很高,不是一般人能够跳得进来的。"贾充就把女儿身边的婢女叫来审问,婢女便把情况说了出来。贾充将此事隐瞒起来,把女儿嫁给韩寿为妻。

六

王安丰妇常卿安丰[①]。安丰曰:"妇人卿婿,于礼为不敬,后勿复尔[②]。"妇曰:"亲卿爱卿,是以卿卿。我不卿卿,谁当卿卿!"遂恒听之。

【注释】

①王安丰：王戎，封安丰侯。卿：第二人称"你"或"您"的代词。用于夫称妻、夫妻对称、君称臣、上称下、长称幼，或同辈间互称，有表示尊重、客气、亲昵等的意思。

②尔：如此。

【译文】

王戎的妻子常常称王戎为"卿"。王戎说："妇人用'卿'来称呼夫婿，在礼数上是不尊敬，以后不要这样。"妇人说："我亲你爱你，所以才称你为'卿'。我不称你为'卿'，还有谁该来称你为'卿'！"于是王戎就一直听任她这样称呼自己。

七

王丞相有幸妾姓雷①，颇预政事②，纳货③。蔡公谓之"雷尚书"④。

【注释】

①王丞相：王导。幸妾：得到宠爱的小妾。幸，宠幸，宠爱。

②预：参预，参加，干预。

③纳货：接受钱财。

④蔡公：蔡谟。

【译文】

丞相王导有一个宠幸的姬妾姓雷，很喜欢干预政事，收受贿赂。蔡谟称她为"雷尚书"。

仇隙第三十六

【题解】

仇隙，指仇怨和嫌隙。

本篇共有八则，其中一代书圣王羲之因仇隙而愤慨致终，不免让人扼腕。

一

孙秀既恨石崇不与绿珠[①]，又憾潘岳昔遇之不以礼[②]。后秀为中书令，岳省内见之[③]，因唤曰："孙令，忆畴昔周旋不[④]？"秀曰："中心藏之，何日忘之[⑤]？"岳于是始知必不免[⑥]。后收石崇、欧阳坚石[⑦]，同日收岳。石先送市[⑧]，亦不相知。潘后至，石谓潘曰："安仁[⑨]，卿亦复尔邪？"潘曰："可谓'白首同所归'[⑩]。"潘《金谷集诗》云："投分寄石友[⑪]，白首同所归。"乃成其谶[⑫]。

【注释】

①孙秀：字俊忠，西晋琅邪（今山东临沂）人，赵王司马伦用为侍郎。

后为中书令,专擅朝政。司马伦败后被杀。石崇:官荆州刺史,以豪富称。绿珠:石崇的歌妓,貌美,善吹笛。孙秀仗势派人索要绿珠,石崇不允,孙秀劝赵王司马伦杀石崇,同时杀害其母、兄、妻等家人十五人。绿珠跳楼自尽。

②憾:恨。昔遇之不以礼:指潘岳过去待他无礼。潘岳之父为太守时,孙秀只是供人差遣的小吏,潘岳几次三番踩踏孙秀,不把他当人看待。

③省内:指官署里。

④畴昔:过去,从前。周旋:交往。不:同“否”。

⑤中心藏之,何日忘之:见《诗经·小雅·隰(xí)桑》,意谓心中有了他,没有一天忘得了他。言外之意,自己对往日受辱的情景永远不会忘记。

⑥不免:指不能避免被孙秀报复。

⑦收:逮捕。欧阳坚石:欧阳建,字坚石,西晋渤海(今河北皮东北)人。石崇外甥,历任山阳令、尚书郎、冯翊太守。因受石崇牵连被杀。

⑧市:执行死刑的东市。

⑨安仁:潘岳字安仁。

⑩白首同所归:谓白发老人最终都走向死亡。

⑪投分:志趣投合,互为相知。石友:谓友谊坚如磐石。

⑫谶(chèn):预言,预兆。

【译文】

孙秀既恨石崇不肯把绿珠送给他,又恨潘兵过去曾经对自己无礼。后来孙秀担任中书令,潘岳在官署见到他,便叫他道:“孙令,还记得我们以前的交往吗?”孙秀说:“中心藏之,何日忘之?”潘岳这才知道孙秀对自己的报复是避免不了的了。后来孙秀逮捕石崇、欧阳坚石,同一天逮捕了潘岳。石崇先被送到行刑场,还不知道潘岳的情况。潘岳后来也被押来了，石崇对潘岳说："安仁，你也这样了吗？"潘岳说："我们可说是'白首同所归'。"潘岳在《金谷集诗》序中说："投分寄石友，白首同所归。"这两句诗，竟成了他们遇害的预言。

二

刘玙兄弟少时为王恺所憎①，尝召二人宿，欲默除之②。令作阬③，阬毕，垂加害矣④。石崇素与玙、琨善，闻就恺宿，知当有变⑤，便夜往诣恺，问二刘所在。恺卒迫不得讳⑥，答云："在后斋中眠⑦。"石便径入，自牵出，同车而去，语曰："少年何以轻就人宿？"

【注释】

①刘玙兄弟：刘玙与刘琨。刘玙，字庆孙，有才名，刘琨之兄，西晋时官宰府尚书郎、散骑侍郎。

②默除：指暗杀。

③阬(kēng)：同"坑"，土坑。

④垂：接近，将要。

⑤变：事变，变故，突发事件。

⑥卒(cù)迫：仓促急迫。讳：隐瞒。

⑦后斋：后房。

【译文】

刘玙兄弟二人年轻时被王恺憎恨，王恺曾经请他们二人到家里来住宿，想乘机暗中杀掉他们。王恺让人挖坑，挖好后，即将害死他们。石崇向来与刘玙、刘琨友好，听说他们到王恺家住宿，知道会有变故，就连夜前去拜访王恺，问二刘在哪里。王恺仓促急迫之间不能隐瞒，回答道："在后面书斋中睡觉。"石崇就直接进去，亲自把他们拉出来，一同乘车而去，他对刘玙兄弟说："年轻人怎么可以轻率地到别人家去住宿？"

三

王大将军执司马愍王[①]，夜遣世将载王于车而杀之[②]，当时不尽知也，虽愍王家亦未之皆悉，而无忌兄弟皆稚。王胡之与无忌长甚相昵[③]，胡之尝共游。无忌入告母，请为馔[④]，母流涕曰："王敦昔肆酷汝父，假手世将[⑤]。吾所以积年不告汝者，王氏门强，汝兄弟尚幼，不欲使此声著[⑥]，盖以避祸耳。"无忌惊号[⑦]，抽刃而出，胡之去已远。

【注释】

①王大将军：王敦。执：捉拿。司马愍王：司马丞，字元敬，袭父爵为谯王，东晋时任湘州刺史。王敦起兵时，他兴兵讨伐，被杀害，谥愍王。

②世将：王廙(yì)，字世将，王敦的堂兄弟，曾随王敦起兵，任荆州刺史。

③王胡之：字修龄，王廙子。无忌：字公寿，司马丞之子。相昵：互相亲近。

④为馔(zhuàn)：准备食物。

⑤王敦昔肆酷汝父，假手世将：据《晋书·宗室传》，王敦谋反，司马丞举兵讨伐。兵败后，司马丞被槛送荆州，荆州刺史王廙承王敦旨意，于道中害之。肆酷，肆意残害。假手，利用他人替自己做事。

⑥声著：声张，张扬开来。

⑦惊号：惊讶地号啕大哭。

【译文】

王敦抓了司马丞，夜里派遣王廙把司马丞装在车里杀害了，当时的人不完全知道这件事，就是司马丞的家人也不全知道，而无忌兄弟二人还都幼小。王胡之与无忌长大后互相很亲近，王胡之曾经与无忌一起游玩。无忌进屋告诉母亲，请母亲为他们准备吃的东西，母亲流着泪说："王敦从前肆意残害你父亲，就是借了世将的手干的。我之所以多年不告诉你，就是因为王氏家族势力强盛，你们兄弟还小，我不想让这件事声张开来，就是为了避免灾祸罢了。"无忌听了惊讶得号啕大哭，拔出刀来跑出去，王胡之这时已经走远了。

四

应镇南作荆州[①]，王修载、谯王子无忌同至新亭与别[②]。坐上宾甚多，不悟二人俱到[③]。有一客道："谯王丞致祸[④]，非大将军意[⑤]，正是平南所为耳[⑥]。"无忌因夺直兵参军刀[⑦]，便欲斫[⑧]。修载走投水，舸上人接取[⑨]，得免。

【注释】

①应镇南：应詹，字思远，东晋汝南顿（今河南项城西）人。仕至江州刺史，死赠镇南将军。作荆州：据《晋书》本传应为"作江州"。

②王修载：王耆之，字修载，王廙第三子。官鄱阳太守、给事中。谯（qiáo）王：司马丞。新亭：地名，在建康（今江苏南京）南郊，是当时的交通要道，东晋时，官僚士大夫常于此饮宴送别。

③不悟：不知道，不明白。

④致祸：遭遇祸害。

⑤大将军：王敦。

⑥正：只。平南：王廙，曾任平南将军，故称。

⑦直兵参军：值班参军。直，通“值”。

⑧斫(zhuó)：砍，斩。

⑨舸(gě)：大船。

【译文】

应詹担任江州刺史时，王耆之、谯王司马丞的儿子无忌一起到新亭送别。座上宾客很多，不料这二人都到了。有一位客人说：“谯王司马丞遭遇祸害，不是大将军王敦的意思，只是平南将军王廙干的罢了。”司马无忌就夺过值班参军的刀，要去砍杀王耆之。王耆之逃跑跳进水里，船上的人把他救起来，才得以免去一死。

五

王右军素轻蓝田[①]。蓝田晚节论誉转重[②]，右军尤不平。蓝田于会稽丁艰[③]，停山阴治丧[④]。右军代为郡[⑤]，屡言出吊[⑥]，连日不果[⑦]。后诣门自通[⑧]，主人既哭，不前而去[⑨]，以陵辱之[⑩]。于是彼此嫌隙大构[⑪]。后蓝田临扬州[⑫]，右军尚在郡[⑬]。初得消息，遣一参军诣朝廷，求分会稽为越州[⑭]。使人受意失旨[⑮]，大为时贤所笑[⑯]。蓝田密令从事数其郡诸不法[⑰]，以先有隙，令自为其宜[⑱]。右军遂称疾去郡[⑲]，以愤慨致终。

【注释】

①王右军：王羲之，官至右军将军，故称。蓝田：王述，封蓝田侯。

②晚节：晚年。论誉：舆论评价。转重：逐渐提高。

③于会稽：指在会稽内史任上。会稽，郡名，治所在山阴县(今浙江绍兴)。丁艰：遭父母之丧。此指母丧。

④山阴：县名，在今浙江绍兴。

⑤代为郡：代替王述做会稽内史。

⑥出吊：指到王述家去吊唁。

⑦不果：没有结果，不能实现。

⑧自通：自己通报。

⑨不前而去：不上前吊唁慰问就离开了。

⑩陵辱：欺凌侮辱。

⑪嫌隙大构：结下深深的仇怨。构，造成，构成。

⑫蓝田临扬州：指王述任扬州刺史。

⑬尚在郡：指王羲之仍然在会稽内史任上。

⑭求分会稽为越州：请求朝廷把会稽郡从扬州分出来，另外设置越州。

⑮使人：使者。受意失旨：接受了他的差使却违背了他的意图。

⑯时贤：当时的贤达。

⑰从事：刺史的属官。数：列举罪状。

⑱自为其宜：让王羲之自己以适宜的办法去处理。

⑲去郡：辞去郡守职务。

【译文】

王羲之一向瞧不起蓝田侯王述。王述晚年的声望逐渐提高，王羲之就更加耿耿于怀表示不满。王述在会稽内史任上遭遇母亲丧事，留在山阴办理丧事。王羲之代理做会稽内史，屡次说要去吊唁，但接连好几天都没有去。后来他登门亲自通报去吊唁，但主人哭了以后，他却不进去哭吊就走了，用这办法来凌辱王述。这样一来，彼此结下了深仇大恨。后来王述出任扬州刺史，王羲之还在会稽郡任上。刚得到王述出任扬州刺史的消息，就派一名参军到朝廷去，请求朝廷把会稽郡从扬州分出来，另外设置越州。这位使者接受了他的差遣却违背了他的意图，结果大为当时贤达所讥笑。王述暗中秘密地命令属官列举王羲之的多种不法行为，因为先前有过嫌隙，就让王羲之自己以适宜的方式去处理。王羲之便称病离职，因愤激感慨而致死。

六

王东亭与孝伯语①，后渐异②，孝伯谓东亭曰："卿便不可复测。"答曰："王陵廷争，陈平从默③，但问克终云何耳④。"

【注释】

①王东亭：王珣。孝伯：王恭。

②渐异：指两人意见渐渐不同。据《晋书·王珣传》，王珣与王恭深恶会稽王司马道子宠信佞臣王国宝，可后来王恭要杀王国宝，王珣又劝止之。

③王陵廷争，陈平从默：汉惠帝时，吕后临朝当权，以王陵为右丞相，陈平为左丞相。惠帝死后，吕后欲以吕家人为王，王陵以刘邦非刘氏不能封王为由予以反对。吕后问陈平、周勃，他们都以"无所不可"表示同意，吕后高兴。退朝后王陵责备陈、周，陈平曰："于面责廷争，臣不如君；全社稷，定刘氏后，君亦不如臣。"（《汉书·王陵传》）

④克终：最终结果。云何：如何，怎么样。

【译文】

王珣与王恭交谈，后来意见慢慢的不一样了，王恭对王珣说："你说的话令人难以预料。"王珣回答道："王陵在朝中敢于争辩，说出自己的意见；陈平则谨慎，默不作声，只要问最终的结果怎么样就好了。"

七

王孝伯死[①],县其首于大桁[②]。司马太傅命驾出[③],至标所[④],孰视首[⑤],曰:"卿何故趣欲杀我邪[⑥]?"

【注释】

①王孝伯:王恭。晋安帝隆安二年(398),王恭联合殷仲堪、桓玄起兵,讨伐司马道子,兵败后被杀。

②县:同"悬",悬挂。大桁(háng):大浮桥,指秦淮河上的朱雀桥。

③司马太傅:会稽王司马道子。

④标所:指悬挂罪犯首级的高杆。所,处所,地方。

⑤孰视:即"熟视",仔细看。

⑥趣(cù):急促。

【译文】

王恭被处死后,他的首级被挂在朱雀桥上示众。司马道子乘车到悬挂首级的高杆处,仔细看着王恭的首级,说:"你为什么要迫不及待地杀我啊?"

八

桓玄将篡[①],桓脩欲因玄在脩母许袭之[②]。庾夫人云[③]:"汝等近过我余年[④],我养之,不忍见行此事。"

【注释】

①桓玄将篡:指桓玄将要篡位。桓玄于晋安帝元兴初,以讨元显为名进兵京师,自封为丞相,公元403年称帝,国号"楚",后被刘裕讨灭。

②桓脩:桓冲第三子,桓玄之叔伯兄弟。许:处,地方。

③庾夫人:桓冲妻,桓脩母。

④汝等:指桓玄、桓脩。余年:晚年。

【译文】

桓玄将要篡位时,桓脩想趁桓玄在桓脩母亲那里时袭击他。桓脩母亲庾夫人说:“你们已接近我过完晚年的时候了,我抚养桓玄长大,不忍心看见你们做出这样的事情。”

中华经典名著
全本全注全译丛书
（已出书目）

诗经
尚书
周礼
仪礼
礼记
周易
左传
春秋公羊传
春秋穀梁传
论语·大学·中庸
孟子
尔雅
老子
孙子兵法
吴子·司马法
公孙龙子（外三种）
墨子
晏子春秋
庄子
荀子
列子
鬼谷子
韩非子
商君书
吕氏春秋
六韬
淮南子
孔子家语
春秋繁露
新书
新序
盐铁论
法言
说文解字
潜夫论
政论·昌言
周易参同契
抱朴子内篇
抱朴子外篇
神仙传
齐民要术
颜氏家训
梦溪笔谈
焚书

呻吟语
曾国藩家书
劝学篇
太平经
弘明集
大慈恩寺三藏法师传
坛经
黄帝内经
山海经
国语
战国策
人物志
洛阳伽蓝记
史通
贞观政要
大唐西域记

徐霞客游记
文史通义
宋论
楚辞
文心雕龙
搜神记
世说新语
酉阳杂俎
闲情偶寄
古文观止
聊斋志异
阅微草堂笔记
浮生六记
三字经·百家姓·千字文·弟子规·千家诗
经史百家杂钞